Über dieses Buch

Dieser Sammelband ist wohl der bedeutendste Beitrag Alfred Adlers und seiner Mitarbeiter zur Anwendung der Individualpsychologie auf Kindererziehung und Heilpädagogik. Eine der wichtigsten Entdeckungen der Tiefenpsychologie liegt in der Erkenntnis, daß die frühkindlichen Erfahrungen und deren Verarbeitung für das spätere seelische Schicksal des Erwachsenen bestimmend sind. Während für S. Freud diese entscheidende Erfahrung in einem erweiterten Begriff von Sexualität zu suchen ist, leitet A. Adler die Entwicklung sowohl des gesunden als auch des kranken Seelenlebens aus einem allgemeinen Unterlegenheitsgefühl (Minderwertigkeitsgefühl) des Kindes ab; der daraus sich entwickelnde »Lebensplan« stellt den Kompensationsversuch des Individuums dar, diese kindlichen Minderwertigkeitserfahrungen zu überwinden. Störungen dieses Vorgangs (z. B. Überkompensation) bedeuten spätere Charakterstörungen (vor allem als Neurosen).

Die Adlersche Konzeption enthält stärker als die Freudsche eine sozialpsychologische Komponente, da das Minderwertigkeitsgefühl und seine Kompensation immer auf die soziale Umwelt bezogen sind. Es liegt auf der Hand, daß eine derartige Psychologie ihre Hauptaufgabe in der Erziehung sieht, einer Erziehung, die nun in die Lage versetzt ist, Neurosen vorzubeugen, Lebensangst zu mindern und den heranwachsenden Menschen somit auf seine vordringlich soziale Existenz vorzubereiten.

Der Autor

Alfred Adler wurde 1870 in Wien geboren. Er entschied sich früh für den Arztberuf, den er dann lange Jahre in Wien ausübte. Sigmund Freud forderte ihn 1902 auf, seiner Studiengruppe beizutreten; im Laufe der gemeinsamen Arbeit entwickelte Adler aber seine eigenen Ansichten, so daß es 1911 zu einem offenen Bruch zwischen den beiden kam. Adler begründete nun seine eigene Auffassung der Individualpsychologie, mit einer eigenen Schule und einer eigenen Zeitschrift. Ab 1925 reiste er häufig nach Amerika, wo er sich 1935 endgültig niederließ. Hier fand seine Psychologie große Beachtung und Anerkennung bis in die Gegenwart. Während einer Vortragsreise starb Alfred Adler 1937 in Aberdeen.

Von Alfred Adler erschienen außerdem im Fischer Taschenbuch Verlag: ›*Menschenkenntnis*‹ (Bd. 6080), ›*Über den nervösen Charakter*‹ (Bd. 6174), ›*Der Sinn des Lebens*‹ (Bd. 6179), ›*Individualpsychologie in der Schule*‹ (Bd. 6199), ›*Praxis und Theorie der Individualpsychologie*‹ (Bd. 6236), ›*Die Technik der Individualpsychologie*‹ I: ›Die Kunst, eine Lebens- und Krankengeschichte zu lesen‹ (Bd. 6260), II: ›Die Seele des schwererziehbaren Schulkindes‹ (Bd. 6261), ›*Kindererziehung*‹ (Bd. 6311), ›*Das Problem der Homosexualität und sexueller Perversionen*‹ (Bd. 6337), ›*Studie über Minderwertigkeit von Organen*‹ (Bd. 6349), ›*Lebenskenntnis*‹ (Bd. 6392), ›*Das Leben gestalten*‹ (Bd. 6393), ›*Wozu leben wir?*‹ (Bd. 6708), ›*Neurosen*‹ (Bd. 6735), ›*Psychotherapie und Erziehung. Ausgewählte Aufsätze.*‹ Bd. I: 1919–1929 (Bd. 6746), Bd. II: 1930–1932 (Bd. 6747); Bd. III: 1933–1937 (Bd. 6748) erscheint im Oktober 1983; vgl. A. Adler/Ernst Jahn, ›*Religion und Individualpsychologie*‹ (Bd. 6283).

Alfred Adler
Carl Furtmüller

Heilen und Bilden

Ein Buch der Erziehungskunst
für Ärzte und Pädagogen

Neu herausgegeben von
Prof. Dr. Dr. h. c. Wolfgang Metzger

Fischer
Taschenbuch
Verlag

Fischer Taschenbuch Verlag
1.–25. Tausend: September 1973
26.–30. Tausend: April 1983
Umschlagentwurf: Jan Buchholz/Reni Hinsch
Fischer Taschenbuch Verlag GmbH, Frankfurt am Main
Lizenzausgabe nach der dritten, neubearbeiteten und von Erwin Wexberg redigierten Auflage von 1928 mit freundlicher Genehmigung des Estate of Alfred Adler, New York

Gesamtherstellung: Hanseatische Druckanstalt GmbH, Hamburg
Printed in Germany
1280-ISBN-3-596-26220-8

Inhalt

Editorische Vorbemerkung

Heilen und Bilden erschien zum erstenmal 1914, kurz vor dem Ausbruch des Ersten Weltkrieges, zum zweitenmal 1922, als in den besiegten Ländern der Normalverbraucher noch mit entwertetem Geld um sein Leben kämpfte, zum dritten- und zu Adlers Lebzeiten letztenmal im Jahr 1928. Die Zeitumstände waren also einer raschen Verbreitung der Gedanken dieser Schrift nicht günstig.

Die erste Auflage wurde, mit dem Untertitel »Ärztlich-pädagogische Arbeiten des Vereins für Individualpsychologie«, von Alfred Adler und Carl Furtmüller herausgegeben. Die zweite, von Erwin Wexberg redigiert, bietet sich als »Grundlagen der Erziehungskunst für Ärzte und Pädagogen« an, die dritte, ebenfalls von Wexberg besorgt, als »Adler-Furtmüller, *Heilen und Bilden*. Ein Buch der Erziehungskunst für Ärzte und Pädagogen«.

Den ersten Teil bildet durchweg eine Zusammenstellung von 13 Aufsätzen Adlers, in denen die Entwicklung seiner Persönlichkeits- und Neurosenlehre von 1904 bis zu der ersten umfassenden Darstellung in *Über den nervösen Charakter* (1913)[1] sich abgespiegelt. (Einige pädagogische Arbeiten Adlers sind teils schon in der ersten, teils von der zweiten Auflage an unter die Pädagogischen Beiträge der Mitarbeiter zerstreut.)

An diesen festen Grundstock schließt sich die bunte Reihe der – vorwiegend pädagogischen – Beiträge der Mitarbeiter. In der ersten Auflage sind es 18 Beiträge von 16 Verfassern. In der zweiten fallen 6 davon weg und 11 kommen neu hinzu, so daß ihre Gesamtzahl jetzt 23 beträgt. Die dritte Auflage ist wieder etwas gestrafft: 5 Beiträge – davon 3 der 1922 neu aufgenommenen – entfallen, dafür erscheinen 2 wichtige neue, deren Verfasser bis heute bekannt geblieben sind.

Dieser Neuausgabe ist der Wortlaut der dritten Auflage von 1928 zugrunde gelegt, der die Meinung Adlers in den letzten Jahren vor seiner Auswanderung wiedergibt. Dies schien sinnvoll für eine Ausgabe, die für den Erzieher und den Therapeuten von 1973 die Überfülle von Anregungen wieder zum Leben erwecken will, die in Adlers Schriften jahrzehntelang geschlafen haben. Nicht alles wird dem Leser neu vorkommen, und vielleicht wird er zu einigen nützlichen Gedanken über das

[1] Fischer Taschenbuch Bd. 6174.

geistige Erstgeburtsrecht angeregt, wenn er entdeckt, wie viele vermeintlich neue Gedanken, die mit den verschiedensten, zum Teil bedeutenden Namen verknüpft werden, im Grunde nur Zitate oder günstigenfalls späte Bestätigungen viel älterer Entdeckungen und Vermutungen sind. Ich brauche an dieser Stelle nur an die klare Formulierung der Frustrations-Aggressions-Theorie und ihre Anwendung auf das Problem der Jugendverwahrlosung in der kleinen Schrift von 1908 ›Über das Zärtlichkeitsbedürfnis des Kindes‹ hinzuweisen. Auf andere Vorwegnahmen habe ich schon in den Einführungen zum *Nervösen Charakter*[2], zum *Sinn des Lebens*[3] und zur *Individualpsychologie in der Schule*[4] hingewiesen.
Die Entwicklungsgeschichte der Gedanken Adlers kann aus der Folge seiner Abhandlungen in ihren großen Zügen entnommen werden. Wie es wirklich hergegangen ist, wird man aber in allen Einzelheiten erst überblicken können, wenn eine philologisch zuverlässige Gesamtausgabe vorliegt, in der die Änderungen, die die Adlerschen Texte im Lauf der Zeit erfahren haben, genau verzeichnet sind. Wie aus einer Reihe von Stichproben hervorgeht, sind zwar die Texte zum größten Teil im wesentlichen unverändert durch die verschiedenen Auflagen gegangen. Doch finden sich da und dort kleinere Änderungen, Auslassungen und Zusätze, besonders beim Vergleich der Auflagen von 1914 und 1922. Kennzeichnend dafür ist der Titel, der in der ersten Auflage ›Die psychologische Bedeutung der Psychoanalyse‹, in der zweiten aber ›Die Entwicklung der Individualpsychologie‹ lautet. Es handelt sich um denselben Aufsatz, aber der im Titel ausgedrückten Schwerpunktsverlagerung entspricht es, daß der erste Teil, in dem die Freudschen Ansätze – übrigens mit erfreulicher Sachlichkeit – gewürdigt werden, in der Fassung von 1922 da und dort gekürzt, dagegen die Darstellung des Adlerschen Ansatzes gegen Ende durch die Anfügung von reichlich drei Seiten erweitert ist. Auch an anderen Stellen heißt es 1922 statt »Psychoanalyse«, wenn von der *Lehre* die Rede ist, »Individualpsychologie«, wo von der *Tätigkeit des Arztes* gesprochen wird, einfach »Untersuchung«. Was 1914 nur »Triebe« heißt, wird später gelegentlich als Macht- oder Geltungsstreben näher gekennzeichnet. Wo in der ersten Auflage von der »Kultur« als einem Hemmnis für egoistische Impulse die Rede ist, wird diese Rolle in den späteren Auflagen dem »Gemeinschaftsgefühl« zugeschrieben. Wenn sich in Aufsätzen, die vor 1912 zum erstenmal erschienen sind, Ausführungen über das »Gemeinschaftsgefühl« finden, kann man *allgemein* annehmen, daß

[2] Fischer Taschenbuch Bd. 6174.
[3] Fischer Taschenbuch Bd. 6179.
[4] Fischer Taschenbuch Bd. 6199.

es sich um spätere Neufassungen oder Einfügungen handelt.

Es gibt auch bemerkenswerte *Weglassungen*: So etwa in dem Aufsatz über ›Den Arzt als Erzieher‹. Die etwas gequälten Ausführungen der Auflage von 1914 über ›Die Notwendigkeit von Strafen in der Erziehung‹, die offensichtlich aus dem Erstdruck von 1904 unverändert übernommen waren, fehlen 1922 ganz. Und wenn »harmlose« Strafen 1914 noch »bei häufiger Wiederholung« als schädlich angesehen werden, so sind sie es 1922 *überhaupt*. Das ist die gedankliche Entwicklung, die bei Rudolf Dreikurs[5] in seinen *Logical consequences* 1968 ihren vorläufigen Abschluß gefunden hat.

Wie schon angedeutet, kann aus diesen Gründen die Entwicklungsgeschichte der Gedanken Adlers aus der *vorliegenden* Ausgabe nur *unter Vorbehalt* herausgelesen werden, da in früher entstandene Texte bei ihrer Bearbeitung für eine Neuauflage hier und da Gesichtspunkte hineinverwoben wurden, die aus *späteren* Entwicklungsphasen der Lehre stammen. In welchem Maß und Umfang dies auch schon bei der Aufnahme der früher einzeln veröffentlichten Aufsätze in der ersten Auflage von 1914 geschehen ist, konnte in der kurzen Zeit, die für die Vorbereitung dieses Taschenbuches zur Verfügung stand, nicht nachgeprüft werden.

In dieser Ausgabe sind einige der Beiträge aus der Auflage von 1928 *weggelassen*:

1. von Alfred Adler die Beiträge ›Entwicklungsfehler des Kindes‹ und ›Über Vererbung von Krankheiten‹,
2. von Mitarbeitern folgende drei Beiträge:

F. Wilken, ›Die Jugendbewegung als neurotisches Phänomen‹,
E. Wexberg, ›Rousseau und die Ethik‹ und
R. Pick, ›Zum Führerproblem‹.

Die beiden Adlerschen Aufsätze spinnen den Faden der *Studie über Minderwertigkeit von Organen* von 1907 weiter. Damals erschien es ihm offenbar noch möglich, von der Analyse körperlicher Schäden aus zu einer geordneten Übersicht über die möglichen Formen neurotischer Störungen zu gelangen. Die beiden Schriften beschäftigen sich infolgedessen fast ausschließlich mit somatischer Pathologie. Je klarer es wurde, daß die organische Störung nicht unmittelbar, sondern auf dem Umweg über ungünstige Rückwirkungen aus der menschlichen Umgebung die Neurose auslöst, und daß es genug Neurosen gibt, in deren Vorgeschichte kein körperlicher Schaden von Belang zu entdecken ist, um so mehr verloren diese Betrachtungen für seine Theorie an Bedeutung. Bei dem zweiten

[5] Rudolf Dreikurs und Loren Grey, *Logical consequences, A New Approach to Discipline*, New York 1968.

Aufsatz kommt hinzu, daß nach dem heutigen Stand der Erbforschung die Vermutungen Adlers als überholt gelten müssen. Es hat daher wenig Sinn, sie erneut bekannt zu machen; dies würde nur Verwirrung stiften.

Die drei übrigen Beiträge wurden aus unterschiedlichen Gründen weggelassen.

Wexbergs Aufsatz über Rousseau gehört zu der Art von Versuchen, das Leben eines hervorragenden Mannes von einem theoretischen Ansatz aus zu durchleuchten, wie sie von Freud und dem engeren Kreis seiner Mitarbeiter bekannt sind. Der Aufsatz ist voll von überzeugenden Bemerkungen. Aber man wundert sich, daß das Teilthema ›Rousseau und die Pädagogik‹ nur gelegentlich berührt, aber nirgends eingehender behandelt wird, obwohl von Rousseaus radikalem Ansatz aus das Besondere und Neue des Adlerschen sich besonders gut hätte ins Licht setzen lassen. Man denke etwa daran, daß Rousseau in seinem berühmt gewordenen Erziehungsplan für *Emile* die von ihm in jedem Neugeborenen angenommene Urgüte dadurch bewahren zu können meint, daß er seinen Zögling bis zu seinem 15. Lebensjahr *mit keinem anderen Menschen in Berührung kommen läßt*. Er glaubt, ihn dadurch gegen die »verderblichen Einflüsse« der anderen Menschen »abschirmen« zu können.

Auch der Aufsatz von F. Wilken über die Jugendbewegung ist ausgesprochen geistesgeschichtlich. Aber es fehlt ihm allgemein die Nüchternheit, die Sachlichkeit und der Respekt vor der behandelten geschichtlichen Erscheinung, die in Wexbergs Ausführungen so angenehm berühren. Im ersten Abdruck des Aufsatzes 1922 wird die Jugendbewegung beschrieben, ohne den Zustand der bürgerlichen Gesellschaft von 1900, von der sie sich absetzt, auch nur einer Erwähnung zu würdigen. Es ist etwa, wie wenn gewisse Angehörige einer »christlich«-bürgerlichen Partei von heute sich über die studentische Linke äußern. So stellt sich die Jugendbewegung als ein Unfug dar, der sonderbarerweise eines Tages in einer, wie es scheint, völlig gesunden und unanfechtbaren Gesellschaft ausbrach und in dem Selbstbezogenheit und *Mangel* an Gemeinsinn die entscheidende Rolle spielen. 1928 wird dann ein Versuch angefügt, die »Wendung zum Positiven« zu würdigen. Dieser macht aber, als stückhafter Zusatz, das Ganze noch peinlicher.

Die Bemerkungen ›Zum Führerproblem‹ von Rudolf Pick sind ein ziemlich genaues Gegenstück dazu. Sie erinnern lebhaft an die Ausführungen linker Studenten von heute über »Hierarchie«. Dabei wird Führer gleich Kriegsheld gesetzt. Die allgemeine Frage, ob umfassendere Ordnungen des Zusammenlebens und Zusammenarbeitens von Menschen ohne Führungsverhältnisse überhaupt möglich sind, wird nirgends gestellt.

Im Grund läuft das Ganze auf den – berechtigten – Kampf gegen die in der Schule damals noch kritikloser als heute überlieferte Verehrung weltgeschichtlicher Heerführer-Gestalten hinaus.
Die in der letzten Auflage *fehlenden* Beiträge aus früheren Auflagen wurden sorgfältig daraufhin geprüft, ob eine Wiederaufnahme sich lohne – mit dem Ergebnis, daß nur der Beitrag von C. Furtmüller zur Frage des Schüler-Selbstmords aus der zweiten Auflage wieder abgedruckt wird, und zwar *neben* dem völlig neubearbeiteten Beitrag aus der dritten, weil in der früheren Fassung eine Menge von Fragen behandelt wird, die auch heute noch offen sind.
Im übrigen wird man nicht erwarten dürfen, daß alles, was aufgenommen wurde, von gleichem Wert und Gewicht sei. So vermißt man in dem Beitrag ›Mut machen!‹ von Richard Bayer die nüchterne Darstellung und Auswertung kennzeichnender Fälle von Ent- und Ermutigung aus der herkömmlichen Erziehung, und in dem Beitrag über ›Eigenliebe und Eitelkeit‹ von Leonhard Seif die Herausarbeitung derjenigen *besonderen* Erziehungsfehler, die unter den vielen möglichen kindlichen Fehlverhaltensweisen gerade die *Eitelkeit* mehr oder weniger sicher hervorrufen.
Noch ein Wort zur Anordnung: Die Reihenfolge der Mitarbeiter-Beiträge wechselt von Auflage zu Auflage. Befriedigend ist sie nirgends. Doch zerfällt die Menge der Beiträge ganz natürlich in *drei* Gruppen:
1. die theoretischen Abhandlungen Adlers;
2. die Erhebungen und Fallberichte, durch welche seine Theorie näher beleuchtet wird;
3. die Forderungen an den Erzieher, die aus der Theorie unmittelbar gefolgert werden müssen.
Diese Gruppierung ist unserer Anordnung zugrunde gelegt. Innerhalb der Abteilungen geht die Reihenfolge vom Allgemeinen zum Besonderen. Die Abteilungsüberschriften sind vom Herausgeber eingefügt.

Heilen und Bilden wird, wie schon eingangs erwähnt, von seinen Herausgebern als »Ein Buch der Erziehungskunst« bezeichnet, obwohl es sich nur zum Teil unmittelbar mit Erziehungsfragen beschäftigt. Darum soll hier noch kurz auf die Art der Erziehung eingegangen werden, die Adler zwischen 1904 (›Der Arzt als Erzieher‹), 1908 (›Das Zärtlichkeitsbedürfnis des Kindes‹) und 1912 (›Zur Erziehung der Erzieher‹) entwickelt hat.
Erste Frage: Warum überhaupt eine neue Erziehung? Darauf gibt Adler eine unausdrückliche und eine ausdrückliche Ant-

wort. Die erste gibt den Grund an, aus dem Adler sich schon früh von der Sinnlosigkeit der herkömmlichen Erziehung überzeugt hat. Er fand in ihr die Ursache der Entstehung zahlloser Neurosen und anderer seelischer und sozialer Störungen. Wir *können* die meisten davon verhüten — das ist seine feste Überzeugung —, *wenn wir anders erziehen.*

Der zweite Grund wird mit folgenden Worten ausdrücklich angegeben: »Wir steuern [. . .] einer Zeit entgegen, wo jeder selbständig und frei, nicht mehr im Dienst einer Person, sondern einer [. . .] Idee [. . .] seinen gleichberechtigten Platz ausfüllt.« Dieser Ausspruch steht in dem kleinen Aufsatz über das Zärtlichkeitsbedürfnis des Kindes, der entstanden ist, als noch niemand daran dachte, daß das Ende der großen europäischen Kaiserhäuser so nahe bevorstand. Eine neue Gesellschaftsordnung erfordert eine neue Erziehung. Denn — so heißt es in dem Aufsatz über die Erziehung der Erzieher — »Es muß ein Einklang bestehen zwischen den Forderungen in der Kinderstube und der Entwicklung unseres öffentlichen Lebens«. Wo dieser Einklang nicht besteht, ist die Persönlichkeitsentwicklung gefährdet. Sowie der junge Mensch das Elternhaus verläßt, stößt er auf andersgeartete, kaum vermutete Schwierigkeiten, auf deren Bewältigung er nicht vorbereitet ist, in denen die Verhaltensmuster, die er sich zu Hause angeeignet hat, sich nicht anwenden lassen, da sie ihn nur in neue Verlegenheiten bringen. Das kann ihm schon am ersten Schultag zustoßen. Was hilft es ihm, wenn seine Eltern ihr heiliges Erziehungsziel bei ihm erreicht haben, »daß sich das Kind ihnen völlig unterordnet und seine Selbständigkeit begräbt«? Bei Adler kommt der Ausdruck »Untertan« nicht vor. Aber tatsächlich beschreibt er die Erziehung zum Untertanen, wie sie in einen Obrigkeitsstaat alten Stils hineinpaßt. Freilich gibt er sich nicht dem oberflächlichen Glauben hin, daß die Eltern seinerzeit ihre Kinder zu Untertanen erzogen haben, weil es die Obrigkeit *von ihnen so verlangte.*

Der Gehorsam, die Fügsamkeit, die Bereitschaft zur Unterordnung, der Verzicht auf Selbständigkeit, war in unserem Zivilisationsbereich damals tatsächlich das ausdrückliche Erziehungsziel der meisten Eltern und ist es in weiten Kreisen noch heute. Adler sagt an anderer Stelle (›Über neurotische Disposition‹, 1909) mit bitterem Hohn von der »gegenwärtigen Erziehung«, daß »ihr Prinzip fast allgemein die Erzielung von Lebensfeigheit ist«, eine Bemerkung, die noch an verschiedenen anderen Stellen wiederkehrt.

Die von ihm vorgefundene Erziehung hat übrigens noch eine grundlegende *formale* Eigentümlichkeit, die am Anfang des Aufsatzes über den Arzt als Erzieher so flüchtig angedeutet wird, daß man sie leicht übersieht: Es sollen dem Zögling

bestimmte Verhaltens*muster* auferlegt und in ihm befestigt werden. Ziel der Erziehung ist, ohne daß die Eltern sich das jemals klarmachen, die Wiederholung der elterlichen Verhaltensmuster in den Kindern. Man bemerkt die Verwandtschaft mit Formulierungen der amerikanischen Lerntheorie. Aber während Adler 1904 gegen eine solche Theorie seine Bedenken erhebt, wird uns 70 Jahre später dasselbe als letztes Ergebnis wissenschaftlicher Forschung angeboten.
Welches sind nun die Verfahren dieser überlieferten Erziehung? Zur Einprägung von Verhaltensmustern gibt es nur *ein* Verfahren: Den Drill, der für Adler schon 1912 für Menschen »kein Erziehungsmittel« ist.
Welches sind die *Motive*, deren sie sich bedient? Das beste Mittel, um Feigheit zu erzielen, ist die Weckung und Pflege von *Schuldgefühlen*. Die Erziehung ist ein *Kampf* zwischen *Personen*: Das Erziehungsziel wird erreicht, wenn der Erwachsene sich durchsetzt, sich Respekt verschafft, wenn es ihm gelingt, den Zögling zu unterwerfen und seinen natürlichen bösen Willen zu »brechen«. Die Mittel, die dafür als zulässig angesehen, wenn auch nicht von allen Erziehern in gleicher Schärfe angewendet werden, sind erstens die Belohnung des Gehorsams und zweitens die Erzeugung von Furcht vor dem Erzieher und von Angst und Schrecken vor späteren Folgen unerwünschten Verhaltens (Krankheiten, Strafen Gottes oder »des Himmels«). Die Drohung mit frei erfundenen Buhmännern, die Herabsetzung, Demütigung, Bloßstellung, Verängstigung, Einschüchterung; die Anwendung »kriminalistischer Gebräuche« der Inquisition, die Auferlegung von Sühnehandlungen, die Forderung von Geständnissen, Schuldbekenntnissen, Abbitten, Besserungsversprechen; der reichliche Gebrauch von Ermahnungen und Zurechtweisungen, das Bestehen auf der Zerknirschung des Sünders; dazu das Lächerlichmachen kindlicher Hilflosigkeit und die Bestrafung des Mißlingens von Versuchen selbständigen Handelns. Die »Fabel«, »daß Strafe im Kinderleben die Sittlichkeit stärke« und »der Wunderglauben an den Stock«, beides, so meint Adler, habe in Elternkreisen schon etwas abgenommen. Beobachtet man aber heutiges Elternverhalten, so wundert man sich, wie wenig es sich – trotz der Bemühungen Adlers und vieler Vertreter einer neuen Erziehung, die vor und nach ihm gewirkt haben – in diesem »Jahrhundert des Kindes« verändert hat. Zugleich ist man erstaunt, wieweit Adler den gegenwärtigen Auseinandersetzungen schon voraus ist. Man ist inzwischen dahintergekommen, daß man selbst bei der Abrichtung von Raubtieren durch die Weckung von Anhänglichkeit erstaunlich viel bessere Leistungen erzielt als, wie früher üblich, durch die Erzeugung von Respekt durch allerlei Strafen. Bei der Erörterung

der Erziehung von Menschenkindern aber wird die Notwendigkeit und die »die Sittlichkeit stärkende Wirkung der Strafe« in weiten, und sogar fortschrittlichen Kreisen immer noch als völlig selbstverständlich vorausgesetzt (vgl. *Wie strafe ich mein Kind?* als Buchtitel).

Welches sind nun die unterscheidenden Merkmale der von Adler geforderten Erziehung?

1. Ihre *Ziele* sind nicht nur inhaltlich völlig andere, sondern unterscheiden sich schon rein formal, insofern es sich nicht um einprägbare und einzuprägende *Verhaltensmuster* handelt, sondern um *allgemeine Haltungen*, aus denen in Auseinandersetzung mit den je besonderen Lagen in selbständiger, freier Entscheidung das sachlich angemessene Verhalten hervorwächst.
2. Welches sind diese erwünschten Haltungen? An Stelle des Ziels der Unterwerfung, des Gehorsams, des Verzichts auf den eigenen Willen wird zum Ziel ein Mensch, »der innerlich frei und äußerlich unabhängig« ist, mutig, selbstsicher, voll Vertrauen auf die eigene Kraft, selbständig, unternehmend und entschlußfähig. Es ist ein Mensch, der auch die Spannung eines unbefriedigten Bedürfnisses aushalten, auf die Befriedigung seiner Wünsche warten und deren Aufschub ertragen kann – worin eben, mindestens zum Teil, die *innere* Freiheit besteht.
3. Wichtigste Aufgabe des Lehrers ist es, »das Kind zum selbständigen Urteil zu bringen, es von den Meinungen anderer unabhängiger zu machen«. Diese Forderung steht zwar im Zusammenhang mit den besonderen Aufgaben der Erziehung kranker, schwächlicher, körperlich behinderter Kinder in dem Aufsatz ›Über Neurotische Disposition‹ (1909), aber es versteht sich von selbst, daß dabei nur eine Aufgabe betont wird, die allgemein gilt. Wichtig ist die Erhaltung des Ehrgefühls. Neben der Selbständigkeit und im Lauf der Jahre, etwa seit 1912, mehr und mehr, wird die besondere Aufgabe betont, den Gemeinsinn, das »soziale Interesse«, das »Gemeinschaftsgefühl« zu wecken und zu pflegen, das heißt die Fähigkeit zum »Miteinander«, zur Zusammenarbeit, zu »Aufgaben zu zweit«, zur Sachlichkeit bei diesen Aufgaben, zur Übernahme auch der unvermeidlichen *Beschwerden* des Zusammenlebens, zur Freude am Geben und Helfen.
4. Ebenso wie das *Ziel* nicht mehr eine Summe fest eingeprägter Verhaltensmuster ist, so besteht auch das Erziehen selber nicht mehr vorwiegend aus speziellen »Maßnahmen« zur Durchsetzung der erwünschten und zur Löschung der unerwünschten Verhaltensweisen. Vordringlich wird *die Herstellung allgemeiner Umstände*, durch welche die er-

wünschten Verhaltensweisen ermöglicht und begünstigt werden, von denen man also hoffen kann, daß in ihnen in dem Kind der natürliche Antrieb erwacht, sich aus freien Stücken diesen Zielen gemäß zu verhalten.

5. Zu diesen Allgemeinbedingungen, die zum Teil hergestellt werden müssen, längst bevor die erste Erziehungsmaßnahme möglich ist, gehört die ausreichende Befriedigung des kindlichen Zärtlichkeitsbedürfnisses und vor allem das Erlebnis der Mutter als ersten *Mitmenschen*, dem man *vertrauen* kann – ein Gedanke, der später bei Erikson unter der Bezeichnung »Urvertrauen« wiederkehrt – auf den man sich verlassen kann, dem man sich verbunden fühlt. Nur hierdurch kann vermieden werden, daß die von seiten der Umgebung unbefriedigt bleibenden Zärtlichkeitsbedürfnisse sich auf die eigene Person richten – der Ausdruck »Narzißmus« liegt hier nahe, wird aber von Adler nicht verwendet – und daß das Kind in Feindstellung geht, sich »in Aggression« zu seiner Umgebung stellt, da es sich von ihr ausgeschlossen und im Kriegszustand mit einer Welt von Feinden zu befinden meint, vor denen man auf der Hut sein und sich »sichern« muß in der heimlichen Hoffnung, irgendwann einmal über sie triumphieren zu können. Dies ist der Weg, auf dem statt eines »Mitmenschen« ein »Gegenmensch« sich ausbildet.[6]

6. Auf der Grundlage von Zärtlichkeit – Verbundenheit – Verläßlichkeit wird dann gefordert: Die großzügige Duldung und Förderung jedes kindlichen Versuchs, selbständiger zu werden, der Verzicht auf jeden Versuch, sich bei ihm »als übereifriger Schutzengel« »unentbehrlich zu machen«, ihm abzunehmen, was es längst selber tun könnte und unter gesunden Bedingungen auch möchte; der Verzicht auf fortwährendes Ermahnen und Zurechtweisen, die Vermeidung jedes willkürlichen und unverständlichen Befehls, jedes ungerecht scheinenden Verlangens, der Verzicht auf jeden Zwang, die Erhaltung des Muts und des Selbstvertrauens, der Mannhaftigkeit und der Courage, auch wenn sie sich gegen den Erzieher selber richtet, und ihre Wiederherstellung bei Mißerfolgen. Auch wo Gehorsam nötig ist, soll er nicht erzwungen werden. So früh wie möglich stütze man die Folgsamkeit auf das Verständnis für die *sachliche* Notwendigkeit. Der Raum freier Entscheidung soll von Anfang an so weit wie möglich sein und zügig erweitert werden.
Die Rolle des Erziehers ist nicht die des gefürchteten »Herrn im Hause«, der aufgrund seiner größeren Macht alles, was

[6] Vgl. die Darstellung dieser Zusammenhänge bei W. Metzger, ›Wer eines dieser Kleinsten ärgert . . ‹. In: Bettschardt (Hg.) *Seelische Gesundheit*. Bern 1959, die ohne Kenntnis der viel älteren Ausführungen Adlers entstanden ist.

schwächer ist, unterwirft und durchsetzt, was ihm *beliebt*. Er hat vielmehr dem Kind gegenüber »das orientierende Bewußtsein [...] zu vertreten«, und aus dem Erzieher muß dem Heranwachsenden gegenüber beizeiten ein Berater werden.

7. Zu den notwendigen Voraussetzungen eines gesunden Heranwachsens des Kindes gehört unter anderem die *Einigkeit* (und – da eine ununterbrochene Einigkeit jenseits durchschnittlichen menschlichen Vermögens liegt – fast noch wichtiger, die Verträglichkeit und Versöhnlichkeit) der Eltern, dazu ihre *Gerechtigkeit*, ihr Verzicht auf Lieblinge (das kann man lernen), die sorgsame Verhütung von Aschenbrödel-Verhältnissen und vor allem jeder Herabsetzung des weiblichen Geschlechts.

Die Grundforderung, den Kindern »den Weg freizugeben«, kann freilich nur der erfüllen, der zugleich bereit ist, ihnen gegenüber *»seine Unfehlbarkeit preiszugeben«*. »Wenn dabei auch ein großes Stück Autoritätsglaube fällt, [...] wir wollen es nicht bedauern«, denn er hat, wie Adler es sah, in einer künftigen Gesellschaft ohnehin keinen Platz mehr.

Bebenhausen, im Februar 1973 Wolfgang Metzger

Vorwort zur ersten Auflage

Der vorliegende Band möchte ein Bild geben von der Tätigkeit einer Arbeitsgemeinschaft von Ärzten und Pädagogen, die sich seit wenigen Jahren herausgebildet hat. Der Zweck unserer Veröffentlichung ist es, nicht nur Leser und Zuschauer, sondern vor allem tätige Mitarbeiter für unsere Bemühungen zu gewinnen. So mag denn zunächst dargelegt werden — soweit dies geschehen kann, ohne den folgenden Arbeiten vorzugreifen —, welches die Grundgedanken sind, die uns bei unserem Werke leiten, und was uns an diesem Handinhandarbeiten von Arzt und Erzieher als das Neue und Charakteristische erscheint.

Denn daß Ratschläge und Belehrungen des Arztes für den Erzieher unentbehrlich sind, daß wiederum jeder Arzt auch zur Entfaltung einer in gewissem Sinne erzieherischen Tätigkeit berufen ist, brauchte nicht erst entdeckt zu werden. Und die Tätigkeit des Psychotherapeuten insbesonders ist ja wohl immer, bei dem einen voll bewußt, bei dem andern mehr oder weniger unbewußt, ihrem innersten Wesen nach eine erziehliche. Ein Zusammenarbeiten aber, wie wir es vor Augen haben, wurde erst möglich in dem Augenblick, wo die individualpsychologische Methode in der Psychotherapie zur Entwicklung gelangte.

Versucht man, logisch zu sondern, was in Wirklichkeit freilich eng verbunden nebeneinander läuft, so zerfällt nach dieser Methode die Aufgabe des Nervenarztes in einen praktischen und in einen theoretischen Teil. Er muß zunächst das Seelenleben seines Patienten in seinem innersten Kern zu verstehen suchen, indem er den verborgenen Zielpunkt aufdeckt, nach welchem alle Handlungen und psychischen Äußerungen des Patienten unbewußt gerichtet sind. So wird vor seinen Augen in immer klareren Umrissen das *Persönlichkeitsideal* hervortreten, dessen Verwirklichung das tiefste Lebensinteresse des Patienten bildet, und es werden ihm die *Leitlinien* sichtbar werden, die die Wege bestimmen, auf denen der Patient diesem Endziel zustrebt. Jetzt muß er aufspüren, was an diesem festgefügten *Lebensplan* schief und unhaltbar ist, was den Patienten mit der Realität in unlösbaren Widerspruch bringen mußte und ihn daher auf Umwege abdrängte, als deren verhängnisvollste sich eben die Neurosen und Psychosen darstellen. Zur Lösung dieser theoretischen Aufgabe wird er die Gabe psychologischer Intuition mit der Handhabung einer durchgebildeten individualpsychologischen Technik verbinden müssen. Der praktische Teil der Arbeit des Psychotherapeuten wird geleistet sein, wenn er den Patienten dazu bringt, zu verzichten und an Stelle seines unrealisierbaren Lebensplanes einen anderen zu setzen, der ihm die Anpassung an die Wirklichkeit ermöglicht.

Dieser Teil der Behandlung stellt sich also als eine besonders tiefgreifende und unter besonders schwierigen Verhältnissen zu leistende pädagogische Tätigkeit dar. Und doch wurzelt das Wesentliche, das die Ärzte und Pädagogen unseres Kreises vereint, vor allem im theoretischen Gebiet. Der Psychotherapeut, der die Persönlichkeit seines Patienten verstehen will, muß die Geschichte dieser Persönlichkeit studieren. Er muß sich rückschauend klar machen, wie gegebene körperliche Veranlagung und die daraus entspringenden psychischen Reaktionen, wie die Stellung zu Eltern und Geschwistern, zu Kameraden und Lehrern das Kind allmählich zu einer immer klarer hervortretenden, für das Individuum charakteristischen Stellungnahme zur Welt gedrängt haben. *So begegnen sich Psychotherapeut und Pädagog in dem gemeinsamen Interesse für die Psychologie des Kindes.*

Aber zu diesem materialen Moment kommt ein formales von vielleicht noch größerer Bedeutsamkeit. Die Schaffung der individualpsychologischen Methode der Psychotherapie war ja nur dadurch möglich geworden, daß der Psychotherapeut weit über die ursprünglichen Grenzen seines Arbeitsgebiets hinausgriff, daß er die Grundlagen zu einer *allgemeinen Individualpsychologie* legte. Hatte die bisherige Psychologie sich vorzugsweise mit den seelischen Erscheinungen beschäftigt, die an der Peripherie der Persönlichkeit liegen, und hatte sie höchstens schüchtern und zögernd den Versuch unternommen, sich von hier aus ein wenig dem Zentrum zu nähern, so wurde es jetzt zum methodischen Grundsatz, daß man sich erst des Kerns der Persönlichkeit bemächtigt haben müsse, um die peripheren Äußerungen überhaupt verstehen und richtig einschätzen zu können. Dem schulgemäßen Psychologen muß es Mühe machen, sich in diese neue Anschauung einzuleben, die seine gewohnte Arbeitsweise geradezu auf den Kopf stellt. Der Pädagog aber war immer den lebendigen Persönlichkeiten seiner Schüler gegenübergestanden, er hatte sich immer bemüht, ihre Äußerungen nicht gesondert zu beurteilen, sondern sie auf das Ganze ihres Wesens zu beziehen. Nur soweit ihm dies gelang, konnte er ja wirklich individualisieren. Wandte er sich an die Psychologie um Rat, so konnte er von ihr eine Fülle des Wissenswerten erfahren; nur darüber, was ihm das

Hauptproblem war, fand er nichts: in die Tiefen der Einzelpersönlichkeit wurde er nicht geführt. Nun begreift man, welche frohe Zuversicht, ja Erhebung den Suchenden in dem Augenblick erfüllen muß, da ihm die Möglichkeit einer wissenschaftlichen Individualpsychologie entgegentritt. *So entwickelt sich beim Pädagogen wie beim Psychotherapeuten aus praktischen Bedürfnissen heraus ein neues theoretisches Interesse, das sie verbindet.* Die Psychologie erscheint ihnen nicht mehr als eine Hilfswissenschaft, der sie rezeptiv gegenüberstehen, sondern sie fühlen sich berufen, an dem *Aufbau und der Weiterentwicklung einer Individualpsychologie* produktiv mitzuarbeiten.
Dabei kommen die unmittelbar praktischen Bedürfnisse des Pädagogen nicht zu kurz. Indem er das Kind besser verstehen lernt, lernt er auch den oft gewissermaßen unterirdischen Einfluß seiner erzieherischen Maßregeln besser abschätzen, um so mehr, als ihm durch des Psychotherapeuten Krankengeschichten und durch eigene Beobachtung der Blick dafür aufgeht, inwieweit und in welcher Weise solche Eingriffe der Erzieher im Erwachsenen nachwirken. Man wird vielleicht meinen, daß in diesem Bande die Stellungnahme zu konkreten Erziehungsproblemen nicht genug betont ist. Nun werden ja dem aufmerksamen Leser die zahlreichen pädagogischen Winke und Hinweise nicht entgehen, die in dem Buche verstreut sind. Aber freilich, wer ein erzieherisches Programm zu finden erwartet, wird enttäuscht sein. Wir haben davon bewußt abgesehen, weil solche allgemeinen Formulierungen allzu leicht zum Schematisieren verleiten. Wir begnügen uns damit, in unserer psychologischen Arbeit fortzufahren und die pädagogischen Einsichten zu verzeichnen, die uns dabei als reife Früchte vom Baume fallen. Den Hauptnutzen aber, den der Pädagog aus der Beschäftigung mit der Individualpsychologie ziehen kann, erblicken wir darin, daß sie sein menschliches Interesse für den einzelnen Zögling erhöht, daß sie ihn zu kritischer Vorsicht seiner eigenen Tätigkeit gegenüber ermahnt, daß sie seinen psychologischen Instinkt verschärft und seinen pädagogischen Takt verfeinert.
Ein flüchtiger Blick auf das Inhaltsverzeichnis dieses Bandes lehrt schon, daß derselbe sich gewissermaßen in zwei Teile scheidet. Der erste bringt Arbeiten Alfred Adlers aus den Jahren seit 1904 und gibt so ein geschlossenes Bild der Entwicklung der von ihm geschaffenen individualpsychologischen Methode. Der zweite Teil zeigt Mitglieder unseres Kreises an der Arbeit, sich mit Hilfe der Individualpsychologie der mannigfachsten Probleme zu bemächtigen. Wir hoffen, in nicht zu ferner Zeit mit einem bedeutend erweiterten Kreis von Mitarbeitern neuerlich vor die Öffentlichkeit treten zu können.

Es braucht wohl nicht erst hervorgehoben zu werden, daß wir die Bedingung der Mitarbeiterschaft nicht in der Teilung unserer konkreten Anschauungen, sondern einzig und allein in der Anwendung des individualpsychologischen Gesichtspunktes erblicken.

Dr. Carl Furtmüller

Vorwort zur dritten Auflage

Dieses Buch verkörpert Kindheit und erste Jugend der Individualpsychologie. Überblickt man die Zeit seit dem Erscheinen der ersten Auflage von »Heilen und Bilden« (1913) bis zum heutigen Tage, so zieht nicht nur das Bild unaufhaltsamer Entwicklung einer wissenschaftlichen Methode, sondern auch ein Stück Zeitgeschichte im Spiegel kulturpsychologischer Betrachtung an uns vorüber. Was damals paradox, einseitig gesehen und unglaubwürdig erschien, ist heute zum großen Teil Gemeingut aller derer geworden, die sich mit Pädagogik und Psychotherapie befassen. Gewiß ist die Kritik nicht verstummt. Aber nur deshalb, weil auch wir nicht stehengeblieben sind, weil wir neue Positionen besetzt und dadurch neue Gegner gefunden haben. Die Erfahrungen dieser 15 Jahre ermutigen uns, auch heute standzuhalten. Durch die Aufnahme einer neuen Arbeit über ›Begabung und Erziehung‹ in diese dritte Auflage wird dieser Teil der individualpsychologischen Lehre, der mehr und mehr in den Mittelpunkt des Meinungskampfes rückt, auch im Rahmen dieses Buches zur Darstellung gebracht.

Die sonstigen Veränderungen gegenüber der zweiten Auflage halten sich in bescheidenem Rahmen. Einige minder wichtige Arbeiten wurden weggelassen, um Raum für unentbehrliche Ergänzungen zu gewinnen, ohne den Umfang des Buches wesentlich zu ändern. Zwei von den drei Aufsätzen zum Problem des Schülerselbstmords wurden, weil sie an die Zeit ihres Entstehens gebunden und darum heute nicht mehr ganz aktuell erschienen, durch andere ersetzt. Eine Erweiterung des Umfanges schien uns nicht erforderlich in Anbetracht der mittlerweile beträchtlich angewachsenen individualpsychologischen Literatur, auf die hier verwiesen sei (siehe insbesondere das von mir herausgegebene »Handbuch der Individualpsychologie«, München 1926).

Wir freuen uns der Lebenskraft dieses Buches. Sie beweist, daß wir von Anbeginn auf dem richtigen Wege waren. Wir wollen ihn weitergehen.

Wien, April 1928. Dr. Erwin Wexberg

1. Zur Theorie der Persönlichkeit und der Neurose

Carl Furtmüller und Erwin Wexberg

Zur Entwicklung der Individualpsychologie

I

Die moderne Psychologie hat zu wiederholten Malen von der Beschäftigung mit dem abnormalen Seelenleben her bedeutsame Anstöße erfahren. Nie aber waren die Brücken, die von der Betrachtung der kranken zu der gesunden Psyche führten, so zahlreich und so tragfähig als die von der *Psychoanalyse und Individualpsychologie* errichteten, die, ursprünglich ärztliche Heilmethoden zur Behandlung neurotischer Erkrankungen, heute den Anspruch erheben, uns auch den psychischen Organismus des Gesunden in ganz neuem Lichte zu zeigen. So dürfen beide Schulen heute wohl auf das zumindest prüfende Interesse eines jeden rechnen, der ein Psychologe in dem tieferen Sinne ist, daß es ihn nach einer Aufdeckung des inneren Zusammenhanges unseres Seelenlebens verlangt. Auf eine ausführliche Darlegung bestimmter Fälle müssen wir freilich mit Rücksicht auf ihren Umfang von vornherein verzichten; aber wir können nicht hoffen, ohne sie volles Verständnis zu vermitteln, geschweige denn volle Überzeugung herbeizuführen. Die Verfasser würden also ihre Absicht für erreicht halten, wenn sie durch die folgenden Ausführungen den Leser anregten, die einschlägige Literatur zu verfolgen, aber auch seinem eigenen Seelenleben nachzuspüren.

Es ist *Josef Breuers* Verdienst, zum erstenmal gelegentlich eines Falles von Hysterie auf die Tatsache *unbewußter Mechanismen* in der Psychogenese der Neurosen hingewiesen zu haben. Es ergab sich, daß gewisse Handlungsweisen und Gedankengänge des Patienten (oder auch des Normalen) unverständlich blieben, bis eine Bewußtseinslücke ausgefüllt wurde. Dann aber stellte sich heraus, daß die Betreffenden auch früher schon so gehandelt hatten, als ob die erst jetzt ins Bewußtsein gehobenen Erinnerungen (Phantasien, Gedanken) schon bestimmend gewirkt hätten. Um diesen Tatbestand festzustellen, hat die Psychoanalyse den Hilfsbegriff der unbewußten Vorstellung gebildet. Es handelt sich also bei diesem Terminus, wie ihn die Psychoanalyse gebraucht, nicht um psychische Phänomene, die wegen zu geringer Bedeutung unter der Schwelle des Bewußtseins bleiben, sondern um psychische Kräfte, die ungeachtet ihrer hohen Wertigkeit, ja gerade derenthalben, vom Bewußtsein ausgeschlossen bleiben.

Für *Breuer* entstand die psychische Erkrankung dadurch, daß wegen der Verdrängung des Erlebnisses aus dem Bewußtsein der damit verbundene Affekt an seinem normalen Ablauf gehindert war. Die Kur machte mit der Erinnerung auch den Affekt wieder frei und führte ihn der Erledigung zu. Er nannte deshalb seine Methode »kathartisches (reinigendes) Verfahren«. Haben diese Aufstellungen auch in der Folge mannigfache Korrekturen erfahren, so bieten sie im Kerne doch eine Erkenntnis von bedeutender Tragweite. Sie zeigen, daß man bei sich und anderen gegen unerwünschte psychische Angriffe nicht dadurch wirksam ankämpfen kann, daß man ihnen einfach den Weg zur Äußerung und Betätigung versperrt; sie wirken dann unerkannt und unbewacht um so gefährlicher. Und so gelangen wir schon von den Anfängen der Psychoanalyse aus zu dem wichtigen pädagogischen Grundsatze, der mit der Theorie weniger in Widerspruch steht als mit unserer Praxis in Haus und Schule: *Fruchtbare sittliche Erziehung ist nur möglich durch Erweiterung des Bewußtseins, nicht durch seine Einschränkung.*

War auch das schon Erreichte wichtig genug, so bedeutete das neue Verfahren auf dieser Stufe doch nicht mehr als eine ärztliche Heilmethode. Die Möglichkeit, sich darüber hinaus zu einem neuen und unentbehrlichen Forschungsmittel der Psychologie zu entwickeln, erhielt es erst durch einen Schritt *Sigmund Freuds*, der das von *Breuer* Begonnene bald selbständig und genial fortsetzte. Praktische Erwägungen legten es ihm nahe, einen Weg zu suchen, der die Anwendung des neuen Verfahrens ohne Hypnose ermöglichte. So kam *Freud* nach einem Übergangsstadium zu folgendem Verfahren: Der Patient wurde aufgefordert, sich dem freien Lauf seiner Vorstellungen zu überlassen und zu sagen, was ihm einfalle. Bedingung war dabei, daß er wirklich alle Einfälle dem Arzte mitteilte, auch wenn sie ihm unsinnig, nicht zur Sache gehörig, peinlich erschienen. Indem nun der Arzt im Auge behielt, wo verschiedene Reihen von Einfällen sich einem gemeinsamen Knotenpunkt zu nähern schienen, vor allem aber, indem er festhielt, daß die scheinbar zufällige Aufeinanderfolge zweier Einfälle auf einen inneren Zusammenhang hinweise, konnte er erraten, in welche Richtung die Gedankengänge des Patienten drängten. Er vermochte diesen dann durch einzelne Aufklärungen, bei denen er seine an anderen Patienten erworbenen Erfahrungen verwertete, vor allem aber, indem er Abbiegen und Steckenbleiben zu verhindern suchte, bei seiner Selbstbesinnung zu unterstützen. Denn im Wesen ist ja die psychoanalytische Methode nichts anderes als kunstmäßig geleitete Selbsterforschung.

Bei dieser Art der Kur nun war es notwendig, daß sich im Laufe der Zeit – eine psychoanalytische Behandlung dauert oft viele Monate, mitunter Jahre — das ganze Leben des Patienten, von der frühesten Jugend bis auf die Gegenwart, in seinen großen Erlebnissen und in den scheinbar unwichtigen Details, in seinen offensichtlichen Handlungen wie in seinen geheimsten Wünschen und Befürchtungen vor den Augen des Arztes abrollte. Er erhielt so eine Biographie seines Patienten, vermehrt um das, was man bei der Niederschrift einer Lebensbeschreibung unterdrückt; dazu kam noch, was vor der Behandlung der Patient nicht einmal sich selbst eingestehen konnte und wollte. Hier scheint mir das Moment zu liegen, durch das das neue Verfahren am tiefsten in den Entwicklungsgang der Psychologie einzugreifen bestimmt ist. Die bisherige Psychologie verfährt so, daß sie aus dem Zusammenhang des psychischen Lebens einzelne Erscheinungen oder Reihen und Gruppen von Erscheinungen herausgreift. Indem sie diese jetzt weiter zu zergliedern sucht und untereinander vergleicht, kommt sie allerdings zu wissenschaftlichen Beschreibungen und zur Feststellung gesetzmäßiger Abläufe; aber durch das Wesen ihres Verfahrens selbst hat sie sich zwei Grenzen gesteckt. Einmal erstreckt sich ihre Betrachtung immer auf das Formale des psychischen Ablaufs: Die Materie des Seelenlebens entzieht sich aber ihrer Untersuchung. Und damit steht dann ein Zweites in innerem Zusammenhang: es war der bisherigen Psychologie versagt, zum Verständnis der lebendigen Einheit des individuellen Seelenlebens vorzudringen.[1] *Die wissenschaftliche Bearbeitung des Inhaltes der Psyche und die Erforschung der Persönlichkeit sind also die beiden wesentlichen neuen Aufgaben, die die Psychoanalyse stellt.*

Dieser allgemeine Gedankengang zeigt uns schon, daß die Psychoanalyse dahin kommen mußte, ihr ursprüngliches Arbeitsgebiet wesentlich zu erweitern, daß sie sich nicht mehr auf die Erforschung des krankhaften Seelenlebens beschränken konnte, sondern auch das Studium der normalen Psyche in ihre Untersuchungen einzubeziehen gezwungen war. Es lag in der Natur der Sache, daß sie sich dabei zunächst jenen Erscheinungen zukehrte, die schon äußerlich eine gewisse Verwandtschaft mit den als krankhaft angesehenen psychischen Störungen darbieten. So hat *Freud* die »Psychopathologie des Alltags« untersucht, jene Fälle von Fehlhandlungen, Vergreifen, Versprechen, Verlesen, Verschreiben, Vergessen, in denen unser seelischer Apparat bei einer sonst spielend zustande gebrachten Leistung in auffallender Weise versagt. Er konnte nachweisen, daß, zumindest in sehr vielen Fällen, dieses Versagen nicht »zufällig«, sondern psychisch, wenn auch unbe-

[1] Daher kommt es, daß die Psychologie bisher mit »Menschenkenntnis« so wenig zu tun hatte und daß sie nicht imstande war, intuitive Selbsterkenntnis, wie sie z. B. in den Werken großer Dichter niedergelegt ist, systematisch zu verwerten.

wußt, genau bestimmt ist. Er befaßte sich auch mit den Phantasien, denen sich die Menschen in unbeschäftigten Augenblikken hingeben, den »Tagträumen«. Seine bedeutendste Leistung aber vollbrachte er durch die Aufhellung jenes Gebietes, auf dem das Seelenleben des Gesunden sich am meisten dem des psychisch Gestörten zu nähern scheint, durch seine Erforschung des Traumlebens. In seiner »Traumdeutung« hat er gezeigt, daß in jedem Traume, ungeachtet seiner scheinbaren Rätselhaftigkeit, Verworrenheit, ja Absurdität, ein Sinn steckt. Und zwar stellt für *Freud* jeder Traum, möge der Trauminhalt dem noch so zu widersprechen scheinen, eine Wunscherfüllung dar und in seinem tiefsten Sinne die Erfüllung eines alten, im Lauf der Entwicklung des Individuums aus dem Wachbewußtsein längst verdrängten Kinderwunsches.

Der Begriff der Wunscherfüllung nimmt im Zusammenhang der *Freud*schen Lehren eine beherrschende Stellung ein. In dem Moment, wo man die Rolle des Unbewußten auch in der Psyche des Normalen erkannte, wurde die Auffassung unhaltbar, als sei das Unbewußte etwas rein Rückschauendes, nichts als ein Ballast der Vergangenheit. Man konnte nicht auch den psychisch Gesunden mit rückwärts gewandten Augen durch das Leben gehen lassen. Und dann mußte sich ein Widerstreit ergeben mit dem Wesen der psychoanalytischen Methode selbst, die ja die Zielstrebigkeit der Assoziation, also das Vorwärtsdrängen der Gedanken, zur notwendigen Voraussetzung hat. Bei dieser Schwierigkeit setzt nun *Freuds* Theorie von den unbewußten Wünschen ein. Ihre Bedeutung liegt darin, daß es ihr gelingt, Vergangenheit und Zukunft zu verbinden. Das Unbewußte hält das Gewesene fest, aber nur um des Künftigen willen, weil es möchte, daß das, was war, wieder werden soll.

Trotz der großen Bedeutung der Wunschtheorie war es doch ausgeschlossen, daß die Psychoanalyse sich dauernd bei ihr hätte beruhigen können. War früher das Unbewußte ein rückwärts gewandter Prophet, so ist es jetzt ein vorwärts gewandter Historiker; die Zukunft ist ihm nur ein Umweg zur Vergangenheit. Auch jetzt noch hat die Vergangenheit, außer ihrer sozusagen historischen Bedeutung, daß sie nämlich das Individuum zu dem gemacht hat, was es jetzt ist, einen so entscheidenden Einfluß, daß sie Gegenwart und Zukunft in ihre Farben kleidet. Wenn man nach *Freud*schen Gesichtspunkten ein Menschenschicksal erforscht, so kann man weit und immer weiter zurückgehen, bis in die frühesten Kinderjahre, und nie findet man eigentlich den Augenblick, wo der Mensch seine Zukunft selbständig aufbauen will, immer finden wir ihn dabei, die Vergangenheit wiederherzustellen.

An dieser Stelle der Entwicklung hat die psychologische Forschung durch *Alfred Adler* eine entscheidende Förderung erfahren. Er sieht die Rolle der Vergangenheit in einem anderen Lichte, und so kann er auch die Stellung des Individuums zur Zukunft besser verstehen. Was wir die historische Bedeutung der psychischen Vergangenheit genannt haben, schätzt er mindestens ebenso hoch ein wie *Freud*, und er hat gerade hier, z. B. was die psychische Nachwirkung kindlicher Minderwertigkeiten betrifft, unsere Erkenntnis sehr gefördert. Aber seine Auffassung der *aktuellen* Rolle der psychischen Vergangenheit ist eine gänzlich verschiedene. Für ihn sind nicht konkrete Wünsche und Gedanken das Wesentliche, sondern der *Lebensplan*, eine zum Teil unbewußte Vorstellung von der Rolle, die man in der Welt spielen will. Dieser Lebensplan ruft fortwährend Versuche hervor, sich vorbauend und vorausdenkend für alle möglichen Fälle zu rüsten. Bei diesen tastenden Versuchen nun dient die ganze Vergangenheit als Material. Als *Mittel* also, nicht als *Ziel*, taucht sie immer dort auf, wo wir uns mit der Zukunft beschäftigen. In vielen Fällen, wo *Freud* eine objektive Wunschregung voll Heimweh nach der Vergangenheit sieht, erblickt daher *Adler* nichts als eine symbolische Vorbereitung für die Zukunft.

II

Wenn dieser Aufsatz es unternehmen will, das, was Psychoanalyse und Individualpsychologie über den Inhalt der Psyche zutage gefördert haben, kurz darzustellen, so kann das — wie schon hervorgehoben wurde — nicht in einem Zuge geschehen, sondern nur so, daß wir die Standpunkte *Freuds* und *Adlers* einander gegenüberstellen. Die Frage der Nachprüfung der Einzelbeobachtungen sei hier völlig ausgeschaltet. Aber die Richtigkeit aller Einzelbeobachtungen zugegeben, so kann doch das Tatsachenmaterial, auf das sich eine Wissenschaft stützt, an sich nichts anderes sein als eine Unzahl einzelner, zusammenhangloser Fakten. Damit aus diesem Chaos zusammenhängende, einheitliche *Erkenntnis* werde, ist es nötig, die Einzeltatsachen zusammenzufassen, zu ordnen, unter leitende Gesichtspunkte zu bringen. So tritt also in jeder wissenschaftlichen Theorie dem objektiven Faktor ein in gewissem Sinne subjektives Moment gegenüber. Der Widerstreit zweier Theorien spricht daher keineswegs gegen die Richtigkeit ihrer gemeinsamen objektiven Grundlage und die Richtigkeit dieser Grundlage *allein* spricht noch nicht für eine Theorie. Das Tatsachenmaterial, auf dem sich das ptolomäische und das kopernikanische Weltsystem aufbauen, ist das gleiche; die Art seiner Bearbeitung und seiner Bewältigung ist allerdings grundverschieden. Freilich muß sich dieser subjektive Faktor wieder den Tatsachen gegenüber bewähren. Aber gerade die praktische Prüfung wird nur möglich durch das Gegenüberstellen und Ausproben verschiedener Möglichkeiten.

Ist also ein subjektiver Anteil immer vorhanden, so muß er naturgemäß eine besondere Rolle spielen in einer wahrhaft psychologischen Psychologie. Der Forscher kann ja fremdes Seelenleben nur verstehen, indem er es nachzuerleben sucht, die *Einfühlung* ist Voraussetzung jeder psychologischen Arbeit. Bei genauester Beachtung aller objektiven Befunde wird also das entstehende Gesamtbild doch immer wesentlich beeinflußt sein von der Persönlichkeit des Psychologen, so redlich er bemüht sein mag, allzu Individuelles auszuschalten. Die Unpersönlichkeit kann hier wohl ein Ziel der nachprüfenden Kritik, nicht aber des aufbauenden Forschers sein. So tritt uns denn auch in den Theorien *Freuds* und *Adlers* ein Gegensatz der Weltanschauung entgegen, der nicht etwa erst aus ihren psychologischen Anschauungen entspringt, sondern ihnen zugrunde liegt.

Das Charakteristische der *Freud*schen Psychologie liegt einerseits in der beherrschenden, ja alleinherrschenden Stellung, die sie der Sexualität zuweist. Nach *Freud* ist jede Neurose im wesentlichen sexuell verursacht. Dieser Lehrsatz erfuhr noch eine weitere Bestimmung dadurch, daß die Psychoanalyse etwas konkret aufzeigen konnte, was man ja auch früher als allgemeinen Erfahrungssatz ohne speziellen Beweis willig geglaubt hatte: die entscheidende Bedeutung der Kindheitsjahre für das psychische Leben des Erwachsenen. So kam *Freud* zu der Behauptung, die Neurosen beruhten auf Störungen der kindlichen Sexualität, auf Anomalien der sexuellen Konstitution. Er kam so dazu, eine Sexualtheorie aufzustellen, die das Sexualleben nicht nur des Kranken, sondern auch des Normalen in ganz neuem Lichte erscheinen ließ und die der Sexualität nach Umfang und Intensität eine weit wichtigere Rolle zuwies, als dies je zuvor geschehen war.

Der zunächst in die Augen fallende Unterschied der *Freud*schen Auffassung von der verbreiteten Ansicht ist der, daß nach ihm die Sexualität nicht etwa erst im Stadium der Pubertät oder der Vorpubertät in den Menschen fährt, »wie der Teufel in die Säue«, sondern daß für ihn das Kind vom Moment seiner Geburt an, und zwar in hohem Grade, sexuell ist. Daraus geht schon hervor, daß der Ausdruck »sexuell« in einem weiteren Sinne genommen ist, als dies sonst geschieht. Der Lustgewinn beim Saugen, die Freude am Lutschen, das Interesse für die Stuhlentleerung, das Vergnügen beim Schaukeln und Fahren erscheinen ihm als ebenso sexuell wie die von anderen oft als bedeutungsloses Spiel aufgefaßte Beschäfti-

gung des Kindes mit seinen Genitalien. So stehen am Beginn der Entwicklung des Individuums verschiedene »erogene Zonen« (vor allem die Mund-, die After- und die Genitalzone) gleichberechtigt nebeneinander und erst im Laufe dieser Entwicklung erlangt die Genitalzone gewissermaßen den Primat, so daß die Bedeutung der andern teils ganz zurücktritt, teils der von ihnen stammende Lusterwerb nur den Charakter der Vorbereitung oder des Ersatzes trägt.
Die Sexualität des Kindes muß aber noch eine andere Entwicklung durchmachen. Zuerst genügt ihm zum Lusterwerb der eigene Körper, daneben tritt dann der Lusterwerb durch Hinzutreten einer zweiten Person; so schreitet es vom Autoerotismus zur Objektliebe. Die Sexualobjekte wieder wählte es zuerst unterschiedslos in beiden Geschlechtern, allmählich erst bildet sich die gegengeschlechtliche Objektwahl heraus. Getreu seiner Grundanschauung faßt *Freud* alle Beziehungen zwischen Menschen als sexuell auf. Nicht nur in der Liebe, auch in der Freundschaft, der Elternliebe, der Kindesliebe, der Geschwisterliebe erkennt er das Walten der Libido.
Eine besonders wichtige Rolle spielt nach *Freud* in der Entwicklung der kindlichen Sexualität die Beziehung des Kindes zu den Eltern. Der Knabe liebt die Mutter als Geliebte und wünscht sie sexuell zu besitzen nach Maßgabe der Vorstellungen, die sich ein kindlicher Verstand über menschliche Liebesbeziehungen gemacht hat. Hier tritt ihm nun ein Hindernis entgegen in der Person des Vaters, der ihm jetzt als begünstigter Nebenbuhler erscheint. Nach dessen Entfernung würde seinem Glück nichts mehr im Wege stehen. So sieht *Freud* in jedem Kind, wenigstens in jedem künftigen Neurotiker, einen kleinen Ödipus, der seinen Vater töten möchte, um dann die Mutter zu heiraten. Bei fortschreitender ethischer Entwicklung des Knaben verfallen dann diese beiden Regungen, der Haß und der Todeswunsch gegen den Vater und die sexuelle Liebe zur Mutter, der Verdrängung und werden oft sogar durch entgegengesetzte Gefühle verdeckt. Aber ihre Wirkung vom Unbewußten her und ihre Rolle bei der neurotischen Erkrankung scheinen *Freud* so bedeutsam, daß er den Ödipuskomplex geradezu den Kernkomplex der Neurose genannt hat.
Daß die hier umrissene Theorie *Freuds* auf einer großen Zahl neuer und glücklicher Beobachtungen beruht, kann nur von denen geleugnet werden, die im Eifer der Ablehnung den unbefangenen Blick für Tatsachen verlieren. Anderen Beobachtungen *Freuds* merkt man es allerdings an, daß bei ihnen die fertige Theorie das Urteil beeinflußt hat. *Freud* hat den Umfang des Begriffes Sexualität erweitert, er hat es aber unterlassen, gleichzeitig den Inhalt dieses Begriffes neu zu bestimmen. Dadurch kommt in alle Äußerungen der *Freud*schen

Schule über Sexualität etwas Vages und Schillerndes. Man hält sich zwei Wege offen: einmal erweitert man den Umfang des Begriffes Sexualität aufs radikalste, so daß man z. B. Lust ohne weiteres gleichsetzt sexueller Lust, und behält doch den Inhalt des Begriffes in seiner ganzen ursprünglichen Tragweite und Reichhaltigkeit bei. Das andere Mal vermeidet man diesen Fehler; da geht dann natürlich mit der Ausdehnung des Begriffes immer mehr von seinem Inhalt verloren, so daß man schließlich dazu kommt, Libido = Affektivität oder psychische Energie zu setzen. Die Bezeichnung »sexuell« erscheint nunmehr als bloße terminologische Neuerung ohne Erkenntniswert. Diese Neigung zur einfachen Gleichsetzung von psychisch und sexuell wird besonders gefördert durch *Freuds* Theorie von der Sublimierung, die alle höheren psychischen Gebilde – Ethik, Wissenschaft, Kunst – als Produkte einer Richtungsänderung der Libido auffaßt.
Die Zwieschlächtigkeit der *Freud*schen Auffassung erleidet aber noch dadurch eine besondere Verschärfung, daß *Freud*, nachdem er erst alles psychische Geschehen auf Sexualität reduziert hat, dann doch einen Gegenpol zur Sexualität nicht entbehren kann. Die seelischen Konflikte, die zur Erkrankung führen, sind von seinem Standpunkt aus ja nur dadurch zu verstehen, daß der Libido eine andere Macht feindlich gegenübertritt. Daher die Verdrängung, daher der Gegensatz zwischen der unbewußten Libido und der bewußten Persönlichkeit. Und so beruht für ihn die Neurose auf einem Kampf der Sexualität mit den Ich-Trieben. Nur nebenbei sei hier bemerkt, daß sich bei dieser Gegenübersetzung die Unklarheiten im *Freud*schen Begriff der Sexualität empfindlich bemerkbar machen. Von der alten Anschauung aus war es allerdings ganz gut angängig, den Geschlechtstrieb als arterhaltende Funktion den Trieben der Selbsterhaltung gegenüberzustellen, obzwar man auch da sagen muß, daß dies biologisch und nicht psychologisch gedacht ist. Bei *Freuds* so erweiterter Auffassung von der Sexualität aber verliert diese Gegenübersetzung jede Berechtigung. Es ist nicht einzusehen, was die Lust des Kindes am Lutschen oder an seinen Darmfunktionen mit der Arterhaltung zu tun haben soll. Weit schwerwiegender aber als dieser logische Schönheitsfehler ist es, daß dieser Gegensatz zwischen Sexualität und Ichtrieben, der bei *Freud* mit dem Gegensatz zwischen »bewußt« und »unbewußt« in Parallele gebracht wird, von dem stolzesten Ziel, das die Psychoanalyse sich stecken konnte, seitab zu führen droht. Sie wollte versuchen, mit Zuhilfenahme des Unbewußten das Seelenleben des Individuums in lückenlosem Zusammenhange aufzudecken. Jetzt aber haben wir vor uns zuerst die bewußte Persönlichkeit, die irgendwie ethisch wertvoll oder mangelhaft, gütig oder eigen-

süchtig, liebenswürdig oder abstoßend sein kann. Und in diese bricht dann aus dem Dunkel des Unbewußten eine fremde Macht herein, sie sekundär verändernd oder zerstörend. So müßten diese Gedanken *Freuds*, konsequent festgehalten, dazu führen, daß mit der Theorie von der sexuellen Wurzel aller psychischen Gebilde zugleich überhaupt die Möglichkeit zusammenbräche, den inneren Zusammenhang der Persönlichkeit zu begreifen.

Hier ist der Punkt, von dem aus der Psychologe am besten Einblick gewinnt in die Bedeutung der Forschung *Alfred Adlers*. Ihm steht der einheitliche Zusammenhang der Gesamtpersönlichkeit immer im Mittelpunkt der Betrachtung. Für ihn sind Bewußtes und Unbewußtes nicht gänzlich wesensverschiedene psychische Gebilde, sondern für ihn kommt im Unbewußten nur das klar und eindeutig zum Ausdruck, was sich auch im Bewußtsein, wenngleich versteckt, verzerrt und verfälscht, nachweisen läßt. Daher ist ihm auch die Neurose nicht ein plötzlicher Einbruch dunkler Gewalten in die Persönlichkeit, sondern sie wächst aus dem Boden einer ganz spezifisch geformten Persönlichkeit hervor. Daher ist für *Adler* die neurotische Disposition wichtiger als die Neurose. Sie ist die bleibende Grundlage, die Krankheit hingegen unter Umständen etwas Vorübergehendes. Das Zurückgehen der Krankheitssymptome an sich stellt daher auch keine eigentliche Heilung dar, weil der Patient dann noch immer die große Wahrscheinlichkeit einer neuen Erkrankung in sich trägt. Wirkliche Heilung liegt nur in der Behebung oder bedeutenden Herabsetzung der neurotischen Disposition, also in einer Umformung der Persönlichkeit, in einer Wandlung ihrer Zielsetzung und ihres Charakters. Beruht somit die Erkennung der Krankheit auf dem psychologischen Scharfblick des Arztes, so werden seine Heilerfolge nicht zuletzt von seinen pädagogischen Fähigkeiten abhängen.

Uns die mannigfaltigen und oft widerspruchsvollen psychischen Lebensäußerungen eines Individuums als die zusammenhängenden Funktionen einer Persönlichkeit verstehen zu lehren, ist also die Aufgabe, die *Adler* sich stellt. Es kann sich dabei nicht darum handeln, diese Mannigfaltigkeit materiell auf eine Einheit zu reduzieren. Denn daß ein solches Unterfangen scheitern muß, haben wir ja soeben bei der Kritik der *Freud*schen Gedanken gesehen. Das, worauf es *Adler* ankommt, ist gewissermaßen den Kristallisationspunkt zu entdecken, um den herum das verschiedenartige Material sich gesetzmäßig anordnet, eine beherrschende Tendenz aufzuzeigen, in deren Dienst der psychische Rohstoff verarbeitet wird.

Diesen Angelpunkt findet *Adler* im *Gefühl der Minderwertigkeit*, das sich gegenüber den unendlichen Anforderungen

Außenwelt und dem kompakten Gefüge der Gesellschaft auch im stärksten Individuum geltend machen muß, das aber normalerweise beim Kinde infolge seiner natürlichen Schwäche und Ungeübtheit am intensivsten auftreten wird, besonders weil ihm die höheren Leistungen und die höhere soziale Wertung der Erwachsenen immer als Vergleichspunkt vor Augen stehen. Dieses Gefühl der Minderwertigkeit wird von außerordentlicher lebens- und entwicklungsfördernder Bedeutung dadurch, daß es nicht passiv bleibt, sondern ein energisches Streben nach *Kompensation* hervorruft.

Andererseits kann diese psychische Reihe – Minderwertigkeitsgefühl mit darauffolgendem Kompensationsstreben – auch eine sehr gefährliche, mitunter verhängnisvolle Rolle in der Entwicklung des Individuums spielen. Je lebhafter das Gefühl der Minderwertigkeit, desto stürmischer wird das Kompensationsstreben sein. Das Individuum wird dann zu Ansprüchen an sich selbst, an seine Umgebung, an das Leben kommen, die durchzusetzen seine Kraft nicht ausreicht, ja, die überhaupt über das Maß des menschlich Erreichbaren weit hinausgehen. So ist es auf eine Bahn gedrängt, die es einer sicheren Niederlage, ja einer fortgesetzten Reihe von Niederlagen entgegenzuführen droht. Hier setzt nun eine rückläufige Bewegung ein. An Stelle der »Leitlinien«, die mit der Wirklichkeit allzusehr in Konflikt geraten, treten andere, sekundäre, die ihr besser zu entsprechen scheinen. Dort, wo die direkte Verfolgung eines Ziels eine Niederlage befürchten läßt, werden Zwischenglieder eingeschoben – »Sicherungen« –, die es gewissermaßen ermöglichen, dem Kampf auszuweichen, ohne doch die Kampfstellung aufzugeben. Die Einsicht in dieses Kräftespiel bildet den Ariadne-Faden, der uns durch das oft verworrene Gestrüpp der Charakterzüge, Phantasien und Wünsche des Individuums, in weiterer Linie auch zum Verständnis der hysterischen Symptome, Zwangsgedanken und Zwangshandlungen des neurotisch Erkrankten führt. Festzuhalten ist dabei natürlich, daß die konkrete Ausfüllung dieses abstrakten Schemas die allermannigfaltigste sein wird, weil hierbei die gesamte Veranlagung und die ganze Erfahrungssumme der Persönlichkeit einerseits, die Umwelt mit ihren Einflüssen und Beziehungen andererseits bestimmend sind.

Ein grobgezeichnetes Beispiel möge das Gesagte einigermaßen veranschaulichen. In einem Kinde von besonders intensivem Minderwertigkeitsgefühl – durch eine Erziehung, die dem Kinde seine Schwäche allzu stark zum Bewußtsein bringt, vor allem aber durch die Wirkungen organischer Minderwertigkeiten (Rachitis, Kinderfehler) verursacht –, werden sich kompensatorisch Größenideen entwickeln. Es wird immer beachtet werden, wird überall der Erste, der Stärkste, der Größte sein, wird alles haben wollen. Weil sich dieses Programm in seiner Allgemeinheit nicht durchführen läßt, so mag an seine Stelle als sekundäre Leitlinie der Wettkampf mit einer einzelnen Person, etwa mit dem Vater, treten.[2] Infolge eines weiteren Zurückweichens kann dann auch die Gestalt des Vaters durch eine andere, eine Warteperson, einen älteren Bruder, ersetzt werden. Der sekundäre Charakter dieser Leitlinie wird daraus klar, daß auch ihre vollständige Durchsetzung nicht zu dauernder Befriedigung und Beruhigung führt. Bei diesen Herrschversuchen wird das Kind auf den Widerstand seiner Umgebung stoßen. Und hier zeigt sich deutlich, wie eine solche psychische Entwicklung nicht von vornherein eindeutig bestimmt ist, sondern wie demselben Ziel auf scheinbar ganz entgegengesetzte Weise zugestrebt werden kann. Auf den Widerstand der Umgebung kann nämlich das Kind reagieren mit Trotz oder mit Gehorsam. Zeigt sich im ersten Falle der Wunsch, sich seiner Umgebung gegenüber zu behaupten, ganz unmittelbar, so wird er sich bei dem geschilderten Kindertypus dem feineren Beobachter auch im zweiten Falle verraten. Nur werden jetzt die Mittel indirekte sein; das Kind wird seine Schwäche, Hilfsbedürftigkeit, Ungeschicklichkeit besonders betonen und bewahren, um auf diesem Umwege die Umgebung doch in seinen Dienst zu zwingen.

Es bleibt uns aber noch ein Moment darzustellen, das die psychische Spannung außerordentlich verschärft und alle Verhältnisse kompliziert. Das Kind, das unter dem Druck eines außerordentlichen Minderwertigkeitsgefühls und des daraus folgenden Kompensationsstrebens steht, sucht krampfhaft nach Maßstäben, mit deren Hilfe es seine eigenen Leistungen abschätzen und sich anspornen und vorwärtstreiben kann. Da wird ihm nun inmitten unserer heutigen Kultur in tausend kleinen und großen Beispielen die allgemeine Ansicht von der Minderwertigkeit des Weibes gegenüber dem Manne klar. Bei der Neigung solcher Kinder, alles auf die Spitze zu treiben, werden sie diesen Wertungsunterschied bald ins Unendliche steigern. »Männlich« wird ihnen zum Ausdruck alles Starken, Edlen und Wahren, »weiblich« zu einem ausschließlich herabsetzenden Prädikat. Gefährlich und folgenschwer aber wird diese Wertung erst dadurch, daß sie sich in einer Zeit entwikkelt, wo sich das Kind über die reale Bedeutung der Geschlechtsunterschiede noch nicht im klaren ist, wo es noch nicht begreift, daß ihm seine Geschlechtsrolle von der Natur unab-

[2] *Freud*, der, wie oben dargestellt, das gesamte psychische Erleben des Kindes aus dem Gesichtspunkt der Sexualität betrachtet, würde in dieser Beziehung zum Vater den Ausdruck des »Ödipuskomplexes« erblicken. Für *Adler* erscheint die *sexuelle* Konkurrenz zwischen Sohn und Vater als ein spezieller – und nicht einmal allzu häufiger – Fall jenes Wettkampfes, der *immer* vor allem der kindlichen Größensucht entspringt.

änderlich zugewiesen ist. Wer zweifeln sollte, daß es eine solche Epoche im Kindesleben gibt, den verweisen wir auf die Erfahrungen der Kinderstube und auf manche gegenüber Kindern leider beliebte Scherze. Wie sehr kann man mitunter einen Knaben damit ängstigen, daß man ihm sagt, man werde ihn in Mädchenkleider stecken, davon bekäme er lange Haare und werde dann ein Mädchen sein. Aber auch die Kenntnis des Unterschiedes der Genitalien gibt dem Kinde keine entscheidende Sicherheit. Seine Phantasie setzt sich darüber, auch hierzu oft durch stupide Scherze der Wartepersonen veranlaßt, durch die Vorstellung späteren Wachstums einerseits, der Kastration andererseits, hinweg. So erfährt die kindliche Unsicherheit an einem entscheidenden Punkte eine verhängnisvolle Steigerung, und das Kind reagiert darauf mit dem Wunsche: »Ich will ein Mann sein.« Das wird jetzt die oberste Leitlinie des Individuums, die sein ganzes stürmisches Verlangen nach oben zu kommen, alle seine Forderungen an Natur und Gesellschaft in sich aufnimmt. Wir haben es aber dabei nicht mit einem einfachen Formwandel zu tun; sondern das Feld, auf dem sich die psychischen Konflikte abspielen, und damit ihre Breite und Tiefe, ist außerordentlich erweitert.

Die gesamte Sexualität und alle menschlichen Beziehungen, die sich auf ihr aufbauen, werden jetzt in das Kräftespiel einbezogen. Natürlich wird bei fortschreitender Kenntnis der Realität die Formel »Ich will ein Mann sein« nicht in ihrer ursprünglichen Naivität aufrechterhalten. Aber die sekundären Leitlinien, die sich dafür einschieben, können wieder die allerverschiedensten sein. Sie haben alle das Gemeinsame, daß sie das Individuum von der normalen Stellung zur Sexualität und zum Leben überhaupt abdrängen; im Hintergrunde steht immer ein unrealisierbares Endziel (unrealisierbar auch beim Manne, denn der »Mann«, der hier gesucht wird, ist ein Übermann, den es in Wirklichkeit nicht gibt), und das macht es unmöglich, sich mit dem Leben abzufinden und, wo es nottut, zu resignieren. Die Mannigfaltigkeit der möglichen sekundären Leitlinien soll durch einige extreme Fälle dargetan werden. Das Mädchen, das begriffen hat, daß es nicht wirklich ein Mann werden kann, wird doch »männlichen Protest« gegen seine weibliche Rolle einlegen. Es kann dies nun rein negativ tun, indem es die Sexualität überhaupt ablehnt,[3] oder positiv, indem es sexuell so frei und ungebunden leben will wie ein Mann. So entwickeln sich aus derselben Wurzel Virginitäts-

[3] *Freud* versteht die Einstellung der frigiden Frau als ein Produkt der Verdrängung einer an infantile Objekte fixierten Libido. Die in solchen Fällen meist unverkennbare *Ablehnung der Frauenrolle* nicht nur in sexueller, sondern auch und vor allem in sozialer Beziehung wird von der Psychoanalyse übersehen oder bestenfalls als sublimierte Homosexualität etikettiert.

und Kurtisanenideal.[4] Ähnlich ist es in der Psychologie des Mannes. Seine Unsicherheit darüber, ob er als Mann werde voll bestehen können, und die Unerträglichkeit des Gedankens, vielleicht einem Weibe zu unterliegen, kann in ihm eine Furcht vor dem Weibe entwickeln, die ihn zur sexuellen Askese treibt; oder er kann sich durch die immer erneute Besiegung des Weibes seine Männlichkeit beweisen wollen. So sind auch Don Juan und der heilige Aloysius innerlich viel verwandter, als es von außen her scheinen mag.

III

Für die Theorie der Neurosen hat *Adlers* Lehre vom männlichen Protest die besondere Bedeutung, daß sie uns die Rolle der Sexualität in der seelischen Erkrankung verstehen läßt, ohne deswegen bei der Sexualität als Ursache stehen zu bleiben. So kann *Adler* auch den Befunden *Freuds* zum Teil ihr Recht werden lassen, nur daß sie bei ihm in einen größeren Zusammenhang gerückt werden und dadurch einen neuen Sinn erhalten.

Schon *Freuds* Lehre von der Sexualkonstitution des Kindes, von den Partialtrieben und ihren erogenen Zonen gewinnt in der *Adler*schen Fassung eine ganz andere Bedeutung.[5] *Adler* betrachtet den »Trieb« als »eine Summe von Elementarfunktionen des betreffenden Organs und seiner zugehörigen Nervenbahnen ..., deren Ziel durch die Befriedigung der Organbedürfnisse und durch Lusterwerb aus der Umgebung bestimmt ist«. Diese Organtriebe – der Schautrieb, der Eßtrieb, der Hörtrieb usw. – sind an sich nicht sexuell, können jedoch durch »Verschränkung« mit dem Sexualtrieb sexuelle Färbung annehmen. Eine Triebverstärkung ergibt sich bei jedem als minderwertig empfundenen Organ durch Kompensation und psychischen Überbau. Derartig kompensatorisch verstärkte Triebe wirken mitbestimmend auf die gesamte Einstellung der Persönlichkeit, der im übrigen alle Organe und Organtriebe unbedingt untergeordnet sind. Vor allem in seiner »Studie über die Minderwertigkeit von Organen« (2. Auflage. München 1927) hat *Adler* zahlreiche Beispiele sowohl aus der ärztlichen Kasuistik als auch aus der Lebensgeschichte bedeutender Männer dafür gegeben, wie sich aufgrund einer organischen Minderwertigkeit durch Kompensation überwertige Lei-

[4] Letzterer Zusammenhang zeigt sich besonders deutlich in den Briefen der Ninon de Lenclos. – In unvergleichlicher Weise zeichnet Heinrich Mann in seiner Romantrilogie *Die Göttinnen* die Entwicklung einer ehrgeizigen Frau vom Virginitäts- zum Kurtisanenideal (Diana-Minerva-Venus).

[5] Den Einfluß dieser Faktoren auf die Entwicklung einiger bedeutender Naturforscher hat *Furtmüller* zu zeigen versucht in seiner Besprechung von *Ostwalds Große Männer* (*Zentralblatt für Psychoanalyse*, 1. Band).

stungen entwickeln, die oft nicht nur für das Individuum, sondern für unsere ganze Kultur Bedeutung erlangen. Fälle von Malern mit Sehstörungen, von Musikern mit Schäden des Gehörorganes, berühmten Rednern, die stottern, sind ja allgemein geläufig, obzwar dieses Material nie systematisch durchforscht wurde und uns daher nur die besonders krassen Fälle zugänglich sind, die auch dem Laien auffallen mochten.[6] Hier sehen wir gleich, daß das Kompensationsstreben nicht dabei Halt macht, die Waagschalen wieder gleich zu stellen, sondern daß es darüber hinaus zu einer *Überkompensation* drängt. *Freuds* allzu schematische Darstellung der Libido als des kulturfeindlichen Urtriebes und der durch Verdrängung und Sublimierung kulturell wirksam werdenden Ichtriebe muß einer kritisch-biologischen, zum Teil gerade entgegengesetzten Beurteilung Platz machen. Gerade das Zärtlichkeitsbedürfnis des Kindes[7] stellt nach *Adler* die erste sichtbare Regung jenes Gemeinschaftsgefühls dar, dem Kultur und Zivilisation vor allem ihr Entstehen verdanken. *Freud* hält das Zärtlichkeitsbedürfnis für libidinös, also kulturfeindlich. Wo aber der Aggressionstrieb, das Kompensationsprodukt eines übermächtigen Minderwertigkeitsgefühls, sich kulturfeindlich als brutaler Egoismus zu erkennen gibt, da spricht *Freud* freilich nicht von Ichtrieben, so nahe es auch läge, »Egoismus« mit »Ichtrieb« zu übersetzen, sondern von »Narzißmus«, einer auf das eigene Ich gerichteten Libido. Man sieht, die Elastizität der psychoanalytischen Theorie ermöglicht es, Widersprüchen auszuweichen und Unstimmigkeiten zu Bestätigungen umzudeuten. Freilich geht dadurch mehr und mehr die Prägnanz der Begriffe verloren. So sinkt der »Ichtrieb« wie die Libido selbst vom Niveau einer spezifisch bedeutsamen Kraft zur bloßen Nomenklatur herab, der allerlei entspricht, nur eben das nicht, was gemeiner Menschenverstand darunter begreift. Jenes triebhafte Gemeinschaftsgefühl aber, das sich beim Kinde in einem wachsenden Zärtlichkeitsbedürfnis geltend macht, ist für *Freud* erst das Ergebnis einer Sublimierung dunkler Sexualtriebe. Hier gelangt *Adler* geradezu zu einer Umkehrung der *Freud*schen Konzeption. Für ihn ist das Gemeinschaftsgefühl eine ursprüngliche biologische Gegebenheit, die sich a priori aus der Tatsache des menschlichen Zusammenlebens als logische Folgerung ergibt (»Logik des Lebens«). Auch dort, wo es sexuelle Färbung annimmt, und gerade dort, behält das Gemeinschaftsgefühl seinen Kulturwert als sittlicher, die Gesellschaft aufbauender Faktor bei. Es ist geradezu das Kennzeichen des gesunden Menschen, daß er zu lieben vermag, zu

[6] Siehe *Adler*, ›Der Aggressionstrieb im Leben und in der Neurose‹ in diesem Band.
[7] Siehe *Adler* ›Das Zärtlichkeitsbedürfnis des Kindes‹ in diesem Band.

lieben freilich eben dort und eben so, wie es der biologische Sinn des Sexualapparates und die soziale Lebensform des Menschen erfordert. Perversionen aber sind meist nichts anderes als verhüllte Formen der Sexualablehnung, die sich als ein bedeutsames Symptom einer falschen Lebensmethode ergibt. Ein übermächtiges Minderwertigkeitsgefühl und der Versuch, es zu kompensieren, sind die Quellen jener falschen Lebensmethode, die sich im Verbrechen, in der Neurose, in der Psychose manifestieren kann, letzten Endes nichts anderes als Erscheinungsformen eines gesellschaftsfeindlichen Egoismus, der sich selbst zum Maß aller Dinge macht, weil das quälende Gefühl der eigenen Kleinheit und Schwäche ihn zwingt, immer wieder zu messen und zu vergleichen, durch Umwege und Sicherungen der gefürchteten endgültigen Entscheidung über den Wert oder Unwert seiner Persönlichkeit auszuweichen. So erlernt es der Nervöse, Welt und Menschen unter dem einseitigen Schema des Kampfes um die Geltung, um das persönliche Prestige aufzufassen, jedes Erlebnis auf seinen Gehalt an Erfolg oder Mißerfolg, Sieg oder Niederlage abzuschätzen. Das Leben wird ihm zu einer ununterbrochenen Kette von Konflikten, in denen es ihm nicht sowohl um die Sache, als vielmehr um die eigene Person zu tun ist. Er gewöhnt sich daran, unsachlich zu denken und Prinzipien, Ideale, sittliche Forderungen vorzuschützen, wo es sich ihm letzten Endes nur um die Erhöhung des eigenen Persönlichkeitsgefühls handelt. Durch scheinbare Krankheitssymptome, durch »Nervosität«, Überempfindlichkeit, »unüberwindliche« Abneigungen sucht er sich eine Ausnahmsstellung unter den Menschen zu sichern, die einem etwaigen Mißerfolg von vornherein das Schmerzliche einer persönlichen Niederlage benehmen soll. Er wagt es eben nicht, mit gleichberechtigten Mitmenschen zum Start anzutreten. Und die verstärkte Aggression des nervösen Jähzornigen ist eigentlich nichts anderes als Feigheit: Angst vor den vermeintlichen Gefahren eines Lebens, dem er sich nicht gewachsen fühlt und dem er Scheinerfolge, Prestigerettungen abringen muß, um auf der einzig wesentlichen Linie, die auf mutige Einfügung in die menschliche Gemeinschaft zielt, zurückzuweichen. Aber die unerbittliche Logik des Lebens führt dazu, daß er selbst darunter leiden muß. All die tausend Beschwerden des Nervösen, seine Anfälle, Zwangserscheinungen und Angstzustände, seine Empfindlichkeit und Wehleidigkeit stellen die Regiekosten dar, die er bezahlen muß. Für den Versuch, sein Leben außerhalb der menschlichen Gemeinschaft und gegen sie zu führen, muß er wohl oder übel jene Beschwerden auf sich nehmen, die ihm sein gesellschaftsfeindliches Verhalten allererst ermöglichen, indem sie ihn scheinbar unverantwortlich machen.

Eben diese bei keinem Nervösen fehlende Tendenz aber, die Verantwortung von sich abzuwälzen, organische Krankheit, Disposition, Vererbung, Erziehung, Milieu zu beschuldigen — Tatsachen, die ihn manchmal objektiv entschuldigen, aber den auch von ihm selbst empfundenen Sachverhalt nicht auszulöschen vermögen, daß er auch anders könnte, wenn er wollte —, eben diese Tendenz zur Entschuldigung beweist, daß auch der Nervöse seine subjektive Schuld empfindet, daß auch er grundsätzlich das Sittengesetz der Gemeinschaft, die Logik des Lebens anerkennt, gegen die er sich vergeht.

Hier ist der Hebelpunkt, von wo aus eine ärztlich-pädagogische Beeinflussung im individualpsychologischen Sinne das neurotische System zu erschüttern vermag. Daß es mit der Aufklärung und Deutung des Krankheitsbildes nicht getan ist, daß der Analyse eine Synthese folgen muß, haben auch *Freud* und seine Schüler erkannt. Doch das Programm des Wiederaufbaues im Sinne der Psychoanalyse ist naturgemäß über bescheidene Ansätze nicht hinausgekommen. Die aus der Fixierung an infantile Sexualobjekte und somit aus der Verdrängung befreite Libido, so heißt es, müsse im aktuellen Leben neue Objekte der Übertragung finden. Regelmäßig sei es zuerst der Arzt, dem sich die freigewordene Libido zuwende. Aufgabe des Arztes sei es sodann, die Übertragung von sich weg auf solche Objekte zu lenken, die ohne soziale Schädigung des Patienten und der Umgebung imstande sind, ihm volle Befriedigung zu bieten: also etwa der Weg der Sublimierung, Liebe zur Kunst, Wissenschaft, charitative Tätigkeit usw. Für die übelberatenen Jünger der Psychoanalyse, die da meinen, es komme nur darauf an, dem Patienten ein Sexualobjekt zu verschaffen, etwa durch den Rat, zu heiraten oder ein Verhältnis anzufangen, ist die Psychoanalyse wohl nicht verantwortlich zu machen. So einfach darf man sich die Neuerziehung wohl nicht vorstellen. Aber die Verkuppelung des Patienten mit geistigen, politischen, künstlerischen Interessen, die sich als das Ergebnis einer gelungenen Sublimierung darstellen würde, ist zwar minder primitiv, doch kaum leichter erzielbar als der einfache Hinweis auf das andere Geschlecht. Die doktrinär energetische Theorie der Psychoanalyse nimmt das physikalische Gleichnis wohl zu ernst. Nicht »freigewordene Libidomengen zu übertragen«, sondern einem mit sich und der Welt zerfallenen Menschen zu helfen ist die Aufgabe. An geistigen Interessen fehlt es einer großen Zahl von Neurotikern wahrlich nicht. Manchen gelingt es sogar, die sogenannte Sublimierung selber zur Krankheit zu machen und über Büchern, Spielen, Liebhabereien ihre einfachsten Menschenpflichten zu vernachlässigen. Welche Korrektur würde die Psychoanalyse in solchen Fällen anempfehlen? In Wahrheit muß es der Psychoanalyse an der Fähigkeit zur Neuerziehung fehlen, weil ihre Methode von Anbeginn nichts anderes als eine Methode der Ausforschung und dogmatischen Interpretation darstellt, die aus dem Patienten ein Konglomerat fossiler Libidofixierungen herauspräparieren will und für die Einheit der Persönlichkeit kein Verständnis hat. Um einem Menschen den richtigen Weg zu weisen, gilt es zu verstehen, worin er gefehlt hat. Aufgrund unserer Erkenntnisse aber können wir die synthetische Aufgabe des Psychotherapeuten vom individualpsychologischen Standpunkt aus klar formulieren: Freilegung des durch das Minderwertigkeitsgefühl und seine Kompensationen, durch Ichsucht, Geiz, Habsucht, Neid, Mißtrauen, Eitelkeit, verschütteten Gemeinschaftsgefühls.[8] Erziehung zum Menschen in diesem, durch seine biologischen Bedingungen definierten Sinne der Sozialität, Erziehung zum Leben in der Gemeinschaft; nicht Richter zu sein über andere, sich auszusöhnen mit der Welt und mit den Menschen, so wie sie sind, Sachlichkeit in der Arbeit und in der Beziehung zur Umwelt, Hilfsbereitschaft, freundschaftliche Beziehung zum Leben, zu den Menschen und der Arbeit.

Die hier gekennzeichneten Grundlinien können sich natürlich nur in ständiger Anwendung auf die konkrete Wirklichkeit bewähren. Ihr Wert will darin liegen, daß sie uns den einheitlichen Strom psychischer Kraft aufzuspüren lehren, der die vielgestaltige Persönlichkeit durchflutet. Und so stellt uns jeder neue Einzelfall, handle es sich nun um einen Kranken, handle es sich um das psychologische Erfassen einer Künstler- oder Denkerpersönlichkeit, handle es sich um das psychologische Eindringen in ein Kunstwerk, vor eine neue Aufgabe. Der neuen Seelenkunde, die sich hier anbahnt, und für die die Erforschung der Persönlichkeit im Vordergrunde steht, soll eben nicht nur das Besondere den Weg zum Allgemeinen, sondern auch ebenso das Allgemeine den Weg zum Besonderen bahnen. Diese lebendige Durchdringung des Konkreten und Abstrakten auch in der Darstellung zum Ausdruck gebracht zu haben, bildet einen besonderen Reiz von *Adlers* Werken »Über den nervösen Charakter« und »Praxis und Theorie der Individualpsychologie«, in denen er die Ergebnisse seiner Forschungen vorläufig abschließend dargestellt hat.

[8] Das ist die psychische Realität, der die »Verdrängung der Libido und Aufhebung der Verdrängung durch Analyse« der *Freud*schen Doktrin entspricht.

Alfred Adler

Die Theorie der Organminderwertigkeit und ihre Bedeutung für Philosophie und Psychologie*

Der Begriff der Minderwertigkeit ist sowohl in der Medizin als in der gerichtlichen Praxis seit langem in Verwendung. Man versteht darunter zumeist einen Zustand, der geistige Defekte aufweist, ohne daß man gerade von geistiger Krankheit sprechen könnte. Dieser Begriff enthält also ein Gesamturteil und eine herabsetzende Kritik über das Ganze einer Psyche. Die Minderwertigkeit, mit der ich rechne, betrifft das unfertige, in der Entwicklung zurückgebliebene, im ganzen oder in einzelnen Teilen in seinem Wachstum gehemmte oder veränderte Organ. Das Schicksal dieser minderwertigen Organe, der Sinnesorgane, des Ernährungsapparates, Atmungstraktes, Drüsen-, Harn-, Genitalapparates, der Zirkulationsorgane und des Nervensystems, ist ein ungemein wechselndes. Beim Eintritt ins Leben, oft nur auf kindlicher Stufe ist diese Minderwertigkeit nachzuweisen oder zu erschließen. Die Entwicklung und die Reizquellen des Lebens drängen auf Überwindung der Äußerungen dieser Minderwertigkeit, so daß als Ausgänge ungefähr folgende Stadien mit allen möglichen Zwischenstufen resultieren: Lebensunfähigkeit, Anomalien der Gestalt, der Funktion, Widerstandsunfähigkeit und Krankheitsanlagen, Kompensation (Ausgleichung) im Organ, Kompensation durch ein zweites Organ, durch den psychischen Überbau, Überkompensation im Organischen oder Psychischen.

Der Nachweis der Minderwertigkeit eines Organs ist am ehesten möglich, wenn in seinem *morphologischen Aufbau* eine vom Durchschnitte abweichende Form des ganzen Organs oder einzelner seiner Teile vorliegt, Abweichungen, die sich in die embryonale Zeit oder bis in die kindliche Wachstumsperiode zurückverfolgen lassen. Die gleiche Sicherheit gewähren *Ausfallerscheinungen der Funktion oder Veränderungen der Ausscheidung*; beiderlei Mängel, der eine ein solcher des Aufbaus, der andere eine Abänderung der Arbeitsweise, finden sich recht häufig vereint vor.

Ein weiterer Hinweis ergibt sich für eine Person aus *Organminderwertigkeiten seiner Blutsverwandten*, die bei ihr nicht zu wahrnehmbarer Größe gekommen sind.

* [Zuerst erschienen in: *Wissenschaftliche Beilagen der Philosophischen Gesellschaft der Universität Wien*, Bd. 21, S. 12–26.]

Hier muß ich eine biologische Erscheinung anführen, die in minderwertigen Organen zutage tritt, sobald unter dem Mangel der Gestalt oder der Funktion das vorauszusetzende Gleichgewicht im Haushalte des Organs oder Organismus gestört erscheint. Die unbefriedigten Ansprüche steigen so lange, bis der Ausfall durch Wachstum im minderwertigen Organ, im symmetrischen oder in einem andern Organ gedeckt wird, das ganz oder teilweise eine Stellvertretung ausüben kann. Diese Tendenz zur Deckung des Defekts durch Wachstums- und Funktionssteigerung, Kompensation, kann unter günstigen Umständen bis zur Überkompensation gelangen, und *sie wird zumeist auch das Zentralnervensystem in seine gesteigerte Entwicklung mit einbeziehen.*

Bei der Unsumme von Erscheinungsweisen, die dem minderwertigen Organ eigen sind, erscheint eine Orientierung nicht leicht. Doch gibt es eine Anzahl von Merkzeichen, deren Zusammenhang sich leicht erweisen läßt, so daß auch vereinzelte davon für die Erkennung von Bedeutung werden.

So die Lokalisation einer *Erkrankung* in einem Organ, die eine der Erscheinungsweisen der Organminderwertigkeit darstellt, sobald das minderwertige Organ auf sogenannte »krankmachende Reize« der Umgebung reagiert. Es soll diese Formulierung: *die Krankheit ist eine Resultierende aus Organminderwertigkeit und äußeren Angriffen,* den dunklen Begriff der *»Disposition«* ersetzen. Die eine der Komponenten, *äußere Beanspruchungen,* hat eine beschränkte Beständigkeit für kurze Zeit und für einen bestimmten Kulturkreis. Die daran vorgenommenen Änderungen sind kultureller Fortschritt, Änderungen der Lebensweise, soziale Verbesserungen, sind Werke des menschlichen Geistes und halten auf die Dauer jene Richtung ein, durch die allzu große Anspannungen der Organe hintangehalten werden. Sie stehen also in Beziehung zu den Entwicklungsmöglichkeiten der Organe und ihres nervösen Überbaues, arbeiten auf die gleichmäßige Entwicklung aller hin, sind aber andererseits Bedingung für die relative Minderwertigkeit, sobald ihre Anforderungen ein gewisses Maß überschreiten. In dem ganzen Kreis dieser Beobachtungen erscheint der Zufall als Korrektur der Entwicklung ausgeschlossen. Ein leicht zu durchschauendes Beispiel wäre die Beobachtung Professor *Habermanns,* nach der Angehörige von Berufen, in deren Betätigung heftige Schallwirkungen das Gehör treffen, z. B. Schmiede, Kanoniere, leicht von Ohrenerkrankungen befallen werden. *Es ist leicht einzusehen, daß sich nicht jeder Gehörapparat zu diesen Berufen eignet; daß derartige Verletzungen eines Organs zu technischen Betriebsänderungen regelmäßig den Anstoß geben; daß die dauernde Ausübung gewisser Berufe die in Anspruch genommenen*

Organe verändert; und daß auf dem Wege zur Vollwertigkeit gesundheitliche Gefahren bestehen.

Zusammenfassend können wir von Hygiene und Krankheitsverhütung sagen, daß sie diesen Bedingungen des Ausgleichs gehorchen, und ebenso sind alle *unsere Heilmethoden* auf den Ausgleich der sichtbar gewordenen Organminderwertigkeit gerichtet.

Eine gesonderte Betrachtung des durch Erkrankung geschädigten Organs, der zweiten Komponente, ergibt unter Berücksichtigung der pathologischen Forschung und der weiter unten folgenden Zusammenhänge die Vorbestimmung des von Geburt aus minderwertigen Organs für die Krankheit. – *Die angeborenen Anomalien der Organe halten sich in einer Reihe, auf deren einem Pole die angeborene Mißbildung, an deren anderem die langsam reifenden, sonst normalen Organe stehen. Dazwischen liegen reine, kompensierte und überkompensierte Minderwertigkeiten.* Die Frage nach dem ersten Beginn der Organminderwertigkeit ist gewiß von tiefer biologischer Bedeutung. Heute indes haben wir es bereits mit ausgeprägten Variationen zu tun und insbesondere bei den menschlichen Organen mit Abänderungen, *die von meinem Standpunkte aus als angeborene Minderwertigkeiten zu deuten sind.* Dieser Zusammenhang von Erkrankung und embryonal minderwertigem Organ läßt den Schluß zu, daß in der Verwandtschaft in aufsteigender Linie bereits, also am Stammbaume der Familie, der Grund zur Minderwertigkeit gelegen ist, *d. h. daß die Minderwertigkeit des Organs erblich ist.*

Bei den starken Beziehungen zwischen Minderwertigkeit und Krankheit ist demnach zu erwarten, daß *recht häufig der ererbten Minderwertigkeit die ererbte Krankheitsbereitschaft entspricht. Und so wird auch die Krankheit an einem Gliede des Stammbaumes zum Merkmal der Organminderwertigkeit für die nächsten Vorfahren und Nachkommen*, mögen diese selbst auch gesund geblieben sein. Gleichzeitig mit der Organminderwertigkeit oder der Tendenz zu dieser gehen in die Keimsubstanz aber auch die Tendenzen ihrer Überwindung (*Kompensationsbestrebungen*) ein, die wieder neue und *leistungsfähigere Varianten schaffen, leistungsfähiger deshalb, weil sie aus der Überwindung der äußeren Beanspruchungen ihren Kraftzuwachs bezogen haben.*

Ich kann mich *wegen der weiteren Merkmale der Organminderwertigkeit* darauf beschränken, zusammenfassend hervorzuheben, daß sie untereinander die gleichen Beziehungen haben wie zu Krankheit, Erblichkeit und Kompensation, wie die morphologischen angeborenen Anomalien, die Entartungszeichen, Muttermale oder Stigmen, von welchen ich behauptet habe, daß sie nicht selten als äußerlich sichtbare Zeichen die

Minderwertigkeit des zugehörigen Organs, des Auges, des Ohres, des Atmungs- und Ernährungstraktes usw. verraten, während sie bisher als bedeutungslos abgelehnt wurden oder mit Unrecht als Zeichen einer allgemeinen Degeneration oder Minderwertigkeit eingeschätzt wurden. *In ihrem weitesten Ausmaß liefern sie das Material der persönlichen Physiognomie.*[1]

Ebenso kurz kann ich mich über die *Reflexanomalien* aussprechen, von welchen besonders die dem Organ zugehörigen Schleimhautreflexe *als ursprüngliche nervöse Leistungen* des Organs einen Leitfaden zur Auffindung der Organminderwertigkeit abgeben können, sobald sie sich als mangelhaft oder gesteigert erweisen.

Es lag nun angesichts der embryonalen Herkunft der Organminderwertigkeit nahe, die Aufmerksamkeit auf die Anfänge der Entwicklung nach der Geburt zu richten, in der Voraussicht, daß das Einsetzen der Kompensation nicht ohne auffällige Störung zustande käme, daß andererseits bei fertiger Kompensation das Bild der Organminderwertigkeit verwischt würde. – Tatsächlich hat uns diese Annahme nicht betrogen. *Das minderwertige Organ braucht länger, um zur normalen Funktion zu gelangen und macht dabei eine Anzahl Störungen durch, deren Überwindung nur auf dem Wege gesteigerter Hirnleistung gelingt.* Anstatt einer weitläufigen Beschreibung dieser Funktionsanomalien hebe ich hervor, daß es sich dabei um auffallende Erscheinungen im Kindesleben handelt, von welchen die Pädagogen einen Teil *»Kinderfehler«* nennen. Es handelt sich dabei um Kinder, die schwer sprechen lernen, die Laute andauernd falsch bilden, stottern, blinzeln, schielen; die Gehörfunktion, die Ausscheidungen sind längere Zeit mangelhaft, sie erbrechen, sind Daumenlutscher, schlechte Esser usw.[2] Zuweilen zeigen sich diese Kinderfehler nur spurenweise, meist aber ganz deutlich und vereint mit den übrigen Zeichen der Organminderwertigkeit, mit Degenerationszeichen, Reflexanomalien und Erkrankung. Oder die genannten Merkmale sind bunt am Stammbaum zerstreut und beweisen so die Heredität der Organminderwertigkeit. Der Kinderfehler ist recht häufig selbst erblich.

Ich muß hierbei bemerken, daß die Beobachtung eine ungeheure Häufigkeit von Kinderfehlern ergibt, die aber nur der großen Anzahl minderwertiger Organe entspricht. Eine einheitliche Erklärung der Kinderfehler wurde bisher nicht gegeben. Vom Standpunkt der Organminderwertigkeitslehre aus ist eine Einsicht möglich: *der Kinderfehler ist der sichtbare Ausdruck*

[1] Jüngst hat *Kretschmer* hierzu wertvolle Belege geliefert.

[2] Bezüglich der Vererbbarkeit solcher Erscheinungen s. *Friedjung* ›Ernährungsstörungen und Konstitution‹. In: *Zeitschr. f. Kinderheilkunde*, 1913.

einer geänderten Betriebsweise des minderwertigen Organs, der sichtbare Ausdruck, neben dem es noch mehr oder weniger verborgene Phänomene gibt, die allen Abstufungen oder Minderwertigkeit entsprechen.

Der organisch erschwerten Einfügung in das Leben entsprechen seelische Schwierigkeiten. Im Kampfe mit diesen und zu ihrer Überwindung entstehen *seelische Haltungen, auffallende Charakterzüge besonderer Art*, ebenso Ausdrucksformen, die allesamt bald Vorzüge, bald Nachteile bedeuten können. *An diesem Punkte ist der Übergang von körperlichen zu seelischen Erscheinungen einzig zu erfassen.*

Ist es nun schon bei den Reflexanomalien der Schleimhäute sichergestellt, daß sie einen Zusammenhang mit der Seele besitzen, so gilt dies für die Kinderfehler noch in höherem Maße. Zumeist scheint das normale Wachstum der übergeordneten Nervenbahnen, einfache Wachstumskompensation, zu genügen, um die normale Funktion herbeizuführen. Dabei bleibt aber die Organanomalie die gleiche, und wenn wir mit geschärfter Aufmerksamkeit und Beobachtung an eine Prüfung gehen, so finden wir sehr häufig untilgbare Reste für das ganze Leben. Oder der Fehler ist für die Norm überwunden, stellt sich aber bei psychischen Anspannungen sofort wieder ein, so daß von einer *Kontinuität* des Zustandes gesprochen werden muß, der nur zur Zeit der Ruhe verdeckt wird. Solche Beispiele einer verdeckten Schwäche sind häufig: Blinzeln im hellen Licht, Schielen bei Naharbeit, Stottern in der Aufregung,[3] Erbrechen im Affekte usw. – Dadurch findet die Vermutung, zu der wir von anderer Seite her gekommen sind, ihre Bestätigung, die *Kompensation erfolge durch Mehrleistung und Wachstumsschub des Gehirns*. Daß diese Verstärkung des psychischen Überbaues gelingt, zeigt der Erfolg; daß er im Zusammenhang mit einer ständigen Übung steht, ist leicht zu erraten. Als anatomische Voraussetzung können wir nach Ähnlichkeiten nur annehmen: leistungsfähigere und vermehrte Nervenelemente. – Also auch im Zentralnervensystem herrschen die gleichen Beziehungen von Minderwertigkeit und Kompensation, ebenso wie der beigeordnete krankhafte Einschlag zuweilen deutlich wird. Es gibt eine Anzahl von Hinweisen, wie die *v. Hansemanns*, der angeborene pathologische Veränderungen in den Gehirnen bedeutender Männer nachwies.

Steht so die Gehirnkompensation mit der Organminderwertigkeit im Zusammenhang, so ist es klar, daß gewisse, dem Organe zugehörige Verknüpfungen mit der Außenwelt auch im Überbau ihr psychisches Korrelat finden müssen; daß den ursprünglich minderwertigen Augen im Überbau ein verstärktes Schauleben entspricht usw.

[3] Auch das Gegenteil: Aufhören des Stotterns im Affekt kommt vor.

In Verfolgung dieses Gedankenganges gelangt man zur Annahme, daß in günstig gelegenen Fällen das minderwertige Organ den entwickelteren und psychisch leistungsfähigeren Überbau besitzt, dessen psychische Phänomene, was Trieb, Empfindung, Aufmerksamkeit, Gedächtnis, innere Anschauung, Einfühlung, Bewußtsein anlangt, reichlicher und entwickelter sein können. Ein minderwertiger Ernährungsapparat wird im günstigen Falle die größere psychische Leistungsfähigkeit in allen Beziehungen zur Ernährung aufbringen, aber auch, da sein Überbau dominiert und die andern psychischen Komplexe in seinen Bereich zieht, in allen Beziehungen des Erwerbes von Nahrung. Der Nahrungstrieb wird so sehr vorherrschen, daß er in allen persönlichen und sozialen Beziehungen zum Ausdrucke kommen kann, als Feinschmeckerei, als Erwerbseifer, als Sparsamkeit und Geiz usw. So auch bei den anderen minderwertigen Organen, die zu einem ausgebreiteteren, abgestufteren Empfindungsleben führen und zu einer sorgfältigeren und richtigeren Abtastung und Abschätzung der Welt, soweit sie dem betreffenden Organ zugänglich ist.
Durch diesen Vorgang bilden sich *psychische Achsen aus*, nach welchen das Individuum gerichtet ist, immer in Abhängigkeit von einem oder mehreren minderwertigen Organen. Auch im Traume und in der Phantasie, in der Berufswahl und in der Neigung wird das intensivere Streben eines speziellen Organs nach Bewältigung seiner Aufgabe bemerkbar. Die primitive Organbetätigung (Trieb) ist besonders beim minderwertigen Organ häufig mit Lust verknüpft. Darauf weisen manche der Kinderfehler mit solcher Deutlichkeit hin, daß sie mit Unrecht als sexuelle Betätigung angesehen wurden. Kehrt nun, wie fast regelmäßig im Traume, in der Phantasie der primitive Trieb des Organs immer wieder, so müssen wir auch hier (unter anderem) eine Forderung nach diesem Lustgewinn erblicken. Wenn man diesen Gedanken weiter verfolgt, so gelangt man schließlich zur Vermutung, *daß der psychische Organüberbau größtenteils Ersatzfunktion besitzt für die Mängel des Organs, um im Verhältnisse zur Außenwelt seinen Aufgaben zu genügen.*
Hier rührt die Organminderwertigkeitslehre an Probleme der Philosophie. So in der Frage der geistigen Entwicklung, für die eine Kontinuität sichtbar wird gleichwie für die Triebe und Charakteranlagen. Und dies beim einzelnen wie bei der Gesamtheit. Ist Philosophie die wissenschaftliche Zusammenfassung aller Beziehungen psychischer Leistungen, so wird es begreiflich, daß die jeweilige Stufe des Denkens, damit auch der jeweilige Stand der Philosophie durch die Abänderung der Organe und durch die zu leistende Gehirnkompensation bedingt ist. Ihre Entwicklung und Änderung der Grundlagen ist

demnach begründet in der Entwicklung und Änderung des Überbaus der variierenden Organe. Da letztere den Anstoß zu ihrer Minderwertigkeit aus der umgebenden Außenwelt erleiden, so erfolgen die Änderungen der Außenwelt, Organminderwertigkeit und entsprechende, verbessernde Hirnkompensation mit wechselseitiger Beeinflussung.
Auch auf die Entstehung hochkultivierter *psychomotorischer Leistungen,* auf Herkunft und Entwicklung der Sprache, der Künste auf das Wesen des Genies, auf die Geburt philosophischer Systeme und Weltanschauungen scheint mir diese Betrachtungsweise anwendbar, und ich hoffe von ihr, daß sie sich auch bei der Erfindung neuer Aufgaben und ihrer Lösungen bewähren wird. Sie zwingt uns, vielleicht deutlicher als jede andere Betrachtungsweise, die Klippen der Abstraktion zu vermeiden und die Erscheinungen im Zusammenhange und im Flusse zu beobachten. In der medizinischen Wissenschaft bin ich dieser Betrachtungsweise nachgegangen. Vielleicht darf ich hoffen, daß meine bescheidene Anregung auch anderwärts Anklang findet.
Das in der Gehirnkompensation gegründete Weltbild kann sich nicht schrankenlos entfalten. Weder in seinen Trieben, noch in seinem bewußten und unbewußten Anteil ist es frei. Sondern seine Äußerungen sind durch das soziale Milieu, durch die Kultur, eingeschränkt, die durch das Mittel des Selbsterhaltungstriebs und des Persönlichkeitsideals nur dann den Äußerungen der Psyche die Entfaltung gestattet, wenn sie sich dem Rahmen der Kultur einfügen können. Auch in diesem Falle gestattet sich der verstärkte Überbau des minderwertigen Organs andere, oft neue und wertvolle Betriebsweisen. Allerdings oft auch krankhafte wie bei den Neurosen.
Ein junger Mann aus reichem Hause kam wegen Angst- und Zwangsvorstellungen in die Behandlung. Zudem litt er an Appetitmangel und Verdauungsbeschwerden, für die sich eine organische Ursache nicht nachweisen ließ. Als minderwertig konnte in erster Linie der Ernährungstrakt entlarvt werden. Entsprechend der eingangs angeführten Skizze meiner Organminderwertigkeitslehre lassen sich folgende Daten beibringen:
1. *Frühere Erkrankung* des Patienten, Magen- und Darmstörungen bedrohlicher Natur im ersten und zweiten Lebensjahr.
2. *Heredität.* Der Großvater väterlicherseits starb an Magenkrebs. Der Vater ist ein starker Esser, sehr geiziger Charakter, der es durch seinen intensiven Erwerbssinn zu großem Reichtum gebracht hat.[4] Die Mutter leidet an hysterischen Magen-

[4] Solche Menschen (mit Magendarmstörungen behaftet oder auffallend starke Esser mit deutlichen Zügen von Geiz und Rücksichtslosigkeit und besonderer Befähigung zum Erwerb) stellen einen öfters vorkommenden Typus dar. Sie erinnern, wenn man Kleines mit Großem vergleichen darf, an Napoleon, in dessen Familie der Magendarmkrebs erblich war.

darmbeschwerden. Die Geschwister zeigen Züge von Geiz und sind fast ausnahmslos starke Esser; Darmerkrankungen sind bei ihnen öfters verzeichnet. 3. *Periphere Degenerationszeichen*: Auffallender Schiefstand der Zähne, Prognathie. 4. *Kinderfehler*: Daumenlutscher bis ins hohe Kindesalter. – Ein Detail aus seiner Individualpsychologie soll uns den geistigen Grundcharakter des Patienten und dessen Verwandlung zeigen. Eines Tages überbrachte der Patient einem Wohltätigkeitsvereine in Mariahilf ein Geschenk von 200 Kronen. Dies erzählte er mir anschließend an die Mitteilung, daß er sich heute wieder besonders schlecht befinde. *Er* fährt dann fort: »Vielleicht habe ich mich so schlecht befunden, weil ich schon hungrig war, als ich in Mariahilf die Spende abgab. Es war bereits Mittag vorüber, und ich hatte noch nicht gegessen. Für 12 Uhr hatte ich eine Zusammenkunft in einem (nebenbei bemerkt teuren) Restaurant vereinbart und ging nun in schlechter Verfassung den (langen) Weg in die Stadt.« – Die Erklärung für das nervöse Unbehagen ergab sich leicht. Wer diese Erzählung anhört, hat in den Ohren ein Gefühl wie bei einer Dissonanz. Ein reicher Mann, der reichlich zu schenken pflegt, in vornehmen Restaurants speist, starkes Hungergefühl hat und zu Fuß einen längeren Spaziergang macht – darin liegt wohl eine starke Unstimmigkeit, die sich nur ausgleichen läßt, wenn wir annehmen, der Patient sei ebenso geizig wie sein Vater, seine hohe Kultur gestatte ihm aber nicht, von diesem Geiz Gebrauch zu machen. Nur wo er nicht gegen die Kultur verstößt – Ersparnis von einigen Hellern, die er, wenn es nötig ist, mit gesundheitlichen Gründen rechtfertigen kann –, ist die Äußerung dieser Anlage möglich. Sonst benimmt er sich äußerst freigebig, nicht ohne seine Freigebigkeit jedesmal mit einem nervösen Anfall zu bezahlen.

Der Fall ist imstande, uns über die Grenzen psychischer und motorischer Äußerungen der Kompensation zu belehren, die *durch die Kultur der anderen*, durch das Gemeinschaftsgefühl gegeben sind. Gleichzeitig zeigt er uns die (scheinbare) Vererbbarkeit psychischer Eigenschaften auf Grundlage der minderwertigen Organe. Nebenbei kann ich an diesem Fall zeigen, was *Freud* in Wien unter dem *»Verdrängungsmechanismus«* meint. Wie aus der Organminderwertigkeitslehre hervorgeht, zielt der Verdrängungsmechanismus auf eine Hemmung des Überbaus minderwertiger Organe und seiner Äußerungen; er ist gleichsam die Bremsvorrichtung bei der Entwicklung unbrauchbarer oder noch nicht reifer Betriebsweisen aus der Überkompensation. Daß dabei eine Charakteranlage, ein Trieb, ein Wunsch, eine Vorstellung in die Kontraststellung geraten, sich durch ihre Antithese äußern, stellt einen Spezialfall vor und erinnert einigermaßen an die *Hegel*sche Dialektik.

Sucht sich aber die Überkompensation in kultureller Weise geltend zu machen, schlägt sie neue, wenn auch schwierige und oft gehemmte Wege ein, so kommt es zu den ganz großen Äußerungen der Psyche, wie wir sie dem Genie zusprechen müssen. *Lombroso* hat sich in seiner Lehre vom Genie an die Mischfälle gehalten und ist dadurch zu seiner unrichtigen Auffassung des pathologischen Genies gekommen. Nach unseren Darlegungen ist das minderwertige Organ keine pathologische Bildung, wenngleich es die Grundbedingung des Pathologischen vorstellt. Der Antrieb zur Gehirnkompensation kann in günstigen Fällen mit Überkompensation enden, der alles Krankhafte fehlt.

Das Schicksal der Überkompensation ist an mehrere Bedingungen geknüpft, also überbestimmt. Als dieser Bedingungen eine haben wir die Schranken der Kultur, das Gemeinschaftsgefühl kennengelernt. Eine andere Determination ist die Ankettung des dominierenden Überbaus an andere psychische Felder, des visuellen Überbaus an den akustischen, an den Überbau der Sprachorgane. Diese mehrfachen Kompensationen, ihre Verschränkungen und gegenseitigen Hemmungen geben eigentlich erst das Bild der Psyche, deren Analyse uns wieder Grade der Kompensationen, Innigkeit und Gegensätzlichkeit in ihrer Verknüpfung und der einschränkenden Einflüsse der Kultur erkennen läßt. Besonders zu Unfällen geneigt sind starke Verknüpfungen mit hochentwickelten Betätigungsneigungen, die, nach meinen Untersuchungen, den Überbau der Primärtriebe verbindend zur Entwicklung kommen, und ebenso dominierende Einflüsse des Ehrgeizes und Machtstrebens; beide sind allerdings bei günstiger Konstellation unter Leiden zu den bedeutendsten Leistungen ausersehen.

Als dritte Bedingung für das Schicksal einer Überkompensation ist ihre Widerstandsfähigkeit oder Hinfälligkeit zu betrachten. Recht häufig mißlingt der Natur die Korrektur des minderwertigen Organs, sie schafft dann leicht vergängliche, den Angriffen leicht erliegende Kompensationen. Unfähigkeit, Neurose, psychische Erkrankungen, kurz pathologische Gestaltungen können dabei zutage kommen. Ein kleiner Ausschnitt aus der Analyse der Paranoia mag ein Bild davon geben. Die Überkompensation des minderwertigen Sehapparates spielt neben der anderer Apparate eine hervorragende Rolle. Der Schautrieb z. B. ist bei einem großen Teile der Paranoiker zu großer Entwicklung gelangt und hat alle Sehmöglichkeiten der Welt erschöpft. Da tritt eine ungünstige Konstellation, eine Niederlage ein, die Schwäche der Überkompensation äußert sich in halluzinatorischen Ausbrüchen, visuellen Erscheinungen, die den Verstand konstituierenden Kräfte zeigen bald

eine ähnliche Hinfälligkeit, der Patient *sieht sich als das Objekt des Schautriebs anderer*, und die Konstituierung des Größen- und Verfolgungswahns nimmt unter Anknüpfung an die Anlagen des Aggressionstriebs ihren Anfang.
Das Gegenstück soll ein winziger Ausschnitt aus der *Psyche eines Dichters* zeigen, den ich dem Wiener Schriftsteller *Rank*, einem Kenner meiner Anschauungen verdanke. Ich muß vorausschicken, daß ich insbesondere dem dramatischen Dichter eine besondere und eigenartige Überkompensation des Sehorgans zusprechen muß, in der seine szenische Kraft, die Auswahl und Gestaltung seiner Stoffe, begründet ist. In dem Drama vom *Schützen Tell*[5] finden wir eine gehäufte Zahl von Anknüpfungen an die Überkompensation des Sehapparates, einzelne Wendungen, Gleichnisse, die das Auge in seiner Funktion betreffen. (Auch die Volksmythen haben sich seit undenklichen Zeiten dieser Erscheinung des minderwertigen Apparates und seiner Überkompensation bemächtigt, und der Mythos vom *blinden Schützen*, der immer sein Ziel trifft, dürfte mit der Tellsage einige Verwandtschaft besitzen.) – Für die Beziehung des Dramatikers Schiller zum Sehapparat und zu seinen Funktionen will ich noch auf die Blendung Melchthals und den Hymnus auf das Licht der Augen im »Tell« hinweisen. Was das Sehorgan des Dichters anlangt, kann ich mich darauf berufen, daß er schwache Augen hatte, an Augenentzündungen litt und den Kinderfehler des *Blinzelns* bis zum Mannesalter besaß. Für die Jagd hatte er großes Interesse. *Weltrich* erzählt, und dies wäre für die Heredität bemerkenswert, daß die Familie Schiller ihren Namen wegen des Schielens erhalten habe. – Ich erwähne dies kleine abschließende Detail nicht zum Zwecke einer Kunstbetrachtung, sondern um auf die Beziehungen des Künstlers zum minderwertigen Organ aufmerksam zu machen.
Es darf uns nicht wundernehmen, daß die Merkmale des minderwertigen Sehapparates insbesondere bei Malern[6] eine große Rolle spielen. Ich habe in meiner Schrift[7] einiges darüber mitgeteilt. *Guernico da Centa*, 15. Jahrhundert, erhielt seinen Namen, weil er schielte. *Piero de la Francesca* soll nach Angabe Vasaris im Alter erblindet sein. Ihm wird besonders die Kunst der Perspektive nachgerühmt. Von neueren ist *Lenbach* zu erwähnen, der einäugig war, der ungemein kurzsichtige *Mateyko*, *Manet*, der astigmatisch war, usw. Untersuchungen in Malerschulen haben ca. 70 % Augenanomalien ergeben.
Daß Redner, Schauspieler, Sänger die Zeichen der Organminderwertigkeit aufweisen, habe ich sehr häufig gefunden. Von

[5] Auch in vielen Gedichten Schillers.
[6] Siehe auch den Essay ›Kunst und Auge‹ von J. Reich. In: *Österreichische Rundschau*. Wien 1908. Ferner: Mutschmann, *Der andere Milton*.
[7] A. Adler, *Studie über die Minderwertigkeit von Organen*. München 1927.

Moses berichtet die Bibel, er habe eine schwere Zunge besessen, seinem Bruder *Aron* war die Gabe der Rede verliehen. *Demosthenes,* der Stotterer, wurde zum größten Redner Griechenlands, und von *Camille Demoulin,* der im gewöhnlichen Leben stotterte, berichten seine Zeitgenossen, daß seine Rede wie geschmolzenes Gold dahinfloß.
Ähnlich bei den Musikern, die ziemlich oft an Ohrenleiden erkranken. *Beethoven, Robert Franz, Smetana,* die das Gehör verloren, seien als bekannte Beispiele hierher gesetzt. – *Klara Schumann* berichtet aus ihrem Leben über kindliche Gebrechen der Hör- und Sprachfähigkeit.
Weit entfernt, all diese Details als vollen Beweis anbieten zu wollen, bezwecken diese Ausführungen bloß, die Aufmerksamkeit der Leser auf den weiten Rahmen der Organminderwertigkeitslehre und auf ihre Beziehungen zur Philosophie, Psychologie und Ästhetik zu lenken.

Alfred Adler

Der Aggressionstrieb im Leben und in der Neurose*

Nach mancherlei tastenden Versuchen gelangte ich zur Anschauung, das Entscheidendste im Leben des Kindes und des Erwachsenen sei seine Stellung zu den vor ihm liegenden Aufgaben. Wie einer diese Aufgaben anpackt, daran kann man ihn erkennen. Diese seine Haltung hat immer etwas Angreifendes. Erst in weiterer Entwicklung können Züge des Zuwartens oder des Ausweichens hinzutreten. Ich nannte die Summe dieser Erscheinungen den »Aggressionstrieb«, um zu bezeichnen, daß der Versuch einer Bemächtigung, einer Auseinandersetzung damit zur Sprache käme. Die folgende Abhandlung soll als Versuch einer programmatischen Darstellung des *Aggressionstriebes*, seines Schicksals und seiner Phasen, von dem ich behaupten muß, daß er auch den Erscheinungen der Grausamkeit, der Herrschsucht, des Sadismus zugrunde liegt, gelten. –

Bisher ging jede Betrachtung des Sadismus und Masochismus von *sexuellen* Erscheinungen aus, denen Züge von Grausamkeit beigemischt waren. Die treibende Kraft stammt aber bei Gesunden, Perversen und Neurotikern (s. u.) offenbar *aus zwei, ursprünglich gesonderten Trieben*, die späterhin eine *Verschränkung* erfahren haben, derzufolge das sadistisch-masochistische Ergebnis zwei Trieben zugleich entspricht, dem Sexualtrieb und dem Aggressionstrieb. Ähnliche Verschränkungen finden sich im Triebleben Erwachsener regelmäßig vor. So zeigt sich der Eßtrieb mit dem Sehtrieb, mit dem Riechtrieb (s. die Ergebnisse *Pawlows*), der Hörtrieb mit dem Sehtrieb (audition colorée, musikalische Begabung), kurz jeder auffindbare Trieb mit einem oder mehreren der übrigen Triebe verknüpft, eine Verschränkung, an denen zuweilen auch der Harn- oder der Stuhltrieb ihren Anteil haben. Dabei soll uns »der Trieb« nichts mehr als eine Abstraktion bedeuten, eine Summe von Elementarfunktionen des entsprechenden Organs und seiner zugehörigen Nervenbahnen, deren Entstehung und Entwicklung aus dem Zwang der Außenwelt und ihrer Anforderungen abzuleiten sind, deren Ziel durch die Befriedigung der Organbedürfnisse und durch den Lusterwerb aus der Umgebung bestimmt ist. In allen auffälligen Charakterbildern, deren Gesamtphysiognomie stets das Resultat einer

* [Zuerst erschienen in: *Fortschritte der Medizin*, Bd. 26, 1908, S. 577–584.]

Triebverschränkung ist, wobei *einer oder mehrere der Triebe die Hauptachse der Psyche* konstituieren, spielt der *Sexualtrieb* eine hervorragende Rolle. Die Ergebnisse einer großen Zahl von Untersuchungen gesunder, neurotischer, perverser Personen, lebender und verstorbener Künstler und Dichter lassen in Betracht ihres Trieblebens und seiner Äußerungen folgende, stets erweisbare Tatsachen erkennen:

I. *Die Kontinuität jedes Triebes und seine Beziehung zu anderen Trieben* ist für das ganze Leben sowie über das Leben des Individuums hinaus, in seiner Heredität, mit Sicherheit festzustellen. Dieser Gesichtspunkt hat für viele Fragen der Charakterbildung und ihrer Vererbung, für Familien- und Rassenprobleme, für die Psychogenese der Neurosen, des künstlerischen Schaffens und der Berufswahl, des Verbrechens eine große Bedeutung.

II. Was von den Trieben ins Bewußtsein dringt, sei es als Einfall, Wunsch, Willensäußerung, ebenso was für die Umgebung in Worten oder Handlungen deutlich wird, kann entweder in direkter Linie aus einem oder mehreren der Triebe abstammen und dabei kulturelle Umwandlungen, Verfeinerungen und Spezialisierungen (Sublimierung *Nietzsches, Freuds*) erfahren haben. Oder der Trieb wird in seiner Ausbreitungstendenz, mittels der er bei stärkerer Ausbildung unumschränkt alle Beziehungsmöglichkeiten zur Umgebung ausschöpft und geradezu weltumfassend auftritt, an einer *durch das angeborene Gemeinschaftsgefühl* bestimmten oder durch einen zweiten Trieb geschaffenen Schranke gehemmt. (Hemmung des Schautriebs in bezug auf Fäkalien etwa; Hemmung des Eßtriebs bei seiner Richtung auf schlecht riechende Speisen; — Hemmung des Schautriebs bei Kampf gegen Sexualerregungen.) — Diese Triebhemmung ist als eine aktive psychische Leistung anzusehen und führt bei starken Trieben zu ganz charakteristischen Erscheinungen, und dies um so mehr, je mehr von der Triebkraft durch dauernden psychischen Kraftaufwand gezügelt werden muß. Der *Triebhemmung im Unbewußten aber entsprechen im Bewußtsein charakteristische Erscheinungen*, unter denen vor allem durch die Individualpsychologie aufgedeckt werden:

1. *Verkehrung des Triebes in sein Gegenteil* (z. B. dem Eßtrieb im Unbewußten entspricht eine Andeutung von Nahrungsverweigerung im Bewußtsein; fast analog damit — dem Geiz oder Futterneid entsprechend: Freigebigkeit). Das Kind hat die Bedeutung dieser Triebbefriedigung für die Ruhe der Eltern erkannt und beginnt durch zweckmäßige Verwendung und Variation der Triebrichtung ein Geschäft *im Interesse seines Machtgefühls* zu machen.
2. *Verschiebung des Triebes auf ein anderes Ziel* (der Liebe

zum Vater folgt die Zuneigung zum Lehrer, zum Arzt, zum Freund oder zur Menschheit. Ist der Sexualtrieb betroffen, so resultieren angebliche Perversionen, in Wirklichkeit Verschiebungen auf ein anderes Ziel *durch Ausschaltung der Norm*, wie Homosexualität).

3. *Richtung des Triebs auf die eigene, dadurch höher gewertete Person durch Verstärkung des Persönlichkeitsgefühls.* (*Der Schautrieb* wandelt sich in den Trieb, selbst angeschaut zu werden. Wurzel des Exhibitionismus in jeder Form, auch des Beachtungs-, Größen-, Verfolgungswahns. Das Kind wird nicht heimisch in unseren Verhältnissen und beginnt an Angst zu leiden.) Eine wichtige Abart des auf die eigene Person gerichteten Triebes bildet das »nach innen Schauen oder Hören«, mit Erinnerung, Phantasie, Intuition, Introspektion, Ahnung, Illusion, Halluzination, Angst und Einfühlung im Zusammenhang. In stärkerer Ausprägung immer auch ein Zeichen verhinderter Verknüpfung mit der Außenwelt und mangelnden Gemeinschaftsgefühls. Die Entwicklung des letzteren wird durch die Eigenliebe gehindert. Darauf erfolgt der *Ausschluß* gewisser, normaler Bindungen. Nun kommen Erscheinungen zustande wie Menschenscheu, Berufsangst, Liebes- und Ehescheu, vertiefte sekundäre Bindungen an Natur, Wissenschaft, Geld, Amt, Beruf und Sonderbarkeiten. Diese alle zwecks Ausschaltung der normal erwarteten Aggressionen. *Jung, Pfister* und andere haben diese Feststellungen später aufgegriffen und als »Introversion« bezeichnet. *Freud* hat im Jahre 1915 das Triebleben in ähnlicher Weise charakterisiert.

4. *Verschiebung des Akzents auf einen zweiten starken Trieb*, der oft auch in der Form I zur Äußerung kommt. (Geschieht, wenn der Ehrgeiz, die Eitelkeit nicht befriedigt werden. Wissenstrieb wird durch nichtbefriedigten Ehrgeiz auf Abenteuerlust, Vagabondage abgelenkt.)

III. *Die Individualpsychologie läßt uns jeden der Triebe auf eine primäre Organbetätigung zurückführen.* Diese primären Organbetätigungen umfassen die ungehemmten Leistungen der Sinnesorgane, des Ernährungstraktes, des Atmungsapparates, der Harnorgane, der Bewegungsapparate und der Sexualorgane. Die Betätigung des Trieblebens ist mit dem Gefühl der Lust, die Verhinderung mit dem der Unlust verbunden. Der Begriff *»sexuelle Lust«* kann nur den Empfindungen des Sexualapparates zugesprochen werden; später kann durch die früher erwähnte »Triebverschränkung« jedes Organgefühl mit der Erotik verknüpft *erscheinen.* Der *psychische Überbau*[1] entsteht durch die Hemmungen der Kultur und durch die Mangelhaftigkeit der Organe, welche nur bestimmte Wege für die Lustgewinnung, Lebenserhaltung und Expansion als statthaft

[1] Siehe Alfred Adler, *Studie über Minderwertigkeit von Organen.* München 1927.

gelten lassen. In diesem Überbau, dessen organisches Substrat aus Teilen der zu- und abführenden Nervenfasern und aus Nervenzellen besteht, die mit dem Organ in Verbindung stehen, liegen die Möglichkeiten und Fähigkeiten zu bestimmten Leistungen des Gesunden und des Neurotikers, und dieser bis zu einem gewissen Grade und Alter entwicklungsfähige Apparat gedeiht in der Regel so weit, daß er auf irgendeine Weise dem Begehren des Organs, d. i. dem Triebe des Organs nachzukommen in der Lage ist. Er hat demnach die Tendenz, entsprechend der durch die Lebensaufgabe gesteigerten Triebstärke zu wachsen, um seine Befriedigung durchzusetzen. Dabei vollzieht sich die Anpassung der Technik seiner Leistungen an die Kultur aus egoistischen oder altruistischen Motiven, was freilich durch die Auslese und weitgehende Blutvermischung, durch die Heredität also, sehr vereinfacht ist. Immerhin hat das Zentralnervensystem, der psychische Überbau der Organe, in diesem Sinne die Ersatzfunktion für den Ausfall der primären Leistung des Organs übernommen, das beim Menschen im allgemeinen den Anforderungen der Natur nicht gewachsen ist.

Je stärker also ein Trieb ist, um so größer ist auch die Tendenz zur Ausbildung und Entwicklung des entsprechenden Organüberbaus. Wie diese Überentwicklung zustande kommt, was sie im Kampfe gegen die Außenwelt gewinnt, wie es dabei zur Verdrängung, notwendiger Konstellation (Ehrgeiz oder Gemeinschaftsgefühl gegen Freßtrieb beispielsweise) und zur Kompensationsstörung (Psychosen) kommt, habe ich in meiner »Studie über Minderwertigkeit von Organen« geschildert. Desgleichen wie durch den Zwang der Außenwelt einerseits, durch den starken Trieb andererseits das Organ genötigt wird, neue Wege, eine neue, oft höhere Betriebsweise zur Befriedigung seiner Bedürfnisse einzuschlagen. *Auf diesem Wege vollzieht sich die Ausbildung des künstlerischen, des genialen Gehirns, ebenso aber auch, wenn die Kompensation dem Bedürfnis nicht gewachsen ist, sie nicht siegreich umgeht, die Ausbildung der Neurose.*[2]

Die Heredität der Organwertigkeit hinwiederum, sowie die mit ihr zusammenhängende Heredität der Triebstärke, die beide sichergestellt sind, lassen erraten, daß in einer längeren Ahnenreihe bereits ein erhöhter Kampf um die Behauptung des Organes im Gange war. Daß dieser Kampf nicht ohne Schädigung abläuft und daß den in der Ahnenreihe geschädigten Organen *eine Keimanlage in der Deszendenz entspricht, die einerseits Spuren dieser Schädigung [Hypoplasie, Infantilismus, Eunuchoidismus (Tandler, Grosz), dysglandulärer Ty-*

[2] Einen wertvollen, hierher gehörigen Gedanken entwickelt *Observator* in einer Schrift: *Die Nervosität Deutschlands seit Gründung des Reichs.* 1922.

pus (Kretschmer) usw.], *andererseits Kompensationstendenzen (Hyperplasie) zeigt*, läßt sich aus der Biologie, aber auch aus der Kasuistik entnehmen. Heute, nach den uralten Kämpfen der Menschheit, haben wir es mit derartig veränderten Keimanlagen zu tun, und jedes Organ wird den Stempel der Gefahren und Schädigungen seiner Ahnenreihe an sich tragen. (*Grundlagen der Physiognomik.*[3]) Da hauptsächlich die Spannung zwischen Organmaterial und Trieb einerseits, den Anforderungen der Außenwelt andererseits die »relative« Organwertigkeit bestimmt, so wird die größere Schädigung in der Ahnenreihe (Krankheit, Überanstrengung, Überfluß, Mangel) das Organ zu einem minderwertigen machen, d. h. zu einem solchen, dem die Spuren dieses Kampfes in erheblichem Maße anhaften. – Diesen Spuren bin ich nachgegangen und habe *am Organe als solchem* nachgewiesen: Erkrankungstendenz, Erkrankungen am Stammbaum, Degenerationszeichen und Stigmen, hypoplastische und hyperplastische Bildungen, Kinderfehler und Reflexanomalien. *So wird uns die Organuntersuchung eine wichtige Handhabe zur Aufdeckung der Triebstärke*: das minderwertige Auge hat den größeren Schautrieb, der minderwertige Ernährungstrakt den größeren Eß- und Trinktrieb, das minderwertige Sexualorgan den stärkeren Sexualtrieb. –

Nun bedingen diese zur Befriedigung drängenden Triebe und ihre Stärke die Stellung des Kindes zur Außenwelt. Seine ganze psychische Welt und seine psychischen Leistungen gehen aus dieser gegenseitigen Relation hervor, und wir können die höheren psychischen Phänomene der Kindesseele sehr bald im Zusammenhang mit dieser Anspannung aufsprießen sehen. *Der Schautrieb (und der Hörtrieb) führen zur Neugierde und Wißbegierde, in ihrer Richtung auf die eigene Person zu Eitelkeit und kindlichem Größenwahn, bei ihrer Verkehrung ins Gegenteil zu Schamgefühl und Schüchternheit; der Eßtrieb gestaltet den Futterneid, Geiz, die Sparsamkeit, gegen die eigene Person gewendet Bedürfnislosigkeit, bei Verkehrung ins Gegenteil, Freigebigkeit* usw. Und dies um so deutlicher und mannigfaltiger, je stärker der Trieb entwickelt ist, so daß das minderwertige Organ zumeist alle Möglichkeiten seiner Betätigung ausschöpft und alle Phasen seiner Triebverwandlung durchmacht. Denn auch der Zusammenstoß mit der Außenwelt, sei es infolge unlustbetonter Erfahrungen, sei es infolge der Ausbreitung des Verlangens auf kulturell verwehrte Güter, *erfolgt beim minderwertigen Organ mit unbedingter Gewißheit und erzwingt dann die Triebverwandlung.* Die Bedeutung des infantilen Erlebnisses (*Freud*) für die Neurose ist

[3] Neuerdings hat Kretschmer (*Charakter und Temperament*) diesen Zweig der Wissenschaft erfolgreich bearbeitet.

deshalb in der Richtung zu reduzieren, *daß in ihm der starke Trieb und seine Grenzen (als Wunsch und dessen Hemmung) mit größter Deutlichkeit zur Anschauung kommen und daß das meist vergessene Erlebnis wie ein Wächter im Unterbewußten die weitere nötige Ausbreitung des Triebverlangens auf die Außenwelt verhindert (infantile Psyche des Neurotikers) und allzu starke Triebverwandlung (Askese) erzwingt.* Um kurz zu sein, das Schicksal des Menschen, damit auch *die Prädestination zur Neurose, liegt, wenn wir an dem Gedanken eines gesellschaftlich durchschnittlichen, gleichmäßigen Kulturkreises und ebensolcher Kulturforderungen festhalten, in der Minderwertigkeit des Organs ausgesprochen.*[4]

Nun finden wir schon im frühen Kindesalter, wir können sagen vom ersten Tage an (erster Schrei) eine Stellung des Kindes zur Außenwelt, die nicht anders denn als *feindselig* bezeichnet werden kann. Geht man ihr auf den Grund, so findet man sie bedingt durch die Schwierigkeit, dem Organ die Befriedigung zu ermöglichen. Dieser Umstand sowie die weiteren Beziehungen der feindseligen, kämpferischen Stellung des Individuums zur Umgebung lassen erkennen, daß der Trieb zur Erkämpfung einer Befriedigung, den ich *»Aggressionstrieb«* nennen will, nicht mehr unmittelbar dem Organ und seiner Tendenz zur Lustgewinnung anhaftet, sondern, daß er dem Gesamtüberbau angehört und ein übergeordnetes, die Triebe verbindendes psychisches Feld darstellt, in das — *der einfachste und häufigste Fall von Affektverschiebung* — die unerledigte Erregung einströmt, sobald einem der Primärtriebe die Befriedigung verwehrt ist. Den stärkeren Trieben, also der Organminderwertigkeit, entspricht normalerweise auch der stärkere Aggressionstrieb, und er bedeutet uns eine Summe von Empfindungen, Erregungen und deren Entladungen, deren organisches und funktionelles Substrat dem Menschen angeboren ist. Ähnlich wie bei den Primärtrieben wird die Erregung des Aggressionstriebes durch das Verhältnis von Triebstärke und Anforderungen der Außenwelt eingeleitet, das Ziel desselben durch die Befriedigung der Primärtriebe und durch Kultur und Anpassung gesteckt. Das labile Gleichgewicht der Psyche wird immer wieder dadurch hergestellt, daß der Primärtrieb durch Erregung und Entladung des Aggressionstriebes zur Befriedigung gelangt, eine Leistung, bei der man normalerweise beide Triebe an der Arbeit sieht (z. B. Eßtrieb und Aggressionstrieb: Jagd). Am stärksten wird der Aggressionstrieb von solchen Primärtrieben erregt, deren Befriedigung nicht allzu lange auf sich warten lassen kann, also

[4] Siehe Adler, *Über den nervösen Charakter*, 4. Aufl. 1928 [Frankfurt a. M. 1972. – Fischer Taschenbuch Bd. 6174] und *Praxis und Theorie der Individualpsychologie*. 3. Aufl. 1927 [Taschenbuchausgabe in Vorbereitung: Frankfurt a. M. 1974. – Fischer Taschenbuch Bd. 6236].

vom Eß- und Trinktrieb, zuweilen vom Sexualtrieb und vom Schautrieb, der auf die eigene Person gerichtet ist (aus Eitelkeit und Machtstreben), insbesondere dann, wenn diese Triebe wie bei Organminderwertigkeit erhöht sind. Ein gleiches gilt von körperlichen und seelischen Schmerzen, von denen ein großer Teil indirekt (Triebhemmung) oder direkt (Erregung von Unlust) die primäre lustvolle Organbetätigung hindert. Ziel und Schicksal des Aggressionstriebes stehen wie bei den Primärtrieben unter der Hemmung des *Gemeinschaftsgefühls;* ebenso finden wir die gleichen Verwandlungen und Phasen wie bei ihnen. Zeigt sich im Kämpfen, Raufen, Schlagen, Beißen, grausamen Handlungen *der Aggressionstrieb in seiner reinen Form,* so führen Verfeinerung und Spezialisierung zu Sport, Konkurrenz, Duell, Krieg, Herrschsucht, religiösen, sozialen, nationalen und Rassenkämpfen. (*Lichtenberg sagt ungefähr:* »Es ist merkwürdig, wie selten und ungerne die Menschen nach ihren religiösen Geboten leben und wie gerne sie für dieselben kämpfen.«) – *Umkehrung des Aggressionstriebs gegen die eigene Person* ergibt Züge von Demut, Unterwürfigkeit und Ergebenheit, Unterordnung, Flagellantismus, Masochismus. Daß sich daran hervorragende Kulturcharaktere knüpfen wie Erziehbarkeit, Autoritätsglaube, ebenso auch Suggestibilität und hypnotische Beeinflußbarkeit, brauche ich nur anzudeuten. Daß äußerste Extrem ist Selbstmord.

Wie leicht ersichtlich, *beherrscht der Aggressionstrieb die gesamte Motilität.* – Daß er auch die Bahnen des Bewußtseins beherrscht (z. B. Zorn) wie jeder Trieb und daselbst die Aufmerksamkeit, das Interesse, Empfindung, Wahrnehmung, Erinnerung, Phantasie, Produktion und Reproduktion in die Wege der reinen oder verwandelten Aggressionen leitet, daß er dabei die anderen Triebe, vor allem diejenigen der minderwertigen Organe, die den psychischen Hauptachsen zugrunde liegen, zu Hilfe nimmt und so *die ganze Welt der Aggressionsmöglichkeiten* antastet, kann man bei einigermaßen starkem Triebleben regelmäßig beobachten. Ich habe in solchen Fällen unter anderem immer *telepathische Fähigkeiten und Neigungen* beobachten können und bin auf Grund meiner Untersuchungen bereit, was an der Telepathie haltbar ist, auf den größeren Aggressionstrieb zurückzuführen, der die größere Fähigkeit verleiht, in der Welt der Gefahren zurecht zu kommen und das Ahnungsvermögen, *die Kunst der Prognose und Diagnose,* erheblich zu erweitern.

Ebenso wie die Schrecken der Weltgeschichte und des individuellen Lebens schafft der erregte, verhaltene Aggressionstrieb die grausamen Gestaltungen der Kunst und Phantasie. Die Psyche der *Maler, Bildhauer und insbesondere des tragischen Dichters,* der mit seinen Schöpfungen »Furcht und Mitleid« erwecken soll, zeigt uns die Verschränkung ursprünglich starker Triebe, der Seh-, Hör- und Tasttriebe, die sich auf dem Umweg über den Aggressionstrieb in hochkultivierten Formen durchsetzen und uns zugleich ein anschauliches Bild der Triebverwandlung liefern.

Eine große Anzahl von *Berufen* – von *Tätlichkeitsverbrechern* und *Revolutionshelden* nicht zu sprechen – schafft und erwählt sich der stärkere Aggressionstrieb. Die Richterlaufbahn, der Polizeiberuf, der Beruf des Lehrers, des Geistlichen (Hölle!), die Heilkunde und viele andere werden von Personen mit größerem Aggressionstrieb ergriffen und gehen oft kontinuierlich aus analogen Kinderspielen hervor. Daß sie vielfach, oft in erster Linie, der Triebverwandlung (Verkehrung ins Gegenteil z. B.) genügen, ist ebenso verständlich, wie die Flucht des Künstlers ins Idyll. Insbesondere sind die *kindlichen Spiele,* die Märchenwelt und ihre Lieblingsgestalten, der Sagenkreis der Völker, Heroenkultus und die vielen, vielen grausamen Erzählungen und Gedichte der Kinder- und Schulbücher vom Aggressionstrieb für den Aggressionstrieb geschaffen.[5] Ein weites Reservoir zur Aufnahme des Aggressionstriebes bildet auch die *Politik* mit ihren zahllosen Möglichkeiten der Betätigung und der logischen Interpretation des Angriffes. Der Lieblingsheld Napoleon, das Interesse für Leichenzüge und Todesanzeigen, Aberglaube, Krankheits- und Infektionsfurcht, ebenso die Furcht vor dem Lebendigbegrabenwerden und das Interesse für Friedhöfe decken oft bei sonstiger Verdrängung des Aggressionstriebes das heimliche Spiel der lüsternen Grausamkeit auf, des grausamen, egoistischen Machtstrebens.

Entzieht sich der Aggressionstrieb durch Umkehrung gegen die eigene Person, durch Verfeinerung und Spezialisierung wie so oft unserer Erkenntnis, so wird die *Verkehrung in sein Gegenteil, die Antithese des Aggressionstriebs,* geradezu zum Vexierbild. *Barmherzigkeit, Mitleid, Altruismus,* gefühlvolles Interesse für das Elend stellen neue Befriedigung dar, aus denen sich der ursprünglich zu Grausamkeiten geneigte Trieb speist. Scheint dies verwunderlich, so ist doch leicht zu erkennen, daß nur derjenige wirkliches Verständnis für Leiden und Schmerzen besitzen kann, der ein ursprüngliches Interesse für die Welt von Qualen zu eigen hat, der *reuige Sünder*; und diese kulturelle Umwandlung wird sich um so kräftiger ausgestalten, je größer der Aggressionstrieb ist (*Tolstoi, Augustin*). So wird der Schwarzseher zum Verhüter von Gefahren, Kassandra zur Warnerin und Prophetin. Alle diese Erscheinungsformen des Aggressionstriebes, die reine Form, Umkehrung

[5] Die Verderblichkeit der Kriegspoesie und der Kriegsspiele bei Kindern scheint derzeit auf bessere Einsicht zu stoßen.

gegen die eigene Person, Verkehrung ins Gegenteil mit der äußerlich wahrnehmbaren Erscheinungsform der *Aggressionshemmung (Abulie; psychische Impotenz)* finden sich in den Neurosen und Psychosen wieder. Ich nenne nur *Wutanfälle und Attacken bei Hysterie, Epilepsie, Paranoia als reine Äußerung des Triebes, Hypochondrie, neurasthenische und hysterische Schmerzen, ja das ganze Krankheitsgefühl bei Neurasthenie, Hysterie, Unfallneurose, Beobachtungswahn, Verfolgungsideen, Verstümmelung und Selbstmord als Phasen der Umkehrung des Aggressionstriebes gegen die eigene Person, die milden Züge und Messiasideen der Hysteriker und Psychotiker bei Verkehrung ins Gegenteil.*
Anschließend an die Erörterung der Umkehrungsform gegen die eigene Person muß ich noch eines Phänomens erwähnen, dem die größte Bedeutung in der Struktur der Neurose zukommt, *der Angst. Sie stellt eine Phase des gegen die eigene Person gerichteten Aggressionstriebes dar und ist nur mit der halluzinatorischen Phase anderer Triebe zu vergleichen.* Die verschiedenen Formen der Angst kommen zustande, indem sich der der Angst zugrunde liegende Aggressionstrieb verschiedener Systeme bemächtigen kann. So kann er das motorische System innervieren (Tremor, Schlottern, tonische, klonische Krämpfe, katatonische Erscheinungen; funktionelle Lähmungen als Aggressionshemmung), auch die Vasomotoren kann er erregen (Herzpalpitation, Blässe, Röte) oder andere Bahnen, so daß es zu Schweiß-, Stuhl-, Urinabgang, Erbrechen kommt oder zu Sekretionsverhinderung als Hemmungserscheinung (trockene Kehle). Strahlt er ins Bewußtsein aus, so erzeugt er koordinierte, den minderwertigen Bahnen entsprechende Bewußtseinsphänomene, wie Angst- und Zwangsideen, Sinneshalluzinationen, Aura, Traumbilder. — *Immer aber wird die Richtung auf das minderwertige Organ sowie auf seinen Überbau, auf Blase, Darm, Kehlkopf, Bewegungsapparat, Respirationsorgan (Asthma), Herzkreislauf innegehalten werden, so daß im Anfall die psychische Hauptachse des Erkrankten wieder in Erscheinung tritt. — (Im Schlaf, in der Bewußtlosigkeit und Absence der Hysterie und Epilepsie sehen wir den höchsten Grad der Aggressionshemmung). Der feindliche Charakter des Ängstlichen ist damit aufgedeckt. Sein dürftiges Gemeinschaftsgefühl hat ihn auf Erden nicht Wurzel schlagen lassen.*[6]
Abgesehen von den Primärtrieben ist auch der *Schmerz* imstande, den Aggressionstrieb zu erregen, sowie auch, was aus dem Zusammenhang der Erscheinungen hervorgeht, der auf die eigene Person gerichtete Aggressionstrieb *sich der Schmerzbahnen bemächtigen kann,* um je nach Maßgabe der Organmin-

[6] Richard Wagner: »Denn Unheil fürchtet, wer unhold ist.«.

derwertigkeit Migräne, Clavus, Trigeminusneuralgie, nervöse Schmerzen in der Magen-, Leber-, Nieren- und Appendixgegend, ebenso wie Aufstoßen, Gähnen, Singultus, Erbrechen, Schreikrämpfe zu erzeugen. In der psychologischen Analyse läßt sich als auslösende Ursache stets eine Triebhemmung nachweisen,[7] und ebenso geht dem nervösen Schmerzanfall voraus oder folgt ihm nach ein *Aggressionstraum* mit oder ohne Angst. Oder das Bild wird durch vorübergehende oder dauernde Schlaflosigkeit variiert, als deren nächste Ursache der unbefriedigte Aggressionstrieb aufgedeckt werden kann.

Insbesondere die motorischen Ausstrahlungen des Aggressionstriebes sind im *Kindesalter* ungemein deutlich. Schreien, Zappeln, sich zu Boden werfen, Beißen, Knirschen usw. sind einfache Formen dieses Triebes, die im neurotischen Anfall, insbesondere bei der Hysterie, nicht selten wiederzufinden sind.

Als wichtigster Regulator des Aggressionstriebes ist das dem Menschen angeborene *Gemeinschaftsgefühl* anzusehen. Es liegt jeder Beziehung des Kindes zu Menschen, Tieren, Pflanzen und Gegenständen zugrunde und bedeutet die Verwachsenheit mit unserem Leben, die Bejahung, die Versöhntheit mit demselben. Durch das Zusammenwirken des Gemeinschaftsgefühls in seinen reichlichen Differenzierungen (Elternliebe, Kindesliebe, Geschlechtsliebe, Vaterlandsliebe, Liebe zur Natur, Kunst, Wissenschaft, Menschenliebe) mit dem Aggressionstrieb kommt die Stellungnahme, also eigentlich das Seelenleben des Menschen, zustande.

[7] Siehe ›Das Problem der Distanz‹. In: Adler, *Praxis und Theorie*, l. c.

Alfred Adler

Das Zärtlichkeitsbedürfnis des Kindes*

Das Studium nervöser Kinder und Erwachsener hat in den letzten Jahren die fruchtbarsten Aufschlüsse über das Seelenleben zutage gefördert. Nachdem erst die wichtig scheinende Vorfrage erledigt war, ob das Seelenleben gesunder und nervöser Personen qualitativ verschieden sei — eine Frage, die heute dahin beantwortet werden muß, daß die psychischen Phänomene beider auf die gleichen Grundlagen zurückzuführen sind[1] —, konnte getrost der Versuch unternommen werden, die individualpsychologischen Ergebnisse bei nervösen Menschen an dem »normalen« Seelenleben zu messen. Da zeigt sich nun in gleicher Weise die grundlegende Bedeutung des *Trieblebens* für Aufbau und Zusammensetzung der Psyche sowie der große Anteil des Unbewußten am Denken und Handeln, der Zusammenhang des Organischen mit der Psyche, die scheinbare Kontinuität und Vererbbarkeit von Charakteranlagen, die volle Deutbarkeit des Traumlebens und seine Bedeutung, der große Anteil des Sexualtriebs und seiner Umwandlungen an den persönlichen Beziehungen und an der Kultur des Kindes, vor allem aber die Tatsachen des *Gemeinschaftsgefühls* und des *Machtstrebens* als jener Faktoren, die das Schicksal eines Menschen in erster Linie bestimmen.
Unter den äußerlich wahrnehmbaren psychischen Phänomenen im Kindesleben macht sich das Zärtlichkeitsbedürfnis ziemlich früh bemerkbar. Man hat darunter durchaus kein umgrenztes psychisches Gebilde zu verstehen, das etwa in der psychomotorischen Gehirnsphäre lokalisiert wäre. Sondern wir nehmen darin den Abglanz von mehrfachen Regungen des Gemeinschaftsgefühls, von offenen und unbewußten Wünschen wahr, Äußerungen von Instinkten, die sich stellenweise zu Bewußtseinsintensitäten verdichten. Abgespaltene Komponenten des Tasttriebs, des Schautriebs, des Hörtriebs, der Sexualität liefern in eigenartiger Verschränkung das auszuwählende Material. Das Ziel liegt in der befriedigenden Stellungnahme des Kindes zu seiner Umwelt. Und der erste unserer Schlüsse darf lauten: ein starkes Zärtlichkeitsbedürfnis des Kindes läßt unter sonst gleichen Umständen ein starkes

* [Zuerst erschienen in: *Monatshefte für Pädagogik und Schulpolitik*, Bd. 1, 1908, S. 7–9.]

[1] Adler, *Über den nervösen Charakter*, l. c. und *Praxis und Theorie der Individualpsychologie*, l. c.

Gemeinschaftsgefühl, aber auch ein starkes Machtstreben vermuten. – In der Regel – und vernünftigerweise – ist eine Befriedigung des Begehrens nach Zärtlichkeit nicht ganz umsonst zu erlangen. Und so wird das Zärtlichkeitsbedürfnis zum Hebel der Erziehung. Eine Umarmung, ein Kuß, eine freundliche Miene, ein liebevoll tönendes Wort sind nur zu erzielen, wenn sich das Kind dem Erzieher unterwirft, also auf dem Umweg über die Kultur. In gleicher Weise wie von den Eltern ersehnt das Kind Befriedigung vom Lehrer, später von der Gesellschaft. Das Zärtlichkeitsbedürfnis ist somit ein wesentlicher Bestandteil der sozialen Gefühle geworden. Die Stärke der Zärtlichkeitsregungen, der psychische Apparat, den das Kind in Szene setzen kann, um zur Befriedigung zu gelangen, und die Art, wie es die Unbefriedigung erträgt, machen einen wesentlichen Teil des kindlichen Charakters aus. – Die ursprünglichen Äußerungen des Zärtlichkeitsbedürfnisses sind auffällig genug und hinlänglich bekannt. Die Kinder wollen gehätschelt, geliebkost, gelobt werden, sie haben eine Neigung sich anzuschmiegen, halten sich stets in der Nähe geliebter Personen auf, wollen ins Bett genommen werden usw. Später geht das Begehren auf liebevolle Beziehung, aus der Verwandtenliebe, Freundschaft, speziellere Gemeinschaftsgefühle und Liebe stammen, je nach den Verlockungen, denen das Kind bei der Verfolgung seines Machtstrebens ausgesetzt war.

Begreiflicherweise hängt von einer richtigen Führung dieses *Gefühlskomplexes* ein großer Teil der Entwicklung ab. Und es ist bei dieser Betrachtung recht deutlich zu sehen, wie eine Teilbefriedigung des Trieblebens ein unerläßlicher Faktor der Kultur wird, ebenso wie der verbleibende unbefriedigte Triebkomplex den ewigen, immanenten Antrieb zu einer fortschrittlichen Kultur abgibt. Auch die fehlerhaften Richtungen, auf die das Zärtlichkeitsbedürfnis geraten kann, sind leicht zu ersehen. Der Impuls soll, ehe er zur Befriedigung gelangt, zum Umwege verhalten werden, er soll die Kultur des Kindes treiben. Dadurch werden Weg und Ziel des Zärtlichkeitsbedürfnisses auf eine höhere Stufe gehoben und die abgeleiteten, geläuterten Gemeinschaftsgefühle erwachen in der Seele des Kindes, sobald das Ziel Ersatzbildungen zuläßt, sobald an die Stelle des Vaters etwa der Lehrer, der Freund, der Kampfgenosse treten kann. Damit muß sich die *Ausdauer* der Triebregung, die Toleranz für die Spannung eng verknüpfen. Die Entbehrung der Befriedigung soll nicht das psychische Gleichgewicht vernichten, soll nur die Energie wachrufen und die *kulturelle Aggressionsstellung* erzeugen. Bleibt dem Kinde der Umweg über die Kultur erspart, erlangt es nur Befriedigung primitiver Art, und diese ohne Verzögerung, so bleiben seine Wünsche stets auf sofortige, sinnliche Lust gerichtet.

Seine Triebe zeigen sich dauernd *ungezähmt, unerzogen.* Dabei kommt ihm vielfach die Neigung der Eltern entgegen, deren Freude es sein mag, sich von sinnlos hätschelnden, kosenden Kindern umgeben zu sehen, folgend den Erinnerungsspuren ihrer eigenen Kindheit. — Bei derart erzogenen Kindern wird stets eine der *ursprünglichen* Formen der Befriedigung auffallend bevorzugt erscheinen. Auch die Entwicklung von Selbständigkeit, Initiative und Selbstzucht leidet Mangel. Der Idealzustand bleibt Anlehnung und Abhängigkeit von einer der geliebten Personen, Entwicklungshemmungen, die mit einer ganzen Schar abgeleiteter Charakterzüge das weitere Lebensbild beherrschen. Bald wird Schreckhaftigkeit, Neigung zur Angst auffällig, als Zeichen der mangelnden Verwachsenheit mit dem Leben, die sich in die Gedankenwelt und ins Traumleben fortsetzen. *Weibische* Züge im *schlechten Sinne* bekommen die Oberhand, und im extremen Falle baut sich die Psyche in falscher Richtung so weit vor, *bis der mutlose, masochistische, nervöse Charakter erreicht ist, der die Unversöhnlichkeit mit dem Leben verrät.*
Den Gegensatz liefert eine Erziehung, welche dem Zärtlichkeitsbedürfnis auch die kulturellen Befriedigungen entzieht und das Kind mit seiner Sehnsucht nach Liebe allein läßt. Von allen Objekten der Zärtlichkeit abgeschnitten, besitzt das Kind nur die eigene Person als Ziel seiner Sehnsucht, die Sozialgefühle bleiben rudimentär, und Befriedigungstendenzen erhalten die Oberhand, *die Eigenliebe in jeder Form* zum Inhalte haben. Oder das Kind gerät in die *Angriffsstellung.* Jeder unbefriedigte Trieb richtet den Organismus schließlich derart, daß er sich in Aggression zur Umgebung stellt. Die rauhen Charaktere, die zügellosen, unerziehbaren Kinder können uns darüber belehren, wie der dauernd unbefriedigte Zärtlichkeitstrieb die Aggressionsbahnen in Erregung bringt. Das Verständnis für den jugendlichen Verbrecher wird, meinen wir, durch diese Betrachtung wesentlich gefördert. Aber nicht immer geht die Reaktion bis zur Wirkung auf die Außenwelt. Die Aggressionsneigung kann eine Hemmung erleiden, die ursprünglich wohl im Sinne und unter dem Druck der Kultur einsetzt, später aber weitergreift und auch die kulturelle Aggression — Betätigung, Studium, Kulturbestrebungen — unmöglich machen, indem sie sie durch »des Zweifels Blässe« ersetzt. Auch bei dieser Entwicklungsanomalie finden wir an Stelle der Triebbefriedigung oder der kulturellen Aggression Verdrossenheit, Mangel an Selbstvertrauen und Angst als den Ausdruck der schlecht gelungenen Stellungnahme zu den Fragen des Lehrers, als Zeichen eines mangelhaften Gemeinschaftsgefühls. Daß viele dieser Kinder später der Neurose verfallen, darf uns nicht wundernehmen, ebensowenig, daß vie-

le von ihnen als Charaktertypen oder eigenartige Individualitäten, zuweilen mit genialen Zügen ausgestattet, durchs Leben wandeln.
Hier schließt sich eine große Zahl pädagogischer Betrachtungen an. Mag jeder Erzieher daran prüfen und weiterarbeiten. Nur hüte er sich, seine eigenen Wünsche und Gefühle in die Beweisführung hineinzutragen, wie es unmerklich zu geschehen pflegt, wenn man eine Materie bearbeitet, zu der uns eigene Erinnerungsspuren hinüberleiten. Und man bedenke, daß die Natur nicht engherzig vorgeht. Es wäre ein Jammer, wenn jeder Erziehungsfehler seine Folgen hätte. Für die Norm aber muß die Behauptung gelten: das Zärtlichkeitsbedürfnis des Kindes soll nicht zum Spiel allein, sondern vor allem mit kulturellem Nutzeffekt befriedigt werden; und man sperre dem Kinde nicht die Zugänge zur Befriedigung seiner Zärtlichkeit, wenn es sie auf kulturellen Bahnen erreichen kann, denn sein Zärtlichkeitstrieb wurzelt im organischen Boden des Gemeinschaftsgefühls und zielt auf Selbstbehauptung.
Aber nicht nur die realen Mängel bei der Befriedigung des Zärtlichkeitsbedürfnisses kommen in erster Linie in Betracht. Bedeutsamer sind die subjektiven Voraussetzungen des Kindes von dem ihm gebührenden oder fehlenden Maß. Kennt man diesen wesentlichen Faktor, der die unbegrenzten Fehlerquellen des menschlichen Verstandes umfaßt, alle seine Irrtumsmöglichkeiten, so findet man, daß die *Verlockung* zu einem besonders hohen Ausmaß des Zärtlichkeitsbedürfnisses und -verlangens aus einem Mangel wie auch aus einem Übermaß der Befriedigung entstammen kann. Die unversöhnliche Stellungnahme zu den Menschen kommt dann auf die gleiche Weise zustande wie bei den Kindern mit angeborenen Organminderwertigkeiten.

Alfred Adler

Über neurotische Disposition*

Zugleich ein Beitrag zur Ätiologie und zur Frage der Neurosenwahl

Die individualpsychologische Methode hat uns befriedigende Aufklärungen über das Wesen der Neurosen, über den Aufbau ihrer Symptome und über die Mittel einer souveränen Therapie gebracht. Das scheinbar sinnlose Verhalten der Neurasthenie, der Degenerationspsychose, der Zwangsneurose, der Hysterie, der Paranoia usw. erscheint verständlich und wohl determiniert. Die Leistungen genialer Menschen, verbrecherische Handlungen, Schöpfungen der Volkspsyche sind der psychologischen Analyse zugänglich und zeigen sich in ihrer psychischen Struktur vergleichbar mit dem Aufbau der neurotischen Symptome. Diese *Vergleichbarkeit* der psychologischen Ergebnisse und deren erstaunliche Identität geben dem Forscher eine solche Sicherheit auf dem nicht unschwierigen Gebiete der Neurosenlehre, daß er auch gegenüber starken Einwänden einer berufenen Kritik nicht aus dem Takte käme. Wieviel weniger gegenüber ungerechtfertigten Lamentationen oder unberufener Aburteilung!

Die starken Positionen in der Neurosenforschung lassen sich deutlich auf die ontogenetische, individualpsychologische Betrachtungsweise zurückführen. Diese Richtung betrachtet das Symptom sowie den *neurotischen Charakter* nicht bloß als Krankheitsphänomen, sondern vor allem als Zeichen einer individuellen Entwicklung und sucht sie aus den Erlebnissen und Phantasien des Individuums zu verstehen. Das rätselhafte Bild der Neurose und ihrer Erscheinungsformen fesselte wohl seit jeher die Aufmerksamkeit der Beobachter. Aber erst mit der Individualpsychologie begann der erste Schritt der *Rätsellösung*, der die individuellen Eindrücke und das Weltbild, die Stellungnahme des Kranken in Rechnung zog, um daraus das Verständnis für das Rätselvolle zu gewinnen. Die medikamentöse und physikalische Behandlung erwiesen sich als überflüssige Notbehelfe, ihre zuweilen günstigen Erfolge als Wirkungen psychischen Einflusses von meist geringer Dauer und Ergiebigkeit. Doch soll nicht außer acht bleiben, daß die Zeit, »die alle Wunden heilt«, unabhängig von Medikamenten und Kaltwasserkuren, zuweilen psychische Schäden auszugleichen vermag, ebenso wie das Leben manches wie-

* [Zuerst erschienen in: *Jahrbuch f. Psychoanalyt. u. psychopatholog. Forschung*, Bd. 1, 1909, S. 526–545.]

der gut macht, was es an einer Person verbrochen hat. Zahlreiche Menschen weisen die Bedingungen der Neurose auf, ohne ihr zu verfallen, *weil sie von rezenten Anlässen verschont bleiben* und so, wenn auch oft mühsam, das psychische Gleichgewicht aufrechterhalten können.

Da liegt es nun nahe, den *Vergleich mit der gesunden Psyche* zu ziehen, um der Frage näher zu kommen, was macht einen Menschen neurotisch? Anfangs schien es und scheint es wohl jedem, als ob besondere Erlebnisse oder Phantasien in den Kinderjahren den Anstoß zur Entwicklung der Krankheit gäben. Und tatsächlich hoben die ersten Untersucher auf dem Boden der Psychoanalyse, insbesondere *Freud* und *Breuer*, hervor, daß der *traumatische Einfluß eines sexuellen Erlebnisses* mit seinen direkten und indirekten Folgen der Verdrängung und der Verschiebung, unter den Ursachen der Neurose die erste Rolle spiele. Die Erweiterung dieser Lehre ging dahin, die *»sexuelle Ätiologie«* für alle Neurosen als ausschlaggebend hinzustellen und den Hinweis auf den allgemeingültigen Einfluß der Sexualentwicklung auch für den Normalen mit dem Argumente zu entkräften, daß die »sexuelle Konstitution«, also eine biologische Nuance des Sexualtriebes, die letzte Wurzel der Neurose bilde, die sich im Zusammenhange mit sexuellen Kindheitseindrücken unter dem Einfluß einer abnormen Verteilung der Libido und bei Eintritt einer auslösenden Konstellation einstellt.

Was aber die sexuellen und anderen Kindheitseindrücke anlangt, die durch die Untersuchung des Neurotikers zutage gefördert werden, sind sie in Grad und Umfang von denen der Normalen nicht sonderlich verschieden. Man findet einmal mehr, ein andermal weniger davon, immer aber ein Maß, das von den Gesunden auch erreicht wurde. Was nur so lange im dunkeln bleiben konnte, so lange nicht eine ausgiebige Kinderforschung und vor allem die analytische Schulung den Blick für diese Geheimnisse geschärft hatte. Ich möchte diese Einsichten durch folgende zwei Fälle aus meinen letzten Erfahrungen verstärken:

Ein 4½jähriger Knabe, körperlich und geistig tadellos entwickelt, dessen Gehaben durchaus keine auffallende Bevorzugung eines der Eltern erkennen läßt, wendet sich mit dem Wunsche an die Mutter, er möchte einmal im Bette des Vaters schlafen, der Vater könne ja im Kinderbett schlafen. Die Mutter, eine ausgezeichnete Beobachterin ihres Kindes, findet den Wunsch des Kindes auffallend und versucht dessen tieferen Sinn zu ergründen. »Das geht nicht«, sagt sie zu dem Knaben, »der Vater kommt immer spät und müde aus dem Bureau nach Hause. Da will er seine Ruhe und sein eigenes Bett haben. Aber ich werde dich in meinem Bette schlafen lassen, und will mich an deiner Stelle ins Kinderbett legen.« Das Kind schüttelt den Kopf und erwidert: »Das will ich nicht. Aber wenn der Vater in seinem Bette schlafen muß, so kann ich ja bei dir in deinem Bett liegen.«

Ich brauche wohl kaum hinzuzufügen, daß die Betten des Ehepaares nebeneinander stehen. Was wir sonst aus diesem Falle noch entnehmen können, ist die Courage des Jungen, seine ruhige Energie, mit der er nach Befriedigung seines Zärtlichkeitsbedürfnisses strebt und der männliche Mut, mit dem er sich an die Stelle des Vaters zu setzen sucht. Ich erinnere hier an meine Arbeit über den »Aggressionstrieb im Leben und in der Neurose«, wo ich als den Mechanismus der Neurose die »Aggressionshemmung« hingestellt habe. In unserem normalen Falle sehen wir kaum eine Spur einer Hemmung, sondern der Knabe versucht *zielbewußt* seinen Wunsch, bei der Mutter zu liegen, durchzusetzen, kommt auch leicht darüber hinweg, als sein Versuch fehlschlägt, und wendet sich anderen Wünschen zu. Nebenbei ist er gut Freund mit dem Vater und hegt keinerlei Rachegedanken gegen ihn.

Und doch konnte die Mutter kurze Zeit hernach feststellen, daß der kleine Junge bereits an der Lösung des Sexualproblems arbeitete. Fritz begann nämlich mit jener unheimlichen Fragesucht zu quälen, die eine regelmäßige Erscheinung im vierten bis fünften Lebensjahre bildet: *Freud* hat darauf hingewiesen und hervorgehoben, daß sich hinter diesen Fragen die Frage nach der eigenen Herkunft, nach der Herkunft der Kinder verberge. Ich unterwies die Eltern, und als der Junge abermals zu fragen begann und vom Schreibtisch aufs Holz, dann auf den Baum, aufs Samenkorn und zuletzt auf das erste Samenkorn kam, erhielt er zur Antwort, man wisse wohl, daß er neugierig sei, woher er und die anderen Kinder kämen. Er möge nur ruhig fragen, er werde alles erfahren. Das Kind verneinte wohl, seine Fragesucht war aber damit zu Ende. Also doch eine kleine Aggressionshemmung, wie sie wohl allgemein und erträglich sein dürfte. In der Tat blieb der Junge weiter mannhaft und couragiert und seinem Benehmen haftete keinerlei *Empfindlichkeit, Nachträglichkeit oder Rachsucht an.*

Aber noch ein wichtiger Umstand ist in solchen Fällen deutlich zu erfassen. Man sieht das Kind bereits tief *im Banne der Kausalität.* Ein Kind, das Eltern, Großeltern vor sich sieht, das von Kindern hört, die zur Welt kommen, wird normalerweise auf die Kausalität stoßen, die zwischen ihnen besteht. *Kommt nun der kindliche Ehrgeiz* ins Spiel, dann führen Gedanken und Phantasien das Kind so weit, daß es sich als Ziel setzt, selbst Vater zu werden, und daß es wie in der Vorbereitung handelt. – Derartige konkrete Erfahrungen, dazu Erinnerungen gesunder und neurotischer Personen, lassen den sicheren Schluß zu, *daß jedes denkfähige Kind um das vierte Lebensjahr auf das Geburtsproblem stößt.*

Außerdem geht aus unserem Falle hervor, daß wir es mit einem Knaben zu tun haben, *der sich seiner männlichen Rolle im Gegensatze zur Frau* bereits voll bewußt ist. Für ihn gibt es kein Schwanken und keinen Zweifel.[1] Zärtlichkeitsregungen einem Manne gegenüber können bei solchen Individuen die Grenzen normaler Freundschaft nie überschreiten. *Eine Entwicklung zur Homosexualität erscheint dadurch ausgeschlossen, daß es unter Ausschluß jeder anderen Bindung sich für das hetero-sexuelle Ziel vorbereitet.*

In einem zweiten Falle, den ich hier zur Mitteilung bringen will, können wir die Anfänge der neurotischen Entwicklung beobachten.

Ein siebenjähriges, blasses Mädchen mit schwach entwickelter Muskulatur leidet seit zwei Jahren an häufigen, anfallsweise auftretenden Kopfschmerzen, die sich ganz unvermutet einstellen, Stirne und Augengegend befallen, ins Vorder- und Hinterhaupt ausstrahlen und nach mehreren Stunden wieder verschwinden. Keine Magenstörungen, kein Augenflimmern. Eine organische Erkrankung ist nicht nachzuweisen. Sie soll *stets blaß und schwächlich gewesen* sein, ist nach Angabe der Mutter sehr klug und gilt als die beste Schülerin ihrer Klasse. Medikamentöse und hydropathische Kuren blieben erfolglos.

Ich bin zur Überzeugung gelangt, daß die neurotische Psyche sich am leichtesten durch ihre psychische Überempfindlichkeit verrät. Die Klinik der Neurosen rechnet wohl schon lange mit dieser Erscheinung, ohne, wie mir scheint, ihre psychologische Dignität gehörig zu würdigen oder ihre individuelle Bedingtheit zu ergründen und zu beseitigen. Ich kann eigentlich nur zwei Autoren nennen, die von der ungeheuren Tragweite dieser Erscheinung sprechen. Der Historiker *Lamprecht* hat für die Völkerpsychologie die Bedeutung dieser *»Reizsamkeit«* festgestellt. Und *Bleuler*[2] stellt die *»Affektivität«* in den Mittelpunkt der Neurosen, insbesondere der Paranoia.

In der Regel findet sich diese Überempfindlichkeit bei allen Neurotikern in gleicher Weise deutlich vor. Meist gibt der Patient selbst auf Befragen zu, daß er sich sehr leicht durch ein Wort, durch eine Miene verletzt fühlt. Oder er leugnet es, seine Angehörigen haben es aber längst empfunden, haben gewöhnlich auch schon angestrengte Versuche gemacht, diese Empfindlichkeit nicht zu reizen. Zuweilen muß man sie dem

[1] Aus einer großen Anzahl von Untersuchungen geht nämlich hervor, daß sich der *Zweifel* neurotischer Personen an dieses frühe kindliche Schwanken anschließt, ob ihm eine männliche oder weibliche Rolle zufallen werde. Die sexuelle Unerfahrenheit bringt in diesen Fällen die Verwirrung hervor.

[2] Bleuler, *Suggestibilität, Affektivität und Paranoia.*

Kranken nachweisen und zeigen. Daß man diese Empfindlichkeit auch bei gesund gebliebenen Personen findet, kann weiter nichts beweisen, wenn man sich an die zahlreichen Grenzfälle der Neurose erinnert.
Die Äußerungen dieser Überempfindlichkeit sind interessant genug. Sie erfolgen präzise, sobald es sich um eine Situation handelt, in der sich der Patient *vernachlässigt, verletzt, klein oder beschmutzt vorkommt*, wobei es ihm recht häufig zustößt, daß er, auf Nebensächlichkeiten gestützt, eine derartige Situation *willkürlich erfindet*. Oft mit großem Scharfsinne sucht er seinem Standpunkte *logische Repräsentation* zu verleihen, die nur der geübte Psychotherapeut durchschaut. Oder der Patient nimmt eine Wahnidee – wie bei der Paranoia, aber auch bei anderen Neurosen – zu Hilfe, um das Unerklärliche seines Benehmens zu begreifen und durch Fixierung an seine Wahnidee der eigentlichen Gefahrenzone, den Tatsachen und damit den Verletzungen seiner Empfindlichkeit auszuweichen. Dabei fällt immer die überraschende Häufung von Herabsetzungen und Demütigungen auf, denen solche Patienten ausgesetzt sind, bis man entdeckt, daß sie sozusagen eine *Zeitlang ihren Ohrfeigen nachlaufen*[3]. Diese Strömung stammt aus dem Unbewußten und führt meist vereint mit anderen Regungen den masochistischen Charakter der Neurose herbei, der uns den Patienten als Hypochonder, als Verletzten, Verfolgten, Herabgesetzten, nicht anerkannten Menschen zeigt, für den es nur Leid, Unglück, »Pech« gibt. Der Mangel an Lebensfreude, die stete Erwartung von Unglücksfällen, Verspätungen, mißglückten Unternehmungen und Zurücksetzungen, schon in der Haltung und in den Gesichtszügen des Patienten erkennbar, die abergläubische Furcht vor Zahlen, Unglückstagen und der telepathische Hang, der immer Schlimmes vorausahnt, das Mißtrauen in die eigene Kraft, die den Zweifel an allem erst lebendig macht, das Mißtrauen in die anderen, das sozial zerstörend wirkt und jede Gemeinschaft sprengt – so stellt sich zuweilen das Bild des überempfindlichen Patienten dar. Alle Grade der *Aggressionshemmung*, Schüchternheit, Zaghaftigkeit, Angst und Aufregungszustände *bei neuen, ungewohnten Situationen* bis zu physischer und psychischer Lähmung können dem Bilde der Neurose eine be-

[3] Ein Fall für viele: Ein 36jähriger Patient gefährdete sein Fortkommen dadurch in hohem Grade, daß er nach kurzer Zeit überall in Streit verwickelt wurde. In der Analyse gelang der Nachweis, daß in ihm ein heimliches Streben lag, der Vater möge ihn mißhandeln. Aus seiner Kindheit und Pubertät lagen Erinnerungen vor, nach welchen er bei irgendeiner Herabsetzung in der Familie andernorts Streit anfing, um Prügel zu bekommen; oder er ließ sich »zur Beruhigung« gesunde Zähne ziehen. Der Wunsch, vom Vater mißhandelt zu werden, entsprach seinem Suchen nach Beweisen des väterlichen Hasses, dessen und anderer Überlegenheit, um die masochistische, »weibliche« Linie halten zu können, *sich abzuhärten*, vor seinen Aufgaben Reißaus zu nehmen und sich für die männliche Rolle in Beruf und Liebe unmöglich zu machen.

sondere Färbung verleihen. *Wie einer, der sich in eine feindliche Welt gestellt sieht, für den diese Erde zu schlecht ist, denkt er immer nur an sich, an seine Not, an das, was ihm fehlt, nie an das, was er zu geben hätte.*

Wird so die Überempfindlichkeit zu einer *»Voreempfindlichkeit«*, so sehen wir anderseits Erscheinungen in der Neurose auftreten, die man als *»Nachempfindlichkeit«* charakterisieren kann. *Solche Patienten können einen schmerzlichen Eindruck nicht verwinden und sind nicht imstande, ihre Psyche aus einer Unbefriedigung loszulösen,* sich mit dem Leben und seinen Einrichtungen, *sich mit den Menschen zu versöhnen.* Man hat den Eindruck von *eigensinnigen, trotzigen* Menschen, die es nicht vermögen, durch kulturelle Aggression Ersatz zu schaffen, sondern starr und fest »auf ihrem Willen« bestehen. Und dies in jeder Sache und über ihr ganzes Leben hinaus. Gerechtigkeitsfanatiker und Querulanten weisen immer diesen Zug auf. Wir wollen einstweilen bloß hervorheben, daß diese angeführten Charaktere *allen Neurotikern gemeinsam sind und mit der »Überempfindlichkeit« in innigstem Zusammenhange stehen.*

Die Anfänge der Überempfindlichkeit gehen oft auf organische Überempfindlichkeit zurück, lassen sich sehr weit in das kindliche Leben zurückverfolgen und differieren von der normalen Empfindlichkeit in verschiedenem Grade. Man findet erheblichere *Lichtscheu, Hyperästhesien des Gehörs, der Haut, größere Schmerzempfindlichkeit, besondere Erregbarkeit der Vasomotoren, erhöhtes Kitzelgefühl, muskuläre Erregbarkeit*[4], *Höhenschwindel* bis in die früheste Kindheit zurück verfolgbar und kann sie stets auf eine *Organminderwertigkeit* beziehen. In meiner *»Studie über Minderwertigkeit der Organe«* habe ich bereits die Beziehungen dieser Organminderwertigkeit zur Neurose aufgedeckt und habe nach vielfachen Untersuchungen noch festzustellen, daß die Überempfindlichkeit eines Organes in den Kreis der Minderwertigkeitserscheinungen aufzunehmen ist. Ebenso die Unterempfindlichkeit, wie wir sie bei Idioten, Verbrechernaturen, bei Personen mit moral insanity so häufig beobachten können, zuweilen auch bei den Neurosen, als Verlust oder Einschränkung des Schmerzgefühles, des Kitzelgefühles, der Tätigkeit der Hautvasomoto-

[4] Eine bestimmte Art der Nervenübererregbarkeit ist bekanntlich von Anomalien der Nebenschilddrüsen abhängig, so daß wir die angeborene Minderwertigkeit bestimmter Drüsen, der Schilddrüsen, des Pankreas, der Hypophyse, der Nebennieren, auch der Prostata, der Hoden und Ovarien usw. als den Ausgangspunkt bestimmter Überempfindlichkeiten erkennen werden. In vielen Fällen geht dann die auslösende Wirkung nicht von der ursprünglich minderwertigen Drüse aus, sondern kommt durch Überkompensation einzelner Teile oder anderer Organe zustande, die qualitativ oder quantitativ den Ersatzzweck verfehlt. So auch durch das Zentralnervensystem oder bestimmte Nervenbahnen, wenn sie zur Überkompensation gezwungen sind. Eine eingehende Erörterung siehe in Adler, *Studie über Minderwertigkeit der Organe,* l. c.

ren. Die Herabsetzung der Empfindlichkeit zeigt uns – was aus der Betrachtungsweise der Organminderwertigkeitstheorie hervorgeht – den von den Vorfahren ererbten Defekt, *die Überempfindlichkeit deckt die Kompensationstendenz auf*, die aus den Kämpfen der Vorfahren oder des Trägers um den Bestand eines geschädigten Organes erfließt. Immer finden sich nebenbei auch andere Organminderwertigkeitszeichen wie Degenerationszeichen, Schleimhaut- und Hautreflexanomalien, Kinderfehler und Erkrankungen des betreffenden Organs oder Organsystems, wenn auch häufig, wie schon beschrieben, *am Stammbaume des Patienten verstreut*. So kommt in die Grundlagen der psychologischen Forschung ein phylogenetisches Moment, das bis auf die organischen Wurzeln der Neurose und auf das Problem der Heredität zurückreicht. Die Überempfindlichkeit samt ihrem psychischen Substrat macht es aus, daß die aus den Organen stammenden Triebtendenzen leicht *ungezähmt* bleiben und so den Aggressionstrieb in einen andauernden Reizzustand versetzen.[5] Erhöhte Reizbarkeit, Jähzorn, Neid, Trotz, Ängstlichkeit bleiben nicht aus und erfüllen die Gedankenkreise des Kindes frühzeitig *mit einem inneren Widerspruch* gegen die ihm aufgezwungene Kultur, die nur bei geringer Widerstandsleistung des Kindes leicht haftet. Nun kann sich auch die einsichtsvollste Erziehung bis heute nur schwer von ihrem Grundprinzipe losmachen, welches nach dem Schema *»Schuld – Strafe«*[6] zu erziehen verpflichtet. Dies und der Lauf der Dinge, der so oft nach dem gleichen Schema gerichtet ist, erfüllt die Gedankenwelt vor allem jener Kinder, die frühzeitig in den inneren Widerspruch geraten, *mit einer Erwartung eines unheilvollen Ausganges der verbotenen Wünsche und Handlungen*. Anderseits bringen es die Überempfindlichkeit sowie die sekundär verstärkte Triebintensität und -extensität mit sich, daß sich die gereizte Aggressionstendenz des Kindes *gegen Personen richtet, die ihm die allernächsten, zuweilen auch die allerliebsten sind, gegen Vater, Mutter oder Geschwister*. Ist es ein Knabe, so wird er in der Regel nach den väterlichen Prärogativen verlangen, ein Mädchen, nach den mütterlichen. *Findet sich das Kind in seiner Geschlechtsrolle nicht zurecht*, so beginnt es zu schwanken und *der Zweifel* beginnt seine frühesten Wurzeln zu schlagen. Zuweilen kann sich die feindliche Aggressionsneigung im Kinde entfalten, dann kommt es zu feindseligen Gedanken und Regungen gegen Personen der Familie. Gewöhnlich widerstreitet diesen ein Gefühl der Zärtlichkeit, der Liebe, der Dankbarkeit, die Aggression wird eingeschränkt oder

[5] Siehe ›Der Aggressionstrieb im Leben und in der Neurose‹ [Diese Ausgabe S. 53 ff].
[6] Asnaourow, *Sadismus und Masochismus in Erziehung und Kultur*. München 1913.

so weit abgeschwächt, daß ihr Ursprung nur schwer zu finden ist oder sich nur in Träumen und im Charakter auch der späteren Jahre *als Schema* gegenüber anderen Menschen verrät.
Schon auf dieser Stufe der Entwicklung ergeben sich verschiedene *psychische Zustandsbilder*, deren Zahl noch namhaft vergrößert wird, wenn wir andere gleichzeitig oder nacheinander wirksame psychische Einschläge und Regungen in Betracht ziehen. So ist die teilweise Emanzipation des Kindes von seinem Stuhl- und Harntrieb vor sich gegangen, und diese Emanzipation hat ihm im Zusammenhange mit der Entwicklung des Schau- und Riechtriebes und des Gemeinschaftsgefühls *eine dauernde Reaktion gegen Schmutz* und schlechte Gerüche hinterlassen. Ich muß auch bei diesem Punkte darauf hinweisen, wie sehr dieses Resultat *von der Wertigkeit und Empfindlichkeit des Auges, der Nase abhängig ist*, so daß die Entscheidung gleichfalls von der Organminderwertigkeit abhängig wird. Haben nun schon das Organ und sein Trieb, sowie alle ihre differenzierten Fähigkeiten, wie Empfindlichkeit usw., auf der primitivsten Stufe ihren psychischen Ausdruck und Charakter, so fallen die Erscheinungen der Hemmungen, der Reaktion, *ganz ins Gebiet der psychischen Phänomene* und präsentieren sich als Furcht, Idiosynkrasie, Ekel, Scham. Die ganz psychisch gewordene Überempfindlichkeit erfaßt im *Dienste des Machtstrebens je nach der Individualität, d. h. je nach der Beeinflussung der Psyche durch das minderwertige Organ*, alle Beziehungsmöglichkeiten, die ihr widerstreiten und *sucht sie aus dem Erleben auszuschalten.*[7] Aus diesen Affektlagen, die, mit Überempfindlichkeit und starker Reaktionsmöglichkeit ausgestattet, sozusagen den wunden Punkt der Psyche darstellen, entspringt bald eine passive, bald eine aktive Konstellation, überwiegt bald das *Ausweichen* vor Verletzungen der Empfindlichkeit, bald das aggressive *Vorbauen oder Vorschauen*, meist beides.
Die Stärke des ursprünglich vorhandenen Aggressionstriebes sowie der Aggressionsfähigkeit ist teilweise vererbt und als Ausdruck der biologischen Kompensationstendenz zu betrachten. Physiologisch betrachtet handelt es sich um die Leistungsfähigkeit der kortiko-muskulären Bahn, und eines der Zeichen ihrer angeborenen Minderwertigkeit wird sich als »kör-

[7] Ein dreijähriges Mädchen zeigte seit einiger Zeit Mangel an Eßlust. Befund negativ. Bei der Untersuchung fällt auf, daß das Kind wiederholt ausruft: »Es stinkt!« Die Eltern geben an, daß das Kind seit einiger Zeit bei allen Gelegenheiten diesen Ausruf gebrauche. Die weitere Exploration ergab eine überaus starke familiäre Geruchsüberempfindlichkeit und Defäkationsanomalien. Die Nase macht ihre Idiosynkrasien als Trotz gegen die Macht der Eltern geltend. Die Geruchstoleranz ist so niedrig geworden, daß auch auf normale Gerüche mit Widerwillen reagiert wird. Der Mangel an Eßlust stammt aus dieser tendenziös verminderten Toleranz. – Vor allem kommt das Ziel in Betracht, das Gefühl der Überlegenheit durch Negativismus zu erreichen.

perliche Schwäche«, d. h. in erster Linie als *muskuläre Insuffizienz* darstellen. In der Tat ist es ein nahezu regelmäßiger Bericht der Frühanamnese neurotischer Patienten, daß sie schwächliche Kinder waren. Oder aber man erfährt, daß die Patienten als Kinder auffallend »*linkisch*« (linkshändig?) *und ungeschickt* waren und sich dadurch viele Blamagen und Strafen zugezogen haben. Ich muß an dieser Stelle darauf verweisen, daß auch manche der »Kinderfehler«, wie Enuresis, Stuhlinkontinenz, Stammeln, Stottern, Sprachfehler usw., die ich als Zeichen der Organminderwertigkeit hingestellt habe, neben der Tatsache der primären Überempfindlichkeit diesen Eindruck der *Ungeschicklichkeit* hervortreten lassen, so daß auch die Ungeschicklichkeit als ein Beweisstück des Kampfes angesehen werden muß, den gewisse Organsysteme bei ihrer Domestikation, bei ihrer Einfügung in das Kulturmilieu zu führen haben.

Spuren dieser Ungeschicklichkeit kann man ebenso wie Reste des Kinderfehlers im Leben des erwachsenen Neurotikers oft nachweisen.[8] Häufig bleibt eine psychische Unbeholfenheit zurück, die mit der späteren häufig hervorragenden geistigen Schärfe lebhaft kontrastiert und den Schein geistiger Minderwertigkeit hervorrufen kann. Zumeist aber resultiert ein Zustand der *Ratlosigkeit, Schüchternheit, Zaghaftigkeit,* der weit vor Beginn der Neurose einsetzt. Die Entwicklung des Selbstvertrauens, der Selbständigkeit bleibt mangelhaft, das Anlehnungs- und Zärtlichkeitsbedürfnis steigert sich ins Unermeßliche, so daß den Wünschen des Kindes unmöglich Genüge geleistet werden kann. So kommt es, daß die von Haus aus vorhandene stärkere Empfindlichkeit ungemein gesteigert wird und zu einer Überempfindlichkeit anwächst, die fortwährend zu Verwicklungen und Konflikten Anlaß gibt. Anfänglich besteht ein Gefühl des Zurückgesetztseins, der Vernachlässigung, »man ist ein Stiefkind, ein Aschenbrödel«, daran knüpfen Gedanken und Phantasien an, die sich wieder im Leben des Kindes äußern, als Entfremdung, Hang zum Mißtrauen und als *der brennende Ehrgeiz, es den anderen zuvorzutun,* besser zu sein als diese, schöner, stärker, größer und klüger. Daß diese ununterbrochen andauernden Wünsche einen mächtigen psychischen Antrieb bilden und daß sie in der Tat vielen von diesen Kindern zur »Überwertigkeit« verhelfen, ist keine Frage. Oft aber tritt aus dieser Konstellation vorwiegend die Kehrseite an die Oberfläche, die wirklich geeignet ist, dieses

[8] Daß diese Unbeholfenheit oft in eine auffallende Geschicklichkeit, Kunstfertigkeit oder in künstlerisches Wesen übergeht, und zwar auf dem Wege der psychischen Überkompensation, habe ich in meiner *Studie* (l. c.) hinlänglich betont. Ich bin der Ansicht, daß die häufige Erscheinung der Linkshändigkeit bei Künstlern (siehe Fließ), aber auch bei Neurotikern die gleichen Grundlagen der corticomuskulären Systemminderwertigkeit aufweist.

Menschenmaterial unbeliebt zu machen, so daß sie mit ihren Befürchtungen der Herabsetzung, der Mißgunst, der allgemeinen menschlichen Schlechtigkeit und Gehässigkeit *zum Schluß scheinbar recht behalten*. Damit nun hängt es zusammen, daß sich *gewisse Charakterzüge immens verstärken*, daß wir Regungen des Hasses, des Neides, des Geizes vorfinden, *die sonst in der Kinderseele nicht diese große Rolle spielen*, und daß wir in der fertigen Neurose diese Stimmungslagen individuell nachweisen können. Aus der Weiterentwicklung dieser Regungen, die in der verwegensten Weise die Gedankenwelt und die Phantasie des Kindes befruchten, sowie der psychischen Überempfindlichkeit, mittels deren das Kind Blamage und Strafe nicht nur härter empfindet als andere, sondern auch – zuweilen grundlos – vorausahnt, ergibt sich von selbst ein *fortwährender innerer Konflikt* in der kindlichen Psyche, der der Umgebung nur selten bekannt wird. Denn das Kind lernt sich verstellen und schweigt – eben aus Überempfindlichkeit, aus Furcht vor Strafe oder Herabsetzung, immer auch bedrückt durch die Stimme seines Gemeinschaftsgefühls.

Dieses Schweigen aber, das *Geheimnis des Kindes*, verrät uns, daß in ihm Bewußtseinsregungen wirksam geworden sind, die es nicht merken lassen will. Und es ist die Vorstellung gerechtfertigt, daß das Kind vor anderen schweigt, *aber auch seinen eigenen Gedanken über bestimmte Wünsche, über gewisse Triebregungen auszuweichen sucht, weil es sich durch das Bewußtsein derselben beschmutzt, herabgesetzt, lächerlich gemacht fühlt, oder – und dies ist bereits ein Erfolg seiner Vorempfindlichkeit* – weil es solche unangenehme Folgen erwartet und befürchtet. Während sich einerseits eine Weltanschauung des Kindes Bahn bricht, die oft nur in Spuren rekonstruierbar oder zu erkennen ist, aus der eine Erwartung entspringt, wie: »man wird mich strafen«, – »man wird mich auslachen«, verstärkt durch eine tiefgefühlte Überzeugung, wie: »ich bin ja böse, sündhaft« oder »ich bin zu plump und ungeschickt«, versucht die Überempfindlichkeit *je nach dem vorhandenen Material und zumeist ausgehend von den schwächsten Punkten des Seelenlebens* oft die entgegensetzten Charaktere und Eigenschaften zu entwickeln. Man wird in diesen Fällen Tendenzen wahrnehmen, die auf Hemmung der primären Triebregungen (des Mundes, der Augen, der Exkretionsorgane) gerichtet sind, oder die imstande sind, das Peinliche der Minderwertigkeitserscheinungen oder gleichgeachteter Schwächen besonders tief empfinden zu lassen (das Erröten, die Schmerzempfindlichkeit, Schwächlichkeit, Unverständnis, geringe Körpergröße).[9] Dicht daneben bemerkt man aber

[9] Erythrophobie, Stottern, Hypochondrie und verwandte Züge in den Neurosen lassen diesen Mechanismus stets erkennen.

bereits die Ansätze, die als die *psychischen Schutzvorrichtungen, Sicherungen* deutlich zu erkennen sind, berufen, einem Umkippen in den alten Fehler und damit einer Verletzung der Überempfindlichkeit vorzubauen und das bereits feststehende Endziel zu erreichen. Hierher gehören alle Züge von *Pedanterie*, die nur den einen Sinn haben, eine Sicherung der Lage herbeizuführen und, wie ich später fand, zum Druck auf die Umgebung bestimmt sind. Aber ebenso machen sich *abergläubische oder einem Anlehnungsbedürfnis entspringende Regungen breit*, die wie *Sicherungsvorkehrungen* die Höhe der neugewonnenen moralischen oder ästhetischen Kultur garantieren müssen (Gebete, Zeichen- und Zahlensymbolik, *Zauberglauben* usw.).[10] Und wieder nebenan, aus der gleichen Weltanschauung stammend, findet man Erscheinungen der *Selbstbestrafung oder der Buße*, ästhetische Anwandlungen, Tendenzen, sich Schmerzen, Entbehrungen, Leistungen aufzuerlegen[11], sich vom Spiel, von Vergnügungen, von der kleinen Welt der Gespielen zurückzuziehen[12]. Dabei ist das Kind stets am Werke, mit äußerster Vorsicht sein Geheimnis zu wahren, und kann dabei so weit kommen, bei jedem Menschen, insbesondere aber beim Arzt, die Absicht zu vermuten, dieses Geheimnis auszukundschaften[13]. Mißtrauen und der Verdacht, man habe etwas mit ihm vor, entstehen beim Kinde, dienen vor allem dem Beweis der eigenen Wichtigkeit, die alle Menschen, das Schicksal, Gott immerwährend beschäftigt. Dieses Ensemble führt zu den von mir (siehe: »Der Aggressionstrieb«) beschriebenen Formen der Aggressionshemmung, und ich muß weiterhin die Behauptung aufstellen, *daß die Aggressionshemmung zustande kommt durch die Konkurrenz anderer Organminderwertigkeits-Erscheinungen, insbesondere der seelischen Überempfindlichkeit, die Kompensationen des verletzten Ehrgeizes auf einem neuen Wege nicht zuläßt.*

Von der moralischen Seite betrachtet mündet der psychische Entwicklungsprozeß der Organminderwertigkeit mit seiner Überhebung in ein vergrößertes *Schuldbewußtsein gegenüber dem Gemeinschaftsgefühl* und in eine Überempfindlichkeit gegen Selbstvorwürfe und Vorwürfe der Umgebung[14]. Diese

[10] *Diese Züge finden sich später insbesondere bei der Zwangsneurose.*

[11] Einer meiner Patienten mußte jedesmal im Bade den Kopf so lange unter Wasser halten, bis er bis 49 gezählt hatte; vor allem, um sich seine Überlegenheit zu beweisen, seinen Antrieb, mit dem er Schwierigkeiten überwinden wollte.

[12] Erscheinungen, die wir in der Hysterie, Hypochondrie und Melancholie, eigentlich in jeder Neurose, wiederfinden. Auch hier: »Aus der Not eine Tugend machen«, im kleinen Kreise überlegen zu sein, nicht »mitzuspielen«.

[13] Ist diese Tendenz besonders ausgebildet, so stellt sie das normale Analogon der Paranoia dar. Auch bei der Hysterie finden sich diese Züge.

[14] Die Bedeutung der »tragischen Schuld« im Drama entspricht ungefähr der Stellung des Schuldbewußtseins in der Neurose. Viele Dichter, insbesondere Dostojewsky, haben die Zusammenhänge von Schuldbewußtsein in der Psyche meisterhaft dargestellt. Spätere Befunde legten mir nahe, das Schuldbewußtsein als ein Mittel zur Aggressionshemmung, als Sicherung aufzufassen, dem gleichwohl oft das

drückende Konstellation bewirkt es, daß die psychische Arbeitsleistung eine namhafte Erhöhung erfährt, da das ganze weitere Leben unter dem Drucke der Überempfindlichkeit steht, die wie ein allzeit bereiter Motor das Triebleben modifiziert, die Triebrichtung hemmt und beeinflußt. Andererseits besteht dauernd ein lastendes, drückendes *Gefühl einer begangenen oder zu verhütenden Schuld*[15], *das abstrakt geworden ist und ständig nach einem Inhalte sucht. Zuweilen ist dieses Suchen nach dem Inhalte des Schuldvollen, Strafbaren besonders akzentuiert* (dann entsprechen ihm später oft Zwangshandlungen und Zwangsideen, Aufspüren des »Lasters« in jeder Form). Das Gefühl, ein »*Verbrecher*«, ein »Auswürfling« zu sein, beginnt zu dominieren und steigert die Überempfindlichkeit gerade gegen Vorwürfe und Konstellationen entsprechender Art. Das der Organminderwertigkeit entstammende Minderwertigkeitsgefühl führt nämlich zu einer *egoistischen, feindseligen Aggressionsstellung.* Die aus ihr entspringende Unversöhnlichkeit mit den Menschen stößt aber auf die Instanz des *Gemeinschaftsgefühls.*

Es scheint, daß gewisse Entwicklungspunkte diese innere Spannung den primären inneren Konflikt *steigern und mit ihrem Inhalt erfüllen können.* So vor allem sind es *die Position in der Familie und die ersten Berührungen mit dem Sexualproblem,* die etwa um das fünfte Lebensjahr statthaben, ferner die *Berufsfrage und die Liebesbeziehungen des Erwachsenen.* Man gewinnt dabei den Eindruck, *daß alle die späteren Konflikte zur manifesten Neurose führen können, sobald der primäre, aus der Organminderwertigkeit stammende innere Widerspruch besteht,* und man kann bei allen zur Neurose Disponierten von einem Zustande der »*Psychischen Anaphylaxie*« sprechen, der sein materielles Analogon bei bakteriellen Erkrankungen hat, wo bei gewissen Vorimpfungen eine Überempfindlichkeit gegen das ursprüngliche Gift erlangt wird.

Die ersten Sexualkenntnisse, die sich dem Kinde auf Schleichwegen ergeben, verletzen seine *vorhandene Überempfindlichkeit* auf das allerheftigste. Das Kind kann sich betrogen, gefoppt, ausgeschlossen vom allgemeinen Wissen vorkommen. Es empfängt den Eindruck, daß man Komödie vor ihm spiele, es sieht sich einem Geheimbunde der anderen gegenüber und ist, was insbesondere bei Minderwertigkeit der Sexualorgane und bei der sie häufig begleitenden größeren Empfindlichkeit vorkommt, mit seinem frühzeitig gesteigerten Sexualtriebe in eine schwierige Lage versetzt. Das »sexuelle Trauma«, ebenso

Gefühl der Überlegenheit über andere sich anschließt oder entstammt (Ethik, religiöse Erhebung).

[15] Die Erbsünde der religiösen Anschauung ist das normale Gegenstück.

die Frühmasturbation ergeben sich dann von selbst als »Ursache«, wichtiger aber sind die frühen Gedankenregungen und Phantasien, die gelegentlich ins *Inzestuöse*[16] geraten können und mangels wichtiger Orientierung *perverse* Züge annehmen oder das *Schwanken* und den *Zweifel*[17] des Kindes ungemein verstärken. Und über alle Regungen des Kindes legt sich drohend das nunmehr vertiefte Schuldbewußtsein, *damit* die Hemmung jeder Aggression, die Buße und die Erwartung einer Strafe, eines unglücklichen Ausganges. Ähnliche Vorgänge steigert die Masturbationsperiode. Und es bleibt Sache des Schicksals des einzelnen, vor allem aber der jeweiligen Konstellation, aus welchen der oben geschilderten Minderwertigkeitserscheinungen und *aus welcher Zeit ihrer Entwicklung die Neurose ihre Bilder zu nehmen gezwungen ist.*

Nach diesen Vorbemerkungen will ich einige psychotherapeutische Ergebnisse zu dem Falle des siebenjährigen Mädchens mit »nervösem Kopfschmerze« vorbringen. Meine erste Frage betraf die Empfindlichkeit des Kindes. Die Mutter berichtete, daß das Mädchen gegen Schmerz, gegen Kälte und Hitze sehr empfindlich sei. In seelischer Beziehung sei die Empfindlichkeit geradezu krankhaft. Sie lerne ungemein fleißig und komme ganz verstört nach Hause, wenn sie einmal in der Schule eine Frage nicht beantworten konnte.

»Wie verträgt sie sich mit ihren Mitschülerinnen?«

»Sie streitet nicht, rauft nicht, hat aber keine eigentliche *Freundin.* Auch will sie immer *alles besser* wissen und besser machen als die anderen.«

»Können Sie etwas darüber sagen, ob sie den Vater vorzieht?«

»Der Vater ist häufig auf Reisen. Sie ist ihm sehr zugetan. Eher möchte ich glauben, daß sie mich vorzieht.«

»Woraus schließen Sie das?«

»Es ist eine ständige Redensart meiner Tochter: wenn ich einmal groß bin, *werde ich auch einen Hut, ein Kleid, usw. wie die Mama haben.«*

»Leiden Sie denn auch an Kopfschmerzen?«

»Oh, ich habe seit Jahren die entsetzlichsten Kopfschmerzen.«

»Nun, da hat die Kleine eben auch Kopfschmerzen wie die Mama!«

Solche Behauptungen aufzustellen dürfte manchem gewagt erscheinen. Eine gewisse Erfahrung in der Individualpsychologie läßt aber ein solches Vorgehen gerechtfertigt, ja noch mehr: *als notwendig* erscheinen. So viel ist aus der kurzen

[16] Wie sich mir diese Regung später als eine Täuschung des Nervösen tendenziöser Art, als »Inzestgleichnis«, erwies, siehe *Über den nervösen Charakter*, l. c.

[17] Der Wiener Dialekt hat für den Fall des äußersten Zweifels und der lähmenden Ratlosigkeit den Ausruf: »Jetzt weiß ich nicht, ob ich ein Mandl oder ein Weibl bin.«

Bekanntschaft bereits zu erschließen, daß dieses Mädchen *den anstrengenden Versuch* macht, sich in die Rolle der Mama hineinzudenken, woraus wir entnehmen können, daß sie sich über ihre Stellung als Mädchen und zukünftige *Frau unzweifelhaft* im Klaren ist. Was die Mutter als Bevorzugung ihrer Person ansieht, kann nicht ohne weiteres als solche zugegeben werden. Es gewinnt vielmehr den Anschein, als wähle die Kleine für ihr Benehmen in manchen Punkten die Beziehung der Mutter zum Vater als Ausgangspunkt, wobei sie der Mutter möglichst gleich zu werden trachtet. Diese Tendenz sowie der *unverkennbare Ehrgeiz* des Mädchens, ihre gereizte Überempfindlichkeit, wenn sie Kameradinnen gegenüber zurückstehen soll, müssen notwendigerweise nach außen hin das Gepräge *des Neides* erhalten. Eine diesbezügliche Frage wird von der Mutter bejaht mit dem Hinweise, daß es sich dabei vorwiegend um Futterneid – Obst und Näschereien bezüglich – handle. Der Vater der kleinen Patientin leidet an Cholelithiasis (Minderwertigkeit des Ernährungsapparates), die Kleine hat in den ersten zwei Lebensjahren an Diarrhöen, seither an Obstipation gelitten. Sollte die Kleine im allgemeinen die Mutter beneiden und bereits Zeichen von Wissensneid (Vorbereitungen für die zukünftige Rolle!) äußern?
Weitere Erkundigungen ergeben, daß das Kind schon vor längerer Zeit eine Neigung zu masturbatorischen Berührungen zeigte, daß es seit Geburt im Schlafzimmer der Eltern schlief, daß es kokett sei und sich gern in schönen Kleidern im Spiegel betrachte. Als ich der Mutter meine Vermutung über die Ursache der Kopfschmerzen mitteilte, rief die Mutter aus: »Oh, deshalb peinigt mich der Fratz immer mit der Frage, *woher die Kinder kämen!*« Sie erzählte mir weiter, sie habe dem Kinde auf seine Fragen vor längerer Zeit geantwortet, die Kinder kämen aus einem Teiche. Seither bringe das Mädchen sehr häufig das Gespräch wieder auf diesen Punkt. Eines Tages fragte es: »Und wozu braucht man die Hebamme?« Die Mutter antwortete ihr, die hole eben das Kind aus dem Teiche. Nach einiger Zeit fragte das Mädchen: »Du sagst also, daß man die kleinen Kinder aus dem Teiche bringe? Was geschieht aber im Winter, wenn der Teich zugefroren ist?« Darauf konnte die Mutter nur ausweichend antworten.
Man sieht hier deutlich, wie die sexuelle Neugierde den Witz und Scharfsinn des Kindes zur Entfaltung bringt und im allgemeinen seine Wißbegierde steigert.[18] – Von Zornausbrü-

[18] Für die Pädagogik möchte ich daraus die Folgerung ableiten, mit der Sexualaufklärung des Kindes so lange zu warten, bis diese Förderung der Wißbegierde erfolgt ist. Allerdings auch nicht länger. (Nachträglich: Heute würde ich diesen Fall etwas anders ansehen. Das Mädchen machte offenbar erhöhte Anstrengungen, um in der *weiblichen Rolle,* da sie kein Mann werden konnte, die Mutter zu überflügeln. Daher auch die zu diesem Zwecke der Überlegenheit brauchbaren Kopfschmerzen.)

chen, Jähzorn, Wut ist bei dem Kinde keine Spur wahrzunehmen. Der Aggressionstrieb vermeidet offenbar bei gegebener Verletzung der Überempfindlichkeit diese aktivsten Bahnen. Außer den Fragen an seine Mutter, die aber auch *äußerst vorsichtig* gefaßt sind, findet man keinerlei Zeichen einer äußeren Aggression. Es ist daher die Vermutung berechtigt, daß der stürmische Wissensdrang, der in dem Kinde tobt, auf die Schmerzbahnen abgelenkt wird (Imitation der Mutter), dabei einen ererbten Locus minoris resistentiae ergreift und so das Symptom der Kopfschmerzen erzeugt.

Bleibt noch die Frage, wodurch wird jedesmal dieser nervöse Mechanismus ausgelöst? Ich frage die Mutter, wann der letzte Anfall aufgetreten ist. »Gestern nachmittag; auf der Straße!«

»Können Sie einen Grund ausfindig machen?«

»Nein. Ich wollte mir ein neues Kleid bestellen.«

»Haben Sie das Kleid bestellt?«

»Nein. Die Kleine jammerte so entsetzlich, daß mir nichts übrig blieb, als unverrichteter Dinge nach Hause zu fahren.«

Das heißt, das Kind hat durch seine Kopfschmerzen vorübergehend *verhindert*, daß die Mutter ein neues Kleid bekommt.

Dann muß aber, wie wir vorausgesetzt haben, der Neid (ursprünglich Futterneid, später, durch Verschränkung, Augenneid, Wissensneid) eine maßgebende Rolle spielen. Wir erinnern uns der Worte des Kindes: »Wenn ich groß bin, werde ich auch einen solchen Hut, solche Kleider wie die Mutter haben.« Die Überempfindlichkeit des Mädchens ist also gegen jeden Vorzug gerichtet, durch den die Mutter vor ihr ausgezeichnet erscheint, gegen die Anschaffung neuer Kleidungsstücke, gegen das bessere Wissen über die Herkunft der Kinder, und es wäre nur zu verwundern, wenn sich die gleiche Überempfindlichkeit des frühreifen Kindes nicht auch noch gegen die zärtlichen Beziehungen des Vaters zur Mutter richten würde. – Es ist sicher vorauszusetzen, daß die Zärtlichkeit des Vaters gegen die Mutter gerade zur Zeit der Kopfschmerzen besonders auffällig wurde, was die Mutter auch lächelnd zugibt. Die Fixierung des gleichen Symptoms beim Kinde zeigt also in die gleiche Richtung: *Rivalität gegen die Mutter.* Der etwas ängstliche Vater, aber auch die Mutter *beginnen nun das Kind zu verhätscheln.*

Damit erspart sich das Kind eine große Anzahl von Verletzungen seiner Überempfindlichkeit. Aber schon zeigt sich von Ferne die Gefahr, die dem Kinde droht. Es hat keine Freundin, meidet Gesellschaft, wird schüchtern und feige, zeigt sich aufgeregt, wenn Besuche zu erwarten sind, beginnt also umzuschalten, um bestehen zu können. Es ist kein Zweifel, daß seine »kulturelle Aggression« gehemmt ist.

Welches ist nun die Kraft, die imstande ist, eine solche Hemmung durchzuführen und dem Kinde die ungehinderte, freie Auswahl der Mittel, seine Triebe zu befriedigen, unmöglich zu machen? Nach meiner Erfahrung erfährt man das von den Kindern selten. Es sei denn unter ganz günstigen Bedingungen, bei noch ungebrochenem Mute des Kindes, und wenn man sein volles Zutrauen hat. Man ist darauf angewiesen, die aus der Individualpsychologie Neurotischer gewonnenen Erfahrungen zu Rate zu ziehen, aus denen auch die vorangeschickten Beobachtungen stammen. Die volle Beruhigung über die Richtigkeit und Konformität des Zusammenhanges wird sich dann aus der Anwendbarkeit und dem Verständnisse für mehrere oder alle Symptome der kindlichen Psyche ergeben.

So auch in diesem Falle. Der innere Widerspruch, der zum primären Konflikte und damit zur Unausgeglichenheit und Zaghaftigkeit dieser Kinderseele führte, muß in dem Zusammenstoße seiner Triebe und einer sie verurteilenden Instanz gelegen sein, wobei eine kleine Erfahrung peinlicher Erlebnisse (Organempfindlichkeit, Blamagen, Strafen) zur Intoleranz gegen Herabsetzung führte. Damit war ein mächtiger *Impuls zum Neid* und *der Ansatz zu stürmischem Ehrgeiz* gegeben, der größeren, erfahreneren Mutter gleich zu werden. Die Verschränkung mit dem frühzeitig erwachenden Sexualtriebe könnte in das ganze Ensemble von Regungen einen feindseligen, aber straffälligen Zug gegen die Mutter bringen. Es ergibt sich deshalb ein *sicherndes Schuldgefühl*, dessen Basis und Inhalt aus dem Bewußtsein gestoßen wird, ein sozusagen abstraktes Schuldgefühl, das sich mit jedem *möglichen* Inhalte verbinden kann, durch seine Inkonsequenz aber leicht auffällig wird. Dieses Schuldgefühl bewirkt die Hemmung der Aggression – »so macht Gewissen Feige aus uns allen« –, und so entsteht eine *Situation*, der die Ausgleichsmöglichkeit fehlt, eine Konstellation, auf deren Bahnen sich die Symptome der Neurose entwickeln, die aber wieder dem ehrgeizigen Ziele des Kindes, allen überlegen zu sein, genügen.

Dementsprechend wird der Aufbau einer Neurose in jedem Falle Erscheinungen *nachweisen* lassen, die auf diese Konstellation und ihr vorläufiges Resultat (je nach der Wirksamkeit der angeborenen Aggressionsfähigkeit) reduzierbar sind, sich auch von diesem Punkte aus verstehen und kurieren lassen. Ein Schema der Neurose und ihrer Erscheinungen, das auf Vollständigkeit oder Abgeschlossenheit keinen Anspruch erhebt, hätte folgende Punkte *regelmäßig* zu berücksichtigen:

I. Erscheinungen, die den ursprünglichen Triebregungen sowie den Merkmalen der Organminderwertigkeit entsprechen.

Psychischer Verrat des Unsicherheits- und Schuldgefühles.	II. Überempfindlichkeit, die sich gegen Herabsetzung, Beschmutzung, Bestrafung kehrt. III. Erwartung von Herabsetzung, Beschmutzung und Bestrafung (siehe II), Vorkehrungen gegen dieselben. Angst. IV. Selbstvorwürfe, Selbstbeschuldigung. V. Selbstbestrafung, Buße, Askese.[19]

VI. Ursachen des Schuldgefühles: Immer tendenziöse Verfehlungen infolge von festgehaltener Organminderwertigkeit und feindselige Aggression gegen den gleichgeschlechtlichen Teil der Eltern (letztere kann bei zweifelhafter sexueller Orientierung in der Kindheit fehlen), Masturbation. Alle anderen Ursachen des Schuldgefühles lassen sich als Verschiebungen erkennen. Auch diese Hervorhebungen des Nervösen erwiesen sich später als tendenziöse Mittel zum Zweck.

VII. Als Folge einer der möglichen Konstellationen eine sich ergebende Aggressionshemmung, die als brauchbares Arrangement festgehalten wird.

Eine zusammenfassende Betrachtung ergibt zunächst den *einheitlichen Aufbau bestimmter Neurosen,* zu denen ich *Hysterie, Zwangsneurose, Paranoia, Neurasthenie und Angstneurose* rechnen muß. Alle diese Erkrankungen[20] befallen nur jenes egoistisch gewordene Menschenmaterial, das als Träger von Organminderwertigkeiten die größeren Schwierigkeiten bei Einfügung in die Kultur zu überwinden hat.

Diese *Schwierigkeiten, von denen in meiner »Studie«* (l. c.) *und im vorhergehenden abgehandelt wird, liegen der »Disposition« zur Neurose zugrunde und sind identisch mit ihr.* Die Möglichkeit einer glatten Überwindung durch Kompensation und Überkompensation, vor allem durch die individualpsychologische Therapie, ist allerdings gegeben. Oft stellen sich aber neue Erschwerungen ein, die *aus dem Familienzusammenhange* stammen. Wieweit die gegenwärtige Erziehung einen Einfluß hat, ist in jedem Falle besonders abzuschätzen, verdient aber eine gesonderte Besprechung. Da ihr Prinzip fast allgemein die *Erzielung von Lebensfeigheit ist,* kommt sie oft in die Lage, das Schuldbewußtsein zu verstärken.

Wer für die Einheit und den einheitlichen Aufbau der Psy-

[19] Zuweilen kommen hier Erscheinungen zutage, die dem Punkte I gleichzeitig entsprechen: Selbstbeschmutzungen, Selbsterniedrigungen (Masturbationszwang) oder Verschiebungen ins Psychische: Ungeschicktheiten, gesuchte Blamagen und Schmerzen; Bevorzugung von Dirnen u. a.: die »Wollust der Askese«, Masochismus gehören in dieses Kapitel. Erstere sind ursprünglich als Realien zu verstehen, später als tendenziöse Mittel aufzufassen.

[20] Vielleicht wird eine reichere Erfahrung gestatten, auch die Dementia praecox, Melancholie, das manisch-depressive Irresein und die Manie auf dieses Schema zu beziehen.

choneurosen eintritt, dem erwächst naturgemäß die Pflicht, die Besonderheiten zu erklären. Die vorliegende Arbeit hat an verschiedenen Punkten dazu Stellung genommen. Je nach Art, Ausbildung und Zusammenwirken der vorhandenen Organminderwertigkeiten wird das Bild der Neurose sich gestalten. Von Wichtigkeit ist auch die Größe, Verwandlungsfähigkeit und Ausdauer des angeborenen Aggressionstriebes, weil diese Faktoren es sind, die das Kind »schuldig werden lassen«, ihm anderseits die Möglichkeit geben, teilweise oder ganz auf weniger strafbare Gebiete auszuweichen. Von großer Bedeutung ist ferner *die Stellung des zur Neurose disponierten Kindes in der Familie, seine Position, insbesondere, weil sich daraus die Situation ergibt, die zum Grundrisse der Neurose wird. In dieser Situation ist bereits alles angedeutet, was der fertige Neurotiker an krankhaften Erscheinungen aufbringt, und es liegen die Ursachen für den krankhaften Charakter in ihr zutage. Die zur Neurose disponierende traumatische Situation setzt sich ungefähr im Areale der oben angeführten sieben Grundlinien durch und erzeugt den Zustand einer bestimmten psychischen Anaphylaxie, der entsprechend gleichgerichtete psychische Schädigungen oder die Aufgaben des späteren Lebens den verstärkten Zustand der ursprünglichen traumatischen Situation hervorrufen: die besondere individuelle Neurose.*

Alfred Adler

Der psychische Hermaphroditismus im Leben und in der Neurose*

Zur Dynamik und Therapie der Neurose

1. Tatsachen des psychischen Hermaphroditismus

Von den Autoren, die der Frage des Hermaphroditismus beim Menschen nachgingen, hat fast jeder die Tatsache gestreift oder hervorgehoben, daß unter den abgeleiteten Geschlechtscharakteren sich häufig oder regelmäßig Charakterzüge und psychische Eigenschaften des anderen Geschlechtes vorfinden. So *Krafft-Ebing, Dessoir, Halban, Fließ, Weininger, Freud, Hirschfeld u. a.* Unter ihnen hat *Freud* die Erscheinungen der Inversion in der Neurose besonders studiert und hat festgestellt, daß in keinem Fall von Neurose invertierte Züge fehlen. Seither hat sich diese Beobachtung von mir als häufiges Zeichen der Unversöhnlichkeit mit der Erotik richtigstellen lassen. Ich habe in einer kleinen Arbeit[1] auf den Zusammenhang von Prostitution und Homosexualität hingewiesen. *Fließ* meinte schon früher, daß der männliche Neurotiker an der Unterdrükkung seiner weiblichen, der weibliche an der Verdrängung seiner männlichen Züge erkranke.—

Eine eingehende Untersuchung der Neurosen in bezug auf hermaphroditische Züge ergibt folgende Resultate:

1. Körperliche Erscheinungen des gegensätzlichen Geschlechts finden sich auffallend häufig. So *weiblicher Habitus bei männlichen Neurotikern, männlicher bei weiblichen.*[2] Ebenso gegensätzliche sekundäre Geschlechtscharaktere, insbesondere aber Minderwertigkeitserscheinungen an den Genitalien, wie Hypospadie, paraurethrale Gänge, kleiner Penis, kleine Hoden, Kryptorchismus usw., andererseits große Labia minora, große Klitoris, Infantilismus des Sexualapparates[3] u. a. m., zu denen sich in der Regel Minderwertigkeitserscheinungen an anderen Organen hinzugesellen.

Ob diese körperlichen Erscheinungen von vornherein in irgendeinem genetischen Zusammenhange mit einer gegengeschlechtlichen Psyche ihres Trägers stehen, wie *Fließ* annimmt und wie *Krafft-Ebing* ausführte, so daß beim Manne die weib-

* [Zuerst erschienen in: *Fortschritte der Medizin*, Bd. 28, 1910, S. 486–493].

[1] Adler ›Träume einer Prostituierten‹. In: *Zeitschr. f. Sexualwissenschaft*. 1908.

[2] Später von *Kretschmer* als Zeichen des »schizoiden« Formenkreises in Anspruch genommen, der mit dem von mir beschriebenen »nervösen Charakter« ziemlich identisch ist.

[3] Siehe Adler, *Studie über Minderwertigkeit von Organen*, l. c.

liche Psyche, beim Weib die männliche stärker entwickelt wäre, läßt sich sicher nicht erweisen. *Es läßt sich aber zeigen, daß Motilität und körperliche Entwicklung solcher Kinder mit minderwertigen Organen, Organ- und Drüsensystemen oft von der Norm Abweichungen zeigen, daß ihr Wachstum und ihre Funktionstüchtigkeit Mängel aufweisen, daß Krankheiten und Schwächlichkeit gerade am Beginn ihrer Entwicklung hervortreten, die später allerdings oft einer robusten Gesundheit und Kraft weichen. –*

Diese objektiven Erscheinungen geben vielfach Anlaß zu einem subjektiven Gefühl der Minderwertigkeit, hindern dadurch die Selbständigkeit des Kindes, steigern sein Anlehnungs- und Zärtlichkeitsbedürfnis und charakterisieren eine Person oft bis ins späteste Alter. – Schwächlichkeit, Plumpheit, linkisches Benehmen, Kränklichkeit, Kinderfehler wie Enuresis, Incontinentia alvi, Flatulenz, Stottern, Kurzatmigkeit, Höhenschwindel, Insuffizienzen des Seh- und Hörapparates, angeborene und früherworbene Verunstaltungen, auffallende Häßlichkeit usw. sind imstande, das Gefühl der Inferiorität gegenüber den Stärkeren, *insbesondere gegenüber dem Vater,* tief zu begründen und fürs Leben, selbst über das Grab des Vaters hinaus, dauernd festzulegen. Bedeutsame Züge von Gehorsam, Unterwürfigkeit und hingebungsvolle Liebe gerade dem Vater gegenüber zeichnen viele Kinder, insbesondere aber die zur Neurose neigenden aus. *Und sie werden dadurch oft in eine Rolle gerückt, die ihnen als unmännlich erscheint. Alle Neurotiker haben eine Kindheit hinter sich, in der sich der Zweifel in ihnen regte, ob sie zur vollen Männlichkeit gelangen könnten.* Der Verzicht auf die Männlichkeit aber scheint für das Kind gleichbedeutend mit Weiblichkeit,[4] und damit ist ein *reicher Kreis ursprünglich kindlicher Werturteile gegeben,* nach welchen jede Form der ungehemmten Aggression, der Aktivität, des Könnens, der Macht, mutig, frei, reich, angreifend, sadistisch als männlich, alle Hemmungen und Mängel (auch Feigheit, Gehorsam, Armut usw.) als weiblich aufgefaßt werden können.[5] Man kann nun leicht erkennen, *daß das Kind eine Zeitlang eine Doppelrolle spielt,* daß es einerseits Tendenzen zeigt, die seine Unterwerfung unter die Eltern, Lehrer und Erzieher verraten, andererseits Wünsche, Phantasien und Handlungen, die sein Streben nach Selbständigkeit, freiem Willen und Geltung (»der kleine Gernegroß«) zum Ausdruck bringen. Da von dem einen mehr die Mädchen und Frauen, von letzterem mehr die Knaben und

[4] Übrigens nicht allein für das Kind, sondern für den größeren Teil unseres Kulturbewußtseins.

[5] Siehe ›Der Aggressionstrieb im Leben und in der Neurose‹. [Diese Ausgabe S. 53 ff].

Männer zur Schau tragen,[6] so kann es nicht wundernehmen, daß die Weltanschauung des Kindes zu Werturteilen gelangt, wie sie von den Werturteilen der Erwachsenen gar nicht so sehr abweichen: *die Hemmungen der Aggression als weiblich, die gesteigerte Aggression selbst als männlich anzusehen.* Dieser innere Zwiespalt in der Kinderseele, Vorbild und Grundlage der wichtigsten psychischen Phänomene, zumal der Neurose, der fälschlich sogenannten *Spaltung des Bewußtseins, und Ausgangspunkt des Zweifels,* kann mannigfache Ausgänge im späteren Leben erfahren. *In der Regel wird man Einstellungen des Individuums bald mehr nach der »femininen«, bald mehr nach der »maskulinen« Richtung finden,* daneben aber vielleicht immer Versuche und Bestrebungen, *die Einheitlichkeit des Bildes aus dem Innern heraus zu stärken;* das männliche Material hindert eben ein völliges Aufgehen in einer weiblichen Rolle, das weibliche erweist sich als Hindernis, sich ganz männlich zu gebärden. Dadurch wird meist ein Kompromiß eingeleitet: weibliches Gebaren mit männlichen Mitteln (z. B. männliche Schüchternheit und Unterwerfung, männlicher Masochismus, Homosexualität usw.), männliche Rolle mit weiblichen Mitteln (Emanzipationstendenzen der Frauen, Polyandrie, Zwangsneurosen als Störung der Frauenrolle u. a.). Oder man findet ein *scheinbar regelloses Nebeneinander von »männlichen« und »weiblichen« Charakterzügen.* In der Neurose, wo es sich stets um Inkongruenzen solcher oft maßlos verstärkter Charakterzüge handelt, gelingt die Sichtung und Reduktion all dieser Tendenzen und die Aufdeckung des psychischen Hermaphroditismus stets mit den Mitteln der Individualpsychologie. Als Vorbedingung hat allerdings zu gelten, daß der Arzt nicht sein eigenes Werturteil über männliche und weibliche Züge in die Analyse hineinträgt, sondern sich dem gefühlsmäßigen Empfinden des Patienten anpaßt, demselben nachspürt.

II. Über Verstärkungen des psychischen Hermaphroditismus. Der männliche Protest als Endziel[7]

Wir haben oben als Ausgangspunkt für die weiblichen Tendenzen des Nervösen das *Schwächegefühl* des Kindes gegenüber den Erwachsenen hingestellt, aus dem ein Anlehnungsbedürfnis, ein Verlangen nach Zärtlichkeit erwächst, eine physiologische und seelische Unselbständigkeit und Unterordnung. Auch darauf wurde oben bereits hingewiesen, wie diese Züge *bei frühzeitig und subjektiv empfundener Organminderwer-*

[6] »Schlimm sein« bedeutet für das Kind oft: männlich sein.
[7] Siehe *Schiller,* Männerwürde: »Ich bin ein Mann« usw.

tigkeit (motorische Schwäche, Ungeschicklichkeit, Kränklichkeit, Kinderfehler, verlangsamte Entwicklung usw.) intensiver zum Ausdruck kommen; wie dadurch die Unselbständigkeit wächst, die dieses verstärkt empfundene *Gefühl der eigenen Kleinheit und Schwäche* (Wurzel des Kleinheitswahns) *zur Aggressionshemmung und damit zur Erscheinung der Angst führt, wie die Unsicherheit bezüglich des eigenen Könnens den Zweifel auslöst,* ein Schwanken einleitet, das bald mehr von den *»weiblichen« Tendenzen (Angst und verwandte Erscheinungen),* bald mehr von den *»männlichen« (Aggression, Zwangserscheinungen*) beeinflußt wird, läßt sich von diesem Gesichtspunkt aus leicht nachweisen. Die Struktur der Neurosen (Neurasthenie, Hysterie, Phobie, Zwangsneurose, Paranoia usw.) zeigt uns, am schönsten die Zwangsneurose, die vielfach verschlungenen »weiblichen« Linien, sorgsam verdeckt und überbaut durch hypertrophisch »männliche« Wünsche und Bestrebungen. *Dieser männliche Protest erfolgt zwangsmäßig,* als *Überkompensation,* weil die »weibliche« Tendenz vom kindlichen Urteil etwa wie ein Kinderfehler abfällig gewertet und nur in sublimierter Form und wegen äußerer Vorteile (Liebe der Angehörigen, Straffreiheit, Belobung des Gehorsams, der Unterordnung usw.) festgehalten wird. *Jede Form von innerem Zwang bei Normalen und Neurotikern ist aus diesem* Versuch eines männlichen Protestes abzuleiten. Wo er sich durchzusetzen vermag, verstärkt er natürlich die männlichen Tendenzen ganz ungemein, steckt sich die höchsten, oft unerreichbaren Ziele, entwickelt eine Gier nach Befriedigung und Triumph, peitscht alle Fähigkeiten und egoistischen Triebe, steigert den Neid, den Geiz, den Ehrgeiz und führt eine innere Unruhe herbei, die jeden äußeren Zwang, Unbefriedigung, Herabsetzung und Beeinträchtigung als unerträglich empfinden läßt. Trotz, Rachsucht, Nachträglichkeit sind seine steten Begleiter, und durch maßlose Steigerung der Empfindlichkeit führt er zu fortwährenden Konflikten. Normale und krankhafte *Größenphantasien* und *Tagträume* werden von solchem überstarken männlichen Protest erzwungen und als vorläufige Surrogate der Triebbefriedigung empfunden. Aber auch das *Traumleben* gerät ganz unter die Herrschaft dieses männlichen Protestes, und *jeder Traum zeigt uns bei seiner Analyse die Tendenz, von der weiblichen Linie zur männlichen abzurücken.*

Sieht sich der Patient von jedem persönlichen Erfolg abgeschnitten, ist ihm die Befriedigung seines meist zu weitgehenden männlichen Protestes[8] *auf einer Hauptlinie, die immer*

[8] Gilt natürlich in gleicher Weise für weibliche wie männliche Personen. Der männliche Protest des Weibes geht nur meist verdeckt und verwandelt und sucht den Triumph mit weiblichen Mitteln. Sehr häufig findet man in der Analyse den Wunsch, sich in einen Mann zu verwandeln; Vaginismus, sexuelle Anästhesie

auch vom Sexualtrieb konstituiert wird, mißlungen, dann kommt es zum Ausbruch der längst vorbereiteten Neurose. Dann versucht er die Befriedigung seines männlichen Ehrgeizes auf Nebenlinien, *durch Verschiebung* auf andere Personen, andere Ziele. Oder die Hemmung und Sperrung wirkt intensiver, und es kommt zu jenen Verwandlungen des Aggressionstriebes, die ich in der Arbeit über den »Aggressionstrieb im Leben und in der Neurose« beschrieben habe. Für die Struktur der Neurose gewinnen alle diese Variationen große Bedeutung, die (im Sinne des Patienten) weibliche, masochistische Tendenz schlägt vor und schafft das weibliche, masochistische Bild der Neurose, während gleichzeitig der Patient mit der äußersten Empfindlichkeit gegen jedes Versinken in die »Weiblichkeit«, gegen jede Herabsetzung, Unterdrückung, Beeinträchtigung, Beschmutzung ausgestattet wird. Der schwache Punkt, das Gefühl der Minderwertigkeit, die weiblichen Linien werden verdeckt oder durch Kompromißbildung maskiert oder durch Sublimierung und Symbolisierung unkenntlich gemacht, gewinnen aber an Breite und Intensität, dauernd oder anfallsweise, und präsentieren sich in der Abulie, in der Verstimmung, in der Depression, in der Angst, in den Schmerzen, im Gefühl der bangen Erwartung, im Zweifel, in Lähmungen, Impotenz, Insuffizienz usw.

Das Gefühl der Minderwertigkeit peitscht also das Triebleben, steigert die Wünsche ins Ungemessene, ruft die Überempfindlichkeit hervor und erzeugt eine Gier nach Befriedigung, die keine Anspannung verträgt und in ein dauerndes überhitztes Gefühl der Erwartung und Erwartungsangst ausmündet. In dieser hypertrophischen Gier, der Sucht nach Erfolg, in dem sich toll gebärdenden männlichen Protest liegt der Keim des Mißerfolges, allerdings auch die Prädestination zu den genialen und künstlerischen Leistungen. Die Neurose setzt nun ein beim Scheitern des männlichen Protestes auf einer Hauptlinie. Die weiblichen Züge erhalten scheinbar das Übergewicht, allerdings nur unter fortwährenden Steigerungen des männlichen Protestes und unter krankhaften Versuchen eines Durch-

und viele bekannte neurotische Erscheinungen stammen aus dieser egoistischen Tendenz. – Folgt man der von mir hier angeregten *»dynamischen Betrachtungsweise«*, so wird man bald erkennen, daß allen diesen Erscheinungen das Streben gemeinsam ist, sich von der weiblichen Linie irgendwie zu entfernen, um die männliche zu gewinnen, so daß man als psychische Lokalisationsstelle der neurotischen Symptome bald mehr die weibliche, bald mehr die männliche Seite erkennen kann. Demnach stellt jedes neurotische Symptom einen Hermaphroditen vor. Der *neurotische Zwang* zeigt den männlichen Protest, *dem Zwang erliegen, ist weiblich.* – Beim *Zwangserröten (Erythrophobie)* z. B. reagiert der Patient mit (männlicher) Wut und Unmut auf gefühlte oder befürchtete Herabsetzungen. Aber die Reaktion geschieht mit weiblichen Mitteln, mit Erröten oder Furcht vor Erröten. Und der Sinn des Anfalles ist: »Ich bin ein Weib und will ein Mann sein«. So *sichert* sich der Nervöse vor gefahrvoll scheinenden Entscheidungen, u. a. indem er einen eigenen Zwang statt des fremden setzt. Siehe Furtmüller, *Psychoanalyse und Ethik*. München 1912.

bruchs auf männlichen Nebenlinien. Das Schicksal dieser Versuche ist verschieden. Entweder gelingen sie, ohne daß eine rechte Befriedigung und Harmonie eintritt, oder sie mißlingen gleichfalls, wie oft in der Neurose, und drängen den Patienten immer weiter in die weibliche Rolle, in die Apathie, in die Angst, in die geistige, körperliche, sexuelle Insuffizienz usw., die weiterhin als Mittel zur Macht ausgenützt werden.

Die Untersuchung der fertigen Neurose wird demnach stets folgende Züge aufdecken und ihre dynamische Wertigkeit feststellen müssen:

A. Weiblich gewertete Züge.

B. Hypertrophischen männlichen Protest.

C. Kompromißbildung zwischen A und B.

Das Scheitern des männlichen Protestes bei psychischem Hermaphroditismus wird durch folgende Faktoren begünstigt, ja geradezu herbeigeführt:

1. *Durch die Überspannung* des Protestes. Das Ziel ist im allgemeinen oder für die Kräfte des Patienten unerreichbar.

2. *Durch die Überschätzung des Zieles.* Diese Überschätzung (Don Quichoterie z. B.) geschieht unbewußt tendenziös, um die Heldenrolle des Patienten nicht zu stören. Auf diesem Wege ergeben sich Enttäuschungen von selbst.

3. *Die weiblichen Tendenzen schlagen vor und hemmen die Aggression.* Oft im wichtigsten Moment oder vor der beabsichtigten Leistung erwacht das »weibliche« Gefühl im Sinne eines übertriebenen Autoritätsglaubens, des Zweifels, der Angst und führt zur Demütigung und Unterwerfung *unter andauernder Protestbildung* oder macht aus dem Zweifel, der Angst usw. eine Waffe und führt so die Unterwerfung ad absurdum.

4. *Ein aus der Kindheit überkommenes, reges, leicht verschiebliches Schuldgefühl,*[9] *ein Abkömmling der Gemeinschaftsgefühls, protegiert die weiblichen Züge und schreckt den Patienten mit möglichen Folgen seiner Tat. (Hamletnaturen.)*

Ich muß noch weiterer Verstärkungen der weiblichen Linien beim Kinde gedenken, die mehr oder weniger über das physiologische Maß hinausgehen und die regelmäßigen Veranlassungen darstellen, um den männlichen Protest in der geschilderten Weise zu übertreiben. Ein nicht unbeträchtliches, sorgfältig analysiertes Material von männlichen und weiblichen Neurotikern ließ mich regelmäßig diese Ursprünge und den gleichen Mechanismus erkennen, so daß ich wohl von einer *allgemeinen Geltung dieser Befunde* sprechen darf, um so mehr, als durch Aufdeckung derselben die Heilung der Neurose eingeleitet wird.

Zur Verstärkung der weiblichen Züge, damit aber auch zum

[9] Siehe Adler, die vorige Arbeit ›Über neurotische Disposition‹.

sekundären, verstärkten männlichen Protest auf Umwegen, tragen folgende Momente bei:

1. *Furcht vor Strafe.* Als begünstigend wirken besondere Wehleidigkeit und Hauthyperästhesien, Strenge der Erzieher, Prügelstrafe. Als männliche Reaktion ist zu verstehen: Gleichgültigkeit gegen Strafe, trotzige Gleichgültigkeit, Ertragen von Schmerzen, oft Aufsuchen von Qualen (*scheinbarer Masochismus*) und demonstrativer Hinweis des Patienten, wie viel er vertragen könne, Erektion und aktive Sexualbetätigung, wenn Strafe droht, was zuweilen durch individuelle Eigenart physiologisch vorgebildet sein könnte. (Siehe *Asnaourow*, »Sadismus und Masochismus«, E. Reinhardt, München.)

2. *Aufsuchen des Mitleids* durch Demonstration der eigenen Schwäche, des eigenen Leidens. Männlicher Protest: Größenideen (zur Kompensation des weiblichen Kleinheitswahns), Empörung gegen das Mitleid der anderen, Lachen statt Weinen, Zynismus, Kampf gegen Zärtlichkeitsregungen usw. – (»Sich lustig machen über sich selbst«). Mischbildungen treten regelmäßig auf. – Kinderfehler wie Enuresis, Stottern, aber auch Kränklichkeit, Kopfschmerzen, Appetitlosigkeit usw. können durch Spekulation auf das Mitleid oder trotzig fixiert werden. Fast regelmäßig kommt es aber zur Kompromißbildung. Die männliche Reaktion verwendet die Schwäche zum Ärgernis der Eltern und trotzt mit Beibehaltung des Fehlers, um nicht nachgeben zu müssen. Deutlich geht dies aus der Festhaltung der Enuresis und anderer Kinderfehler hervor. *Viele enuretische Träume zeigen den Versuch des oder der Träumenden, sich wie ein Mann zu gebärden.* (Stehend zu urinieren, männliches Pissoir, großer Bogen des Urinstrahls, Ziffern in den Sand urinieren.) – Gleichzeitig als männliche Reaktion gegen 1., oft unter tendenziöser Anwendung von Fiktionen, als ob der Topf, das Klosett bereit stünden. –

3. *Falsche Auffassung der Sexualrollen, Unkenntnis des Unterschiedes zwischen Mann und Frau, Gedanken über die Möglichkeit einer Verwandlung der Knaben in Mädchen und umgekehrt bei Kindern.* Häufig besteht ein mehr oder weniger dunkles Gefühl, ein Zwitter zu sein. Körperliche Eigenschaften, Erziehungsfehler, mißverstandene Äußerungen der Umgebung (Mädchenkleider bei Knaben, lange Haare bei Knaben, kurze bei Mädchen, Bäder in Gemeinschaft mit dem anderen Geschlecht, Unzufriedenheit der Eltern mit dem Geschlecht des Kindes usw.) wecken oder steigern den Zweifel des Kindes, solange ihm der Sexualunterschied unklar ist. In gleicher Weise rufen Märchen über die Geburt der Kinder oder falsche Vorstellungen davon (Geburt durch den After, Empfängnis durch den Mund, infolge eines Kusses, durch Gift oder durch Berührung) Verwirrung hervor. Perverse frühzeitige

Sexualerfahrungen oder Phantasien, bei denen der Mund oder After die Rolle des Sexualorgans spielen, helfen den Unterschied zwischen Mann und Frau verwischen und können tendenziös zur Fixierung gelangen.
Die Homosexualität geht oft aus von der Unsicherheit der Geschlechtsrolle. Homosexuelle Männer hatten in der Kindheit die Gabe, sich in eine Mädchenrolle hineinzudenken. Erfolgt, wie immer, der männliche Protest, so geht die Verwandlung in den Homosexuellen bei bleibender Unsicherheit vor sich als Ausweichung vor der gefürchteten Frau.
Überhaupt kann das Verständnis nur erlangt werden, wenn man den männlichen Protestversuchen nachgeht. So beim Onaniezwang, der wie jeder Zwang den Versuch, sich quasi männlich zu gebärden und doch seiner Aufgabe auszuweichen bedeutet. Die gleiche Tendenz findet sich bei Pollutionen und bei der Ejaculatio praecox. Die Hast sowie die begleitenden Erscheinungen (mangelhafte Erektion, zuweilen homosexuelle Träume) verraten uns den dahinter verborgenen schwachen Punkt. Bei der Analyse von Träumen achte man auf *Alpträume, auf Träume von Gehemmtsein, auf Fallträume und Angstträume,* die einer Ausmalung der weiblichen Linie, einer Niederlage, angehören; dabei bricht doch fast regelmäßig die männliche Tendenz durch (Schreien, Flucht, Aufwachen), — als Protest.
Exhibitionistische Züge werden begünstigt durch die Tendenz, sich trotz des Gefühls der Unsicherheit als Mann zu zeigen. Bei Mädchen und Frauen scheint für diesen Zweck die Lossagung vom weiblichen Schamgefühl, die Ablehnung von weiblichen Kleidungsstücken zu genügen. Die gleiche Tendenz zur Macht charakterisiert den *Narzißmus.* Im Fetischismus kommt regelmäßig die unmännliche Linie zur Geltung (Vorliebe für Dessous, Blusen, Schürzen, Schmuck, Zöpfe usw. statt des Partners), aber stets begleitet von der männlichen Tendenz, nicht vom Partner beherrscht zu werden. Ursprünglich Ausdruck des Hermaphroditismus wie jeder Autoerotismus, richtet sich der Hand- oder Schuhfetischismus auf die Nebensache und gewinnt *durch seine Distanz von der männlichen Rolle* sein weibliches, masochistisches Gepräge. *Immer zeigt sich das Ausweichen vor einer vermeintlichen Gefahrenzone.*
Ursprünglich *masochistische Züge*, ebenso *Hypochondrie* und übertriebene Schmerzempfindlichkeit liegen im Bereiche der »weiblichen« Züge des Duldens. Wie jede psychische Erscheinung entbehren sie nie weiterer Nebendeterminationen, die Größe des Leidens usw. zu zeigen und sich der Erfüllung der Lebensaufgaben im Vorgefühl einer Niederlage zu entziehen.
Es ist leicht begreiflich, daß sich das Kind zur Darstellung sei-

ner weiblichen Linien der Züge der Mutter bedient, zur Darstellung der männlichen Züge des Vaters (»Vom Vater hab ich die Statur« usw.). Der männliche Protest peitscht die Wünsche des Kindes auf, es sucht den Vater in jeder Hinsicht zu übertreffen, gerät in Konflikte mit ihm, und so kommen manchmal *sekundär* jene Züge zustande, die auf die Mutter gerichteten Begehrungsvorstellungen entsprechen. (Ödipusgleichnis.)

Sache der Pädagogik und der Neurosentherapie ist es, diese Dynamik aufzudecken und bewußt zu machen. Damit verschwindet die tendenziöse Hypertrophie und kämpferische Antithetik der »weiblichen und männlichen Züge«, die kindliche Wertung macht einer gereifteren Weltanschauung Platz.[10] Die Überempfindlichkeit weicht und der Patient lernt die Anspannungen der Außenwelt ertragen, ohne das Gleichgewicht zu verlieren. Er, der früher »ein Spielball dunkler, unbewußter Regungen war, wird zum bewußten Beherrscher oder Dulder seiner Gefühle«.

[10] Ebenso hören die dissoziativen Prozesse, die Bewußtseinsspaltung, die double vie auf.

Alfred Adler

Zur Kritik der Freudschen Sexualtheorie des Seelenlebens

I. Die Rolle der Sexualität in der Neurose*

Die Frage ist müßig, ob eine Neurose ohne Einbeziehung des Sexualtriebes möglich sei. Hat er doch im Leben aller eine ähnlich große Bedeutung. Fragt sich also, ob in seinen Schicksalen der Anfang und das Ende, alle Symptombildungen der Neurose zu erblicken seien. Ich muß darauf mit einer kurzen Schilderung – nicht des losgelösten Sexualtriebs, sondern seiner Entwicklung im Ensemble des Trieblebens antworten. Biologisch wäre die Auffassung nicht zu halten, daß jeder Trieb eine sexuelle Komponente habe, also auch der Freßtrieb, der Schautrieb, der Tasttrieb usw. Man muß vielmehr annehmen, daß die Evolution im organischen Reich zu Ausgestaltungen geführt hat, die wir uns als Differenzierung ursprünglich vorhandener Zellfähigkeiten zu denken haben. So ist dem Willen und der Not zur Assimilation ein Nahrungsorgan gefolgt, ein Tast-, Gehörs-, Gesichtsorgan dem Willen und Zwang zum Fühlen, Hören, Sehen, ein Zeugungsorgan dem Willen und Zwang zu Nachkommenschaft. Die *Behütung* aller dieser Organe war so sehr nötig, daß sie von zwei Seiten in Angriff genommen wurde: durch Schmerz- und durch Lustempfindung. – Da diese nicht genügte, durch eine dritte Sicherung, durch ein Organ der Voraussicht, das Denkorgan, das Gehirn. Auf dem Experimentierfelde der Natur finden sich Variationen aller drei *Sicherungsgrößen.* Der Anstoß kommt aus Angriffen in der Aszendenz, die Deszendenz weicht aus. Bald kommt es zu peripheren Defekten, bald zu erhöhten Schmerz- und Lustempfindungen im minderwertigen Organ. Der variabelste Anteil, das Zentralnervensystem, übernimmt die endgültige *Kompensation.* Es ist ein zweifaches Unrecht, den Begriff des minderwertigen Organs und den der »erogenen Zone« *Havelock Ellis'* zu konfundieren. Nur ein kleiner Teil der minderwertigen Organe zeigt erhöhte Lust- oder Kitzelgefühle im peripheren Anteil. Will man, wie *Sadger* versucht, einen minderwertigen Nierenleiter, eine Gallenblase, Leber-Pankreas, adenoide Vegetationen und Lymphdrüsen zu den erogenen Zonen zählen? Die Otoskle-

* [Erster Teil des Vortrags vom Januar 1911, in *Heilen und Bilden*, 1914, zum erstenmal abgedruckt.]

rose zeigt nach neueren Untersuchungen einen Mangel des Kitzelgefühls im äußeren Gehörgang. Ferner: wo stellen Sie bei der Auffassung von den erogenen Zonen die Gehirnkompensation und Überkompensation hin?
Zweitens: es präjudiziert den Begriff »erogene Zone«, und zwar mit Unrecht. Nicht als ob ich leugnen wollte, daß sich am minderwertigen Organ bewußte und unbewußte perverse Phantasien anknüpfen könnten. Aber erst im späteren Leben, unter Zuhilfenahme falscher Sexualvorstellungen oder unter dem Drucke bestimmter Sicherungstendenzen. Um erogen zu werden, bedürfen diese Zonen einer sekundären Triebverschränkung unter dem Drucke falscher Sexualtheorien, oder gegensätzlicher *überflüssiger Sicherungstendenzen*. Die Behauptung, daß das Kind *polymorph-pervers* ist, ist ein Hysteron-Proteron, eine dichterische Lizenz. Die *»sexuelle Konstitution«* kann durch Erlebnisse, durch Erziehung, insbesondere auf Basis der Organminderwertigkeit beliebig gezüchtet werden. Selbst die *Frühreife* kann niedergehalten oder gefördert werden. *Sadistische und masochistische Regungen* aber entwickeln sich erst aus den harmloseren Beziehungen von regelmäßig vorhandenem Anlehnungsbedürfnis und Selbständigkeitsregungen, sobald der männliche Protest in Frage kommt, mit seiner Aufpeitschung von Wut, Zorn und Trotz.
Das Sexualorgan entwickelt einzig und allein den sexuellen Faktor im Leben und in der Neurose. Sowie die Sexualität Beziehungen eingeht zum gesamten Triebleben und seinen Ursachen, so gilt dies von jedem anderen Trieb. Bevor der Sexualtrieb eine nennenswerte Größe erreicht, etwa am Ende des ersten Jahres, ist das psychische Leben des Kindes bereits reich entwickelt. *Freud* erwähnt die Auffassung aller Autoren, denen sich *Czerny* anschließt, daß Kinder, die sich beim Stuhlabsetzen trotzig benehmen, oft nervös werden. Im Gegensatz zu anderen Autoren führt er ihren Trotz darauf zurück, daß sie bei der Stuhlverhaltung sexuelle Lustgefühle haben. Ich habe keinen einwandfreien derartigen Fall gesehen, will aber nicht leugnen, daß Kinder, die derartige Kitzelgefühle bei der Retention haben, *wenn sie in die Trotzeinstellung geraten, gerade diese Art* des Widerstandes bevorzugen. Dabei ist aber doch der Trotz maßgebend, und die Organminderwertigkeit ist für die Lokalisation und Auswahl des Symptoms ausschlaggebend. Ich habe viel öfters beobachtet, daß derartige trotzige Kinder den Stuhl knapp vor oder nach der Inszenierung des nötigen Apparates oder auch neben dem Apparat produzieren. Dasselbe gilt vom Urinieren solcher Kinder, dasselbe aber auch vom Essen und Trinken. Man braucht gewissen Kindern das Trinken bloß einzuschränken und ihre »Libido« steigt ins Unermeßliche. Man braucht ihnen nur zu sagen, daß man auf

regelmäßiges Essen Wert legt, und ihre Libido sinkt auf Null. Kann man diese »Libidogrößen« ernst oder gar energetisch nehmen und zu Vergleichen benützen? Ich sah einen 13 Monate alten Knaben, der kaum stehen und gehen gelernt hatte. Setzte man ihn in seinen Sessel, so stand er auf. Sagte man ihm: »Setze dich nieder«, so blieb er stehen und sah schelmisch drein. Seine sechsjährige Schwester rief ihm bei einer solchen Gelegenheit zu: »Bleib stehen!« und das Kind setzte sich nieder. Dies sind die Anfänge des männlichen Protestes, und die inzwischen aufkeimende Sexualität ist seinen Stößen und seinem Drängen fortwährend ausgesetzt. Auch die Wertschätzung des Männlichen beginnt auffällig früh. Ich sah einjährige Kinder, Knaben und Mädchen, die männliche Personen sichtlich bevorzugten. Vielleicht ist es der Klang der Stimme, das sichere Auftreten, die Größe, die Kraft, die Ruhe, die dabei den Ausschlag gibt. Ich habe auf diese Wertschätzung in einem Referat über *Jungs* »Konflikte der kindlichen Seele« kritisch[1] hingewiesen. Sie löst regelmäßig den Wunsch aus, auch ein Mann zu werden. Neulich hörte ich ein Kind von zwei Jahren, einen Knaben, sprechen: »Mama dumm, Fräulein dumm, Toni (Köchin) dumm, Usi (Schwester) dumm, O-mama (Großmama) dumm!« Als er gefragt wurde, ob der Großpapa auch dumm sei, sagte er: »O-papa doß (groß).« – Allen fiel es auf, daß er den Vater ausgenommen hatte. Man hielt es für ein Zeichen des Respektes. Es war leicht zu verstehen, daß er die sämtlichen *weiblichen Mitglieder* seiner Umgebung für dumm erklären wollte, sich und die männlichen für klug. Er identifizierte dumm und weiblich, klug und männlich, *aber diese Gleichstellung verhalf ihm zur Geltung.*
Ich habe in mehreren Arbeiten hervorgehoben, daß vor allem die Kinder mit fühlbarer Organminderwertigkeit, Kinder, die an Fehlern leiden, deren Unsicherheit größer, deren Furcht vor Blamage und vor Strafe ausgiebiger ist, jene *Gier und jene Hast* entwickeln, die schließlich zur Neurose disponieren. Sie sehnen sich frühzeitig schon nach dem *Beweis ihres Wertes oder weichen Verletzungen ihrer Empfindlichkeit aus.* Sie sind schüchtern, erröten leicht, fliehen vor jeder Prüfung ihres Könnens und verlieren frühzeitig die Natürlichkeit des Benehmens. Dieser unbehagliche Zustand drängt mit Macht *nach Sicherungen.* Bald wollen sie gehätschelt sein, bald alles allein machen, sie schrecken vor jeder Arbeit zurück oder lesen ununterbrochen. In der Regel sind sie frühreif. Ihre Wißbegierde ist ein *kompensatorisches Produkt ihrer Unsicherheit* und greift frühzeitig auch nach den Fragen über den Geburtshergang und über den Geschlechtsunterschied. Diese ange-

[1] Wie ich derzeit sehe, mit Erfolg. Siehe *Hitschmann* (*Freuds Neurosenlehre.* 2. Aufl.) und *Jung* (*Bleuler – Freudsches Jahrbuch.* 1913).

strengte und andauernde Phantasietätigkeit muß als ein Reiz für den Sexualtrieb aufgefaßt werden, sobald primitive Kenntnisse von Sexualvorgängen zustande gekommen sind. Auch hier gilt ihnen als Ziel der *Beweis ihrer Männlichkeit.*

Ich habe in der »Minderwertigkeitslehre« hervorgehoben, daß die Sexualminderwertigkeit mit ihrer oft größeren Lustempfindung zur Frühreife disponiert. Treffen, wie so häufig, männlicher Protest und größere Lustempfindung am Genitale zusammen, so resultieren Frühmasturbation und frühzeitige Sexualwünsche. Vorstellungen von den Schrecken und Schmerzen des Geburtsaktes, des Geschlechtsverkehrs sind es, die den *Protest in männlicher Richtung* weitertreiben. Wo in der Neurose Geburtsphantasien, Kastrationsgedanken oder analog zu verstehende Gedanken vom Untensein, von Atemnot, vom Überfahrenwerden usw. auftauchen, sind es weder Wünsche noch verdrängte Phantasien, sondern *symbolisch gefaßte Befürchtungen, zu unterliegen,* gegen die sich der Neurotiker zu sichern trachtet oder die er als *Warnungen* sich vor die Seele ruft. Ein nicht seltener Typus, den ich bisher nur selten in den Kreis meiner Erwägungen gezogen habe, meist Söhne starkgeistiger, männlicher Mütter, hat die *Angst vor der Frau* tief im Gemüte. In ihren Phantasien, spielt die männliche Frau häufig eine Rolle, das ist die Frau, die oben, ein Mann sein will. Oder sie haben die symbolische Phantasie des Penis captivus, d. h. sie fürchten, von der Frau nicht loszukommen, wobei das Bild vom Sexualverkehr der Hunde entlehnt ist. Um nun recht acht zu geben, übertreiben sie maßlos. Ihre eigene Sinnlichkeit erscheint ihnen riesenhaft, das Weib wird zum Dämon, und so wächst ihr Mißtrauen soweit, daß sie es geschlechtlich unbrauchbar macht. Sie müssen *jedes Mädchen peinlich prüfen, belauern, auf die Probe stellen* (Griselda!) Auch bei ihnen geht die Natürlichkeit der Beziehungen verloren.

Und es erhebt sich wieder die Frage: *Ist das, was uns der Neurotiker an Libido zeigt, echt?* Seine Frühreife ist erzwungen, sein Onaniezwang dient dem Trotz und der Sicherung gegen den Dämon Weib, seine Liebesleidenschaft geht bloß auf den Sieg, seine Liebeshörigkeit ist ein Spiel, darauf berechnet, sich dem ernsthaften Partner nicht zu unterwerfen, seine perversen Phantasien, ja selbst seine aktiven Perversionen dienen ihm nur dazu, sich von der Liebe fernzuhalten. Wohl sind sie ihm ein Ersatz, aber nur, weil er seine Heldenrolle spielen will und weil er fürchtet, auf normalem Wege unter die Räder zu kommen. Zumal das sogenannte »Kernproblem« der Neurose, die Inzestphantasie, hat meist die Aufgabe, den Glauben an die eigene, übermächtige Libido zu nähren und deshalb jeder

»wirklichen« Gefahr so weit als möglich aus dem Wege zu gehen.

Ich gehe nunmehr an die Analyse eines Falles aus der letzten Zeit. Der betreffende Patient ist noch nicht entlassen. Die Struktur seiner Neurose liegt aber so weit klar, daß ich sie auszugsweise vortragen kann, um an ihr meine Behauptungen noch deutlicher zu machen.

Ein 22jähriger Bauzeichner klagt über Anfälle von Zittern in den Händen seit 1½ Jahren und häufige nächtliche Pollutionen. Die ersten Erkundungen ergaben: Verlor den Vater im fünften Lebensjahr. Der Vater konnte die letzten drei Jahre kaum allein stehen oder gehen und war auf beiden Augen erblindet. Erst in seinem 17. Lebensjahr erfuhr der Patient, daß sein Vater an Rückenmarksschwindsucht gestorben war; gleichzeitig gab man ihm als Ursache dieses Leidens übermäßigen Geschlechtsverkehr an. Diese Mitteilungen fielen in eine Zeit heftiger Masturbation und erfüllten den Patienten mit großem Schrecken für seine eigene Zukunft.

Für seine eigene Zukunft hatte er schon oft zu fürchten Gelegenheit gehabt. Zuerst als kleiner Knabe, da er, schwächlich und kleiner als seine Geschwister und Gespielen, stets Schutz bei seiner Mutter suchte, die ihn als Jüngsten auffällig verhätschelte. Ängstlichkeit und Schüchternheit hafteten seinem Wesen stets an. Doch wurde er bald rechthaberisch, wollte unter seinen Gespielen stets die erste Rolle spielen und konnte deshalb nie Freunde erwerben. Sein Wissensdrang zeigte sich bald und zwar sowohl in sexuellen Dingen als in der Schule. Seine Sehnsucht war, ein großer Mann zu werden. Und so kam er als einziger einer großen Geschwisterschar in die Mittelschule. Eine Kindheitserinnerung, in der sich der männliche Protest seiner Kindheit widerspiegelt, ist folgende: *Wenn er im Grase auf dem Rücken lag, sah er oben in den Wolken das Bild seines Vaters.* Er, der weibliche Schwächling, in der weiblichen Position; oben der Vater, der Mann. Er hatte bis in die letzten Jahre weibliche Züge und mußte oft in seiner Kindheit beim Theaterspielen in weiblichen Kleidern Mädchenrollen spielen. Er schlief lange mit der um zwei Jahre älteren Schwester in einem Bett und befriedigte dort seine sexuelle Neugierde. In seinen Träumen gab es vereinzelt Inzestphantasien, die sich auf Mutter und Schwester bezogen. – Die Mutter hielt strenge auf Moral, und er hatte Gelegenheit, ihre Härte gegenüber den älteren Brüdern, sobald Liebesaffären vorfielen, zu beobachten. Bezüglich der Ehen ihrer Kinder sah sie in erster Linie auf materielle Güter und verfolgte eine ihrer Schwiegertöchter viele Jahre mit ihrem Hasse, weil sie arm in die Ehe getreten war. Alles in allem beherrschte ihn die Mutter in jeder Beziehung.

Erregungen und masturbatorische Berührungen kamen bei unserem Patienten vom 9. Lebensjahr an vor. Später hatte er häufig Sexualerregungen, wenn er in Mädchengesellschaft war. Als er im 14. Lebensjahr Masturbation zu üben begann, wurde ihm dadurch jede Mädchengesellschaft so sehr verleidet, daß er am liebsten allein blieb. Er vertiefte seine Überzeugung, daß seine Sexuallibido ungeheuer groß sei und kaum zu bewältigen. Als er von der Krankheit seines Vaters erfuhr und gleichzeitig annehmen mußte, daß dieser ebenso sinnlich wie er gewesen, gab ihm dies einen gewaltigen Ruck: er ließ von der Masturbation! Oft ließ er sich hinreißen, trotz seiner Furcht vor Erektionen, Mädchen zu küssen, um nachher längere Zeit alle Orte zu meiden, wo er Mädchen treffen konnte.

War nun seine Libido wirklich so groß, als er *annahm?* War sie vor allem so groß, daß er zu Sicherungen, wie die der Gesellschaftsangst greifen *mußte?* Manches spricht strikte dagegen. Er war in Verhältnissen auf dem Lande aufgewachsen, später allein an einer Provinzrealschule, wo Gelegenheiten zum Geschlechtsverkehr reichlich zu finden waren. Manches der Mädchen war ihm weit genug entgegengekommen. Als er von der Krankheit des Vaters hörte und von deren angeblicher Veranlassung, setzte er sofort mit der Masturbation aus. Er nahm bald nachher normalen Verkehr auf, übte diesen aber selten aus und ließ sich durch Gedanken an die Geldausgaben leicht davon abhalten. Mädchen, die ihm freiwillig entgegenkamen, verließ er nach ihrer Eroberung, aus Befürchtung, nicht mehr von ihnen loszukommen. Er stellt sich jedes Weib als einen Dämon vor und äußerst sinnlich, der ihn beherrschen will, dem gegenüber er schwach sein könnte, — und er bleibt *stark*. Dabei verachtet er die Frauen, hält sie für minderwertig, mißtraut ihnen und mutet ihnen stets egoistische Motive zu. Vor zwei Jahren wurde er mit einem schönen, aber armen Mädchen bekannt, zu dem er sich anfangs hingezogen fühlte. Als beide eine Heirat in Aussicht nahmen, war die Konsequenz die, daß er massenhafte Pollutionen bekam und bei Prostituierten Ejaculatio praecox oder Impotenz zeigte. Gleichzeitig machte er die Wahrnehmung, daß er im Amte zu zittern begann und seine Zeichnungen nur mit Mühe fertig brachte. Eine genauere Untersuchung ließ erkennen, daß er nur dann Zittern und Stocken beim Sprechen zeigte, wenn er tags vorher Verkehr oder eine Pollution gehabt hatte. Die naheliegende Annahme, daß er das Zittern bei seinem Vater gesehen habe und nunmehr nachahme, um sich zu schrecken, konnte Patient nicht bestätigen. Dagegen fiel ihm ein alter Professor der Mittelschule ein, der sowohl Zittern als Stocken in der Stimme zeigte, Erscheinungen, die unser Patient damals als Alterserscheinungen bei Leuten deutete, die in der Jugend

viel Sexualverkehr gehabt hatten. Eine zweite Quelle, die er verwendete, ergab sich in einer Schrift über Pollutionen, in der als Folgen Zittern und Stocken der Stimme beschrieben wurden. Nähere Aufklärungen brachten seine Gedanken über die bevorstehende Heirat. Die Mutter wird unzufrieden sein. Seine reichen Verwandten würden ihn verachten. Das Mädchen heirate ihn nur aus materiellem Interesse. Sie sei sinnlich und werde ihn in den Taumel ihrer Sinnenlust hineinziehen. Er selbst sei sinnlich. Die Folgen seiner Masturbation, seiner Pollutionen und seines Verkehrs träten bereits ein. Und so zog er sich *auf Grund dieser Arrangements* wieder von dem Mädchen zurück, ohne recht zu wissen, wie er ganz von ihr loskommen könne. *Dieses Schwanken ist einem Nein gleichwertig, sichert ihn auch zugleich gegenüber anderen Mädchen.*
Er zittert also jetzt schon, um sich daran zu erinnern, was ihm dereinst droht. Er zittert, um seiner Urangst zu entgehen, wieder, wie einst bei der Mutter, unter die Gewalt eines Weibes zu kommen. Er zittert, um sich vor dem Schicksal des Vaters, vor dem Schicksal jenes alten Lehrers zu bewahren. Er zittert, um dem Dämon Weib, und um seiner eigenen Sinnlichkeit wie der des Mädchens zu entgehen. Und er zittert, um, entgegen seinem eigenen Wunsch, *dem der Mutter zu genügen*, die der Heirat abhold wäre, was aber in letzter Linie ihm nur wieder seine Abhängigkeit vom Weibe beweisen soll. – Deshalb seine Auffassung von seiner übergroßen Sinnlichkeit, sowie von der des Weibes, darum die häufigen Erektionen und Pollutionen, die zum größten Teil zustande kommen, *weil er sie will, weil er sie braucht, und weil er, um sie zu konstruieren, ununterbrochen an sexuelle Dinge denkt.* Und ich frage nochmals: *Wie soll man die Libido dieses Neurotikers abschätzen, wo alles gemacht, arrangiert, vergrößert, verzerrt*, ein tendenziös gekünsteltes und unnatürliches Produkt, Aktivum und Passivum zugleich, geworden ist?
Ein Traum des Patienten, der alle diese Züge wiedergibt, gleichzeitig *auch die bedeutsamste Tendenz des Traumes, die Sicherungstendenz*, hervorhebt, ist folgender:
»Ein Mädchen, jung, frisch, mit vollem Busen, sitzt nackt hingelehnt auf einem Diwan. Was sie sagte, weiß ich nicht. (Denkt an eine Dirne und zugleich, daß ihm beim Anblick der nackten Frau die Sinne schwinden.) Sie suchte mich zu verführen. (Der Dämon Weib.) Ich wollte darauf eingehen, aber im letzten Moment bekam ich das Bewußtsein, vor einer Pollution zu stehen und hielt mich von ihr zurück. (Versuch, einen Weg ohne Frau zu nehmen. – Der ganze Traum zeigt die warnende Perspektive auf Pollutionen und Verkehr als die auslösenden Momente einer Tabes.)«
Die einfache Aufklärung, daß Tabes eine Folge von Lues sei,

hatte keinerlei Wirkung. *Erst das Verständnis für seine übertriebenen Sicherungstendenzen* beendete das Zittern.

Wo ist nun das *Kernproblem dieser Neurose*? Die Inzestphantasie hatte gerade nur den Wert, ihm den Glauben an seine übergroße, verbrecherische Phantasie zu verbürgen. – *Die Verdrängung der Onanieneigung, die leicht gelang, mußte von einer anderen gleichwertigen oder besseren Sicherung gefolgt sein, von den Pollutionen.* Erst *als er vor einer Ehe stand*, als er fürchtete, wieder wie einst *»unten«* zu sein, nicht wie der Mann, der Vater »oben«, unter den Einfluß einer Frau zu geraten und so seine Minderwertigkeit vor allen eingestehen zu müssen, wurde er *»krank«*. Daß er es ebensowenig vertrug, unter einem Manne zu stehen, den Kollegen gegenüber, die er fortwährend herabsetzen wollte, und mit denen er sich stets zerschlug, den Professoren gegenüber, die ihm in häufigen Prüfungsträumen drohend erschienen, seinem Vorgesetzten gegenüber, vor dem ihn an den bestimmten Tagen sein Zustand gewöhnlich überfiel, will ich nur nebenbei erwähnen.

Wie kommt die Sexualität in die Neurose und welche Rolle spielt sie also?

Sie wird frühzeitig geweckt und gereizt bei vorhandener Minderwertigkeit und starkem männlichen Protest, sie wird als *riesenhaft angesetzt und empfunden, damit der Patient sich davor rechtzeitig sichert*, oder sie wird entwertet und als Faktor gestrichen, wenn dies der Tendenz des Patienten dient. Im allgemeinen ist es nicht möglich, die Sexualregungen des Neurotikers oder Kulturmenschen als echt zu nehmen, um mit ihnen zu rechnen, geschweige sie, *in welcher Anschauungsform immer*, als den grundlegenden *Faktor des gesunden oder kranken Seelenlebens* weiterhin auszugeben. *Sie sind niemals Ursachen, sondern bearbeitetes Material und Mittel des persönlichen Strebens.*

Die wahre Einstellung zum Leben kann man *schon in den ersten Träumen und erinnerten Erlebnissen eines Menschen* deutlich wahrnehmen, ein Beweis, daß auch die Erinnerung an sie im Sinne eines planmäßigen Vorgehens konstruiert ist. Unser Fall gibt als die weitest zurückliegenden Träume, etwa aus dem 5. Lebensjahre, folgende an:

Erstens: »Ein Stier verfolgt mich und will mich aufspießen.«

Der Patient glaubt, den Traum kurz nach dem Tode seines Vaters geträumt zu haben, der an einer Rückenmarkschwindsucht lange Zeit siech zu Bette lag. Ziehen wir eine Verbindungslinie zu dem Phantasiebild des Vaters in den Wolken (Gott?), so drängt sich der Gedanke an eine Todesfurcht des Knaben auf. Die spätere »Rekonstruktion« *(Bierstein)* dürfte auf die Tabes des Vaters und dessen Tod, die den Patienten so stark ergriffen hatte, Rücksicht genommen haben. Der Stier muß ferner dem auf dem Lande aufgewachsenen Knaben als *männlich* erschienen sein, was ihn, den Verfolgten, in einer unmännlichen, für die primitiv gegensätzliche Anschauung des Kindes also weiblichen Rolle des Verfolgten zeigte. Auch wer nicht so weit in der Deutung gehen will, dürfte aber das Gemüt dieses Kindes als von düsteren Ahnungen erfüllt nachempfinden können.

Der zweite Traum setzt diese schlimmen Erwartungen fort. *Es war ihm, als sei er abgestürzt und auf eine harte Unterlage gefallen.* Solche Fallträume deuten immer auf eine ins Pessimistische gerückte Vorsicht des Träumers, die mit bösen Möglichkeiten, mit dem »Untensein«, schreckt.

Die älteste Erinnerung seines wachen Lebens glaubt er darin zu finden, daß er am ersten Schultag mit *unaufhaltsamer Schnelligkeit in die Mädchenschule seinen Weg nahm und sich nur unter Tränen in die Knabenschule abweisen ließ.* Wir dürfen dies als ein Gleichnis seiner Sehnsucht ansehen, nicht krank, elend, tot, »unten«, wie der Vater, sondern entsprechend einer weiblichen Rolle, die er bei seiner starken Mutter fand (die nach allgemeiner Aussage *wie ein Mann* die Wirtschaft führte), gesund, kraftvoll und lebendig seine Zukunft zu suchen.

Das Zögern, der Mangel einer Vorbereitung in seiner männlichen Rolle mit allen dazugehörigen Erscheinungen, auch der krankhaft-nervösen, war also die Achse seines Seelenlebens geworden. Ihr entsprachen dann freilich auch die mit Notwendigkeit erwachsenen Erscheinungen seines *Sexuallebens.*

II. »Verdrängung« und »männlicher Protest«; ihre Rolle und Bedeutung für die neurotische Dynamik [1911] *

Ich darf in diesem Kreise die Kenntnis des Wesens der »Verdrängung«, wie es von *Freud* entworfen und geschildert wurde, als gegeben voraussetzen. Die Ursachen der Verdrängung aber und der Weg, der von der Verdrängung zur Neurose führt, sind durchaus nicht so klar, als man in der Freudschule gemeiniglich annimmt. Die Zahl der Hilfsvorstellungen, die bei den Erklärungsversuchen zutage treten, sind überaus groß, und sie erweisen sich oft als unbewiesen oder aber gar als unbeweisbar. Gar nicht von denen zu reden, die (in plattester Weise) eine Analogie aus der Physik oder Chemie zu Hilfe nehmen, von »Stauung« und »erhöhtem Druck«, von

* [Zweiter Teil des Vortrags vom Januar 1911, in *Heilen und Bilden*, 1914, zum erstenmal abgedruckt.]

»Fixierung«, vom »Zurückströmen in infantile Bahnen«, von »Projektionen« und »Regression« reden.
Schon die Ausführungen über die Ursachen der Verdrängung erweisen sich in den Arbeiten dieser Schule als äußerst summarisch gefaßt, als dogmatisch gebrauchte Klischees, freilich auch als Intuitionen, deren Grundlagen festzustellen sich immer lohnt. Das Problem der gelungenen und mißlungenen Verdrängung wird nur rätselhafter, wenn man es auf die »sexuelle Konstitution« zurückführt, die einfache Konstatierung zeigt aber nur den Mangel einer gegenwärtigen psychologischen Einsicht. Die Ursachen der »Sublimierung«, der »Ersatzbildungen«, sind ebenfalls nicht ergründet, sofern man einfach Tautologien als Tatsachen hinnimmt. Die »organische Verdrängung« erscheint da nur als ein Notausgang, als Beweis einer Denkmöglichkeit von Umänderungen der Betriebsformen und hat mit der Theorie der Neurosen kaum etwas zu schaffen.
So kommen zur Betrachtung: verdrängte Triebe und Triebkomponenten, verdrängte Komplexe, verdrängte Phantasien, verdrängte Erlebnisse und verdrängte Wünsche. Und über allen schwebt als Deus ex machina *eine Zauberformel:* die Lust, von der *Nietzsche* so schön sagt: »Denn alle Lust will Ewigkeit, will tiefe, tiefe Ewigkeit.« Und *Freud:* »Der Mensch kann auf jemals empfundene Lust nicht verzichten.« Und so kommen dann – unter dieser Voraussetzung – jene drastischen Gebilde zustande, die jede Schülerarbeit aufweisen muß: der Knabe, der an der Brust der Mutter saugen muß, der Neurotiker, der den Genuß, mit Wein oder Fruchtwasser bespült zu werden, immer wieder sucht, bis hinauf zu den reineren Sphären, wo dem Suchenden kein Mädchen recht ist, weil er die unersetzliche Mutter sucht. War diese Art der Beobachtung, so bedeutend auch der Fortschritt war, den hier diese Methode schuf, geeignet, die in Wirklichkeit *arbeitende und auf Zukünftiges bedachte Psyche* zu vergegenständlichen und so in eine starre Form zu bringen, so war die Festlegung auf den Begriff des *Komplexes* ein weiterer Schritt, die *räumliche Anschauung über die dynamische zu setzen.* Natürlich ging dies nie so weit, daß man nicht das energetische Prinzip, das πάντα ῥεῖ, nachträglich hineinzubringen versucht hätte.
Die Frage lautet doch: ist das treibende Moment in der Neurose die Verdrängung oder, wie ich vorläufig unpräjudizierlich sagen will, die *andersartige, irritierte Psyche,* bei deren Untersuchung auch die Verdrängung zu finden ist? Und nun bitte ich zu beachten: Die Verdrängung geschieht unter dem Drucke der Kultur, unter dem Drucke der »Ichtriebe«, wobei Gedanken an eine abnorme sexuelle Konstitution, an sexuelle Frühreife zu Hilfe genommen werden. – Frage: Woher

stammt unsere Kultur? Antwort: Aus der Verdrängung. — Und die »Ichtriebe«, ein Begriff, so pleonastisch und inhaltslos wie wenig andere? Haben sie nicht den gleichen *»libidinösen«* Charakter wie der Sexualtrieb? Faßt man aber die Ichtriebe nicht als etwas Starrgewordenes, Individuelles, sondern entsprechend den Feststellungen der Individualpsychologie als die *Anpassung und Einstellung gegen die Außenwelt* auf, als ein Geltenwollen, als ein Streben nach Macht, nach Herrschaft, nach Oben, so muß man theoretisch wie praktisch zwei Möglichkeiten ins Auge fassen: 1. Das Geltenwollen kann auf gewisse Triebe hemmend, verdrängend, modifizierend einwirken. 2. Es muß vor allem steigernd einwirken. — Nun ist das Unwandelbare, für unsere Betrachtung Unveränderliche die Kultur, die Gesellschaft, ihre Einrichtungen, und unser Triebleben, dessen Befriedigung eigentlich als Zweck gedacht wird, muß sich begnügen, bloß *als richtunggebendes Mittel* aufzutreten, um, zumeist in ferner Zeit, Befriedigungen einzuleiten. Unser Auge, das Ohr, auch die Haut haben die eigentümliche Fähigkeit erlangt, unseren Wirkungskreis über die körperlich räumliche Sphäre hinaus zu erstrecken, und unsere Psyche tritt auf dem Wege der Vorempfindlichkeit aus der Gegenwart, also zeitlich, außer die Grenzen dieser primitiven Triebbefriedigung. Hier sind *erhöhte Anspannungen* ebenso dringlich als Verdrängungen, in diesen Beziehungen liegt die Nötigung zu einem ausgebreiteten *Sicherungssystem, deren einen kleinen Teil wir in der Neurose zu erblicken haben.* Das heißt aber: *die Neurose ist in erster Linie Sicherung!*
Die Anspannungen aber beginnen am ersten Tage der Kindheit und wirken dermaßen verändernd auf alle körperlichen und psychischen Tendenzen, daß das, was wir sehen, *niemals etwas Ursprüngliches,* Unbeeinflußtes darstellt, etwa erst von einem späteren Zeitpunkt an Verändertes, sondern *die Einfügung des Kindes richtet* und modifiziert sein Triebleben so lange, bis es sich in irgendeiner Art an die Außenwelt angepaßt hat. In dieser ersten Zeit eines psychischen Lebens kann von einer dauernden Vorbildlichkeit nicht gesprochen werden, auch nicht von Identifizierung, wenn das Kind sich nach einem Vorbild richtet. Denn dies ist oft der einzige Weg und die einzige Möglichkeit zur Triebbefriedigung.
Bedenkt man nun, in welch verschiedener Art und wie verschiedenem Tempo allerorts und zu allen Zeiten sich die Triebbefriedigung durchgesetzt hat, wie sehr sie von gesellschaftlichen Einrichtungen und von der Ökonomie abhängig war, so kommt man zu einem dem Obigen analogen Schlusse, daß die Triebbefriedigung und damit die Qualität und Stärke des Triebes *jederzeit variabel und daher für uns unmeßbar ist. Erinnern* Sie sich, daß ich in meinem Vortrage über »Sexualität

und Neurose« aus den Beobachtungen über den Sexualtrieb der Neurotiker gleichfalls zu dem Schlusse gekommen bin, *daß die scheinbar libidinösen und sexuellen Tendenzen in der Neurose wie auch beim Normalen durchaus keinen Schluß auf Stärke oder Zusammensetzung des Sexualtriebes zulassen.*

Wie vollzieht sich nun die Anpassung eines Kindes an ein bestimmtes familiär gegebenes Milieu? Erinnern wir uns, wie verschieden sich die Äußerungen des kindlichen Organismus gestalten, und zwar, wo der Überblick noch am ehesten möglich ist, in den ersten Monaten. Die einen bekommen nie genug, die anderen verhalten sich recht gemäßigt bei der Nahrungsaufnahme, manche lehnen Änderungen in der Nahrung ab, andere wollen alles aufnehmen. Ebenso beim Sehen, beim Hören, bei der Exkretion, beim Baden, bei den Beziehungen zu den Personen der Umgebung. In den ersten Tagen schon fühlt sich das Kind beruhigt, wenn man es auf den Arm nimmt, Erziehungseinflüsse, die dem Kind den Weg ebnen, sind da von großer Tragweite. Schon in diesen ersten Anpassungen liegen Gefühlswerte gegenüber den umgebenden Personen. Das Kind ist beruhigt, fühlt sich sicher, liebt, folgt usw., oder wird unsicher, ängstlich, trotzig, ungehorsam. Greift man frühzeitig mit kluger Taktik ein, so resultiert ein Zustand, den man etwa mit sorgloser Heiterkeit, *Versöhnlichkeit,* bezeichnen könnte, und das Kind fühlt kaum *den Zwang, der in jeder Erziehung steckt.* Erziehungsfehler, insbesondere bei mangelhaft ausgebildeten Organen, führen zu so häufigen Benachteiligungen des Kindes und zu Unlustgefühlen, daß es *Sicherungen* sucht. Im großen und ganzen bleiben da zwei Hauptrichtungen bestehen: *zu weit gehende Unterwerfung oder Auflehnung und Hang zur Selbständigkeit.* Gehorsam oder Trotz – die menschliche Psyche ist fähig, in jeder dieser Richtungen zu arbeiten.

Diese beiden richtunggebenden Tendenzen modifizieren, verändern, hemmen und erregen jede Triebregung so sehr, daß, was immer angeborenerweise sich als Trieb geltend macht, von diesem Punkte aus nur zu verstehen ist. »Schön ist häßlich, häßlich – schön«, wie Macbeths Hexen singen. Trauer wird Freude, der Schmerz wandelt sich in Lust, das Leben wird verworfen, der Tod erscheint begehrenswert, sobald die Trotzregungen stark ins Spiel eingreifen. Was dem anderen lieb ist, wird gehaßt, was andere verwerfen, hoch gewertet. Was die Kultur verbietet, was Eltern und Erzieher widerraten, gerade das wird zum heißersehnten Ziel auserkoren. Ein Ding, eine Person erlangen nur Wert, wenn andere darunter leiden. Stets verfolgen sie andere und glauben sich doch immer verfolgt. So wächst eine Gier, eine Hast des Verlangens heran, die nur *eine* große Analogie besitzt, den mörderischen Kampf aller gegen alle, die Anfachung des Neides, des Geizes, der Eitelkeit und des Ehrgeizes in unserer modernen Gesellschaft. – Die Spannung von Person zu Person ist beim Nervösen zu groß, sein Triebbegehren ist derart aufgepeitscht, daß er in unruhiger Erwartung stets seinem Triumph nachjagt. So erklärt sich das Festhalten an alten Kinderfehlern wie Lutschen, Enuresis, Kotschmieren, Nägelbeißen, Stottern usw., und man kann in diesen Fällen getrost von Trotz reden, wenn einer derartige, scheinbar »libidinöse« Regungen dauernd beibehalten hat.

Das gleiche gilt von der sogenannten Frühmasturbation, von der sexuellen Frühreife und verfrühtem Geschlechtsverkehr. Ich kannte ein 17jähriges Mädchen aus gutem Hause, das seit seinem 14. Lebensjahr häufigen Geschlechtsverkehr hatte. Dabei war es frigid. So oft es mit der Mutter zankte, was immer nach kurzen Pausen eintrat, wußte es sich Geschlechtsverkehr zu verschaffen. Ein anderes Mädchen näßte das Bett nach jeder Herabsetzung von seiten der Mutter und beschmierte es mit Kot.

Schlechter Fortgang in den Studien, Vergeßlichkeit, mangelnde Freude am Beruf, Schlafzwang zeigen sich als *Protesterscheinungen* beim Nervösen und werden als wertvoll, ich sage nicht lustvoll, im Kampfe gegen einen Gegenspieler beibehalten. Einen Teil dieser Psyche schildert Siegmund in *Wagners* Walküre: »Wie viel ich traf, wo ich sie fand, ob ich um Freund, um Bruder warb, immer doch war ich geächtet, Unheil lag auf mir. Was Rechtes je ich riet, andern dünkte es arg, was schlimm immer mir schien, andere gaben ihm Gunst. In Fehde fiel ich, wo ich mich fand. Zorn traf mich, wohin ich zog. Giert' ich nach Wonne, weckt' ich nur Weh: drum mußt' ich mich Wehwalt nennen, des Wehes waltet' ich nur.« –

So entwickelt sich die Charakterologie des Neurotikers, die ich am ausführlichsten in der »Disposition zur Neurose« geschildert habe.[2]

Woher stammt nun diese Gier nach Geltung, diese Lust am Verkehrten, dieses trotzige Festhalten an Fehlern und diese Sicherungsmaßregeln gegen ein Zuviel und Zuwenig,[3] in welch' letzterem Falle der Patient zur Selbstentwertung schreitet, nur um sich hinterher oder andernorts zu behaupten?

Wie Sie wissen, habe ich zwei Durchgangspunkte der psychischen Entwicklung dafür verantwortlich gemacht, die ich hier nur kurz anführe. Der eine liegt im Aufkeimen eines beträchtlicheren *Minderwertigkeitsgefühles*, das ich meist im Zusammenhang mit minderwertigen Organen beobachtet habe, der andere ist ein mehr oder weniger deutlicher Hinweis auf

[2] Später im *Nervösen Charakter*, l. c.

[3] Siehe die Ausführungen über *Pseudomasochismus* in der ›Psychischen Behandlung der Trigeminusneuralgie‹. In: Adler, *Praxis und Theorie der Individualpsychologie*, l. c.

eine ehemalige Befürchtung einer weiblichen Rolle. Beide unterstützten das Auflehnungsbedürfnis und die Trotzeinstellung so sehr, daß stets neurotische Züge sich entwickeln müssen, ob der Betreffende nun als Gesunder gilt, als Neurotiker in Behandlung steht, als Genie oder als Verbrecher sich einen Namen macht.

Und von diesem Punkte aus wird nun das Gefühlsleben *verfälscht,* es handelt sich nicht mehr um einfache, natürliche Beziehungen, sondern um ein Hasten und Haschen nach vermeintlichen Triumphen, die lockend und werbend in seiner Zukunft vor ihm zu liegen scheinen und seine krankhafte Einstellung dauernd festhalten. Der Neurotiker lebt und denkt auch viel weiter in die Zukunft als der Normale und weicht meist den gegenwärtigen Prüfungen aus. Sehr häufig verbirgt sich der Charakter des Neurotikers, und so konnte es geschehen, daß man, als ich davon zu sprechen begann, diese Charakterzüge als selten, als Eigentümlichkeiten des Verschrobenen auffassen wollte. Was sagt der Neurotiker zu diesen seinen Charakterzügen? Manche wissen davon, wenn sie auch nicht den ganzen Umfang oder gar die Tragweite kennen. Viele haben es einmal gewußt und dann vergessen. Aus Ehrgeiz und Eitelkeit. Sie sichern sich dann vor diesen sie entwürdigenden Egoismus durch eine Art gegenteiligen Handelns. Immer sehen wir dabei, daß egoistische Triebregungen entwürdigender Art, z. B. Geiz, Rachsucht, Bosheit, Grausamkeit von solchen wertvollen, ethischen Regungen abgelöst erscheinen. Also *muß doch die »Sucht zu gelten« drinnen stecken, die Führung übernommen haben!* Ein schönes Beispiel dieser Triebverdrängung habe ich in einem Vortrage in der Philosophischen Gesellschaft in Wien (S. 48 dieses Bandes) mitgeteilt. Es betraf einen Fall von Stottern, einem Leiden, das in jedem Punkte durch den Mechanismus des männlichen Protestes konstituiert wird. Der Patient hatte ein Geschenk von 200 K. im 7. Bezirke Wiens zu wohltätigen Zwecken abgeliefert, sollte in einem vornehmen Restaurant der inneren Stadt pünktlich eintreffen, verspürte schon großen Hunger und ging mißmutig und matt zu Fuß den weiten Weg. Er wollte 12 Heller ersparen, wie sich bei der Analyse herausstellte. Wie bei allen Neurosen, kam bei ihm zutage: er wollte *alles haben,* alles Geld, alle Weiber, alle Seelen, und suchte beständig andere zu entwerten. Auf die Wertschätzung, die man ihm entgegen brachte, achtete er gierig. Er konnte asketisch leben, wo es ihm Geltung verschuf, konnte übereifrig studieren, wenn es sich darum handelte, anderen den Rang abzulaufen, konnte wohltätig sein, wenn man es sah, geizte aber im kleinen, wenn er sich unbemerkt glaubte. Wo einer etwas leistete, war er verstimmt, wo einer gefiel, griff er an. Unaufhörlich lag er mit seinem Vater im Kampf und schreckte vor Selbstmorddrohungen nicht zurück, wenn er seinen Willen haben wollte. Das Stottern war gegen seinen Vater gerichtet, machte dem einen Strich durch die Rechnung und verhalf meinem Patienten zu größerer Bewegungsfreiheit. Zugleich sicherte es ihn vor der Ehe. Jedes Verhältnis brach er nach einiger Zeit ab mit der Motivierung, solange er stotterte, könne er nicht heiraten. Diese Erscheinung der »langen Liebesreihe«, wie *Freud* sie nennt und fälschlich auf den »Ödipuskomplex« bezieht, kam in Wirklichkeit zustande, weil er alle Frauen wollte (wie Don Juan), und weil er zweierlei fürchtete und sich davor sichern wollte. 1. daß er von einer Frau beherrscht werden, ihr dienstbar sein, andere aber aufgeben sollte; 2. daß er bei seinem Egoismus, der ihm allerdings nur gefühlsmäßig, nicht aber gedanklich bewußt war, ein schlechter Gatte und Vater sein müßte, von Frau und Kindern deshalb zur Strafe betrogen werden müßte. Die Aufdeckung dieser Protestcharakterzüge ergibt sich mir in der Regel als erstes Stück der Analyse, ist gewöhnlich von einer Besserung gefolgt, regelmäßig aber von heftig einsetzendem Widerstand, der sich in Versuchen zur Entwertung des Arztes kundgibt. Einer meiner Patienten kam aus Ungarn in meine Kur, wie sich in der Analyse herausstellte, weil er es nicht vertragen konnte, daß seine von mir geheilte Schwester gut von mir sprach. Sie werden sagen, er war in seine Schwester verliebt. Richtig! *Aber nur dann, wenn diese gut von einem Manne dachte.* Anfangs war er höflich, demütig fast und bescheiden, strotzte von Biederkeit und Wahrheitsliebe. Als ich ihm seine Rachsucht, Bosheit, Verlogenheit und seinen Neid nachwies, tobte er längere Zeit, gab schließlich alles zu, erklärte aber, er müsse nun bei mir in der Kur bleiben, bis er gesund sei, und wenn das mehrere Jahre dauerte. Als ich ihm antwortete, er werde so lange bleiben, als ich es für gut befände, saß er einige Zeit lang sinnend da. Dann fragte er mich lächelnd: »Hat sich bei Ihnen in der Kur schon jemand das Leben genommen?« Ich antwortete ihm: »Noch nicht, aber ich bin jederzeit darauf gefaßt.[4] – Dieser Patient litt unter anderem auch an Schlaflosigkeit. Er drängte auf Besprechung dieses Symptoms, mit der Erklärung, daß er schon zufrieden wäre, wenn er seinen Schlaf bekäme. Die Aufklärung ging glatt von statten und er hatte bereits längere Zeit seinen vollen Schlaf erreicht, bevor er mir davon Mitteilung machte.

Also hatte ja dieser Patient seine Charakterzüge verdrängt? Keineswegs. Sein ganzer männlicher Protest kam klar zutage, allerdings in einer Art, daß er weder nach innen noch nach

[4] »Die Waffen aus der Hand schlagen«, d. h. die krankhaften Mittel des Nervösen unwirksam erscheinen zu lassen, ist das Ziel jeder psychotherapeutischen Taktik.

außen allzu viel Anstoß erregte. Ähnlich aber schildert ja *Freud* das Ergebnis der mißglückten Verdrängung. Die Spuren der verdrängten Triebregungen sind in der Neurose stets deutlich zu erkennen, eine Erkenntnis, zu der *Freud* selbst manches beigetragen hat. Sie sind zu erkennen nicht bloß in den Phantasien des Neurotikers und in seinem Traumleben, sondern vor allem mittels der psychologischen Analyse, die uns die kleinen und großen Disharmonien und Inkongruenzen des Seelenlebens sehen lehrt und uns deren Einordnung gestattet.

Freilich ist die Arbeit noch recht unvollständig, wenn erst die Aufdeckung der neurotischen Charakterologie vorliegt. Aber sie ist wichtig vor allem, weil ihre Kenntnis den Patienten *warnt.* Das schwierigere Stück der Kur führt dann nach meinen Erfahrungen regelmäßig zu den zwei Durchgangspunkten der psychischen Entwicklung des Neurotikers, zu den Quellen der Neurose, *dem Gefühl der Minderwertigkeit und dem männlichen Protest.*

Nun die von Ihnen gewiß schon mit brennender Begier erwartete Hauptfrage: Wodurch erkrankt der Neurotiker? Wann wird seine Neurose manifest? *Freud* hat diesem Punkte weniger Aufmerksamkeit geschenkt. Doch wissen wir, daß er eine Gelegenheitsursache annimmt, bei der die Verdrängung stärker, der alte psychische Konflikt wieder neu genährt wird. Es läßt sich nicht leugnen, daß hier Unklarheiten vorliegen. Vielleicht ist die heutige Diskussion berufen, sie zu lösen. — Nach meiner Erfahrung antwortet der neurotisch Disponierte, der eigentlich stets leidet, auf *jede Erwartung oder auf jedes Gefühl der Herabsetzung* mit einem akuten oder chronischen Anfall. Letzterer gibt uns den Zeitpunkt, von dem wir den Ausbruch der Neurose datieren. Wenn nun neuerlich Triebverdrängungen eintreten, so sind dies Begleiterscheinungen, die sich unter dem erhöhten Zwang des männlichen Protestes, unter dem Druck des Geltungsdranges und der Sicherungstendenzen bilden. Ich will dies an unserem Falle aus meinem letzten Vortrage demonstrieren. Unser Patient erinnert sich, zuerst beim Geigenspielen gezittert zu haben, zu einer Zeit, wo er mit einem Eheversprechen an Albertine, das von ihm scheinbar heißgeliebte Mädchen, herausrücken sollte. Er hörte deshalb auf, Violine zu spielen. Nun erfahren wir folgendes: Albertine war eine vorzügliche Klavierspielerin, weshalb er oft daran denken mußte, daß er sie gerne auf der Violine begleitet hätte, wenn er nur besser spielen gekonnt hätte. Und in der Ehe gar hätte es ein Konzert gegeben, bei dem ihm seine Frau entschieden *über* gewesen wäre. Solcher Art aber war die Furcht seines ganzen Lebens gewesen, eine Frau, die ihm überlegen wäre. Ich habe noch keinen Neurotiker getroffen, der nicht mindestens heimlich von dieser Furcht benagt würde. Aus der Literatur erwähne ich bloß den Fall Ganghofers, den *Alexander Witt* im 4. Heft des Zentralblattes für Psychoanalyse, I. Jahrgang, zum Abdruck bringt, ferner einen ganz analogen Fall aus *Stendhals* Erinnerungen. In beiden Fällen handelt es sich um Kindheitserinnerungen, bei denen eine Frau über das Kind wegschreitet. Phantasien von Riesinnen, Walküren, von Frauen, die Knaben binden oder schlagen, die zuweilen im Pseudomasochismus zur Ausführung gelangen, Märchen von weiblichen Unholden, Nixen. Nymphen, Frauen mit männlichen Genitalien, mit einem Fischschwanz oder ähnlich der Jugenderinnerung Leonardo da Vincis sind häufig und finden ihr gleichwertiges und gleichsinniges Gegenstück in den ebenso häufigen Geburtsphantasien, Kastrationsgedanken und Wünschen nach einer Mädchenrolle. Letzterer Wunsch erscheint oft äußerst abgeschwächt, verblaßt bis zur Frage: Was wohl ein Mädchen fühle? –

Wie Sie sich entsinnen, hatte auch unser Patient eine analoge Kindheitserinnerung, daß eine Magd sich über ihm befunden habe.[5] Sie war nicht verdrängt, auch nicht vergessen, aber sie befand sich scheinbar *außer allem Zusammenhang mit seinem gegenwärtigen oder früheren psychischen Zustand. Sie war all ihrer Bedeutung entkleidet worden.* War sie etwa ein wirksames Agens gewesen? Niemand kann das annehmen. Aus seiner Vorgeschichte tauchen Erinnerungen an die energische Mutter auf, die als Witwe ihr großes Gut verwaltete, die ohne Mann ihr Auskommen fand, und von der die Leute sagten, *sie sei wie ein Mann.* Diese Mutter, die ihn verhätschelte, aber doch auch strafte, war ihm entschieden überlegen. Als dann seine Sehnsucht erwachte, daß er, das schwächliche Kind mit weiblichem Habitus, der oft verlachte und bestrafte Bettnässer, zum Manne werde, als er in Gedanken, Träumen und im trotzigen Bettnässen seinem männlichen Protest Ausdruck verlieh, kamen ihm Erinnerungen zu Hilfe wie die, daß er oft in weiblicher Kleidung Theater spielte, daß er am ersten Schultag mit seinen älteren Schwestern, an die er sich am meisten gewöhnt hatte, *in die Mädchenschule lief* und sich unter Tränen weigerte, zu den Knaben zu gehen. Und immer noch gab es Verschärfungen, die ihn weiter in den männlichen Protest trieben. Die Crines pubis ließen lange auf sich warten, sein Genitale schien ihm kürzer als das seiner Altersgenossen. *Er steckte sein Ziel nur um so höher,* wollte Hervorragendes leisten, der Erste in der Schule, im Amte werden, bis er an Al-

[5] Das heißt: *Die Frau ist stärker als der Mann!* In den ersten Kindheitserinnerungen steckt wie in den Berufswahlphantasien immer die gestaltende Weltanschauung des Menschen, gleichgültig, ob es sich um echte, phantasierte oder rekonstruierte *(Birstein)* Erinnerungen handelt. Siehe Adler ›Zur Schlafstörung‹. In: Adler, *Praxis und Theorie der Individualpsychologie,* l. c.

bertine kam, deren Überlegenheit er fürchtete. Er hatte alle Mädchen und Frauen, seine Mutter insgesamt entwertet, aber *aus Furcht*. Mit den gewöhnlichen Mitteln. Sie hätten keinen Verstand, keine Selbständigkeit, seien leichtfertig. (Siehe Hamlet: »Oh, ich weiß auch mit Euren Mätzchen Bescheid. Ihr tänzelt, Ihr trippelt, Ihr gebt Gottes Kreaturen verhunzte Namen und stellt Euch aus Leichtfertigkeit unwissend. Geht mir, es hat mich toll gemacht!«) Auch hätten sie einen schlechten Geruch. – Nebenbei: Diese »Geruchskomponente«, der *Freud* wiederholt eine besondere Wichtigkeit als *libidinöser Komponente* zugeschrieben hat, erweist sich mir immer mehr als neurotischer Schwindel. Eine Patientin, 54 Jahre alt, die aus Furcht vor dem Kindergebären schwer neurotisch geworden ist, träumt gegen Ende der Kur den nicht mißzuverstehenden Traum: »Ich packe Eier aus. Alle stinken. Ich sage: Pfui, wie sie stinken.« Am nächsten Tage sollte ihr Mann kommen. Sie hat bereits alle medizinischen Kapazitäten Deutschlands und Österreichs entwertet. – Eine neurotische Schauspielerin kam auf Liebeserlebnisse zu sprechen. Sie sagt: »Ich schrecke keineswegs davor zurück. Ich bin eigentlich ganz amoralisch. Nur eins: Ich habe gefunden, daß alle Männer stinken, und dagegen kehrt sich meine Ästhetik.« Wir aber werden verstehen: Bei einer derartigen Einstellung kann man ohne Gefahr amoralisch sein. In der »Lehre vom Widerstand«[6] finden Sie einige solcher Fälle zusammengestellt. – Die männlichen Neurotiker machen es ebenso. Es ist die Rache an der Frau. Europäer und Chinesen, Amerikaner und Neger, Juden und Arier werfen sich gegenseitig ihren Geruch vor. Ein vierjähriger Knabe sagt, so oft er bei der Küche vorbeigeht: »Es stinkt.« Er lebt mit der Köchin in Feindschaft. – So auch unser Patient. Wir wollen diese Erscheinung als *Entwertungstendenz* bezeichnen, der analog die Fabel vom Fuchs und den sauren Trauben zusammengesetzt erscheint. –

Woher stammt die *Entwertungstendenz?* Aus der Furcht vor einer Verletzung der eigenen Empfindlichkeit. Sie ist also gleichfalls Sicherungstendenz, eingeleitet durch den Drang nach Geltung. Und steht psychisch im gleichen Rang mit dem Wunsche, oben zu sein, sexuelle Triumphe zu feiern, zu fliegen, auf einer Leiter oder Treppe oder am Giebel eines Daches (»Baumeister Solneß») zu stehen. Fast regelmäßig findet man beim Nervösen die Tendenz, die Frau zu entwerten und mit ihr zu verkehren, eng nebeneinander. Ja, das Gefühl des Neurotikers spricht es deutlich aus: Ich will die Frau durch den Sexualverkehr entwerten, herabsetzen. Er läßt sie auch dann leicht stehen und wendet sich andern zu. Ich habe dies den *Don Juancharakter des Neurotikers* genannt, es ist nichts an-

[6] *Praxis und Theorie*, l. c.

deres als *Freuds* »Liebesreihe«, die er phantastisch deutet. Und die Entwertung der Frau, der Mutter sowohl wie aller Frauen, führt dazu, daß sich mancher der Neurotiker zur Dirne flüchtet, wo er sich die Arbeit der Entwertung spart und noch obendrein seine Angehörigen vor Wut platzen sieht. Der Knabe sieht oder ahnt, daß es männlich ist, oben zu sein. Zumeist ist die Mutter die Frau, der gegenüber er das Pathos der Distanz herzustellen sucht. Ihr gegenüber will er den Mann spielen, um sie zu entwerten, sich zu erhöhen. Er schimpft sie wohl auch und schlägt sie oder lacht sie aus, wird unfolgsam und störrisch gegen sie, versucht zu kommandieren usw. Ob und wieviel Libido dabei im Spiele ist, ist vollkommen gleichgültig. Auch gegen andere Mädchen und Frauen wendet sich sein männlicher Protest, zumeist in der Linie des geringsten Widerstandes auf Dienstboten und Gouvernanten. Später verfällt er auf Masturbation und Pollution, nicht ohne damit Sicherungstendenzen gegen den Dämon Weib zu verbinden. So auch unser Patient. Als er sein Ziel bei der Mutter nicht erreichen konnte, ihr Herr zu sein, wendet er sich dem Dienstmädchen zu, wo ihm dies mit 6—7 Jahren besser gelingt. Er sieht sie nackt und greift ihr unter die Röcke. Bis in die Gegenwart war diese Art der sexuellen Aggression seine hauptsächlichste Betätigung. Nur bei Prostituierten kam er zum Koitus, — bis es sich als notwendig erwies, sich zu beweisen, daß er nicht heiraten könne. Da stellten sich Pollutionen und Impotenz ein, und die Furcht vor seiner unbändigen Sexualität samt ihren vermeintlichen Gefahren der Paralyse und des Zitterns im Alter trat ihm vor die Augen. Oder besser gesagt: Zittern und Stammeln stellten sich ebenso wie Pollutionen und Impotenz ein, weil sie ihn vor einer Ehe zu sichern in der Lage waren. — Wahrscheinlich hätte er rechtzeitig abgebrochen und wäre vor der ausbrechenden Neurose bewahrt geblieben, wenn nicht ein Dritter am Plan erschienen wäre. Dies war für seinen Stolz zu viel. Nun konnte er nicht weichen und wollte doch nicht zugreifen. Seine »libidinösen« Strebungen, der Wunsch, Albertine *zu besitzen*, erfüllte sein ganzes Bewußtsein, aber das Unbewußte sagte ein starres Nein und drängte ihn von der Brautwerbung ab, indem es Symptome arrangierte, die gegen eine Ehe sprachen. Ganz gleichwertig im Bewußtsein ist der Gedanke: ich kann *erst* heiraten, *wenn* ich eine gute Stelle bekleide. Gleichzeitig aber stellen sich Krankheitserscheinungen ein, die eine Vorrückung im Amte unmöglich machen.

Was hat unser Patient »verdrängt«? Seinen Sexualtrieb, seine Libido etwa? Er war sich ihrer so sehr bewußt, daß er fort-

[7] Siehe Adler ›Neurologische Betrachtungen zu Bergers „Eysenhardt"‹. In: *Praxis und Theorie*, l. c.

während daran dachte, sich davor zu sichern. Eine Phantasie? Kurz ausgedrückt war seine Phantasie *die Frau über ihm*, die Frau als die Stärkere. Es bedurfte aller meiner Vorarbeiten, um den Zusammenhang dieser und ähnlicher Phantasien und der Neurose sichtbar zu machen. Und nun stellte sich heraus, diese Phantasie ist selbst nur *ein Schreckbild* für den Patienten, aufgerichtet und festgehalten, *um selbst auf Schleichwegen Geltung zu erhalten!* Hat er libidinöse Regungen zur Mutter verdrängt? Das heißt, ist er am »Ödipuskomplex« erkrankt? Ich sehe genug Patienten, die ihren »Ödipuskomplex« genau kennen, ohne Besserung zu empfinden. Wenn man erst dem männlichen Protest darin Geltung trägt, dann kann man gerechterweise nicht mehr von einem Komplex von Phantasien und Wünschen reden, sondern wird auch den scheinbaren »Ödipuskomplex« *als kleinen Teil der überstarken neurotischen Dynamik* verstehen lernen, als ein an sich belangloses, im Zusammenhang allerdings *lehrreiches Stadium* des männlichen Protestes,[8] von der aus die wichtigeren Einsichten in die Charakterologie des Neurotikers ebenfalls möglich werden.

[8] Als eine symbolisch aufzufassende Situation.

Alfred Adler

Organdialekt*

Im Jahre 1910 habe ich in einer Arbeit über ›Psychische Behandlung der Trigeminusneuralgie‹[1] von einer allgemein verbreiteten menschlichen Neigung gesprochen, die seelische *Überwältigung einer Person* durch die andere, ihre Überlegenheit in einem sexuellen Bild zu erfassen oder auszudrücken. Bei manchen nervösen Personen kann die Wirkung eines solchen »inneren Schlagwortes« (Robert Kann) so weit gehen, daß dabei auch die Geschlechtsorgane in die entsprechende Angriffsstellung geraten. Die Sprechweise bedient sich oft solcher bildlichen Ausdrücke. Beispiele scheinen mir in den Wörtern: vergewaltigen, übermannen, Jungfernrede, schicksalsschwanger und in zahllosen Schimpf- und Spottreden vorzuliegen, wie sie uns die Volkskunde liefert.

Diese Tatsachen, die es mir erlaubten, in der Kritik der *Freud*schen Libidotheorie einen weiteren Schritt vorwärts zu gehen und zu zeigen, daß auch das geschlechtliche Gebahren und Fühlen des Nervösen und Gesunden nicht in »banaler« Weise als ausschließlich geschlechtlich zu verstehen ist, geschweige denn seine übrige psychische Haltung, werden heute auch von den ehemaligen Gegnern anerkannt. Insbesondere die Arbeiten der Schweizer Psychoanalytiker tragen dieser Auffassung in weitestem Maße Rechnung.

Der psychologische Vorgang dieses Übergreifens aus einer Denk-, Gefühls- und Willenssphäre, z. B. des Willens zur Macht, auf eine zweite, z. B. der Sexualvorgänge, geschieht offenbar *zum Zweck einer Verstärkung des Affekts*, der auf eine Erhöhung des Persönlichkeitsgefühls hinzielt. Und eine solche Person spricht, denkt, handelt dann so, *als ob* sie einen Sexualakt letzter Linie vorhätte. Dabei ist es fraglos, daß diese Person – abgesehen vom Wahn in der Neurose und Psychose, im Traum, im Mythos und im Märchen – im klaren ist, daß ihr Endziel nicht durch das Sinnbild, nicht durch das bildliche Element gegeben ist, sondern daß dieses nur als Modus dicendi, als Form des Redens, als *Dialekt* angesehen werden kann, wogegen das Handeln und Denken auf die wahre Natur der Dinge gerichtet bleiben muß. Im Sinne *Vaihingers*[2] ha-

* [Entstanden 1912; ob schon vor dem Abdruck in *Heilen und Bilden*, 1914, einzeln veröffentlicht, war nicht zu ermitteln.]

1 [In: Adler, *Praxis und Theorie*, l. c.]

2 Vaihinger, *Die Philosophie des Als-Ob*. Berlin 1911.

ben wir es demnach mit einer echten »Als-Ob«-Konstruktion, mit einer Fiktion, mit einem Kunstgriff des Geistes zu tun, und es obliegt uns noch die weitere Erörterung der Frage, was mit der Sexualisierung oder mit einem anderen Organdialekt des Denkens und Fühlens bezweckt ist. Leichtverständlicherweise ist auch unser Begriff: *Organdialekt* als eine »Als-Ob«-Bildung zu nehmen, weil auch er sich auf das Fühlen und Handeln erstreckt, und nicht bloß auf die Sprache.

Die allgemeine Antwort, die ich oben gegeben habe, daß diese Kunstgriffe auf eine Erhöhung des Persönlichkeitsgefühls hinzielen, erfordert auch noch eine Beschreibung der Wege, auf denen dieses Ende zu erreichen gesucht wird. Der eine Weg verläuft in der künstlich hinzugesellten Bahn, lenkt also vom ursprünglichen Ziele ab und schafft einen Ersatz. In der »Liebkosung des Windes«, in der »seligen Hingabe« an die Kunst, in der »Vermählung mit der Muse« kann ebenso wie im »Klingen kreuzen« mit einem wissenschaftlichen Gegner etwa eine solche Ablenkung vom ursprünglichen Ziele liegen, wo wir unter Umständen annehmen dürfen, daß der geradlinige Weg zur Liebe, zum Kampf aus Gründen einer inneren Vorsicht gemieden wird (Furcht vor der Entscheidung). In anderen Fällen bringt diese »Triebverschränkung« oder »das Junktim« die zur Persönlichkeitserhöhung nötige Resonanz hervor, bedient sich die Person zum Zwecke des eindrucksvollen Sprechens, Denkens und Handelns der daraus fließenden fälschenden Affektbegleitung, um ihr Ziel zu sichern. So wenn ich das Weib als Sphinx, den Mann als Einbrecher denke, wo immer ein sexuelles Schicksal mit dem Gedanken einer Niederlage verbunden ist. Ein zweiter Weg ergibt sich geradliniger, sobald die Phantasie die Lockung eines gesetzten Zieles dadurch verstärkt, daß sie auf bekanntere oder besonders reizvolle Genüsse auffordernd hinweist: Rosenlippen, Mannesehre, Paradies der Kindheit usw.

Unfaßbare Qualitäten werden dabei durch einfachere, faßbare erklärt, ergänzt, verstärkt und übertrieben. Bei günstiger Darstellung fehlt nie der »Naturlaut«. Was den einen besonders ergreift oder ihn selbst zum Organdialekt treibt, stammt aus seiner Vorgeschichte, wesentlich aus seinen Hauptinteressen und aus seiner körperlichen Anlage, soweit sie sich einem Endziel ausgleichend eingeordnet hat. Menschen mit empfindlichen Sehorganen werden bis in ihre Ausdrucksweise hinein eine Häufung von Begriffen des Sehens, Einsehens, der Anschauung usw. aufweisen, wie kürzlich erst *von der Pfordten* in geistreicher Weise wieder gezeigt hat.[3] Überhaupt spielt

[3] O. v. d. Pfordten ›Weltanschauung und Weltgestaltung‹ (*Deutsche Revue.* 1912) sagt in einer Polemik gegen den Begriff »Weltanschauung«: »Es ist nirgends Sicheres zu finden, wer zuerst den Terminus ›Weltanschauung‹ geprägt hat. Es heißt, Goethe sei es gewesen. Es würde sehr gut zu seiner ganzen Denkart passen,

in die Begriffswelt der Menschen der Abglanz ihrer minderwertigen, empfindlicheren Organe hinein. In den nervösen Symptomen kommt diese Beziehung zu greifbarer Gestalt. So kann ein nervöses Asthma (minderwertiger Atmungsapparat, *Czernys* exsudative Diathese) eine bedrängte Lage ausdrücken helfen, in der einem »die Luft ausgeht«, eine Hartleibigkeit unter anderem Sperrung von Ausgaben, nervöser Trismus (Kieferkrampf) auf Denkumwegen, aber gehorchend dem »inneren Schlagwort«, Hintanhaltung von Einnahme, etwa auch von Empfängnis (Schwangerschaft).[4]

Die verstärkende Wirkung dieses fiktiven Denkens, Sprechens und Handelns ist leicht einzusehen. Auch versteht es sich, daß Sexualgleichnisse dabei gehäuft auftreten, weil u. a. der männliche Einschlag (männlicher Protest) im Leitideal solche Wendungen fördert.

Es ist leicht nachzuprüfen, wie sehr die Sprache und Gestaltungskraft von Dichtern durch die Überkompensation ihrer minderwertigen Augen beeinflußt wird, und wie ihnen darnach ihre wirksamen Probleme geraten. So weist *Goethes* Farbenlehre mit Sicherheit auf die ursprüngliche, aber mit größter Empfindlichkeit bedachte Augenminderwertigkeit hin. Irgendwo schildert *Jules Verne* einen Journalisten und hebt von ihm hervor, daß er die Verkörperung eines Auges sei. Dies und die gesteigerten psychischen Leistungen könnten zur Not im Sinne *Freuds* als gesteigerte sinnliche Begabung, als erogene Sehzone erfaßt werden. Wenn wir aber regelmäßige Anzeichen finden, wie diese begabteren Organe und ihr Überbau mit innewohnenden Minderwertigkeiten mit Zeichen des Niedergangs, mit Erkrankungen und mit erblichen und familiären Schwächen im Bunde stehen, so daß man zur unsicheren Annahme einer stärkeren Sinnlichkeit erst recht eine Organminderwertigkeit als Erklärungsgrund fordern muß, dann bleibt wohl keine andere Wahl als die Libidotheorie zu verwerfen und an ihre Stelle die Lehre von der Organminderwertigkeit und ihren Folgen zu setzen. So ist die spätere Erblindung von *Jules Vernes* phantastischen Augen ein Beweisstück, das hundert ungestützte Spekulationen aufwiegt.

die durchaus auf Intuition gegründet war. Jedenfalls wimmeln seine Werke, vor allem der *Faust*, besonders der 2. Teil, von den Worten: *schauen, anschauen, Anschauung*. – Darin liegt eine Einseitigkeit, denn Worte haben ihre Sous-entendus, die an ihnen hängen: die Nebengedanken, die sie unweigerlich erwecken, möge man sie definieren, wie man will. – Immer hat ›Anschauung‹ einen optischen – und einen kontemplativen Charakter.« – Bekannt ist die Kurzsichtigkeit Goethes. Auf dieser baut sich vielleicht bei allen Dichtern die visuelle Begabung auf. Siehe auch Adler ›Organminderwertigkeit in ihrer Beziehung zur Philosophie und Psychologie‹ [diese Ausgabe S. 42], mit einem solchen Hinweis auf Schiller in diesem Werk.

[4] Das Übergreifen auf das veranlagte Organ ist bei Kundgabe des Schlagwortes fast regelmäßig zu finden. Die Annahme einer »Verschiebung« ist überflüssig. Die Ausdrucksbewegungen bei Gefühlen und Affekten zeigen uns eine beredte Stellungnahme an, die spricht.

Die Wirkung dieser allgemein verständlichen und somit leichter fühlbaren Leistungen des Organdialektes kann bei Rednern und Dichtern, in der symbolischen Ausdrucksweise, in Gleichnissen und im Vergleich am besten erwogen werden. So werden in der folgenden Stelle aus *Schillers* Maria Stuart (2. Aufzug) die Keuschheit als Festung und sinnliche Wünsche als französische Kavaliere geschildert, während Engländer die Sicherungen herstellen. Der auffallende Zug in der *Schillerschen* Geistesrichtung, Überschätzung der Frau, wie er in der Jungfrau von Orleans, Maria Stuart, in zahlreichen Gedichten durchbricht, gelegentlich begleitet von starken männlichen Protestregungen (»Ich bin ein Mann«), führt auch an dieser Stelle wieder zur Eingebung, die Frau siegen zu lassen. Das Problem Mann – Frau wird in ein Junktim mit einer kriegerischen Leistung gebracht, und dies führt eine besondere, eindrucksvolle Wirkung herbei:

Kent ... denn, wißt,
Es wurde vorgestellt die keusche Festung,
Die Schönheit, wie sie vom Verlangen
Berennt wird – – Der Lord Marschall, Oberrichter,
Der Seneschal nebst zehen andern Rittern
Der Königin verteidigten die Festung,
Und Frankreichs Kavaliere griffen an.
... Umsonst! Die Stürme wurden abgeschlagen,
Und das Verlangen mußte sich zurückziehen.

Der gesteigerte Aggressionstrieb führt demnach im Denken und Handeln und Sprechen zu solchen Ausgleichungen, die über die ursprünglich gegebene Machtsphäre (des Wortes, der Tat, des Gedankens) hinausreichen, damit ein höheres Ziel erreicht werde. Und wir haben gesehen, wie selbst im Bereiche der Sprache, des Denkens dieser Weg zur Kraftsteigerung durch die Heranziehung eines aus dem Organleben stammenden Gleichnisses betreten werden kann.[5]

Es wird uns deshalb nicht wundernehmen, zu erfahren, daß die Seelentätigkeit, *um zu einem wirkungsvolleren Ergebnis zu gelangen*, sich außerhalb der Sprache ähnlicher Kampfesmittel bedient, einen Organdialekt spricht, der in der Mimik und Physiognomie, in den Ausdrucksbewegungen der Affekte, in den Rhythmen des Tanzes, der religiösen Verzükkung, in der Pantomime, in der Kunst, vor allem ausdrucksvoll in der Musik auf die Verständigungsmittel der Sprache verzichtet, um auf uns einzuwirken. Die Gemeinsamkeit des Kulturkreises, die ähnlich tätigen und ähnlich erregbaren Aufnahmsorgane der Menschen lassen solche Wirkungen ohne

[5] Über das verstärkende oder affektauslösende Arrangement in der Neurose siehe Adler ›Individualpsychologische Behandlung der Neurosen‹. In: Adler, *Praxis und Theorie«*, l. c.

weiteres zu. Und sie geben wohl nicht die Eindeutigkeit des wirkenden Wortes, eher die *stärkere Resonanz* der bildlichen Sprache, und verraten damit ihre Tendenz, sich als besondere Kunstgriffe durchzusetzen, wo das gesprochene Wort versagt, eine *Herrschaft und Überlegenheit* zu erringen über die Grenzen des Gewöhnlichen hinaus. So ist uns auch kraft der uns innewohnenden Stärke der Persönlichkeit ein Einfluß gegeben, indem die gewohnheitsmäßigen Äußerungsformen des Wirkens und Erregtwerdens im Verkehr der Menschen aufeinanderstoßen. Das Hervortreten solcher Kunstgriffe aber erweist allein schon die Verstärkung des Angriffs, den nun die Lenkerin jedes Fortschritts, ἀνάγκη, die innere Not, zu erringen imstande ist. Die Lehre von der Organminderwertigkeit und ihren Folgen (Gefühl der Minderwertigkeit — Unsicherheit — Kompensation und Überkompensation — stärkeres Drängen nach höheren Zielen — verstärkter Wille zur Herrschaft) kann allein uns über die Bedeutung dieser Kunstgriffe belehren und uns die Halbheit begreiflich machen, zu der wir durch das verstärkte Wollen im Gegensatz zu einem gering eingeschätzten Können gelangen. Denn die Furcht vor der Entscheidung bringt es zuwege, daß unsichere Menschen auf »halb und halb« eingestellt sind.
Diese Betrachtung zeigt uns auch den Weg des Verständnisses für die auffälligeren Erscheinungen des krankhaften Seelenlebens, und wie es sich durch körperliche Haltungen und Ausdrucksweisen, abermals durch einen Organdialekt, auf die Bahn der Kunstgriffe begibt, um die Persönlichkeit zur Geltung zu bringen. *Da tauchen schon in der Kindheit Empfindungen und Ausdrucksformen des minderwertigen Organs auf,* deren sich der Wille zur Macht bedient, und verbleiben bei dem ungeheilten Nervösen das ganze Leben lang. Der Verdauungsapparat, die Atmungsorgane, das Herz, die Haut, der Sexualapparat, die Bewegungsorgane, der Sinnesapparat, die Schmerzbahnen, die Blase werden je nach ihrer Wertigkeit und nach ihrer Brauchbarkeit für den Ausdruck des Machtbegehrens durch die Neigung zu herrschen in Erregung versetzt und zeigen die Formen des feindseligen Angriffs, der Aggression oder des Stillstands und der Flucht, der Aggressionshemmung, beides in Übereinstimmung mit der Lebenslinie des Patienten, mit seinem heimlichen Lebensplan. Um kurz auf Beispiele von Organdialekt hinzuweisen: Trotz kann durch Verweigerung normaler Funktionen und normaler Lebensformen (Bettnässen, Nägelbeißen, Nasenbohren, Unreinlichkeit, Schlamperei), Neid und Begehren durch Schmerzen, Ehrgeiz durch Schlaflosigkeit, Herrschsucht durch Überempfindlichkeit, durch Angst und durch nervöse Organerkrankungen zum Ausdruck kommen. Sexualerregungen entstehen dabei gelegentlich als

gleichgerichtete Formen der Ausdrucksbewegungen, ihre Analyse erweist sie als besondere Art und Leistung des *Aggressionstriebes*, die ursprüngliche und grundlegende Bedeutung der Sexualität aber, die die *Freud*sche Schule immer wieder zu behaupten versucht, läßt sich nirgends in den Erscheinungen des krankhaften Seelenlebens und seiner Ausdrucksformen finden. Die Flucht in die Begriffserweiterung aber, wie: daß man dem Begriff der »Libido« (deutsch: Liebe) eine asexuelle Bedeutung zu geben trachtet, oder daß man *gemäß unserer Anschauung* ein Verständnis zu schaffen sucht, um hinterdrein im Sexualdialekt eine symbolische sexuelle Formulierung anzustreben, die naturgemäß kein weiteres Verständnis ermöglichen kann, ist auf die Dauer aussichtslos und schrullenhaft.[6]
Bei dem stetigen Ziele von Denkern und Forschern, mit der Wirklichkeit so innig als möglich zusammenzutreffen, kann als Prüfstein der Echtheit wohl angesehen werden: die Fähigkeit, Irrtümer aufzugeben und haltbare Anschauungen *offen* anzuerkennen.
Unter den Autoren, die in der Erfassung der Grundlagen und gewisser Ausführungen der hier behandelten Fragen auffällige Leistungen aufweisen, müssen wir in erster Linie *Dr. Ludwig Klages* nennen, der in den »Problemen der Graphologie« und in den »Prinzipien der Charakterologie« (Leipzig 1910) besondere Ergebnisse aus seiner Lehre der Ausdrucksbewegungen mitteilt. Schon im Jahre 1905 hat dieser Forscher in einer Arbeit über »Graphologische Prinzipienlehre zur persönlichen Ausdrucksform« Gedanken entwickelt (Graphologische Monatshefte, München 1905, S. 7 und 8), die wir wegen ihrer Bedeutung und klassischen Form mit Zustimmung des Autors hierher setzen wollen.
»*Jede innere Tätigkeit* nun, soweit nicht Gegenkräfte sie durchkreuzen, *wird begleitet von der ihr analogen Bewegung:* das ist das Grundgesetz des Ausdrucks und der Deutung.
Mit ihren allgemeinsten Zustandsmerkmalen beispielsweise müssen folgende der Bewegung korrespondieren: mit dem Streben vordringende, mit dem Widerstreben rückläufige Bewegungen; mit dem inneren Fortschreiten der Bewegungsabfluß, mit dem Stillestehen die Bewegungsunterbrechung; mit den Widerstands-, Hemmungs- und Spannungsgefühlen diejenigen Funktionen, die als gegen *physische Widerstände* gerichtet befähigt wären, gesteigerte Kontaktempfindungen wachzurufen. (Man denke etwa an das Sich-Ballen der Fäuste!)
Von zahllosen subtil unterschiedenen Zuständen läßt sie (die Sprache) uns wissen, welches ihre Art des Daseins wäre, wofern sie sich verwandeln könnten in Körper, Formen, Farben,

[6] Siehe Hinrichsen ›Unser Verstehen der seelischen Zusammenhänge in der Neurose und Freuds und Adlers Theorien‹. In: *Zentralblatt für Psychoanalyse*, 1913.

Vorgänge, Temperaturen oder Gerüche. Sie sagt uns, daß, falls es anginge, innere ›Weichheit‹ z. B. als ein Weiches, ›Schwermut‹ als ein Schweres, ›Trübsinn‹ als ein Trübes, ›Kälte‹ als ein Kaltes, ›Bitterkeit‹ als ein Bitteres in die Erscheinung träte,[7] und sie wählt diese Formen ihrer möglichen Erscheinungswesen, um die Zustände für uns festzuhalten.

Für die Psychologie von größter Wichtigkeit, aber ungleich schwieriger verwertbar als die abstrakten Metaphern sind zumal die unter ihnen, welche innere Vorgänge nach *bestimmten Verrichtungen und Organen des Körpers* benennen. Das geschieht etwa, indem man durch die Attribution ›beißend‹ die Ironie mit den Zähnen und ihrer Tätigkeit oder durch den Zusatz ›verknöchert‹ pedantisches Wesen speziell mit den Knochen in Verbindung bringt oder ersichtlich zwar nicht den ›Sitz‹, wohl aber das Organ der Beredsamkeit substituiert in der Kennzeichnung des Redegewandten als eines, der ›nicht auf den Mund gefallen‹. Unter derartigen Wendungen wieder die größte Bedeutung hat die uralte Scheidung von ›Kopf‹ und ›Herz‹, deren dieses in zahlreichen Kombinationen mit staunenerregender Konsequenz für Gefühl und Pathos, jener ebenso ausnahmslos für Intellekt und Willen steht, womit übereinstimmend *›Kopflosigkeit‹* die Abwesenheit der Einsicht, ›Herz*losigkeit‹* hingegen die Abwesenheit des Gemütes bedeutet.[8] Neben gewissen Körperempfindungen (worüber sogleich Genaueres) haben zu solchen Organunterschiebungen auch noch beigetragen symbolische Vorstellungen mannigfachster Art,[9] die als aufs engste mit philosphischen und religiösen Lehren verflochtenen in die Vergangenheit der Geistesgeschichte und

[7] So gewiß wir zwar für jeden der betreffenden Zustände mancherlei andere, obwohl schwerlich prägnantere Sinnbilder angeben könnten, so gewiß doch hat die Sprache die ihrigen aus einer objektiven Nötigung des Geistes gewählt: daher auch der gleiche Zustand in den verschiedensten Sprachen an ähnlichen Bildern versinnlicht wird. Die »Schwermut« etwa kehrt im lateinischen »gravitas mentis«, der damit fast identische »Trübsinn« im französischen »sombre« (von umbra) wieder. Und wenn auch andere Völker andere Sinnesqualitäten bevorzugen, so gibt es doch keines, das mit dem Kummer etwa die Helle, Höhe und Bewegtheit, mit der Freude die Finsternis, Niedrigkeit und Bewegungslosigkeit in Verbindung brächte.

[8] Zum Belege führen wir aus der großen Anzahl einschlägiger Wörter und Wendungen folgende an: Herzenskälte, Herzenswärme, Herzlichkeit, hartherzig, weichherzig, mildherzig, herzlos, gutherzig, herzzerreißend, offenherzig, Mutterherz *(Gefühl)*. – Herzensangst, Herzensfreude, Engherzigkeit, Männerherz, Weiberherz, Hasenherz, hochherzig, kleinherzig, leichtherzig, mattherzig, herzhaft, beherzt *(Pathos)*. – Ein schweres Herz haben, das Herz auf dem rechten Fleck haben, sich etwas zu Herzen nehmen, etwas nicht übers Herz bringen können, jemanden sein Herz ausschütten, es geht einem etwas zu Herzen, jemanden ins Herz sehen, jemanden im Herzen tragen, gebrochenes Herz, sein Herz verlieren *(Gefühl)*. – Scharfer Kopf, klarer Kopf, offener Kopf, kopflos, etwas im Kopf haben, etwas im Kopf behalten, sich den Kopf zerbrechen, Dummkopf, Kindskopf *(Intellekt)*. – Querkopf, starrköpfig, hartköpfig, seinen eigenen Kopf haben, Dickkopf, sich etwas in den Kopf setzen, seinen Kopf durchsetzen, mit dem Kopf durch die Wand wollen; kalter Kopf, den Kopf oben behalten, den Kopf verlieren, kopfscheu werden: Brausekopf, hitzköpfig (Eigensinn – Selbstbeherrschung – Reizbarkeit: *Wille*).

[9] So bildet der Kopf zu Geist und Willen schon darum eine Analogie, weil er als den Körper überragend ihn so zu beherrschen scheint wie jene beiden die Seele.

selbst auf die Besonderheiten altertümlicher Bräuche zurückweisen können. Das jetzt für Übelreden gebrauchte ›Anschwärzen‹ z. B. gibt von einer nicht mehr vorhandenen Sitte des gegenseitigen Schwarzmachens bei gewissen Gelegenheiten Kunde: ›linkisch‹ hieß ursprünglich nur linkshändig und verblaßte zum Synonym für ›unbeholfen‹ erst mit zunehmender Verpönung der Linkshändigkeit; die ›Einbildungskraft‹ führt uns den fast vergessenen Bildzauber vor Augen, indem sie früher einmal wörtlich die Kraft bedeutete, etwas ›einzubilden‹, d. h. durch Willenskonzentration und magische Beihilfen ein, sei es heilsames, sei es schädliches ›Bild‹ (z. B. die Vorstellung einer Krankheit) auf eine andere Person zu übertragen. Man sieht, die konkreten Metaphern bergen an physiognomischen Winken zwar manchen Schatz; aber es bedarf ihn zu heben oft entlegener Studien und um nichts weniger nahe liegender Erwägungen. Die drei zuletzt genannten Beispiele leiten zu einer dritten Gruppe von Bezeichnungen über, die wieder unmittelbar belehrend ist: zu den unbildlich gemeinten, den direkten Namen.

Wenn ältere Mediziner mit der Wendung, beim Erschrecken ›erstarre das Blut in den Adern‹ oder werde ›zu Eis‹, die Ansicht stützten, daß es tatsächlich koaguliere, so ist das zwar eine Naivität. Allein schon das für verwandte Gefühle gebrauchte ›Schauern‹ oder ›Gruseln‹ nennt zweifellos Körperempfindungen, welche von der Blutleere der Haut herrühren. Das Volksmärchen läßt durchaus folgerichtig die Wirkung greulicher Spukgesichte auf den, der ›auszog, das Fürchten zu lernen‹, übertroffen werden von einem Guß kalten Wassers, in welchem Gründlinge schwimmen. Auch die ›Finsterkeit des Gemütes‹ und, was ihr gemäß, ›alles in den schwärzesten Farben zu sehen‹, hat noch andere als nur metaphorische Gründe. Es wird dem Erregten tatsächlich wohl einmal ›dunkel vor den Augen‹, und längere Depressionen können unserem Weltbild dauernd die Farbe rauben, indem sie machen, daß wir Helles nimmer hell, Dunkles noch dunkler nicht zwar sehen, aber zu sehen meinen. Unfraglich vollends nehmen auf Wahrgenommenes Bezug viele Wendungen, die vom Herzen handeln. Aussagen wie: etwas ›schneide ins Herz‹ oder ›nage am Herzen‹ oder ›ziehe das Herz zusammen‹ sind zu besonders, als daß sie nur gleichnishaft verstanden sein wollen. Dasselbe gilt von den die Atmungstätigkeit betreffenden Redensarten wie: es sei uns ›beklommen‹ oder ›schwül‹ zumute, oder wir hätten ein Gefühl der ›Erleichterung‹. Die volkstümliche Terminologie ist überaus reich an solchen Beobachtungsniederschlägen, an deren einigen wir endlich abermals das Grundgesetz des Ausdrucks illustrieren.

Von der Redewendung, daß ihm jemand ›geneigt‹ sei, pflegt

wohl niemand mehr den Ursinn mitzudenken, den das Wort uns bewahrt hat: die vorgeneigte Körperhaltung nämlich des freundlich Gestimmten. Auch die zwar ist nur teilweise Ausdruck, teilweise Geste, wovon wir für unseren Zweck jedoch absehen. Der Charakter der Positivität in der Tätigkeit des bezeichneten Gefühls müßte nach dem Gesetz jedenfalls zu adduktiven oder vordringenden Bewegungen führen, was außer ›geneigt‹ auch ›zugeneigt‹, ›entgegenkommend‹, ›zuvorkommend‹, ›verbindlich‹ bestätigen. Mit dem *Wider*streben der umgekehrten Stimmung andererseits sollten rückläufige Funktionen korrespondieren, und in der Tat lassen Wörter wie ›abgeneigt‹, ›zurückhaltend‹, ›ablehnend‹ keinen Zweifel übrig, daß es sich wirklich so verhalte. – Schließlich sei noch des Zustandes der Trauer, des Kummers, des Grams gedacht. Dem inneren Druck entspricht hier laut Namenszeugnis des Körpers: der Bekümmerte fühlt sich ›niedergeschlagen‹ er ist ›sorgen*beladen*‹, der Kummer ›lastet‹ auf ihm; und so sehr gibt davon seine Haltung Kunde, daß sein zuschauender Nebenmensch diese Gemütsverfassung ›kopfhängerisch‹ taufte.«

In Fortsetzung dieser Gedanken gelangt der Autor zu dem Ergebnis: *»Die Ausdrucksbewegung ist ein generelles Gleichnis der Handlung.«* Es waren in vielen Punkten ähnliche Betrachtungen, die mich später zu dem Schlusse führten: *Ausdrucksbewegung, Handlung, Affekt, Physiognomie und alle anderen seelischen Phänomene, die krankhaften mitinbegriffen, sind ein Gleichnis des unbewußt gesetzten und wirkenden Lebensplanes.*[10]

[10] Diese Arbeit war bereits gesetzt, als Hofrat S. *Exner* über *Affektäußerungen* als *Ausdrucksbewegungen* vorgetragen hat.

Alfred Adler

Der nervöse Charakter*

Stets wird die Darstellung seelischer Erscheinungen in der Wissenschaft mit zwei Mängeln zu rechnen haben. Das stetige, allseitige Weben der Psyche kann in der sachlichen Wissenschaft nur streckenweise und als ruhendes Material erfaßt werden. Und das Abbild, das sie liefert, muß so viel Gehalt besitzen, daß es, durch seine Andeutungen bloß, vorhandene Empfänglichkeiten des Lesers und Zuhörers in Schwingung bringen kann. Nicht anders als die Kunst verlangt auch die Seelenkunde jenes starke, intuitive Erfassen ihres Stoffes, ein Ergreifen und eine Ergriffenheit, die über die Grenzen der Induktion und Deduktion hinausgehen. Wenn ich den Namen *Nietzsche* nenne, so ist eine der ragenden Säulen unserer Kunst enthüllt. Jeder Künstler, der uns seine Seele schenkt, jeder Philosoph, der uns verstehen läßt, wie er sich geistig des Lebens bemächtigt, jeder Lehrer und Erzieher, der uns fühlen läßt, wie sich in ihm die Welt spiegelt, geben unserem Blick Richtung, unserem Wollen ein Ziel, sind uns die Führer im weiten Land der Seele. In den Denkgewohnheiten und in der seelischen Blickrichtung des wissenschaftlichen Forschers liegt viel geheiligte Tradition, die sich im Wort und im Satzbau nicht verraten. Und doch ist sie gebändigter künstlerischer Urinstinkt, der tragende Geist seiner Arbeit. Bis die heilige Not ihn zwingt, wie ein suchendes Kind altes Räderwerk zu zerbrechen. Neue Wege zu ersinnen, Kunstgriffe und Finten aneinanderzureihen, die Schwierigkeiten des Stoffes zu umkreisen, die realen gegebenen Widerstände zu beschleichen, lehrt ihn sein schaffender Geist. In den Rätseln des Lebens, in seelischer Not ist jedermann ein Forscher und Dichter. Um die Übel und Widerwärtigkeiten zu bestehen, findet jeder einen Weg, gestalten alle ihre Lebenslinie aus, von der sie erwarten, daß diese endlich dorthin mündet, wo sie hoch über allem Leid, über aller Entbehrung, über alle Mühsal thronen. In allen ihren Handlungen, in der Art, wie sie das Leben, die Gegenwart, die Zukunft erfassen, wie sie sich die Lehren der Vergangenheit aneignen, erklingt immer wieder der Menschen leitende Idee, das Ziel, das sie sich schöpferisch gesetzt, und der Weg, den sie gesucht haben, um dorthin zu gelangen. Wenn wir die flüchtigen Handlungen und Ausdrucksbewe-

* [Zuerst erschienen in: *Sozial. Monatsschrift*, Bd. 19, 1913.]

gungen eines Menschen, seine Haltung, Sprache, Mimik und Gebärde analysieren, zerlegen, ohne sie auf uns und auf unsere schöpferische Gestaltungskraft wirken zu lassen, geben wir dann in unserem Urteil nicht zu wenig? Durch die bloß objektive Analyse gelangen wir nie zum Verständnis eines Eindruckes, eines Erlebnisses, aber ohne daß wir es merken, oft ohne daß wir es zugeben wollen, sind die aufnehmenden und urteilenden Instanzen in einer durch unsere Persönlichkeit vorbereitenden Form. Die Bearbeitung, Hervorhebung und Abschwächung aller Eindrücke, die auf uns wirken, sind durch unsere unbewußte Erfahrung im voraus bestimmt und lassen nicht leicht Änderungen zu. Wir müssen diese vorbereitenden Haltungen und Bereitschaften auch bei anderen herausfühlen, ihre Tendenzen erkennen, wenn wir den gegebenen Ausdruck verstehen wollen. Die gleichen Eigenschaften mehrerer Menschen lassen sich wohl vergleichen, aber niemals gleichstellen. Der Zorn des einen ist als Erlebnis von dem des anderen grundverschieden; in dem Ehrgeiz einer Menschenseele liegt nicht bloß eine Gegenwart, sondern die ganze Vorgeschichte, die Zukunft und ein erdichtetes Finale.

Die Schwierigkeit einer Darstellung seelischer Erscheinungen liegt also darin, daß man gezwungen ist, ein planmäßiges Werden in einer Ausdrucksbewegung als ruhendes Material zu erfassen, doch so wiederzugeben, daß der Eindruck eines Geschehens lebendig wird. Dieser Aufgabe ist eigentlich nur der Künstler gewachsen, voran der Dichter und etwa der Musiker. Dagegen erledigt sich eine andere scheinbare Schwierigkeit aus der vorliegenden Betrachtung selbst. Ich meine die *Flüchtigkeit* der meisten Ausdrucksbewegungen. Ständige Erscheinungen, wie körperliche und seelische Haltung, auch die Schrift, bieten wertvolles Material, das einen vorläufig leitenden Eindruck fördert. Unschätzbar sind für das Verständnis eines Menschen seine gewohnheitsmäßigen, immer wiederkehrenden Stellungnahmen und Attitüden, körperliche sowohl wie insbesondere seelische. Zu diesen gehören in erster Linie alle Eigenschaften, aus denen wir auf den Charakter schließen, und die mehr absonderlich erscheinenden *Symptome der Nervosität,* die wir nach einer schwer haltbaren Analogie als Krankheit empfinden, weil sie *auch* wie diese die Lebens- und Arbeitsfähigkeit beeinträchtigen. Aber auch gegenüber den flüchtigen, kaum je wiederkehrenden Ausdrucksbewegungen versagt unsere Arbeitsmethode nicht. Kehrt doch in jeder Bewegung das alte System wieder, der einheitliche Lebensplan, aufgebaut auf den Individualerfahrengen der Vergangenheit und hinzielend auf den erdichteten fünften Akt. Wir müssen nur vergleichen, den Eindruck empfindend auf uns wirken lassen, um die Einheit jener Bewegungen zu

fühlen und zu verstehen. Nicht anders als wir bei einem Kunstwerk vorgehen, wenn wir die Synthese eines Dramas nacherleben, oder wenn wir neben den einzelnen Tönen einer Melodie ihren *Sinn*, ihre lückenlose Linie empfinden.
Diese Forschungsmethode der *vergleichenden Individualpsychologie* ergibt für jeden Fall, der zur Untersuchung kommt, als bedeutsames Resultat die *Einheit der Persönlichkeit.* Und diese Einheit ist derart geschlossen, daß sie sich in jeder Einzelerscheinung widerspiegelt. Der unumstößliche Eindruck der Richtigkeit einer solchen Erforschung geht erst daraus hervor, daß man in allen Schichten des Seelenlebens die gleiche Lebenslinie wiederfindet. Als wichtige Bestätigung und als Probe aufs Exempel darf es gelten, wenn diese Linie, zuweilen in den sonderbarsten Umbiegungen und Ausbiegungen, von *unten* nach *oben* führt. Bei *geradlinigen* Charakteren und Kampfnaturen wird sich diese Linie etwa in der Kopfhaltung, im Ansteigen ihrer Stimme, ihrer Schrift, in Bewegung ihrer Arme abzeichnen, nicht weniger deutlich auch in allen ihren Unternehmungen und ebenso in ihren Träumen und Phantasien, wenn sie sich im Flug über die anderen erheben. Sie werden nur ungern einsam sein, weil ihre *vorgeschriebene Reise* sie zu den Menschen führt, sich mit ihnen zu messen, alle zu übertreffen, überall die ersten zu sein. Es bedeutet schon eine kleine Ablenkung, sobald sie den Partner wählen, etwa bloß Männer und Frauen beherrschen wollen, die sie als schwächer eingeschätzt haben. Oder wenn sie den als schwächer Erkannten zuerst erhöhen, um ihn dann unter ihre Herrschaft zu bringen. Bei Nervösen gelingt es immer, ihre Lebenslinie auf eine knappe Formel zu bringen, da bei ihnen, wie wir sehen werden, jeder Charakter prinzipieller und schärfer hervortritt. Als Gegenstück kann schematisch der *schlangenartige*, vorsichtige Charakter angesehen werden. Sein Ziel ist nicht weniger hoch gesetzt, aber sein Weg führt in unglaublichen Windungen und Ausbiegungen zur Höhe. Selbst auf der Höhe, nach der er sich sehnt, fühlt er sich nicht sicher. Seiner Höhenangst gleichgeordnet ist seine Furcht zu stürzen, und seine Träume vom Fallen führen eine beredte Sprache. Überall bringt er einen Sicherungskoeffizienten an und verzichtet, ohne die unsichere Zukunft zu versuchen. Er ist der Standardtypus des Nervösen, der sich allenthalben von Unheil bedroht sieht. Sein Weg ist allerorts mit Sicherungen versehen, aus jedem Erlebnis zieht er eine warnende Moral, Prinzipien und Leitsprüchlein begleiten ihn jederzeit, und seinen Wirkungskreis hat er durch allerlei Empfindlichkeiten, durch körperliche und durch seelische Intoleranz aufs engste eingeschränkt, um ihn so besser zu erschüttern. Listig zuweilen und verschlagen oder ängstlich, vor dem eigenen Mut erschrocken,

immer in zögernder Haltung, ist er stets auf dem Rückzug oder verschleiert ihn durch ein zweifelndes Hin und Her. Er hat jede männliche Haltung abgelegt, um desto sicherer *den Schein* seiner unbesiegbaren Männlichkeit zu behalten.

Es ist nun am Platz, das heimliche Ziel und den unbewußten Lebensplan des Nervösen, die sich von denen des Normalen nur durch den Grad ihrer Deutlichkeit unterscheiden, näher zu beleuchten. Dieses Vorhaben führt uns zur Betrachtung der kindlichen Seele. Die Erziehung richtet den Blick des Kindes vom ersten Tag an auf die Zukunft und ihre Gefahren. Wohl auch auf ihre Glücksgüter. Im Rahmen der Familie selbst gibt es immer Vorbilder an Kraft und Stärke, die häufig genug sich den Schein der Unerreichbarkeit erborgen. Freiheit und Gleichberechtigung, ein entfaltetes Gemeinschaftsgefühl des Kindes könnten als beruhigende Abschlagszahlungen gelten. Aber wie selten erfreut sich ein Kind ihres Besitzes! Kein Wunder, daß sich der meisten Kinder ein Gefühl der Unsicherheit bemächtigt, das in zwei verschiedenen Richtungen ihre Seele bewegt. Die eine Erregung macht sich als ein Gefühl der Minderwertigkeit, der Hilflosigkeit und der Schwäche geltend und zeitigt ein Bedürfnis nach Anlehnung, Hilfe und Unterstützung. Recht häufig findet das Kind jetzt den Weg, aus seiner Schwäche Nutzen zu ziehen: es beginnt seine Ängstlichkeit zu fördern und als wertvollen Charakterzug zu stabilisieren, weil es in diesem Zeichen seinen Angehörigen überlegen wird. Die gleichen Vorteile können ihm durch die Unterstreichung von Krankheitserscheinungen und durch das Festhalten an Kinderfehlern erwachsen.

Die zweite Erregung, die wir bereits im Werden gesehen haben, zeigt sich als ein verstärkter Drang nach Überlegenheit, als eine dauernde Sehnsucht aus der Unsicherheit zum Sieg, aus dem Gefühl der Schwäche zur Sicherheit zu gelangen. Je minderwertiger sich das Kind fühlt, um so stärker wird dieser Drang. Und so finden wir neben den geradlinig aufsteigenden Charakterzügen des Ehrgeizes, der Tapferkeit, des Sichmessens mit der Umgebung bald mehr, bald weniger *Charakterschwächen*, die gleichwohl beibehalten werden, wenn sie in irgendeiner Weise zum Ziel der Überlegenheit führen: Neid, Geiz, Lügenhaftigkeit, Feigheit und andere.

Ein siebenjähriges Mädchen, das zwischen einem nachgiebigen Vater, einer strengen Mutter und einer von dieser verzärtelten jüngeren Schwester aufwuchs, erkrankte an nächtlichen Angstanfällen, die sich bald auch auf den Tag fortsetzten. Wie sich leicht nachweisen ließ, war das Kind von einem unheimlichen Ehrgeiz beseelt, mochte die vorgezogene Schwester nicht leiden und zeigte häßliche Züge der Eifersucht und des Neides, nicht nur der Schwester gegenüber, sondern auch in der Schule. Wir können die fortwährende Pein dieses Kindes verstehen, das also vergebens um den Vorrang mit der Schwester rivalisierte, vergebens auch an dem festgefügten nervösen Charakter der Mutter rüttelte. Langsam schlich sich eine Neigung ein, ein Kranksein in die Länge zu ziehen, eine Unpäßlichkeit als unerträglich zu empfinden, da das Kind während der Krankheit keine Zurücksetzung zu erdulden hatte. Der Vater war aufmerksam geworden und nahm sich vor, die Bevorzugung der jüngeren Tochter durch die Mutter wettzumachen, indem er nun die ältere verzärtelte. Mit schlechtem Erfolg. *Das heimliche Ziel nach Überlegenheit* war *bereits so weit gefestigt,* der Charakter des Ehrgeizes, des Neides, der Herrschsucht so weit vorgebaut, daß man die Diktatur des Mädchens zu gewärtigen hatte. Eines Tages machte die Mutter dem Vater Vorwürfe, daß er für das Mädchen so viel Geld ausgäbe, auf den Semmering fahre, im Wagen mit ihr herumkutschiere, während sie und die jüngere Schwester zu Hause bleiben müßten. In der Nacht darauf brach der erste Angstanfall bei dem Kinde aus, der in unserem Sinne als überaus kräftige *Revolte* gelten muß. Denn nun war der Vater mehr als je gezwungen, seine Liebe dem jetzt kranken Kinde zuzuwenden, und der Widerstand der Mutter war lahmgelegt. Die ursprüngliche Benachteiligung des Kindes erwies sich jetzt als kompensiert, seine Zurücksetzung und die Bevorzugung der jüngeren Schwester hatten ein Ende.

Vergleicht man aber die heimliche Linie dieser Angstanfälle, ihren Sinn und ihre *Melodie* mit dem früheren seelischen Zustande des Kindes, mit seinem gesteigerten Ehrgeiz, seiner Empfindlichkeit und seinem Neid, verfolgt man diese Charakterzüge bis zu jenem Punkt, wo sie sich schneiden, so kommt man *auf die gleiche Leitlinie,* die zur Überlegenheit über Mutter und Schwester führt und ebenso darauf hinzielt, den Vater in den Dienst zu stellen. Die Angst aber, die das Mädchen bei banalen Anlässen kennen gelernt hatte, war ihm zur Sicherung und zur Waffe geworden, mit der es sich vor einer Herabsetzung seines Persönlichkeitsgefühles zur Wehr setzte. Ich wäre in Verlegenheit, wenn ich ein besseres Mittel nennen sollte, als es dieses Kind gefunden hatte, richtiger: in das es nach mannigfachen Vorbereitungen und Vorversuchen hineingewachsen war. An der konsequenten, kunstvollen Konzeption des nervösen Systems ist kein Fehl; jede Kritik, die an diesem Punkt einsetzt, ist übel angebracht. Der Fehler kann nur an einer anderen Stelle liegen: *an der Zielsetzung,* die das Kind instinktiv vorgenommen hat, an seinem Ehrgeiz, an seiner Eitelkeit, an seinem Mangel des Gemeinschaftsgefühls.

Wenn wir die bisher gewonnenen Resultate überblicken, so

ergibt sich uns eine fundamentale Anschauung über den Zusammenhang von kindlichem Minderwertigkeitsgefühl, beruhigender und orientierender Zielsetzung und den Anstrengungen und Wegsicherungen, die ein Näherkommen an das Ziel ermöglichen sollen. Es läßt sich nun leicht nachweisen, daß ein verschärftes Unsicherheitsgefühl in der Kindheit eine höhere und unabänderliche Zielsetzung, ein Streben über das menschliche Maß hinaus und zugleich auch die geeigneten Anstrengungen und Sicherungen herbeiführt, ein Ensemble, das uns das Bild jener Erscheinungen gibt, die wir *Nervosität* nennen, aus denen sich, auffallend und schärfer hervortretend, mit aufgepeitschter Aktivität oder im Schein einer irreparablen Passivität, zuweilen in der Maske des Zweifelns und des Schwankens der *nervöse Charakter* hervorhebt.
In diesem psychologischen Schema gibt es zwei annähernd feste Punkte: die niedrige Selbsteinschätzung des Kindes, das sich minderwertig fühlt, und das überlebensgroße Ziel, das bis zur Gottähnlichkeit reichen kann. Zwischen diesen beiden Punkten liegen die vorbereitenden Versuche, die tastenden Kunstgriffe und Finten, bilden sich auch fertige Bereitschaften und gewohnheitsmäßige Haltungen, aus denen sich das verborgene Ziel erschließen läßt. Eine der Formen dieser vorbereitenden Haltungen, Saugadern vergleichbar, wenn sie die Erfahrungen, Aufmunterungen und Warnungen der Vergangenheit in Spuren aufweisen, tastenden Fühlern ähnlich, wenn sie dem fiktiven Ziel im Gedränge der Wirklichkeit näherzukommen suchen, sind die Charakterzüge. Sie, die der Persönlichkeit Haltung und Gestalt verleihen, sind die eigentlichen Mittler zwischen Vergangenheit und Zukunft und dienen als geistige Bereitschaften dem leitenden Ideal des Menschen: je nach ihrer Art nehmen sie bald Fühlung, bald leiten sie den Kampf mit der Umwelt ein oder erzwingen einer Entscheidung gegenüber *eine zögernde oder eine ausweichende Attitüde*. Das kindliche Gefühl der Unsicherheit bedarf solcher Richtlinien und bereitgestellter Fertigkeiten. Es läßt sie schärfer hervortreten und macht sie zu kategorischen Imperativen, sobald das verstärkte Minderwertigkeitsgefühl wirksam wird. Was solchen Kindern einmal nützlich war, wird wegen seiner beruhigenden Wirkung zu verewigen, zu vergöttlichen gesucht. Und nur deutliche Niederlagen sind imstande, einen Frontwechsel zu erzwingen und damit eine Verschleierung, aber keine Änderung der Charaktere. Auch tritt die Notwendigkeit stärkerer Leitlinien ein; das Individuum ist aber an das Kreuz seiner leitenden Machtidee geschlagen, und jetzt erscheint als fertige Nervosität, was vorher nervöse Disposition war. Der weitere Erfolg dieser Tatsachen führt auf medizinisches Gebiet. Ich muß daher hier abbrechen.

Wenn es mir bisher nicht geglückt sein sollte, den Beweis der dominierenden Stellung des fiktiven Leitideals für alle seelischen Erscheinungen, speziell auch für den Charakter, aus der Einheitlichkeit ihrer Zielrichtung zu erbringen, so möchte ich noch folgende Betrachtungen anreihen. Wir sind nicht imstande, auch nur die geringfügigste körperliche oder geistige Bewegung zu vollführen, ohne daß uns in der Idee ein Bild des Zieles vorschwebte. Dies gilt sowohl für die Fortbewegung als auch für das Sprechen und Denken und Wollen. Durch diese Fiktion einer Zielsetzung kommt erst Ordnung und Richtung in unser Tun; das Chaos der Welt scheint überwunden und der Weg gegeben, auf dem die Bewältigung des Lebens und seiner Mühsal möglich erscheint. Im Leben des Kindes läßt sich leicht beobachten, wie beim Erlernen des Gehens, des Schauens, des Hörens, des Sprechens ein vorläufiges Ziel des Gelingens organisch und seelisch vorbereitet ist. Bei komplizierten Haltungen und bei seelischer Tätigkeit steht immer ein Vorbild als Leitideal vor der Seele des Kindes, dem es gleichzukommen sucht, oder das es übertreffen will. Drückt dieses Vorbild auf das Empfinden des Kindes, dann gerät es in eine Kampfesstellung und wird häufig im Trotz, zuweilen auch mit übertriebener Unterwürfigkeit und mit Gehorsam sein Ziel der Überlegenheit zu erreichen suchen. Die entscheidende Instanz aber für die seelischen Leistungen des Kindes und später des Erwachsenen ist jene höchste Spitze seines Machtgefühls, bis zu der es in der Zukunft durchzudringen verlangt.

Es wurde bereits hervorgehoben, daß diese Spitze im Kampf um die Selbstbehauptung um so höher angesetzt wird, je niedriger die Selbsteinschätzung ausfällt, zu der das Kind gezwungen ist. Da lag es nun nahe, auf jene Kinder zu achten, die durch eine erschwerte körperliche Entwicklung, durch Verunstaltung, organische Mängel und Kinderfehler, wie sie bei einer angeborenen Organminderwertigkeit entspringen, ihre Geltung schwerer und später erringen. Diese Kinder sind es auch, die in ihrem späteren Leben, noch bis ins Greisenalter, meist also in einer Zeit, wo ihre Mängel längst nicht mehr fühlbar sind, mit erhöhten Anstrengungen und mit aufgepeitschtem Empfinden ihr kindliches Leitideal verfolgen, bei dem ihre Sehnsucht nach Überwindung des Todes, nach männlicher Kraft, nach Ansehen, Schönheit und Reichtum, kurz, nach Triumphen aller Art Befriedigung fände. Sie werden sich immer mit allen messen, werden alle in ihren Dienst stellen wollen, werden in Unruhe und voll Empfindlichkeit ihre Forderungen kundgeben, werden aber auch, wenn sie gewitzigt sind, in nervöser Unsicherheit nach Kunstgriffen suchen, um einer für sie fatalen Entscheidung, meist jeder Entscheidung, auszuweichen. Ihre Charakterzüge zielen weit über menschliches Maß hinaus, mischen sich aber mit anderen von solch ausweichenden Linien, daß man leicht ersieht: hier fehlt der Glaube an sich selbst. Letzter Linie erheben sie sich nicht mehr zum Willen zur Macht, sondern wollen nur mehr den *Schein* für sich gewinnen. Je mehr sie sich in ihrer Kindheit dem Nichts, dem Staub verwandelt gefühlt haben, desto mehr ringen sie nach Gottähnlichkeit. Sie fühlen sich dem Gott, dem Künstler verwandt, *wenn sie aus nichts etwas machen können,* das ihre Phantasie mit willkürlicher Wertung ungeheuer übertreibt. Immer stärker tritt die *Eigenliebe, das Denken an sich selbst* in den Vordergrund und schafft eine dauernde *Unversöhntheit* mit dem Leben.

Diese Tatsachen stellen den Wissenschaften neue Probleme und verstärken die Wucht alter brennender Fragen. Die rasche Behandlung und tunlichste Heilung von Kindern mit Organminderwertigkeiten ist eine dringende Forderung der vorgetragenen Anschauungen. In gleicher Weise erscheint durch sie der Wert und die Bedeutung der sozialen Medizin betont. Der Bekämpfung der Volksseuchen, der Lues, der Tuberkulose und der Trunksucht muß auch aus dieser Rücksicht besonderes Augenmerk geschenkt werden, da sie der Keimverschlechterung hervorragend Vorschub leisten. In gleich schädigender Weise wirken Pauperismus und Überarbeit, die schlechte Konjunktur beherrscht und verschlechtert das Keimplasma und steigert die Häufigkeit minderwertiger Organe.

Das Grenzgebiet der Sozialwissenschaft birgt gemäß den vorgetragenen Anschauungen noch manche wichtige Frage. Die soziale ebenso wie die Familienerziehung müssen Zustände schaffen, die das Kind vom Druck eines stärkeren Minderwertigkeitsgefühles entlasten. Die Kenntnis und Vertiefung in die Anschauungen der vergleichenden Individualpsychologie geben dem Erzieher rechtzeitig die Möglichkeit einzugreifen, setzen ihn instand, Übertreibungen einzuschränken und die Furcht vor der Unsicherheit der Zukunft zu mildern.

Der speziellen Probleme unserer Wissenschaft, die vorwiegend in das Gebiet der Nervenheilkunde und Psychotherapie fallen, gibt es eine unergründliche Zahl. Eines der wichtigsten, das wegen seiner Beziehung zur Pädagogik besprochen werden soll, betrifft die Beziehung der Geschlechter. Es hängt mit der wirkenden Kraft des fiktiven Leitziels beim Nervösen zusammen, daß er in seiner neurotischen Perspektive und bei der Konstruktion seiner Charakterzüge auch *alle Beziehungen der Liebe und den sozialen Zusammenhang der Geschlechter auflöst und zu einer Kampfposition macht.* Auf welche Weise macht sich dabei das leitende Ziel geltend? Es ergibt sich nun bei näherer Betrachtung in einwandfreier Weise, daß der Gottähnlichkeitsgedanke des Nervösen, sein Ideal der Vollkommenheit, das er zu erreichen strebt, einen überaus starken *männlichen* Einschlag aufweist. So daß jedes nervös disponierte Kind, Knabe wie Mädchen, imstande ist, sein ganzes Streben und seine ganze Zielrichtung in das Schema zu fassen: *Ich will ein voller Mann werden.* Denn in dieser Idee gipfelt jeder Wunsch nach Herrschaft, Macht, Reichtum und Sieg. Kein Wunder. Aus den Eindrücken der Außenwelt schöpft das zur Nervosität geneigte Kind schon zu einer Zeit, wo ihm die Unveränderlichkeit des Geschlechtscharakters meist noch unbekannt ist, die Empfindung, daß nur der Mann zum Herrscher geboren ist.

Freilich gehört im Anfang Mut dazu, spärliche Ausdrucksbewegungen, zumal bei Mädchen, in dieser Art zu deuten. Erst wenn es wieder gelingt, auf diesem Weg die einheitliche Leitlinie zu entdecken, kommt allmählich die Überzeugung auf. Die Verschwommenheit eines Eindruckes hindert oft unser Verständnis. Wenn aber etwa ein vierjähriges Mädchen erklärt, es werde, wenn es groß sei, die Mutter heiraten, wenn dieses Kind dann auch noch befiehlt, man müsse es Hans nennen, wenn es später Neigung zeigt, Knabenkleider anzulegen, Mädchenspielen auszuweichen, mit Knaben herumzutollen und selbst zu äußern, es möchte ein Knabe sein, dann bleibt wohl kaum mehr ein Rest des Zweifels übrig. Ein achtjähriges Mädchen, das manche dieser Züge zeigte, hatte ich Gelegenheit kennen zu lernen, weil es neben unbändigem Trotz an einem Kinderfehler und an Ohnmachtsanfällen litt, die ihm erlaubten, jede Folgsamkeit und jedes erzieherische Einwirken abzuweisen. Im Gespräch mit mir zeigte es eine auffallend trotzige Attitüde und verschränkte plötzlich die Arme. Auf die Frage an die begleitende Tante, wer in der Umgebung des Kindes die Arme derart verschränkte, erhielt ich die Antwort: der Vater. Wächst ein solches Mädchen heran, dann kommt es immer auch zu einem Formenwandel der männlichen Fiktion, aber das leitende Ziel wird um nichts erreichbarer. Das Prinzessinnenideal, ein häufiger Formenwandel, zeigt sich ungemein oft und schafft wie andere Ideale eine ungeheure Überempfindlichkeit. Die Einfügung in die Wirklichkeit wird dauernd erschwert, und trotz aller Kompromisse im Leben tritt die Unzufriedenheit mit der weiblichen Rolle immer wieder hervor. Eines dieser Mädchen hatte, wie man mir erzählte, im 20. Lebensjahr, in der Zeit der Heiratsmöglichkeit also, einen Selbstmordversuch unternommen, als es in *Weiningers »Geschlecht und Charakter«* eine Bestätigung für seine Auffassung von der Minderwertigkeit der Frau zu erblicken glaubte. Wir sehen hier, wie die Herabsetzung der Frau in unserer Gesellschaft mit Notwendigkeit zu ihrer psychischen *Vermänn-*

lichung, zum *männlichen Protest* führt, gleichwie der erzieherische Druck im Leben des Kindes wie die Rechtsentziehungen im Staat zu Revolten. Wahrlich, es ruht kein Segen darauf, und der zur Minderwertigkeit Verdammte wird durch Kunstgriffe und Finten zur Geißel seines Herrn.

Eine 40jährige Frau, die an Berührungsfurcht und einer Zwangshandlung im 20. Jahre bereits erkrankt war, läßt diese männliche Lebenslinie ziemlich eingehend verfolgen. Eines ihrer kindlichen Leitideale war, wie ein Indianer (*männlich*) alles zu ertragen und ihre Wünsche zu unterdrücken. Später wurde dieses Ideal von einem scheinbar weiblichen abgelöst: wie die Jungfrau von Orleans zu sein. Der Sinn der Berührungsfurcht wird hier schon klarer. Mit 20 Jahren trat sie in Beziehung zu einem tuberkulösen, dem Tode geweihten Manne und dachte an eine Ehe, die, allen verständlich, von ihren Angehörigen nie zugegeben worden wäre. Im Sommer desselben Jahres kamen mehrere Freier. Da stellte sich die Zwangshandlung ein. Sie konnte nichts von ihren Beschäftigungen fertig machen. Insbesondere war es eine Handarbeit, die sie immer wieder auftrennen mußte. Jeder wird hier unwillkürlich an Penelope denken müssen. Das heißt, sie wollte auf den auch von ihr als unmöglich erkannten Gatten warten. Auf meine Frage, ob ihr diese Geschichte nicht bekannt vorkäme, ob sie nicht jemanden kenne, der auch nichts zu Ende gebracht habe, antwortete sie: »Freilich, Sisyphus und Tantalus und die Dardanellen.« Rasch verbesserte sie: »Danaiden«. Auf mein Drängen, noch eine Person zu nennen, da sie mit ihrem Ausflug ins griechische Altertum offenbar auf dem richtigen Weg sei, fällt ihr niemand mehr ein. Und doch wird sie die richtige, leitende Idee *Penelope* auf der Zunge gehabt haben, da der Weg von den Danaiden zu den Dardanellen durch das *nel* aus *Penelope* bezeichnet ist. Ihr Unvermögen aber, sich der Penelope zu erinnern, zeigt die starke Verschleierung der leitenden Idee an; ebenso wie wir in anderen Fällen den Sinn einer Ausdrucksbewegung erfassen müssen, ohne daß die Untersuchte ihn uns verrät, so auch bei diesem Fall, wo ihn die Patientin durch eine harmonische Bindung zweier Linien an den Tag bringt. Penelope aber ist für diese Frau ein Sinnbild: die Frau, die keinen Freier gelten läßt, die Frau, die keine Frau sein will.[1]

In der seelischen Entwicklung der Knaben finden wir den gleichen *männlichen Protest*. Sie handeln so als ob die Frau das Maß ihrer Kräfte wäre. Oft hört man von kleinen Knaben, wie auf den Unterschied hinweisend, daß sie sich von einer

[1] Wichtiger als die Anschauung *Freuds* von dem Versprechen, die in diesem Fall auch zu Recht kommt, ist der Umstand, daß ihr nur männliche Typen über die Zunge wollen; Herr Dr. *Martin*, Freiburg, hat mich auf diesen Umstand hingewiesen, der ganz im Sinn meiner Auffassung liegt.

Frau nichts befehlen lassen. Kommt dann das Alter, wo die Liebe doch befiehlt, so gibt es ungeheuere Schwierigkeiten, ebenso wie in der Ehe. Denn beide werden als Kampfpositionen erfaßt, wo es gilt, für jeden Teil den Beweis oder den Scheinbeweis seiner Überlegenheit immer wieder zu versuchen. So zerstören die nervöse Perspektive und das Leitideal des *männlichen Protestes* immer wieder die Unbefangenheit und Kameradschaftlichkeit beider Teile und erzwingen eine bleibende Unzufriedenheit der Geschlechter miteinander.

Damit glaube ich eine der tiefsten Wunden unseres Gesellschaftslebens berührt zu haben. Die Gefahr ist größer als man ahnt. Auch in dieser Beziehung ist die seelische Gesundung von einer Pädagogik zu erwarten, die nicht mit dem Kinde nur redet, sondern es versteht, das Gefühl der Gleichberechtigung der Geschlechter trotz der Gegenwart, die das Gegenteil zeigt, in den Kindern wachzurufen.

2. Erhebungen und Falldarstellungen

Carl Furtmüller

Selbsterfundene Märchen

Versuch einer psychologischen Bearbeitung von Schüleraufsätzen

I

Die folgende Untersuchung behandelt 36 Märchen, die von 13- bis 14jährigen Schülerinnen einer Mittelschulklasse als deutsche Hausarbeit geliefert wurden. Das Thema hatte gelautet: »Ein selbsterfundenes Märchen«; irgendwelche nähere Angaben oder Bedingungen waren nicht hinzugefügt worden. Gleichzeitig stand ein zweites Thema zur Wahl, ein Zwang zum Märchenerzählen wurde also nicht ausgeübt; trotzdem hat die große Mehrheit der Mädchen sich für diese Arbeit entschieden. Als die Lehrerin, die dieses Thema gestellt hatte, mir gesprächsweise hiervon erzählte, entstand in mir der Gedanke, eine psychologische Bearbeitung und Verwertung der gelieferten Märchen zu versuchen. Mir schwebte dabei das Problem vor, zu untersuchen, wieviel man durch Durchforschung von Schülerarbeiten nach individualpsychologischen Gesichtspunkten über den Inhalt des Seelenlebens der Verfasser in Erfahrung bringen könne. Gerade dieses Märchenthema schien mir für ein solches Experiment besonders günstig, weil es einerseits völlige Freiheit läßt, andererseits doch eine genügend breite Vergleichsbasis verspricht.
Die Ausführung meiner Absicht wurde mir von der Lehrerin in freundlichster Weise ermöglicht. Sie gab mir nicht nur Gelegenheit, die Arbeiten kennenzulernen, sondern sie beantwortete auch nach Möglichkeit meine in einzelnen Fällen gestellten Fragen nach den persönlichen Verhältnissen der Schülerinnen. Sie konnte dies tun ohne die leiseste Scheu, eine Indiskretion zu begehen, da mir nicht nur die betreffenden Mädchen völlig unbekannt sind, sondern ich auch nicht einmal ihren Namen erfuhr.
Ich hätte daran denken können, lieber meinen eigenen Schülern dieses oder ein ähnliches Thema zu stellen, da die persönliche Kenntnis der Schreiber ein Eindringen in den unbewußten Inhalt ihrer Arbeiten gewiß erleichtert hätte. Zweifellos wäre in diesem Fall der Ertrag der Deutungsarbeit reichlicher gewesen, ebenso sicher aber ist, daß die Reinheit des Experiments getrübt worden wäre; es hätte sich schwer auseinanderhalten lassen, wieviel von den Resultaten Ergebnis der speziellen Untersuchung, wieviel Niederschlag meiner sonstigen Beobachtungen gewesen wäre. Auch scheint es mir für eine Nachprüfung und wissenschaftliche Erörterung meines

Versuchs von Wichtigkeit, daß jetzt der Leser dem Material (annähernd) unter denselben Bedingungen gegenübertritt wie ich selbst. Wie hemmend sich freilich der Mangel an persönlichem Material fühlbar machen muß, ist ja für jeden mit individualpsychologischer Arbeit auch nur oberflächlich Vertrauten von vornherein klar; überdies wird sich in meiner Untersuchung selbst an einigen Beispielen zeigen, wie sehr der Eindruck sofort an Plastizität gewinnt, wenn über die Schreiberin oder ihre Lebensverhältnisse charakteristische Daten bekannt sind. Andererseits kann bei einer Arbeit wie der vorliegenden die Breite der Untersuchung bis zu einem gewissen Grade den Mangel der Tiefe kompensieren: was an sich bedeutungslos und uninteressant schiene, gewinnt unter Umständen einen charakteristischen Wert durch die Gegenüberstellung der Arbeiten anderer Schülerinnen.

Die Untersuchung beschränkt sich bewußt auf den einen schon hervorgehobenen Gesichtspunkt und schließt alles andere (z. B. den Versuch einer ästhetischen Charakterisierung und Wertung der gelieferten Märchen) aus. Ein Problem schiene allerdings als Vorarbeit für das Hauptthema nicht unwichtig zu sein: die Frage nämlich, inwieweit die Arbeiten rein produktiv sind, und inwieweit sich, wenn schon nicht in den verwendeten Motiven, so doch in ihrer Verknüpfung, Selbständigkeit zeige. Ich glaubte aber, von dieser Nachforschung, die sehr weitläufig geworden und durchaus keines vollen Erfolges sicher gewesen wäre, beruhigt absehen zu dürfen. Die Kinder waren ja durch das Thema indirekt darauf hingewiesen, den Vorrat ihnen bekannter Märchenmotive zu verwenden. Die Zahl der jedem Kind geläufigen Motive und Verknüpfungen ist aber sehr groß. So setzt also das Erfinden eines Märchens bei dem Kinde in bewußtes oder unbewußtes Wählen unter vielen zur Verfügung stehenden Möglichkeiten voraus und *durch die Wahl, die es trifft, charakterisiert sich das Kind*. Und es handelt sich jetzt nur darum, den Schlüssel zu finden, der uns diese unbewußte Selbstcharakteristik verstehen lehrt.

Da lag es nahe, nach dem Vorgange Riklins[1] an eine symbolische Ausdeutung der Märchen zu denken. Aber das hätte geheißen, auf die von mir geplante spezielle Untersuchung von vornherein verzichten. Denn da die Symbolik im Material liegt, so hätten natürlich die mit diesem Material arbeitenden kindlichen Märchen nichts Neues ergeben können. Und da die Symbole vielgestaltig, die Ausdeutungsergebnisse aber notgedrungen recht eintönig sind, so hätte man auch nicht daran denken können, zu einer Erfassung des charakteristischen Gehaltes des einzelnen Märchens zu gelangen. Außerdem wäre

[1] Franz Riklin ›Wunscherfüllung und Symbolik im Märchen‹. In: *Schriften zur angewandten Seelenkunde*, Heft 2.

die Frage immer offen geblieben, ob die sexuelle Symbolik auch wirklich von den Mädchen – bewußt oder unbewußt – verstanden worden sei. Ich ziehe daher die Symbolik im engeren Sinne nur in einzelnen Fällen als Hilfsmittel heran.
Es handelte sich also darum, nach einem anderen Schlüssel zu suchen, mit dem man, von den Märchen ausgehend, das Seelenleben der Verfasserinnen erschließen könnte. So entstand in mir der Gedanke, die Grundgedanken der individualpsychologischen Methode Alfred Adlers auf die vorliegende Aufgabe anzuwenden. Nach Adler liegt der Angelpunkt für das Verständnis einer individuellen Psyche in dem Verständnis des unbewußten Lebensplanes, den sie verfolgt. So vielgestaltig er sein kann, sein Endziel ist immer die endgültige Erhöhung der Persönlichkeit. Den Weg zu diesem Ziel versucht jeder Mensch auf gewissen für ihn charakteristischen Bahnen, die Adler Leitlinien genannt hat. Den Ausgangspunkt des ganzen Prozesses bildet ein in organischen und in sozialen Ursachen wurzelndes Gefühl der Minderwertigkeit, dessen Kompensation versucht wird. So ergab sich mir also die Aufgabe, zu untersuchen, ob sich aus dem Märchen der unbewußte Lebensplan der Schreiberinnen wenigstens andeutungsweise erraten oder doch eine oder die andere charakteristische Leitlinie erschließen lasse; nebenbei war darauf zu achten, ob über Grad und Herkunft des Minderwertigkeitsgefühls etwas zu erfahren sei. Bei dieser Art der Betrachtung mußte selbstverständlich dem Gegensatz zwischen Ausgangspunkt und Zielpunkt des Märchens besondere Bedeutung zukommen.
Der Tragweite der zu erhoffenden Ergebnisse waren dabei natürlich von vornherein enge Grenzen gewiesen. Darauf mußte schon eine allgemeine Erwägung hindeuten: Die Deutung eines isolierten Märchens wird ebenso wie etwa die einer isolierten Symptomhandlung immer problematisch bleiben müssen; ihre zwingende Kraft erhalten Deutungen ja erst dadurch, daß viele Einzelzüge, aneinandergereiht, immer wieder nach derselben Richtung weisen. Dazu kommen noch die speziellen Fehlerquellen, die aus der Art des gestellten Themas fließen. Daß die Schülerinnen Märchen zu schreiben hatten, hatte gewiß den überaus wichtigen Vorteil, daß sie höchst persönliche Dinge erzählten ohne das Bewußtsein, befragt zu sein und über sich etwas auszusagen. Andererseits liegt aber in der Aufgabe die Aufforderung, der Phantasie ohne Rücksicht auf die Wirklichkeit die Zügel schießen zu lassen; ja im Wesen des Märchens liegt geradezu der Gegensatz zur Realität. Nun zeigt uns gewiß gerade die individualpsychologische Methode, welch außerordenliche Bedeutung die Erforschung der Phantasien für die Erkenntnis des Seelenlebens gewinnen kann. Aber ihre volle Auswertung setzt doch immer voraus, daß wir

die Wechselbeziehungen zwischen Phantasie und Realität verfolgen können. Unrealisierbare Phantasien hat jeder Mensch, die charakteristische Besonderheit des einzelnen aber liegt nicht nur in der *Art* seiner Phantasien, sondern auch in dem Grade, in dem sie seine Einstellung zur Wirklichkeit beeinflussen. Da wir nun in unserm Fall mit wenigen Ausnahmen nichts weiter vor uns haben, als das vereinzelte Phantasieprodukt, so werden wir schwer entscheiden können, ob es sich um eine augenblickliche Konstellation oder um eine dauernde Einstellung, um ein versuchsweises Austasten der Zukunft nach einer bestimmten Richtung oder um eine festgewordene Leitlinie handelt; wir werden nicht sondern können, was an dem sich uns darbietenden Seelenbild in Fluß und was in Ruhe ist. Nicht übersehen darf auch werden, daß die Art des Themas es mit sich bringen mußte, daß die Mädchen sich in ihre eigene Märchenzeit zurückversetzten; so mögen Probleme, die in Wirklichkeit schon ganz oder nahezu erledigt sind, momentan wieder zu voller Aktualität erwacht sein. Diese Bedenken kommen jedoch eigentlich nur so lange in Betracht, als man die Erforschung der Individualität der einzelnen Verfasserinnen ausschließlich ins Auge faßt; und die kann wohl auch nicht das Ziel einer solchen Kollektivuntersuchung sein. Die Lage wird bedeutend günstiger, wenn man sein Augenmerk mehr darauf richtet, gleichsam einen Querschnitt durch die seelische Situation der betreffenden Altersklasse zu erhalten. Da bekommt dann jede Deutung wenn auch nicht individuellen, so doch exemplifikatorischen Wert; denn was im Einzelfalle vielleicht bloß das augenblickliche Auftauchen einer Möglichkeit gewesen ist, die in der psychischen Entwicklung dann nicht weiter verfolgt wurde, ist sicher in vielen anderen Fällen konsequent festgehalten und zur leitenden Idee des Individuums gemacht worden. Und so kann uns unsere Untersuchung vielleicht einen Überblick geben über die Probleme, die Mädchen auf dieser Entwicklungsstufe beschäftigen, und über die Wege, die sie sich versuchsweise als möglich vorzeichnen. Welchen Weg die einzelne dann wirklich gehen wird, müssen wir unentschieden lassen.

Wir haben es mit Mädchen in einer Periode zu tun, in der ihre wichtigsten Gegenwartsinteressen noch in Elternhaus und Familie verankert sind, in der sich aber schon der Blick öffnet in eine Zukunft, die darüber hinaus führen soll. Werden wir also das Familienmotiv in der Regel erwarten dürfen, so werden uns doch die Märchen auffällig sein, in denen es ausschließlich herrscht. Wir werden da eine etwas verlangsamte psychische Entwicklung zu vermerken haben oder vielleicht auch daran denken müssen, daß die Verfasserin vor dem Gedanken an die Zukunft ängstlich zurückweicht. Dieser Gruppe von Familienmärchen habe ich eine andere gegenübergestellt von solchen Märchen, in denen sich schon die Grundzüge eines Lebensplanes erkennen lassen. In einer Mittelgruppe habe ich die Märchen vereinigt, die die eine oder andere charakteristische Leitlinie verraten, ohne daß man aus ihnen eigentlich einen Lebensplan herauslesen könnte.

Ich beginne mit dem kindischesten der gelieferten Märchen.[2]

1. *Der naschhafte Hans.* Die Mama bietet der Tante Indianerkrapfen an, dabei stellt sich heraus, daß Hans das Schlagobers herausgenascht hat. Er wird nun auf doppelte Weise bestraft. Zuerst kauft die Mama anderes Backwerk, bestimmt es aber nur für seine Schwester Trude. Die brave Trude aber gibt dem Bruder doch davon. Dann kommt ein wie Knecht Ruprecht gekleideter Mann und gibt für Hans ein Paket ab. Dieser findet darin voll Freude lauter Indianerkrapfen. Aber — sie sind kaschiert und in jedem steckt ein Zettel mit einem Sprüchlein gegen die Naschhaftigkeit.

Also ein Geplänkel aus der Kinderstube. Beachtenswert ist, daß nicht darauf verzichtet wird, die Schwester durch einen kleinen Zug ins hellste Licht zu setzen, obwohl darunter die Konsequenz der Handlung leidet.

Nicht unähnlich in der Anlage, führt uns doch das folgende Märchen in weit tiefere Konflikte ein.

2. *Bestrafte Grausamkeit.* Der guten, fleißigen und gehorsamen Berta steht die böse, faule und schlimme Emma gegenüber. Die Ermahnungen der Schwester bleiben nutzlos; die Eltern drohen, sie in eine Erziehungsanstalt zu geben. Trotzdem versteht sie es, sich bei den Leuten beliebt zu machen. Nach einer kurzen Zeit der Besserung verfällt sie wieder in ihren alten Fehler. Einst quält sie aus Mutwillen eine Raupe. Zur Strafe wird sie selbst in eine Raupe verwandelt. Die Eltern finden statt der Tochter die Raupe im Bett und geben sie in eine Schachtel. In der Nacht von 11—12 Uhr kann sie sprechen und da sagt sie ihren Eltern, daß sie nur erlöst werden kann, wenn man sie acht Tage lang fasten läßt.

Schon die gehässige, dabei neiderfüllte Schilderung der Schwester muß auffallen. Mehr Licht kommt für uns in dieses Märchen, wenn wir erfahren, daß die Erzählerin in der Schule durch ihr schwerfälliges Sprechen so aufgefallen ist, daß man sie angewiesen hat, einen Arzt aufzusuchen. Die Schwester hat allerdings gemeint, zu Hause beim Schimpfen gehe es ganz gut. Wir finden also die Verfasserin im Märchen wohl doppelt wieder. Einerseits ist sie die brave Tochter, deren Tugenden von den Fehlern der Schwester so stark abstechen, andererseits ist sie die arme, wehrlose, von der Schwester gequälte Raupe, die nicht einmal ihr Leid klagen kann. So finden wir Minderwertigkeit und Kompensation nebeneinander dargestellt. An der Schwester wird gründlich Revanche geübt, sie wird mit

[2] Die Rücksicht auf den Umfang der Arbeit hat mich genötigt, den wörtlichen Abdruck der oft recht hübsch erzählten Märchen durch sorgfältige Inhaltsangaben zu ersetzen.

dem Leiden bestraft, durch das sich die Schreiberin benachteiligt fühlt.

Das Thema der ungleichen Geschwister kehrt noch einmal wieder, allerdings aus der Kindersphäre herausgerückt und daher ohne so scharfes Hervortreten persönlicher Beziehungen.

3. *Die beiden Brüder.* Von zwei Brüdern ist der eine reich und herzlos genug, den andern, der arm ist, nicht zu unterstützen. Dieser hilft einst einem kleinen Berggeist und erhält zum Lohn ein wunscherfüllendes Feuerzeug. Dadurch gelangt er zu Wohlstand. Aus Neid stiehlt es der reiche Bruder, aber ihm wird es zum Unheil und er kommt um sein Vermögen. Reuig bringt er das Feuerzeug zurück und der gute Bruder unterstützt ihn nun.

Diesen Märchen treten andere gegenüber, die uns Bilder ungetrübter geschwisterlicher Liebe zeigen. So

4. *Das verbotene Zimmer.* Hänsel und Gretel sind arm und müssen betteln; sie finden Aufnahme bei einer Frau, die ihnen Nachtlager gewährt und sie vor ihrem Mann, dem Menschenfresser, versteckt. Am anderen Morgen sollen sie elf Zimmer kehren, das zwölfte jedoch nicht betreten. Sie tun es doch und finden darin einen goldenen Wagen mit davorgespanntem Hirsch. Sie fliehen auf ihm und entgehen den Verfolgungen dadurch, daß das Mädchen durch Zaubersprüche erst sich und den Bruder in einen Rosenstrauch verwandelt und dann die Enten eine Brücke über den See bilden läßt. Durch die Zauberkraft des Wagens werden sie reich.

Bei näherem Zusehen merkt man da freilich, daß trotz aller Betonung geschwisterlicher Eintracht Bruder und Schwester keineswegs gleich behandelt sind. Die Schwester ist es, die die Zaubersprüche kennt und die alles vollbringt, was zu ihrer und des Bruders Rettung führt. Der männliche Partner ist völlig in die passive Rolle des Schützlings hinabgedrückt. Daß es sich um *elternlose* Kinder handelt, könnte als bedeutungsloses Detail aufgefaßt werden. Aber man wird doch angeregt, an solchen Zügen nicht achtlos vorüberzugehen, wenn man z. B. von einem siebenjährigen Mädchen erfährt, welches, möge es nun gehörte Märchen nacherzählen oder selbst welche erfinden, nie unterläßt, eine bestimmte Wendung einzufügen: am Schlusse stirbt die Mutter.

Auch ein Märchen geschwisterlicher Liebe, aber bei völliger Vertauschung der Rollen ist,

5. *Der gute Bruder.* Die Schwester ist von einer Hexe entführt worden. Dem Bruder hilft nun eine Fee, seine Patin, die Schwester zu retten. Das Unternehmen ist sehr schwierig: er muß drei Bedingungen erfüllen und drei Versuchungen siegreich bestehen.

Die Märchen 4 und 5 zeigen in unterentwickelter Form, noch in die Familienbeziehungen eingesponnen, den Gegensatz zwischen gesteigerter Aktivität und höchster Passivität der Frau, der uns später noch eingehend beschäftigen wird. In Nummer 5 speziell scheint die Gestalt des Bruders, wir wissen nicht, ob nur nach außen hin oder auch pro foro interno, nur die Hülle zu sein für das allgemeine männliche Ideal der Verfasserin, so daß dieses Mädchen in Beziehungen tritt zu der Gruppe der Märchen vom rettenden Helden (Märchen 22–25).

Wir gelangen jetzt zu einer Reihe von Märchen, in denen das Verhältnis zwischen Kindern und Eltern eine Rolle spielt. Bei Geschichten, die die Mädchen von vornherein für die Schule geschrieben haben, wird es nicht wundernehmen, daß dieses Verhältnis im allgemeinen mit lesebuchmäßiger Korrektheit dargestellt wird.

6. *Die guten Elfen.* Ein kleines Mädchen muß sich und die kranke Mutter durch Verkauf von Erdbeeren und Blumen ernähren. Eines Nachts kommt ein hellblaues, bekränztes Wesen durchs Fenster herein und nimmt sie mit zum Tanz der Elfen. Dort setzt man ihr auch ein Kränzlein auf und diesen Kranz trägt sie noch am Morgen, als sie in ihrem Bette erwacht. Er ist aus Gold und Edelsteinen. Durch seinen Verkauf kommt sie zu Geld und kann jetzt für die Mutter einen Arzt holen.

7. *Ein Weihnachtsmärchen.* Am Weihnachtsabend geht ein kleines Mädchen aus dem Dorf in die Stadt, um für die schwerkranke Mutter einen Arzt zu holen. Auf dem Wege betet sie vor einem Heiligenbilde und schläft dann ermüdet ein. Sie fühlt, wie sie als Schneeflocke gegen den Himmel getragen wird. Dort gibt ihr das Christkind ein Fläschchen mit Arznei. Als sie erwacht, ist sie vor ihrem Hause. Bauern haben sie halb erstarrt im Walde aufgefunden. Ihre Himmelfahrt scheint also ein bloßer Traum gewesen zu sein. Aber nein, sie hat das Fläschchen, und kaum hat die Mutter von der Arznei genommen, so ist sie auch schon gesund.

8. *Der Erdgeist.* Ein braver Junge, der Sohn eines armen Holzhauers, ein Sonntagskind, fängt einst im Walde einen Zwerg und zwingt ihn, ihm Schätze zu geben. Die bringt er seinen Eltern.

An Betonung kindlicher Liebe, ja Aufopferung lassen es also diese Märchen gewiß nicht fehlen. Das hindert aber nicht, daß die tatsächlichen Verhältnisse ins Gegenteil verkehrt werden. Die Eltern erscheinen als die Schwachen und Hilfsbedürftigen, die Kinder werden zu Rettern in der Not und die Eltern müssen eigentlich dankbar zu ihnen hinaufsehen. Hierher gehört wohl auch

9. *Im Reich der Elfen.* Ein Holzhackerbub pflückt Blumen. Da steht plötzlich ein Zwerg vor ihm und sagt, es seien Elfen, die er getötet habe. Er muß jetzt mit zur Elfenkönigin und diese verzeiht ihm unter der Bedingung, daß er ihr einen kostbaren Ring aus dem See hole. Er tut das Verlangte und schläft dann müde auf einer Wiese ein. Als er erwacht, stehen seine Eltern bei ihm. Seine Mutter hält das ganze für einen Traum. »Doch Berchtold wußte das besser.«

In diesem letzten Satz scheint mir der psychologische Kern des eigentlich ganz ergebnislos verlaufenden Märchens zu liegen. Dadurch, daß der Held etwas Außerordentliches erlebt hat und durch das »Besserwissen« erhebt auch er sich über die Eltern.

Übrigens fehlt auch das direkte Hervorbrechen der Konfliktstimmung den Eltern gegenüber nicht gänzlich.

10. *Der verkannte Hans.* Ein Müller hat drei Söhne. Der jüngste, Hans, ist »ein verschlossener Junge, der immer arbeitet, wenn er sich allein glaubt«. So gilt er für faul und wird von allen verachtet, und als der Vater einst von einem Männchen einen Wunschstab erhält, wünscht er, Hans solle sich verirren. Hans kommt in den Wald zu dem Männchen, arbeitet bei ihm und bleibt mehrere Jahre dort. Dann will er wieder zu seinen Eltern und erhält vom Männchen als Lohn einen Wunschring. Er trifft dann einen seiner Brüder, der ihn aber nicht erkennt. Von ihm erfährt er, daß die Familie völlig verarmt ist. Als Hans weg war, habe seine Arbeitskraft überall gefehlt und es sei nichts mehr von der Stelle gekommen. Jetzt gibt sich Hans zu erkennen, kehrt zu seinen Eltern zurück und mit Hilfe des Wunschringes zaubert er dem Vater eine Mühle her.

Wir haben hier also ein ähnliches Schema, wie in den vorausgehenden Märchen, nur ist das ganze Verhältnis stark vergiftet. Wir haben es mit einem trotzigen (»verschlossenen«) Kind zu tun, das selbst einen falschen Schein wider sich hervorruft, um dann im Gefühl der verfolgten Unschuld schwelgen zu können. Den sich so entwickelnden Revanchegelüsten wird im Märchen eine ins Grandiose gesteigerte Befriedigung: es zeigt sich, daß das verkannte Kind die eigentliche Stütze der ganzen Familie war. Daß die Verfasserin nicht davor zurückschreckt, zur Erlangung dieser Revanche den Vater und die ganze Familie ins Unglück zu stürzen, deutet auf Haß- und Racheregungen gegen die Eltern.

An den Schluß dieser Gruppe stelle ich ein Märchen, das durch eine Tatsache aus den persönlichen Verhältnissen der Schreiberin eine interessante Aufhellung erfährt.

11. *Die Zauberhacke.* In einem Wald lebt ein armer Holzhauer. Er hat einen Sohn; seine Tochter ist seit Jahren verschwunden. Einst rettet er einem Zwerg das Leben und dieser gibt ihm aus Dankbarkeit den Rat, für die Waldfrau Heilkräuter zu sammeln. Von ihr erhält er nach einem Jahr eine Zauberhacke, mit deren Hilfe er bald zu einem wohlhabenden Holzhändler wird. Als sein Sohn und die Waldfrau erkranken, pflegt er beide. Vor ihrem Ende gibt ihm die Waldfrau einen Brief an den Zwerg mit und jetzt stellt sich heraus, daß dieser die verschwundene Tochter ist. Jetzt ist sie aus der Verzauberung erlöst und auch der Sohn wird wieder gesund.

Das Mädchen, das dieses Märchen verfaßt hat, hat einen blinden Bruder, der infolge seiner Begabung und seines Fleißes trotz seines Gebrechens den normalen Studiengang als öffentlicher Schüler verfolgen kann. Es ist ohne weiteres klar, daß unter diesen Umständen der Knabe im Mittelpunkt der elterlichen Sorgfalt und Liebe stehen muß. Auf diesen unvermeidlichen Umstand reagiert nun das Mädchen mit einem Gefühl der Zurückgesetztheit und das kommt im Märchen in prägnanter Steigerung dadurch zum Ausdruck, daß die Tochter

überhaupt verschwunden ist. Aber da bahnt sich auch schon die Kompensation an. Sie ist in einen Zwerg verwandelt, also in einen zwar kleinen, aber doch mächtigen *Mann*, sie rettet ihren Vater aus seiner Not und führt schließlich auch die Genesung des Bruders herbei.
Bei einem Rückblick auf die Gruppe der Familienmärchen scheint mir ein Zug als fast ausnahmslos allen gemeinsam besonders hervorzutreten. Wir sind es ja gewohnt, von Märchen einen glücklichen Ausgang zu erwarten. Sobald nun konkrete Personen ins Spiel kommen, läßt sich dieses Gesetz genauer fassen. Das Märchen geht gut aus, heißt dann immer: Es gelingt dem Helden, sich über diese Personen zu erheben.

II

Wir wenden uns jetzt der Gruppe von Märchen zu, aus denen nicht ein eigentlicher Lebensplan abgelesen werden kann, sondern in denen nur eine oder die andere Leitlinie charakteristisch hervortritt. Es liegt in der Natur der Sache, daß sich gerade in dieser Gruppe am schwersten ein roter Faden wird festhalten lassen, der von einem Märchen zum andern führt.
Ich beginne mit einem Märchen, das in mancher Beziehung mit der ersten Gruppe verknüpft ist.

12. *Ein Märchen.* Ein junger Bursch zieht fröhlich durchs Land. Von einem blauen Vogel geführt, kommt er zu einem prächtigen Palast. Bei seinem Anblick werden die strengen Wächter heiter und freundlich und sagen ihm, hier wohne die Königin *Vorsicht.* Das Land sei glücklich, eine so treffliche Herrscherin zu haben, nur eine sei noch besser als sie, ihre Tochter, die *Weisheit.* Diese erscheint und ihre ernsten Züge erheitern sich beim Anblick des Fremden, der sich nun als der *Frohsinn* zu erkennen gibt. Sie fordert ihn auf, hier zu bleiben und sagt ihrer Mutter, daß jetzt eine ungetrübt glückliche Zukunft vor ihnen liege. Denn wo Weisheit und Frohsinn vereint seien, müsse alles gut gehen.

Wenn auch das allegorische Gewand die Ausdeutung erschwert, so treten persönliche Beziehungen klar genug hervor. Es ist sehr verständlich, daß gerade die *Vorsicht* als charakteristische Eigenschaft der Mutter hervorgehoben wird. Und es überrascht uns auch nicht mehr, daß bei aller respektvollen Behandlung der Mutter die Tochter doch als die höherstehende erscheint. Übrigens scheint es auch an direkten Vorwürfen gegen die Mutter nicht zu fehlen. Denn wenn die Verfasserin über Weisheit erzählen läßt: »Oh, das, was man in der Welt unter Erziehen versteht, ist sie nicht worden. Sie hat nur immer das schöne Vorbild gehabt«, so stellt sie offenbar ihr pädagogisches Ideal der Erziehung, die sie tatsächlich erfährt, entgegen. Im übrigen erblicken wir in der Schreiberin eines der

Mädchen, die von sich selbst feststellen, daß sie das Leben zu schwer nehmen. »Nur ist sie traurig« heißt es von Weisheit; und sie selbst sagt zu Frohsinn: »Wer auch so sein könnte wie du, immer denke ich, das hättest du so machen können, dies so.« Daß dem melancholischen Mädchen dann der männliche Frohsinn gegenübertritt, hat wohl auch seine tiefere Bedeutung und verrät uns die Vorstellung, die sich die Verfasserin von der Rolle macht, die die Geschlechter im Leben zu spielen haben.

13. *Die Gründung von Pechdorf.* Ein armer Schuster wandert durch den Wald, um für seine letzten zwei Kreuzer Pech zu holen. Trotzdem gibt er einen Kreuzer noch einer Bettlerin, die ihm zum Dank einen Pechtopf schenkt. Es stellt sich dann heraus, daß dieser Topf nie leer wird und die mit diesem Pech geklebten Schuhe besonders gut sind. So bekommt er viel Arbeit, wird ein wohlhabender Mann und der Gründer einer Ansiedlung. Als er einst wieder durch den Wald geht, steht an der Stelle, wo er damals die alte Bettlerin traf, eine schöne Fee und sagt ihm, sie habe in jener Verkleidung sein Herz prüfen wollen, um ihm dann zu helfen.

Für uns bildet natürlich die Gestalt der Fee das Zentrum des Märchens. Es ist nicht schwer einzusehen, welche Lebensauffassung sich da vorbereitet. Der Verfasserin schwebt offenbar das Ideal der vornehmen Dame vor, die sich in patronessenhafter Huld zu den Armen herabläßt, um ihnen beizustehen, aber wohlgemerkt nur dann, wenn sie es auch verdienen.

In der Grundtendenz verwandt ist

14. *Das Märchen vom Bergsee.* Die Treue hat in einem Tal ihren Wohnsitz aufgeschlagen und herrscht ruhig und glücklich über brave Untertanen. Da wandert der Riese Unnutz ein; er hetzt das Völkchen auf, wirft die Parole »Freiheit und Reichtum!« unter die Leute und es kommt zum Aufruhr. Im Augenblick der höchsten Not erscheint der König der Berge; Unnutz wird in einen Felsen verwandelt, das Tal in einen See, die Bewohner aber werden auf Fürbitte der Treue geschont und wohnen von neuem unter ihrer Herrschaft an den Ufern des Sees.

Also ein politisches Märchen. Als solches nimmt es unter den gelieferten Arbeiten eine Sonderstellung ein; es ist das einzige, das den egozentrischen Standpunkt verläßt und sich allgemeineren Problemen zuwendet. Das deutet zweifellos auf eine gewisse Enge des Gesichtskreises der Schülerinnen, die dieser Altersstufe eigentlich nicht mehr natürlich sein sollte. Die schroff antirevolutionäre Tendenz ist es, die dieses Märchen dem vorausgehenden verwandt macht; auch hier das Postenfassen auf seiten der Vornehmen und Mächtigen, um sich so über die Masse zu erheben. So darf man als wesentlichsten Zug der beiden Märchen vielleicht eine realistische Umwandlung und Abschwächung des Prinzessinnenideals ansehen, von dem später zu handeln sein wird.

15. *Ein Weihnachtsmärchen.* Eine arme Wäscherin sagt ihrem klei-

nen Mädchen, das Christkind komme nur zu den Reichen. Daraufhin geht die Kleine mit ihrer Puppe zur Stadt, um die Puppe zu verkaufen und so reich zu werden. Nachdem sie abgewiesen, schläft sie endlich auf einer Bank ein. Im Traum wird sie vom Christkind zum lieben Gott geführt. Eine reiche Nachbarin findet sie auf, trägt sie nach Hause und bereitet ihr dann eine Bescherung.

Die Heldin des Märchens stellt sich also eine Aufgabe, die weit über ihre Kräfte geht; aber gerade dadurch, daß sie zu schwach ist und zusammenbricht, gelangt sie schließlich doch an ihr Ziel. Wir sehen hier eine Leitlinie ausprobiert, die unter den so unendlich zahlreichen und für den Psychologen so wichtigen Methoden, sich seinem Ziel auf Umwegen zu nähern, eine der raffiniertesten ist, eine Methode, die von äußerlich überenergischen Mädchen nicht zu selten in Anwendung gebracht wird. Es ist gleichsam ein Mit-dem-Kopf-durch-die-Wand-Rennen mit einem Hintergedanken. Man weiß sehr wohl, daß man durch die Wand nicht hindurch kann; aber man rechnet damit, daß, hat man sich erst den Kopf gründlich angeschlagen, schon Leute kommen werden, die einen mitleidig und doch respektvoll dort hinbringen, wohin man gelangen will.

Genau genommen nennt sich übrigens diese Geschichte zu Unrecht ein Märchen: das Wunderbare, das erzählt wird, stellt sich ja dann als Traum heraus. Geradezu um einen bewußten Gegensatz zum Märchen handelt es sich bei

16. *Ein Märchen.* Die Königin hat sich auf der Jagd verirrt. Ermüdet läßt sie sich an einem Baume nieder. Da steht plötzlich ein Zwerg vor ihr und sagt ihr, sie sei in einem Zauberbereich und sie könne nur nach Hause kommen, wenn sie drei Aufgaben erfülle. Sie müsse einen Zweig mit gelben Früchten ganz in den Wipfeln des Baumes brechen, sie müsse den Weg gehen, den er hergekommen sei, und sie müsse zu einer Insel gelangen, die mitten in einem See liege. Durch die Hilfe eines Vogels gelingt es ihr, die Aufgaben auszuführen. Plötzlich hört sie Gelächter und schlägt die Augen auf, ihr Mann mit dem Jagdgefolge steht vor ihr. Sie hat nur geträumt. Jetzt muß sie selbst lachen.

Statt eines Märchens also Verspottung des Märchens. Die Verfasserin protestiert gegen die ihr gestellte Aufgabe, offenbar weil sie ihr als zu kindisch erscheint. Das Charakteristische dabei ist, daß ja auch ein anderes Thema zur Wahl stand, daß diese Schülerin sich aber für das Märchenthema entscheidet, eigens um dagegen protestieren zu können. Daneben drängt sich die Vermutung auf, daß dieses Mädchen, das es ablehnt, ein Lebensbild ohne Rücksicht auf die Realität zu entwerfen, seinen Mitschülerinnen vielleicht an Reife voraus ist, daß es in der Anpassung seines unbewußten Lebensplanes an die Forderungen der Wirklichkeit weiter gelangt ist als die anderen. Es muß dahingestellt bleiben, welches dieser beiden Momente das entscheidende ist. –

17. *Vom braven Schneiderlehrling.* Der Schneiderlehrling beschenkt einen Bettler und wird deshalb von seinem geizigen Herrn barsch zurechtgewiesen. Im weiteren Verlaufe der Geschichte wird der Junge reichlich belohnt, erhält einen Palast und heiratet eine Prinzessin. Der Meister wird bestraft, indem seine Kinder sich in Disteln verwandeln.

So wird die Tugend belohnt und das Laster bestraft – eine höchst moralische Geschichte. Bei schärferem Zusehen allerdings erweist sich diese Moral als höchst fragwürdig. Es werden die Wege der Tugend und des Lasters ausgetastet und die Entscheidung fällt für die Tugend, eben, weil hier Belohnung zu winken scheint, und zwar eine recht große Belohnung für eine recht kleine Leistung. Und wie es eine theologische Ansicht gab, die es zu den Hauptfreuden der Seligen rechnete, daß sie die Qualen der Verdammten betrachten könnten, so wird auch hier der Triumph des Guten dadurch vervollständigt, daß der Böse aufs grausamste bestraft wird, ja sogar seine unschuldigen Kinder werden ins Verderben hineingezogen. Wir dürfen übrigens mit der jugendlichen Schreiberin nicht zu hart ins Gericht gehen, denn eine Zergliederung gar mancher moralindurchtränkten Jugendschrift würde kein besseres Resultat ergeben. Jedenfalls aber zeigt uns dieses Märchen eine bedenkliche Kehrseite des »braven Kindes« und weist den Erzieher darauf hin, welche Behutsamkeit bei der Erziehung zur Ethik erforderlich ist. –

18. *Wie der Fuchs den Löwen besiegte.* In Abwesenheit des Löwen nistet sich der Fuchs in dessen Höhle ein. Durch List gelingt es ihm, dem Löwen Furcht einzujagen und ihn in die Flucht zu treiben.

Diese Freude an dem Sieg des Schwachen über den Starken, des Kleinen über den Großen ist etwas dem eigentlichen Kindesalter ganz Natürliches; das Kind, das unter dem Gefühl seiner eigenen Kindheit und Schwäche leidet, spricht sich mit solchen Geschichten Mut zu. In dem Alter aber, in dem die Verfasserin dieses Märchens steht, verrät das Festhalten an dieser Leitlinie doch so etwas wie die Voraussicht, daß man auch im späteren Leben klein und schwach bleiben und auf die Mittel des Kleinen und Schwachen angewiesen sein werde. Offenbar ist die Schreiberin von der Vorstellung beherrscht, daß ihr Geschlecht ihr diese Rolle im Leben zuweise.

19. *Vom Häslein, das auf Wanderschaft ging.* Das Häslein will trotz Abmahnung seiner Eltern in die weite Welt. Verschiedene unangenehme Abenteuer schrecken es aber bald ab und es ist froh, wieder zu Hause zu landen.

Der Ausgangspunkt ist hier ähnlich wie beim vorigen Märchen, aber das Resultat ist hier ein Zurückweichen; das Elternhaus soll Schutz gewähren gegen die Gefahren des Lebens. Diese Philosophie der Vorsicht kann uns nicht überraschen, ist doch unsere Erziehung, vor allem die häusliche, in hohem Maße eine Erziehung zur Vorsicht, ja zur Feigheit. Das ist aus praktischen Gesichtspunkten heraus wohl zu begreifen. Man übersieht dabei nur, daß diese Vorsicht, wo sie wirklich Wurzel geschlagen hat, viel tiefer geht als man will und ahnt, daß sie bei jeder, auch der kleinsten Handlung und Entscheidung, die das Leben fordert, hemmend und bremsend wirkt.

III

Die dritte Gruppe der Märchen, der wir uns nun zuwenden, ist nicht nur die größte an Zahl, sondern auch die geschlossenste und interessanteste. Allen diesen Märchen, in denen sich ein klarer skizzierter Lebensplan erkennen läßt, ist ein Zug gemeinsam: Das Motiv der Prinzessin. Das ist bei Märchen an sich gewiß nicht überraschend, obzwar ja die Märchenliteratur auch andere Möglichkeiten bietet. Aber durch die Häufigkeit dieses Motivs in der Märchenliteratur wird die psychologische Bedeutung der Prinzessinnenidee nicht widerlegt, sondern im Gegenteil auf sie hingewiesen. Alfred Adler hat sie uns verstehen gelehrt als eine der wichtigsten und folgenschwersten Formwandlungen der männlichen Leitlinie bei Mädchen. Die unverhüllte Formel des männlichen Protestes: »Ich will ein Mann sein!« wird in dieser Schroffheit natürlich in dem Moment zusammenbrechen müssen, in dem das Mädchen sich über die Unabänderlichkeit seiner Geschlechtsrolle klar wird.[3] Aber es wird sich nun sehr leicht die Ersatzformel einstellen: Wenn ich schon kein Mann bin, so will ich doch als Frau *herrschen,* will Königin, Prinzessin sein!« Auch diese Fassung wird beim Fortschreiten der Entwicklung noch manche Änderung und Abschwächung erfahren müssen, immer aber wird sich der bedenkliche Ursprung dieser Leitlinie dadurch erweisen, daß sie die Frau, die von ihr beherrscht wird, zu unerfüllbaren Ansprüchen an das Leben treibt, daß sie ihr die Anpassung an die Realität erschwert oder unmöglich macht. Im Märchen nun wird die Spannung zwischen Realität und Lebensplan überwunden, es zeigt uns, wie die Heldin Prinzessin *wird.* Nur in vier Fällen wird diese Spannung von vornherein gemildert, indem es sich um die Erlösung verwunschener Prinzessinnen handelt, und nur in einem Fall ist die Heldin von Anfang an wirklich Prinzessin, allerdings krank und dem Tod verfallen.
In der Prinzessinnenidee liegt natürlich auch ein Vorwurf gegen die Eltern versteckt, die es versäumt haben, ihrem Kinde diese herrschende Stellung in der Welt vorzubereiten. Dieser

[3] Vgl. meine und Wexbergs Ausführungen in dem Aufsatz: ›Zur Entwicklung der Individualpsychologie‹, II., in diesem Bande [S. 29 ff].

Vorwurf kommt manchmal deutlich zum Ausdruck. Das verbindet diese Gruppe mit der ersten.

Am bezeichnendsten und bekanntesten in dieser Hinsicht ist die »Phantasie von den niederen Eltern«, über die Otto Rank im »Mythus von der Geburt des Helden«[4] ausführlich gehandelt hat. Die Größenidee wird verwirklicht, indem die wirklichen Eltern in die Rolle von Zieheltern herabgedrückt werden. Dies finden wir in

20. *Im Reich der Elfen.* Brave Fischersleute finden eines Tages vor ihrer Hütte ein kleines Mädchen, das ein goldenes Kettchen um den Hals trägt. Sie ziehen es als ihr eigenes Kind auf. Nach dem Tode der vermeintlichen Eltern muß das Mädchen auswandern. Ein Zwerg spricht die Weinende an und führt sie ins Elfenreich. Hier erfährt sie von Titania ihre Geschichte. Sie ist ein Königskind und es galt, sie der Rache eines Zauberers zu entziehen. Sie bleibt im Elfenreich, bis die Stunde ihrer Rückkehr ins Elternhaus gekommen ist. Da zeigt ihr dann eine goldene Kugel den Weg zum Königspalast; die Eltern erkennen sie und sind voll Freude. Sie heiratet einen Prinzen und bei ihrem ersten Kind ist Titania Patin.

Die Bereitwilligkeit, auf die Eltern zu verzichten, zeigt sich noch deutlicher in

21. *Die Waldfee.* Ein Holzhacker hilft einer alten Frau; diese entpuppt sich dann als schöne Fee und verlangt von ihm auf fünfzehn Jahre seine Tochter. Nach langem Zögern willigen die Eltern ein. Es wird uns jetzt die Erziehung bei der Waldfrau, streng und liebevoll zugleich, geschildert. Nach fünfzehn Jahren erzählt sie dem Mädchen seine Geschichte und schickt es dann in den Wald, damit es dem König auf der Jagd begegne. Dieser macht sie zu seiner Frau und sie nimmt jetzt ihre Eltern zu sich.

Die beiden letzten Märchen haben noch einen Zug gemeinsam: Die Vorbereitungs- und Wartezeit bei einer Fee. Man darf wohl annehmen, daß sich in diesem Aufenthalt die Schulzeit symbolisch darstellt, besonders wenn man bedenkt, daß im zweiten Märchen das Erzieherische eigens betont ist. Als Mittelglied zwischen Elternhaus und Leben, als Wartezeit wird in diesen Jahren die Schule empfunden.

Wir haben schon in diesen zwei Geschichten gesehen, wie sich den Mädchen als nächstliegendes und aussichtsreichstes Mittel zur Verwirklichung ihres Lebensplans die *Heirat* darbietet. Aber die Taktik, die dabei gewählt wird, kann grundverschieden sein. Der eine Typus kommt am schärfsten zum Ausdruck im Motiv der verwunschenen Prinzessin. Hier ist die Heldin durch die angenommene Voraussetzung zur vollsten Passivität verdammt, zugleich aber so hochstehend und begehrenswert, daß die größten Heldentaten und Mühsale des Helden durch ihren Besitz noch immer überreichlich belohnt werden. So sind Minderwertigkeitsgefühl und Kompensation in demselben Zuge gezeichnet. Wir stoßen hier wieder auf eine der

[4] *Schriften zur angewandten Seelenkunde,* Heft 5.

psychologisch so bedeutsamen Methoden, sich einem Ziel, zu dem der gerade Weg versperrt scheint, auf Umwegen zu nähern. Zuerst wird die Passivität als charakteristisches Merkmal der weiblichen Rolle aufgefaßt und peinlich empfunden. Dann entsteht der Gedanke, aus diesem Mangel eine Waffe zu schmieden und gerade die Passivität als Mittel zu gebrauchen, um zur Herrschaft, um nach oben zu gelangen. (»Männlicher Protest mit weiblichen Mitteln«.) Jetzt zu den einzelnen Märchen dieser Art.

22. *Das versunkene Schloß.* Ein Zauberer hat das Schloß verwunschen und unter die Erde gesenkt. Nur ein reiner, edler Jüngling soll es erlösen können. Nach langen Jahren kommt endlich Prinz Hadubrand, vollbringt das Werk, wobei er unglaubliche Mühen und Abenteuer zu bestehen hat, und wird der Gemahl der Prinzessin.

23. *Der Zauberwald.* In der Nähe des Königsschlosses liegt ein Zauberwald. Als die Prinzessin ihn trotz des Verbotes betritt, wird sie in ein Reh verwandelt. Einst jagt ein fremder Prinz als Gast des Königs in diesem Walde, schießt ein Reh an, ohne es zu töten, und läßt es mitleidig nach Hause bringen. Das Tier beginnt zu sprechen und sagt ihm, es könne erlöst werden, wenn er ihm den Kopf abhaue. Als der Prinz das getan hat, steht eine schöne Jungfrau vor ihm, mit der er sich dann vermählt.

Nicht um eine verwunschene, sondern um eine kranke Prinzessin handelt es sich in

24. *Der fremde Prinz und die goldenen Früchte.* Im Garten des Schlosses lustwandelt täglich die Königstochter und freut sich an den schönen Blumen und dem Gesang der Vögel. Eines Tages bleibt der Garten leer, die Vögel verstummen, die Blumen lassen die Köpfe hängen — die Prinzessin ist krank und die Ärzte geben keine Hoffnung. Da zieht ein fremder Prinz vorbei, erfährt die traurige Kunde und möchte die Prinzessin retten. Ein Zwerg steht ihm mit seinem Rat bei. Auf einer öden Heide muß er einem Bären die Lanze in den Rachen rennen, dann weiter vordringen bis zu einem Baum und von diesem goldene Früchte pflücken. Die bringt er der Prinzessin. Genesung. Heirat.

Es ist bemerkenswert, wie in diesem Märchen die Bedeutung der Heldin ganz besonders unterstrichen ist. Nicht nur, daß der fremde Prinz durch den Gedanken an sie zu außerordentlichen Taten angespornt wird: die Gefahr, in der sie schwebt, wirkt auf die ganze Natur ein, auf Blumen und Vögel. Eine dichterische Darstellung des Gedankens: »Wenn ich sterbe, so steht die Welt still.«

Das nächste Märchen erzählt nicht von einer Prinzessin, sondern von einem Bauernmädchen; aber es gehört doch hierher. Die bloße Existenz der Heldin bei voller Passivität genügt schon, um den Mann zu den höchsten Opfern anzuspornen.

25. *Der verwunschene Prinz.* Ein Prinz soll eine häßliche Prinzessin heiraten, liebt aber ein Hirtenmädchen. Da er von ihr nicht lassen will, verwünscht der König ihn und sie. Sie wird eine häßliche Kröte, er muß als Rabe im Mond leben, bis ihn ein anderer Vogel

zur Erde bringt. Lange Jahre harrt er in Treue aus. Endlich führt ihn ein Aeroplan auf die Erde zurück. Der Zauber ist gebrochen und die beiden heiraten. Der Vater ist schon längst aus Gram und Reue gestorben.

In allen diesen Märchen muß infolge der Passivität der Heldin die Gestalt des männlichen Retters mehr in den Vordergrund treten, so daß oft schwer zu entscheiden ist, worauf eigentlich der Hauptton fällt: ob auf die Unterstreichung der weiblichen Passivität, ob auf das Hineindenken in eine männliche Heldenrolle, oder vielleicht auf den Gedanken: »So würde *ich* handeln, wenn ich ein Mann wäre; die Männer freilich handeln ganz anders!«

Demgegenüber wird in einer Reihe anderer Märchen gerade die *Aktivität* der Heldin betont; die Frau erscheint als die *Retterin*. So

26. *Die gute Fee.* Ein fleißiges Arbeitermädchen schläft müde ein. Im Traume erscheint ihr eine Fee und führt sie zu einer Quelle, schöpft Wasser in einen Becher und sagt ihr, daß dieses von wunderbarer Heilkraft sei. Den Becher hat sie beim Erwachen noch bei sich und er wird als Familienheiligtum aufbewahrt. Jahre danach erkrankt der Königssohn; sie geht mit dem Becher zum Palast; ihrer Schönheit wegen lassen die Wachen sie durch und der wunderbare Trank bringt dem Prinzen Genesung. Heirat.

27. *Das Eichhörnchen.* Eine junge Schäferin hat von einem wundertätigen Eichhörnchen gehört, das tief im Walde leben soll. Mancher schon hat sich auf die Suche begeben, alle sind unverrichteter Dinge zurückgekehrt. Sie hat in der Zeitung von der Jungfrau von Orleans gelesen und will auch Außerordentliches vollbringen. So macht sie sich auf den Weg. Nach tagelanger Wanderung betet sie unter einem Baum (vgl. Jeanne d'Arc!), und bald darauf steht sie vor einem prächtigen Schloß. Die Fee sagt ihr, gerade auf jenem Baume sitze das Eichhörnchen und das Zauberwort sei »Hörnihopp!«. Das Eichhörnchen war ein verwunschener Prinz, der jetzt erlöst ist. Nach kurzer Wartezeit Hochzeit in Paris.

Den beiden Märchen ist noch ein interessanter Zug gemeinsam. Die überirdische Frau, die das Mädchen zu einer Quelle führt und ihr das wundertätige Wasser zeigt, gemahnt uns an die Geschichte der Bernadette von Lourdes; auch der Name »Maria« taucht auf, allerdings als Name des Mädchens (»Mariechen«). Im zweiten wieder haben wir den direkten Hinweis auf die Jungfrau von Orleans als Vorbild. In beiden macht sich also ein mystisch-religiöser Zug geltend, mit dem dann der Schluß, die Heirat, seltsam kontrastiert. Es werden also zwei entgegengesetzte Leitlinien ausgeprobt, und um der unbequemen Entscheidung auszuweichen, werden sie ohne Rücksicht auf ihre Unvereinbarkeit gleichzeitig in Anwendung gebracht.

Von diesen beiden Märchen unterscheidet sich das folgende durch die spezifisch weibliche Art der Aktivität, die in ihm hervortritt, durch die angriffsweise vorgehende Koketterie, die sich in ihm verrät.

28. *Prinzessin Erika.* Eine schwäbische Prinzessin hat einen höchst grausamen Vater. Weil sie seinen Untertanen Gutes tut, wird sie von ihm verjagt. Sie gerät in die Macht einer bösen Fee, die sie auf einem einsamen Schloß von einem Drachen bewachen läßt. »Dieses Tier fand nun bald großen Gefallen an der Prinzessin ... Auch Prinzessin Erika fand den Drachen nicht so schlimm, als sie erst dachte.« Sie kommt auf den Gedanken, er sei vielleicht ein verzauberter Mensch, und beschließt ihn zu fragen. Tatsächlich ist er ein verzauberter Komödiant und er kann Erlösung finden, wenn ihn ein Mädchen heiratet. Erika entschließt sich dazu und sie leben lange Zeit als wandernde Schauspieler. Endlich kehren sie nach Schwaben zurück. Der böse Vater ist tot. Sie wird Königin und ihr Mann steht ihr zur Seite.

Auch hier haben wir widersprechende Zielsetzungen vereinigt (Prinzessin-Schauspielerin.) Es ist wohl kein Zufall, daß dies gerade in den Märchen der Fall ist, die die Aktivität der Heldin besonders unterstreichen. Diese Aktivität wird eben von vornherein als der weiblichen Rolle eigentlich widersprechend empfunden. Das letzte Märchen weist übrigens den beiden vorhergehenden gegenüber einen neuen Zug auf: die Heldin erscheint nicht nur als *Retterin* des Mannes, ihre Ehre ist ein *Herabsteigen* und am Schlusse hebt sie dann den Mann zu sich *empor*. Die falsche Wertung, die am Ausgangspunkte des männlichen Protestes steht, wird also durch die entgegengesetzte falsche Wertung ersetzt, die Frau wird als *über* dem Manne stehend angenommen. Gerade diesen Formwandel des männlichen Protestes kann man bei Frauen häufig beobachten und es ist leicht zu verstehen, welche Vorteile er bietet: da der Hauptton auf die eigene Wertung, also auf einen inneren Vorgang gelegt wird, sind direkte Zusammenstöße mit der Realität ausgeschlossen. Die Prinzessinnenidee, konsequent festgehalten, muß unfehlbar an den Tatsachen des wirklichen Lebens scheitern; dagegen kann eine Frau sehr wohl ihr ganzes Leben lang so handeln, als ob sie sich zu ihrem Mann herabgelassen hätte und als ob sie ihn zu sich emporheben wollte. Freilich braucht man sich eine Ehe, in der die Frau von solchen Gedanken beherrscht ist, nur vorzustellen, um zu begreifen, daß diese Leitlinie dafür *indirekt* zu nicht minder bedenklichen Konflikten führen muß.

Zunächst war uns also die Ehe einfach als das wichtigste Mittel zur Verwirklichung des Lebensplanes entgegengetreten und als solches war sie rein positiv gewertet worden. In »Prinzessin Erika« ist zum erstenmal ein neues Thema angeschlagen: Die Ehe ist immerhin etwas, was auch Opfer fordert. Diese Bedenken und Schwierigkeiten kommen in einer anderen Reihe von Märchen noch viel deutlicher zum Ausdruck. Daß sich solche Erwägungen überhaupt verraten, kann zunächst gewiß als Zeichen der größeren geistigen Reife der betreffenden Mädchen gedeutet werden. Die andern haben in der Ehe nichts gesehen als einen erwünschten Gegensatz zu ihrem jetzigen Zustand, sie haben die Ehe gewissermaßen in abstracto bejaht; die Bedenklichen zeigen, daß sie sich mit dem Problem wirklich beschäftigt haben. Für ihre endgültige psychologische Beurteilung allerdings würde es auf zwei Momente ankommen: einmal darauf, ob die Schwierigkeiten, die sie stutzig machen, objektiv gegebene sind oder ob sie auf einer tendenziös entstellten Auffassung vom Verhältnis der Geschlechter beruhen, und dann darauf, wie ihre endgültige Entscheidung ausfällt, was wir aus den psychologischen Momentaufnahmen, als die wir diese Märchen auffassen, allerdings nicht entnehmen können.

29. *Die verwunschene Prinzessin.* Ein Jüngling liegt am Meeresstrand. Da taucht ein wunderschönes Weib aus den Fluten; voll Liebe will er sie umfangen, doch schon ist er in einen Fisch verwandelt. Sie war einst eine Prinzessin, die »fast alle« Freier abwies. Ein Zauberer hat sie aus Rache verwunschen und sie kann nur erlöst werden, wenn ihr ein Jüngling *widersteht.* Dies gelingt erst, als sie einst einen schönen Jüngling flehentlich darum bittet. Er muß alle Kraft zusammennehmen, um standhaft zu bleiben. Jetzt aber ist sie erlöst und sinkt an seine Brust mit dem Ausruf: »Ich bin nun deine Sklavin!«

Auffallend ist die besonders gesteigerte Darstellung der Macht der Frau: ihr zu widerstehen, ist das Schwerste, was ein Mann leisten kann. (Die Verfasserin ist ein häßliches Mädchen.) Der Widerstand gegen die Ehe zeigt sich in der Abweisung der Freier. Am Schluß erfahren wir auch den Grund dieses Widerstandes: die Frau wird die *Sklavin* des Mannes.

30. *Ein Märchen.* Der Tochter eines Mannes, der in der Gegend der »Zauberer vom See« heißt, erscheint ein Meergreis und bittet sie, mit ihr hinabzusteigen in die Fluten und den kranken Königssohn zu retten. Sie werde unten ein glanzvolles Leben haben, allerdings müsse sie auf die Freuden der Welt verzichten. Sie willigt ein. Genesung. Heirat.

In der Vermählung mit dem Seeprinzen haben wir einen symbolischen Ausdruck dafür, daß die Ehe ein *Hinab*steigen bedeutet; außerdem verlangt sie den Verzicht auf die Freuden des Lebens.

31. *Ein Märchen.* Ein Bauernmädchen wird von einer Hexe in einen Falken verwandelt. In dieser Gesellschaft fliegt es einem schwermütigen Prinzen zu, wird sein unzertrennlicher Begleiter und bringt ihm Trost und Aufheiterung. Als er den Falken zurücklassen will, um eine lange Reise zu unternehmen, erzählt dieser seine Geschichte und sagt, er könne gerettet werden, wenn ein Mann seinetwegen ein Jahr lang auf alle Freuden der Welt verzichte. Der Prinz erfüllt die Bedingung. Erlösung. Heirat.

Zwischen diesem Märchen und dem vorhergehenden besteht ein Zusammenhang: die Verfasserin des ersten hat bei der Abfassung des zweiten mitgewirkt. Und tatsächlich finden wir wichtige Gemeinsamkeiten: in beiden Fällen erscheint die Heldin als Retterin (vom Tod, aus Schwermut) und in beiden Fällen spielt das Entsagungsmotiv eine wichtige Rolle. Seine entwickeltere Form zeigt es offenbar im zweiten Märchen, wo es sich als Forderung gegen den Mann kehrt. Wir können hier eine Einstellung im Entwicklungsstadium beobachten, die dann in fixierter Form im psychischen Leben erwachsener Frauen oft eine große Rolle spielt und die uns auch aus der Frauenliteratur wohl bekannt ist: die Forderung nach dem »reinen Mann«. (Vgl. auch Märchen 22, wo nur ein »reiner, edler Jüngling« die Erlösung vollbringen kann.) Es ist leicht einzusehen, welch treffliche Handhabe diese Forderung einer Frau mit aufgepeitschtem männlichen Protest bietet, um den Mann herabzusetzen und zu demütigen; um so mehr als, wenn dieser Mann wirklich gefunden ist, seine Unerfahrenheit in Liebesdingen neue Angriffspunkte bieten wird.
Nicht uninteressant ist es, zu verfolgen, wie in unserem Falle diese Forderung der Entsagung entstanden ist. Die Verfasserin wird als ein kokettes, gern flirtendes Mädchen geschildert; es wird den Eltern im allgemeinen nicht leicht, mit ihm fertig zu werden, dafür entschließen sie sich manchmal zu recht energischen Eingriffen. So hat sie z. B. ihre sehr kokette Frisur aufgeben und durch eine Haartracht von fast klösterlicher Einfachheit ersetzen müssen. Sie selbst also wird zur Entsagung gezwungen und sie sucht jetzt ihr durch diesen Zwang gedrücktes Persönlichkeitsgefühl wieder aufzurichten, indem sie diesen Imperativ in sehr verschärfter Form den andern entgegenhält. Das zeigt sich nicht nur in den beiden Märchen, auch bei der Besprechung von Dichtwerken läßt sie gelegentlich merken, daß sie in diesem Punkte intransigent ist.[5]
Die Widerstände gegen die Ehe, die wir beobachten konnten, können so stark werden, daß sie zur völligen Ablehnung der Ehe führen. Wir erhalten dann Märchen, in denen auf die Verwirklichung der Prinzessinnenidee verzichtet wird, weil die daran geknüpfte Bedingung der Ehe unerträglich erscheint.

32. *Die schöne Hirtentochter.* Eine Hirtin bemerkt, daß eine Kuh sich jeden Tag für einige Zeit von der Herde entfernt. Einst folgt sie ihr und gelangt zu einem prächtigen Schloß. Dort tritt ihr der Junker entgegen und fragt sie, ob sie seine Frau werden wolle. Sie willigt ein, er zeigt ihr das ganze Schloß, dann wiederholt er seinen Antrag, knüpft aber jetzt die Bedingung daran, sie dürfe ihm nie zürnen. Sie heiraten.

[5] Wie wichtig solche Zusammenhänge für die individuelle Entwicklung der Ethik werden können, habe ich in meiner Schrift *Psychoanalyse und Ethik*, München 1912, zu zeigen gesucht.

Als sie Kinder bekommt, werden sie ihr von ihrem Mann weggenommen; zweimal läßt sie sich das schweigend gefallen, beim dritten Kind empört sie sich. Da wird der Mann traurig, sagt, wenn sie nicht gezürnt hätte, so wäre ein Zauber, der auf ihm laste, gebrochen worden. Jetzt müssen sie sich trennen; sie kehrt wieder zu ihrer Herde zurück.

Die Ehe bereitet der Frau also ein Griseldenschicksal; sie aber will sich dem nicht fügen und läßt lieber die Ehe daran scheitern. Daß bei der Katastrophe die Kinder eine Rolle spielen, ist schon deshalb sehr wichtig, weil dieses Märchen und Märchen 20 die einzigen sind, in denen dieses heiklen Punktes Erwähnung getan wird. Daß im Märchen 20 die Erzählung nicht mit der Heirat abgebrochen, sondern bis zur Taufe des ersten Kindes weitergeführt wird, kann man wohl positiv werten und als eine Bejahung des Mutterberufes auffassen. Hier dagegen nähern sich die tastenden Phantasien der Verfasserin einem tendenziösen Kunstgriff: die Kinder werden gegen den Mann ausgespielt.

33. *Auf dem Seegrund.* Im See wird ein Fest gefeiert; dabei erzählt der Seekönig den Seinen folgende Geschichte: Sein Sohn hat einst ein Fischermädchen geliebt und sie ist ins Seereich herabgestiegen. Aber die Sehnsucht nach der Oberwelt hat sie nicht verlassen. Der liebende Prinz wandte sich nun an ein altes Meerweib um Rat, und dieses hat ihm gesagt, er könne seiner Gemahlin die Rückkehr ermöglichen, wenn er »die größte Schmach auf sich nehme« und sich in einen Fisch verwandeln lasse. Und wirklich hat er dadurch die Geliebte gerettet. Sie steht wieder am Strand vor der Hütte ihrer Eltern und erblickt in den Wellen einen Fisch, der sie mit sprechenden Augen anschaut.

Wir treffen hier auf lauter uns schon bekannte Motive. Daß die Heirat ein Herabsteigen bedeutet, wird wie in Märchen 30 durch die Vermählung mit einem Seeprinzen symbolisiert. Die Macht und der Wert der Frau kommt zum Ausdruck in der Größe des Opfers, das für sie gebracht wird, ist aber außerdem noch in der Schlußsituation markant dargestellt: Der in einen Fisch verwandelte Geliebte sieht zu ihr *hinauf*.

Wegen seiner großen Analogie zu diesem Märchen reihe ich hier ein anderes an, in dem allerdings gerade das Motiv der Ehe fehlt und das daher streng logisch in der Gruppe der Familienmärchen hätte erscheinen müssen.

34. *Das Fischermädchen.* Ein armes Fischermädchen lebt glücklich und zufrieden bei seinen Eltern. Einst schläft sie im Boot ein; eine Nixe holt sie ins Nixenreich herab und dort wird sie von der Königin liebevoll aufgenommen und erzogen. Sie aber kann die Sehnsucht nach oben nicht verwinden und bittet endlich um die Erlaubnis zur Rückkehr, die ihr gewährt wird. Frohes Wiedersehen mit den Eltern.

Die Verfasserin ist eines der unbemitteltsten Mädchen der Klasse, der Vater ist ein kleiner Handwerker. Der Gedanke, der aus dem Märchen zunächst hervorleuchtet, ist also der:

Wie wäre es, wenn du reiche und vornehme Eltern hättest? Der Schluß zeigt dann bewußtes Festhalten an den gegebenen Verhältnissen. Damit steht ein ausgeprägt kleinbürgerlich-häuslicher Zug in Zusammenhang, der sich in folgender Schilderung des Fischerhauses ausspricht: »Der Fußboden wurde beinahe jeden Tag frisch gescheuert, das Holzgeschirr immer rein gerieben.«

In den beiden letzten Märchen erscheint das unheimliche Seereich als der Gegensatz zum vertrauten Elternhaus; es vertritt wohl das Leben, das einerseits lockt und reizt, andererseits aber durch seine Unermeßlichkeit und Fremdheit schreckt.

Wir haben uns dem tieferen Sinn der behandelten Märchen vor allem dadurch zu nähern versucht, daß wir sie als Orientierungsversuche, als Ausproben verschiedener Möglichkeiten der Zukunft auffaßten.[6] Wir gelangen nun zu einem Märchen, in dem eine ganze Reihe solcher Versuche gewissermaßen systematisch aneinandergereiht sind und das uns daher zu dem Versuch einer eingehenden Analyse ermuntert. Haben wir uns bisher mit einem Herausgreifen einzelner Züge begnügt, so wollen wir diesmal zu einer vollständigen Deutung des ganzen Zusammenhanges zu gelangen suchen.

35. *Die Windsbraut.* Liese, ein kleines Mädchen, hat alles, was ihr Herz begehrt, »nur keine Prinzessin ist sie«. So zieht sie eines Morgens aus und beschließt, nicht zurückzukehren, ehe sie Prinzessin geworden sei. Sie trifft eine Biene, die sie auffordert, zum Bienenstock mitzukommen und dort Prinzessin zu werden. Aber Lieschen kann nicht hinein, weil der Eingang zu klein ist. Dann wird sie von einer Ameise in einen Ameisenhügel geführt, um dort Prinzessin zu sein. Dort aber ist es so finster, daß sie seufzt und jammert. Der Ameisenbär hört ihre Klagen und will sie befreien, wenn sie dann seine Frau werde. Lieschen verspricht es; als sie aber dann das häßliche Tier sieht, läuft sie schnell weg. Auf der Landstraße trifft sie einen merkwürdigen Mann, so dünn wie Kartenpapier, mit zwei Köpfen, einem oben und einem unten. Er kommt aus dem Kartenland und sucht eine Prinzessin; ihrer vier hat der Wind wollen blasen lehren, aber sie waren so zart, daß sie gleich tot hinstürzten. Bekomme er jetzt keine neue, so werde er das ganze Land umblasen. Liese folgt dem Kartenmann und der Wind führte sie als seine Braut auf sein Luftschloß. Der Wind ist sehr vergnügt darüber, daß sie nicht so schwächlich ist wie die anderen Prinzessinnen es waren; bald kann sie besser blasen als er und noch heute sagen die Menschen, wenn es recht heftig weht: Die »Windsbraut« kommt.

Die Heldin zieht also aus, um einen klar ausgesprochenen Lebensplan zu verwirklichen, was ihr nach einigen fehlgeschlagenen Versuchen auch gelingt. Das Ziel, das sie schließlich auch erreicht, ist: Prinzessin zu werden. Nun haben wir ja die Prinzessinnenidee als Ersatzvorstellung kennen gelernt für den ursprünglichen Gedanken: »Ich will ein Mann sein.« Set-

[6] Wie es *Adler* für den Traum festgestellt hat. Siehe Adler, *Über den nervösen Charakter*, l. c. und ›Traum und Traumdeutung‹. In: *Österr. Ärzteztg.*, Wien 1913.

zen wir jetzt einmal versuchsweise das ursprüngliche Ziel an Stelle des sekundären ein. Die Heldin zieht also aus, um ein Mann zu werden, um sich als Mann durchzusetzen. Damit wird uns das Abenteuer beim Bienenstock sofort sehr verständlich. Um sich als Mann zu erweisen, müßte sie in die Öffnung hineinkommen; das kann sie natürlich nicht, weil ihr das dazu nötige Organ fehlt. Um die Niederlage zu bemänteln, wird die Schuld von der Heldin weggeschoben; nicht, weil ihr etwas mangelt, kann sie die Aufgabe nicht erfüllen, sondern weil die Öffnung zu klein ist. Die Szene im Ameisenhaufen behandelt dann dasselbe Problem in anderer symbolischer Einkleidung. Diesmal jedoch war die Kleinheit der Öffnung kein Hindernis, sie ist hineingekommen – aber es gefällt ihr nicht drinnen, es ist zu finster. Also sie kann nicht nur kein Mann sein, sie möchte auch gar nicht, wenn sie könnte – die Trauben sind ihr zu sauer. Gibt sie aber die männliche Leitlinie auf, dann muß sie ein Weib sein, muß sie heiraten. Doch der Ameisenbär ist so häßlich, die Ehe scheint ihr unerträglich – sie läuft davon. Die Situation scheint ausweglos zu sein: die männliche Rolle kann sie nicht, die weibliche will sie nicht spielen. Betrachten wir nun die glückliche Lösung, die sich trotz alledem darbietet! Sie wird die Braut des Windes. Wenn wir an Mörikes Gedicht »Jung Volkers Lied« denken:

Und die mich trug im Mutterleib,
Und die mich schwang im Kissen,
Die war ein schön frech braunes Weib,
Wollte nichts von Mannsvolk wissen.

Sie scherzte nur und lachte laut,
Und ließ die Freier stehen:
Möcht' lieber sein des Windes Braut
Denn in die Ehe gehen!

Da kam der Wind, da nahm der Wind
Als Buhle sie gefangen:
Von dem hat sie ein lustig Kind
In ihrem Schoß empfangen.

so können wir hierin vielleicht eine neuerliche Ablehnung der Ehe, jedenfalls im allgemeinen eine Ablehnung des normalen Frauenschicksals sehen. Der Hauptakzent aber scheint mir auf ihrer Stellung zu den Kartenmenschen zu liegen. Sie will sich von ihrer Umgebung dadurch unterscheiden, daß sie nicht so haltlos, so schwankend ist wie diese, daß sie mit festen Füßen auf der Erde steht als ein Mensch, »den nicht so leicht etwas umwirft«. Also eine recht nüchterne, realistische Lebensauffassung; aber unsere Analyse zeigt, welches Pathos hinter der Nüchternheit eines »praktischen« Mädchens stecken kann. Auf diese Weise kann sie es doch noch dazu bringen, eine Herrscherrolle in ihrem Kreise zu spielen, kann so ihre Prinzessinnenidee verwirklichen, kann in gewissem Sinne ein Mann werden, ja mehr als ein Mann.

IV

Das Märchen, zu dem wir jetzt gelangen, habe ich aus zwei Gründen an den Schluß der ganzen Reihe gestellt. Einmal, weil es sich inhaltlich vor allen anderen wesentlich unterscheidet, dann aber, weil ich an ihm den Beweis zu erbringen hoffe, daß die von mir befolgte Methode nicht willkürlich ist, sondern sich tatsächlich den in den Märchen niedergelegten psychischen Inhalten nähert.

36. *Die Rache der Zwerge.* Die Zwerge sind von den Elfen beraubt worden. Zur Rache rauben sie jetzt die Elfenkönigin Silberweiß. Glücklicherweise werden die Bedingungen ihrer Rettung von Mondstäubchen belauscht und den Elfen verraten. Am Strande des Sees treffen sie ein kleines Mädchen, das sich erbietet, die schwierige Aufgabe zu übernehmen. Sie hat eine außerordentlich große Zahl der schrecklichsten Abenteuer zu bestehen, wobei ihr ein Wunderfläschchen gute Dienste leistet. Endlich bringt sie Silberweiß zu den Elfen zurück. Sie wird von den Elfen beschenkt und lebt glücklich weiter im Walde.

Was diesem Märchen seine Sonderstellung verleiht, ist der Umstand, daß hier nicht wie in den anderen der Frau ein männlicher Partner gegenübertritt, sondern daß beide Hauptrollen von Frauen besetzt sind.

Es ist wohl zweifellos, daß jeder Psychoanalytiker aus diesem auffallenden Zug auf eine homosexuelle Einstellung der Verfasserin schließen wird; ebenso zweifellos aber ist es, daß die meisten Laien und die wissenschaftlichen Gegner eine solche Deutung mit Kopfschütteln als vorschnell ablehnen würden.

Zufälligerweise sind gerade über dieses Mädchen einige Tatsachen bekannt geworden, die uns zeigen können, wieviel von diesem Schluß auf homosexuelle Einstellung richtig ist.

Sie hat die letzten Ferien mit ihren Eltern bei einer befreundeten Familie verbracht, und zwischen ihr und der Tochter des Hauses, einem bedeutend älteren, mehr als zwanzigjährigen Mädchen, hat sich eine zärtlich-schwärmerische Freundschaft entwickelt. Nächtliche Herzensergüsse, Mondscheinschwärmereien spielten dabei eine große Rolle. Die Eltern suchten den Verkehr ein wenig abzudämpfen, stießen aber dabei auf den heftigen Widerstand des Mädchens, das dann überhaupt jede Gesellschaft mied und allein in den Wald eilte.

So erkennen wir also in der Elfenkönigin Silberweiß die angeschwärmte Freundin, in dem feindlichen Zwergvolk die störenden Verwandten. Auch eine Reihe von Einzelzügen wird uns klar. Die Freundin lebt unverstanden und einsam inmitten ihrer Angehörigen: Silberweißchen wird von den Zwergen auf eine Insel mitten in einem weiten See entführt. Die Mondscheinszenerie kehrt im Märchen wieder und Mondenstäubchen bringt wichtige Kunde zu den Elfen. Wie die Verfasserin einsam in den Wald hinauseilt, so lebt auch die Heldin des Märchens einsam im Wald.

Auch in die Entstehung dieser Einstellung erhalten wir einigen Einblick durch Stellen aus Briefen des Mädchens. Einmal spricht sie davon, daß ihr zuviel ihr Wille getan wurde, als sie noch klein war. Dann sagt sie, sie sei ein Eisenkopf, das habe sie von ihrem Papa ererbt. Wir können daraus schließen, daß das Mädchen zwischen einer nachgiebigen Mutter und einem sehr energischen Vater steht. Eine solche Situation ist geeignet, in dem Kinde sehr große Ansprüche zu erwecken, es aber bei der Durchsetzung dieser Ansprüche auf Umwege zu drängen. Andererseits wird sich bei einem solchen Mädchen die Wertung des Männlichen als des Starken, des Weiblichen als des Schwachen besonders stark festsetzen. Den gesteigerten Drang, sich durchzusetzen, zu gelten, zu herrschen kann man allen Personen gegenüber, mit denen sie in Beziehung steht, nachweisen. Von ihrer Stellung im Hause sagt sie: »Ich beherrsche im großen genommen jetzt meine ganze Umgebung«; das erreiche sie nicht etwa dadurch, daß sie trotze, bis sie ihren Willen habe, sondern indirekt, auf Umwegen. In der Schule ist sie eine sehr ehrgeizige, fleißige Schülerin, die aber mitunter starke Trotzregungen gegen ihre Lehrer verrät. Auf ihre Mitschülerinnen sieht sie von oben herab. »Trotzdem ich mir so oft denke, *daß ich genau dasselbe sei wie alle andern Mädel*, so fühle ich mich manchmal, eigentlich immer, aber manchmal ganz besonders, direkt erhaben über die ganze Klasse. Ich sehe auf sie herab, fast mitleidig ... Ich fühle immer deutlicher, je älter ich werde, *ich bin anders wie alle die Mädel, ich habe mit ihnen nichts gemein.*« Diese Stelle enthält nicht nur einen schlagenden Ausdruck ihrer Größenideen, in den von mir durch Schrägschrift hervorgehobenen Sätzen wird, wer auf solche Dinge zu achten gewohnt ist, eine unmittelbare und kaum verhüllte Äußerung des männlichen Protestes erkennen. Ein solches Mädchen wird für Liebesbeziehungen zwischen Mann und Frau wohl kaum viel Sympathien übrig haben. Direkt ist hierüber nichts bekannt, aber wenn sie einmal ihre Abneigung gegen die französische Sprache darauf zurückführt, daß sie alles, was mit Frankreich und den Franzosen zusammenhänge, aufs allertiefste hasse, so dürfen wir den Grund dieses Hasses wohl in der französischen

Erotik suchen, von der ja Backfische eine sehr abenteuerliche Vorstellung zu haben pflegen.
Das Aufkeimen jener überzärtlichen Sommerfreundschaft ist uns jetzt wohl verständlich; handelt es sich doch dabei um eine erwachsene junge Dame, um eine Altersgenossin ihrer jugendlichen Lehrerinnen. Wir begreifen, welche gewaltige Erhöhung ihres Persönlichkeitsgefühls aus diesem vertraulichen Umgang zu holen war. Wir werden aber allerdings erwarten müssen, daß das Mädchen auch in diesem Falle die herrschende, d. h. die männliche Rolle in Anspruch nehme. Und das finden wir im Märchen vollauf bestätigt. Die Freundin erscheint darin zwar als Königin, aber als Königin der Elfen, also als zwergenhaft klein; sie ist gefangen und hilflos. Das kleine Mädchen aber ist ihre heldenhafte Retterin und besiegt mit Hilfe des Zauberfläschchens die furchtbarsten Feinde.
Es ist zweifellos, daß sich aus einer derartigen Einstellung ausgesprochene Homosexualität entwickeln kann, doch täte man unrecht, in einem Fall wie dem vorliegenden die Gefahr zu überschätzen. Eine solche Einstellung ist ja im Backfischalter recht häufig, wenn auch freilich nicht in so ausgeprägter Weise wie hier. Gerade wenn man, wie es hier geschehen ist, die Homosexualität nicht als den Ausdruck einer spezifischen sexuellen Veranlagung, sondern als ein Hilfsmittel und eine Ausdrucksform des männlichen Protestes auffaßt, wird man es gut verstehen können, daß bei geänderter Situation diese Leitlinie durch eine andere ersetzt wird. Allerdings werden wir auch nach eventuellem Verschwinden der Homosexualität immer darauf gefaßt sein müssen, daß bei entstehenden psychischen Schwierigkeiten der schon einmal gebahnte Weg neuerdings eingeschlagen wird.

Ich bin weit entfernt, die Ergebnisse dieser Durchforschung der Märchen zu überschätzen. Eines aber, glaube ich, ist doch erreicht worden: diese Märchen haben aufgehört, bloße Schulaufsätze für uns zu sein, sie erscheinen uns auch nicht mehr als leere und bedeutungslose Spiele der Phantasie, sondern wir fühlen in ihnen lebendiges Leben pulsieren; wir können aus ihnen Konflikte, Wünsche, Pläne, Zukunftsperspektiven herauslesen, wir haben zum Teil Einblicke erzielt, die ohne die von uns geübte Art der Betrachtung auch bei genauer persönlicher Bekanntschaft mit den betreffenden Mädchen unzugänglich geblieben wären.
Versuchen wir, aus der Buntheit des Materials einen Gesamteindruck herauszuheben, so drängt sich uns vor allem eine Beobachtung auf: überall, wo die Gedanken sich mit der Zukunft beschäftigen, spielt nicht nur die Ehe eine große Rolle, sondern das Problem der Zukunft und das Problem der Ehe

werden geradezu miteinander identifiziert; es tritt nicht nur nichts neben die Ehe, auch wird, wo sie abgelehnt wird, nichts anderes an ihre Stelle gesetzt, sondern es erscheint dann nur die Flucht ins Elternhaus möglich. Nur zwei Ausnahmen sind uns begegnet: in 28 wurde mit dem Beruf der Schauspielerin wenigstens gespielt und bei 35 hatten wir den Eindruck, daß der Verfasserin eine selbständige Existenz außer der Ehe vorschwebe. Aber ein Gegner weiblicher Berufstätigkeit hätte keinen Grund, sich dieses Ergebnisses zu freuen und etwa mit Befriedigung festzustellen, mit welcher Sicherheit und welch gesundem Instinkt diese Mädchen ihren wahren Beruf als Frau und Mutter ahnten. Denn abgesehen davon, daß die Erwähnung der Mutterrolle sich überhaupt nur zweimal findet, die Ehe selbst wird in allen Fällen, auch dort, wo sie nicht abgelehnt wird, an unrealisierbare Bedingungen geknüpft. So zeigt uns diese Untersuchung also einerseits, und zwar noch viel schärfer als andere ähnliche Beobachtungen, wie engbegrenzt sich dem Mädchen im Gegensatz zum Knaben die Zahl der Möglichkeiten darstellt, unter denen es zu wählen hat; andererseits, daß die Ehe, die in ihrem Zukunftsbild eine zentrale Stellung einnimmt, sie in der ihnen erreichbaren Gestalt zunächst nicht befriedigt. Nun haben wir uns ja von Anfang an vor Augen gehalten, daß der Charakter des Märchens auf ein Unterstreichen dieses Gegensatzes zur Realität hindränge. Wir werden vielleicht vermuten dürfen, daß die positivsten Köpfe der Klasse gerade unter denen sind, die es vorzogen, kein Märchen zu schreiben; wir werden überzeugt sein, daß auch die Mehrzahl der Märchenerzählerinnen ihre Zielsetzung mit der Wirklichkeit schon in viel besseren Einklang gebracht haben, als es aus den Märchen hervorgeht; und wir können hoffen, daß im weiteren Verlauf ihrer Entwicklung den allermeisten die praktische Einfügung glücken wird. Aber das eine scheint sich uns bei alledem aus unserer Betrachtung unleugbar zu ergeben, daß das Mädchen in seine Rolle als Frau nicht natürlich und gleichsam von selbst hineinwächst, sondern daß dieses Bejahen der weiblichen Rolle nur das Resultat sein kann einer ganzen Reihe glücklich überwundener innerer Konflikte, daß zahlreiche tastende Orientierungsversuche vorausgegangen sein müssen, daß ein tüchtiges Maß gesunder Resignation erworben sein muß. Die inneren Aufgaben, die das heranwachsende Mädchen zu lösen, die psychischen Schwierigkeiten, die es zu bewältigen hat, sind größer, als man gegewöhnlich annimmt. Der Erzieher sollte daher imstande sein, die seelische Entwicklung seines Zöglings nicht nur mit Teilnahme, sondern auch mit psychologischem Verständnis zu verfolgen, um ihm bei sich häufenden Schwierigkeiten ein Helfer sein zu können.

Josef Kramer

Kindliche Phantasien über Berufswahl

In einem Aufsatze ›Psychologie der Berufswahl‹[1] stellt Dr. St. von Maday ein Fragenschema auf, um das Verhältnis des Menschen zum Berufe von allen Seiten beleuchten zu können. Die praktische Betrachtung zerfällt in eine ethische, sozialpolitische und kulturelle, die theoretische in eine psychologische und soziologische. Die vorliegende Abhandlung will sich mit einem Detailproblem befassen, mit der zur psychologischen Betrachtung gehörenden Detailfrage: »Wie verhält sich ein bestimmter Mensch zu den verschiedenen Berufen«, d. h. »Welchen Beruf will ich wählen?« Einschränkend muß ich hier noch hinzufügen, daß es sich nicht um endgültige Berufswahl handelt, sondern um Phantasiespiele der Kinder, die sich einen bestimmten Beruf erträumen. Die Untersuchung wird also in erster Linie eine Untersuchung der kindlichen Psyche sein, speziell eine Aufdeckung ihrer Leitlinien, die uns eine neue Bestätigung der Adlerschen Theorie bringen wird.
Das der Untersuchung zugrunde liegende Material stammt aus einer Reihe von Aufsätzen von Mittelschülern, in denen die Frage: »Was ich am liebsten werden möchte«, beantwortet wurde. Natürlich ist das gelieferte Material nicht genügend Grundlage für die Untersuchung; es bedarf noch einiger Ergänzungen. In vielen Fällen zeigt sich, daß erst die engste Vertrautheit mit der Lebenslage und den Erlebnissen des Kindes den richtigen Einblick ermöglicht.
Zu den wichtigsten Ergänzungen gehört:
I. Die Kenntnis des Berufes und der sozialen Stellung des Vaters, resp. der Mutter oder Verwandter, die in der Familie eine besondere Rolle spielen, der Konfession, der materiellen Lage und überhaupt des Milieus der Familie;
II. Einblick in den Gesundheitszustand und das Tempo der geistigen und körperlichen Entwicklung des Kindes von früher Jugend an. Gerade dieser Punkt verlangt einen besonderen Kontakt des Untersuchenden mit der Familie;
III. wäre auch die Kenntnis der Lektüre erforderlich, die in gewissen Lebensaltern besonderen Eindruck auf das Kind gemacht hat. In einigen Fällen finden wir sogar als Rechtfertigung des gewählten Berufes den Hinweis auf die Lektüre.
Neben diesen notwendigen Ergänzungen dürfen auch einige

[1] In: *Monatshefte für Pädagogik und Schulreform*, IV. Jahrg., 12. Heft.

Fehlerquellen nicht übersehen werden, die gegen den Willen der Verfasser der Aufsätze den Wert des Materials beeinträchtigt haben:

1. Wegen der raschen Entwicklung und Änderung des Gesichtskreises finden wir oft eine Geringschätzung der früheren Wünsche. Dem Umstand kann zum Teil bei der Stellung des Themas begegnet werden.

2. Bei höherem Alter spielt die Nähe der wirklichen Berufsentscheidung eine Rolle. Daher darf es uns nicht wundern, wenn fallengelassene Wünsche verschwiegen werden, deren Nichterfüllbarkeit schmerzt. Dieses Verschweigen ist in den meisten Fällen wahrscheinlich ein unabsichtliches. Man rührt eben nicht gern daran.

3. Von der größten Wichtigkeit aber ist es, daß es sich hier um Tagträume handelt. Nicht jeder Tagtraum verdichtet sich zur konkreten Berufsvorstellung.

Damit haben wir uns auch dem ersten Hauptteil unserer Untersuchung genähert. Wir haben es nicht mit endgültig entscheidender Berufswahl zu tun, sondern mit Tagträumen der Kinder. Aus welchen Quellen stammen diese Tagträume? Was ist ihre treibende Kraft? Was bedeutet die freiwillige kindliche Berufswahl? Die Antwort auf diese Frage dürfte den in den Adlerschen Theorien Bewanderten nicht überraschen. Der Beruf ist für das Kind ein regelmäßiges, untrennbares Merkmal der Großen. Der Wunsch des Kindes, einen Beruf ausüben zu können, bedeutet also indirekt: »Ich will groß sein, den Erwachsenen ebenbürtig.« Die kindliche Phantasie spiegelt sich demnach eine Wunscherfüllung vor. Aber nicht die allgemeine Wunscherfüllungstendenz als solche ist das Interessante, sondern die Art, die uns in die Differenziertheit der kindlichen Seele Einblick gewährt.

Die kindliche Berufswahl im allgemeinen und der gewählte Beruf im besonderen zeigen, wie das Kind auf seine Gesamtlage, auf seine Stellung in der Familie, sein körperliches und geistiges Befinden und seine Neigungen reagiert. Auf dem Wege der Tagträume sucht es sich aus der Situation, die ihm seine Minderwertigkeit den Erwachsenen und oft auch seinen Altersgenossen gegenüber aufzwingt, zu retten. Der gewählte Beruf gibt uns also gewöhnlich nicht Antwort auf die Frage: »Was will ich sein, wenn ich groß bin?«, sondern eher: »Was möchte ich *jetzt* sein?«, und besonders: »Wie würde ich mich dabei verhalten?« Bei der Ausmalung der dabei ausführbaren und daher in der Phantasie auch schon ausgeführten Taten fühlt sich das Kind den Erwachsenen ebenbürtig, das Spiel der Phantasie erlöst es mit Überspringung aller Realität aus dem drückenden Gefühl seiner Minderwertigkeit, ja es fühlt sich sogar den Großen überlegen.

Zur Stellung des Kindes in der Familie wäre noch folgendes zu bemerken: Das Kind, an dem die Erwachsenen ihre Autorität und ihre Erziehungskunst versuchen, fühlt sich stets in einer teils bewußten, teils unbewußten Opposition, es leidet unter dem Zwange. Bei lebhaften Kindern spielt das eine größere Rolle, da sie leichter in Konflikt mit ihrer Umgebung geraten. Daraus ergibt sich oft eine dauernde Trotzstellung. Wenn nun etwa der Vater in übertreibender Drohung sagt: »Wenn du es so weiter machst, kannst du höchstens Schuster oder Schneider werden«, dann kann er als Antwort nach einiger Zeit eine Berufsphantasie des Kindes entdecken wie in einem tatsächlichen Falle: »Ich will ein Mann sein, der die Tramwayschienen ausputzt«, oder »der im Winter das Eis vom Trottoir abkratzt«. Das Kind schlägt den Vater, indem es seine Befürchtungen übertrumpft. Natürlich können hier noch weitere Motive mitspielen.

Bei Betrachtung des körperlichen Befindens neben dem gewählten Beruf finden wir, daß besonders Krankheiten oder dauernde Schwächezustände das Kind veranlassen, tagtraumweise seinen Zustand zu überwinden. Das eine sucht nach Mitteln dazu, es will z. B. durch ausgiebige Nahrungsaufnahme nach eigener Wahl stärker werden, dann erscheinen Berufe wie Zuckerbäcker oder Koch erstrebenswert; oder ein dauernd krankes Kind will Arzt werden; das andere wählt sich einen Beruf, der die Überwindung dieses Zustandes zur Vorbedingung hat, es will Soldat, Räuber oder Seefahrer werden.

Aber auch frühzeitige Neigungen spielen eine Rolle. Dem lebhaften Wollen entspricht kein Können. Und so sehen wir wieder, wie die einen an den Weg denken, ihr Ziel zu erreichen; der zukünftige Ingenieur spielt gerne mit dem Steinbaukasten oder interessiert sich für den Mechanismus seiner Spielzeuge. Die andern stellen sich von vornherein die Erfüllung vor. Einer sieht sich als großer Maler; dabei aber bringt er im Zeichenunterricht vor lauter Tändeln und Spielen trotz seiner Begabung keine ordentliche Zeichnung zuwege.

An diese Erörterung will ich noch eine Vermutung anknüpfen. Die realen Forderungen des Lebens treten an das Kind von Jahr zu Jahr in schärferer Formulierung heran. Und dabei erkennt es bald, daß noch härtere Forderungen im späteren Leben seiner harren. Es soll einmal alles das nicht tun, was ihm jetzt Vergnügen macht, dafür aber einen Beruf ausfüllen und arbeiten. Trotzdem spielt es mit dem Gedanken, das und jenes zu sein. Von diesem Gesichtspunkt aus erscheint die kindliche Berufswahl wie ein Ausdruck der Furcht vor den realen Forderungen des Lebens, Furcht vor dem Beruf und seiner Arbeit, zugleich aber auch als Vorbereitungstendenz, wie man dieser Forderungen Herr werden könnte. Wie sich der Neurotiker hunderterlei gefährliche Situationen und sein Verhalten dabei ausmalt, um im gegebenen Falle automatisch ein bestimmtes, ihn sicherndes Verhalten an den Tag legen zu können, immer mit dem heimlichen Wunsch: »Aber lieber wäre es mir, ich käme nicht in die Lage«, so auch das Kind. Der Unterschied besteht nur darin: während der Neurotiker mit der Möglichkeit rechnet, tritt der Beruf an das Kind als eine wenn auch ferne Gewißheit hin. Es wird sich auf jeden Fall damit abfinden müssen. Oft flüchtet es zu einer Probe durch das Spiel und kommt dann zu dem teilweise künstlich herbeigeführten Resultat: Soldat oder Kondukteur sein ist gar nicht so unlustig. Ich kann dabei wirklich schießen oder Karten zwicken.

Nach dieser allgemeinen Betrachtung will ich mich der Betrachtung des Materials im besonderen zuwenden.

Die erste Person, die dem Kinde als Angehöriger eines Berufes entgegentritt, ist in den meisten Fällen der Vater. Es fragt sich nun, in welcher Weise das Kind auf dieses Bild des Berufes reagiert. Die frühesten Berufsphantasien erscheinen auf den ersten Blick sehr abweichend vom väterlichen Beruf. Auffallend ist die überwiegende Zahl der mit dem Verkehr zusammenhängenden Berufe (unter 27 Schülern einer Klasse: 10; unter 44 einer anderen: 31). Das mag einerseits auf die bei den meisten Kindern wahrnehmbare Freude am Fahren und an rascher Fortbewegung überhaupt zurückzuführen sein, andererseits aber ist die Beziehung auf die Eltern, speziell auf den Vater, unverkennbar.

Das Kind hat Gelegenheit genug, zu sehen, mit welcher Vorsicht, Ängstlichkeit und Nervosität seine erwachsenen Begleitpersonen, ja selbst der Mächtigste in der Familie, die Fahrbahn überschreiten und sich auf der Straße bewegen, während die Lenker der Fahrzeuge von den Fußgängern anscheinend keine Notiz nehmen und in königlicher Ruhe ihres Amtes walten. Ja, sogar stehenden Pferden nahe zu kommen gilt als gefährlich, während ihrer der Kutscher doch in aller Gemütsruhe Herr ist. Die Furcht vor den Gefahren des Verkehrs scheint also die Erwachsenen, speziell aber den sonst so mächtigen Vater herabzusetzen, der Lenker des Fahrzeuges erscheint als der Überlegene. Nicht zu unterschätzen ist auch die Sinnfälligkeit des Gesamtbildes der Straße mit ihrem imponierenden Verkehr, neben dem der einzelne und natürlich auch der Vater höchst unbedeutend und klein erscheint. Nicht einmal seine warnende Stimme kann er oft im Straßenlärm vernehmbar machen.

Diese Sinnfälligkeit des Berufsäußeren scheint auch die nächsthöhere Zahl der gewählten Berufe zu erklären, die vielen Soldaten (unter 27 Schülern: 16, unter 44: 16). Vielleicht ist auch hier die Beziehung auf den Vater nicht von der Hand zu weisen. Das auffallende Äußere, das Tragen der Waffen, deren Wirkung dem Kinde oft drastisch genug geschildert wird, dann gar das Bild ganzer Truppen, die bei dem Klange der Militärmusik in gleichem Schritt dahinmarschieren, erwecken in dem Knaben Vergleiche zwischen Mann und Mann, die nicht gerade zugunsten des zivilen Vaters ausfallen müssen, und wäre er selbst wohlhabender Fabrikant oder hochgestellter Staatsbeamter. Von dem wirklichen Machtbereich eines Berufes und seinen Funktionen hat natürlich das Kind auch keine annähernde Vorstellung, und seine Phantasien beschäftigen sich meist nur mit einer auffallenden Funktion, mag sie auch im ganzen Umkreis der Berufsfunktionen die untergeordnetste Rolle spielen.

Vielleicht wären hier auch die verschiedenen Abenteuerberufe anzufügen. Dieses kindliche Ideal gehört anscheinend schon einer späteren Zeit, der Zeit des Schulbesuches und somit der eigenen Lektüre an. Es wurde schon früher betont, welche Rolle die Sinnfälligkeit selbst unbedeutender Handlungen beim Kinde spielt. Wenn der Vater eine Kiste mit Hammer und Stemmeisen öffnet oder irgendeinen lange vermißten Haken neu in die Wand schlägt, verleiht ihm das einen größeren Nimbus, als wenn er berichtet, daß er eine Geschäftsbilanz erledigt habe oder daß ihm eine schwierige Diagnose geglückt sei. Nun ist das Abenteurerleben voll von solchen imponierenden Tätigkeiten, ja diese sind meist noch größer als die angesehensten Taten des Vaters. Der Aggressionstrieb spiegelt direkten Kampf ums Leben vor, der natürlich immer mit dem eigenen Siege endigt. Und die Aussicht, von Berufs wegen viele Dinge tun zu dürfen, ja sogar zu müssen, die im Hause verboten sind, erfüllen das Kind mit einem Rausch von Größenträumen und -möglichkeiten, denen der Beruf des Vaters und auch seine außerberuflichen Funktionen nicht leicht etwas Ebenbürtiges an die Seite zu setzen haben. Deutlich tritt hier das Streben »oben zu sein«, höher sogar als der Vater, hervor.

Mit zunehmender Reife und größerer Kenntnis der realen Machtverhältnisse nimmt dieser Kampf oft noch greifbarere Formen an. Wir finden hier Fälle, wo sich der Knabe entweder direkt dem Beruf des Vaters zuwenden will, aber er will ihn in einer höheren Form ausüben, oder er wählt einen mit jenem zusammenhängenden, wenn er dadurch den Vater übertrumpfen kann. So will der Sohn eines in bescheidenen Verhältnissen lebenden kleinen Staatsbeamten ohne Matura selbst Staatsbeamter werden, aber nur nach Absolvierung der juristischen Fakultät. Diese Rivalität fühlt sich vielleicht entschuldigt durch den naheliegenden Wunsch des Vaters, der

Sohn solle es einmal besser haben als er. — Der Sohn eines Fabrikdirektors, dessen Wagen in den südlichen Wiener Bezirken in großer Zahl zu sehen sind, hört wahrscheinlich öfters von der Pferdemisère seines Vaters; er will Pferdehändler werden, »um jeden Tag neue Pferde zu haben«. — Ein Knabe, dessen Vater in untergeordneter Stellung lebt, dabei streng religiös ist und, wie er selbst betont, den Kindern wiederholt christliche Lebensregeln mit ziemlichem Nachdruck nahelegt, will selber Geistlicher werden. Hier spiegelt noch ein zweites Motiv mit, das später erörtert werden soll. — Der Vater eines Schülers ist Schuldiener an einer Volksschule. Der Knabe schmeichelt sich mit dem Gedanken, wie schön es wäre, wenn sein Vater ihm die Ehrenbezeigung leisten und seinen Befehlen zu Diensten stehen müßte, er will Lehrer werden. — Der Sohn eines Zimmermalers möchte akademischer Maler sein. — Der Sohn eines Hauptmanns, also eines Mannes der »des Kaisers Rock« trägt, dem Kaiser »dient«, möchte ebenfalls dem Kaiser dienen, aber in größerer persönlicher Nähe und mit größerer persönlicher Unentbehrlichkeit, er will Hofkoch werden. Zugleich erreicht er damit noch ein zweites Ziel. Der Vater ist, wie mir aus Gesprächen bekannt ist, ein Freund guter Tafeln. Im Hause nimmt man ihm dieses Lieblingsthema seiner Gespräche übel. Der Sohn erscheint hier als der Alliierte des dem Vater feindlichen Teiles der Familie, er will selber den höchsten Ansprüchen der Kochkunst genügen können, aber nicht für den Vater.

Schon aus den wenigen bisher angeführten Beispielen scheint hervorzugehen, daß sich das Kind über das ihm zunächst stehende Normalmaß des Berufes, den Vater, durch Größenträume erhebt. Von diesem Standpunkt aus ist es gleichgültig, ob einer schreibt: »Dann wollte ich Österreichs größter Feldherr werden, der noch viel Größeres leistete als Prinz Eugen und eine Weltmonarchie gründete«, oder ob einer Kutscher werden will, um auf der Straße zu herrschen. In einem Falle erscheint der Beruf des Vaters direkt als letztes Refugium. Ein Schüler will in bunter Abwechslung General, Kondukteur, Chauffeur des deutschen Kaisers und Schauspieler werden und schließt seine Arbeit: »Wenn aber mein Talent nicht ausreichen sollte, werde ich doch noch den Beruf meines guten Papa ergreifen.«

Später tritt neben die Autorität des Vaters eine andere und hilft, sie noch mehr herabzumindern, die Autorität des Lehrers. Nicht mehr der Vater oder die Person, die ihn vertritt, hat in vielen Fällen das letzte Wort zu sprechen, sondern der Lehrer. Die Erscheinung, daß viele mit dem Eintritt in die Schule Lehrer werden wollen (27: 12, 44: 7), beweist neuerdings unsere frühere Vermutung, daß die Knaben nach einem Weg über den Vater hinaus suchen. Zugleich sehen wir auch schon wieder das Streben, dieser neuen Autorität Herr zu werden. Der erste Schritt ist der, daß sie sich dieser gefürchteten Person in der Phantasie gleichstellen; die angeführten Gründe vieler für den neuen Beruf zeigen ferner deutlich zugleich ein Darüberhinausgehen. Wenn ein Schüler Lehrer werden wollte, um »seine Klasse durchprügeln«, oder »mit dem Rohrstaberl die Fingerknöchel der Schüler bearbeiten zu können«, so heißt das neben dem leicht verständlichen Streben, über seine Kameraden zu herrschen und seine sadistischen Regungen zu befriedigen, nicht gerade, daß er seinem Lehrer nachahmen will; denn er hat wohl in den seltensten Fällen solche Erfahrungen gemacht, er weiß vielmehr sehr gut, daß derartige Dinge dem Lehrer verboten sind, selbst bei der größten Renitenz der Schüler. Er aber möchte einer sein, der es sich erlauben kann. Ähnlich steht die Sache, wenn sich einer diesem Beruf zuwenden will, »um in den Heften der Schüler recht viel rot anstreichen« oder »im Katalog blättern zu können«. Noch deutlicher wird diese Tendenz dadurch, daß sich viele sehr bald wieder von diesem Ideal als von einem überholten abwenden. Wir finden da zweierlei Wege. Als der primitivere erscheint der, daß auf den Lehrer irgendein anderes beliebiges Berufsideal folgt wie Offizier, Marinesoldat oder Pilot. Schärfer gehen die zu Werke, die dann einen Beruf wählen, der aus dem Unterricht selbst hervorgegangen sein dürfte. Vielleicht sind es oft gerade nicht erfüllte Ideale des Lehrers, denen er beim Unterricht lebhaftere Farben zu verleihen wußte. Wir finden, daß auf den Lehrer mehrere Male Berufe folgen, die mit dem Reisen zusammenhängen, Entdeckungsreisende und Forscher auf verschiedenen Gebieten. Auch der Ingenieurberuf erscheint zweimal. Das Gesagte gilt natürlich nicht nur von der Volksschule, sondern auch vom Gymnasium. In dieser späteren Zeit treten auffallend oft Berufe hervor, die mit einem ausgiebigen Gelderwerb zusammenhängen, vielleicht eine Rückwirkung der bescheidenen Geldverhältnisse der Lehrer. Ein interessantes Beispiel ist folgendes: Der Sohn eines wohlhabenden Notars will vor seinem Eintritt in die Schule Lehrer werden. Die Gespräche der Eltern und der ältere Bruder, der die Schule besucht, haben dieses Ideal großgezogen. Als er selbst einige Jahre in der gleichen Lage ist, findet er, daß der Beruf seines Vaters gar nicht zu verachten sei, und er beschließt, Notar zu werden. Die Erklärung ist einfach. Zuerst stellt er der väterlichen Autorität die höhere des Lehrers gegenüber. Als er sie aus eigener Erfahrung kennt, findet er, daß der früher zurückgestellte Vater, der sich wenigstens eines höheren Einkommens erfreut, doch dieser bloßen Schulautorität vorzuziehen sei.

Interessant für den Erzieher erscheint auch die Frage, inwieweit diese kindlichen Zukunftsträume Eignungen oder Minderwertigkeit reflektieren. Nach der Adlerschen Lehre von der Organminderwertigkeit wird es uns nicht wundern, wenn manche Berufe erstreben, die ihnen gerade am wenigsten zu liegen scheinen. Ein Knabe, der nach der Aussage seines Vaters seit frühester Jugend sehr schwächlich und blutarm war und an großer Gedächtnisschwäche litt, sucht aus diesem Zustand, der ihn auch unter seinen Altersgenossen herabsetzen mußte, einen Ausweg. Der elterliche Rat, ausgiebig zu essen, und sein körperliches Verlangen veranlassen ihn, nacheinander den Beruf eines Zuckerbäckers, eines Käsehändlers und eines Salamimannes zu wählen. Da könnte er die ihm zusagenden Dinge zur Genüge essen. Er tut es auch in seiner Phantasie; ja er tut es soweit, daß er sich, ebenfalls in seiner Phantasie, bereits riesig stark fühlt; denn der nächste gewählte Beruf ist »Räuber in den Urwäldern Amerikas«. Mit dem Eintritt in die Volksschule bricht dieses Ideal zusammen. Jetzt leidet er besonders unter seiner Gedächtnisschwäche und sofort entschädigt er sich dafür dadurch, daß er Volksschullehrer werden möchte, der doch alles wissen muß. Aber auch das Ideal körperlicher Tüchtigkeit läßt ihm keine Ruhe, er will zwar nicht mehr »Räuber in den Urwäldern Amerikas« werden, die größere Erfahrung hat ihm vielleicht schon die Schwierigkeit dieses Berufes vor Augen geführt. Dafür hat es ihm der immerhin erreichbare Beruf des wetterfesten Seebären, eines Marinesoldaten, angetan. Dabei ist er sich des Gegensatzes zwischen seiner allgemeinen Minderwertigkeit und seinem Ideal bewußt geworden, denn er schließt seine Arbeit mit dem resignierten Satz: »Leider wird keines von diesen meinen Idealen je verwirklicht werden können und über meinen wirklichen Beruf wird demnächst ein Familienrat entscheiden.« (Er stand damals am Ende der vierten Gymnasialklasse.) — Ein anderer, ebenfalls sehr schwächlicher und unterernährter Schüler aus armer Familie setzt mit kühnen Größenträumen ein. Zuerst will er einer der berühmtesten Feldherrn werden, dann akademischer Maler. Professor, Doktor, wozu er bemerkt, daß ihm besonders die Titel gefielen, andere Gründe zu seiner Wahl habe er nicht gehabt. Unter diesen angeführten Berufen verdient einer noch spezielles Interesse, nämlich der eines akademischen Malers, da der Knabe schon frühzeitig hochgradig kurzsichtig wurde. Später wollte er ganz allgemein ein Mann werden, dem man ein Denkmal setzte. Nach der Lektüre des Karl May fühlt er sich als den Haupthelden aller Geschichten, nach der Lektüre des Romans »Soll und Haben« erscheint ihm der Kaufmannsstand als das Höchste und füllt seine Träume aus; jetzt aber, erklärt er, da er älter geworden sei, könne er sich eigentlich für keinen Beruf entscheiden; nur daran halte er fest, das Gymnasium zu absolvieren, das übrige überlasse er der Zeit; wenige Wochen später meldeten die Eltern seinen Austritt aus dem Gymnasium und gaben ihn in eine Lehrerbildungsanstalt, ohne daß er dagegen Einsprache erhoben hätte. Ja, er scheint sich dort jetzt sehr wohl zu fühlen. – Ein früher schon erwähnter Schüler wollte in Reaktion auf die häusliche christliche Erziehung nach einem kurzen Kindertraum, der ihn Kutscher sein ließ, Priester werden, weil er da oft zu vielen sprechen könne, und er schildert, wie er nach dem Besuch der Kirche zu Hause auf einem Sessel oder Tische stehend sich bemühte, die Worte des Geistlichen zu wiederholen. Charakteristisch ist nun, daß dieser Schüler nie dazu zu bringen war, einen korrekten oder zusammenhängenden Satz zu sprechen. Aber er wollte Redner vor einer großen Menge sein. Diese Schwerfälligkeit der Zunge paarte sich mit einer auffallenden Stumpfheit der Sinnesorgane. Unter seinem schwer zu schulenden Gehör litt er in den alten Sprachen, und sein Auge, das noch dazu mäßig kurzsichtig wurde, war in den Naturwissenschaften nicht imstande, gewöhnliche Dinge auf den ersten Blick zu erkennen. Dasselbe zeigte sich bei der Beschreibung von Bildern im Deutschunterrichte. Nun wählt er als endgültigen Beruf einen, der einen scharfen, raschen Blick und eventuell auch ein feines Gehör zur Voraussetzung hat, er will Arzt werden. Er will also einer sein, der weiß, wie körperliche Fehler behoben werden können. – Dasselbe zeigt sich auch bei einem anderen Schüler, der kurz erzählt: »In meiner Kindheit war ich viel krank, darum wollte ich Arzt werden.« – Ich komme jetzt noch einmal auf den schon erwähnten Offizierssohn zurück, der Hofkoch werden wollte. Er fiel allgemein durch seine übermäßige Dicke auf, die ihn schwerfällig und unbeweglich machte. Dabei litt er nach Aussage der Eltern seit früher Jugend an andauernder Appetitlosigkeit. Daß hier eine ausgesprochene Organminderwertigkeit zugrunde liegt, ist klar. Aber er wählte gerade einen Beruf, der ihn in die Lage versetzt, an den feinsten Tafelgenüssen teilzuhaben.

Andererseits zeigt sich oft in den gewählten Berufsarten eine bestimmte geistige Eignung oder es kommt die Gesamtattitüde zu Wort. So will z. B. ein Schüler, der in der Klasse als einer der besten Zeichner gilt, schon in früher Jugend Baumeister werden, der große Paläste, Kirchen und Türme baut, später erscheint ihm der Beruf eines Maschinenbauingenieurs sympathisch. – Ein anderer guter Zeichner der Klasse will in frühester Jugend Damenschneider werden, wegen »Schick«, was deutlich auf besondere Ausbildung des optischen Sinnes und, nebenbei bemerkt, auf eine spezifisch weibliche Attitüde hinweist. Später will er Ingenieur und Maler werden. – Noch ein zweiter will als Kind Schneider werden, doch wird darüber später noch zu reden sein. – Solche Berufe, die auf eine spezielle Begabung zurückzuführen sind, können aber noch mehr abseits liegen. So finden wir einen anderen Schüler, der in seiner Jugend Feuerwehrmann werden will, aber dann plötzlich große Leidenschaft für die Malerei entwickelt. Wenn wir die Schilderung seiner Vorliebe für die Feuerwehr lesen, so finden wir sofort, daß es ihm nur am richtigen Namen für seinen Lieblingsberuf gefehlt hat. Er sagt: »Wenn ich als Kind die Feuerwehr blasen hörte, ließ ich wohl mein liebstes Spielzeug stehen und lief so schnell wie möglich ans Fenster, um mit einem Blick noch ein Stückchen des vorbeieilenden Wagens erhaschen zu können.« Auffallend erscheint mir die Wendung »mit meinem Blick erhaschen«, also mit dem Gesichtssinn Besitz ergreifen von den Dingen. Dann schildert er den Eindruck, den die fahrende Feuerwehr auf ihn machte, wenn er das »Glück« hatte, gerade auf der Straße zu sein. »Da ergriff mich die allgemeine Erregung und ich konnte mir keinen schöneren Beruf denken, als mit blitzendem Helm auf dem Wagen zu stehen, . . . und Menschen ›aus Qualm und Rauch‹ zu retten«. Auch hier wieder das optische Element, und besonders charakteristisch erscheint die Wendung »aus Qualm und Rauch retten«, statt des näherliegenden »aus dem Feuer retten«.

Im Anschluß daran drängt sich uns die Frage auf, inwieweit sich die Knaben ihrer sexuellen Rolle bewußt sind. Daß uns ein Material wie das vorliegende, das ja aus Schulaufsätzen besteht, keine direkten Anhaltspunkte bietet, darf uns nicht wundern. Um so wertvoller muß uns daher jeder unabsichtliche Anhaltspunkt sein, wo der Schreiber selber den Zusammenhang nicht erfassen konnte. In einer einzigen Arbeit spielt der Gedanke an Frau und Familie herein, und da sonderbar genug. Der Schüler stellt sich vor, er wäre Kapitän eines Kriegsschiffes und schildert nun in nervöser Abwechslung und voll Sucht nach Sensation alle möglichen Erlebnisse, Abenteuer und Heldentaten, die er ausführen möchte, und wie glücklich er wäre, wenn er nach seiner Rückkehr dafür belobt würde. »Ich führe dann gleich zu meiner lieben Frau und den Kindern und brächte Freude in das so geliebte Haus. Bei der Trennung würde ich sie durch das Versprechen trösten, bald wieder zu kommen.« Der Gedanke an häusliches Glück wäre also ganz schön, nur dürfte es nicht zu lange dauern. Gegen den Schmerz einer Trennung sichert er sich durch die Vorstellung der schönen Rolle, die er dabei spielen könnte, und charakteristisch ist es, daß er dann im weiteren Verlauf der Arbeit sofort seine Teilnahme an einer Seeschlacht schildert.

Wenn also der Schüler seinem voraussichtlichen Schicksal als Ehemann nicht entrinnen zu können glaubt, so sichert er sich wenigstens durch die Wahl eines Berufes, der von Amts wegen seine Rolle als Ehemann auf ein Minimum reduziert. Zugleich zeigt sich hier auch das bei Neurotikern häufige Streben, die geliebte Person durch Fernebleiben, hier sogar verschärft durch das Verweilen in gefährlichen Situationen, beherrschen zu wollen. – Anders erscheint der Fall eines Schülers, der von seiner eigentlichen Rolle noch weiter abzuweichen scheint. Sein ganzes Äußeres, sein Gehaben und seine Sprechweise erscheinen als eine übertriebene Nachahmung des Mädchenhaften. Dazu kommt noch eine zärtliche Freundschaft zu einem Kameraden, durch die er sich von den übrigen völlig abschloß, um nur einem zu gehören. Und nun lesen wir, daß er in seiner frühesten Jugend am liebsten Graf sein wollte, »immer von Glanz umstrahlt«. Er dachte sich das Grafsein wie »ein Kleid, das man nur anzuziehen brauchte«, und alles war erledigt. Wäre dieser Schüler ein Mädchen, so hätte er sein Ideal viel geradliniger erreichen können, das Ideal einer mondänen Dame, die, »von Glanz umstrahlt«, das, was ihr in der Gesellschaft Wert verleiht, tatsächlich anziehen kann oder die soziale Stellung ihres Mannes oder ihre Abstammung wie ein Kleid trägt. Später schien es ihm begehrenswert, Schneider zu sein, und zwar, wie aus seinem Wunsch, schöne Kostüme herstellen zu können, hervorgeht, Damenschneider. Obwohl er diesen Beruf als Kindheitstraum angibt, kann er doch im Alter von 15 Jahren nicht umhin, ihn mit einem Hinweis auf Poiret zu rechtfertigen, dessen Vorträge auf ihn großen Eindruck machten. Nach dieser Periode »der Seide und des Samtes« hörte er vom Theater, und die Erzählungen davon scheinen seine Phantasie mit unklaren Bildern dessen, was dort zu sehen sei, angefüllt zu haben. Da kommt er auf den Gedanken, Souffleur zu werden, d. h. er wollte, von den anderen ungesehen, selbst besser als die andern alles sehen können, ein deutlicher Ausdruck weiblicher Neugierde überhaupt und der Neugierde dieser Altersstufe im besonderen. Als er hört, daß dies nicht so leicht sei, will er wenigstens Programmverkäufer oder Saaldiener sein. »Dann wollte ich eine Zeitlang ins Kloster gehen oder Arzt werden.« Beide Berufe sehen im Zusammenhange mit den vorausgegangenen auf den ersten Blick wie der Ausdruck eines Katzenjammers nach den früheren Träumen aus; der erste bedeutet direkte Abkehr von den Genüssen der Welt, natürlich auch vom Theater, und der andere erscheint mehr von der Seite der menschlichen Leiden, also als Bußberuf, erfaßt zu sein. Aber in beiden Berufen wird noch ein weiterer uns schon bekannter Zweck erreicht. Mönch sein bedeutet, auf die von der Natur zugedachte Rolle freiwillig verzichten unter einer höheren Rechtfertigung; Arzt sein heißt, wie beim Souffleur, alles aus nächster Nähe von Berufs wegen sehen zu können, ohne weitere Verpflichtung. Als er dann im Alter von 13 Jahren zum erstenmal wirklich die Oper besuchte, ging ihm eine neue Welt auf. Sein heißester Wunsch wird es, dort oben auf der Bühne zu stehen, von allen bewundert zu werden, und zwar als der Erste dort zu stehen. Ein deutliches Sich-zur-Schau-stellen-wollen, um die andern zurückzudrängen. Gelingt ihm dieser Plan nicht, dann will er lieber in einer Kanzlei sitzen und auf den Hofratstitel warten. Wir erkennen aus dieser Zusammenstellung deutlich die Verschiebung der Leitlinie auf ein weibliches Ziel. – Einige Züge dieser Aufzeichnung scheinen noch auf ein anderes, bei manchen Kindern häufiges Ideal zu weisen, auf den Gottheitstraum. Gott ist unsichtbar, kein Mensch kann ihn mit Augen sehen, aber er sieht alles und hält alle Fäden in der Hand, ohne ihn kann nichts geschehen. Diese Funktionen hat bis zu einem gewissen Grade auf der Bühne der Souffleur. Gott ist einzig, nichts kann sich mit ihm messen, alle bewundern sein Werk. Das gilt auch von dem, der als erster auf der Bühne steht. In der Zeit, als die früheren Größenideale des Schülers zusammenbrechen, finden wir das Mönchsideal. Er will auf gutem Fuß mit Gott stehen, wenn er schon selbst nicht Gott sein kann. – Andere Arbeiten zeigen deutlich sadistische Züge, die sich in verschiedenen Berufsarten ausleben wollen. Der eine will Jäger werden, um bei einer Treibjagd, d. h. gesichert gegen jeden Angriff, recht viele Tiere erschießen zu können. Ein anderer will, wie schon erwähnt, Schullehrer werden, um mit einem Rohrstaberl die Fingerknöchel der unaufmerksamen Schüler bearbeiten zu können; ein dritter will dasselbe, um im Katalog blättern zu können, was bekanntlich vor der Abschaffung des Katalogs in der Klasse oft Furcht und Zittern hervorrief. – Auf derselben Stufe steht der, der Lehrer werden will, einfach um die Kinder prügeln zu können. Wieder ein anderer will Kondukteur werden wegen des Kartenzwickens. Die mit dem hier zutage tretenden Trieb verbundene Feigheit weist sie also auf möglichst wehrlose Objekte. Versteckt zeigt sich dieser Trieb, wenn sich einer z. B. wünscht, Seemann zu sein, »um Menschen, die mit der Gewalt der Elemente ringen, aus höchster Not retten zu können«, oder Feuerwehrmann, um »Menschen aus Rauch und Qualm retten zu können«, da die Ausübung dieser Berufe unmittelbar die Leiden anderer zur Voraussetzung hat. – Andere Berufsarten zeigen direkte Beziehung auf das Sexuelle, so, wenn ein Schüler Aufspritzmann werden wollte, »um den Leuten zwischen die Füße spritzen zu können«, oder wenn ein anderer Ingenieur oder Maschinist werden möchte, »um an den kleinen Bestandteilen der Maschine herumhantieren zu können«. In beiden Fällen ist weniger der gewählte Beruf an und für sich als die Ausdrucksweise das Auffallende. Ein Schüler, der in Galizien aufgewachsen ist, wollte dort Rauchfangkehrer werden, »um in den landesüblichen Kaminen herumrutschen zu können«, was deutlich an den Sexualjargon des Volkes erinnert.

Am Schlusse dieser Untersuchung wäre noch eine Frage von Interesse, die Frage nach den Gründen des wiederholten Berufswechsels im allgemeinen. Für einzelne Fälle wurde die Erklärung an der entsprechenden Stelle schon gegeben. Dabei zeigte es sich, daß der Berufswechsel oft nur ein scheinbarer ist. Ein bestimmtes, wenn auch unklar geschautes Ziel steht von Anfang an vor Augen, nur der Weg dazu, der über den Beruf führt, liegt noch im Dunkeln. Das wiederholte, unsichere Tasten verrät Mangel an Erfahrung. Deutlich zeigt sich das in dem Beispiel, wo der Weg vom Feuerwehrmann zum Maler führt, und zum Teil in dem Fall, wo die weibliche Leitlinie dominierend hervortrat. In einer anderen Reihe von Fällen wäre es nicht so leicht, ein bestimmtes Ziel sofort mit Namen zu nennen. Wir haben Fälle, wo Knaben im Alter von 14 bis 15 Jahren auf acht bis neun Berufsideale, und Knaben von 12—13 Jahren auf sechs bis sieben zurückblicken, wobei wir ruhig annehmen können, daß in den meisten Fällen die Zahl weit höher ist. Daß nicht alle in den Aufzeichnungen erscheinen, hat seinen Grund oft in der geringeren Intensität oder kürzeren Dauer einzelner Berufsträume. Doch ist die Vermutung nicht abzuweisen, daß selbst in den nicht ganz klaren Fällen bei noch genauerer Kenntnis aller Faktoren, die das Leben des Kindes beeinflußt haben, eine einheitliche Leitlinie zu finden wäre. Als allgemeinstes Ziel war in den angeführten Fällen das »Obenseinwollen« unverkennbar.

Wenn wir die Mitteilungen der Schüler daraufhin untersuchen, was nach ihrer Erinnerung den Wechsel der Ideale veranlaßt hat, finden wir einige charakteristische Motive. Das Häufigste ist die Furcht vor den Gefahren, die mit einem bestimmten Beruf vorhanden sind. Das gilt besonders von den Abenteurerberufen und jenen anderen, mit deren Ausübung Lebensgefahr verbunden ist. Nachdem man einige Zeit in Größenwahn geschwelgt hat, meldet sich ernüchternd der Verstand. So fürchten sich ein Weltreisender und ein Löwenbändiger vor den Gefahren ihres Berufes, ein Marineoffizier vor dem Ins-Wasser-fallen, ein Pilot vor dem Abstürzen, ein Lokomotivführer vor dem schweren Dienst und vor einem Eisenbahnzusammenstoß, ein Jäger vor den Wilddieben usw. Aber auch bei ungefährlicheren Berufen zeigt sich oft eine gewisse Feigheit. Ein Arzt hat Angst vor den nächtlichen Visiten und be-

schließt, Kaufmann zu werden; ein Pferdebahnkutscher findet das lange Stehen lästig und will gewöhnlicher Kutscher werden; der früher erwähnte Schüler, der Hofkoch werden wollte, gibt diesen Beruf auf, weil er hört, daß die Köche im Sommer viel unter der Hitze zu leiden hätten; einer, der Kaiser werden wollte, erfährt schließlich, daß er in dieser Stellung nur viel Sorgen, Kummer und Arbeit habe, und beschließt dann, Jäger und Gutsbesitzer zu werden. Ein Fall, wo die Angst als nahezu treibende Kraft erscheint, ist folgender: Ein Schüler will Jäger werden, hört aber von den Gefahren dieses Berufes und sieht darauf im Aviatiker sein Ideal. Aber er liest zu oft von verunglückten Berufsgenossen und beschließt, Lateinprofessor zu werden. Aber auch das ist nicht von langer Dauer. »Ich fürchtete, dieser edle Beruf könnte meiner Gesundheit schaden.« Und da er im Kampfe um alle seine Ideale unterlegen ist, sich aber die Niederlage nicht eingestehen will und sich doch als obenstehend fühlen muß, beschließt er zuletzt, vorläufig keinen Beruf zu ergreifen, sondern ein »anständiger Mensch« zu werden. – Ein weiteres Motiv für die Berufsänderung, das dem eben besprochenen sehr nahe verwandt ist, erscheint als rein praktische Erwägung und Abschätzung verschiedener Ideale. Dabei finden wir vielfach direkten Hinweis auf Gelderwerb. Ein Schüler, der Geschichtsprofessor werden wollte, gibt diesen Beruf auf, weil er erfährt, daß in diesem Fach jetzt die Aussichten schlecht seien. Ein Jäger will Ingenieur werden, weil er hört, daß er als solcher viel Geld verdienen kann; zwei wollen Gutsbesitzer werden, ebenfalls in der Erwartung großen Einkommens.
Wenn wir neben einzelnen Schülern mit überreichen Berufsidealen auch wieder solche finden, die erklären, sie wüßten nicht, was sie werden wollten, was auch bei den vorliegenden Aufzeichnungen zweimal der Fall war, so dürfte die Antwort nach der früheren Untersuchung nicht schwer sein. Es wurde schon anfangs festgestellt, daß es sich ausschließlich um Tagträume handelt, um Spiele der Phantasie, die sich nicht immer in bestimmten Berufsvorstellungen zu fixieren brauchen. In immer wechselnden, nie klar festgehaltenen Bildern ziehen die verschiedenen Möglichkeiten an der Seele des Kindes vorbei, ohne daß es einmal ernstlich mit seiner Phantasie zugreift; denn es hat Angst vor der endgültigen Entscheidung und ist also auf dieselbe Stufe zu stellen wie ein Kind mit übermäßig vielen Berufsidealen. Und wenn wir dann auf unsere Frage: »Was willst du werden?» die Antwort hören: »Ich weiß es nicht«, oder »Darüber habe ich noch nicht nachgedacht«, können wir das aufs Wort glauben; denn das Nachdenken müßte zu einer zeitweiligen Entscheidung führen, und der will man eben ausweichen. Die Angst vor den realen For-

derungen eines Berufes und des Lebens überhaupt ist zu groß. Diese Angst stammt aber nicht allein aus der Seele des Kindes, sondern oft genug wecken Eltern und Erzieher Größenträume, deren vorausgefühlte Unerreichbarkeit den Konflikt verschärft. Aufgabe des Erziehers wäre es, dem Kinde erreichbare Ziele nahezubringen, es zu veranlassen, daß es seine Kräfte an diesen Forderungen mißt, abwägend vergleicht und sich so Schritt für Schritt klarer wird über den Umkreis und die Qualität seiner Kräfte.

Alfred Adler

Ein Beitrag zur Psychologie der ärztlichen Berufswahl*

Ein Arzt erzählt folgendes:
»Anläßlich des schrecklichen Schiffsunglücks der »Titanic« konnte ich an mir die Ergriffenheit deutlich beobachten. In meinen freien Stunden fand ich mich oft im Gespräch über das Unglück, und vorwiegend war es die Frage, die von mir immer wieder aufgenommen wurde, ob man nicht doch ein Mittel hätte finden können, um die Untergehenden zu retten.
Eines Nachts wache ich aus dem Schlafe auf. Als richtiger Psychologe lege ich mir die Frage vor: warum ich, der sonst ein guter Schläfer ist, diesmal aufgewacht sei? Ich fand aber keine befriedigende Antwort, fand mich vielmehr kurze Zeit darauf in emsigem Nachdenken, *wie man die Untergehenden der Titanic hätte retten können*. Bald nachher, – es war 3 Uhr – schlief ich ein.
In der nächsten Nacht wachte ich wieder auf. Ich sah auf die Uhr, es war 1/2 3 Uhr. Flüchtig kamen mir Gedanken über die sonstigen Theorien der Schlaflosigkeit, unter anderem fiel mir auch die Meinung eines Autors ein, daß man, einmal an ein Aufwachen aus dem Schlafe gewöhnt, leicht wieder um die gleiche Zeit erwachen kann. Aber mit einem Male wußte ich intuitiv, wie es sich mit meinem Aufwachen verhielt. Um 1/2 3 Uhr war die Titanic untergegangen. Ich hatte die Fahrt im Schlafe mitgemacht, hatte mich in die schreckliche Situation des Unterganges eingefühlt und war also schon zweimal des Nachts erwacht, als das Schiff unterging.
Auch in der zweiten Nacht nahmen meine Gedanken die Richtung, ein Mittel zu finden, wie man sich in einer solchen Situation retten könnte, sich und die anderen. Fast gleichzeitig erriet ich, daß hier der *vorbeugende und vorbereitende Versuch einer Sicherung* am Werke war, der in gleicher Weise der Vorsicht wie dem Ehrgeiz dienen sollte. Ich verstand auch ohne weiteres, daß die Amerikafahrt – ein altes Ziel meiner Sehnsucht – in sinnreicher Weise den Kampf um meine wissenschaftliche Repräsentation symbolisierte. Und wie im Wachen, so tat ich auch im Schlafe. Ich war auf der Suche nach einem Mittel zur Rettung, und ich stellte die sinnfälligste Si-

* Aus: Adler ›Individualpsychologische Beiträge zur Schlafstörung‹. In: *Praxis und Theorie*, l. c. [Enthält Teile von ›Individualpsychologische Ergebnisse bezüglich Schlafstörungen‹. In: *Fortschritte der Medizin*, Bd. 31, 1913, S. 925–933.]

tuation her, um mich zur Gegenwehr zu rüsten und zu mobilisieren: *Einfühlung in die stärkste Gefahr und Nachdenken!*
Leicht war auch zu verstehen, daß diese Art, auf Gefahren meiner Person und mir Nahestehender zu reagieren, meine persönliche Attitüde sein mußte. Und bald fand ich den Zusammenhang.
Ich bin ja Arzt. Es gehört also zu meinen Obliegenheiten, gegen den Tod ein Mittel zu finden. Damit aber war ich schon auf mir bekanntem Boden. Der Kampf gegen den Tod gehörte nämlich zu den stärksten Antrieben meiner Berufswahl. Wie so viele von den Ärzten, bin auch ich Arzt geworden, *um den Tod zu überwinden.*
Aus meiner Jugendgeschichte erinnere ich mich an mehrere Ereignisse, in denen mir der Tod nahe schien. So hatte ich aus einer Rachitis außer einer Schwerbeweglichkeit jene gemilderte Form von Stimmritzenkrampf erworben, die ich später als Arzt oft bei Kindern antraf, wo Verschluß der Glottis beim Weinen eintritt, so daß ein Zustand von Atemnot und Stimmlosigkeit das Weinen unterbricht, bis sich nach Lösung des Krampfes das Weinen wieder fortsetzt. Der Zustand der dabei eintretenden Atemnot ist höchst unangenehm, wie ich aus meiner Erinnerung weiß; ich dürfte damals noch nicht zwei Jahre gewesen sein. Die übertriebene Furcht meiner Eltern und die Besorgnis des Hausarztes waren mir nicht entgangen und erfüllten mich, abgesehen von der Peinlichkeit der Atemnot, mit einem Gefühl, das ich heute als Gefühl der Unruhe und der Unsicherheit bezeichnen möchte. Ferner erinnere ich mich, daß ich eines Tages kurz nach einem solchen Keuchanfall Gedanken hatte, wie ich, da bisher kein Mittel gefruchtet hatte, dieses lästige Leiden beseitigen könnte. Auf welchem Wege ich dazu kam, ob die Anregung von außen kam oder ob ich allein die Idee ausheckte, kann ich nicht sagen: ich beschloß, das Weinen ganz einzustellen, und so oft ich die erste Regung zum Weinen verspürte, gab ich mir einen Ruck, hielt mit dem Weinen inne und das Keuchen verschwand. Ich hatte ein Mittel gegen das Leiden, vielleicht auch gegen die Todesfurcht gefunden.
Kurze Zeit später, ich war drei Jahre geworden, starb mir ein jüngerer Bruder. Ich glaube, die Bedeutung des Sterbens verstanden zu haben, war fast bis zu seiner Auflösung bei ihm und wußte, als man mich zu meinem Großvater schickte, daß ich das Kind nimmer sehen werde, daß es im Friedhof begraben würde. Meine Mutter holte mich nach dem Leichenbegängnis ab, um mich nach Hause zu bringen. Sie war sehr traurig und verweint, lächelte aber ein wenig, als mein Großvater, um sie zu trösten, einige scherzende Worte zu ihr sagte, die sie wahrscheinlich auf weiteren Kindersegen verweisen sollten.

Dieses Lächeln konnte ich meiner Mutter lange nicht verzeihen und ich darf aus diesem Groll wohl schließen, daß ich mir der Schauer des Todes sehr wohl bewußt gewesen bin.
Im vierten Lebensjahr kam ich zweimal unter einen Wagen. Ich entsinne mich, daß ich mit Schmerzen auf einem Diwan erwachte, ohne daß ich wußte, wie ich dorthin gekommen war. Ich muß also wohl in Ohnmacht gefallen sein.
Mit fünf Jahren erkrankte ich an einer Lungenentzündung und wurde vom Arzte aufgegeben. Ein zweiter Arzt schlug doch eine Behandlung vor, und ich war in wenigen Tagen gesund. Man hatte in der Freude über meine Genesung noch lange Zeit über die Todesgefahr gesprochen, in der ich angeblich geschwebt hatte; seit dieser Zeit entsinne ich mich, daß ich mir stets meine Zukunft als Arzt vorgestellt habe, d. h. *ich habe ein Ziel festgesetzt, von dem ich erwarten durfte, daß es meiner kindlichen Not, meiner Furcht vor dem Tod ein Ende machen konnte*. Es ist klar, daß ich von dieser Berufswahl mehr erwartet habe, als sie leisten konnte: den Tod, die Todesfurcht überwinden, das hätte ich eigentlich von menschlichen Leistungen nicht erwarten dürfen; bloß von göttlichen. Die Realität gebietet aber zu handeln. Und so war ich gezwungen, im Formenwechsel der leitenden Fiktion so weit mein Ziel abzuwandeln, bis es der Realität zu genügen schien. Da kam ich zur ärztlichen Berufswahl, um den Tod und die Todesfurcht zu überwinden.[1]
Aus der Berufswahlphantasie eines etwas zurückgebliebenen Knaben, die sich auf ähnlichen Eindrücken – Tod einer Schwester und Kränklichkeit in früher Kindheit, Bekanntschaft mit dem Tod – aufbaute, erfuhr ich, daß dieser Knabe beschlossen hatte, Totengräber zu werden, um, wie er sagte, die anderen einzugraben und nicht selbst eingegraben zu werden. Das starre, gegensätzliche Denken dieses später neurotischen Knaben, – oben oder unten, aktiv oder passiv, Hammer oder Amboß, flectere si nequeo superos, Acheronta movebo! – hat mittlere Möglichkeiten nicht zugelassen, seine kindische rettende Fiktion ging im Nebensächlichen auf das Gegenteil.
Aus jener Zeit meiner Berufswahl, etwa aus dem fünften Lebensjahre, datiert folgendes Erlebnis: Der Vater eines Spielkameraden fragte mich, was ich werden wollte. Ich gab zur Antwort: »Ein Doktor!« Der Mann, der vielleicht schlechte Erfahrungen mit Ärzten gemacht hatte, erwiderte darauf: »Da soll man dich gleich an dem nächsten Laternenpfahl aufhängen!« Selbstverständlich ließ mich, – eben wegen meiner regulativen Idee –, diese Äußerung völlig kalt. Ich glaube, ich

[1] Über die Bedeutung des Todes für das Philosophieren siehe P. Schrecker, *Bergsons Persönlichkeitsphilosophie*. München 1912.

dachte damals, daß ich ein guter Arzt werden wolle, dem niemand feindlich gesinnt sein sollte.

Kurz nachher kam ich in die Volksschule. Meine Erinnerung sagte mir, daß ich auf dem Weg in die Volksschule über einen Friedhof gehen mußte. Da hatte ich nun jedesmal Furcht und sah es mit großem Mißbehagen, wie die andern Kinder harmlos den Friedhofsweg gingen, während ich ängstlich und mit Grauen Schritt vor Schritt setzte. Abgesehen von der Unerträglichkeit der Angst quälte mich der Gedanke, an Mut den andern nachzustehen. Eines Tages faßte ich den Entschluß, dieser Todesangst ein Ende zu machen. Als Mittel wählte ich *wieder die Abhärtung.* (Todesnähe!) Ich blieb eine Strecke hinter den andern Kindern zurück, legte meine Schultasche an der Friedhofsmauer auf die Erde und lief wohl ein dutzendmal über den Friedhof hin und zurück, bis ich dachte, der Furcht Herr geworden zu sein. Später glaube ich den Weg ohne Angst gegangen zu sein.

Dreißig Jahre später traf ich einen ehemaligen Schulkameraden, mit dem ich Kindheitserinnerungen aus der Volksschule austauschte. Es fiel mir dabei ein, daß derzeit jener Friedhof nicht mehr bestehe, und ich fragte, was aus dem Friedhof, der mir solche Beschwerden gemacht hatte, geworden sei. Verwundert antwortete mir mein ehemaliger Kamerad, der länger als ich in jener Gegend gewohnt hatte, daß auf dem Wege zu unserer Schule *niemals ein Friedhof* gewesen sei. Da erkannte ich, *daß die Erinnerung an die Friedhofsgeschichte eine dichterische Einkleidung für meine Sehnsucht war, die Angst vor dem Tod zu überwinden.* Sie sollte mir ähnlich wie in anderen Lebenslagen zeigen, daß man den Tod und die Todesangst überwinden könnte, *daß es ein Mittel geben müsse, und dies wirkte wie ein kraftvoller Zuspruch,* daß es mir gelingen könnte, in schwierigen Lebenslagen ein solches Mittel gegen den Tod zu finden. So kämpfte ich gegen meine Kindheitsfurcht, so bin ich Arzt geworden und so sinne ich auch jetzt noch Problemen nach, die mich gemäß dieser psychischen Eigenart anziehen, was bei der Titanic-Katastrophe in hervorragendem Maße der Fall war.

Ja mein Ehrgeiz ist so sehr durch diese leitende Fiktion, den Tod zu überwinden, festgelegt, daß ihn andere Ziele wenig aufstacheln können. Es kann vielmehr leicht der Eindruck erweckt werden, als ob mir in den meisten Beziehungen des Lebens der Ehrgeiz fehlte. Die Erklärung für diese double vie, für diese Spaltung der Persönlichkeit, wie es die Autoren nennen würden, liegt darin, *daß der Ehrgeiz ja nur ein Mittel darstellt,* keinen Zweck, so daß er bald benützt, bald beiseite geschoben wird, je nachdem das vorschwebende Ziel bald mit diesem Charakterzug, bald ohne ihn leichter zu erreichen ist.«

Hedwig Schulhof

Der liebe Niemand

»Die meisten Menschen gleichen Überresten eines vollen Gastmahls, das Leute von verschiedenem Geschmack und Appetit geplündert haben.«
(Novalis)

»Die Medizin muß noch ganz anders werden, — Lebenskunstlehre —, Lebensnaturlehre!« An dieses ahnungslose Romantikerwort habe ich mich unwillkürlich erinnert, als ich *Alfred Adlers* »Grundzüge zu einer vergleichenden Individualpsychologie« in seinem Buch: »Über den nervösen Charakter« und in der Folge auch die andere individualpsychologischen Schriften las und las und immer wieder bedenken mußte. Hier fand ich wahrhaftig, von medizinischer Wissenschaft inspiriert, eine Lebensnatur-, eine Lebenskunstlehre, und zwar eine, die uns sozusagen gewohnte Krücken aus der Hand nimmt und uns unwiderstehlich beibringt, daß wir, wir mögen wollen oder nicht, zuletzt auf eigenen Füßen stehen müssen, d. h. irgendwie für uns verantwortlich gemacht werden, — unwiderstehlich aber heilsam. So sehr mich dieser zwingende Weckruf zur Selbstbesinnung anfangs erschüttert hatte, so warm empfahl ich mir bald die neue Erkenntnis zur Nutzanwendung. Ja ich begann mich mehr und mehr nach einer »Generalrevision« unter dem neuen Gesichtswinkel zu sehnen. Die eigene Tür ist einem ja schließlich die nächste, — dort wollte ich zu kehren anfangen. Ich brannte geradezu darauf, mein eigenes Werden individualpsychologisch zu verstehen und beschloß eine Ich-Geschichte zu schreiben. Sie ist in den Anfangskapiteln stecken geblieben.
Allein, da gerade diese naturgemäß am meisten von pädagogischen Einflüssen und Wirkungen erzählen, habe ich es gewagt, sie an dieser Stelle für einen kleinen Beitrag heranzuziehen.
— — — — — Am Anfang war — — — ja dieser richtunggebende Anfang! Wie das alles aus den Nebeln der zeitlichen Ferne auftaucht, immer klarer, — durchsichtig geworden.
Ich muß daran denken, wie ich vor Jahren in einem in den »Dokumenten der Frauen« veröffentlichten »Prosalyrismus« geschrieben habe:
»Ich! — wer und was ist denn dieses Ich?
Ich bin meine Wirkung, — jetzt und in jedem Augenblick nichts anderes, als meine Wirkung.«
Jetzt seh ich's anders, — ungefähr so:
Ich! das ist mein organisches Substrat und seine Möglichkeiten, mein mehr oder weniger labiles Sicherheits- und Selbst-

gefühl zu festigen, zu steigern. Diese Möglichkeiten können von mir wohl oder übel »arrangiert« werden. Sie sind unberechenbar für den begrenzten Menschensinn. Es scheint, daß ich ein Prozeß bin, der sich, getrieben von meinen allgemein menschlichen und individuellen Schwächegefühlen, meinen »Minderwertigkeitsgefühlen« zum Heil oder zum Unheil vollzieht.

In den ersten, der Rückschau zugänglichen Anfängen dieses »Prozesses« seh ich ein mehr als durchschnittlich »illustratives« Kind auftauchen. Das mag zum Teil daher kommen, daß ich mich in einer Intellektuellenfamilie entwickelt habe, wo seit Generationen eine gewisse übernormale nervöse Reizbarkeit die Norm gewesen ist, und daß sich die »Leitlinien« ja bei Nervösen auffallender zeigen.

Wenn ich nun die einleuchtenden pädagogischen Postulate ins Auge fasse, die aus der Lehre von der dynamischen Wertigkeit der naturgegebenen menschlichen Unzulänglichkeitsgefühle hervorgehen, die, wenn es gut geht, uns empor treiben, wenn es schlecht geht, uns krank und schädlich, asozial machen können, — wenn ich bedenke, wie unklug es demnach ist, die Angst vor dem Leben, die ein Geschöpf, das mehr oder weniger in der Gewalt anderer ist, ohnehin stachelnd empfindet, noch zu steigern, indem man die Gefahren dieses Lebens, seine Ansprüche und Schwierigkeiten in den wirkungsvollsten Farben malt, dann bin ich nicht gerade weise erzogen worden.

Mütterliche Überzärtlichkeit hat mir die kleinen Verantwortungen und Schwierigkeiten des Kinderlebens mehr als mir gut war erleichtert, eine theoretisch ganz auf Autorität, auf Diktatur gestellte Erziehung andererseits meinen Trotz sicher mehr als notwendig herausgefordert. Meine gütige und sensitive Mutter, reichlich schwach gegen ihre Kinder und im Grunde voll zager Angst vor dem Leben, nahm mit Vorliebe ihre Zuflucht zu energisch klingenden Redewendungen, und zwar mit einem geradezu abergläubischen Vertrauen auf diese »Zauberformeln«, um im Bedarfsfalle ihr beunruhigtes erzieherisches Gewissen damit zu beruhigen: und dieser Bedarfsfall stellte sich ziemlich oft ein. Ich erinnere mich u. a., daß man mir lange nacherzählt hat, ich sei als Kind einmal im Bett gelegen, umgeben von allerlei »Sicherungen« für die nachtschlafende Zeit. Neben mir ein Glas Wasser für den Durstfall, ein Stückchen Zucker, falls ich hungrig werden sollte, versehen mit wohlüberlegten Vorsichtsmaßregeln gegen eventuelle Kälte-oder Wärmegefühle, und ich habe schließlich all das, was meine Mutter sorgsam für mich aufgebaut, überblickend nachdenklich vor mich hin gesagt: »Was könnte ich nur noch wollen?«

Wenn ich so auf ihre übertriebene Sorgfalt für meine kleine Person mit pädagogisch nicht gut zu rechtfertigenden Ansprüchen reagierte, dann pflegte sie mich mit einer gewissen Regelmäßigkeit nachdrücklich zu versichern: »Du bist der liebe Niemand, – verstehst du?«

Da ich mich aber gleichwohl immerzu im Mittelpunkt einer ängstlichen Fürsorge fühlte, glaubte ich ihr das natürlich nicht.

Der entschiedene Gegensatz zwischen erzieherischer Theorie und Praxis hatte nur den Erfolg, daß sich irgendwie stachelnd in mir festsetzte, man fände es löblich und wünschenswert, wenn ich mich für den »lieben Niemand«, für jemand, der kein Recht auf Geltung zu erheben habe, hielte, und dagegen »rüstete« ich naturgemäß eifervoll.

Nun gab mir ja die mütterliche Überzärtlichkeit reichlich Gelegenheit, andere in meinen Dienst zu stellen. Das war wohl etwas, aber darüber hinaus: wie hat mich der »liebe Niemand« verfolgt, wohin, wozu hat er mich getrieben?

Ich erinnere mich besonders an zwei charakteristische Erlebnisse.

Das eine entwickelte sich so:

Unsere Hausfrau hatte einen Hund. Ein rasseloser schwarzer Unhold war es, den sie indessen zärtlich liebte.

Mich liebte besagte Hausfrau bedeutend weniger.

Ich ließ zu ihrem Mißvergnügen gern Türen offen, die unbedingt zugemacht werden sollten und beging dergleichen Unterlassungssünden mehr, die sich zuviel bediente Kinder leicht zuschulden kommen lassen. Kurz, es drängte mich immer unwiderstehlicher dazu, etwas zu tun, was zugleich diesem geliebteren Geschöpf unangenehm und meiner Geltung bei des Hauses Herrin zuträglich wäre.

Eines schönen Tages, – ich muß lachen und kopfschütteln, wenn ich dran denke –, eines schönen Tages warf ich den Köter kurz entschlossen in eine Jauchengrube im Hofe, um ihm sofort, unter eigener Gefahr, nachzustürzen, ihn feuereifrig zu »retten«.

Mein Geltungsbedürfnis, mein Unwille irgendwo und irgendwem gegenüber »der liebe Niemand« zu sein, ist entschieden noch stärker gewesen, als meine reizbare Abneigung gegen »Gerüche« und meine Angst bei dem Manöver. Darauf habe ich mich, den tief erschütterten, triefenden, eindringlich stinkenden Hund hinter mir her lockend, prompt als »Retterin« geriert und nicht wenig in meiner, für meine Verhältnisse teuer genug erkauften Augenblicksbedeutung geschwelgt.

Dieses war der erste Streich, doch der zweite folgt sogleich. Ihr lieben unvergeßlichen Brüder Grimm! Du schimmernde, leuchtende Traumwelt von tausend und einer Nacht! Ihr habt mir dabei geholfen. Wie hätte ich auch all den Schäferkindern,

die da Prinzessinnen wurden, ihre erhebenden Beziehungen zu gottähnlichen Zauberwesen nicht neiden sollen?
Und ich erzählte, – erzählte Tag für Tag, einer gefügigen, nicht gerade sehr geweckten Freundin, daß mich Nacht für Nacht eine Fee abhole.
Seltsamerweise aber nicht in ein verwunschenes Schloß (ich ging sehr auf Sicherheiten und von Schlössern hatte ich offenbar in unserem Provinznest einigermaßen unsichere Vorstellungen), sondern in einen »Laden«.
Dieser Laden! – in K . . . gab es einen, der wie Warenhaus und Dorfkrämerei, jedes in seiner Art, zu tun pflegen, die unterschiedlichsten Dinge vereinigte.
Es gab da Süßigkeiten und bunte Bleistifte, Papierpuppen, Christbaumkerzen und noch mancherlei, was ein Kinderherz sonst noch begehrt. Kurz, Wollmann, sein glücklicher Besitzer, verkörperte für mich schlechtweg ein Stück Allmacht.
Meine Sucht, die Freundin im Glauben an meine nahen Beziehungen zur Allmacht zu bestärken, war entschieden ausschlaggebender als meine normal entwickelte kindliche Genäschigkeit.
Ich habe ihr manche Orange, manch andere Frucht und manche Süßigkeit geopfert, die ich Fini gab, als Beweis, daß ich wirklich »da gewesen« war.
Dafür ward mir der Triumph, daß sie andächtig zuhörte, während sie meine Gabe verschmauste.
Heute freilich habe ich sie in Verdacht, daß sie vielleicht nur so gläubig tat, weil meine Beweise so gut schmeckten, und mich, – daß ich meinem geradezu verhängnisvollen Vertrauen auf Worte und Gebärden (auf Zauberformeln) vielleicht nur zu gern aufsitzen wollte.
Mir scheint, an einer einschlägigen Entdeckung ist später auch unsere Freundschaft gescheitert. (Sehr wahrscheinlich! – siehe John Gabriel Borckmann und Freund Foldal.) Jetzt kenne ich den Sinn in dem kindlichen Spiel.
Der »liebe Niemand« ist schuld daran, daß ich um jeden Preis jemand, jemand Besonderes sein wollte.
Wie typisch ist diese Erscheinung!
Genau so typisch, wie die Attacken, die das Nervenleben unzähliger Menschen erlitten hat, die in der Kindheit die suggestive Macht eines Erziehungsideals erleben mußten, das geradezu die Tendenz zeigte, dem ohnehin schwachen, unsicheren kleinen Wesen »seines Nichts durchbohrendes Gefühl« als Zustand besonderer Gnade hinzustellen, während sie gleichzeitig mit ihren Angelegenheiten mehr oder weniger die ganze Umgebung beschäftigten.
Ich glaube es der Individualpsychologie aufs Wort:
»Von der Basis seiner Minderwertigkeit strebt das disponier-

te Kind seinem überspannten Ziele zu, mit einem unaufhaltsamen Elan, der ihm zum dauernden Rhythmus seines Lebens wird.«

Gewiß: je größer die Unsicherheit, desto verzehrender der Machthunger, desto höher die »Leitlinie«, die bis zur Gottähnlichkeit ansteigen kann, wie schon das alte Märchen von Frau Ilsebill, der Fischersfrau, so bedeutsam erzählt.

Menschen, die in ihrer Kindheit Hunde in Gruben geworfen haben, um als Lebensretter gefeiert zu werden, und sich von einer Fee mitnehmen ließen, um damit zu renommieren, sind in Gefahr, solche Manöver in ihrem späteren Leben in irgendeiner Form zu wiederholen und sich dabei gelegentlich zu eigenem und fremden Schaden empfindlich zu »übernehmen«.

Ich glaube, ganz besonders, wenn diese Menschen als Mädchen auf die Welt gekommen sind. Eine Tatsache, die ich für meine Person oft genug bejammert habe.

Besonders in meiner Kindheit und Jugend.

Ich hatte einen Bruder, der selbstverständlich ein ganzer Mann werden sollte und einen Vater, der ein ganzer Mann war. Wohl die geschlossenste und einheitlichste Persönlichkeit, der ich je unmittelbar nahe war.

Er war Arzt unter erschwerenden Umständen, – Landarzt. Allein wenn auch sein ganzes Leben opfervolle Hingabe an Beruf, Öffentlichkeit und Familie gewesen ist, so war er doch daheim der Herr im Haus. Die Mutter, welche die männliche Überlegenheit a priori zur Erhaltung ihres seelischen Gleichgewichts recht glücklich in ihre Weltanschauung eingefügt hatte, begünstigt von der Zeit, in der sie aufgewachsen und von der Persönlichkeit ihrer persönlichen Herren im Vaterhaus und im eigenen Heim, wollte mich natürlich in dieselbe Auffassung gewinnen, die sie zu den tragenden Grundpfeilern des Frauenglücks rechnete.

Aber sie hatte damit kein Glück bei mir.

Das Ideal vom Weibe, das sie mir, wohl in Anbetracht eines frühzeitig einsetzenden Widerstandes meinerseits, besonders oft in den klassischen Linien von Schillers »Würde der Frauen« vor Augen führte, behielt für mich trotz aller poetischen Verklärung einen fatalen Beigeschmack vom – »lieben Niemand«.

Kein Zweifel: der »männliche Protest« bildet seine Leute.

Als meine Mutter jung war, hatte Berta noch gesponnen.

Jetzt webte und spann die Maschine unablässig an einem Frauenideal, das eine andere Tugend kennen durfte, als Demut und immer wieder Demut. Die Dampfkraft im Dienste des Kapitals hatte Bewegung in ungeheure Massen gebracht, – neue Nöte, – neue Expansionsmöglichkeiten.

Der vierte und ein fünfter Stand, die Frauen, erhoben sich.

In diese veränderte Welt, die ihre unruhigen Reflexe auch in jene verschlafenen Nester warf, wo die gute alte Zeit allemal ihre geschütztesten Zufluchtstätten hat, wuchs ich hinein.
Meine Proteststellung zu meiner Umwelt ist auch in der Wahl meiner Lieblingsbücher deutlich zutage getreten.
Ich wurde frühzeitig eine Leseratte, die der Wirklichkeit so oft als möglich mit ihrer Bücherwelt und mit lebhaften Wachträumen untreu wurde, in denen die »Literatur« dann mit allerlei geheimen Zielen gemeinsame Sache machte.
Am liebsten waren mir immer jene Bücher, die mich am weitesten wegführten, denn nach den fernen und weiten Dingen spannte sich meine Sehnsucht schmerzhaft und heftig in meinem engen, ängstlich behüteten Winkel. Damit im Zusammenhange mag auch die besondere Vorliebe gestanden haben, die ich für einen kleinen Bach hatte, der unweit von meinem Elternhaus über eine Wiese wanderte, immerzu, überall vorbei. Der hat meine Kinderträume oft mitgenommen in ein blaues, sonnenfunkelndes, unendliches Wunderweit, wenn ich ihm Zweig auf Zweig zuwarf, damit er sie ganz bestimmt ins Weltmeer trage, ins weite, weite Meer.
Mit diesen Zweigen habe ich am sicheren Ufer die wildesten Seeabenteuer erlebt, aber zuletzt ging immer alles gut aus.
Ein Indianermädchen in einem Fischerboot, das eine hervorragende Rolle in meinen Träumen spielte, brachte sie zu guter Letzt in Sicherheit und steckte einen davon auf ihren Hut.
Wie das alles jetzt zu mir kommt, – neu und anders.
An diesem Hut habe ich keinen Augenblick gezweifelt und auch daran nicht, daß seine rothäutige Besitzerin anders war als alle Menschen, die ich kannte. Wie, hätte ich wohl schwerlich zu sagen gewußt, aber »anders« schwebte sie mir vor.
Sie brauchte nicht in die Schule zu gehen und mußte sich, was mir offenbar reichlich wichtig erschien, niemals zur Vorsicht mit einem Regenschirm schleppen.
Diese meine heimliche Freundin tat überhaupt, was sie wollte, sie brauchte nicht folgsam zu sein, aber alles, was sie tat, war gut und schön und sie war sehr glücklich.
Mein Kindersinn muß einen gewissen Zusammenhang zwischen Wagemut und Freiheit, zwischen Glück und Güte geahnt haben, der so sicher besteht, wie es zwischen der ängstlichen Gewöhnung an den En-tout-cas und der nachdrücklichen Förderung einer allgemeinen Lebensangst, die belastet und hemmt, bestimmte Zusammenhänge gibt.
Wenn ich so forschend und prüfend zurückschaue auf das, was mein und ich einst war, sind mir eigentlich von dem sogenannten Paradies der Kindheit die Schlangen in lebendigster Erinnerung geblieben.
Das vielberufene Eldorado gefiel mir ganz und gar nicht.

Hinaus, hinaus! — dieser Gedanke verfolgte mich schon vor meinem vollendeten 10. Jahre.
Was man schwarz auf weiß hat, kann man bekanntlich getrost nach Hause tragen; und so habe ich anno dazumal mit ganz besonderer Sorgfalt ein Modekupfer aufgehoben, unter dem wirklich und wahrhaftig zu lesen stand: Schulkleid für junge Mädchen von 10 Jahren.
Das wirkte wie die Urkunde jener heiß ersehnten Standeserhöhung auf mich. Wenn ich nun schon einmal kein Junge sein konnte, — in wenigen Wochen war ich zehn Jahre alt, also kein Kind mehr, sondern ein »junges Mädchen«.
Daran hielt ich mich so fest und fanatisch, daß ich Wutanfälle bekommen konnte, wenn man mich in irgend einem Zusammenhange »Kind« nannte. Gesund war das alles sicher nicht.
Ich blieb auch körperlich auffallend zurück und habe von meinem 12. Jahre angefangen durch wichtige Entwicklungsjahre hindurch und auch später noch manchmal an quälenden nervösen Schlingbeschwerden gelitten.
Es gab vieles im Frauenleben, in meinem Leben, was ich nicht schlucken wollte.
Diese Zustände, die mit Todesangst und heftigem Herzklopfen verbunden waren, haben mich schließlich von einem Schulbesuch befreit, unter dessen Langweiligkeit und Schablonendisziplin ich nicht wenig stöhnte. Von meinen Lehrern war ich sehr ungleich behandelt worden. Es gab darunter welche, die mich, meinem angesehenen Vater zuliebe, redlich verziehen halfen, und es gab welche, die sich's aus demselben Grunde angelegen sein ließen, den Beweis zu erbringen, daß sie »keine Ausnahmen machten«, was ich gewiß auch manchmal am unrechten Ort zu spüren bekommen haben mag.
Im ganzen war ich das gern vorgeführte Paradepferd jeder Schulklasse gewesen, als ich, 11jährig, die 5 Volksschulklassen hinter mir hatte, die in K . . . die Mädchenbildung besorgten. O Schmerz!
Während mein älterer Bruder schon mit 10 Jahren die Bank eines Gymnasiums drücken durfte und seither Sie genannt wurde, mußte ich, faute de mieux, eines der um soviel bedeutungsloseren Mädchenlebensjahre damit zubringen, gähnend Dinge wiederholen zu hören, die ich zumeist auswendig wußte, und mich gehörig abkanzeln lassen, wenn mein ungestümer Tatendrang sich allerhand störenden Streichen zuwendete. Ich atmete auf, als mein Vater infolge meiner nervösen Anfälle endlich fand, daß viel frische Luft und andere allgemein kräftigende Einflüsse zur Zeit ein zuträglicherer Zeitvertreib für mich wären, als der weitere Besuch meiner Repetierklasse.
Zu Beginn des nächsten Schuljahrs bekam ich dann einen

Lehrer von der örtlichen Knabenbürgerschule, — einen sehr tüchtigen Lehrer, den indessen meine altkluge, oppositionslüsterne Art einigermaßen gereizt zu haben scheint.
Vor allen Dingen ist mir erinnerlich, daß dieser wackere Schulmann das von mir sichtlich heiß ersehnte Sie zunächst durch eine drollige, mir allerdings sehr ärgerliche Umgehung der direkten Anrede ersetzte. So sagte er z. B.: »Wie weit hat man das letzte Mal gelernt?« oder:»Man weiß doch, daß man nicht auf die Uhr zu schauen, sondern aufzupassen hat.« Nebenbei blieb er immer, wenn ich besonders sehnsüchtig nach der Uhr sah, in einer, wie er meinte, höchst pädagogischen Selbstlosigkeit reichlich über die Zeit.
Ich sah überhaupt den Zweck dieser Stunden nicht recht ein. Besonders seit ich einmal vom Nebenzimmer aus zugehört hatte, wie mein Lehrer meine Mutter einmal gesprächsweise fragte, was eigentlich seine begabteste Schülerin werden sollte, — das Mädel habe eine überraschende Raschheit der Auffassung bei allem, was sie nur halbwegs interessiere — und ich als Antwort die unvergeßlichen Worte hören mußte: »Hoffentlich eine zufriedene Hausfrau, wie ihre Mutter und Großmutter geworden sind.«
»Eine zufriedene Hausfrau!«
Dazu brauchte ich doch wahrhaftig die verhaßte Geographie ganz und gar nicht.
Ich habe mich auf Landkarten und später auch im Freien und in fremden Städten sehr schlecht und ungern allein orientiert.
Die mütterlichen Worte hatten eine heftige Opposition in mir erweckt, aber meine ebenso heftige Abneigung gegen Dinge, die mir unangenehm waren, stürzte sich nichtsdestoweniger darauf.
Das Erlebnis hat sich so fest in meine Erinnerung eingehakt, daß ich es in allen Einzelheiten zurückrufen kann.
Vor mir auf dem Tische lag Walter Scotts: »Kenilworth« und Sir Walter Raleigh, ein Mann und ein Held, hatte gerade den Mantel von seinen Schultern gerissen und ihn vor Elisabeth Tudors Füße gebreitet. Dieser Szene, in deren Mittelpunkt das Weib als Herrscherin stand, träumte ich gerade nach, als ich Mutter so von meiner Zukunft sprechen hörte.
Wie graue Spinnweben legten sich ihre Worte alsbald auf den Abglanz der Macht und der Herrlichkeit, der eben noch in mir geleuchtet hatte. Dann sanken sie in die Tiefe.
Dort scheint die »zufriedene Hausfrau« im Laufe der Zeit die Substitution des »lieben Niemand« übernommen zu haben.
Öfter und öfter kamen die Nachdenklichkeiten über die wesentliche Nützlichkeit meiner Unterrichtsstunden, namentlich der Geographiestunden, die ich ganz und gar nicht leiden konnte.

Dabei behielt ich alles, was ich von fremden Ländern, namentlich von großen Städten hörte, famos und beschäftigte mich oft sehnsüchtig damit, aber wie mir die stummen Karten immer ein Greuel gewesen sind, habe ich mich überhaupt stets mehr am Wort als an den Dingen orientiert, was wohl in seinen Weiterungen innerlich mit der miserablen Menschenkenntnis zusammenhängt, an der ich schwer genug gelitten habe.

Ich bin überzeugt davon, daß »jede seelische Erscheinung, wenn sie uns das Verständnis einer Person erschließen soll, nur als Vorbereitung auf ein Ziel verstanden werden kann«. So erfaßt und verstanden repräsentiert sich die wachsende Abneigung gegen meine Unterrichtsstunden, deren ich mich sehr deutlich erinnere, als die Oberflächenerscheinung eines tief verankerten Protestes dagegen, mich auch nur im geringsten für etwas anzustrengen, was zur Zeit, meinem Gefühl nach, meinem geheimen Lebensplan zur Erreichung sichernder Überlegenheitsgefühle in keiner Weise förderlich war.

Man stellte mir gern meinen Bruder als ein Muster an Fleiß und Pflichteifer zur Nachahmung hin, aber das ging so ziemlich an mir vorbei. Ich begriff wohl instinktiv seinen Fleiß, als ein notwendiges Mittel zum Zweck, im Leben »hinauf«zukommen.

Nach dem Engpaß der Matura kam für ihn das weite Land der akademischen Freiheit, wovon ich allerhand läuten hörte, und er wurde mit Hilfe des Zeugs, das er emsig in seinen Kopf hineinstopfte, irgend etwas, was er gern werden wollte.

Das war wohl der Mühe wert, aber für das abstrakte Bildungsideal, wofür mich meine Mutter begeistern wollte, war ich zwischen 12 und 15 absolut nicht zu haben.

Diese drei Jahre, wie lang sind sie mir erschienen!

Aber endlich war auch diese abschließende Episode meines regulären Bildungsganges überlebt.

Ich stand im 16. Lebensjahre und mein Lehrer nannte mich nicht nur Sie, sondern auch Fräulein und fing sogar an, mich zuerst zu grüßen. Seltsam, – kaum war ich die regelmäßigen Stunden los, fing ich an – zu lernen, d. h. ich kam allmählich darauf, daß Wissen unter Umständen auch das Gefühl eines Vorranges geben könne.

Überdies, – die zufriedenen Hausfrauen in K . . . wußten meistens recht wenig und, – was sie nicht waren, war ja das Glück!

Ich saß bald bis tief in die Nacht hinein über Büchern, aus denen ich zuerst meine französischen Sprachkenntnisse ergänzen wollte, deren Anfangsgründe mir meine Mutter mit sanfter Gewalt beigebracht hatte. Englisch lernte ich bei einer Freundin, die so glücklich gewesen war, lange in einer großen Stadt unterrichtet worden zu sein. Ich suchte mir sogar

Schwierigkeiten. So schlug ich fehlende Worte in einem französisch-englischen Wörterbuch nach, das ich auf dem Boden in einer Bücherkiste aus dem Nachlaß eines gelehrten Großvaters aufgestöbert hatte. Ich hörte mich gar zu gern von den Leuten klug nennen und sehnte mich unaufhörlich nach Beweisen, daß jene, die so sagten, recht damit hatten. Ich war, wie ich schon erwähnte, auffallend klein und schwach für meine Jahre, – doch wenn ich wie 13jährig aussah, so bemühte ich mich, wie 30jährig zu sprechen und war frühreif und altklug über alle Maßen.

Diese Disharmonie verfehlte nicht entsprechend aufzufallen, ich war reichlich unbeliebt, aber ich galt unwidersprochen in dem ganzen anspruchslosen Bekanntenkreis für eine kleine Leuchte und war bald auf dem besten Wege, der esprit fort von Krähwinkel zu sein. Wenn man meiner Mutter nicht selten Komplimente über ihre kluge Tochter machte, dann erzählte sie manchmal nach zärtlicher Mütterart allerlei »Besonderheiten« aus der Kindheit ihres Sprößlings und wenn ich so erfuhr, wie bemerkenswert es war, daß ich schon im vorschulpflichtigen Alter die Güte oder die Allwissenheit Gottes angezweifelt hatte, als man mir von Abrahams Opfer erzählte, weil der Allwissende doch gewußt haben müßte, daß der Patriarch die Prüfung bestehen werde, und die ganze Quälerei sehr überflüssig gefunden hatte, so wurde ich bestärkt in der Richtung, die ich genommen, meinen »Siegen« nachzugehen.

Aber schließlich konnte die geschmeichelte Eitelkeit nicht gegen die mütterliche Sorge aufkommen, deren Gegenstand meine fragile Körperlichkeit war.

Einmal, nachdem ich, wie gewöhnlich, als Vorleserin und Wortführerin der Mittelpunkt einer Mädchengesellschaft bei uns zu Hause gewesen, deren Teilnehmerinnen mir alle körperlich ganz bedeutend über den Kopf gewachsen waren, sagte meine Mutter, als wir allein waren, mit sehr traurigen Augen zu mir: »Du kannst ja gar nicht gedeihen, deine innere Unruhe frißt dich förmlich auf, – wie ruhig die anderen Mädchen gegen dich sind.«

»Fändest du es schöner, wenn ich so dick und so dumm wie – – (ich nannte den Namen der Unbegabtesten aus unserem Kreis) wäre?« inquirierte ich prompt und während meine Mutter leise »beinahe« seufzte, bereitete ich eifrig eine Formel vor, die mich gegen das niederdrückende Gefühl, die weitaus kleinste und schwächste unter meinen Altersgenossinnen zu sein, sichern sollte. Ja, ja, mein unruhiger Geist, – eigentlich werde ich wohl mein »überlegener Geist« gemeint haben, der zehrte an mir, – etwas für etwas. In Wahrheit entwickelte sich indessen dieser vielberufene Geist wohl so rasch und so unruhig, weil ihm die Aufgabe zugefallen war, mir jene Beachtung zu beschaffen, die andere Sechzehnjährige von ihrer beauté du diable zu beziehen pflegen.

Die Individualpsychologie hat mich diese auffallend bewegliche Geistigkeit als von organischen Minderwertigkeiten mobilisiert sehen gelehrt und mir die Augen über das Ineinanderweben von Körper, Seele und Umwelt in neu orientierender Art geöffnet.

»Unser Leben ist kein gegebener, sondern ein von uns gemachter Roman«, – diesen Gedanken des Novalis sehen wir von der Individualpsychologie dahin ergänzt, daß sie uns auch mit den unabweislichen Mitarbeitern am Roman des Menschenlebens rechnen lehrt, die dem Dichter in seinen sozialen Beziehungen, die ihm in Familie und Gesellschaft beigegeben sind.

Millionenfach hat es sich so an wechselnden Geschlechtern gerächt, daß das Kind leider das gegebene Objekt zur Saturierung der hungrigen Minderwertigkeitsgefühle der Erwachsenen ist. Unzählige Kinder sind auf diesem Wege, im Namen altehrwürdiger Erziehungsideale, in ein unerträgliches Gefühl der Schwäche und unzureichenden Kraft und in der Folge in die Neurose getrieben worden. Ich meinerseits habe das Kindsein geradezu als Stigma empfunden und erst als ich für »voll« genommen wurde, (so wie man eigentlich auch das Kind für »voll«, d. h. ernst und wichtig in seiner Art nehmen sollte) wich ein schmerzhafter, ein exaltierender Druck von mir, unter dem meine ganze Entwicklung gelitten hatte.

Ich holte zwischen 16 und 18 körperlich meine Altersgenossinnen ein, und mit den normalen »Erfolgen« des damaligen Jungmädchenlebens, mit der zunehmenden »Geltung«, verloren sich auch die Schlingbeschwerden und Angstgefühle in jener Zeit.

Ich habe, wie gesagt, meine Rückschau sozusagen an der Schwelle des Lebens abgebrochen. Aber die Einleitung genügt wohl, um anzudeuten, wie sehr der Geist des »lieben Niemand« in der Erziehung den Weg ins Freie und zu den Mitmenschen erschweren und das Leben komplizieren kann.

Friedrich Lint

Der Kampf des Kindes gegen Autorität

Ein mißglückter pädagogischer Versuch

Unter den Schülern einer vierten Gymnasialklasse, die ich zu Anfang des Schuljahres übernahm, befand sich einer, der von meinem Vorgänger als Halbnarr bezeichnet wurde. In der ersten Woche zeigte sich außer einer übergroßen Nervosität und einer häufigen, unmotivierten Ängstlichkeit nichts Auffallendes. Erst nach ungefähr sechs Wochen gab es eine Katastrophe, deren Ursprung ins letzte Schuljahr zurückreichte. Der Schüler hatte vor Schluß des letzten Schuljahres im Turnsaal aus einem Wertsachenkästchen einem Schüler der achten Klasse eine Geldbörse mit einigen Kronen und einem Ring entwendet. Zufällig sah nun der Bestohlene die Börse in der Hand des Quartaners und machte davon die Anzeige. Der Täter leugnete. Erst als ihm vorgehalten wurde, daß alle angegebenen Merkmale und besonders der Firmendruck im Innern stimmte, mußte er den Diebstahl zugeben, leugnete aber, von Geld oder Ring etwas zu wissen. In diesem Stadium der Untersuchung wurde die Sache mir mitgeteilt und ich bemühte mich, durch entsprechendes Vorgehen den Schüler zu einem Geständnis zu bringen, d. h. ihm zu einem Strafmilderungsgrund zu verhelfen. Ich sicherte ihm im Falle eines Geständnisses die weitgehendste Berücksichtigung zu und versuchte wie ein älterer Kamerad, der eine peinliche Angelegenheit aus der Welt zu schaffen hat, auf ihn einzuwirken. Er spielte die Rolle des unschuldig Verdächtigten mit großer Meisterschaft, erbot sich, einen Eid abzulegen und erklärte schließlich: »Herr Professor, ich sehe, daß Sie mir jetzt nicht glauben wollen. Aber wir haben heute nachmittag Beichte; fragen Sie mich nach der Beichte, dann werden Sie doch glauben, daß ich nicht lüge.« Ich mußte ihm mitteilen, daß seine Glaubwürdigkeit vor und nach der Beichte für mich dieselbe sein müßte, und setzte die Arbeit fort. Schließlich gestand er.

Nach dem Sachverhalt hätte der Schüler eigentlich ausgeschlossen werden sollen; da mir aber der Direktor in der Behandlung der Angelegenheit vollständig freie Hand gelassen hatte, beschloß ich, die Sache fallen zu lassen, und zwar aus zwei Gründen. Erstens interessierte mich das weitere Verhalten des Schülers, der ja sonst meiner Beobachtung entzogen gewesen wäre, und das Experiment, auf ihn einzuwirken, hatte sehr viel Verlockendes. Zweitens war es schwer, von dem

Vorfall dem Vater Mitteilung zu machen, da sich der Knabe sonst vielleicht zu einem verhängnisvollen Schritt hätte hinreißen lassen können. Und hier muß ich etwas weiter ausgreifen und einiges einfügen, was ich teilweise vom Vater selber weiß, teilweise bei der Kleinheit der Schulstadt durch Bekannte gelegentlich über die Verhältnisse im Elternhaus erfahren konnte.

Der Vater hatte selbst fast das ganze Gymnasium absolviert, aber verschiedene Unglücksfälle in der Familie zwangen ihn, sein Studium kurz vor dem Ende abzubrechen und sich einem Gewerbe zuzuwenden. Sein unbefriedigter Bildungsdrang und wahrscheinlich auch das Schicksal seiner glücklicheren Schulkameraden, von denen sicher mancher in äußerlich höher bewertete Schichten emporstieg, ließen ihn sein Schicksal als den schwersten Schlag seines Lebens empfinden. Von allen seinen Kindern hoffte er gerade in diesem Knaben das verwirklicht zu sehen, was ihm versagt geblieben war. Als er sich selbständig machen konnte, begann er, durch ungeheuren Eifer und rastlose Arbeit in seinem Berufe den Schicksalsschlag wettzumachen und brachte es tatsächlich zu einem ganz ansehnlichen Vermögen, aber die Erziehung der Kinder litt darunter. Nicht nur er, sondern auch seine Frau arbeiteten den ganzen Tag im Geschäft und er suchte das, was er bei Tag an pädagogischer Arbeit versäumt hatte, in den wenigen Abendstunden durch Intensität zu ersetzen, wobei er bei den geringfügigsten Anlässen vor den härtesten Strafen nicht zurückschreckte. Die Kinder sollten ihn auch in seiner Abwesenheit fürchten. Gewöhnlich führte unser Quartaner tagsüber die Aufsicht über die Geschwister, wenn er auch nicht der Älteste war, und der Vater versicherte wiederholt, er könne, wenn er diesen zu Hause wisse, unbesorgt seiner Arbeit nachgehen, da er ihn vollständig ersetze. Nichtsdestoweniger blieb aber auch er nicht von den väterlichen Prügeln verschont, die von einer Brutalität waren, daß man tagelang ihre Spuren sehen konnte.

Es war nun auf keinen Fall ratsam, dem Vater die weitere Gerichtsbarkeit über den Knaben zu überlassen. Und so blieb er in der Schule. Die Sache wurde als nichtgeschehen betrachtet und ich versuchte, ihn unbemerkt im Auge zu behalten. Er antwortete darauf dadurch, daß er beim Unterricht keinen Blick von seinem Lehrer abwandte, sich in den Pausen von seinen Kameraden möglichst absonderte und sich so in der Nähe des Lehrers selber unter Beobachtung stellte, als wollte er zeigen: Sieh selber, wie korrekt ich mich verhalte.

Nach einigen Wochen aber herrschte in der Klasse eine seltsame Unruhe. Es stellte sich heraus, daß von einem unbekannten Täter die verschiedenartigsten Dinge, Schulrequisiten, Kappen usw. zum Teil versteckt oder überhaupt entwendet

wurden, und zwar immer in den entscheidenden Momenten, Schularbeithefte vor der Arbeit, Reißzeuge vor der Geometriestunde, Kappen bei schlechtem Wetter vor dem Weggehen. Untersuchungen führten zu keinem Resultat. Einige Male lenkten zwar Spuren den Verdacht auf unseren Schüler, aber nachzuweisen war ihm nichts, und wenn man ihn ins Gebet nahm, wußte er die Unmöglichkeit seiner Täterschaft in einer gut vorbereiteten Rede nachzuweisen, in der hin und wieder auch andere Mitschüler mit Dingen belastet wurden, von denen bisher niemand wußte. Als die Schüler aufgefordert wurden, eine Art Selbstpolizei zu üben, hörten die Vorfälle auf. Daß er wirklich der Täter war, stellte sich erst später heraus.
Nach diesem Intermezzo schlug er eine neue Taktik ein. Er fing an, vor den Augen der ganzen Klasse Dinge zu entwenden, die dem Unterricht dienten, speziell Mineralien, die während der Stunde von Bank zu Bank gingen. Diese verteilte er an einzelne Mitschüler, ohne sich etwas zu behalten, so daß manche eine hübsche, kleine Sammlung damit anlegten. Für seine Handlungsweise war noch der Umstand charakteristisch, daß der Fachlehrer selbst die Schüler, die er als Sammler kannte, ziemlich reichlich mit Mineralien beschenkte, wenn sie darum baten. Durch seine Erfolge ermutigt, wagte er es einmal, beim Experimentiertisch fast vor den Augen des Lehrers ein wertvolles Mineral zu entwenden und rasch einem anderen zuzustecken, der es in seiner Verblüffung und auch, um den Mitschüler nicht preiszugeben, zu sich nahm. Da bei der Zeugenschaft der ganzen Klasse ein Zweifel nicht möglich war und der Lehrer offiziell die Anzeige erstattete, konnte er nach all dem Vorgefallenen nicht mehr in der Klasse belassen werden.
Der ganze Fall ist nicht deshalb interessant, weil er irgendwelche neue Einblicke in die Seele des Kindes brächte, sondern weil er wie an einem arrangierten Schulbeispiel alle dem Individualpsychologen wohlbekannten Züge aus dem Kampf des Kindes gegen jede Autorität in seltener Häufung und Verschärfung zeigt. Der Knabe ist in keiner Situation gesonnen, die moralischen Forderungen der Umwelt zu seinen eigenen zu machen; denn ihr oberster autoritativer Imperativ ist im Vater verkörpert, der es nicht nur trotz aller guten Absichten nicht verstanden hat, ein fruchtbares Verhältnis zu seinem Kinde zu gewinnen, sondern ihm jetzt als Feind gegenübersteht, der wohl über erstrebenswerte Machtmittel verfügt, aber doch an vielen Stellen schwer verwundbar ist. Die heimliche Trotzstellung des Knaben ist eine fortwährende, schlagfertige Kriegsbereitschaft.
Betrachten wir das Verhältnis des Knaben zum Vater zu Beginn der Geschichte. Akademische Bildung, die ja die Absol-

vierung des Gymnasiums zur Voraussetzung hat, erscheint diesem als das Höchste. Dieses Ideal möchte er in seinem Sohne verwirklicht sehen und scheut dabei selbst vor der rohesten Züchtigung nicht zurück. Ein schlechter Zensurschein versetzt ihn einmal in solche Wut, daß der Knabe mehrere Tage mit Striemen an den Händen und im Gesicht herumgeht. Irgend jemand, der davon Kenntnis erhält, erstattet an die Ortspolizei eine anonyme Anzeige wegen Überschreitung des väterlichen Züchtigungsrechts; die Folge ist, daß der Vater wiederholt vorgeladen wird, eine Reihe von peinlichen Verhören zu bestehen hat und als angesehener Bürger und Ehrenmitglied verschiedener Institutionen Gefahr läuft, mit den Gerichten in Konflikt zu kommen. Der Knabe hat also durch sein Nichtlernen, auf das der Vater automatisch mit Prügel reagierte, diesen in die denkbar peinlichste Situation gebracht. Daran ändert auch die Tatsache nichts, daß ein entgegenkommender Polizeibeamter nach mehreren Auseinandersetzungen die Sache niederschlägt und sich der Vater schließlich aus Ärger über das Ganze durch eine noch ausgiebigere Tracht Prügel rächt. Nur hütet er sich jetzt, ins Gesicht oder auf die Hände zu schlagen. Der Knabe weiß jetzt, wie er dem Vater Scherereien bereiten kann. Daneben sieht er ganz deutlich, was er für diesen, der sich ja, wie auch die Mutter, den ganzen Tag im Geschäft aufhält, bedeutet, wenn er ihn tagsüber bei den Geschwistern vertritt und seiner Autorität durch Püffe Nachdruck verleiht. Und schließlich sagt er damit noch: Was der Vater kann, bringe ich auch zustande. Als Antwort auf das Bildungsideal des Vaters leistet er trotz seiner nicht geringen Begabung fast nichts, orientiert diesen wiederholt falsch über seine Erfolge in der Schule, was er um so leichter tun kann, als sich dieser fast nie Zeit nimmt, selbst nachzufragen. Während des Semesters arbeitet er fast nichts und bringt es dann vor Semesterschluß in wenigen Wochen auf durchaus genügende Leistungen. Er beweist also seinem Vater, daß man dessen Bildungsideal sehr billig erreichen kann, und entwertet es dadurch. Das zweite, worauf der Vater sehr großes Gewicht legt, ist der Umstand — und das betonte er in Gesprächen jedem gegenüber —, daß er Fleiß und Ehrlichkeit für die Grundpfeiler der Existenz hielt und sich so ein nicht unbedeutendes Vermögen erworben habe. Der Knabe zeigt Neigung zum Diebstahl. Er gelangt zu Besitz, aber nicht durch Arbeit und Ehrlichkeit, sondern durch Schlauheit. Aber nicht einmal der Besitz hat viel Verlockendes für ihn, er verschenkt die Mineralien und hat auch bei der anfangs erwähnten Geschichte den Ring verschenkt. Also wieder ein entwertetes väterliches Ideal. Dabei hat er noch eine gefährliche Waffe in der Hand, er kann dem Vater dadurch höchst peinliche Augenblicke verschaffen.

Nach der Aufdeckung der ersten Diebstahlaffäre ist die Situation des Knaben folgende. Er hat eben getan, was der Vater so sehr verabscheut, ohne daß er zur Züchtigung schreiten könnte; denn er erfährt nichts davon. Jetzt ist er ihm über. Allerdings ist der Sieg nur ein halber, da die Wirkung auf den Vater ausbleibt. Sein Lehrer hat sich für ihn auf seine Seite gestellt und erscheint ihm als Bundesgenosse gegen jenen. Das Bündnis ist aber kein ganz verläßliches, denn es kam seltsam genug zustande. Der Lehrer hat ihn doch eigentlich besiegt, indem er ihn zum Geständnis brachte, aber zugleich war es ein Waffenstrecken, da er die Angelegenheit nicht disciplinariter, sondern in camera caritatis erledigte, was den Übeltäter doch einigermaßen überraschte. Ferner darf noch ein Faktor nicht übersehen werden, sein Verhältnis zu den Mitschülern. Trotz aller Diskretion in der Behandlung des Falles scheinen die Schüler bald darüber orientiert gewesen zu sein. Wenn jener nun auch den Triumph hatte, daß er trotz der Bedeutung seines Vergehens straflos blieb, sich also in bevorzugter Stellung fühlen konnte, deren er sich gelegentlich auch rühmte, so war seine Gesamtlage doch keine besonders angenehme, da ein Schüler, der stiehlt, von den andern nicht gerade mit der größten Herzlichkeit behandelt wird und er in unserem Falle doch eine Zeitlang vor der ganzen Klasse den Bußfertigen spielen mußte, um sich den Lehrer zu sichern. Nun muß er natürlich trachten, wieder irgendwie die Klasse unterzukriegen. Würde er nach den naheliegenden Mitteln greifen, etwa nach besonderen Leistungen oder anderen Dingen, die einen Schüler unter seinesgleichen beneidenswert erscheinen lassen, so würde er ja in der Richtungslinie seines Vaters handeln und sich dadurch besiegt geben. Er will die Klasse unterkriegen und spielt ihr einen Schabernack um den andern, ohne daß sie ihm etwas anhaben kann. Ja, er versagt sich sogar den Genuß nicht, daß er bei den folgenden Verhören Einzelheiten zur Sprache bringt, die einigen nicht gerade angenehm sein können. Er scheint in seinem Gedächtnis Buch zu führen über die unbedeutendsten Kindereien der andern, um sie im gegebenen Augenblick mit der Verschlagenheit eines Reineke Fuchs in perspektivischer Vergrößerung anzudeuten. So fürchtet ihn die ganze Klasse. Aber auch dem Lehrer, der doch mit einer gründlichen Änderung in seinem Verhalten rechnen müßte, dreht er eine Nase. Er gibt den Kampf auch nicht auf, als der Unfug unmöglich gemacht wird. Was er früher heimlich getan hat, tut er jetzt offen. Wenn er jetzt fremdes Eigentum an sich nimmt, so will er in erster Linie allen seinen Mut zeigen, zweitens entkräftet er das Odium des Diebes, das auf ihm lastet, wenn er in einem blassen Scheine von Räuberromantik den Stärkeren Dinge wegnimmt, um sie den Schwächeren, die nicht den Mut haben, zu schenken. Ferner macht er dadurch auch seine Mitschüler zu Mitschuldigen. Zum mindesten kann er damit rechnen, daß sie ihn aus Mitleid oder auch aus Klassensolidarität nicht preisgeben. Besonders schlecht kommt dabei der Lehrer weg, der nun nicht mehr von ihm allein, sondern nahezu von der ganzen Klasse hinters Licht geführt werden muß.

Der Kampf geht also von Haus aus gegen den Vater, bald aber wird der weitere Träger der Autorität, der neben dem Vater steht, mit einbezogen und weiters die übrige Klasse, die mit den in ihr herrschenden Moralbegriffen einen Verbündeten der Autorität darstellt. Im weiteren Verlauf wird mit neurotischer Fingerfertigkeit die Kampfkonstellation so geändert, daß die Feinde nach und nach, der Lehrer durch das Niederschlagen der ersten Affäre und durch den darauf folgenden Anblick des Bekehrten und die Mitschüler durch Mitschuld zu Komplizen gemacht werden und als einziger Feind schließlich der Vater auf dem Plane zurückbleibt, der ja am Schlusse nach dem letzten Vorfall auch als der Hauptbetroffene und der am meisten Geschlagene erscheint.

3. Erziehen und Heilen

Alfred Adler

Der Arzt als Erzieher*

Das Problem der Erziehung, wie es die Eltern und Lehrer auf ihrem Wege vorfinden, wird leicht unterschätzt. Man sollte meinen, daß die Jahrtausende menschlicher Kultur die strittigen Fragen längst gelöst haben müßten, daß eigentlich jeder, der lange Jahre Objekt der Erziehung gewesen ist, das Erlernte auch an andere weitergeben und in klarer Erkenntnis der vorhandenen Kräfte und Ziele fruchtbar wirken könnte. Welch ein Trugschluß wäre das! Denn nirgendwo fällt uns so deutlich in die Augen, wie durchaus subjektiv unsere Anschauungsweise und wie unser Denken und Trachten, unsere ganze Lebensführung vom innersten Willen beseelt ist. Ein nahezu unüberwindlicher Drang leitet den Erzieher Schritt für Schritt, das Kind auf die eigene Bahn herüber zu ziehen, es dem Erzieher gleichzumachen, unterzuordnen, und das nicht nur im Handeln, sondern auch in der Anschauungsweise und im Temperament. Nach einem Muster oder zu einem Muster das Kind zu erziehen, war vielfach und ist auch heute noch oft der oberste Leitstern der Eltern. Mit Unrecht natürlich! Aber diesem Zwang erliegen alle, die sich des Zwangs nicht bewußt werden.
Ein flüchtiger Blick belehrt uns über die überraschende Mannigfaltigkeit persönlicher Anlagen. Kein Kind ist dem andern gleich, und bei jedem sind die Spuren seiner Anlage bis ins höchste Alter zu verfolgen. Ja, alles was wir an einem Menschen erblicken, bewundern oder hassen, ist nichts anderes als die Summe seiner Anlagen und die Art, wie er sie der Außenwelt gegenüber geltend macht. Bei einer derartigen Auffassung der Verhältnisse ist es klar, daß von einer völligen Vernichtung ursprünglicher Anlagen, ob sie nun dem Erzieher passen oder nicht, keine Rede sein kann. Was der Erziehungskunst möglich ist, läßt sich dahin zusammenfassen, daß wir imstande sind, eine Anlage zu fördern oder ihre Entwicklung zu hemmen, oder — und dies ist leichter praktikabel — eine Anlage auf kulturelle Ziele hinzulenken, die ohne Erziehung oder bei falschen Methoden nicht erreicht werden können.[1]

* [Zuerst erschienen in: *Ärztliche Standeszeitung*, Wien 1904, Nrn. 13, 14, 15.]

[1] [In der ersten Auflage (1914) folgte hier die Bemerkung: »Letzteren Vorgang nennt Freud, dem wir manche Aufklärung über die ungeheuere Rolle infantiler Eindrücke, Erlebnisse und Entwicklungen beim Normalen und Neurotiker verdanken, die Sublimierung. Er ist unerläßlich für die Entstehung und Entfaltung der Kultur.«]

Daraus geht aber auch hervor, daß die Rolle des Erziehers keineswegs für jeden paßt. Anlage und Entwicklung sind auch für ihn und seine Bedeutung ausschlaggebend. Er muß ausgezeichnet sein durch die Fähigkeit ruhiger Erwägung, ein Kenner der Höhen und Tiefen der Menschenseele, muß er mit einem Späherauge seine eigenen wie die fremden Anlagen und ihr Wachstum erfassen. Er muß die Kraft besitzen, unter Hintansetzung seiner eigenen persönlichen Neigungen sich in die Persönlichkeit des andern zu vertiefen und aus dem Schachte einer fremden Seele herauszuholen, was dort etwa geringes Wachstum zeigt. Findet sich solch eine Individualität einmal, unter Tausenden einmal, mit dieser ursprünglichen Finderfähigkeit ausgestattet: das ist ein Erzieher.

Nicht viel anders wird unser Urteil lauten, wenn wir über jene Anlagen und Fähigkeiten zu Gericht sitzen, die den guten Arzt ausmachen. Auch ihn muß die Eigenschaft ruhiger Überlegenheit auszeichnen. Die menschliche Seele sei ihm ein vertrautes Instrument, und wie der Erzieher muß er es vermeiden, an der Oberfläche der Erscheinungen seine Kraft zu erschöpfen. Mit immer wachem Interesse schafft er an den Wurzeln und Triebkräften jeder anomalen Gestaltung und versteht es, einzudringen in die Bahn, die vom Symptom zum Krankheitsherd führt. Frei von übermächtigen Selbsttäuschungen, denn er muß sein Wesen kennen und meistern wie der Erzieher, soll er in fruchtbarer Logik und Intuition die heilenden Kräfte im Kranken erschließen, wecken und fördern.

Die erzieherische Kraft der Ärzte und der medizinischen Wissenschaft ist eine ungeheure. Auf allen Gebieten der Prophylaxe gräbt sie unvergängliche Spuren und bewegt die Besten des Volkes zur tätigen Mitarbeit. Wir stellen die vordersten Reihen im Kampf gegen den Alkoholismus und gegen Infektionskrankheiten. Von den Ärzten ging der Notschrei aus gegen die Erdrückung der Volkskraft durch die Geschlechtskrankheiten. Der Ansturm der Tuberkulose findet einzig nur Widerstand an den stetigen Belehrungen und Ermahnungen der Ärzte, solange nicht materielle Hilfe naht. Das gräßliche Säuglingssterben, durch Jahrzehnte geheiligter Mord und Barbarei, ist durch die leuchtenden Strahlen der Wissenschaft erhellt und in das Zentrum des Kampfes gerückt. Schon harrt die Schulhygiene auf den Beginn ihrer fruchtbaren Tätigkeit und entwindet sich den ehernen Klammern engherziger Verwaltungen. Eine Fülle uneigennütziger, wertvoller Ratschläge und Lehren strömt Tag für Tag in die Volksseele über, und wenn nicht viele Früchte reifen, so deshalb, weil Aufklärungsdienst und materielle Wohlfahrt des Volkes nicht in den Händen der Ärzte liegen.

In der Frage der körperlichen Erziehung des Kindes ist die

oberste Instanz des Arztes unanfechtbar. Das Ausmaß und die Art der Ernährung, Einteilung von Arbeit, Erholung und Spiel, Übung und Ausbildung der Körperkraft soll immer vom Arzt, muß von ihm im Falle der Not geregelt werden. Die Überwachung der körperlichen Entwicklung des Kindes, die sofortige Behebung auftauchender Übelstände ist eine der wichtigsten Berufspflichten des Arztes. Nicht erkrankte Kinder zu behandeln und zu heilen, sondern gesunde vor der Krankheit zu schützen ist die konsequente, erhabene Forderung der medizinischen Wissenschaft.

Von der körperlichen Erziehung ist die geistige nicht zu trennen. In der letzteren mitzureden ist dem Arzte nicht allzu häufig Gelegenheit geboten, obgleich gerade er aus dem reichen Born seiner Erfahrung kraft seiner Objektivität und Gründlichkeit wertvolle Schätze schöpft. *Preyers* Buch über »Die Seele des Kindes« fördert eine Unzahl fundamentaler Tatsachen zutage, die jedem Erzieher bekannt sein sollten. Es ist lange nicht erschöpfend, aber es bietet Material zur Beurteilung und Sichtung der eigenen Erfahrungen. Das gleiche gilt von dem Buche Karl *Gross'* »Über das Seelenleben des Kindes«, das ungleich mehr das Interesse des Psychologen erweckt. Die allgemeine Volkserziehung zu beeinflussen, streben beide Bücher nicht an, können sie aus mehrfachen Gründen nicht erreichen. Vielleicht war erst der wuchtige Akzent nötig, mit dem *Freud*[2] das Kinderleben bedenkt, und die Aufzeigung der tragischen Konflikte, die aus Anomalien der kindlichen Erlebnisse fließen, um uns die hohe Bedeutung einer Erziehungslehre klar zu machen.

Bei der vollständigen Anarchie, in der im allgemeinen die kindliche Seele im Elternhaus heranwächst, können wir es begreiflich finden, daß manche wertvolle Persönlichkeit den Mangel einer jeden Erziehung höher schätzt als eine jede der heute möglichen Erziehungsformen. Dennoch gibt es eine Anzahl von Schwierigkeiten, die ohne Einsicht in das Wesen der Kinderseele nicht überwunden werden können. Einige dieser immer wieder auftauchenden Fragen wollen wir im folgenden besprechen, da es uns dünkt, daß vorwiegend die Ärzte dabei berufen sind, das Wort zu ergreifen.

Bekanntlich soll die Erziehung des Kindes bereits im Mutterleib beginnen. Dem Arzte obliegt die Pflicht, die Aufmerksamkeit der Eheschließenden darauf zu lenken, daß nur gesunde Menschen zur Fortpflanzung geschaffen sind. Seine Aufgabe ist es, bei vorliegendem Alkoholismus, bei Geschlechtskrankheiten, Psychosen, Epilepsie, Tuberkulose usw. auf die Gefahren einer Ehe, auf die schädlichen Folgen für die Nachkommen-

[2] S. Freud, *Traumdeutung*. 7. Aufl. Wien 1922 [S. Freud, *Gesammelte Werke*. Frankfurt a. M. 1960 ff, Bd. II/III].

schaft hinzuweisen. Die körperliche und seelische Pflege der Schwangeren ist nicht zu vernachlässigen, der Hinweis auf die Wichtigkeit des Selbststillens darf nicht unterlassen werden.

Von größter Wichtigkeit für die Erziehung des Säuglings sind Pünktlichkeit und Reinlichkeit. Nichts leichter als durch ständiges Nachgeben in der Nahrungsbefriedigung einen eigensinnigen Schreihals heranzuziehen, der es später nicht ertragen wird, auf die Befriedigung seiner Wünsche zu warten, ohne in die heftigste Erregung zu geraten. Nun gar die Erziehung zur Reinlichkeit muß uns als einer der mächtigsten Hebel zur Kultur dienen, und *ein Kind, das seinen Körper rein zu halten gewöhnt ist, wird sich späterhin in schmutzigen Dingen nicht leicht wohl fühlen.*

Die Vernachlässigung der körperlichen Erziehung, wie sie in unserer Zeit gang und gäbe ist, übt stets einen schädlichen Rückschlag auf körperliche und geistige Gesundheit aus. Hier gibt es Zusammenhänge, die nicht übersehen werden dürfen. Gute körperliche Entwicklung geht meist mit gesunder geistiger Entwicklung Hand in Hand. Schwächliche und kränkliche Kinder verlieren leicht die beste Stütze ihres geisten Fortschritts: *das Vertrauen in die eigene Kraft.* Ähnliches findet man bei verzärtelten und allzu ängstlich behüteten Kindern. Sie weichen jeder körperlichen und geistigen Anstrengung aus, flüchten sich gerne in eine Krankheitssimulation oder übertreiben ihre Beschwerden in unerträglicher Weise. Deshalb können körperliche Übungen, Turnen, Springen, Schwimmen, Spiele im Freien bei der Erziehung nicht entbehrt werden. Sie verleihen dem Kinde Selbstvertrauen, und auch späterhin sind es wieder solche Äußerungen persönlichen Muts und persönlicher Kraft, die – aus überschüssigen Kraftquellen gespeist – das Kind vor Entartungen behüten.

Hat man es mit Schwachsinnigen, Kretinen, Taubstummen oder Blinden zu tun, so wird es Aufgabe des Arztes sein, die Größe des Defekts sicherzustellen, die Chancen einer Heilung oder Besserung zu erwägen und eine entsprechende, zumeist individualisierende Behandlung und Erziehung zu empfehlen.

Das wichtigste Hilfsmittel der Erziehung ist die Liebe. Eine Erziehung kann nur unter Assistenz der Liebe und Zuneigung des Kindes geleistet werden. Wir beobachten immer wieder, wie das Kind stets auf die von ihm geliebte Person achtet und wie es deren Bewegungen, Mienen, Gebärden und Worte nachahmt. Diese Liebe darf nicht gering geschätzt werden, denn sie ist das sicherste Unterpfand der Erziehungsmöglichkeit. Diese Liebe soll sich nahezu gleichmäßig auf Vater und Mutter erstrecken, und es muß alles vermieden werden, was den einen Teil davon ausschließen könnte. Streitigkeiten unter den Eltern, Kritik der getroffenen Maßnahmen sollen vor dem Kinde geheim gehalten werden. Bevorzugung eines der Kinder muß hintangehalten werden, denn sie würde sofort die erbitterte Eifersucht des andern hervorrufen. Es ist ohnehin nicht leicht, die eifersüchtigen Regungen des älteren Kindes gegenüber dem neuangekommenen, die sich in mannigfachster Weise äußern, einzudämmen. – Andererseits darf kein Übermaß von Liebe, keine Überschwänglichkeit gezüchtet werden. So angenehm es auch die Eltern berührt, ein derartiger Überschwang hemmt leicht die Entwicklung des Kindes. Besonnenheit den Liebkosungen des Kindes gegenüber, Hinlenken auf ethisch wertvolle Bestrebungen, auf Arbeit, Fleiß, Aufmerksamkeit kann in solchen Fällen die richtige Mittellinie garantieren.

Wer die Erziehung seines Kindes fremden Personen: Ammen, Hauslehrern, Gouvernanten, Pensionaten überläßt, muß sich der großen Gefahren bewußt bleiben, die mit einer solchen Überantwortung verbunden sind. Selbst wo von ansteckenden Krankheiten oder offenkundigen Lastern abgesehen werden kann, muß man doch die Fähigkeit einer Gouvernante, die väterliche oder mütterliche Erziehung zu ersetzen, in Frage ziehen. Verschüchtert, verbittert, ihr Leben lang gedemütigt, sind diese bedauernswerten Geschöpfe manchmal kaum in der Lage, die geistige Entwicklung eines Kindes zu leiten.

Seit die Prügel aus der Justiz verschwunden sind, muß es als Barbarei angesehen werden, Kinder zu schlagen. Wer da glaubt, nicht ohne Schläge in der Erziehung auskommen zu können, gesteht seine Unfähigkeit ein und sollte lieber die Hand von den Kindern lassen. Abschließung an einem einsamen Ort halten wir für ebenso barbarisch wie Schläge, und wir können uns des Verdachts nicht erwehren, daß diese Strafe dem Charakter ebenso verhängnisvoll werden kann wie die erste Gefängnishaft dem jugendlichen Verbrecher. Aber auch leichtere Strafen können das Kind leicht zur Wiederholung verleiten und schädigen das Ehrgefühl. Schimpfworte oder beharrlicher, harter Tadel verschlechtern die Chancen der Erziehung. Es geht damit wie mit allzu weit getriebenen erzieherischen Eingriffen: wer als Kind daran gewöhnt wurde, der wird sie auch später leicht hinnehmen. An Lob und Belohnung dagegen verträgt das Kind erstaunlich viel, doch kann auch hier ein schädliches Übermaß geleistet werden, sobald das Kind in dem Glauben heranwächst, daß jede seiner Handlungen lobenswert sei und die Belohnung sofort nach sich ziehe. Die Erziehung des Kindes muß von weitblickenden Erziehern geleitet werden, nicht für den nächsten Tag, sondern für die ferne Zukunft. Vor allem aber sei dafür Sorge getragen, daß das Kind mit dem deutlichen Bewußtsein heranwachse, in seinen

Eltern stets gerecht abwägende Beurteiler, aber zugleich auch immer liebevolle Beschützer zu finden.

Unter den Untugenden der Kinder, die gemeiniglich unter Strafe stehen, stechen der kindliche Eigensinn und das Lügen besonders hervor. Eigensinn in früher Kindheit ist mit freundlicher Ermahnung ganz sachte einzudämmen. Er bedeutet in den ersten Jahren nichts weiter als einen Drang zur Selbständigkeit, also eigentlich ein erfreuliches Symptom, das nur unter beständiger Lobhudelung ausarten könnte. Bei großen Kindern dagegen und Erwachsenen ist der konstant auftretende Eigensinn nahezu ein Entwicklungsdefekt und läßt eigentlich nur eine einzige Art der Bekämpfung zu: *Vorhersagen einer möglichen Schädigung und ruhiger Hinweis auf den Eintritt derselben.* Dabei müssen alle Andeutungen auf ein überirdisches Eingreifen wie »Strafe Gottes« usw. entfallen, da sie dem Kinde den Zusammenhang von Ursache und Wirkung verhüllen. Von dieser Seite her ist selbst bei Eigensinnigen die Entwicklung ihrer Selbständigkeit bedroht. Neben den »Jasagern« gibt es nahezu ebenso viele ewige »Neinsager«, die sich in ihrer Gesinnungs- und Charakterschwäche ewig gleich bleiben.

Bezüglich der Lügen bei Kindern herrscht die größtmögliche Verwirrung. Da unser ganzes Leben von Lügen durchseucht ist, darf es uns nicht wundern, auch in der Kinderstube die Lüge wieder zu finden. In der Tat lügen die ganz Kleinen in der harmlosesten Weise. Anfangs ist es ein Spiel mit Worten, dem jede böse Absicht mangelt. Späterhin kommen Phantasielügen an die Reihe. Sie sind gleichfalls nicht tragisch zu nehmen, sind oft genährt durch ein Übermaß phantastischer Erzählungen und Lektüre und sind Folgen einer stärker hervortretenden Großmannssucht oder Herrschsucht. Hinweis auf die Wirklichkeit, Ersatz der Phantasiereize durch realeres Material, Naturgeschichte, Reisebeschreibungen und körperliche Tätigkeit wie Hinweis auf die Plusmacherei genügen, um diesen Lügen ein Ende zu machen. In den weiteren Jahren sind die Motive meist deutlich. Lügner aus Eitelkeit, Selbstsucht und Furcht sind die hauptsächlichsten Vertreter. Lassen sich diese Motive wirkungsvoll bekämpfen, *so fällt auch das Lügen fort.* Besonders deutlich wird das Verschulden der Erziehung bei Angst- oder Verlegenheitslügen. Denn unter keinen Umständen sollte das Kind vor seinem Erzieher Furcht empfinden. Man hüte sich davor, das Kind an Geheimnissen, Lügen oder Verstellungen vor anderen Personen teilnehmen zu lassen. Man hüte sich besonders vor Redensarten, wie: »Warte, ich werd's dem Vater sagen!« um das Kind zur Abbitte zu bewegen. Denn man zieht damit den Hang zum Verschweigen und Lügen groß. Auch die Beichte kann bei unvorsichtiger Haltung der Eltern der Erziehung zur Wahrhaftigkeit abträglich werden, da sie dem Hang zur Heimlichtuerei gegen die natürlichen Erzieher eine Stütze bietet. Gegen das Aufkommen eingewurzelter Lügenhaftigkeit bietet das gute Beispiel der Umgebung wie für das gesamte Erziehungsresultat eine sichere Gewähr. Jede Art von Konfrontation dagegen und Inquisitionsverfahren wirken schädlich. Das gleiche gilt vom Zwang zur Abbitte, die, wenn überhaupt, so nur als freiwillige entgegengenommen werden darf. Ein höchst verläßliches Schutzmittel gegen Lügenhaftigkeit bildet die Entwicklung eines mutigen Charakters, der die Lüge als unerträgliche Beeinträchtigung verwirft.

Gehorsamkeit beim Kinde darf nicht erzwungen werden, sondern muß sich als selbständiger Effekt der Erziehung ergeben. Die Freiheit der Entschließung muß dem Kinde möglichst gewahrt werden. Nichts ist unrichtiger als das fortwährende Ermahnen, wie es leider so weit verbreitet ist. Da es aber unerläßlich ist, in manchen Fällen Folgsamkeit zu erlangen, so stütze man sie auf das Verständnis des Kindes. Deshalb muß jeder unverständliche Befehl, jedes ungerecht scheinende Verlangen vermieden werden, denn sie erschüttern das Zutrauen zu den Eltern. Ebenso sind unnütze, unausführbare und häufige Androhungen zu unterlassen. Ungerechtigkeiten, dem Kinde gegenüber von Geschwistern oder Kameraden verübt, erweisen sich oft als nützlich, wenn man an ihnen den Wert der Gerechtigkeit für alle aufweist.

Überhaupt obliegt dem Erzieher die wichtige Rolle, das orientierende Bewußtsein dem Kinde gegenüber zu vertreten. Er hat die Aufgabe, das Kind darauf zu leiten, wie die Kräfte und Äußerungen seines Seelenlebens zusammenhängen, um zu verhüten, daß das Kind irregeht oder von anderen mißleitet werde. Ein allzu häufiger Typus ist der des verängstigten, überaus schüchternen, überempfindlichen Kindes. Weder zur Arbeit noch zum Spiel taugt es. Jeder laute Ton schreckt diese »Zerstreuten« aus ihren Träumen, und sieht man ihnen ins Gesicht, so wenden sie die Augen ab. Ihre Verlegenheit in der Gesellschaft, in der Schule, dem Arzte gegenüber (Ärztefurcht!) schlägt sie immer wieder zurück und läßt sie in die Einsamkeit flüchten. Die ernstesten Ermahnungen verhallen spurlos, die Schüchternheit bleibt, verstärkt sich und macht die Kinder zu dieser Zeit nahezu entwicklungsunfähig. Nun gibt es aber gar kein kulturwidrigeres Element als solche Zurückgezogenheit oder Feigheit, die noch obendrein den Eindruck erweckt, als stünde sie unter dem Zeichen des Zwanges. Ich getraue mich zur Not, aus dem grausamsten Knaben einen tauglichen Fleischhauer, Jäger, Insektensammler oder — Chirurgen zu machen. Der Feige wird immer kulturell minderwertig bleiben. Gelingt es bei solchen Kindern, die Wurzel ihrer Schüchternheit aufzudecken, so retten wir das Kind vor dem Verfall, vor einem Versinken in Frömmelei und Pietismus. Man findet dann in der Regel, daß dieses Kind eine Zeit der bittersten Minderwertigkeitsgefühle hinter sich hat. In seiner Unkenntnis der Welt und durch unverständige Erziehung gepeinigt, erwartet es beständig eine Entlarvung seiner Unfähigkeit.

Als Ursache findet man Organminderwertigkeiten, die oft schon einen Ausgleich gefunden haben, oder in den Folgen als gleichwertig eine strenge oder verzärtelnde Erziehung; durch sie wird die Seele des Kindes verleitet, die Schwierigkeiten des Lebens schreckhaft zu empfinden, den Mitmenschen als Gegner anzusehen und zuerst an sich zu denken.

An dieser Stelle können wir einige wichtige Bemerkungen nicht unterdrücken. Erstens: Unter gar keinen Umständen, auch bei sexuellen Vergehungen nicht, ist es gestattet, dem Kinde Schrecken einzujagen. Denn man erreicht damit sein Ziel niemals, nimmt dem Kinde das Selbstvertrauen und stürzt es in ungeheure Verwirrung. Solche Kinder, denen man Schreckbilder vor die Seele bringt, flüchten regelmäßig vor den Lebenssorgen und werden denselben Weg zur Flucht auch im reiferen Alter finden, wenn ihnen von irgendeiner Seite Ungemach droht. Zweitens: Das Selbstvertrauen des Kindes, sein persönlicher Mut ist sein größtes Glück. Mutige Kinder werden auch späterhin ihr Schicksal nicht von außen erwarten, sondern von ihrer eigenen Kraft. Und drittens: den natürlichen Drang des Kindes nach Erkenntnis soll man nicht unterbinden. Bei den meisten Kindern kommt eine Zeit, wo sie unaufhörlich Fragen stellen. Man darf dies nie bloß als Quälerei empfinden; denn durch dieses Fragen verrät das Kind, daß es nunmehr in seiner eigenen Existenz viele Rätsel gefunden hat, und die ganze Fragerei steht eigentlich nur an Stelle der einen Frage: Wo bin ich hergekommen und wohin gehe ich? Man beantworte so viel man kann, zeige dem Kinde das Unsinnige und Lächerliche vieler seiner Fragen, und kommt es dann endlich doch einmal zu der einen großen Frage seiner Entstehung, so beantworte man diese nach der Entwicklung des Kindes, nehme die Vorgänge bei Pflanzen oder niedrigeren Tieren behufs Erläuterung vor, und man wird dadurch den Keim zum Verständnis des kosmischen Zusammenhangs, der Einheit des organischen Lebens gelegt haben.

Dagegen muß die Erweckung sexueller Frühreife strengstens hintangehalten werden. Wir wissen heute so viel, daß die Sexualität in frühester Kindheit bereits vorhanden ist. Sie kann durch unvorsichtige oder böswillige Behandlung, Unreinlichkeit, krankhafte Veränderung, durch Gewährenlassen von Unarten, Spielen, ferner durch gewisse, weitverbreitete Kinderspiele leicht gesteigert werden. – Das Kind beobachtet gerne und mit Neugierde. Das Schlafzimmer der Eltern sollte stets vom Kinderzimmer abgesondert sein. Der Koedukation können wir das Wort reden, warnen aber vor Sorglosigkeit und Überraschungen. Die Kenntnisnahme ehelicher Vorgänge wirkt auf die kindliche Seele besonders verheerend ein. Eifersüchtige Regungen gegen den Vater oder die Mutter müssen frühzeitig bemerkt und korrigiert werden.

In den sogenannten Flegeljahren, zur Zeit der Pubertät, tritt meist ein eigentümlicher Zerfall der Kinder mit ihren Eltern, ja mit ihrer ganzen Umgebung ein. Spott- und Zweifelsucht werden rege, eine negative, jeder Autorität abholde Stimmung ergreift besonders die Knaben. Es ist kaum ein Zweifel berechtigt, daß diese Erscheinung mit dem vollen Erfassen des sexuellen Problems, mit dem gänzlichen Erwachen des Sexualtriebes, mit der Verselbständigung und Mannbarkeit zusammenhängt, die häufig über das notwendige Ziel hinausschießen. In dieser Zeit wird nur der Erzieher bestehen können, der mit vollem Recht das Vertrauen des Kindes besitzt. Dies ist auch die Zeit, wo die sexuelle Aufklärung, am besten durch Vater, Mutter, älteren Freund oder Arzt, in wohlwollender Weise zu erfolgen hat. Eine wichtige Aufgabe erwächst sodann dem zum Berater gewordenen Erzieher des Kindes, diese Zeit des Zweifels, des Widerstands gegen unbefugte Autorität auszunützen und dieses negierende Gefühl mit lauterem Inhalt zu füllen.

Das Kind muß für die *Gemeinschaft* erzogen werden. Familie und Schule richten sich automatisch, wenn auch oft unter Widerstand nach diesen Forderungen. Jede Abweichung von dieser Linie bedroht das Kind später mit Schwierigkeiten der Anpassung in Beruf, Liebe und Gesellschaft. Als Lehrer und Erzieher taugen deshalb nur Personen, die selbst ein entwickeltes Gemeinschaftsgefühl besitzen – Querköpfe, Individualitäten, Egoisten, Fatalisten, besonders wenn sie an unausrottbare Vererbung glauben, stiften nur Schaden. Ebenso einseitige Theoretiker, wenn sie nach ihren Schablonen, nicht nach den realen Bedürfnissen einer tauglichen Gesellschaft erziehen wollen.

Alfred Adler

Trotz und Gehorsam*

Seit wir in der *Individualpsychologie* ein so wertvolles Hilfsmittel besitzen, um psychische Zustandsbilder und Charaktere aus ihrer frühkindlichen Entwicklung zu begreifen, zeigt sich die grundlegende Bedeutung der Pädagogik für die Entwicklung eines gesunden Seelenlebens in voller Klarheit. Jede Analyse erhellt Beziehungen zwischen den erzieherischen Beeinflussungen und dem Auftreten nervöser Erscheinungen. Ich zweifle nicht, daß diese Forschungsrichtung eine ungemeine Vertiefung der Pädagogik zustande bringen wird, so wie sie umgekehrt aus den sicheren Erfahrungen der Erziehungswissenschaft ihre wertvollsten Beweise und Hilfen entnimmt. Die meisten der bisherigen individualpsychologischen Arbeiten sind naturgemäß vom Standpunkte der ärztlichen Kunst aus geschrieben. Immerhin berücksichtigen sie eine ganze Anzahl erzieherischer Fragen so sehr oder stellen sie in den Vordergrund, daß man es wagen darf, sie den Nichtärzten, vor allem Eltern, Lehrern und Psychologen, als Probe vorzulegen.
Was ganz besonders die Eignung der Individualpsychologie für die Entwicklung der Pädagogik ausmacht, ist die sich ergebende Anschauung vom *Wesen des Charakters*. Ich kann hier nur die Ergebnisse aus einer großen Reihe von Erfahrungen, vor allem eigener Befunde, mitteilen, aus welchen hervorgeht, daß bestimmte Charakterzüge sich in gerader Linie *von einem Organsystem* ableiten lassen und dem daranhaftenden Triebe entsprechen. So stammt vom Sehorgane und seinem Triebe die visuelle Neugierde und später die Wißbegierde, vom Nahrungsorgan der Charakter der Gefräßigkeit, hernach des *Futter*neides und, sobald das *Geld*äquivalent in Wirksamkeit tritt, des Geizes. Der Haut und ihren besonders gearteten Stellen entstammen bestimmte dauernde Neigungen zur Berührung und sinnlichen Lustgewinnung. Die Absonderungsorgane, die ursprünglich bloß mit Entleerungsneigung behaftet sind, arbeiten zunächst im Triebleben gleichberechtigt mit, — bis endlich unter Aufgabe der fast noch vorgeburtlichen Arbeitsweisen der Organe eine Änderung eintritt, eingeleitet durch eine starke *Unterordnung des gesamten Trieblebens unter den Zweck der Machtgewinnung*, dann der

* [Zuerst erschienen in: *Monatshefte für Pädagogik und Schulpolitik*, Bd. 2, 1910, S. 321–328.]

Erhöhung des Persönlichkeitsgefühls. So gegen Ende des zweiten Jahres. Das Kind ist wissend geworden und nützt sein Bewußtsein aus, indem es sein Leben und Treiben auf *Macht einstellt.* Kulturhistorisch wie in der Entwicklung des einzelnen zeigt sich die gleiche Stufenfolge: im allgemeinen werden die Befriedigungsarten bevorzugt und festgelegt, die entweder mehreren Organtrieben zugleich entsprechen oder Unlust vermeiden. Die Nahrung soll nicht nur angenehme Geschmackseigenschaften besitzen, sondern auch dem Auge, der Nase Lust bereiten. Die Kleidung soll die Haut vor Unlusterregung, vor Kälte, Nässe bewahren und zugleich dem Auge wohlgefällig sein. Das Gehaben des Kindes *auf der ersten Stufe der Entwicklung* ist durchaus selbstsüchtig, nur auf *Lustgewinnung eingestellt,* und sein Triebleben ist in seiner Ausbreitung durch innigeres Zusammenwirken, durch *Triebverschränkung und gelegentliche gegenseitige Hemmung,* durch Eigenerfahrung und Belehrung bestimmt. Immerhin lassen sich bereits Unterschiede, Ansätze zur Eigenart und Gesinnungsbildung erkennen. *Bald ist der Schautrieb, bald der Eß- oder ein anderer Trieb die Hauptachse des Seelenlebens, bald treten Schwächen oder kennzeichnende Vorzüge eines Triebes* (des Hör-, Schau-, Riechtriebes) *so deutlich hervor, daß ein umschriebenes Charakterbild zutage kommt.* Alle diese Eigenschaften, wie auch Plumpheit, Ungeschicklichkeit, Trägheit, auffallende Lebhaftigkeit, Wehleidigkeit stammen in gerader Linie von Organminderwertigkeiten her, stehen mit organischen Empfindlichkeiten, scharf abgegrenzten oder abgeschwächten Sinnesempfindungen im Zusammenhang und fallen durch die andersartige Triebausbreitung und Triebbefriedigung *als ursprüngliche und angeborene Triebrichtungen auf,* deren Material später zu einer einheitlichen Persönlichkeit umgeformt wird, die nach Geltung ringt.

Denn in diese seelische Vorbereitung fallen nun die Wirkungen der Umgebung und der gesellschaftlichen Bedingungen. *Von größter Tragweite sind die Einflüsse des Familienlebens.* Sie bringen neue Einschränkungen der Triebausbreitung, und die Einstellung des Kindes auf Lustgewinnung gerät in Widerspruch mit ihnen. *Hier* liegen die *Wurzeln des gewöhnlichen, sozusagen physiologischen Trotzes der Kindheit.* Das Kind soll lernen, sich in den Kulturbetrieb einzufügen und seinen spielerischen Hang nach freier Organbetätigung aufzugeben. *Diese Umwandlung gelingt nur dann leicht, wenn das Kind an Stelle ursprünglicher Triebbefriedigung einen Ersatz annimmt: die Liebe seiner Umgebung oder eine Ehrgeizbefriedigung.* Dann kann es, *ohne ungeduldig zu werden,* auf die Triebbefriedigung warten, die Einfügung ist gelungen, das Kind ist auf Gehorsam eingestellt. Andernfalls sträubt es sich gegen den Einklang des Familienlebens, *verweigert den Gehorsam,* geht seine eigenen Wege, die oft weitab vom Erziehungsziele führen, sträubt sich gegen den Eß- und Reinigungszwang, leistet beim Schlafengehen, später auch beim Lernen tätigen und leidenden Widerstand, nicht selten auch bei Verrichtung seiner Notdurft. Oder das Kind wird jähzornig, neidisch, voll Ungeduld und stört den Frieden des Hauses durch *stillen oder lauten Trotz.* Immerhin sind es auf dieser Stufe der Entwicklung nur Spuren, die aber unter bestimmten Bedingungen immer stärker und stärker zur Ausprägung gelangen, bis sie sich zum hervorstechenden Charakterzug ausgebildet haben, der oft *das Schicksal der Person und ihrer Umgebung* wird.

Von verstärkenden Bedingungen für den *Charakter des Trotzes* habe ich *vornehmlich zwei* gefunden, die den Lauf der Dinge entscheiden. Die erste: Kinder, die infolge *angeborener Organminderwertigkeit* schwächlich, ungeschickt, kränklich, im Wachstum zurückgeblieben, häßlich oder entstellt sind, einen Kinderfehler haben, erwerben sehr leicht *aus ihren Beziehungen zur Umgebung ein verstärktes Gefühl der Minderwertigkeit,* das sie schwer bedrückt und das sie mit allen Mitteln zu überwinden trachten. Ich darf wohl auch hier von einer anomalen Einstellung sprechen, deren Charakterzüge sich um dieses Minderwertigkeitsgefühl ordnen, nebenbei *aber meist viel deutlicher um die daraus (nach dem Gesetze der Dialektik) folgende verstärkte Angriffsneigung gegen die Außenwelt.* Dem Minderwertigkeitsgefühl entsprechen Züge wie *Ängstlichkeit, Zweifel, Unsicherheit, Schüchternheit, Feigheit und verstärkte Züge von Anlehnungsbedürfnis und unterwürfigem Gehorsam.* Daneben finden sich Phantasien, ja auch Wünsche, die man als *Kleinheitsideen* oder masochistische Regungen zusammenfassen kann. Über diesem Gewebe von Charakterzügen finden sich regelmäßig – in abweisender und ausgleichender Absicht – *Frechheit, Mut und Übermut, Hang zur Auflehnung, Starrköpfigkeit und Trotz,* begleitet von Phantasien und Wünschen nach einer Helden-, Krieger- Räuberrolle, kurz von *Größenideen und sadistischen Regungen.* – Das Minderwertigkeitsgefühl gipfelt schließlich in einem nie versagenden, stets übertriebenen *Gefühl der Zurückgesetztheit,* und die Aschenbrödelphantasie ist fertig, fertig auch *mit ihrer sehnsüchtigen Erwartung der Erlösung und des Triumphes.* Hierher gehören auch die häufigen Phantasien der Kinder von ihrer geheimen fürstlichen Abstammung und ihrer vorübergehenden Verbannung aus dem »wirklichen« Elternhause. Die Wirklichkeit aber spottet der Harmlosigkeit des Märchens. *Das ganze Triebleben des Kindes wird aufgepeitscht und übermächtig,* Rachegedanken und Todeswünsche gegen die eigene

Person wie gegen die Umgebung werden bei der leisesten Beeinträchtigung laut, Kinderfehler und Unarten werden trotzig festgehalten, und sexuelle Frühreife, sexuelles Begehren bricht *ungezähmt* aus der Kinderseele hervor, um nur so zu sein wie die Erwachsenen, Vollwertigen. Der Große, der alles kann, alles hat, – das ist der Vater, oder wer ihn vertritt, die Mutter, ein älterer Bruder, der Lehrer. Er wird zum Gegner, der bekämpft werden muß, das Kind wird blind und taub gegen seine Leitung, verkennt alle guten Absichten, wird mißtrauisch und äußerst scharfsinnig allen Beeinträchtigungen gegenüber, die von ihm kommen, kurz, *es ist auf Trotz eingestellt, hat sich aber gerade dadurch von der Meinung und Haltung der andern völlig abhängig gemacht.*

Oder das Kind ist durch seine Anlage und durch Lebenserfahrungen um seine Aggressionstendenz gekommen, ist durch Schaden »klug« geworden und sucht seine Triebbefriedigung und seinen endlichen Triumph durch passives Verhalten herbeizuführen, durch Unterwerfung, durch ehrlichen und unehrlichen Gehorsam. Freilich lodert zuweilen die Flamme des Hasses auf, oft nur in den Träumen und nervösen Symptomen, dem Kundigen ein Zeichen, daß der Boden unterwühlt, zur Neurose oder zu verbotenen Handlungen geeignet ist, wenn sich das Kind nicht zu triumphalen Leistungen oder zur Indolenz fähig erweist. Überwiegt die *Einstellung auf Gehorsam und Unterwerfung,* dann beglückwünschen sich die Angehörigen nicht selten zu ihrem Musterkinde, ohne zu ahnen, daß das Leben, die Liebe, der Beruf in ungünstigen Fällen gar leicht den Verfall, das Versinken in die Nervosität herbeiführen können.

In beiden Hauptgruppen von Charakterzügen also sehen wir die Wirkung falscher Einstellungen, deren kompensatorische Bedeutung, wie ich zuerst gezeigt habe, in der Vernichtung des Minderwertigkeitsgefühls durch einen ausgleichenden Protest und durch Größenphantasien besteht. In der Mehrzahl findet man Mischfälle, *so daß Züge von Gehorsam und Trotz nebeneinanderlaufen,* wobei eine starke Überempfindlichkeit jeden Schein von Beeinträchtigung mit Abwehrregungen im Denken, Phantasieren oder Handeln beantworten läßt. Für diese große Zahl von Kindern, aus welchen ungünstigenfalles nervöse Menschen herauswachsen, können wir diese Behauptung aufstellen, *daß sie ihr Gehorchen nicht vertragen,* oder bestenfalls wieder nur dann, wenn sie einen Ersatz in der Liebe oder in der Ehrgeizbefriedigung finden.

Die zweite der verstärkenden Bedingungen für die Einstellung auf Trotz habe ich in der subjektiven Unsicherheit der Geschlechtsrolle des betreffenden Kindes nachgewiesen. Diese Bedingung steht durchaus nicht vereinzelt da, sondern schließt sich eng an die vorige an. Das Suchen nach der Geschlechtsrolle beginnt gewöhnlich um das vierte Lebensjahr. Der Wissensdrang des Kindes erfährt dabei eine starke Steigerung. Der Mangel an geschlechtlicher Aufklärung macht sich für das Kind gerade in diesem Punkte fühlbar. In Unkenntnis der Bedeutung der Geschlechtswerkzeuge sucht das Kind den Unterschied der Geschlechter in der Kleidung, in den Haaren, in körperlichen und geistigen Eigenschaften und geht dabei vielfach irre. Dabei befestigen manche Mißbräuche diesen Irrtum. So die Neigung mancher Eltern, Knaben bis über das vierte Lebensjahr hinaus Mädchenkleider mit breiten Schärpen und Spitzen, oder gar Arm- und Halsbänder tragen zu lassen, eine Neigung, die auf einer falschen Einstellung der Mutter beruht, die sich ein Mädchen gewünscht hatte. Auch das Tragen langer Haare, stärkere Entwicklung der Brüste, blasse Gesichtsfarbe und Mißbildungen der Genitalien können den Knaben in der Auffassung seiner Geschlechtsrolle unsicher machen. Ja selbst wenn das Kind den Unterschied der Geschlechtsorgane in seiner Bedeutung für die Geschlechtskontrolle erkannt hat, bleibt oft ein Rest von Unsicherheit, weil Gedanken von Veränderungen der Geschlechtsorgane plötzlich oder veranlaßt durch Drohungen der Eltern zur Erwägung kommen. Bei Mädchen wird diese Unsicherheit oft verstärkt durch ein knabenhaftes Aussehen oder durch ein solches Benehmen, wobei entsprechende Bemerkungen der Umgebung (»die ist gar kein Mädel«) stark ins Gewicht fallen. Dazu kommt noch der Krebsschaden unserer Kultur, *der zu starke Vorrang der Männlichkeit.* Nun setzt die gleiche Kraft wie oben, nur maßlos verstärkt, ein. *Alle Kinder, die so im Zweifel über ihre Geschlechtsrolle waren, übertreiben die ihnen männlich erscheinenden Eigenschaften, in erster Linie den Trotz.* Der Gehorsam, die Unterwerfung, schwach, klein, dumm, passiv sein, werden als weibliche Merkmale gefühlt, denn der Vater, der männliche Richtschnur bleibt, zeigt in der Regel die entgegengesetzten Eigenschaften. Der Sieg wird als männlich, die Niederlage als weiblich erfaßt *und ein hastiges Drängen und Suchen nach männlichem Protest verstärkt in hervorragender Weise die Einstellung auf Trotz, verstärkt sie deshalb, weil nunmehr zu dem Ausgangspunkt dieser Beeinflussung, dem Gefühl der Minderwertigkeit, ein besonderes Minderheitsgefühl hinzutritt, in der erwogenen Möglichkeit, wie eine Frau zu werden.* Und eine Frau zu werden bedeutet für diesen Typus von Kindern mit ihrem Gefühl der Zurückgesetztheit und Beeinträchtigung eine Erwartung von unausgesetzten Plagen und Schmerzen, von Verfolgungen und Niederlagen. So suchen sie seelisch wett zu machen, was sie etwa körperlich vermissen, und sie steigern ihren männlichen Protest, damit ihren

Trotz oft ins Ungemessene. Wie oft da die beste Erziehung versagt, weiß jeder Erzieher. Worte, Lehren, Beispiele dringen fast nie bis zum Urgrund dieser Charakterzüge, dem Gefühl eines vermeintlichen Hermaphroditismus. Sie wollen alles besser wissen, verbeißen sich in den Gedanken ihrer Einzigartigkeit, dulden niemand über sich und wollen sich durch nichts belehren lassen. Dabei treten oft verbrecherische Instinkte zutage, Selbstsucht, Hang zur Lüge, zu Diebstahl. Auch hier kann die Liebe, sicher nicht der Haß oder die Strafe, bessernd wirken, ja diese Kinder stellen zuweilen in ihrer immerwährenden Gier nach Triumph im späteren Leben das Material, aus dem unter günstigen Bedingungen die großen Menschen Künstler und Dichter hervorgehen. – Für die andern aber, – und nur diese können Gegenstand der Pädagogik sein –, für die Kinder, die durch die falsche Einstellung Schaden leiden, muß behauptet werden, daß nur die Individualpsychologie imstande ist, eine Änderung herbeizuführen. Denn [der] Ausgangspunkt, die falsche Einstellung, und das Endziel, der männliche Protest, sind dem Bewußtsein entzogen, und *die ganze Folge von Wirkungen wickelt sich zwangsmäßig im Unbewußten ab, d. h. ohne ein begleitendes Verständnis des Kindes, oft ohne sein Wissen.*

Hier seien zwei Krankengeschichten vorgeführt, die die ursprüngliche Einstellung auf Trotz und Gehorsam zeigen.

Der eine Patient, ein 26jähriger Mediziner, beklagte sich über nervöse Beschwerden (Angstanfälle, Platzangst, Prüfungsangst, Kopfschmerzen, Unfähigkeit zu lesen). Ich kann die Erörterung dieser Zustände an dieser Stelle übergehen, indem ich darauf hinweise, daß sie alle einer unbewußten Absicht dienten, den Beweis herzustellen, daß dem Patienten alle Aussichten versperrt seien, *allein durch das Leben zu gehen.* Die wirkliche, dem Patienten aber unbewußte letzte Ursache, die diesen Beweis forderte, fand sich in seiner Unzufriedenheit in der gegen den Willen seines Vaters geschlossenen Ehe. Konnte er nun lebenswichtige Handlungen *allein* nicht vollbringen, so war auch die Trennung von seiner Frau ausgeschlossen. So oft er nun Ursache zu haben glaubte, sich von dieser zu entfernen, so oft hinderte ihn daran die alte trotzige Einstellung gegen den Vater. Sein Trotz ließ sich bis in die früheste Kindheit verfolgen und zeigte den oben geschilderten Aufbau. Er war ein übermäßig plumpes Kind gewesen, von der ganzen Umgebung verspottet und verlacht, wobei Vergleiche mit *einer schwangeren Frau* recht häufig wiederkehrten. Seine Unsicherheit in der Auffassung seiner Geschlechtsrolle wurde noch erheblich gesteigert, als ihm eine Gouvernante drohte, er werde sich in ein Mädchen verwandeln, wenn er unzüchtige Berührungen an sich vornähme.

Vermeintliche oder wirkliche Zurücksetzungen fehlten auch in diesem Falle nicht, so daß der Boden genügend vorbereitet war, um den Knaben aus seinem Gefühl der Minderwertigkeit heraus zu unbeugsamem Trotze und überstiegenem Ehrgeize zu treiben. Überall wollte er *der Erste, der Klügste, der Ausgezeichnetste sein.* Daß er auf diesem Wege zu hohen sittlichen Werten gelangte, wird uns nicht wundernehmen; er wollte sich auch durch unerschütterliche *Wahrheitsliebe, Reinheit der Sitten und großes Wissen* hervortun. Andererseits fehlten Züge abträglicher Art keineswegs, er wurde *herrschsüchtig, starrköpfig, selbstbewußt* und leicht geneigt, das Wissen und die Erfahrung anderer zu unterschätzen. Frühzeitig schritt er zur Verehelichung, um in diesem Verhältnisse den *Triumph seiner Männlichkeit* zu finden. Je mehr sein Vater ihn hiervon mit guten Gründen abzuhalten suchte, um so trotziger bestand er auf seinem Plane, den er auch bald nachher ausführte. Weil sich die Frau doch nicht in dem Maße unterwarf, wie es seinen unbewußten Erwartungen entsprochen hatte, und weil sie ihm wegen seines fortgesetzten Mißtrauens und Nörgelns mit immer stärkerer Widerspenstigkeit begegnete, *offenbar um ihre »Männlichkeit« zu beweisen,* war er vor eine Niederlage gestellt, die ihn vor der Welt, vor seinem Vater und vor seiner Frau als minderwertig, d. h. als »weiblich« (unmännlich) erwiesen hätte. Zu trotzig, um zu einer bewußten Erfassung dieser Lage zu schreiten, fand er den Ausweg in die Krankheit und versuchte sich derart vor dem Wiedererwachen der alten schmerzlichen Erinnerungen an Spott und Herabsetzung zu schützen. Die Klärung dieser Zustände brachte es dahin, daß der Patient auf den scheinbaren Vorteil seiner Krankheit verzichtete und, unbekümmert um die Meinung seiner Umgebung, beherzt an die Ordnung seiner häuslichen Verhältnisse schreiten wollte.

Ein zweiter Fall betrifft eine Patientin, Beamtin, 34 Jahre alt, die mit Aufregungszuständen, nervösem Herzklopfen, Platzangst und nächtlichem Aufschreien in die Behandlung kam. Der Vorteil dieser Erkrankungsform lag darin, das die Patientin *in den Brennpunkt der Aufmerksamkeit ihrer Umgebung* trat, stets nur in Begleitung ihrer Schwester ausging und sich aller gesellschaftlichen Pflichten entledigen durfte. Die uneingestandene Absicht war dabei, *sich allen Heiratsplänen, damit der »Erniedrigung« einer Frauenrolle zu entziehen.* Als Kind zeigte sie frühzeitig knabenhaftes Aussehen, ungebärdiges Benehmen und Kinderfehler, wie Bettnässen und Daumenlutschen, die ich als Zeichen von Kindertrotz (Kampf gegen die Einfügung) nachwies. Sie bewegte sich nur in Knabenkreisen, an deren Balgereien und grausamen Spielen sie Gefallen fand. In der Pubertät brachte sie ihr aggressives Vorgehen einigemal in Gefahr, sich zu verlieren. Diese Gefahr und die Einschüchterungen durch die Mutter führten dazu, daß das in sexuellen Dingen schlecht unterrichtete Mädchen für ihre »männliche Rolle« zu fürchten begann. Ihre persönlichen Erfahrungen über eheliche Verhältnisse waren gleichfalls nicht danach angetan, ihr die Rolle einer Frau sympathisch zu machen. Sie sah in ihrer Umgebung die Gattin stets als minderwertiges und unterdrücktes Wesen behandelt und fürchtete, dem gleichen Lose anheimzufallen. So wuchs ihre Abneigung gegen die Ehe bis zu einem solchen Grade, daß sie es vorzog, als kranke, zur Ehe untaugliche Person durch das Leben zu gehen. Durch das Herzklopfen bewies sie sich und anderen, daß sie als Herzkranke der Gefahr einer Schwangerschaft ausweichen müsse; die Gesellschaftsflucht und die Angst, allein auf die Straße zu gehen, sollten dazu dienen, die Bekanntschaft mit Männern zu verhüten. In diesem

Falle hat *die Abneigung, die natürliche weibliche Aufgabe auf sich zu nehmen,* die Patientin dazu gebracht, den Einschüchterungen durch die Mutter, der sie in anderen Dingen seit jeher trotzig und auflehnend gegenüberstand, soweit die Erotik in Frage kam, mit übertriebenem Gehorsam zu folgen. *Die Einstellung auf Gehorsam diente dem gleichen Zwecke wie ihr Trotz,* der Aufrechterhaltung eines scheinbar männlichen Charakters.

Ich habe in knappen Umrissen zu zeigen versucht, daß die Charakterzüge des Trotzes und des Gehorsams *auf unbewußten und falschen Einstellungen des Kindes* beruhen[3] und darf nun wohl anschließen, daß die erziehlichen Mittel des Hauses und der Schule solange dagegen nicht aufkommen können, als sie nicht imstande sind, die falsche Einstellung zu verbessern. Welches sind nun die Forderungen, die der Nervenarzt an den Pädagogen stellen darf?

In erster Linie solche vorbeugender Natur. *Die Erziehung muß dem Kinde die Möglichkeit nehmen, – sei es wegen seiner Schwäche, Kleinheit oder Unkenntnis – ein Gefühl der Minderwertigkeit aufkommen zu lassen.*[4] *Kranke und schwächliche Kinder müssen tunlichst rasch geheilt und gekräftigt werden. Wo dies auch durch soziale Maßnahmen ausgeschlossen ist, hat sich der Erziehungsplan besonders darauf zu richten, das Kind zu selbständigem Urteil zu bringen, es von der Meinung der anderen unabhängiger zu machen und Ersatzziele aufzustellen. Die Unsicherheit der Geschlechtsrolle ist ein ungemein schädigender Zustand und muß von vorneherein durch dahinzielende Belehrung und Haltung ausgemerzt werden.*

Die Gleichstellung der Frau ist eine sehr dringende pädagogische Forderung. Herabsetzende Bemerkungen oder Handlungsweisen, die den Wert der Frau im allgemeinen bezweifeln, vergiften das Gemüt des Kindes und nötigen Knaben wie Mädchen, sich frühzeitig den falschen Schein einer übertriebenen Männlichkeit beizulegen. Man erziehe nicht zum Gehorsam, wenn man die Einstellung auf Trotz vermeiden will.

Die falsche Einstellung auf Trotz oder Gehorsam ist bei Verfolgung obiger Schilderung leicht wahrzunehmen. Hat man es mit einem solchen Kinde zu tun, so zwingt ja die Frage nach dessen späterem Schicksal zu bestimmten Maßnahmen. Auch die Gefahr einer nervösen Erkrankung ist in Betracht zu ziehen. In der Schule verraten sich solche Kinder zuweilen dadurch, daß sie träumerisch oder aber stumpfsinnig dasitzen,

[3] v. Kries hat auf den »Einstellungsmechanismus« als erster hingewiesen.

[4] Von diesem Standpunkte aus erscheint das System der »Förderklassen« als gefährlich, weil es den männlichen Protest aufs heftigste steigern muß, eine entsprechende Begrenzung desselben in der Schule aber unmöglich ist. Was das eine Kind etwa aus der Beförderung gewinnen mag, wird durch die Schädigung der Überzahl, durch Vermehrung ihres Trotzes und ihrer Verbitterung, mehr als aufgewogen.

erschrecken und zittern oder erröten, wenn sie aufgerufen werden und ständig oder nur bei der Prüfung »ein böses Gesicht« machen. Werden sie ausgelacht oder bestraft, so erfolgt eine unerwartet heftige Gegenwirkung. Manchmal sind sie Muster von Folgsamkeit in der Schule, quälende Tyrannen aber zu Hause.[5] Es versteht sich leicht, daß *weder der Trotz gereizt, noch der Gehorsam vertieft werden darf*, wie es öfter zu geschehen pflegt, wenn man im ersten Fall die Hilflosigkeit des Kindes lächerlich zu machen sucht, im zweiten sichere Belohnung in Aussicht stellt, die das Leben ja doch sofort nicht gibt. Wo man aber den Gehorsam nur des Gehorsams wegen antrifft, da verdankt er, ähnlich wie bei manchen religiösen Übungen, der tiefsten Zerknirschung, einem übermächtigen Gefühl der Minderwertigkeit seinen Ursprung und nähert sich dem masochistischen Kleinheitswahn, um heimliche Triumphe zu feiern. Gelingt es, dem Kinde die abnorme Einstellung nachzuweisen und zu zeigen, seine falschen Wertungen von eigener und fremder Größe, von männlicher und weiblicher Bedeutung zu entwerten, ihm den *Zwangsmechanismus* klar zu machen, der von der psychischen Zweigeschlechtlichkeit zum aufgepeitschten männlichen Protest führt, seinen Trotz oder Gehorsam als auf diesen Linien gelegen aufzudecken, so ist das Spiel gewonnen. Das Kind wird innerlich frei und äußerlich unabhängig und kann sich nunmehr mit seiner vollen, nicht mehr gebundenen Kraft zu selbständigem Denken und Handeln aufraffen.

Wenn dabei auch ein großes Stück von Autoritätsglaube fällt, – *und auch das trotzige Kind trotzt nur der Autorität*! – wir wollen es nicht bedauern. Wir steuern ja einer Zeit entgegen, wo jeder selbständig und frei, nicht mehr im Dienste einer Person, sondern im Dienste einer gemeinsamen Idee seinen gleichberechtigten Platz ausfüllen wird, im Dienste der Idee des körperlichen und geistigen Fortschritts.

[5] Ich meine, daß sie sich am deutlichsten in freien oder selbstgewählten Aufsätzen, wo ihnen das Thema nicht allzu nahe gelegt wird, verraten müßten, indem sie etwa Probleme oder Problemlösungen im Sinne der oben dargestellten Regungen zur Darstellung brächten. Für derartige Beobachtungen hätte man allen Grund, den Lehrern dankbar zu sein. Herrn Professor Oppenheim, Frau Dr. Furtmüller, Herrn und Frau Dr. Kramer und anderen danke ich an dieser Stelle für die freundliche Ausführung dieser Anregung, die [in diesem Band] zur Darstellung gelangt.

Alfred Adler

Zur Erziehung der Eltern*

Ob es wohl noch Erzieher gibt, die dem lehrhaften *Worte* allein eine bessernde Kraft zuschreiben? Man fühlt sich versucht, diese Frage nach allen pädagogischen Erfahrungen und Belehrungen zu verneinen, wird aber gut tun, der menschlichen Psyche genug Fehlerquellen zuzutrauen, daß irgendwer, der sich mit Bewußtsein ganz des Erziehens durch Worte entschlagen hat, in einer Art Anmaßung immer wieder seinem Wort so viel Gewicht beimessen könnte, um ins Reden statt ins Erziehen zu verfallen.

Aber das Kind zeigt von seinen frühesten Tagen an eine Neigung, sich gegen das Wort wie gegen das Machtgebot seiner Erzieher aufzulehnen. Verschiedene dieser aggressiven, aus einer gegnerischen Stellung zur Umgebung stammenden Regungen sind uns zu vertraut, als daß man sie nicht als Auflehnung fühlte. Wer seine Aufmerksamkeit auf die Aggression des Kindes richtet, wird sich bald die feinere Witterung aneignen, die nötig ist, um zu verstehen, *daß sich das Kind oft im Gegensatze zu seiner Umgebung fühlt* und sich im Gegensatze zu ihr zu entwickeln sucht. Und es fällt weiter nicht schwer, alle sogenannten Kinderfehler und psychischen Entwicklungshemmungen, wenn bloß ein organischer Defekt ausgeschlossen werden kann, auf eine mißratene Aggression gegen die Umgebung zurückzuführen. Trotz und Jähzorn, Neid gegen Geschwister und Erwachsene, grausame Züge und Erscheinungen der Frühreife, aber auch Ängstlichkeit, Schüchternheit, Feigheit und Hang zur Lüge, kurz alle Regungen, die die Harmonie des Kindes mit Schule und Haus oft dauernd stören, sind als schärfere Ausprägungen dieser gegnerischen Stellung des Kindes zur Umgebung zu verstehen, ebenso die krankhaften Ausartungen wie Sprachfehler, Eß- und Schlafstörungen, Bettnässen, Nervosität wie Hysterie und Zwangserscheinungen.

Wer sich kurzerhand von der Richtigkeit dieser Behauptungen überzeugen will, beachte nur, wie selten das Kind imstande ist, »aufs Wort« zu folgen oder sofort einer Ermahnung nachzukommen. Noch lehrreicher vielleicht ist die Erscheinung des *»gegenteiligen Erfolges«*.

* [Zuerst erschienen unter dem Titel ›Zur Erziehung der Erzieher‹ in: *Monatshefte für Pädagogik und Schulpolitik*, Bd. 8, 1912.]

Es wäre oft nicht schwer, Kinder wie auch Erwachsene durch Anbefehlen des Gegenteils auf den richtigen Weg zu bringen. Nur liefe man dabei Gefahr, alle Gemeinschaftsgefühle zu untergraben, ohne die Selbständigkeit des Urteils zu fördern; und »negative Abhängigkeit« ist ein größeres Übel als Folgsamkeit.

Bei diesen Untersuchungen und bei dem Bestreben nach Heilung der mißratenen Aggression wird man bald belehrt, daß zwei Punkte vor allem in Frage kommen. *Der — wie ich glaube — natürliche Gegensatz von Kind und Umgebung läßt sich nur durch das Mittel des Gemeinschaftsgefühles mildern. Und der Geltungsdrang des Kindes, der den Gegensatz so sehr verschärft, muß einige freie Bahn auf kulturellen Linien haben, muß durch Zukunftsfreudigkeit, Achtung und liebevolle Leitung zum Ausleben kommen, ohne das Gemeinschaftsgefühl zu stören.*

Dies soll sich nun jeder vor Augen halten, der seine Feder eintaucht, um über Erziehungsfragen zu schreiben. Und ferner auch, daß man all die Regungen der Kinder mühelos wiederfindet im Leben der Erwachsenen, nicht anders, als wäre das Leben eine Fortsetzung der Kinderstube, nur mit schwerwiegenden Folgen und persönlicher Gefahr. Und der Prediger muß gewärtig sein, entweder gleich am Anfang niedergeschrien oder erst angehört und bald vergessen zu werden. Wie recht hat doch jene Anekdote, die von zwei Freunden erzählt, daß sie eines Tages über eine Frau in Streit gerieten, wobei der eine sie als dick, der andere als mager hinstellte! Unser geistiges Leben ist hochgradig nervös geworden, *reizsam,* hat der Geschichtsforscher *Lamprecht* gesagt, so sehr, daß jede lehrhafte Meinung oder Äußerung in der Regel den Widerspruch des andern wachruft. Und dies ist noch der günstigere Fall. Denn ist so das Gleichgewicht zwischen Schriftsteller und Leser einigermaßen hergestellt, dann wagt sich schüchtern auch die Anerkennung hervor oder man trägt fürsorglich eine gewonnene Einsicht nach Hause. Besonders dem Erzieher, aber auch dem Arzte geht es so. Die Früchte ihrer sozialen Leistungen reifen spät. Denn wo gibt es einen Menschen, der sich nicht zum Erzieher oder Arzt geschaffen glaubte und deshalb munter herumdokterte an Kindern und Kranken?

Am besten, man lernt an den Kindern, wie man den Eltern mit Ratschlägen beikommt. Da muß nun in erster Linie anerkannt werden, was gut und klug erscheint. Und zwar bedingt, womöglich ohne Übertreibung. Aber dieses Zugeständnis dürfen wir Pädagogen den Eltern machen, daß sie viele Vorurteile aufgegeben haben, daß sie bessere Beobachter geworden sind und daß sie nur selten mehr den Drill für ein Erziehungsmittel halten. Auch die Aufmerksamkeit und das Interesse für das Wohlergehen des Kindes sind ungleich größer geworden, wo nicht das Massenelend allen Eifer und alles Verständnis erstickt oder den Zusammenhang von Eltern und Kindern zerreißt. Man trachtet mehr als früher nach körperlicher Ausbildung, weiß Verstocktheit und Krankheit besser zu trennen, sucht seine Grundsätze über Kinderhygiene den modernen Anschauungen anzupassen und beginnt sich loszulösen vom Wunderglauben an den Stock, von der Fabel, daß die Strafe im Kinderleben die Stittlichkeit stärke.

Und wir Pädagogen wollen uns nicht aufs hohe Roß setzen. Wir wollen gerne zugeben, daß unsere Wissenschaft keine allgemeingültigen Regeln liefert. Auch daß sie nicht abgeschlossen, sondern in Entwicklung begriffen ist. Daß wir das Beste, was wir haben, nicht erdenken oder erdichten können, sondern in vorurteilsloser Beobachtung erlernen. Auch läßt sich Pädagogik nicht wie eine Wissenschaft, sondern nur als Kunst erlernen, und daraus geht hervor, daß mancher ein Künstler sein kann, bevor er ein Lernender war.

Das »Werk der guten Kinderstube« ist unvergänglich und ein sicheres Bollwerk fürs Leben. Wer möchte es nicht seinen Kindern schaffen? Am Willen fehlt es wohl nie. Was am meisten die ruhige Entwicklung des Kindes stört, *ist die Uneinigkeit der Eltern und einseitige, oft unbewußte Ziele und Absichten des Vaters oder der Mutter*. Von diesen soll nun die Rede sein.

Wie oft ist eines oder beide der Elternteile in seiner geistigen Reifung vorzeitig stecken geblieben! Nicht wissenschaftliche, sondern soziale Reife kommt in Betracht, die Schärfung des Blicks für Entwicklung, für neue Formen des Lebens. Schon das Leben in der Schule und der Umgang mit Altersgenossen fördert häufig innere Widersprüche zutage, in denen die Achtung vor dem Elternhause verfliegt. Wird diese nun gar mit Gewalt festzuhalten versucht, so kommt das Kind leicht zu offener oder heimlicher Auflehnung. Es sieht die Eltern so oft im Unrecht, daß sein Geltungstrieb in ein einziges trotziges Sehnen aufläuft: alles im Gegensatz zu den Eltern zu tun! In den äußersten Fällen merkt man leicht am Gehaben des Kindes: *die Eltern sollen nicht recht behalten*! Der rückwärts gewandte Blick der Eltern hindert oft ihr Vorwärtsschreiten, sie hängen oft an Dogmen und veralteten Erziehungsweisen fest, weil sie im Kampf des Lebens sich und ihre Familie isoliert haben. Nun ist der Fortschritt des sozialen Lebens an ihnen vorübergegangen, sie sind von der Überlieferung alter Erziehungsweisen gefangen gesetzt, bis das Kind aus der Schule die neuen Keime nach Hause trägt und die Erkenntnis seines Gegensatzes zu seinen Eltern täglich stärker fühlt und erlebt. Auch die Verschiedenheit der Wertschätzung fällt ins Gewicht. In der engen Kinderstube gilt der Knabe als Genie, in der Schule stößt man sich an seinen frech-albernen Äußerungen.

Zu Hause zurückgesetzt, bringt das Kind sich in der Schule zur Geltung. Oder es tauscht eine traditionell unzärtliche Häuslichkeit gegen verständnisvolles Entgegenkommen bei Altersgenossen und Lehrern. Dieser Umschwung in den Beziehungen tritt häufig ein und macht das Kind für lange Zeit unsicher oder sicherer.
Es muß ein Einklang bestehen zwischen den Forderungen in der Kinderstube und der Entwicklung unseres öffentlichen Lebens. Denn gerade die Kinder, die erst in der Schule und in der Außenwelt umsatteln müssen, die auf andersgeartete, kaum vermutete Schwierigkeiten stoßen, sind am meisten gefährdet. Die Eltern könnten es zur Not erreichen, daß sich das Kind ihnen völlig unterordnet und seine Selbständigkeit begräbt. Die Schule aber und die Gesellschaft von Kameraden, von der Gesellschaft der Erwachsenen ganz zu schweigen, wird sich gerade an dieser Hilflosigkeit und an diesem unselbständigen Wesen am meisten stoßen, sie werden den Schwächling verwerfen, krank machen oder erst aufrütteln müssen, wobei recht oft der kaum gebändigte Trotz über alles Maß hinauswächst und sich in allerlei Verkehrtheiten austobt. Oder Feigheit und Schüchternheit schlagen Wurzel.
Zeigt die Isolierung der Familie oft solche Fehler, so sollte man meinen, daß ein einfacher Hinweis bereits genügt. Weit gefehlt! Eine genaue Einsicht hat gelehrt, daß die Eltern oder wenigstens ein Teil derselben *nicht imstande sind*, ihre oft unbewußte Stellung zur Gesellschaft aufzugeben, und daß sie immer wieder versuchen, innerhalb ihrer Familie sich die Geltung zu verschaffen, die ihnen die Außenwelt verwehrt hat. Wie oft dieses Gehaben in offene und versteckte Tyrannei ausartet, lehren die Krankheitsgeschichten der später nervös gewordenen Kinder. Bald ist es der Vater, der seine eigenen schlimmen Instinkte fürchtet, sie mit Gewalt bezähmt und nun bei den Kindern deren Ausbruch und Spuren mit Übereifer zu verhüten sucht, bald eine Mutter, die ewig ihre unerfüllten Jugendphantasien betrauert und ihre Kinder zum Opfer ihrer unbefriedigten Zärtlichkeit oder ihrer Launenhaftigkeit auserwählt. Oder: der Vater sieht sich von einem heißersehnten Lebensziel abgeschnitten und peitscht nun den Sohn mit ängstlicher Hast, daß der ihm die Erfüllung seines Sehnens bringe. Hier eine Mutter, die sich zum übereifrigen Schutzengel ihrer Kinder aufwirft, jeden Schritt der vielleicht bereits Erwachsenen bedauert, überall Ängstlichkeit und Feigheit züchtet, jede Willensregung des Kindes als gefahrvoll bejammert, vielleicht nur, um sich ihre Unentbehrlichkeit zu beweisen, vielleicht nur um »der Kinder wegen« in einer liebeleeren Ehe standzuhalten, vielleicht nur um weiteren Kindersegen als Überlastung abzuwehren.

Im folgenden will ich einige dieser *typischen Situationen* zu schildern versuchen. Immer werden wir es mit Eltern zu tun bekommen, *die einem Gefühl der eigenen Unsicherheit durch übertriebene Erziehungskünste zu entkommen suchen.* Ihr ganzes Leben ist mit ausgeklügelten »*Sicherungstendenzen*«[1] durchsetzt. Mit letzteren greifen sie in die Erziehung ein, machen ihre Kinder ebenso unsicher und im schlechten Sinne *weibisch,* wie sie selbst es sind, und legen so den Keim zu den stürmischen Reaktionen des »männlichen Protestes«, durch die der Geiz, der Ehrgeiz, der Neid, der Geltungsdrang, Trotz, Rachsucht, Grausamkeit, sexuelle Frühreife und verbrecherische Gelüste maßlos aufgepeitscht werden können. Trotz des fortschreitenden Zusammenbruchs ihres Erziehungswerkes halten sich solche Eltern häufig für geborene Pädagogen. Oft haben sie den Schein für sich: sie haben alle kleinen Möglichkeiten in den Bereich ihrer Erwägungen gezogen. Nur ein Kleines haben sie vergessen: *den Mut und die selbständige Energie ihrer Kinder zu entwickeln,* den Kindern gegenüber ihre Unfehlbarkeit preiszugeben, ihnen den Weg frei zu geben. Mit beharrlicher Selbstsucht, die ihnen selbst nicht bewußt wird, lagern sie sich vor die Entwicklung der eigenen Kinder, bis diese gezwungen sind, über sie hinwegzuschreiten.
Manchmal wird ihnen der Schiffbruch offenbar: dann sind sie geneigt, diesen »Schicksalsschlag« als unbegreiflich hinzustellen und die Flinte rasch ins Korn zu werfen. In solchen Fällen muß man – man hat es ja mit nervös Erkrankten zu tun – vorsichtig eingreifen. Belehrungen werden regelmäßig als Beleidigungen aufgenommen. Manche verstehen es mit großer Geschicklichkeit, durch heimliche Sabotage, ein Fiasko der pädagogischen Ratschläge herbeizuführen, um den Arzt und Pädagogen bloßzustellen. Feines Taktgefühl, unerschütterliche Ruhe und Vorhersage der zu erwartenden Schwierigkeiten bei Eltern und Kindern sichern den Erfolg.
Und nun zu unseren Typen, zu den Fragen nach der Erziehung der Eltern.

I. Schädigung der Kinder durch Übertreibung der Autorität

Ich habe den bestimmten Eindruck gewonnen, daß die menschliche Psyche eine dauernde Unterwerfung nicht verträgt. Nicht unter die Naturgesetze, die sie durch List und Gewalt zu überwinden trachtet, nicht in der Liebe und Freundschaft, und am

[1] Der Nervenarzt muß sie zu den »Nervösen« rechnen, mögen sie in Behandlung stehen oder nicht. Ihre übertriebene Empfindlichkeit, ihre Furcht vor Herabsetzung und Blamage rufen die oben erwähnten »Sicherungstendenzen« hervor, die ich als den wesentlichen Charakter der Neurose wiederholt beschrieben habe.

wenigsten in der Erziehung. In diesem Ringen, frei, selbständig zu werden, *oben zu sein*, liegt offenbar ein Teil jenes übermächtigen Antriebes zutage, der die ganze Menschheit empor zum Lichte führt. Selbst die Frommen und Heiligen hatten ihre Stunden des inneren Aufruhrs, und die fußfällige Anbetung der Naturgewalten dauerte nur so lange, bis ein Mensch den Blitz den Händen des Gottes entriß, bis die gemeinsame Einsicht den tobenden Gewalten des Meeres und der Flüsse und der Herrscher Dämme erbaute und die Herrschaft erlistete.

Über die Herkunft *dieses Drängens nach oben* erfährt man durch genaue Einzelbeobachtungen folgendes: je kleiner oder schwächer ein Kind sich in seiner Umgebung *fühlt*, desto stärker wird sein Hang, seine Hast und Gier, *an erster Stelle zu sein;* je unsicherer und minderwertiger es den Erziehern gegenübersteht, um so stürmischer sehnt es deren Überwindung herbei, um Anerkennung und Sicherheit zu finden. Jedes Kind trägt Züge dieser Unsicherheit und zeigt die Spuren des Weges dauernd in seinem Charakter, wie es sich zu schützen suchte, fürs ganze Leben. Bald sind es Charakterzüge, die wir als aktive, bald solche, die wir als passive empfinden. Trotz, Mut, Zorn, Herrschsucht, Wißbegierde sollen uns als *aktive Sicherungstendenzen* gelten, durch die sich das Kind vor dem Unterliegen, *vor dem »Untensein«* zu schützen sucht. Die deutlichsten Sicherungstendenzen *der passiven Reihe* sind Angst, Scham, Schüchternheit und Unterwerfung. Es ist wie beim Wachstum der Organismen überhaupt, etwa der Pflanzen: die einen durchbrechen jeden Widerstand und streben mutig empor, die andern ducken sich und kriechen ängstlich am Boden, bis sie sich zögernd und anklammernd erheben. Denn hinauf, zur Sonne, wollen sie alle. Das organische Wachstum des Kindes hat in dem seelischen Aufwärtsstreben, in seinem Geltungsdrang, eine durchaus nicht zufällige Parallele.

Wie gesagt, da gibt es nun Eltern – und vielleicht sind wir alle ihnen ähnlich –, die sich nicht vollends ausgewachsen haben. Irgendwo sind sie im Wachstum gehemmt, geknickt, nach unten gebeugt, und nun steckt noch das machtvolle Drängen und Sehnen nach aufwärts in ihnen. Die Außenwelt nimmt keine Rücksicht auf sie. Aber innerhalb ihrer Familie darf nur ihr Wort gelten. Sie sind die brennendsten Verfechter der Autorität. Und wie immer, wenn einer die Autorität verteidigt, meinen sie stets die ihrige, nie die des anderen. Nicht immer sind sie brutale Tyrannen, obgleich sie die Neigung dazu haben. Auch Schmeichelei und List und Gnaden wenden sie an, um die andern zu beherrschen. Und immer sind sie voll von Grundsätzen und Prinzipien. Alles müssen sie wissen und besser wissen, stets soll ihre Überlegenheit zutage treten. Die anderen Familienglieder sind strenge verpflichtet, die Ehre und Bedeutung der herrschenden Person in der Außenwelt zu bekunden. Nur Lichtseiten des Familienlebens müssen der Umgebung vor Augen geführt werden, in allen anderen Beziehungen muß gelogen und geheuchelt werden. Der geistige und körperliche Fortschritt der Kinder soll dem Ruhme des Vaters oder der Mutter dienen, jeder Tadel in der Schule und alle die kleinen Streiche der Kindheit werden zum Elternmord aufgeblasen und ununterbrochen verfolgt. Vater oder Mutter spielen dann lebenslänglich den Kaiser, den unfehlbaren Papst, den Untersuchungsrichter, den Weltweisen, und die schwache Kraft des Kindes zwingt sich vergeblich zum Wettlauf. Ewig beschämt und verschüchtert, bestraft, verworfen und von Rachegedanken gequält, verliert das Kind allmählich seinen Lebensmut oder flüchtet sich in den Trotz. Allenthalben schwebt das Bild des Erziehers als Autorität um den Heranwachsenden, droht und fordert, hält ihm Gewissen und Schuldgefühl rege, ohne daß dabei mehr herauskommt als feige Unterwerfung mit folgender Wut oder trotziges Aufbäumen mit folgender Reue.

Des Kindes ferneres Leben verrinnt dann in diesem Zwiespalt. Seine Tatkraft wird gelähmt; die ihm auferlegten Hemmungen erscheinen ihm unerträglich. Man kann solche Menschen im späteren Leben leicht erkennen: sie zeigen *auffällig viele Halbheiten* in ihrem Wesen, stets ringen zwei entgegengesetzte Regungen um die Herrschaft in ihrer Seele, lösen jederzeit den *Zweifel* aus, der sich gelegentlich in die *Angst* vor der Tat oder in den *Zwang* zur Tat auflöst. Der Idealtypus dieser Art Menschen, der *psychische Hermaphrodit, ist auf halb und halb* eingestellt und fürchtet sich vor jeder Beziehung, die er als Zwang empfinden könnte.

II. Schädigung der Kinder durch die Furcht vor Familienzuwachs

Wer wollte die große Verantwortlichkeit aus dem Auge lassen, die der Eltern wartet, sobald sie Kinder in die Welt setzen. Die Unsicherheit unserer Erwerbsverhältnisse, die Rücksicht auf die eigene Kraft, wie oft erfüllen sie ein Ehepaar mit Sorgen, wenn sie an die Erhaltung und Erziehung von Kindern denken! Nicht anders die Schmerzen und Qualen, die Krankheiten, Mißwuchs und schlechtes Gedeihen der Kinder dem Elternherzen bereiten können. Dazu kommen noch andere Bedenken. Man war vielleicht selbst einmal krank. Irgendwer in der Familie litt an Nervosität, an Geisteskrankheit, an Tuberkulose oder Augen- und Ohrenkrankheiten. Wie leicht kann das Kind ein Krüppel, ein Idiot, ein Verbrecher werden. Wie leicht könnte die Mutter selbst unter der Mühe des Gebärens, der Pflege des Stillens zusammenbrechen. Soll man so viel Schuld auf sich laden? Darf man ein Kind einer gefährlichen Zukunft aussetzen?

Solche Einwendungen werden oft mit unheimlichem Scharfsinn erdacht und begründet. Und doch! Manche der obigen Fragen sind bis heute noch nicht einwandfrei gelöst.

Aber gerade deshalb eignen sie sich ganz ausgezeichnet, den Schreckpopanz abzugeben. Und sobald diese Frage, *die nur sozial gelöst werden kann,* innerhalb der Familie oder durch private Initiative gehandelt wird, muß sie notwendigerweise zu Schädigungen führen. Wir wollen bloß hindeuten auf die Verdrossenheit und Unbefriedigung, die dem Prohibitivverkehr zuweilen folgen. Ebenso ist zu bedenken, daß die künstliche Behinderung der Befruchtung meist ein Verhalten nötig macht, das *vorhandene Nervosität* steigert. Nicht weniger fällt ins Gewicht, daß es meist die allzu vorsichtigen Menschen sind, die dem Kindersegen vorzubeugen trachten, daß diese ein ganzes Sicherungssystem ausbauen, wodurch ihre Vorsicht sich erheblich auswächst und auf alle Beziehungen des Lebens ausgedehnt wird. Ist in solchen Ehen noch kein Kind vorhanden, so zwingt die Sicherungstendenz die Eltern, ihre Lage grau in grau anzusehen. Allerlei hypochondrische Grübeleien werden angesponnen und festgehalten, damit die Gesundheit nur nicht einwandfrei erscheint. Fragen der Bequemlichkeit und des Luxus nehmen einen ungeheueren Raum ein und züchten einen ungemein verschärften Egoismus, so daß sich dieser Egoismus wie eine unübersteigliche Schranke gegen die Eventualität einer Nachkommenschaft aufrichtet. Kommt aber dann doch ein Kind, so befindet es sich in einer so untauglichen Umgebung, daß seine leibliche und geistige Gesundheit in Frage gestellt ist. Jedes der Elternteile sucht dem andern die Last der Erziehung zuzuschieben, wie wenn er ihm die Schwierigkeit der Kinderpflege verkosten lassen wollte, um vor weiterer Nachkommenschaft abzuschrecken. Alle Leistungen werden als Qual empfunden, das Stillgeschäft wird oft zurückgewiesen, die gestörte Nachtruhe, die Fernhaltung von Vergnügungen überaus schwer und unter fortwährenden Klagen ertragen. Allerlei nervöse Symptome, Kopfschmerz, Migräne, Mattigkeit setzen ein und machen den Angehörigen recht deutlich, daß ein weiterer Zuwachs eine Gefahr, gewöhnlich für die Mutter, bedeuten würde. Oder die Eltern übertreiben ihr Pflichtgefühl in einer Weise, daß sie sich und das Kind dauernd schädigen. Fortwährend sind sie mit dem Kinde beschäftigt, belauschen jeden Atemzug, wittern überall Krankheits-

gefahr, reißen das Kind aus dem Schlafe und überschreiten jede Maßregel so sehr, bis »Vernunft Unsinn, Wohltat Plage« wird. So daß in allen Beobachtern der Gedanke laut wird: *wie schrecklich wäre es, wenn diese Eltern ein zweites Kind hätten*! Zuweilen steigert sich die Nervosität nach der Geburt bis zu schweren Dämmerzuständen und weist so auf die Furcht vor einer neuerlichen Schwangerschaft hin.
In späterer Zeit werden alle die fehlerhaften Eigenschaften des »einzigen Kindes« klar zutage treten. Das Kind wird selbst übertrieben ängstlich, lauert auf jede Gelegenheit, die überängstlichen Eltern unterzukriegen, mit ihrer Sorge zu spielen und sie in seinen Dienst zu stellen. Trotz und Anlehnungsbedürfnis wuchern ins Ungemessene, und eine Sucht, krank zu sein, zeichnet solche Kinder aus, weil sie durch Krankheit am leichtesten zu Herren der Lage werden.

III. Schädigung des »Lieblingskindes« und des »Aschenbrödels«

Es ist für Eltern gewiß nicht leicht, ihre Sorgfalt und Liebe gleichmäßig auf mehrere Kinder zu verteilen. Der gute Wille fehlt selten.
Was bedeutet dies aber gegenüber einer unbewußten Einstellung, die ständig das Urteil und die Handlungsweise der Eltern zu beeinflussen versucht; was bedeutet dies vollends gegenüber dem feinen Gefühle der Kinder für Gleichberechtigung oder gar gegenüber einem einmal erwachten Mißtrauen!
Schon unter den günstigsten Verhältnissen in der Kinderstube wird sich das jüngere von den Kindern den älteren gegenüber zurückgesetzt fühlen. Des Kindes Wachstumsdrang verleitet es dazu, sich ständig mit seiner Umgebung zu messen und stets seine Kräfte mit denen der anderen Geschwister zu vergleichen. In der Regel stehen die jüngsten Kinder unter einem verstärkten seelischen Antriebe und entwickeln die größere Gier nach Geltung, Besitz und Macht.[2] Solange dieses Streben in den Grenzen des kulturellen Ehrgeizes bleibt, kann man davon die besten Früchte erwarten. Nicht selten aber kommen starke Übertreibungen aktiver Charakterzüge zustande, unter denen Neid, Geiz, Mißtrauen und Roheit besonders stark hervorstechen. Die natürlichen Vorteile der älteren Kinder drücken wie eine Last auf dem Kleinsten und zwingen es zu verstärkten *Sicherungstendenzen*, wenn es sich auf ungefähr gleicher Höhe der Geltung erhalten will.

[2] Ausführlicher in ›Individualpsychologische Erziehung‹ (*Praxis und Theorie der Individualpsychologie*, l. c.) beschrieben.

Nicht anders wirkt die Bevorzugung eines Kindes auf die anderen. Ein Gefühl und die Befürchtung der Zurückgesetztheit mischt sich dann stets in alle seelischen Regungen, die Aschenbrödelphantasie breitet sich mächtig aus, und bald setzen Schüchternheit und Verschlossenheit ein. Das zurückgesetzte Kind sperrt sich seelisch ab und versetzt sich bei allen denkbaren Anlässen in eine Stimmung der Gekränktheit, die endlich in dauernde Überempfindlichkeit und Gereiztheit übergeht. Verzagt und ohne rechte Zuversicht blickt es in die Zukunft, sucht sich durch allerlei Winkelzüge vor stets erwarteten Kränkungen zu sichern und fürchtet jede Prüfung oder Entscheidung. Seine Tatkraft leidet durch die ewige Angst vor dem Nichtankommenkönnen, vor der Blamage, vor der Strafe. In den stärker ausgeprägten Fällen wandelt sich das Kind so sehr zu seinen Ungunsten, seine gereizte Trotzigkeit wird ein derart bedeutsames Hindernis für seine Entwicklung, daß es schließlich die Zurücksetzung gegenüber den anderen Kindern zu verdienen scheint. Wenn dann bei unliebsamen Zufällen und Streichen, an denen gerade dieses Kind beteiligt erscheint, die Eltern oder Lehrer zornig hervorheben: »Wir haben es immer gewußt! So mußte es kommen!« — dann ist die bescheidene Erinnerung am Platze: »Gewußt? Nein! Ihr habt es gemacht!« — Zuweilen sind solche *»zurückgesetzte«* Kinder bloß in ihrem Verwandten- und Bekanntenkreis befangen, legen ihre Zurückhaltung aber ab, sobald sie in fremder Gesellschaft sind, so als ob sie unter dem Druck bekanntgewordener Sünden stünden. Da hilft freilich dann nur Entfernung aus dem oft ungeeigneten Kreis oder — in schweren Fällen — vollkommene Erfassung der Lage durch das Kind und Loslösung, Erziehung zur Selbständigkeit durch individualpsychologische Heilpädagogik.

Oft liegt der *Grund zur Zurücksetzung im Geschlecht des Kindes*; sehr häufig wird der Knabe dem Mädchen vorgezogen, wenn auch das Gegenteil manchmal vorkommt. Unsere gesellschaftlichen Formen sind dem männlichen Geschlecht um vieles günstiger. Dieser Umstand wird von den Mädchen ziemlich früh erfaßt, und das Gefühl der Zurücksetzung ist unter ihnen ziemlich allgemein verbreitet. Entweder wollen sie es in allem den Knaben gleich tun, oder sie suchen in ihrer, der weiblichen Sphäre ihr Gefühl der Zurückgesetzheit wettzumachen, sichern sich vor Demütigungen und Beeinträchtigungen durch übergroße Empfindlichkeit und Trotz und nehmen Charakterzüge an, die sich nur *als Schutzmaßregeln* verstehen lassen. Sie werden geizig, neidisch, boshaft, rachsüchtig, mißtrauisch, und zuweilen versuchen sie sich durch Verlogenheit und Hang zu heimlichen Verbrechen schadlos zu halten. In diesem Streben liegt durchaus *kein weiblicher* Zug, sondern

dies ist der Protest des in seinem innersten Wesen unsicher gewordenen Kindes, es ist der unbewußte, unabweisbare Zwang, die gleiche Höhe mit dem Manne zu halten, kurz: *der männliche Protest.* Nicht etwa die *Tatsache* der Zurücksetzung fällt dabei ins Gewicht, sondern ein recht häufig verfälschtes, unrichtiges *Gefühl einer Zurückgesetztheit.* Mit der Zeit freilich, wenn das überempfindliche Kind unleidig wird, stets störend in die Harmonie des Zusammenlebens eingreift und seine überspannten, aufgepeitschten Protestcharaktere entwikkelt, wird die Zurücksetzung zur Wahrheit, und das nervös disponierte Kind wird bestraft, strenger behandelt, gemieden, oft mit dem Erfolg, daß es sich in seinen Trotz versteift.
Oder die Umgebung gerät unter das Joch des zügellos gewordenen Kindes, für das jede persönliche Beziehung zu einem Kampf wird und jedes Verlangen in einen Hunger nach Triumph, nach einer Niederlage des anderen ausartet. Damit gelangt das Kind an die Schwelle der Neurose, des Verbrechens, des Selbstmordes. Zuweilen freilich auch an das Eintrittstor zur genialen Schöpfung. *Aus dem Gefühl der Zurückgesetztheit, der persönlichen Unsicherheit, aus der Furcht vor der zukünftigen Rolle und vor dem Leben entwickeln sich machtvoll übertriebene Regungen nach Geltung, Liebe und Zärtlichkeit,* deren Befriedigung fast nie gelingt, geschweige denn sofort. Im letzten Augenblicke noch schreckt das nervös disponierte Kind vor jeder Unternehmung zurück und ergibt sich einer Zagheit, die jedes tatkräftige Handeln ausschließt. *Alle Formen der Nervosität schlummern hier im Keime und dienen, einmal zum Ausbruch gekommen, dieser Furcht vor Entscheidungen.* Oder die aufgepeitschten Affekte durchbrechen alle moralischen und seelischen Sicherungen, drängen mit Ungestüm zur Tat, die freilich oft genug auf den verbotenen Wegen des Verbrechens und des Lasters reif wird.
Was das *Lieblingskind,* das verhätschelte, verzogene Kind anlangt, so besteht dessen Schädigung vor allem darin, daß es schon frühzeitig *seine Macht fühlen und mißbrauchen lernt.* Infolgedessen ist sein Geltungsdrang so wenig eingeschränkt und fügsam, daß das Kind jede Unbefriedigung, mag sie noch so sehr durch das Leben bedingt sein, *als eine Zurücksetzung fühlt.* Die Eltern schaffen also mit Fleiß und Absicht für ihren Liebling Zustände, die ihm die gleiche Gereiztheit und Überempfindlichkeit anheften wie dem zurückgesetzten Kinde. Dies wird freilich zumeist erst in der Schule oder außerhalb der Kinderstube klar. Die gleiche Unsicherheit, die gleiche Ängstlichkeit und das Bangen vor dem Leben charakterisieren die Lieblingskinder. Zuweilen sind diese Züge durch anmaßendes Benehmen und Jähzorn verdeckt. Da diese Kinder gewohnt waren, sich ihrer Umgebung als einer Stütze zu bedienen, den

Eltern und Geschwistern eine dienende Rolle zuzuweisen, suchen sie in ihrem ferneren Leben stets wieder nach ähnlichen Stützen, finden sie nicht und ziehen sich verschüchtert und grollend zurück.

Beiderlei Erziehungsweisen führen also zu Steigerungen der Affektgrößen und drohen mit dauernder Unzufriedenheit, Pessimismus, Weltschmerz und Unentschlossenheit. Nicht selten betrifft die Verzärtelung ein einziges Kind. Wie oft sich da die Schädigungen der Verwöhnung mit jenen summieren, die aus der Furcht vor weiterem Nachwuchs entstehen, ist leicht einzusehen. Auch übertriebenes Autoritätsgelüste der Eltern wirkt schärfer, sobald es sich nicht auf mehrere Kinder verteilen kann, sondern bloß auf ein einziges drückt.

Nun gibt es gerade in Hinsicht auf die Ursachen der Verzärtelung eine Anzahl von Schwierigkeiten, zu deren Beseitigung ein besonders heller Blick der Eltern und hervorragendes erzieherisches Feingefühl gehören. So in dem Falle, wenn es sich um ein *kränkliches oder krüppelhaftes* Kind handelt. Wen rührt nicht der Gedanke an die Liebe und treue Pflege der Mutter am Bett des kranken Kindes! Und doch kann dabei leicht ein Übermaß von Zärtlichkeit einfließen, besonders dort, wo dauernd kränkliche Kinder oder die Erinnerung an verstorbene in Betracht kommen. Das Kind findet sich gern in dem Gedankengang zurecht, daß ihm die Krankheit zur »Sicherung« im Leben dienlich sein kann, daß sie ihm zu vermehrter Liebe, zur Schonung und zu mehreren anderen Vorteilen verhilft. Von den kleinen, aber für das spätere Leben oft so bedeutsamen Vergünstigungen, — im Bett der Eltern, in ihrem Schlafzimmer schlafen zu dürfen, beständig unter ihrer Obhut zu stehen, jeder Mühe überhoben zu werden, — bis zum Verlust jeder Hoffnung und jedes Wunsches nach selbständigem Handeln führt eine gerade Linie. Der Raub aller Lebenszuversicht, der an diesen von der Natur zurückgesetzten Kindern begangen wird, wirkt um so aufreizender, weil er oft nur mit Mühe umgangen werden kann. Aber so stark muß die Liebe und das erzieherische Pflichtgefühl sein, daß es auch um den Preis des eigenen Schmerzes den Krüppeln und Bresthaften zum Lebensmut und zum selbständigen Wirken und Ausharren verhilft.

Auch die *Bevorzugung schöngebildeter und besonders wohlgeratener Kinder* entspringt meist einer begreiflichen Stellungnahme der Eltern und Erzieher, geht aber oft, da unbewußte, unkontrollierte Gefühle des eigenen Stolzes mitsprechen, um ein Erhebliches zu weit. Man muß nur auch den Fehler zu vermeiden trachten, den gesunden und geratenen Kindern ihrer natürlichen Vorzüge wegen schärfer zu begegnen, wozu man sich manchmal aus übertriebenem Gerechtigkeitsgefühl gedrängt glaubt.

Nun gibt es eine Art der Bevorzugung, die mehr als alle anderen ins Gewicht fällt, die aus gesellschaftlichen, realen Ursachen hervorgeht, von den Eltern und Erziehern aber oft bedeutsam gefördert wird, so daß häufig genug nicht bloß das bevorzugte, sondern auch das zurückgesetzte Kind Schaden leidet. Ich meine die überaus großen Vorteile, deren sich im allgemeinen *das männliche Geschlecht* erfreut. Diese Vorteile beeinflussen das Verhalten der Eltern allzusehr, und es ändert an dem Schaden nur wenig, wenn Mädchen in der Familie keine Zurücksetzung erfahren. Das Leben und unsere gesellschaftlichen Zustände legen den Mädchen das Gefühl ihrer Minderwertigkeit so nahe, daß der Psychologe ausnahmslos die Regungen erwarten darf, die einer Reaktion auf dieses Gefühl der Zurückgesetztheit entspringen: Wünsche, es dem männlichen Geschlecht gleich zu tun, Widerstand gegen jeden Zwang, Unfähigkeit sich zu unterwerfen, sich zu fügen. Selbst bei der geeignetsten Erziehung wird sich des Mädchens, aber auch des mädchenhaften Knaben ein Gefühl der Unsicherheit, ein Hang zur Verdrossenheit, Unversöhnlichkeit und eine meist unbestimmte Empfindung von ängstlicher Erwartung bemächtigen. *Die Einordnung in die Geschlechtsrolle geht unter ungeheurer Anspannung der Phantasie vor sich.* Eine Phase der Undifferenziertheit (*Dessoir*) läßt regelmäßig Regungen erstarken, die eine *Hast männlich zu werden* verraten, stark, groß, hart, reich, herrschend, mächtig, wissend zu erscheinen, die von Furchtregungen begleitet werden, als deren psychologischen Ausdruck man eine gewisse Unverträglichkeit gegen Zwang, gegen Gehorsam, gegen Unterwerfung und Feigheit, kurz, gegen »weibliche« Züge finden wird. Alle Kinder nun, deren Undifferenziertheit länger und deutlicher zum Ausdruck kommt – psychische Hermaphroditen –, werden *kompensatorisch* als Gegengewicht gegen das wachsende Gefühl ihrer Minderwertigkeit negativistische Züge entwickeln, Knaben wie Mädchen, Züge von Trotz, Grausamkeit, Unfolgsamkeit, ebenso auch von Schüchternheit, Angst, Feigheit, List und Bosheit, oft ein Gemisch mehr oder weniger aggressiver Neigungen, die in den *männlichen Protest* genannt habe. So kommt ein aufgepeitschtes Verlangen in diese Kinderseelen, aus unbewußten Phantasien reichlich genährt: *männlich zu scheinen und sofort den Beweis von der Umgebung zu verlangen.* Und nie fehlt die Gegenseite dieses Verlangens: die Furcht vor der Entscheidung, vor der Niederlage, vor dem »Untensein«. Aus diesen Kindern werden die Stürmer und Dränger in gutem wie in schlechtem Sinne, die stets Verlangenden, nie Zufriedenen, hitzige, aufbrausende Kampfnaturen, die doch stets wieder an den Rückzug denken. Stets leiden ihre sozialen Gefühle, sie sind starre Egoisten, haben aber oft die Fähigkeit, ihre Selbstsucht vor sich und anderen zu verstecken, und arbeiten ununterbrochen an der Entwertung aller Werte. Wir finden sie an der Spitze der Kultur, ebenso im Sumpfe. Der größte Teil von ihnen scheitert und verfällt in Nervosität.

Ein Hauptcharakter ihrer Psyche ist der *Kampf gegen das andere Geschlecht*, ein oft heftig, oft still, aber erbittert geführter Kampf, dem stets auch Züge von Furcht sich beimengen. Es ist, als ob sie zur Erlangung ihrer erträumten Männlichkeit die Niederlage eines Geschlechtsgegners nötig hätten. Man glaube aber nicht, daß die Züge offen zutage liegen. Sie verstekken sich gewöhnlich unter ethische oder ästhetische Rücksichten und gipfeln in den Jahren nach der Pubertät in *der Unfähigkeit zur Liebe und in der Furcht vor der* Ehe.

Was können Eltern und Erzieher tun, um diesem Schaden vorzubeugen, der aus dem Umstande entspringt, daß das Kind die Frau und ihre Aufgaben geringer wertet? Die Wertdifferenz zwischen männlichen und weiblichen Leistungen in unserer allzusehr auf Werte erpichten Gesellschaft können sie nicht aus der Welt schaffen. Sie können aber dafür sorgen, daß sie im Rahmen der Kinderstube *nicht allzu aufdringlich hervortritt*. Dann wird *die Angst vor dem Schicksal der Weiblichkeit* nicht aufflammen können, und die Affekte bleiben ungereizt. Man darf also die Frau und ihre Aufgaben in der Kinderstube nicht verkleinern, wie es oft zu geschehen pflegt, wenn der Vater seine Männlichkeit hervorzuheben sucht, oder wenn die Mutter verdrossen über ihre Stellung im Leben zürnt. Man soll Knaben nicht zum Knabenstolz anhalten, noch weniger dem Neid der Mädchen gegenüber dem Knaben Vorschub leisten. Und man soll in erster Linie den Zweifel des Kindes an seiner Geschlechtsrolle nicht nähren, sondern von der Säuglingszeit angefangen seine Einfügung in dieselbe durch geeignete Erziehungsmaßnahmen fördern.

Leonhard Seif

Autorität und Erziehung*

In der Gesamtheit der Bedingungen, die grundlegend und bestimmend sind für die Auffassung und Einschätzung des Kindes von sich selbst und seiner gegenwärtigen und zukünftigen Stellung und Haltung im Rahmen des Lebens und Zusammenlebens, spielt neben dem individuellen Faktor, der Konstitution, der gegebenen Körperlichkeit mit ihren Organsystemen und deren evtl. Schwächen, das Milieu, vor allem die Person des Erziehers, die hervorragendste Rolle.
Versteht man unter Leben eine vorwärts gerichtete Bewegung, im Sinne der menschlichen Persönlichkeit also Handeln, und unter der Seele ein aus dem Leben selbst herausgesetztes Organ der Voraussicht, das die Aufgabe hat, Erfahrungen zu sammeln, Ziele und Wege, Mittel und Zwecke auszusinnen, um die Lebensbewegung, das Handeln der drohenden Unsicherheit zu entreißen und sicherzustellen, das Leben also lebbar zu machen, so ist es klar, von welch großer, weittragender Bedeutung das *Leitbild* ist, das sich der Erzieher von seiner Aufgabe macht, vom Wesen der Persönlichkeit, vom Zwecke der Erziehung und von den Mitteln, ihn zu erreichen.
Nimmt man als normales Erziehungsziel die tätige und liebende Einfügung in die Gemeinschaft, also das Tauglichwerden für die Erfüllung der berechtigten, d. h. im Dienste der Selbstbehauptung und Selbstentfaltung stehenden Forderungen und Erwartungen der Gemeinschaft und vergleicht damit die durch unsere ganze Zeit gehende tiefe Störung des Verhältnisses von Mensch zu Mensch, von Eltern und Kindern, Lehrern und Schülern, Mann und Weib, die allgemeine Nervosität, Zerfahrenheit und Verwahrlosung, so ergibt sich mit erschreckender Deutlichkeit, wie weit entfernt von jenem Erziehungsideal das Leitbild des heutigen Erziehers ist und wie sehr im Widerspruch zu den Forderungen der Wirklichkeit des Lebens und Zusammenlebens.
Wo liegt die Wurzel des Übels, der Schwierigkeit der Beziehungen zwischen Kind und Erzieher? Auf der einen Seite ist die Klage der Erzieher, die Kinder wollen sich der Autorität nicht mehr fügen, auf der anderen die Klage der Jugend über den Zwang der Autorität.

* Vortrag, gehalten in der Internat. Frauenliga für Frieden und Freiheit im Oktober 1921.

Der Mythus vom Chronos und dem Kampf mit seinen Kindern dröhnt wieder laut über die Erde, der Kampf der Alten mit den Jungen um Macht und Geltung. Was soll daraus werden? In das allgemeine Stimmengewirr des Kampfes aller mit allen klingt erst leise, aber allmählich immer deutlicher und stärker die Stimme des Gemeinschaftsgefühls, der Solidaritätsgedanke, der Ruf nach Freiheit und Gleichberechtigung. Was wird und soll die Oberhand behalten?
Versteht man unter »Autorität«[1] die Instanz, deren Befehle charakterisiert sind durch unmittelbare Verbindlichkeit, und unter »Vernunft« das Organ des Gemeinschaftsgefühls, des öffentlichen Lebens, dessen Forderungen Allgemeingültigkeit zur Voraussetzung haben, so ist hinsichtlich des Erziehungswerkes ein Doppeltes möglich: Entweder wird 1. die Autorität der Person des Erziehers und die Unterwerfung unter sie leitender Gesichtspunkt der Erziehung oder 2. die Autorität der Vernunft, des Gemeinschaftsgefühles mit ihren für die Person des Erziehers ebenso wie für die des Kindes gültigen Forderungen. Es ergibt sich dann folgende Gegenüberstellung:

Autorität der Person =	Autorität der Vernunft, des Gemeinschaftsgefühls =
1. Zwang, Despotismus, Imperialismus.	Freiheit.
2. Privileg, Vorrechte und Erhöhung des Erziehers, Erniedrigung und Herabsetzung des Kindes. Alles, was groß, stark, geschickt, gescheit usw. ist, wird als männlich und überlegen, alles, was klein, schwach, ungeschickt, unwissend usw. ist, als unmännlich, also weiblich und unterlegen gewertet, der Erzieher also als überlegen, männlich, das Kind als unterlegen, weiblich.	Gleichberechtigung, Parität zwischen Kind und Erzieher, männlich und weiblich.
3. Erziehung zu Gehorsam und Unterwerfung, zum Abwälzen der Verantwortung auf die Autorität des Erziehers, zum Untergraben aller Selbständigkeit.	Erziehung zur Selbständigkeit, Selbstverantwortung und freiwilligen Mitarbeit.
4. Erziehung zur Unsicherheit, Feigheit, Angst, Furcht, Mißtrauen, Überempfindlichkeit, also zu einer *kritiklosen Lebensauffassung*, zum *Pessimismus*, d. h. zum Zweifel an der eigenen Kraft, zum *Um-*	Erziehung zum Selbstvertrauen der Vernunft, zu Initiative, Mut und Ausdauer, also zu einer *kritischen Lebensauffassung*, zu einem *besonnenen Optimismus*, d. h. zum Glauben an die prinzipielle Lösbarkeit der Schwierig-

[1] L. Nelson, *Die Reformation der Gesinnung*. Leipzig, S. 93.

	gehen der Lebensschwierigkeiten, zu Finten, Tricks, Kniffen, zu Vorwänden, um Entscheidungen und Verantwortungen auszuweichen, also zu Neurose, Psychose, Selbstmord.	keiten des Lebens und Zusammenlebens, und zum *geradlinigen* Angehen der Lebensaufgaben und Schwierigkeiten.
5.	Erziehung zum Hochmut, zu krankhaftem Ehrgeiz, Eitelkeit, Herrschsucht, Habsucht, Strebertum, Grausamkeit, Trotz, *Intoleranz, zur Förderung der sozialen Gegengefühle* wie Unlust an der Freude und dem Gedeihen der Anderen, Neid, Schadenfreude, kurz zum Egoismus, und *zur Auflösung der Gemeinschaft.*	Erziehung zur Liebe, Freundschaft, Kameradschaftlichkeit, Verträglichkeit und *Toleranz,* also zur *Förderung der sozialen Mitgefühle* wie Mitfreude, Mitleid usw. kurz zum Mitmenschen, also zur *Befestigung der Gemeinschaft.*
6.	Erziehung zur Phrase und Unzuverlässigkeit.	Zur Wahrhaftigkeit, Echtheit und Zuverlässigkeit.

Auf der einen Seite also die *Norm,* Unterordnung der Autorität der Person des Erziehers und des Kindes unter die Autorität der Vernunft und des Gemeinschaftsgefühls: Freiheit und Gleichberechtigung, Ausgleichung der Gegensätze zwischen Kind und Erzieher, auf der anderen Seite die *Zerstörung der Norm, der Gemeinschaft* durch Usurpierung von Vorrechten, Zwang und Gewalt des Erziehers gegenüber dem Kinde, meist hinter der Maske des Gemeinschaftsgefühles, der Liebe und Fürsorge.

Adlers vergleichende Individualpsychologie zeigt, wie jedes Kind schon auf die normale Situation seiner physiologischen kindlichen Schwäche mit einem Gefühle der Unsicherheit und entsprechenden Ausgleichsbestrebungen, Haltungen, Bewegungen und Charakterzügen in der Richtung eines Vorbildes, meist der stärksten Person in der Familie, also mit einem Willen zur Macht und Geltung und Überlegenheit antwortet, und um so mehr ein Kind mit Organminderwertigkeiten, die seine Befriedigung und seine Stellung in der Familie in noch höherem Maße erschweren.

Kommt dazu der Druck und Zwang, die Gewalttätigkeit eines herrschsüchtigen Erziehers, dessen Despotismus das Kind nur als Untertan, als Automaten und Hampelmann duldet, also auf Gehorsam hin erzieht, mit Geboten, Verboten, Moralisieren, Predigten, Lohn und Strafe und Erzeugung von Schuldgefühlen, um den Widerstand des Kindes zu brechen, arbeitet, derart, daß die moralische Perversion von der Seele des Kindes Besitz ergreift, als sei gut, was belohnt, und böse, was bestraft wird, so entsteht aus einer solchen Situation heraus und bei seiner großen Lebensunerfahrenheit für das Kind ei-

ne mächtige und folgenschwere Verlockung, zu einer falschen, pessimistischen Auffassung von sich und seinen Beziehungen zur Umwelt und seiner Zukunft zu kommen, zu Mutlosigkeit und Selbstzweifel.
Ein solches Kind wird geneigt sein, seine trüben Erfahrungen zu verallgemeinern, zu weitreichende Schlüsse daraus zu ziehen, ihre Bedeutung für sein ferneres Leben zu überschätzen, das Leben und Zusammenleben aber und seine Schwierigkeiten als zu gefährlich anzusehen, seine eigenen Kräfte zu überschätzen, die fremde Kraft und die eigene Schwäche aber zu unterschätzen, also seine Unbefangenheit zu verlieren, ängstlich, mißtrauisch, überempfindlich, übervorsichtig, feige zu werden, überall Niederlagen, Herabsetzungen zu wittern, leicht auszuweichen, sein Macht- und Geltungsstreben, Eigenliebe, Ehrgeiz und Eitelkeit überstark zu entwickeln.
Und so wird es, wo es nicht — in einem günstigsten Falle — sein Geltungsbedürfnis durch Auswirken seiner Kräfte in einer wertvollen Tätigkeit befriedigen kann, entweder durch Unterwerfung den Erzieher zu beherrschen oder durch Trotz, passiven Widerstand, Nachlässigkeit, Faulheit, Kinderfehler (Bettnässen, Daumenlutschen usw.), Neigung zu bösen Streichen, sexuellen Unarten, Lügen, verbrecherischen Handlungen, Selbstmord, also mit Desertieren aus der Gemeinschaft auf einen Nebenkriegsschauplatz in einer kämpferischen feindseligen Haltung gegen die Macht und Autorität des Erziehers sich zu behaupten suchen.
Solche Erzieher *überschätzen den Wert des blinden Gehorsams, der Dressur, des Drills, der dem Kinde seine Entwicklung zur Selbständigkeit* und *eigenen Verantwortung kostet*, dagegen es von der Bewertung durch die Umgebung zu abhängig macht und aller das Zusammenleben störenden Plusmacherei und Prestigejägerei Tür und Tor öffnet, und übersehen die gefährliche Kehrseite, die *Erziehung zum Trotz*, der immer dort sich besonders breit macht, wo zuviel gehorcht werden muß, und eine bedenkliche negative Abhängigkeit des Kindes von der Umgebung bedingt. Denn der Trotzige weiß erst, was er will oder nicht will, wenn er weiß, was der andere will oder nicht will, nämlich das Gegenteil. Das Gemeinschaftsleben wird dadurch tief erschüttert, Ernst und Zuverlässigkeit schwinden, Rechthaberei und kämpferisches Spielen mit Allen und Allem beherrschen die Situation.
Daß solche Kinder schon in den natürlichen, schlichten, einfachen Zusammenhängen wie Familie, Schule, Kameradschaft, Arbeitsgemeinschaft, Liebe, Ehe, einen *Druck*, ein Müssen, ein Sollen, ein Nichtanders-dürfen, also einen *Zwang*, ein Gefängnis, *eine Beraubung ihrer Freiheit*, Selbständigkeit, Unabhängigkeit und Selbstbestimmung sehen und nun mit einem

Gegendrucke antworten, in die Isolierung, in die selbstzerstörerische Eigenbrödelei, den sichernsollenden *Gegenzwang der Neurose* und Psychose ausweichen, ist eine weitere Frucht des Autoritätszwanges als einer Verführung des kindlichen Denkens zu einer falschen Auffassung von der Gefährlichkeit des Mittuns.

Die ersten und wesentlichen Anlässe dazu bietet schon die Einordnung des kleinen Kindes in die Familie bei Gelegenheit des Aufstehens und Zubettegehens, der Reinlichkeitspflege, der Mahlzeiten und der exkrementellen Funktionen; oder wenn der Erzieher sich Freiheiten herausnimmt, die beim Kinde streng verpönt sind, wie jene nägelbeißende Mutter, die auf die kritische Bemerkung ihrer kleinen Tochter, warum ihr verboten sei, was der Mutter erlaubt wäre, in sinnloser Wut das Gesicht des Kindes mit Schlägen traktierte und es anschrie: »Ich kann tun was ich will, das geht dich nichts an, du mußt folgen«; oder wenn der Mann sein im Berufe leidendes Prestige zu Hause gegenüber Frau und Kindern durch Gewalttätigkeiten wieder herzustellen sucht; wenn der Erzieher immer recht, das Kind immer unrecht hat; wenn alles, was das Kind schlechter macht, dem Kinde, alles, was es gut macht, dem Erzieher gutgeschrieben wird.

Solche Kinder werden die Opfer der eigenen pessimistischen Lebensauffassung, der eigenen Lebensenttäuschungen und der Herrschsucht der Erzieher und werden oft zur Zuchtrute ihrer Herrn. Denn die Herkunft alles Zwanges ist aus Unsicherheitsgefühl und Zwang, und seine Wirkung und Zukunft: wieder Erzeugung von Unsicherheitsgefühl und Zwang. Und so ist die größte Angst des nervösen Kindes: dem Erzieher verfügbar zu werden und über ihn nicht verfügen zu können. Und sein höchstes, wenn auch unerreichbares Ziel: bedingungslos über den anderen verfügen zu können, selbst aber unverfügbar zu bleiben. Seine Grundformel: erstens: ich füge mich keinem Zwang, zweitens: ich füge mich nur dem Zwang (um nicht der Vorteile der Gemeinschaft verlustig zu gehen und nicht zu große Nachteile von seinem Trotz zu haben, zugleich aber auch, um seine Verantwortung abzuwälzen). Seine seelische Physiognomie: die Haltung des entlaufenen Sträflings, der nur eine Angst kennt: wieder eingefangen zu werden.

Und ähnlich wie im Elternhause zu den Eltern und Kindern liegt das Problem von Autorität und Erziehung zwischen Lehrer und Schülern. Hat das Elternhaus das Kind schon zu einem guten Mitspieler für die Gemeinschaft gewonnen, ihm Mut und Vertrauen in seine Leistungsfähigkeit geben können, so wird es auch mit dem rechten Vertrauen in die Schule eintreten und Lust und Freude zur Arbeit mitbringen. Und so wird das Zusammenarbeiten und Spielen mit den neuen, gleichaltrigen Kameraden und den Lehrern zu einer weiteren Vorbereitung für das Leben und Zusammenleben. Ganz anders aber geht es, wenn der Druck der Eltern die Auffassung des Kindes von sich und seiner Zukunft mit düsteren Vorurteilen und Ahnungen erfüllte, seine Einfügung in die Familie erschwerte, wenn es mit einem krankhaften Ehrgeiz keine Geduld, den Erfolg abzuwarten und durch Arbeit möglich zu machen, dagegen ein intensives Gefühl der Schwäche und Angst, sich zu blamieren, und eine Überempfindlichkeit, sich etwas sagen zu lassen, verbindet, vielleicht gar noch zu Hause mit der Schule als mit einem Schreckpopanz bedroht wurde, und wenn nun noch dazu kommt, daß die Herrschaft, der Ehrgeiz, die Ungeduld, der Hohn, die Strafe des Lehrers Leistungen und Haltung des Kindes unter eine allzu kritische Lupe nehmen und neue Herabsetzungen auf es warten. Macht ein solcher Lehrer, dessen Psychologie in diesem Falle natürlich die gleiche wäre wie die oben geschilderte der elterlichen Autorität, dem Kinde Angst vor seiner Leistungsfähigkeit und dem Leben, wie früher Vater oder Mutter, und spricht ihm die Zukunft ab, und wenn das Kind, feige geworden, nicht den Mut und die Ausdauer aufbringt, durch Fleiß und Arbeit den Gegenbeweis zu wagen, dann kann Faulheit, Trotz, Zerstreutheit, Verträumtheit, Herumstrolchen, die Schule schwänzen, Verwahrlosung, Neurose und Selbstmord die bedenkliche Ernte sein als Ausdruck einer vertieften pessimistischen Perspektive von der Gefährlichkeit des Lebens und der eigenen Unfähigkeit, als Ausdruck einer Revolte gegen erlittene oder drohende Herabsetzungen, einer verstärkten kämpferischen Haltung, eines überlebensgroß gewordenen Macht- und Geltungsstrebens, das in der Wirklichkeit keine Befriedigung mehr finden kann, und mit dem sich nun das Kind auf kindische, gemeinschaftsfeindliche Nebenwege und spielerische Scheinbefriedigungen abdrängt.

Wie kann diesen tief in das Leben der Familie, der Schule und der Gesellschaft einschneidenden Übeln gesteuert werden? Wie kann das pädagogische Ziel, die Sache der Erziehung dem Zufall zu entziehen, erreicht werden? Durch Erziehung der Erzieher, daß sie aufhören, blinde Blindenführer zu sein, durch Richtigstellung ihres erzieherischen Leitbildes, wie es heute bereits Adlers vergleichende Individualpsychologie ermöglicht durch das Verständnis, das sie für Wesen und Entwicklung der normalen und abnormen Persönlichkeit gibt.

Der erste Schritt dazu ist, *die Autorität der erzieherischen Persönlichkeit* als schädliche Abhängigkeit erzeugend und das gesunde Selbstvertrauen störend *zu ersetzen durch die Autorität des Gemeinschaftsgefühls, der Vernunft,* als des Organes des öffentlichen Lebens, was für den Erzieher besagen will: auf Gewalt und Zwang und Privilegien freiwillig zu verzichten und das Verhältnis von Erzieher und Kind auf die Basis von Freiheit und Gleichberechtigung, Liebe, Geduld und Vertrauen zu gründen. Das würde aber in erster Linie heißen: *bewußter Abbau des pädagogischen Imperialismus und Militarismus*, alles Zwingens und Drohens, alles Bevormundungsrechts und alles Sichunentbehrlichmachens, des auf das Kind drückenden Unfehlbarkeitsdünkels, der herrischen Rechthaberei und quälenden Unzugänglichkeit, des das Leben des Kindes mit Angst, Eingebildetheit und Strebertum vergiftenden Ehrgeizes, aus ihm etwas »Besonderes« zu machen; dagegen *bewußte Pflege des Wohlwollens und gegenseitigen Vertrauens mit dem Ziele einer Lebens- und Arbeitsgemeinschaft auf der Grundlage der Erziehung zur vernünftigen Selbstbestimmung*. Dies setzt aber voraus, daß der Erzieher das Kind für ernst und voll nimmt und niemals herabsetzt noch entmutigt, auch niemals der Bescheidenheit und Schlichtheit vergißt, wo er von seinen Erfolgen und Mißerfolgen zu dem Kinde spricht, das in allem ihm gegenüber weit zurück ist und für das eine nette, herzliche Kameradschaft die unerläßliche mindeste Abschlagszahlung ist, um ihm eine ruhige, freie Entwicklung zu ermöglichen. Schlechte Leistungen dürfen niemals zu Ärger, Wutausbrüchen, Herabsetzungen führen, sondern eher Ausgangspunkt werden zur Auffrischung des Mutes. Mehren sie sich und gesellen sich zu ihnen noch andere Schwierigkeiten mit der Umgebung, nervöse Symptome, so wird es notwendig werden, dem Kinde seinen ihm unbewußten Lebensplan als Grundlage seiner Schwierigkeiten aufzudecken und ihm alle seine Haltungen und Vorurteile verdächtig zu machen und zu entwerten.

Häufung von Lob und Tadel, Lohn und Strafe, besonders Drohungen mit Liebesentzug, schädigen und stumpfen das Kind ab und verwechseln Gemeinschaftsgefühl und Geschäft. Rohe körperliche oder moralisierende Behandlung sind Ausdruck einer schlechten Erziehungskunst. Dagegen wirkt gelegentliche, nicht zu seltene Anerkennung wo es sich um eine Leistung oder einen guten Ansatz zu einer solchen handelt, ermutigend.

Ähnlich ist es mit der Schule, deren bedeutungsvolle Aufgabe es ist, fortzusetzen und zu vertiefen, was das Elternhaus begonnen, und zu leisten, was das Elternhaus nicht mehr fertig bringt, die Vorbereitung und Erziehung des Kindes zu einem guten Mitspieler im Leben und in der Gemeinschaft.

Auch hier ist die Kameradschaftlichkeit und freundliche Zugänglichkeit des Lehrers, seine Fähigkeit, das Interesse und die frohe tätige Teilnahme der Schüler zur Mitarbeit zu gewin-

nen, die Brücke, den großen Abstand zwischen ihm und den Schülern möglichst zu verkleinern und unschädlich zu machen. Bei Fehlleistungen nicht entmutigen, sondern aufrichten zu neuen Leistungen und Ermutigung durch Anerkennung, wo sie irgendwie wieder möglich wird! Nie Schüler, noch Elternhaus und Schule gegeneinander ausspielen! Von Unarten darf sich der Lehrer nicht verblüffen lassen, sondern soll ihnen gelassen und ruhig entgegentreten, eventuell durch einen Scherz dem Unartigen die Waffe aus der Hand schlagen.
Oberster Grundsatz aber für alle Eltern und Lehrer: Nie dem Kinde Mißtrauen in seine Kraft einflößen noch Angst vor dem Leben und der Zukunft machen! sondern »Heilen und Bilden!«, d. h. Erziehung zum Selbstvertrauen der Vernunft, zur Selbsttätigkeit und Selbstverantwortung, kurz zur vernünftigen Selbstbestimmung: zur Entwicklung seines Gemeinschaftsgefühles unter beispielgebendem Vorangehen des Erziehers.

Erwin Wexberg

Verzogene Kinder

Wenn es die Aufgabe der Individualpsychologie ist, das Werden der Persönlichkeit unter den jeweiligen sozialen Bedingungen zu beobachten und ihre Dynamik unter dem Gesichtspunkte der Einheit zu interpretieren, dann darf keine der zahlreichen Möglichkeiten, die die Mannigfaltigkeit des Lebens schon in der Kinderstube bietet, der Untersuchung entgehen. Und so sehr es unserer ethischen Orientierung entsprechen würde, für alle Schäden und Fehler des Charakters die Lieblosigkeit und Härte einer Umgebung verantwortlich zu machen, die in dem Kinde das willkommene Objekt ihres eigenen Autoritätsdünkels erblickt und es wie durch ein Naturgesetz nach dem eigenen Bilde formen muß, so dürfen wir uns doch einer unleugbaren Tatsache nicht verschließen: daß es verzogene Kinder gibt, Kinder also, die wie es *scheint*, gerade durch ein Übermaß an Liebe eine in ihrem Typus wohlbekannte falsche Einstellung zum Leben gewinnen. Es muß ein Prüfstein für die Bewährung der individualpsychologischen Grundsätze sein, ob es uns gelingt, die Situation des verzogenen Kindes und seinen Charakter als eine zwangsläufige Einheit zu verstehen, deren innere Logik eben jene Defekte der Anpassung in sich birgt, die uns im »nervösen Charakter« vor Augen treten.

Wie verziehen wir unsere Kinder?

Wir tun es auf mancherlei Art: 1. Wir überhäufen sie mit Zärtlichkeit; 2. wir bedauern sie unendlich, wenn ihnen etwas weh tut, wir bewundern sie überschwänglich ob jeder Leistung, sind maßlos eingebildet auf ihre Schönheit und Intelligenz und lassen all dies das Kind merken, indem wir es zum Mittelpunkt der Familie machen; 3. wir lesen ihnen jeden Wunsch von den Augen ab, können nicht nein sagen; 4. wir gehorchen ihnen, lassen uns von ihnen beherrschen, respektieren ihre Launen, auch wenn diese offenkundig nur den Zweck haben, uns zu tyrannisieren.

Mit der *Zärtlichkeit* ist es eine eigene Sache. Es hieße der Selbstbeherrschung der Mutter zuviel zumuten, wollte man ihr verbieten, ihr Kind zu küssen. Vom physiologischen Standpunkt ist *Freud* recht zu geben, wenn er darauf hinweist, daß die triebhafte Zärtlichkeit zwischen Mutter und Kind von der sexuellen nicht wesentlich verschieden ist. Es gibt eben nur *einen* »Kontrektationstrieb«, der die Mutter zum Kind, den Mann zum Weibe drängt. Nur daß diesem Trieb als solchem der Charakter des Sexuellen nicht anhaftet, solange dieses nicht mitgedacht wird. Es ist unverzeihlich, wie die Psychoanalyse, die jetzt erst, wo die Sachverständigen sie fast schon überwunden haben, ins große Publikum dringt, die natürliche Unbefangenheit natürlicher Beziehungen vergiftet, indem sie jedes Zärtlichkeitsbedürfnis dem Sexualtrieb subsumiert. Soll wirklich jede Mutter den Kuß, den sie ihrem Kinde gibt, als Inzest und überdies, wenn es ein Mädchen ist, als homosexuelle Regung empfinden? Wir wollen doch die Dinge so sehen, wie sie sind: die zärtliche Annäherung zwischen zwei Menschen *kann* sexuell sein, ist es aber nur dann, wenn sie irgendwie als sexueller Akt oder als Vorbereitung zu ihm gedacht oder empfunden wird. Es ist sinnlos, den Eltern durch den Hinweis auf die sexuelle Natur jeder Zärtlichkeit erst das gute Gewissen zu nehmen, um es ihnen dann großmütig wieder zu geben, indem man den Sexualtrieb heilig spricht und die Scham als ein Kunstprodukt unserer kulturellen Verbildung in Acht und Bann tut. – Soll also die Mutter ihr Zärtlichkeitsbedürfnis an dem Kinde hemmungslos stillen dürfen? – Sicherlich nicht, doch aus anderen, aus viel näherliegenden Gründen, als es die Psychoanalyse will. Dem Kinde ist das Bedürfnis nach Küssen und Umarmungen ursprünglich fremd. Von dem Zärtlichkeitsbedürfnis des Erwachsenen zeigen sich beim Säugling kaum erst Andeutungen. Wer unbefangen beobachtet, wird sehen, wie oft das Kind die Zärtlichkeitsausbrüche der Eltern und Erzieher als unverständliche Belästigungen empfindet, denen es durchaus keinen Geschmack abgewinnen kann. Allmählich gewöhnt es sich daran und findet Gefallen an diesem Spiel wie an vielen anderen. Sein angeborenes Gemeinschaftsgefühl beginnt die Zärtlichkeit als Ausdruck der Liebe zu verstehen und zu verwerten. Und doch ist die Gefühlsbedeutung der Zärtlichkeit dem Kinde noch bis ins spätere Alter lange nicht so geläufig wie dem Erwachsenen. Hier läßt sich täglich das Mißverständnis beobachten: wie das Kind die Mutter küßt und diese, gerührt über soviel Liebe, die Küsse tausendfach erwidert, die ja nur als Spiel gemeint waren. Es ist die mütterliche Selbstsucht und Eitelkeit, die sie verleitet, das Spiel als Liebesgeständnis mißzuverstehen und dementsprechend zu beantworten. Wenn aber das Kind gerade keine Lust zu diesem Spiele hat? – Dann weist es die Mutter ab, die es küssen will, und die Mutter ist gekränkt und läßt es das Kind fühlen. So ergeben sich aus den »Liebesszenen« in der Familie kleine Konflikte, an denen nur das tendenziöse Mißverständnis der Eltern schuld ist. Und bald erlernt es das Kind, das Zärtlichkeitsbedürfnis der Erzieher für sich auszunützen, seinen Kuß als Prämie für bestimmte Leistungen der Erwachsenen auszusetzen – ein Kunstgriff, den die Erwachsenen oft genug ihm selber gegenüber angewendet haben. – Wir wollen die Kinder verstehen; wir wollen die Tyrannei der Liebe, die so viele scheinbar ungetrübte Beziehungen zwischen Erwachsenen innerlich vergiftet, unseren Kindern ersparen. Je weniger wir sie küssen, desto besser ist es. Daß sie es niemals lernen, ist keine Gefahr; ganz werden wir uns die Zärtlichkeit ja doch nie abgewöhnen. Aber eines kann doch die Allgemeinheit im Namen des Kindes von uns verlangen: taktvoll sein, auch dem Kinde gegenüber, das die unerbetenen Zärtlichkeiten als Belästigung und Vergewaltigung empfindet.

Und wieder mißverstehen wir das Kind, wenn wir sein Wohl und Wehe in jener maßlosen Weise überschätzen, wie manche Eltern und Erzieher es gewohnt sind. Wir wollen ruhig annehmen, daß das Kind, wenn es fällt, sich nicht wehe tut, oder doch nicht annähernd so sehr, wie im gleichen Falle der Erwachsene. Durch zärtliches Bedauern gewinnt ein kleiner Unfall eine Würde, die ihm das Kind von selbst nie zugebilligt hätte. Aber zur Nachahmung geneigt, wie es ist, bedauert es alsbald sich selbst und bricht in Tränen aus. Und im Handumdrehen ist die Tragödie fertig, in deren Mittelpunkt als Held das Kleine steht, beachtet, beklagt und getröstet von einem Kreise zärtlicher Verwandter. Dieser Verlockung vermögen nicht viele Kinder zu widerstehen. In steigender Überschätzung ihrer eigenen Person nützen sie fortan jede Gelegenheit, um sich bedauern und trösten zu lassen, sie werden wehleidig, weil es eine dankbare Rolle zu spielen gilt. Das Verlangen zum Mittelpunkt der Familie zu werden, weckt den Ehrgeiz zu anderen Leistungen. Das Kind erlernt es, »drollig« zu sein, »Kindermund«-Aussprüche zu produzieren, die das Entzücken der verliebten Eltern erregen und in seiner Gegenwart voll Bewunderung weitererzählt werden. – Und wieder möchte man fragen, ob der Schaden da wirklich so groß ist; ob wir dem Kinde eine Befriedigung mißgönnen sollen, die seinen Ehrgeiz weckt, es zu an sich wertvollen Leistungen anspornt. Ja, wenn es mit der Befriedigung des Ehrgeizes sein Bewenden hätte! Aber das Kind, das eben noch bewundert, gehätschelt und mit Süßigkeiten gefüttert wurde, weil es vor einem dankbaren Publikum glücklich ein Gedicht ohne Stocken aufgesagt oder ein Liedchen gesungen hat, ist zwei Minuten später vergessen und ins Kinderzimmer expediert. Es wird weggestellt wie ein Grammophon, das seine Platte abgespielt hat. Das Kind aber hat die Vergänglichkeit irdischen Ruhms kennen gelernt. Kein Wunder, daß es bei einer anderen Gelegenheit vorlaut und zudringlich ist, daß es sich nicht wegstellen läßt, daß es immer wieder versucht, im Guten und im Bösen sich zu produzieren, die Aufmerksamkeit auf sich zu lenken, daß es dann, durch schroffe Zurückweisung gereizt, mit Schreien und Toben protestiert und auf diesem Wege die Aufmerksamkeit erzwingt, die man ihm nicht gutwillig widmete. Der arme »verzogene Fratz« macht sich allen unsympathisch.

Aber sollen wir ihnen ihre Wünsche nicht erfüllen? Sollen wir wirklich jedes zweite Verlangen mit einem starren »Nein« beantworten, um das Kind nicht zu verwöhnen? Die Antwort ist nicht leicht zu geben. Unser selbstverständliches Erziehungsprinzip: Konflikte mit dem Kind zu vermeiden, es so selten als möglich zum Bewußtsein seiner Schwäche und Abhängigkeit zu bringen, wird auf eine harte Probe gestellt, wenn das Kind Unmögliches oder schwer Mögliches verlangt. Die Grenze ist schwer zu ziehen. Es ist verlockend, dem Kinde Dinge zum Spielen zu geben, die durchaus nicht dazu geeignet sind, weil es sie verlangt und weil man einmal Ruhe haben will. Aber wir muten dem Kinde zuviel zu, wenn wir erwarten, daß es nun selbst die Grenze einhalten werde, die wir »ausnahmsweise« überschritten haben. Wie sollte es begreifen, daß es mit dem Tintenfaß nicht spielen darf, wenn man ihm eben noch ein Schachspiel mit allen Figuren willig überließ? Auch hier ist eine Vergewaltigung in der Regel das traurige Ende. Das Kind bekommt das Tintenfaß eben nicht. Ärgerlich über unsere eigene Inkonsequenz, bringen wir nicht die Geduld auf, ihm den Wunsch schonungsvoll zu versagen. Gerade in solchen Situationen wird die zärtlichste Mutter unwillig und schreit das Kind an. Sie glaubt sich über dieses zu ärgern und ärgert sich doch nur über sich selbst, weil sie vorher zu nachgiebig war. Wir sehen auch hier: die Psychologie der Eltern ist der Pädagogik besseres Teil. Wohlwollende Konsequenz von Anfang an würde der Mutter die innere Möglichkeit offen lassen, unerfüllbare Wünsche in einer Art abzuschlagen, die dem Kinde keinen Schmerz bereitet: durch geschickte Ablenkung bei kleinen, durch angemessene Begründung bei größeren Kindern. Es fehlt uns ja nicht an Einsicht. Aber die Einsicht ist uns versperrt, wenn wir böse und unwillig sind. Darum ist dies unbedingt verboten. Nicht die Nachgiebigkeit, sondern die Inkonsequenz und die affektbetonte Zurückweisung unerfüllbarer Wünsche sind die wahren Erziehungsschäden. Vielleicht läßt sich das Gebot am ehesten so formulieren: wir wollen unseren Kindern wirklich nichts versagen und wir brauchen es auch nicht zu tun, wenn wir immer einen Kunstgriff bei der Hand haben, um das Kind zum freiwilligen Verzicht zu veranlassen. Solcher Kunstgriffe aber gibt es unzählige. Und sie werden uns auch im rechten

Augenblick einfallen, *wenn wir nur guten Willens sind.* Aber gerade jene Eltern, die, um Ruhe zu haben, bis an die äußerste Grenze der Nachgiebigkeit gehen und so das Kind »verwöhnen«, verlieren oft die Ruhe, wenn nach so vielen mehr oder weniger erfüllbaren und erfüllten Wünschen auch einmal ein unerfüllbarer kommt. Ist aber die Geduld verloren, dann ist alles verloren: der Konflikt endet unweigerlich mit einer Demütigung für das Kind.

Erst solche Erlebnisse machen das Kind zum launischen Tyrannen. Wäre der ideale Fall möglich, daß das Kind wirklich und restlos »verzogen«, daß ihm jeder Wunsch befriedigt wird, dann würde es nie launisch und tyrannisch werden. Denn das Wesen dieser Launen ist es, daß sie nicht auf die Sache, sondern auf das persönliche Prestige gerichtet sind. Das Kind hat keinen realen Vorteil davon, wenn es die Mutter zwingt, bis zum Einschlafen an seinem Bette zu sitzen. Es hat aber den Machtgewinn, die Genugtuung, die Mutter unter sein Gebot gezwungen zu haben. Diese Befriedigung aber ist das Gegenteil zahlreicher Enttäuschungen. Eben jene Inkonsequenz im Erfüllen und Versagen von Wünschen, von der wir oben sprachen, veranlaßt das Kind, die Grenzen seiner Macht, alle Möglichkeiten »auszutasten« (*Adler*), in jeder anscheinend noch so belanglosen Position seine ganze Kraft einzusetzen. Die Durchsetzung seines Willens ist ihm Selbstzweck geworden, es hat verlernt, sachlich zu denken. Ist es einmal so weit, dann haben wir es schon mit einem »nervösen« Kinde zu tun, wir haben Schäden gutzumachen, die wir selbst verschuldet haben. Was hier angezeigt ist, richtet sich nach der Schwere des Falles. Manchmal gelingt es, einzelne besonders unerträgliche Launen durch passive Auflehnung gegen den Willen des Kindes zum Schwinden zu bringen. Kunstgriffe nützen da gewöhnlich nichts mehr. Es handelt sich darum, daß man es über sich gewinnt, das Kind einmal oder mehrere Male stundenlang schreien zu lassen, der Erpressung nicht nachzugeben. Jede Härte, jedes Anschreien, jede Züchtigung ist vom Übel. Es ist verwerflich, das Kind für unsere Fehler zu bestrafen. Die passive Abwehr bei *unverändertem Wohlwollen* muß genügen, um dem Kinde zu zeigen, daß hier einfach nichts zu machen ist. Voraussetzung für den Erfolg ist allerdings, daß gleichzeitig mit dieser »symptomatischen« Behandlung eine grundsätzliche Änderung des Verhaltens in der oben angedeuteten Richtung Platz greift, also eine Vermeidung all jener Schäden, die das Kind zu dem gemacht haben, was es ist. Aber es gelingt nicht immer. In schweren Fällen wird es das Kind erlernen, seinen Willen auf jenen gefährlichen Umwegen durchzusetzen, die schon in das Bereich der Neurose fallen. Schreikrämpfe, nächtliches Aufschrecken, Bettnässen, Erbrechen und ähnliche Erscheinungen sind für die große Mehrzahl der Eltern und Erzieher unwiderlegliche Argumente, durch die sie schon aus Sorge um die Gesundheit des Kindes sich bereit finden, jeden Widerstand aufzugeben und dem kleinen Tyrannen jede noch so geringe Aufregung zu ersparen. Hier wird meist nur Milieuwechsel zum Ziele führen. Eine andere Umgebung, in der alle jene Erziehungsfehler, die die Ursache der Erkrankung waren, vermieden werden, vermag alle jene beunruhigenden Erscheinungen meist rasch zum Verschwinden zu bringen.

Das ist in großen Zügen die Situation und das Schicksal des verzogenen Kindes. Wir wollen als wichtigstes Ergebnis hervorheben: es gibt kein Zuviel an Liebe und Güte, die wir unseren Kindern schenken. Jene Fehler der Erziehung, die wir als Verziehen und ihr Resultat, das wir als Verzogenheit bezeichnen, sind nicht auf ein Übermaß an Liebe, sondern auf Charakterfehler und Irrtümer der Eltern zurückzuführen: auf ihre Taktlosigkeit und Verständnislosigkeit, mit der sie dem Kinde Zärtlichkeiten spenden, die es als Belästigung empfindet; auf ihre Eitelkeit, um derentwillen sie das Kind und seine Leistungen produzieren, als wäre es ihr Werk, und es zum Spielzeug erniedrigen, das man nach Belieben hervorholt und wieder wegstellt; auf ihre Inkonsequenz im Gewähren und Verbieten, die nicht das Wohl des Kindes, sondern die eigene Bequemlichkeit als Richtschnur nimmt, und die in einer Art Schuldbewußtsein mit unnötiger Härte versagt, wo das Kind leicht im Guten zum Verzicht gebracht werden könnte. Hat man dann das Kind zum launischen Tyrannen erzogen, es unsachlich und nach Machtprinzipien denken gelehrt, dann ist man wehrlos seinen Erpressungen ausgeliefert, die ihm eine falsche Lebensmethode für spätere Zeiten nahelegen. Oft mag es wirklich Liebe sein, die, mit Unverstand gepaart, keinem jener Fehler auszuweichen vermag, zumal wenn es sich um ein einziges Kind handelt. Öfter noch ist es aber vor allem die Bequemlichkeit und das Ruhebedürfnis der Erwachsenen, denen ihr eigenes Wohlergehen unendlich wichtiger ist als das Gedeihen des Kindes, Denkfaulheit und Mangel an Verständnis für die Seele des Kindes, dem man durchaus nicht alle Wünsche erfüllen muß, auch wenn man ihm keinen einzigen autoritär versagt. Es ist lange nicht so paradox als es klingt, wenn wir sagen: wer sein Kind nicht verziehen will, der behandle es mit verständnisvoller Güte. Wir wollen nicht fürchten, des Guten zuviel zu tun. Denn von der Güte, die wir meinen, gibt es kein Zuviel.

Aline Furtmüller

Der Kampf der Geschwister

Wir sind nach mancherlei Umwegen über die angelernte Phrase vom Unschuldsparadies der Kindheit, über die Dantesche Höllenschlucht der Sünder aus Wollust, die bei *Freud* die Kindheit darstellt, und über die universelle Kriminalität des Kindes vorläufig bei einer Auffassung angelangt, die uns die Kindheit als genau denselben Kampf um Behauptung erscheinen läßt, der das Leben jeder Kreatur ausmacht, nur noch unter erschwerenden Bedingungen. In der ganzen Schar von Vorgesetzten und Nebenbuhlern, als die ihm seine nächste Umwelt gegenübertritt, besteht die größte Spannung und geringste Distanz zwischen ihm und seinen Geschwistern, seinen unmittelbaren Konkurrenten. Zwei Fragen, die eine diagnostischer, die andere pädagogischer Natur, ergeben sich aus dieser ersten Konstatierung. Erstens: welche Formen nimmt das Verhältnis zwischen Geschwistern an? und zweitens: welche Konsequenzen erwachsen daraus für den Erzieher?
Die gewissenhafte Beantwortung der ersten Frage allein würde die Beibringung eines Materials erfordern, das vom Extrem der feindlichen Brüder bis zur verzückten Zärtlichkeit Chateaubriands für Lucile oder von Jasmins Schwestern (aus Friedrich Huchs Roman »Geschwister«) für den jüngeren Bruder alle Kälte- und Wärmegrade des Gefühls umfaßte. Was uns aber hier am meisten interessiert, wäre aufzuzeigen, wie in *allen* Beziehungen zwischen Geschwistern die Kampfbereitschaft durchscheint.
Vom ersten Moment seiner Existenz an wird das jüngere Geschwister mit Mißtrauen und Eifersucht angesehen. Ein dreijähriges Kind meint, es werde seinem Brüderchen den Kopf abhacken; ein zweieinhalbjähriges erklärt, man solle das schreiende Neugeborene »wieder zurücktragen, von wo es gekommen ist«. Wenn daneben Äußerungen der Befriedigung stehen wie: »Oh, da werde ich immer *wen zum Spielen haben!*« so spielt da ganz deutlich die Hoffnung auf eine führende Rolle herein, und das kleine Mädchen, das in süßlichem Ton sagt: »Oh, das süße *kleine Pupperl!*« fügt noch die mütterliche Pose hinzu, von der noch die Rede sein wird. Im Säuglingsalter bietet der Eindringling, sobald man sich einmal mit seiner Existenz abgefunden hat, keine besondere Gelegenheit zu Feindseligkeiten. Wohl aber gewöhnt sich das

Ältere da an eine Art Hochgefühl der Überlegenheit und Selbständigkeit; die Wichtigkeit, mit der es Fremden berichten kann: »Wir haben ein Baby zu Hause, aber es schreit furchtbar und versteht noch gar nichts, was man ihm sagt«, stellt es geradezu in eine Reihe mit den Erwachsenen. Dazwischen kommen freilich eifersüchtige Regungen zum Ausbruch; man ist nicht mehr von soviel Aufmerksamkeiten umgeben wie früher, man hat plötzlich Rücksichten zu nehmen, die es sonst nicht gab, man wird mit mehr Selbstverständlichkeit behandelt als das Kleinere, besonders in bezug auf Nahrung. Da kommt es dann in aller Gemütlichkeit zu kleinen Vorstößen wie dieser. Ein dreijähriges Mädchen fragt, warum der Kleine nicht noch zu trinken bekommt, er schreit doch gewiß vor Hunger; die Mutter antwortet, es geht nicht. »Was geschieht dann?« Auf die Antwort, daß er dann zerspringen würde, kommt die ruhige, freundliche Bemerkung: »Er *soll* zerspringen.« Schon in diesem Stadium macht sich bei nicht gleichgeschlechtlichen Geschwistern die Spannung und Unruhe bemerkbar, die das Problem der Geschlechtsrolle begleiten. Da ist der Knabe, der sich nicht recht klar wird über das Fehlen des Penis beim kleinen Schwesterchen und – wie ja aus vielen Arbeiten bekannt – einerseits eine künftige Entwicklung beim Mädchen, andererseits ein mögliches Verkümmern bei sich selbst annimmt; da ist das Mädchen, das beim Brüderchen ein in seinen Augen unberechtigtes Plus wahrnimmt und außerdem unfehlbar von irgend jemand – Verwandten, Nachbarn, Dienstmädchen – die Bemerkung aufgeschnappt: »Ein Bub? Na also!«, dieses Stigma, mit dem Gedankenlosigkeit das Kind behaftet, lange bevor es aus eigener Erfahrung die weibliche Rolle, die ihm das Leben vorbereitet, kennen lernt.
Nun aber beginnt die böseste Periode im Geschwisterkrieg: die feindliche Invasion. Spiel und Arbeit sind nicht mehr ungestört, alles Eigentum ist gefährdet, ja die persönliche Sicherheit wird mitunter sehr unangenehm bedroht, und all dem gegenüber gibt es absolut keine Entschädigung, ja kaum den primitivsten Schutz. Das Jüngere ist noch »zu dumm« zu gemeinsamem Spiel, man hat nicht den geringsten Gewinn und recht viel Verlust von ihm und das einzige Vorrecht, die physische Überlegenheit, kann man nicht recht ausnützen, weil die Erwachsenen gleich dazwischentreten, wie die Sache interessant wird. Aber auch das Jüngere hat einen schweren Stand, doppelt hilflos, sowohl den Erwachsenen wie dem größeren Kind gegenüber, und fortwährend von allen möglichen Vorteilen ausgeschlossen, die dem Älteren allein zugute kommen, bei Nahrung, Spielsachen, Spaziergängen und Vergnügungen. In diesem Stadium entsteht – besonders bei dem beengten Zusammenleben in der Stadt – jene dauernde, oft durchs Leben

stets im Hintergrunde lauernde Gereiztheit der Geschwister gegeneinander, die jeder von uns schon in vielen Fällen beobachtet hat.

Dagegen bietet die folgende Stufe des gemeinsamen Spielens und Lernens schon bedeutend mehr Gegengewichte. Die Interessengemeinschaft wächst, eine Art Klassengeist entwickelt sich, Geschwister beginnen in manchen Fällen gemeinsame Sache gegen Eltern oder Aufsichtspersonen zu machen, und hier ist auch von Wichtigkeit, ob das Ältere Knabe oder Mädchen ist. Der ältere Knabe versucht mitunter, der Schwester gegenüber den Beschützer zu spielen und überläßt ihr mit etwas geringschätziger Großmut manchen Vorteil, versäumt aber nicht, sie von Zeit zu Zeit das Recht des Stärkeren sehr fühlen zu lassen. Sie revanchiert sich dafür durch allerlei kleine Kunstgriffe mit einer geistigen Beweglichkeit, die erfahrungsgemäß jüngeren Schwestern selten fehlt. Ein kleines Mädchen pflegt vor der gemeinsamen Mahlzeit das Eßbesteck des Bruders, ein Patengeschenk, auf den eigenen Platz zu legen; ein anderes entwickelte krankhafte Appetitlosigkeit und bildete dann bei Tische den Mittelpunkt der Aufmerksamkeit, die sonst den ersten Schulerfahrungen des Bruders gegolten hätte. Ich erinnere ferner an die von Gottfried Keller so entzückend ausgemalte Szene in Pankraz dem Schmoller, wo das Estherchen in der gemeinsamen Kartoffelbreischüssel sich durch künstliche Stollen und Abzuggräben die meiste Butter sichert, bis der schwerfällige, von verletztem Rechtsgefühl aufgestachelte Junge vom Essen davonläuft. Anders steht die Sache, wenn das Mädchen älter ist. Es ist merkwürdig, daß nur in seltenen Fällen die physische Überlegenheit hervorgekehrt wird, obwohl sie zweifellos besteht. Hingegen kommt hier eine ganz andere Linie zum Vorschein, die vorhin erwähnte mütterliche Pose. Die Schwester sieht sich als Erzieherin und verantwortliche Aufsicht des Jüngeren an und versäumt keine Gelegenheit, ihre obrigkeitliche Pflicht mit Eifer zu erfüllen. Wenn ihre Aufsicht als lästig empfunden und mit undankbarer Widersetzlichkeit gelohnt wird, so kann sie sich als gekränkte Märtyrerin des Rechts und der Sitte fühlen. Es ist ganz merkwürdig, wie weit mitunter diese pädagogische Rolle getrieben wird. Ein zehnjähriges Mädchen pflegt stundenlang darüber nachzugrübeln, durch welche Mittel man gewissen Unarten seiner jüngeren Geschwister beikommen könnte, und leidet Qualen, wenn es machtlos mit ansehen muß, wie die Erzieher seiner Meinung nach grobe Fehler begehen. Wie sehr beim Spielen Über- und Unterordnung zutage treten, ist ja eine ganz bekannte Erfahrungstatsache, und es wird selten vorkommen, daß von zwei Geschwistern nicht das ältere den Robinson, den Kutscher oder den Lehrer vorstellt, während das

jüngere sich mit den bescheidenen Rollen des Freitag, des Fahrgastes und Schülers begnügen muß.
Ich habe hier immer vollkommen normale Fälle vor Augen gehabt und zu zeigen versucht, wie sich der Kleinkrieg zwischen Geschwistern auch unter günstigen Verhältnissen nicht unterdrücken läßt. Oft genug kommt es aber zu schärferer Ausprägung des Konflikts, die meist entweder auf Bevorzugung des einen Teils durch die Umgebung oder auf starkes Minderwertigkeitsgefühl bei dem einen Teil zurückgeht. Der letzte Fall ist eines der bekanntesten Märchenmotive; seltener zeigt es einen mißgestalteten (hinkenden) Bruder, der dem schöneren *jüngeren* nachstellt wie in den Räubern (oder in K. F. Meyers schönem Gedicht: »Der gleitende Purpur«); häufiger und volkstümlicher ist das Motiv von der bösen häßlichen Schwester, der Pechmarie, die die Goldmarie verfolgt; von Dreiäuglein und Einäuglein, die das schöne Zweiäuglein hassen, und unzählige andere in allen Sprachen der Welt. Ich glaube nun nicht, daß sich ein Satz aufstellen lasse, Brüder vertrügen sich besser als Schwestern. Aber die Tatsache, daß die feindlichen Brüder mehr auf dem Gebiet des Dramas, des Romans und Epos', die feindlichen Schwestern aber mehr im Märchen zu finden sind, das dem Alltag näher steht, findet vielleicht darin eine Erklärung, daß der Kampf zwischen Schwestern viel intimere Formen annimmt und mit kleinlicheren Mitteln ausgekämpft wird. Bezüglich des Problems der »nicht« feindlichen Brüder möchte ich auf den Vortrag Dr. Frischaufs »Über den jüngeren Bruder« hinweisen.
Unter den Formen des Geschwisterwettbewerbs ist nun noch eine zu erwähnen, die gewöhnlich eine Mittelstellung zwischen dem offenen Krieg der Kinderstube und dem unterdrückten Messen und Vergleichen der Erwachsenen bildet. Das ist der Wetteifer in den Leistungen, die gewöhnlich die Schule und den Sport zum Ausgangspunkt nehmen. Die offen feindliche Stellung ist hier ja nicht weiter interessant. Wohl aber sind es die Fälle, in denen anscheinend gutes Einvernehmen, ja Zärtlichkeit herrscht. Da möchte ich zwei Gruppen unterscheiden. Jeder Lehrer kennt die Erscheinung, daß Leistungen von Geschwistern, sofern sie nicht ziemlich gleich gut sind, ganz auffallend voneinander abzuweichen pflegen, wobei aber das schlechte Extrem sich sehr wohl fühlt und mit seinem Widerpart gut auskommt. Die landläufige Erklärung, es fehle ihm eben an Ehrgeiz, kann uns nicht befriedigen. Eher vielleicht die Annahme, daß es sich hier um eine Sicherung handelt: der Schwächere verzichtet von vornherein darauf, die Konkurrenz überhaupt aufzunehmen, und kann auf diese Weise neben dem Begabteren, immerhin eine Art von Beachtung erweckend, bestehen. Den anderen Fall beobachtet man

an zärtlichen Gleichbegabten, wo mit ängstlicher Sorgfalt darüber gewacht und Buch geführt wird, daß die Leistungen nur ja bis ins einzelne gleich seien und gleich bewertet werden. Ich habe Heulszenen erlebt, wenn zwei Schwestern in ihren Zeugnissen um einen Grad in einem Gegenstand voneinander abwichen. Auch hier Sicherung: Wer weiß, wie wir zueinander stünden, wenn es zwischen uns zu Differenzen käme!

Was nun den pädagogischen, ich möchte fast sagen, therapeutischen Teil des Problems betrifft, nämlich das Verhalten der Eltern und Erzieher zum Kampf der Geschwister, so möchte ich hier nur erwähnen, was ich für vermeidbar oder verfehlt halte, denn zu einer positiven Darlegung bedarf es gründlicher Durcharbeitung eines noch unvollständigen Materials. Zwei Wege glaube ich aber für nicht richtig ansehen zu können. Da ist einmal das schiedsgerichtliche Verfahren, das oft von Eltern versucht wird; es soll mit aller Objektivität erforscht werden, wer »recht« hat, wer »angefangen« hat, wem ein Gegenstand »gehört«, wer wegzuräumen hat und so weiter. Damit ist aber niemandem geholfen, denn Recht gibt es nur eines und recht behalten wollen beide Parteien; und den Herrschkonflikt, auf den es eigentlich im Grunde ankommt, schafft kein Schiedsgericht aus der Welt. Das Rechtsgefühl, das man bei Kindern so oft findet, ist selbst nichts als eine Waffe, und zwar sowohl Angriffs- wie Verteidigungswaffe, und wird unfehlbar gegen die Richter selbst gebraucht, sobald das Kind gesehen hat, daß es mit dem Rechtsuchen Eindruck macht. Ebensowenig verspreche ich mir von der ängstlichen Diplomatie, mit der Geschwister nur immer wieder daran erinnert werden, daß sie gefährliche feindliche Mächte sind; statt daß die Feindesstellung dadurch überbrückt würde, wird sie noch mehr betont, sozusagen offiziell anerkannt. Was hingegen wohl nicht schaden kann, ist der Hinweis darauf, worin jedes dem andern nützlich und notwendig sein kann.

Leonhard Seif

Über Eigenliebe und Eitelkeit

Von denjenigen Fähigkeiten und Charakterzügen, die die Entwicklung des Kindes und – »das Kind ist der Vater des Mannes« – des späteren Erwachsenen zum selbständigen und Mit-Menschen zu stören am meisten geeignet sind, sind Eigenliebe und Eitelkeit besonders beachtenswert.
Die Eigenliebe äußert sich in zwei Formen: 1. in der natürlichen Liebe zu sich selbst, zur Förderung des eigenen Lebens, die hineingestellt ist in die Liebe zur Gemeinschaft und ihrer Förderung und damit auch zur Beseitigung der Gegensätze zwischen Individuum und Gemeinschaft und 2. in der egoistischen Liebe zu sich selbst, im Götzendienst des herrschsüchtigen Ichs, der die Gemeinschaft gefährdet, ausbeutet und auflöst, den Gegensatz zwischen Individuum und Gemeinschaft erzeugt und unterhält; ein Unterschied, den schon *J. J. Rousseau* macht in seiner »amour de soi-même« und »amour-propre«. Hier soll vorzugsweise von der letzteren, ihren Ursachen und Wirkungen, ihrer Beseitigung und Verhütung gehandelt werden.
Die Eitelkeit wie der Ehrgeiz sind Abkömmlinge und Hilfsmittel des Geltungsstrebens und dienen wie alle Charakterzüge dem Individuum zur Überwindung der Schwierigkeiten des Lebens und Zusammenlebens, meinen also ein Sichdurchsetzen, die Sicherung der eigenen Stellung unter den Menschen in Gegenwart und Zukunft und die Aufhebung des mehr oder weniger stark empfundenen Gefühles der Unsicherheit und Minderwertigkeit, sind also ein Teil des kindlichen Lebensplanes. Eitelkeit und Ehrgeiz sind eng verwandt. Ihr Unterschied ist, daß dieser mehr auf die Sache und jene mehr auf den Schein geht, auf Prestige, auf Bluff. »Wir wollen in der Vorstellung unserer Mitmenschen ein zweites Scheinleben führen und befleißigen uns daher des Scheines« *(Pascal)*. Damit wird für die Eitelkeit die Bewertung durch die Umwelt (»was werden die Leute sagen?«) zum überschätzten Gradmesser des eigenen Wertes, der eigenen Bedeutung und Macht, und so wird *das Aufzwingen des eigenen Maßes, mit dem das Individuum gesehen und gemessen sein will, zur unbedingten Voraussetzung der Sicherung seiner Stellung zur Umwelt*, zur Vorbeugung gegen eine mögliche und überpeinlich empfundene Entwertung der eigenen Person.

Die Voraussetzungen der Eigenliebe und Eitelkeit führen immer in die Kinderzeit zurück: Kränklichkeit, Kinderfehler und Organminderwertigkeiten, Erniedrigung durch übererziehungseifrige oder zu strenge, herrschsüchtige Erzieher, Verängstigung gegenüber dem Leben und seinen Aufgaben, Zufällen und Schwierigkeiten, Verweichlichung und Überwichtignehmen des Kindes, Selbsterhöhung des Vaters und seiner Erfolge, Bezweifeln und Herabsetzen, Lächerlichmachen des Kindes und seiner Leistungsfähigkeit, alles übermäßige Bewerten durch Lob und Tadel überhaupt, die Aufpeitschung und Erziehung zu Ehrgeiz und Eitelkeit durch vom Leben enttäuschte und überehrgeizige Erzieher, für die das Kind erreichen soll, was sie selbst nicht fertig gebracht haben, Überschätzung des Männlichen, Unterschätzung des Weiblichen, all dies vermag die Auffassung, Meinung, Einbildung (»Opinione, regina del mondo«, *Pascal*) des lebensunerfahrenen Kindes, das gegenüber dem Erwachsenen in jeder Weise im Rückstande ist, zu einer verhängnisvollen Unterschätzung seiner Kräfte und Möglichkeiten einerseits und der Bedeutung, Kraft, Macht und Gefährlichkeit der Mitmenschen andererseits, also zu pessimistischen Annahmen und Furcht vor dem Leben zu verführen und damit es zu einer überreizten Kampfeinstellung um seine Geltung, zum »männlichen Protest« zu drängen. Dadurch aber wird für das Kind die Findung seines Ichs und seiner Umgebung erschwert, geraten Ich und Umgebung durch die verstärkte Sicherungstendenz in das grelle Licht des Überwichtiggenommenwerdens.

Auf diesem Boden ist die ruhige Entwicklung und das Zusammenleben irritiert, wird mit dem überhohen Machtziel der fehlerlosen Überlegenheit und unbedingten Geltung der Boden der Wirklichkeit, die dem nicht mehr gerecht werden kann, verlassen, alle Egoismen schießen in Blüte, allen voran die Eigenliebe und Eitelkeit. Das Selbstvertrauen ist gestört, die Geduld, arbeitend einen Erfolg möglich zu machen, weicht dem *Zielkrampf*, immer fertig und vollkommen sein zu müssen, keine Fehler mehr zeigen zu dürfen, das überempfindlich und zu vorsichtig gewordene Kind *biegt vom geraden Wege ab auf die Umwege* neurotischen Verhaltens, hascht in maßloser Gier nach Erweiterung seiner vermeintlich überall bedrängten Ichgrenzen, nach Beweisen des eigenen Wertes, mit erlaubten und unerlaubten Mitteln, auf geraden und krummen Wegen, mittels Wahrheit oder Lüge, Ehrlichkeit oder Unehrlichkeit, Fleiß oder Faulheit, Schmeichelei oder Bosheit, Gehorsam oder Trotz, Heiterkeit oder Traurigkeit, Stärke oder Schwäche, Tapferkeit oder Feigheit, Gesundheit oder Krankheit, durch Mitspielen oder Ausreißen, sei es, daß es dadurch dem Kinde gelingt, die Liebe des Erziehers, sein Lob

und Interesse in seinen Dienst zu stellen, sei es, wenn es mißlingt, ihn zu entwerten, zu ärgern, ihm seine Ohnmacht zu beweisen. »Wer nicht für mich ist, ist wider mich.« Die Umgebung wird nur mehr unter dem Gesichtspunkt des Gegensatzes »für mich« – »wider mich« genommen, dementsprechend das eigene Verhalten. »Ist der Vater mir nicht zuliebe, dagegen vielleicht dem Bruder oder der Schwester zuliebe, so ist er mir zuleid, so bin ich ihm auch nicht zuliebe, sondern zuleid.« Wächst aus dem Gefühl des Herabgesetztseins die Überempfindlichkeit und mit ihr die Verstärkung von Eigenliebe und Eitelkeit, so kommt es zur Kampfstellung des beleidigten Selbstgefühles, zu Feindseligkeit, Rachsucht, Jähzorn, Trotz gegen die Umgebung, zur Eitelkeit »von hinten«: »kann ich nicht zur Geltung des Ersten, Schönsten, Stärksten, Geschicktesten, Reinlichsten, Fleißigsten, Ordentlichsten, Bravsten usw. kommen, so geschieht es euch gerade recht, wenn ich der Letzte, Häßlichste, Schwächste, Dümmste, Unreinlichste, Faulste, Unordentlichste, Wildeste, Schlimmste etc. bin.«
Auch das Fesselnwollen und die Abneigung, andere gelten zu lassen, gehören hierher. Eigenliebe und Eitelkeit ertragen nicht die Abwesenheit, Selbständigkeit und Freiheit des andern oder gar seine Abwendung und Hinwendung auf andere und deren Anerkennung, sondern suchen ihn auf jede Weise sich dienstbar zu machen durch Angst, Krankheitssymptome oder eine Revolte (»lieber unfreundlich beachtet werden als gar nicht«) und fördern den Neid, die Eifersucht und Schadenfreude. »Divide et impera« ist die Parole der Eigenliebe. Das Zusammensein der Anderen erlebt ein solches Kind als Zurücksetzung, als Alleingelassenwerden, als Ausgeschlossensein, als eine »weibliche« Rolle, die Leistung, die Tüchtigkeit des Anderen als eine Beeinträchtigung seines eigenen Lebensspielraumes. So fordert die Eitelkeit die Bekämpfung der Mitmenschen (»ôte toi, que je m'y mette«) und das Scheitern des Rivalen (vgl. die vier Helfershelfer des Mephisto: Raufebold, Habebald, Eilebeute, Haltefest). Witzelndes, spöttisches, theatralisches, vorlautes Wesen, Wichtigtuerei, großartige Versprechungen und Ankündigungen, Streberei, Ziererei, Lärmmachen, Lust zu Streit und Opposition liegen alle auf derselben Linie zum Schein, zum Eigendünkel, oft sogar das Verbrechen (Manolesco, der »Fürst« der Diebe). Auch der Trick, sich klein zu machen oder die Schwierigkeiten als übertrieben groß darzustellen: alles, um das Selbstgefühl vor Herabsetzung zu schützen. Ebenso die Angst und Abneigung gegen Lob, das ein derartiges Kind mit der Erwartung der Umgebung und der Gefahr belastet, diese zu enttäuschen und so ein Fiasko zu erreichen. Desgleichen der Kniff, bei einer Leistung den

eigenen Wert zu erhöhen durch die Versicherung, man habe sich dafür gar nicht angestrengt, sie sozusagen aus dem Nichts geschaffen.

Daß sich in allen diesen Fällen Eigenliebe und Eitelkeit durch die Charakternuance des Hochmutes und der Arroganz verstärken, ist in Berücksichtigung der Voraussetzungen nicht wunderzunehmen.

Ein Junge meinte: »Ich möchte ganz gerne dümmer sein als alle andern, wenn ich es selbst nicht bemerken würde und mir dabei gescheiter vorkäme als alle anderen, die mich für dumm halten.«

Die kurzatmige Geduld, das rasche Sichzufriedengeben bei Erfolg, die Neigung, sichere Befriedigung in der Arbeit zu ersetzen durch mühelose Phantasietriumphe, zeigt folgende charakteristische Phantasie eines Stotterers: »Ich mache einige gute Sachen (Plastiken), die sehr anerkannt werden, und sterbe dann. Nun sagen die Leute: »Wie schade, was hätte er noch alles geleistet, wenn er am Leben geblieben wäre!«

Ein 23jähriger Patient, der älteste von sechs Kindern, aus einer tiefgestörten Elternehe, allen Geschwistern von der zum Ehrgeiz ihn peitschenden und verwöhnenden Mutter vorgezogen, der auch immer in der Schule der Erste war, dann aber vor der als zu verantwortlich genommenen Entscheidung zum Berufe und zur Ehe durch Asthma und andere Schwächekonstruktionen sich sicherte, machte folgende Zwangshandlungen: Er ging nie ohne Taschenspiegel aus (der Spiegel des Narziß), um jeden Augenblick wieder hineinschauen zu können und gewiß zu sein, daß er noch lebe und wie er aussehe. Der Blick in den Spiegel erinnerte ihn immer wieder an den liebevollen Blick der Mutter, zu der seine Eitelkeit und Furcht vor dem Leben und dem Weibe auswich.

Ein anderer Patient mit Kryptorchismus und einer leichten Kyphose der Wirbelsäule, der jüngste von fünf Brüdern, sehr verwöhnt als Kind und von jeher ein schlechter Mitspieler, der seine Eigenliebe und Eitelkeit vor einer Berufstätigkeit in einen hochentwickelten Sammlertrieb rettete, und vor der Ehe in Perversionen, träumte: »Jemand schießt auf mich, wie ich des Nachts heimgehe, trifft aber nicht.« Es ist ihm immer ungemütlich, des Nachts nach Hause zu gehen, in dessen Nähe einmal geschossen wurde. Erst wenn er das Gartentor seines Hauses öffnet und auf eigenem Grund und Boden steht, ist er ruhig. Er warnt sich im Traum vor der Gefährlichkeit der Menschen. Sicher vor Herabsetzung ist seine Eitelkeit nur dort, wo ihm niemand mehr etwas anhaben kann, wo er unbeschränkter Herr im Hause ist.

Ein melancholisches Mädchen von 22 Jahren, das lieblos aufgewachsene und von der Mutter gequälte Aschenbrödel unter ihren Geschwistern, träumte: »Auf dem Rathausplatze tanzen vor mir oben zum Glockenspiele die Bauern, unten vor mir ist ein Totenkopf, auf ihm eine Maske, hinter mir ein Bauer.« Tags vorher holte sie ihr Verlobter ab, als sie im ersten Stocke bei Freunden tanzte, und sagte ihr lachend, es hätte heruntergeklungen wie bei einem Bauerntanz. Das Glockenspiel und die tanzenden Figuren sind Wirklichkeit. Der Totenkopf vor ihr erinnert sie daran, daß sie sich immer mit dem Sterben beschäftigt, das sie wie eine Maske, wie einen Schleier zwischen sich und ihre Aufgaben und die Menschen stellt. Der Bauer hinter ihr erinnert sie an die Mutter, die in den Kinderjahren beim Klavierüben und bei der Anfertigung ihrer Schulaufgaben hinter ihr stand und ihr bei jedem Fehler Ohrfeigen gab und die fehlerhaften Blätter herausriß. In ihrem übergroßen Ehrgeiz und in ihrer tiefen, zäh festgehaltenen Entwertungsangst warnt sie sich vor dem Manne, vor der Liebe und vor der Ehe, wertet den Scherz des Verlobten zu einer Ohrfeige um, die ihr im Rahmen der Ehe- und Lebensaufgaben ebenso seitens des Mannes und der anderen Menschen drohen könnte wie in der Kinderzeit durch die Mutter. Das Ausweichen in die Verstimmung und in die Todesgedanken ist die Sicherung ihres überempfindlichen Selbstgefühls gegenüber dem Leben und aller Verantwortung: Lieber sterben als sich herabsetzen lassen!

Auch das Musterkind gehört hierher, das nicht für sich, aus Interesse, für das Leben lernt, sondern um Eltern und Lehrer seiner Eigenliebe und Eitelkeit zu unterwerfen.

Allen diesen Fällen ist gemeinsam die innige Verkettung von Schwächegefühl und Expansionstendenz, der Egozentrismus der rücksichtslosen und maßlosen Eigenliebe, der Verlust aller Unbefangenheit, Ruhe und Zufriedenheit, der Fähigkeit zum Zusammenleben und -arbeiten und eine dauernde, gespannte, drückende Abhängigkeit von der Umgebung, vor allem aber das »corriger la fortune« des Ichgötzen um jeden Preis, die Falschmünzerei der Täuschungen und Selbsttäuschungen, die systematische, tendenziöse Wertung und Umwertung des eigenen und fremden Lebens und Verhaltens zur Rettung des leidenden Selbstgefühles, wozu auch das besonders beliebte und brauchbare Entwerten, Vergleichgültigen, die »negative Optik« der Vogelstraußpolitik gehört (»der oder das ist mir gleichgültig!«). Man sieht und wertet sich und die Dinge und andere Menschen nicht mehr, wie das alles wirklich ist, sondern wie man es braucht aus dem Gesichtspunkte der Eigenliebe. Hauptsachen werden zu Nebensachen, Nichtiges zu Wertvollem, und umgekehrt. »Schön ist häßlich, häßlich schön.« Oder mit einer kleinen Variierung des Nietzsche-Wortes: »Das habe ich getan, sagt das Gedächtnis, das kann ich nicht getan haben, sagt die Eitelkeit, darauf gibt das Gedächtnis nach.« Die Eitelkeit lähmt den gesunden Stolz des Kindes, Unwahrhaftigkeit, Lüge und alle betrügerischen oder häßlichen Umwege als seiner unwürdig zu verachten.

Pädagogisch aber ist die bedenklichste und gefährlichste Folge eines solchen überhitzten Geltungsstrebens *die schwere Zugänglichkeit*, der Haß und die Furcht des feigen, überempfindlichen Eitlen, der nirgends mehr eine Schwäche zeigen, sich von niemand mehr etwas sagen lassen darf, *gegenüber jeder aufrichtigen, ehrlichen Selbsterkenntnis, wie sie alle erzieherischen oder psychotherapeutischen Maßnahmen zur unbedingten Voraussetzung haben.* »Die Verblendung der Menschen ist die unheilvollste Wirkung ihres Eigendünkels; sie dient dazu, ihn zu nähren und zu steigern und nimmt uns die Erkenntnis der Heilmittel, welche unser Elend lindern und unsere Fehler verbessern können.« *(La Rochefoucauld.)*

Die Erziehung und Heilung solcher Fälle fordert ein volles Verständnis der nervösen Persönlichkeit, ein taktvolles, wohlwollendes, sachliches, ruhiges Aufdecken des nervösen Lebensplanes und seiner *irrtümlichen pessimistischen Voraussetzungen* und die freundliche Zersetzung der unmöglichen und alles Zusammenleben störenden »Heldenrolle« und all der zu ihr gehörigen Charakterzüge, zumal der krankhaften Eigenliebe und Eitelkeit. Vor allem gilt es, dem Eitlen hinter allen seinen Verhaltensweisen aufzuzeigen seine Jagd nach »Macht und Schein«, die ihm keine Wirklichkeit dieser Erde je befriedigen kann, besonders aber das Unsoziale, ja Gemeinschaftsfeindliche seines Überrennenwollens Aller, mit dem er doch nur die Entwicklung seines Besten, seiner Mitgefühle und Mitmenschlichkeit, seiner Liebes-, Freundschafts-, Kameradschaftsfähigkeit hemmt und vernichtet, das Emporschießen und Wuchern der Gegengefühle aber (Neid, Eifersucht, Schadenfreude, Haß, Rachsucht, Grausamkeit etc.) fördert und so sich in Gegensatz bringt zu allen natürlichen und vernünftigen Forderungen menschlichen Zusammenlebens. Kurz, man muß ihm das ihn selbst und alle seine mitmenschlichen Beziehungen zerstörende Schlechte und Unbrauchbare seiner Lebensmethode aufweisen und entwerten und ihn dafür zu gewinnen suchen, seinem Ehrgeiz alle Giftzähne antisozialen Verhaltens auszubrechen und, was an berechtigtem Geltungsstreben übrig bleibt, auf gemeinschaftsfördernden Bahnen in Mitarbeit und Mithilfe umzusetzen.

Die *Prophylaxe* aber verlangt von Eltern und Lehrern die sorgfältige Vermeidung alles dessen, *was das Kind entmutigt und ihm den Glauben an sich, die Menschen und die Zukunft nimmt, es furchtsam, unselbständig macht, was es in ein überreiztes kämpferisches Geltungsstreben*, in ungesunde Eitelliebe, Hochmut mit all ihren lebenentfremdenden Ab- und Umwegen: schlechtes Mitspielen, Unerziehbarkeit, Parasitismus, Strebertum, schädliche Abhängigkeit, sexuelle Unarten, Neurose, Verwahrlosung usw. hineintreibt; *positiv aber die geduldige, liebevolle, ermutigende Behandlung des Kindes als gleichberechtigten Mitgliedes der Familie und Schule und seine Gewinnung zu einem guten Mitspieler und Mitarbeiter der menschlichen Gesellschaft.*

Erwin Wexberg

Ängstliche Kinder

Die herkömmliche Auffassung der Kinderangst stellt diese Erscheinung weit einfacher dar, als sie ist. Wenn man den Kindern nichts von Gespenstern und bösen Geistern erzählen würde, so meint man, würden sie sich vor ihnen nicht fürchten, und das dunkle Zimmer hätte seine Schrecken verloren. Nun zeigt sich aber, daß Kinder, die nie vom bösen Mann gehört haben, ebensogut wie andere zuzeiten mit den Kennzeichen der höchsten Angst aus dem Schlafe aufschrecken können. Andererseits sind es aber auch meist die schlimmen, d. h. die aufgeweckten, unbändigen, die *nervösen* Kinder mit einem Wort, die am stärksten unter Angst zu leiden haben. Gelingt es nun in einzelnen Fällen, ohne den erschreckenden Popanz sein Auskommen zu finden, so handelt es sich gewiß um Kinder, die ohnehin von ruhiger Gemütsart sind und zur Angst nicht neigen. Kinder, die sich auch durch die grauenhaftesten Geschichten nicht hätten furchtsam machen lassen. Das wird sich aus unseren weiteren Ausführungen mit größerer Deutlichkeit ergeben.

Daß aber tatsächlich auch die sorgfältigste Vermeidung von Ammenmärchen der Ängstlichkeit nicht vorbeugt, läßt sich nur durch eine eingehende Analyse der psychologischen Bedingungen der Kinderangst verstehen. Dann erst wird es gelingen, ihrer Herr zu werden; gleichwie wir in der Medizin erst von der Ätiologie einer Krankheit aus zur wirksamen Therapie gelangen können.

Die Schauermärchen können nicht die wesentliche Ursache der Angst sein. Ein Kind, das sich nachts vor einem Gespenst fürchtet, das es am Abend aus der Erzählung der Mutter kennen gelernt hat, muß schon bei der Erzählung jene wollüstigen Schauer durchgemacht haben, die das Kennzeichen seiner *Empfänglichkeit* sind. Diese Empfänglichkeit aber, die im Grunde nichts anderes ist als eben die »Ängstlichkeit« des Kindes, ist wesentlicher als der Inhalt der Erzählung, denn sie *sucht* die Eindrücke, wo sie ihr nicht geboten werden. Wenn es dem Kinde nicht *angenehm* wäre, von Gespenstern erzählen zu hören, so könnte man ihm das Material seiner Angstvorstellungen nicht gewaltsam aufdrängen.

Daß das Kind ängstlich ist, weil es nervös ist, ist an sich richtig und sagt doch nicht viel. Es sagt aber, wenn man es richtig versteht, das eine: die Ängstlichkeit ist eine jener Eigenschaften, die zusammen ein den Ärzten heute wohlbekanntes Bild ausmachen, das sich beim Kinde schon ausprägt und beim Erwachsenen in den mannigfaltigsten und doch immer typischen Formen zum Ausdruck gelangt: den *nervösen Charakter*[1]. Wie aber dieser nervöse Charakter entsteht und wie er zur Ängstlichkeit führt, soll nun des näheren erörtert werden.

Der Ausgangspunkt psychischer Entwicklung ist das Verhältnis des Kindes zu seiner Umgebung. Früher oder später muß diese erste Beziehung zur Außenwelt vom Kinde als die Beziehung eines Schwachen, Kleinen zu einem Starken, Großen empfunden werden. Wenn nun das Kind durch mangelhafte körperliche Entwicklung einerseits, durch unzweckmäßige Erziehung andererseits besonders im Nachteil ist, so ergibt sich daraus ein *Gefühl der Minderwertigkeit*, das für seine weitere psychische Entwicklung maßgebend wird. Nun muß es alles daransetzen, seinen Rückstand auszugleichen, sich in den eigenen Augen und in der Schätzung der anderen zu erhöhen. Das Kind mißt und schätzt unausgesetzt die Distanz zwischen sich und den Erwachsenen, und je größer diese ist, desto stärker wird das Gefühl der Hilflosigkeit. Es sucht Auswege, Umwege, denn die Überwindung der Distanz auf geradem Wege erscheint ihm unmöglich. Im *Spiel* beginnt sich seine Phantasie zu entwickeln. Die Zukunft, die Rolle, die ihm als Erwachsenen zufallen wird, ist sein einziges Interesse. Zwischen Wunsch und Befürchtung, zwischen dem »wie schön wäre es, wenn ...« und dem »wie wird es sein, wenn ...« lebt es und sieht das Ziel und nicht den Weg dahin. So sucht es seinem Geltungstrieb innerhalb der engen Grenzen der Kinderstube sein Recht zu verschaffen, im Spiel, im Märchen will es das erleben, was es bei seinem Ideal, bei den Erwachsenen sieht. Es ist ein kurzer Weg des Ehrgeizes, der keine Arbeit kostet. Im Spiel können die Kinder sein, was sie wollen, ohne daß sie es erst werden müssen; und »ils prendront toujours le beau rôle«*(Rousseau)*. Früher oder später erweist sich freilich dieser anscheinend so kurze Weg als ein Abweg, und jeder Erzieher weiß davon zu erzählen, wie schwer es ist, verspielte Kinder zur Arbeit zu zwingen, zu jener Arbeit, durch die sie das Ziel wirklich erreichen sollen, das sie im Spiel so oft halluziniert haben. Die phantastischen Träume vom künftigen Leben, die Größenideen der kindlichen Seele, die kritiklos sein muß, um nicht trostlos zu sein, bilden eine starke, konservative Macht in ihr. Die kindliche Phantasie hat kein Interesse an der Entwicklung, denn sie glaubt, das Ziel auf kürzerem Wege gefunden zu haben. Real ist hier nur eines:

[1] Vgl. A. Adler: *Über den nervösen Charakter*, l. c.

der Affekt, der stärker ist, als die Wirklichkeit ihn geben könnte. Denn gewiß ist kein König so glücklich wie das Kind, das »König« spielt.

Aber die Phantasie hat noch andere Aufgaben. Wie sie das Persönlichkeitsideal vergrößert, ausschmückt und in traumhaft greifbare Nähe rückt, so verfährt sie auch mit dessen Feinden, mit der Welt und ihren Gefahren. Das Kind hat gelernt, sich vor realen Gefahren zu fürchten. Alle die unlustvollen Erlebnisse der ersten Jahre haben zusammengewirkt, um das Kind *vorsichtig* und *mißtrauisch* zu machen. Vorsicht und Mißtrauen aber äußern sich als Furcht in allen Fällen, wo das Kind eine Einbuße seines Wohlbefindens voraussehen kann. Auch das Unbekannte ist eine Gefahr, solange es sich noch nicht als harmlos erwiesen hat. So vermag das Kind bald Freund und Feind in der leblosen und belebten Welt zu unterscheiden. Es fürchtet den heißen Ofen und den bellenden Hund, den Stock und das böse Gesicht des Vaters. Und es bedient sich der Angst, um sich vor all diesen Gefahren zu sichern, obwohl es weiß, daß es unter besonderem Schutze steht, daß der Vater nur schlägt, nicht tötet, und daß der Hund ihm nichts tun darf. Aber gerade weil es das weiß, muß es sich die Gefahren des wirklichen Lebens — jene Gefahren, die nicht mehr Vaters oder Mutters Händen gehorchen — viel größer ausmalen als sie wirklich sind.

Nicht, daß das Kind das alles genau wüßte. Aber ein sicheres Gefühl zwingt es, Macht und Gefahr im gleichen Maßstab zu vergrößern. Wir wollen sagen: *die phantastische Angst ist das notwendige Korrelat zu dem phantastischen Größenwahn des Kindes.* Beiden ist gemeinsam, daß sie das Kind in Situationen versetzen, die weit eindeutiger, weit radikaler sind, als die realen Möglichkeiten. Es sind Simplifikationen und Übertreibungen, wie sie das gegensätzliche Denken des Kindes hervorbringt, um sich selbst den Weg zu weisen.

Nun ist es freilich sonderbar, daß sich die Furchtsamkeit mit der hohen Selbsteinschätzung des Kindes verträgt. Die Vorstellung von Gefahren, so sollte man meinen, muß das Kind viel eher zum Heldentum als zur Angst veranlassen. Oft geschieht das auch wirklich. Und ganz allgemein wird man bemerken, daß Knaben im Kriegsspiel, also dort, wo es sich um die Vorstellung realer, möglicher Gefahren handelt, mehr Mut als Angst zeigen, daß die Tapferkeit mit zu ihrem Größenideal gehört. Doch derselbe Knabe, der tagsüber als Indianer oder als Räuber die größten Heldentaten vollbrachte, gerät vielleicht nachts über irgendein unerklärliches Geräusch in helle Angst, sieht Gespenster und ruft nach der Mutter. Hier hat eben seine Phantasie einen andern Weg eingeschlagen. Es scheint die entgegengesetzte Richtung zu sein, und doch ist das Ziel dasselbe. Das ängstliche Kind *will* sich schwach und hilflos fühlen, um den Kontrast zwischen seinem Können und der drohenden Gefahr in die schärfste Form zu bringen. So greift es auf der einen Seite über die Grenzen des Möglichen, des Irdischen hinaus, andererseits verzichtet es auf die Möglichkeiten der Selbsthilfe, die es besitzt. »Was würde geschehen, wenn ich wehrlos wäre? — Die andern müßten mir helfen.« So findet das Kind auch hier den Ausweg, dazu aber bedarf es der Angst.

Daß dem Kinde selbst die Tendenz und die Bedeutung seiner Kunstgriffe bewußt werde, können wir nicht erwarten. Es ist unmöglich, von den psychischen Erlebnissen der Kinder, so wie sie wirklich sind, Kenntnis zu erlangen, und nichts von dem, was wir darüber sagen, ist wörtlich zu nehmen, d. h. in dem Sinne, wie dasselbe bei dem Erwachsenen gelten würde. Zwischen den Kindern und uns besteht fast so wenig Gemeinsames wie zwischen einem Hund und seinem Herrn. Und doch sagen wir: der Hund »liebt« seinen Herrn. Hier dürfen wir nicht vergessen, daß bei jeder solchen Behauptung der Vorbehalt zu ergänzen ist: wenn der Hund wie ein Mensch fühlen könnte. Beim Kinde lautet der Vorbehalt: wenn das Kind wie ein Erwachsener *denken* könnte. Das kindliche Analogon zum »Denken« des Erwachsenen wird uns immer ein dunkler Begriff bleiben. Trotzdem gelingt es, aus den Äußerungen und Handlungen der Kinder den Schlüssel zu finden, der uns erlaubt, die kindliche Geheimsprache annähernd zu übersetzen. Was wir dann in der Übersetzung finden, ist gültig, sofern wir nicht vergessen, daß es nur eine Übersetzung ist. In diesem Sinne kann man versuchsweise die Phantasien der Kinder so betrachten, als ob es Phantasien von Erwachsenen wären. Wo jedoch wir Erwachsenen bewußt ein Zeichen setzen, das sagt: bis hierher reicht die Realität, was jetzt kommt, ist meine Phantasie — dort besteht beim Kinde nichts als eine dunkel gefühlte Niveaudifferenz. Aber diese ist vorhanden. Das Kind hört Märchen anders an als die Erzählungen von Tatsachen. Das »Es war einmal!« bedeutet ihm den Sprung vom Wirklichen zur Phantasie, und wer die Leichtgläubigkeit der Kinder ernst nimmt, kann wohl die Überraschung erleben, daß sie ihm den Faden einer Märchenerzählung, der sie bis dahin gläubig gelauscht hatten, plötzlich aus der Hand nehmen und auf eigene Faust weitererzählen, was ihnen eben einfällt. Aber das Kind fürchtet sich auch ganz anders vor einem Automobil auf der Straße als vor dem Gespenst, das es im dunklen Zimmer halluziniert. Dort läuft es davon und bringt sich in Sicherheit, es wird oft wunderbar selbständig, wenn es weiß, daß die Erwachsenen ihm nicht helfen können; hier, vor dem Gespenst, wagt es sich nicht zu rühren und ist beruhigt, wenn die Mutter zu ihm kommt. Der »Geist« hat nicht mehr Realität als ein Märchen, das man ihm erzählt, nicht mehr als ein lebhafter Traum. Und nur der Umstand, daß dem Kinde der *gedankliche* Sinn des »Als ob« noch nicht geläufig ist, täuscht uns über die Bedeutung seiner lebhaften Ausdrucksbewegungen. Darum ist sein *Tun* immer bezeichnender als seine Mimik, seine Sprache und sein Denken. Und darum können wir auch nicht erwarten, daß ihm die Zielsicherheit seines Benehmens klar zum Bewußtsein kommt. Aber diese unbeirrte Richtung auf das Ziel, die der seelischen Spiegelung und des sprachlichen Ausdrucks nicht bedarf, ist eben das, was wir beim Kinde Instinkt nennen.

Die »nächtliche Angst« (pavor nocturnus), an der nervöse Kinder oft jahrelang leiden, muß ihre Erklärung in Träumen finden, die denselben Sinn wie das Gespenstersehen verraten. Dafür sprechen zum Beispiel auch folgende Fälle: Ein kleines Mädchen von sieben Jahren schreckt seit langer Zeit oft des Nachts aus dem Schlaf auf, unter höchster Angst, die durch folgenden Traum hervorgerufen ist: sie ist auf einem Spielplatz, ringsum auf den Bänken sitzen die Mütter und Kindermädchen, in der Mitte spielt sie mit anderen Kindern. Plötzlich blickt sie auf und sucht unter den Frauen nach ihrer Mutter. Sie geht von einer zur andern, hält jede für die Mutter und erkennt erst zuletzt, daß sie es nicht ist. Unter steigender Angst erwacht sie, die Angst dauert fort; schließlich weckt sie die Mutter, die in demselben Zimmer schläft, unter dem Vorwande, sie müsse auf den Topf gehen. Dieser oft wiederkehrende Traum wird durch seine Fortsetzung im Wachen selbst gedeutet. Er kann nur einen Sinn haben: Wie wäre es, wenn ich keine Mutter hätte, die darüber wacht, daß mir nichts geschieht? Offenbar weist der Traum in die Zukunft. Sicher wird einmal eine Zeit kommen, in der es gilt, auf den Schutz der Mutter zu verzichten und »erwachsen« zu sein. Dann wird sie sich nicht mehr darauf verlassen dürfen, daß ihr nichts geschehen könne, weil eben die Mutter da ist. Wie würde sie bestehen, wenn sie auch dann noch so klein und schwach und hilflos wäre wie jetzt? Geschichten von armen Waisenkindern, die sich ja stets bei denen, die noch ihre Eltern haben, der größten Beliebtheit erfreuen, mögen diesen Phantasien der Kleinen reichliches Material geliefert haben. Im Traum tritt nun die Angst als Warnung ein. Und nach dem Erwachen sucht sich die Kleine wenigstens für jetzt noch der Mutter zu versichern, indem sie sie weckt und mit ihr spricht.

Ganz ähnlich ist ein anderer Fall: Ein vierjähriger Knabe ruft oft nachts aus dem Schlaf die Worte: »Mama, gib acht auf mich!« Eine Traumerzählung kann er nicht geben. Aber der Ausruf läßt nur eine Deutung zu: offenbar schwebt er im

Traum in irgendeiner Gefahr, vor der ihn die Mutter schützen soll.

Diesen beiden Kindern ist in ihrem Wesen einiges gemeinsam: beide sind ausgesprochen »schlimme« Kinder. Das Mädchen spielt besonders gern mit Knaben und liebt alle Spiele, die ihm die Mutter verboten hat. Der Knabe ist wild, ungehorsam und respektlos, dabei intelligent. Praktisch am wichtigsten ist dies: die Mütter der beiden Kinder sind schlechte Erzieherinnen, nervöse Frauen, die sich den Erziehungspflichten teils ungeschickt, teils widerwillig unterziehen und viel von der so unbedingt erforderlichen Ruhe und Gleichmäßigkeit in der Behandlung ihrer Kinder vermissen lassen. Darauf werden wir noch zurückkommen. –

Wir sagten oben: die Phantasie ist das spezifisch Kindliche, die konservative Macht der Kindheit, die den Fortschritt der schrittweisen Erziehung hemmt. Das, was wir »kindisch« nennen, ist nichts anderes, als die Weltfremdheit des Kindes, das, von der Realität abgewandt, verspielt, ungebärdig, den geduldigsten Lehrer zur Verzweiflung bringen kann. Wäre das Kind ganz so und nur so, dann hätte die Pädagogik keine Aussichten. Sie müßte verzichten, und keine Macht der Welt wäre imstande, das Kind kulturfähig zu machen. Aber es gibt Bundesgenossen der Erzieher im kindlichen Seelenleben. Das geistesgesunde Kind hat immer einen Teil seines Interesses der Realität zugewandt. Die unmittelbare Umgebung und die Gegenwart erzwingen sich seine Aufmerksamkeit. Das Kind hat auch ein reales Leben, in das es mit einem Teil seiner Persönlichkeit eintritt, und hier wird es uns verständlicher und zugänglicher.

Das reale Leben wird dem Kinde zum Kampfplatz. Wer Kinder objektiv beobachtet, nicht nur vom Standpunkt des Erwachsenen, der »Ruhe haben will«, wird bald begreifen, daß all die kleinen Konflikte, über die Kinder weinen und schreien, in Wut geraten und trotzen, so rasch sie auch vergessen sind, im Augenblick bittern Ernst bedeuten. Man darf die Affektäußerungen nicht darum unterschätzen, weil sie noch keine Nachwirkungen haben. Der Schluß, daß es »nicht tief geht«, wäre wohl beim Erwachsenen berechtigt, der viel von der Elastizität des Kindes verloren hat; bei diesem sicher nicht. Das Kind ist unglücklich, wenn es weint, so gut es glücklich ist, wenn es im nächsten Augenblick lacht. Aber immer glaubt man ihm die Heiterkeit, nie den Schmerz, selbst bei nervösen Kindern nicht, wo dieser meist überwiegt. Das Gefühl, immer den kürzeren zu ziehen, sei es durch organische Schwäche, sei es durch harte oder sorglose Behandlung, wird ihnen unerträglich. Und weil es ihnen auf keine Weise gelingt, sich auf direktem Wege durchzusetzen, so finden sie Umwege,

Kunstgriffe, durch die sie ihr Ziel erreichen. Gerade seine Schwäche ist dem Kinde die geeignetste Waffe, seine Ansprüche durchzusetzen. Je mehr es eine Hilfsbedürftigkeit hervorkehrt, desto mehr sind die Erwachsenen seiner Umgebung in seinen Dienst gebannt. Hat das Kind einmal diesen Weg gefunden, hat es einmal die Erfahrung gemacht, daß es bloß zu weinen braucht, um liebevoll behandelt zu werden, daß es bloß Schmerzen zu äußern braucht, um die Erwachsenen besorgt und sich zum Mittelpunkt zu machen, dann ist es unerschöpflich in immer neuen Listen und Tücken, durch die es sich seiner Macht über die Großen versichern kann. Denn dann ist ihre Kraft die seine, und es ist wie der König im Schachspiel, der selbst begrenzte Mittel hat und um dessen Schutz doch das ganze Spiel geht. So wird das Kind launisch, widerspenstig, es erhebt seinen Willen zum Herrn des Hauses und erpreßt Gehorsam durch Schreien. Niemand erkennt die »Nervosität« der Erwachsenen besser als das nervöse Kind. Die Schwäche der Großen ist der Hebel, durch den es sich ihre Kraft zunutze macht. Ich habe Kinder gesehen, die bloß durch den Kunstgriff des unstillbaren, durchdringenden Geschreies, das Entsetzen der Umgebung, bedingungslose Herrscher der Familie waren.

Manchen Kindern gefällt es, in der Nacht, die gemeinhin Waffenstillstand bedeutet, Stichproben darauf zu machen, ob ihnen die Erwachsenen auch jetzt zu Diensten stehen. Möglicherweise zwingt sie das Gefühl absoluter Hilflosigkeit und Einsamkeit im Schlafe zu besonderen Vorkehrungen. Diese Kinder wecken die Mutter aus dem Schlaf, angeblich, um ein Bedürfnis zu verrichten, oder sie wachen mitten in der Nacht auf und stellen eine gleichgültige Frage – wie spät es sei oder dergleichen. Man täte unrecht, dies als Bosheit zu bezeichnen. Nicht die Erwachsenen zu quälen ist das Ziel. Das ist bloß das Mittel. Sie wollen sich ihrer Macht versichern, die ihnen oft so bereitwillig zugestanden und oft wieder unter Züchtigungen genommen worden ist. Die übliche Erziehung läßt die Kinder ganz im unklaren über ihr Verhältnis zu den Erwachsenen. Bald behandelt man sie wie Sklaven, bald wie Könige. Bald folgt man ihnen aufs Wort und liebkost sie überdies, bald zeigt man ihnen aus irgendeinem Grund, den sie nicht würdigen können, daß man stärker ist als sie. Kein Wunder, daß sie keine Gelegenheit ungenutzt lassen, um sich zu orientieren, um die Grenzen ihrer Macht kennen zu lernen und möglichst weit hinauszuschieben. Und dann ist Angriff die beste Verteidigung.

Zu diesen Kunstgriffen des nervösen Kindes gehört nun auch die Angst. Der oben geschilderte Angsttraum der siebenjährigen Kleinen, der in weiter Perspektive die Gefahren des künftigen Lebens zeigte, war zugleich geeignet, ihre gegenwärtige Lage zu verstärken. Denn er führte dazu, daß sie die Mutter weckte, und so konnte sie sich immer wieder überzeugen, daß Mütter dazu da sind, ihren Kindern stets zur Verfügung zu stehen – wie die Mütter auf dem Spielplatz im Traum.

Und all die vielen Kinder, die sich allein im dunklen Zimmer fürchten, die nur einschlafen können, wenn die Mutter neben dem Bette sitzt, die vielen, die es nicht wagen, auf der Straße zu gehen, und getragen werden wollen, sie alle sind eben solch kleine Tyrannen, wie unser furchtsames kleines Mädchen. Sie *wollen* furchtsam sein. Angst zu haben ist viel leichter, als sich krank zu stellen, und viel ungefährlicher als Weinen und Schreien. Denn die Angst ist straflos, die Eltern suchen zu trösten und zu beruhigen, und die kindlichen Phantasien erhalten eine Würde, die ihnen gar nicht zugedacht war. Nicht als ob dieser aktuelle Zweck der Angst schon ausreichen würde, sie zu schaffen: dazu bedarf es der grundlegenden Zielsetzungen und Voraussichten, von denen wir oben sprachen. Aber daß das Ergebnis dieser tieferen seelischen Regungen auch noch im realen Leben praktisch verwertbar ist, daß die Angst, die dort der weitblickenden Sicherung des Persönlichkeitsgefühls dient, hier im Alltag dasselbe Ziel, die persönliche Geltung, unterstützt – daraus schöpft erst die Kinderangst ihre hartnäckige Energie, dadurch wird sie zum Schrecken des Erziehers. Denn der aktuelle Sinn der Affektverstärkung, die in den Phantasien der krassen Ausmalung künftiger Möglichkeiten dient, lautet: die unbedingte Herrschaft über die Erwachsenen.

Wir sind der psychologischen Bedeutung der Kinderangst näher gekommen. Die praktischen Konsequenzen, die sich aus der Erkenntnis ergeben, können hier nur mit wenigen Worten angedeutet werden.

Mehr als je muß auf die *Verhütung* der Ängstlichkeit das Hauptgewicht gelegt werden. Weil die Ängstlichkeit einen Teil von dem nervösen Charakter des Kindes bildet, so begegnen sich die Vorbeugungsmaßregeln der Ängstlichkeit und der Nervosität. Eine liebevolle, gleichmäßige – vor allem gleichmäßige! – und *um keinen Preis strenge* Erziehung wird in den meisten Fällen das Ziel einer gesunden Entwicklung nicht verfehlen. Die alte Rousseausche Regel: Kinder weder zum Gehorsam noch zur Herrschaft zu erziehen, ihnen den Begriff der Unterordnung in der einen wie in der andern Richtung überhaupt fernzuhalten, verdient von unserem psychologischen Standpunkt aus neu hervorgehoben zu werden. Das Ideal des gehorsamen Kindes ist ein Aberglaube: wo es erreicht wird, war es unnötig, wo es nicht erreicht wird, gibt es immer neue Gelegenheiten zu Konflikten, aus denen das Kind um den Preis seiner psychischen Gesundheit als Sieger hervorgeht.

Bei kränklichen Kindern sollte mehr als bisher darauf gesehen werden, daß sie nicht unter übertriebener Sorgfalt und Pflege zu leiden haben: solche Entbehrungen werden doppelt gefühlt, wenn sie das Kind als die Folgen seiner eigenen Minderwertigkeit erkennt. (Czerny.)

Was die vielgescholtenen Märchen und Schauergeschichten anlangt, so werden sie bei Kindern, die nicht unter Erziehungsschäden leiden, ganz wirkungslos bleiben. Und mit dem wollüstigen Schauer des nervösen Kindes fallen sie von selbst fort, wenn das Kind gesund ist und keinen Sinn für solche Reizmittel hat.

Auch bei Kindern, die durch verfehlte Erziehung schon nervös und ängstlich sind, kann nur eine allgemeine Besserung der Nervosität Erfolg versprechen. Die Angst selbst ist zu tief in der Seele des Kindes verankert, als daß sie ihm durch irgendeinen Kunstgriff entrissen werden könnte. Sie gehört mit in das Gefüge des nervösen Charakters und läßt sich nicht getrennt behandeln. Wenn man bedenkt, daß das Kind ein tiefes Interesse hat, ängstlich zu sein, so wird man von selbst von dem Versuch absehen, es durch Abhärtung, Gewöhnung oder kaltes Wasser eines Bessern belehren zu wollen. Denn die Angst ist, im Zusammenhang mit den Zielen und Richtlinien des nervösen Kindes betrachtet, keine Schwäche, sondern eine Stärke des Kindes. Es handelt sich also um jene neurotischen Ziele und Richtlinien, die gemildert und mit der Realität versöhnt werden müssen. Hier kann nur eine grundlegende Änderung des Erziehungssystems im oben geschilderten Sinne helfen. Wenn das Kind in anderer Umgebung ganz andere Lebensbedingungen vorfindet, wenn es unter Menschen lebt, die es nicht schlagen und nicht verzärteln, die ihm nicht befehlen und nicht gehorchen, die ihm seine Wünsche erfüllen, bevor es sie als Befehle geäußert hat, aber seine Launen mit Stillschweigen übergehen — dann wird es seine Listen und Kunstgriffe als nutzlos und unnötig erkennen und wird ein selbständiger Mensch werden, der sich in der Welt zurechtfindet.

Richard Bayer

Mut machen!
Eine Grundforderung moderner Erziehung

Es gibt doch viele mutige Kinder, wird man darauf erwidern, andere werden wieder behaupten, es sei doch der größere Prozentsatz, der da mutig, gestützt auf unerschütterliches Selbstvertrauen den Weg ins Leben beginnt! Sehen wir aber näher zu, dann werden wir nur zu bald eines Besseren belehrt; wohl gibt es viele Kinder, denen man auf den ersten Anblick, auf oberflächliche Beurteilung mutiges, zielsicheres Auftreten nicht absprechen könnte. Beobachten wir einmal näher, wie sich die »Lebhaften« benehmen, wenn sich der Lehrer mit anderen, ruhigeren Kindern beschäftigt. Man wird da viele enttäuschte und sogar zornige Gesichter sehen können; sie vertragen nicht, weniger beachtet zu werden. Ja, ist ihnen denn dieses Beachtetwerden so wichtig? Ein Lehrer, der, eine Frage an die Klasse stellend, beobachtet, wie die Kinder darauf drängen, antworten zu dürfen, wird sehen, daß die meisten, ja fast alle Kinder den Hauptwert darauf legen, nicht die Antwort zu *wissen*, sondern sie zu *sagen*, dem Lehrer zu zeigen, was sie können! Bestätigt wird diese Tatsache noch dadurch, daß viele dieser Kinder die Antwort andrer sehr ungern hören, ja sehr oft es besser sagen wollen. (Manche halten sich, wenn andre antworten, sogar die Ohren zu.) Diese Beobachtungen sind alt und durch viele Versuche erhärtet. Fast möchte ich sagen, sie scheinen zu einfach, um beachtet zu werden.

Dieses Geltenwollen stellt sich uns also als Antrieb zu Leistungen dar, deren Ziel die Überlegenheit über andere ist. Mit anderen Worten: die Schulleistungen dieser Kinder sind Mittel zur Erreichung dieses Zieles. Wie haben sich diese Kinder vor Eintritt in die Schule benommen? Eine Umfrage bei den Eltern der Kinder förderte nun Ergebnisse zutage, die fürs erste als allgemein kindliche Taten erscheinen, die aber, von obigem Gesichtspunkt betrachtet, wohl Aufschluß über die Charaktere der Kinder geben können.

Da ist ein Mädchen, das sich äußerst »knabenhaft« benimmt. Die Mutter ist stolz darauf, gesteht aber auch, sie hätte lieber einen Knaben gehabt! Nun hat das Mädchen einen jüngeren Bruder, den es »mütterlich herablassend« behandelt, andererseits spielt es gerne die Erwachsene, mengt sich viel in Unterhaltungen Erwachsener ein. Das Kind mag nicht mehr als »Kleinchen« behandelt werden, und doch geschieht ihm dies von seiten der Eltern fortwährend. Die Kleine sucht nun die Geltung, die sie den Eltern gegenüber nicht hat, sich bei ihrem Bruder und in der Schule zu erringen. Hier begnügt sie sich nicht damit, durch Handheben in der Bank die Aufmerksamkeit auf sich zu lenken, sondern sie läuft einfach gleich aus der Bank oder platzt meist vor anderen mit der Antwort heraus.

Ein anderes Mädchen, dem gegenüber sich die ältere Schwester als Erwachsene, ja als Autorität aufspielte, ließ sich das nicht lange bieten, und suchte seinem Gefühle des Unterdrücktseins in aggressiver Weise Luft zu machen, es schlug einfach zu, folgte nicht den Anweisungen ihrer Schwester und wurde darin von den Eltern unterstützt. Nun hat es die ältere Schwester längst aufgegeben, zu rivalisieren, die Kleine beherrscht das Haus. »Sie ist vifer, gescheiter als die Große«, kann man oft genug von den Eltern hören. Kein Wunder also, daß dieses Kind, in die Schule eintretend, sich das Ziel setzt, auch dort zu »herrschen«; und das versteht die Kleine vortrefflich. (Sie wurde von den Kindern zur Klassenführerin gewählt.)

Die hier angeführten Fälle seien Beispiele, deren bei ähnlicher Betrachtung kindlicher Entwicklung durch die Lehrerschaft Tausende gleicher Art zutage gefördert werden könnten.

Wenden wir uns nun den »Schüchternen« zu! Eine Nachfrage bei den Eltern ergibt, daß die meisten von ihnen zu Hause nicht nur nicht schüchtern sind, sondern sogar oft als kleine »Haustyrannen« gelten, die es verstanden, die ganze Familie in ihren Dienst zu stellen. Es ist zu verstehen, daß diese Kinder von der Familie nicht gerne lassen, es ist begreiflich, daß sie unsicher werden, wenn sie in die Schule kommen und dort mit aller Macht danach trachten wollen, sich hier eine ähnliche Stellung zu erobern. Aber schon bei der ersten Arbeit zeigen sich diese Kinder zögernd, sie gehen, immer die Niederlage fürchtend, auf leichten Sieg erpicht, an die Arbeit.

Hier ist »Mut machen« die Aufgabe des Lehrers, langsames Aufwärtsführen.

Eine Einrichtung, die die Mutlosigkeit solcher Kinder bedenklich steigern kann, ist die Klassifikation, die die Kinder oft so weit bringt, daß sie es aufgeben, in diesem also »angezettelten Wettbewerb« mitzutun und sich anderweitig zu »zeigen« versuchen. Sie gehen Wege, die sie schneller zu ihrem Ziel der Überlegenheit zu führen scheinen.

In der Tat sind solche Kinder gerne geneigt, schon in den ersten Wochen und Monaten die Schule als Stätte ihrer Niederlage zu umgehen und zu meiden.

So entsinne ich mich eines Jungen, der als »Einziger« gewöhnt war, daß man sich um ihn bekümmerte. Er bastelte und zeichnete schon, bevor er in die Schule kam. Doch kaum war er in

der Schule, da drängten Eltern und Lehrer ihn zum Lesen und Schreiben. Er mußte, da ihn das viel weniger interessierte und er daher weniger Fortschritte machte, seine Lieblingsbeschäftigung aufgeben und fleißig lesen und schreiben. Mittlerweile aber stellten sich schon die ersten Niederlagen ein.
Zuerst bekam er, im Gegensatz zu vielen anderen, die er zu überragen glaubte, keinen »Einser«. Das war nun das Vorzeichen, dem dann auch die schlechten Noten folgten. Daraufhin gab er es bald auf, mitzuarbeiten und schloß mit einem »schlechten Zeugnis« das erste Schuljahr ab.
Der Mangel an Interesse für alles, was die Schule betraf, veranlaßte ihn, sich wieder seinen Spielsachen und Zeichnungen zuzuwenden. Wurde ihm das verwehrt, dann ging er spazieren und das wurde ihm immer erlaubt, denn er war der Einzige und nicht gerade kräftig gebaut; er mußte sich ja erholen!
Unter den Kindern aber verschaffte er sich Achtung! Konnte er doch vieles und ganz anderes als die Musterschüler. Er trank sogar Tinte, konnte Gesichter schneiden wie kein Kind der Klasse, all das hob ihn ungeheuer in der Achtung seiner Mitschüler. Er erzählte ihnen, wie man Vögel schießen, fangen, ausweiden kann, er konnte sich an Autos anhängen und auf Gartenzäunen spazieren gehen.
Letztere Künste wurden zwar von den Musterschülern mit Schaudern als Vergehen empfunden, aber nur in Anwesenheit des Lehrers, sonst nicht!
Der Junge hatte erreicht, was er wollte, er galt etwas bei seinen Mitschülern, aber fürs Lernen, für die Arbeit war er lange nicht zu gewinnen.
Langsam mußte daran gegangen werden, ihm Mut zu machen und alles das nachzuholen, was ein Jahr lang versäumt worden war.

Andere wieder, die sich in ihrer neuen Lage in der Schule schwach, klein, unsicher, nicht beachtet fühlen, haben, wenn sie nur ein wenig ermutigt werden, über kurz oder lang den Ehrgeiz, »sich zu zeigen«. Sie wollen beweisen, daß sie nicht die Unscheinbaren, Kleinen, nicht die Letzten sind. Mit wahrem Feuereifer gehen sie an die erste Arbeit, deren Lösung ihnen ein Beweis ihrer Geltung ist.
Man kann sich nicht genug wundern, die schüchternen, scheuen Blicke verschwinden zu sehen und in die blitzenden Augen der fieberhaft arbeitenden Kleinen zu blicken. Unglaublich, wie sich ihr Benehmen änderte — wie so oft im Leben sehen wir hier wieder im selben Wesen Furcht und Schüchternheit gepaart mit unbeirrbarem, rücksichtslosem Draufgängertum.

Das letzte Beispiel weist darauf hin, daß die Kinder in der Wahl der Mittel zur Erreichung ihres Zieles, das in allen Fällen eines des »Großseins« darstellt, gar nicht wählerisch sind. *Alles ist ihnen gut genug, um als Mittel zu dienen, alle psychischen Fähigkeiten werden in Anbetracht dieses Zieles gesammelt, alles Interesse wird zum Ziele hingeordnet.*

Wenn ich das Ziel weiß, kann ich die Handlungen des Kindes als diesem Ziele zugeordnet einreihen, ich kann eine ungefähre psychologische Kenntnis korrigieren und den bestehenden Verhältnissen anpassen. Solange ich aber nur Reaktionszeiten, Reflexe, Aufmerksamkeitstypus, Merkfähigkeit und ähnliches weiß, kenne ich das Kind nicht.[1]

Jede seelische Erscheinung, soll sie uns ein Bild vom Kinde geben, kann nur als Vorbereitung für ein Ziel gewertet werden. Dieser Satz ist in allen bisherigen Fällen als zu Recht bestehend erkannt worden.

Es ist für uns von großer Wichtigkeit, die Entwicklungstendenz der kindlichen Psyche zu kennen, da sich ja die Arbeitsschule die Aufgabe stellt, lebendige Beziehungen herzustellen zwischen dem *Kinde* und der Kulturepoche, in der es lebt, und das Kind zu freudiger Mitarbeit in der Gemeinschaft erziehen will.

Schon in den Berufsphantasien des Kindes sehen wir den Wunsch, die Sehnsucht, erwachsen zu sein, ja noch mehr, das Sehnen nach einer Machtposition *über die Großen* (»Wenn ich groß bin und du klein ...«). Das Kind sieht im Vater die Verkörperung der Macht, später findet es »vollwertigere Vertreter« für sein Machtideal in den Helden. Es verehrt sie als Menschen, in denen sein Machtideal lebt, Gestalt angenommen hat. Das Kind sieht in diesem Stadium als das Höchste die Überlegenheit an, es schätzt den Menschen nach dem Grade seiner Macht.

In der Schule trat ihm der Lehrer als Autorität entgegen, es achtete ihn, schaute zu ihm empor, nur wegen seiner Machtposition, es bewunderte den Wachmann, den Kutscher, den Bahnwächter, den Motorführer; alle von diesem Gesichtspunkte aus.

Es wurden ihm Menschen vorgeführt, Männer aus der Geschichte, die ja nur als das Ergebnis der Taten eben solcher »Großer« dargestellt wurde und leider noch zu oft wird.

Diese Männer treten ihm als übermächtig entgegen und bilden weiter den Zielpunkt seiner Verehrung, werden in seinen Augen zu Helden.

Das Kind merkt nicht, daß ein Napoleon über Tausende von Menschenleibern hinwegschritt, es sieht nur seine Macht-

[1] Siehe A. Adler, *Praxis und Theorie der Individualpsychologie*, l. c..

position, weil es *nur die* sucht. Ihm imponiert dieser Mensch.
Aber imponiert er nur dem Kinde? Ein wahrer Napoleonkult wurde und wird noch in der letzten Zeit getrieben, die Erwachsenen, die ja durch ein Elternhaus gegangen sind, durch eine Schule, die immer autoritär auf sie wirkten, denen ist der Ellenbogenkampf, der Kampf der Konkurrenz so tief in ihr Inneres gedrungen, daß der Kult von Menschen, die in diesem Kampfe »Sieger« waren, nicht auszurotten ist.
Was ist da zu tun? Steht man selbst in diesem Konkurrenzkampfe, dann sieht man natürlich alles von dieser Perspektive. Sind wir uns jedoch einmal bewußt, Mitbrüder aller Menschen zu sein, sind wir uns bewußt, Mitarbeiter sein zu müssen für den Fortschritt der Menschheit, dann sind wir gezwungen, den Wert des Menschen nicht nach seiner Machtposition, sondern nach den Werten, die er der gesamten Menschheit schafft, zu beurteilen.
Nicht allzu oft in der Geschichte deckte sich Machtposition mit wahrhaft persönlichem Werte, mit dem Werte für die Gesamtheit. Nicht immer deckte sie sich mit zielbewußter Arbeit für das Wohl und den Fortschritt der Menschheit.
Wie wird ein Napoleon, ein Hannibal, ein Alexander an Heldentum verlieren, wenn wir sie durch die Lupe der Verdienste um den Fortschritt der Menschheit betrachten! Da taucht eine andere Gruppe von Helden vor uns auf – Helden der Arbeit, Helden des Geistes, der Kunst und der Wissenschaft.
Wie verhält sich nun das Kind zu diesen Helden? – Es sieht zuerst, daß sie geachtet werden, es sieht ihre Autorität – solange es selbst sich noch im Kampfe gegen eine Autorität befindet, solange ihm der Erwachsene nicht als Freund, als Berater entgegentritt, als ein Berater, der das Leben kennt, zumindest als ein solcher, der es anders sieht als das Kind, das vertieft ist in sein Streben und seine unbändige Sehnsucht erwachsen zu sein.
Je mehr sich ein Kind gedrückt fühlt, gedrückt durch Autorität, je mehr es meint, hintangesetzt zu werden, um so mehr meint es, seine Kräfte gebrauchen zu müssen, um so mehr strebt und ringt es, sich Geltung zu verschaffen.
Lenken wir dieses Streben in das Gebiet reellen Schaffens, ermutigen wir diese nur scheinbar Mutigen, die während jedes Ansturmes gegen die Materie zitternd eine Niederlage fürchten. Ermutigen wir sie, behandeln wir sie als Freunde, lassen wir auch *ihre* Meinung gelten, und sie werden wanken in ihrem Strebertum.
Auf dem Gebiete der Arbeit wird jedes Mehrscheinenwollen enden, es wird nur die Tatsachen, die Leistung geben. Hier wird das Kind die Schwierigkeiten überwinden lernen, es wird

sie kennen und es wird die Menschen achten, die, den Widerstand der Materie brechend, der Menschheit die Früchte ihres Fleißes in Kunst, Technik und Wissenschaft gaben.
Das Kind wird mit dem Ziele des Erwachsenseins nicht mehr jenes der Machtvollkommenheit im Auge haben, es wird im Erwachsensein das Ziel sehen, ein Mensch zu sein, der die Gesetze der Gemeinschaft kennt, ein Mensch, der sich einreiht zu freudiger Mitarbeit für den Fortschritt der Menschheit.
Aus dem Ziele, das dem Kinde nun vorschwebt, erkennt es, es müsse alle seine Kräfte gebrauchen, es müsse lernen, sich Fähigkeiten zu erwerben, um dann ein *Mitmensch* sein zu können, der eingreift in das Räderwerk der Gesellschaft, ein Rädchen bildend an diesem großen Organismus.
Jenes Kind, dessen Selbstvertrauen noch nicht geschwächt ist durch Kritiken und Kleinigkeitskrämerei Erwachsener, nicht geschwächt durch ein Meer roter Tinte in der Schule, wird kaum empfänglich sein für *Verehrung* irgendwelcher Helden. Achten wird es wohl die Männer der Arbeit, doch es wird nicht der Stütze eines Helden bedürfen, nicht eines »Vorbildes«, um seinen Aufgaben gerecht zu werden. Sein Maßstab wird im Leben seine eigene Leistungsfähigkeit sein, deren es sich ja bewußt ist.
Denen aber, die durch schlechte Erziehung ihr Selbstvertrauen verloren haben, solchen, die es vielleicht wegen angeborener Organminderwertigkeit von Geburt auf nicht hatten, wollen wir nicht die Stütze nehmen, die es ihnen ermöglicht, sich im Leben nützlich zu machen: das Vorbild solcher, die Tüchtiges leisteten.

Ein Kind mit gefestigtem Selbstvertrauen wird wie diesem, auch anderen Problemen des Lebens mutig begegnen. Es wird seine Fehltritte und Irrtümer mutig eingestehen und versuchen, es besser zu machen. Erzieher, die ihre Aufgabe darin erkennen, das Kind zu stützen, ihm zu helfen in seiner Entwicklung, Erzieher, die dem Kinde seinen Lebensmut nicht rauben wollen, werden es fördern auf seinem Wege, fördern in seinem Streben, ein Glied der Gemeinschaft, ein *Mitmensch* zu werden.

Ferdinand Birnbaum

Begabung und Erziehung

I. Vorbemerkungen

Die ganze Kulturwelt steht heute unter dem Eindrucke, daß die bisher üblichen Arten, mit den Kräften, die in den einzelnen Menschen schlummern, umzugehen, unzulänglich geworden sind. Wir können bei dieser Kritik zwei führende Gesichtspunkte auseinander halten: den *ethischen* und den *ökonomischen.*

Das ethische Empfinden der Kulturwelt fordert mit steigendem Nachdruck, daß es die Pflicht der Gesellschaft sei, *allen* Kindern den Aufstieg zu dem Standard ihrer Fähigkeiten zu ermöglichen. Der Roseggersche Ruf: »Auf dem Wege zum Licht laßt keinen zurück!« findet ein wachsendes Echo in den Herzen aller, denen die Erziehung anvertraut ist. Der unaufhaltsame Aufschwung des Schwachsinnigenunterrichtes und des Unterrichtes der Sinnes- und Körperbehinderten gibt ein beredtes Zeugnis für den Durchbruch der ethischen Erkenntnis.

Noch mächtiger indes wirkt die ökonomische Erkenntnis, daß es nicht mehr angehe, in der bisherigen Weise fortzufahren und Unmengen starker Begabungen ungenutzt liegen zu lassen. Hier ist es besonders Amerika, von dem die stärksten Triebkräfte ausgehen, nach neuen Methoden zu suchen, jenes Amerika, das mit seiner rationalisierten Industrie erfolgreich daran geht, die Weltherrschaft zu erobern. Der Weg des amerikanischen Schulwesens ist der Weg der Differenzierung nach Begabungen: den sozialen Gefahren dieser Differenzierung soll eine stärkere Gemeinschaftserziehung integrierend entgegentreten.

Wenn unser Gesicht dem Morgen zugewandt sein soll, können wir uns nicht dagegen verschließen, die Werte, die in dieser neuen Einstellung liegen, anzuerkennen. Europa hat in der Frage der rationellen Wirtschaft angefangen, seine Methoden zu ändern, und es wird auch in der Frage der rationellen Schule dem mächtigen Amerika konkurrenzfähige Organisationsformen ablauschen müssen.

Trotzdem läßt sich schon heute mit einiger Sicherheit sagen, daß der alte Kontinent nicht blindlings das amerikanische Beispiel nachahmen, sondern nach eigenen Lösungen streben werde.

Auf dem Wege zu diesen neuen Lösungen beansprucht die Individualpsychologie, daß man ihre Stimme höre. Auch sie ist

nur ein Ansatz zu der künftigen Psychologie und Pädagogik, die das Schlagwort vom »Jahrhundert der Psychologie« zur Wahrheit machen wird; sie beansprucht indes heute schon das Verdienst, daß ihr Ansatz zu den fruchtbarsten gehöre.
Die nachfolgenden Darlegungen sind vor allem für den Praktiker gedacht. Sie ziehen daher die Theorie nur soweit heran, als dies nötig ist. Das ist nun allerdings oft der Fall, und zwar ergibt sich diese Notwendigkeit aus den Grundvoraussetzungen selbst. Die individualpsychologische Betrachtung zeigt immer wieder den Wert der ermutigenden Einstellung zu den Problemen des Lebens; sie weiß, daß auch das Begabungsproblem praktisch nur unter der Voraussetzung einer solchen Einstellung gelöst werden kann. Da nun einer solchen Einstellung die landläufigen und auch durch die Wissenschaft begründeten Ansichten über die Begabung entgegenstehen, so müssen diese wohl oder übel einigermaßen theoretisch gewürdigt werden.

II. Die allgemeine Lage des Anlageproblems

Schon seit den ältesten Zeiten machten sich die Menschen Gedanken über die Gründe der geistigen Verschiedenheit unter den Individuen. Eine Gruppe versuchte das Problem auf diese Weise zu lösen, daß sie eine angeborene Verschiedenheit der Anlagen dafür verantwortlich machte, die andere erklärte sich die Verschiedenheit durch die Einflüsse der Umwelt. Die erstgenannte Gruppe, die Gruppe der *Nativisten,* stützte ihre Meinung auf die Tatsache, daß in vielen Fällen die Kinder den Eltern ähnlich sind; die *Empiristen* waren wohl auch genötigt, für die Erklärung der körperlichen Ähnlichkeit Anlagen anzunehmen, sie wehrten sich aber dagegen, diesen Erklärungsversuch für die geistigen Ähnlichkeiten gelten zu lassen. Sahen sie doch, in welch hohem Maße die Sinneserfahrungen für die geistige Förderung eines Menschen bestimmend sein können. Dem Empirismus kam außerdem der Umstand zugute, daß er die Möglichkeiten der Erziehung gegen den Fatalismus der extremen Nativisten verteidigte.
So stand Meinung gegen Meinung, beide durch Argumente gestützt, keine aber imstande, die andere von Grund auf zu widerlegen. Die Situation änderte sich gründlich, als die naturwissenschaftliche Vererbungslehre in die Welt trat. Zwar näherte sie sich im Anfang nur den einfachsten körperlichen Merkmalen mit ihren Versuchen (der Vater der exakten Vererbungsforschung, Gregor Mendel, beschäftigt sich z. B. mit den Blütenfarben der Erbsen), es war aber damals keinem

Forscher zweifelhaft, daß sich auch die geistigen Eigenschaften eines Menschen mit diesen Methoden untersuchen lassen würden.

Doch, wie es schon einmal den Wissenschaften zu gehen pflegt, der Phase des Vorwärtsstürmens folgte auch hier die Phase der kritischen Besinnung. In ihr kam es den Forschern immer mehr zu Bewußtsein, daß bei den psychischen Eigenschaften der Anteil der Anlage nicht so klar und reinlich von dem Anteil der Umwelt zu scheiden möglich ist, wie bei den körperlichen Eigenschaften. So sagt z. B. *Peters*[1]: »Streng genommen dürfte man von Vererbung nur dort sprechen, wo sich die Übertragung aufzeigen läßt, entweder durch zytologische Feststellung oder durch das Vererbungsexperiment. Das erstere kommt bei der Vererbung psychischer Eigenschaften überhaupt nicht, das zweite beim Menschen nicht in Betracht. Also wird sich der Schluß nur per exclusionem ziehen lassen, indem man den Nachweis erbringt, daß andere Faktoren, die Verwandtenähnlichkeit hervorzubringen vermögen, in einem speziellen Falle nicht im Spiele sind. *Ein solcher Schluß durch exakte Ausschließung anderer Elemente im einzelnen ist bis heute nicht versucht worden.*« Es lassen sich nach Peters *vier* Methoden unterscheiden, mit denen man die Scheidung des Anlage- von dem Umweltfaktor zu erreichen strebt: 1. Die Methode der *Abschätzung*. Sie ist natürlich am wenigsten exakt. Sie setzt ja eigentlich das schon voraus, was sie finden will. 2. Der *Vergleich Blutsverwandter* in solchen Eigenschaften, bei denen die Milieuwirkung schwerlich anzunehmen ist. Das Bedenken gegen die vorher erwähnte Methode besteht hier natürlich ebenfalls: wollen wir doch erst erfahren, welche Eigenschaften das sind! 3. Die Methode der *Verpflanzung* eines Kindes aus einem schlechten in ein besseres Milieu. Peters sagt selbst von solchen Kindern: »Sie brauchen ein besonderes, ihre Schiefentwicklung korrigierendes Milieu ... Die Pflegefamilien, in die die Kinder gelangen, entsprechen sicher nur zum Teil den besonderen Anforderungen des korrigierenden Milieus, und auch die Anstalten zur Unterbringung solcher Kinder sind manchmal trotz dem besten Willen von Leiter und Erziehern der heilpädagogischen Aufgabe nicht gewachsen. Die Mißerfolge sind dann nicht so sehr den mangelhaften Anlagen der Zöglinge, als vielmehr den unzureichenden Methoden der Behandlung und Erziehung, also den für diese Zöglinge immer noch ungünstigen Milieufaktoren zuzuschreiben.«[2] Was wir durchaus unterschreiben müssen! 4. Die Methode des *Vergleichens familienerzogener* mit

[1] W. Peters, *Vererbung und Persönlichkeit*. Bericht über den 8. Kongreß für experimentelle Psychologie. Jena 1923.
[2] W. Peters, *Die Vererbung geistiger Eigenschaften und die psychische Konstitution*. Jena 1925.

internatserzogenen Geschwistern. Wenn es dem gleichmachenden Milieu des Internats nicht gelingt, die Ähnlichkeit mit den in der Familie erzogenen Geschwistern zu zerstören, soll dies durch die Wirkung von Anlagen erklärt werden. *Thorndike* fand z. B. durch diese Methode, daß ältere Zwillingspaare (12 bis 14 Jahre) keine größere Ähnlichkeit aufweisen als jüngere (9 bis 11 Jahre), trotzdem sie längere Zeit den Milieueinflüssen der Familie ausgesetzt waren. Peters fügt hinzu: »Gegen eine reine Milieutheorie der Geschwisterähnlichkeit ist diese Feststellung ein wichtiges Argument.« Nun, auch wir können dem zustimmen, vor allem auch schon deshalb, weil wir nicht an die gleichmachende Funktion eines Milieus glauben. Damit ist aber auch schon an das Kernproblem gerührt: *alle* diese Untersuchungen haben zur stillschweigenden Voraussetzung, daß ein gleiches Milieu auf alle Kinder gleichmäßig wirke. Gerade die Individualpsychologie hat aber gezeigt, daß es für ein Kind z. B. nicht egal ist, ob es das älteste oder das jüngste in der Geschwisterreihe ist. Wir können daher allen jenen Untersuchungen, welche mit der Annahme eines solchen »Pauschalmilieus«[3] arbeiten, nur mit der größten Skepsis gegenüberstehen.

Wenn wir nach diesen äußerst dürftigen Bemerkungen die Problemlage überblicken, können wir mit gutem Gewissen sagen: Eine klare Trennung des Einflusses der Anlage von dem Einflusse der Umwelt ist mit allen diesen Untersuchungen nicht aufgezeigt worden. Wir stimmen Peters vollkommen bei, wenn er den Ausbau einer *differenzierten Milieutheorie* fordert, um dem Problem der Trennung näher zu kommen. Die Individualpsychologie kann dabei auf manche Vorarbeit hinweisen: der Hinweis auf die Bedeutung der Geschwisterreihe mag hierfür als Beispiel dienen.

III. Das Anlageproblem in individualpsychologischer Beleuchtung

Am Anfang der individualpsychologischen Literatur steht das Buch von *Alfred Adler* über die Minderwertigkeit von Organen[4]. In ihm führte der Begründer der Individualpsychologie den Nachweis, daß der Gesamtorganismus danach »strebt«, die angeborene Minderwertigkeit von Organen und Organgruppen durch besondere »Anstrengung und Fürsorge« *auszugleichen*, ja sogar aus einem Minus ein Plus zu machen: *die*

[3] Siehe R. Müller-Freienfels ›Charakter und Erlebnis‹. In: *Jahrbuch der Charakterologie.* Berlin 1924. I. Jahrg.
[4] A. Adler, *Studie über die Minderwertigkeit von Organen*, l. c.

Erscheinung der Überkompensation. Damit ist eine Komplizierung des Anlageproblems gegeben. Eine und dieselbe körperliche Grundlage kann sich in zwei verschiedenen Individuen ganz verschieden auswirken: es ist damit die Möglichkeit erwiesen, daß ein Organdefekt zum Ausgangspunkte einer besonders starken Begabung werden kann.

Wir sehen jetzt: Es steht mit der Anlage ganz ähnlich wie mit der Umwelt. Es ist nicht richtig, daß ein und dasselbe Milieu, z. B. das Milieu einer Familie auf alle Kinder gleichmäßig wirken müsse. Es ist ebenso nicht richtig, daß eine und dieselbe Anlage – hier z. B. im Sinne eines vererbten Organdefektes genommen – auf zwei Menschen in gleicher Weise wirken müsse. Wir sind damit gezwungen, zwei Begriffe außer Kurs zu setzen: das *Pauschalmilieu* und die *Pauschalanlage.*

Es kommt auf die »Einstellung« der Person an, wie sie reagiert. Die Person steht also in gewissem Sinne beiden Einflüssen *»souverän«* gegenüber; die Konstitution des Menschen wird zur *Kondition* seiner geistigen Entfaltung »herabgedrückt«, es kommt auf ihn an, was er daraus macht. Man darf freilich diesen Begriff der Souveränität nicht überdehnen; um im Gleichnis zu bleiben: auch der staatliche Souverän muß sich nach den Faktoren richten, denen er übergeordnet ist; und er wird um so richtiger seine Funktion erfüllen, je verständnisvoller er sich den Gegebenheiten anpaßt, ohne doch seine Souveränität einzubüßen. Etwa so, wie derjenige Kunsthandwerker am besten fährt, der die Gesetze des Materials »in sich selbst wirken läßt«. – Es gibt zweifellos Fälle, in denen die eben geschilderte Souveränität stark eingeschränkt ist. Das ist z. B. bei den Aphasien der Fall und ebenso beim angeborenen Schwachsinn. (Ich halte eine tiefergehende Interpretation des Schwachsinnes vom Standpunkte der Individualpsychologie für verfrüht, zumal man gerade daran ist, der Vermutung nachzugehen, ob nicht manche Formen, die auch wir vormals nicht als psychogen zu erklären vermochten, doch einer solchen Erklärung zugänglich seien. In einer solchen Phase der Forschung ist es besser, sich nicht in eine bestimmte Deutung zu »verrennen«.)

In allen übrigen Fällen halten wir an der Souveränität der Person fest und sehen uns darin in gutem Einklang mit den Ergebnissen eines der scharfsinnigsten Psychologen der Gegenwart.[5]

Anlage- und Milieueinflüsse haben dadurch gegenüber der Person eine irgendwie gemeinsame Stellung erhalten; sie sind das Material, aus dem die Person ihr Werk: *sich selber* gestaltet. Diesen Standpunkt der Souveränität hat Adler in dem

[5] Ich denke hierbei an die neuesten Werke von *Max Scheler.*

prägnanten Satz ausgedrückt: *»Es kommt nicht darauf an, was einer mitbringt, sondern, was er daraus macht!«*

Es fällt in der Tat der Individualpsychologie nicht ein, die Existenz und Wirksamkeit der angeborenen Konstitution zu leugnen, wie man bis heute noch in manchen Büchern der Gegner lesen kann! Adler selbst hat immer wieder erklärt, daß man z. B. bei Imbezillen einen wirklichen Defekt annehmen müsse und über die Tatsache, daß es angeborene Sprachdefekte gibt, täuschen wir uns in keiner Weise hinweg. Ein großer Teil des Mißverständnisses könnte durch eine einheitliche Terminologie hinweggeräumt werden. Man sollte drei Dinge scharf von einander trennen: 1. *die Begabung* als »durchschnittliche Leistungsgröße«, gleichgültig, ob sie durch bewußte Übung erreicht wurde oder ob man sie durch bewußte Übung allein nicht zu erklären vermag, 2. *die Anlage*, ein Hilfsbegriff, den man benötigt, wenn man sich eine Begabung aus dem bewußten Training allein nicht zu erklären vermag (frühzeitiges Auftreten, Spontaneität, vollkommene Unverhältnismäßigkeit zum aufgewendeten Training usw. also im Sinne Neumanns!) und 3. endlich *Voranlage*,[6] einen Hilfsbegriff, den wir benötigen, um die Zuordnung des Körperlichen und Seelischen aufrecht zu erhalten.

Wir würden dann die Meinung der Individualpsychologie über das ganze Anlageproblem folgendermaßen ausdrücken können:

Die Existenz der *Voranlage* ist für den Aufbau einer Begabung unerläßlich; ein *amusischer* Mensch kann keine musikalische Begabung erreichen; ein Mensch, dem das Instrument der Zahlerfassung abgeht, kann keine mathematische Begabung erreichen. Aber Menschen mit mangelnden Voranlagen sind nicht schlecht »begabt« oder schlecht »veranlagt«, sondern sie sind *schlechthin Krüppel.* Ganz anders verhält es sich mit den *Anlagen*; sie gelten natürlich auch uns als Begünstigungen, aber da wir auch die Möglichkeit der Kompensation sehen, halten wir uns von jeder Überschätzung fern.

Dies äußert sich auch in zweifacher Weise: einerseits in der eigentümlichen Auffassung, welche die Individualpsychologie von der *Entstehung* der angeborenen Konstitution hat, und andererseits in der *Bedeutung*, die sie ihr im Prozeß der Persönlichkeitsbildung zuspricht.

Was zunächst die *Entstehung* der Anlagen betrifft, so weist sie darauf hin, daß Anlagen im Grunde genommen gar nicht anders entstehen, als wie sie zu Begabungen ausgebildet werden: nämlich *durch Training.* Freilich wird dieses Training nicht durch Außenreiz ausgelöst, sondern durch Reize, die aus dem Somatischen kommen. Gleichzeitig mit jenem Prozesse,

[6] Ich kenne die Bedenken gegen die Annahme einer Prädisposition sehr wohl.

der aus dem Keimplasma das Gesamtgefüge des Körpers aufbaut, ereignen sich andere Prozesse, durch welche die Funktionen der einzelnen Organe und Organgruppen ins Gleichgewicht gesetzt werden. Die Feststellungen Adlers haben gezeigt, daß hierbei den defekt gebauten Organen eine besondere Rolle zuteil wird. Ihre Angleichung an die andern Organe geschieht mit besonderen Schwierigkeiten: sie werden hierbei zu Sendern von Störungsreizen, sie setzen Reaktionen in Gang, durch welche sie wieder selber »profitieren«, indem ihnen nun eine besondere »Aufmerksamkeit und Fürsorge« zuteil wird. Es ist aber wohl mit Wahrscheinlichkeit anzunehmen, daß auch übergut funktionierende Organe auf solche Art in das »Beachtungsfeld« des Gesamtorganismus rücken. Was die Art der Reize betrifft, welche bei diesen Prozessen eine Rolle spielen, so dürften es wohl zumeist jene sein, die auf der Eigentätigkeit des Organes beruhen und die *Sherrington* als *propriozeptive* Reize bezeichnet.

Damit ist aus dem statischen Begriff der Anlage ein dynamischer Begriff der »Anlegung« geworden.

Die Feststellung des Prozeßcharakters der »Anlegung« bildet das eine Ergebnis der individualpsychologischen Betrachtung.

Das andere Ergebnis bezieht sich auf die *Bedeutung*, welche die Mannigfaltigkeit der Anlagen oder (cum grano salis verstanden) die Konstitution hat. Für die Individualpsychologie ist »irgendeine konstitutive Beschaffenheit und Eigentümlichkeit auch nur eine Erfahrung, auf welche das Individuum reagiert . . .« *(Allers)*.

Es ist natürlich schwer zu sagen, ob der Begriff »Erfahrung« nicht überdehnt wird, wenn man ihn auf Dinge anwendet, bei denen »eine bewußte, oder zumindest nach Art unseres Bewußtseins bewußte, Verarbeitung noch nicht stattfindet«. Wenn man ihn aber, mit dieser einschränkenden Bemerkung versehen, gebraucht, gibt er in erstaunlich feiner Art wieder, was wir kennzeichnen wollen. *So wie die Person sich in ihrem Planen und Handeln nach den gemachten Erfahrungen richtet, genau so richtet sie sich nach ihren Anlagen.* Die Anlagen wirken mitbestimmend bei der Richtung, in der sich die Person verwirklicht. So mag die defekte oder übergute Funktion einer Organgruppe, die beim Sehakt eine entscheidende Rolle spielt, das Kind veranlassen, dem Sehen und allem, was mit dem Sehen zusammenhängt, eine besondere Bedeutung zuzuordnen. Es wird z. B., wenn es auf den höheren Stufen des mathematischen Unterrichtes vor die Wahl gestellt wird, sich für die algebraische oder für die geometrische Lösungsart einer Aufgabe zu entscheiden, die geometrische bevorzugen.

Dadurch nun, daß wir die Anlagen in ihrer Bedeutung für die

Entwicklung des geistigen Menschen den Erfahrungen gleichsetzen, gewinnen wir die Möglichkeit, von einer Souveränität der Person gegenüber Umwelt- und Anlageeinflüssen zu sprechen.
Dies ist der entscheidende Punkt! Wir glauben nicht an die Allmacht der Anlagen, wir sind keine *Nativisten;* wir glauben aber ebensowenig an die Allmacht der Umwelt; wir sind auch keine *Empiristen.* Wir lehnen es auch ab, in den Umwelteinflüssen bloß die auslösenden oder hemmenden Bedingungen zu sehen, wie die sogenannten *Konditionalisten* meinen (Siemens, Tandler u. a.). Viel eher können wir uns schon mit der Auffassung der *Konvergenztheoretiker* befreunden, die mit W. Stern meinen, daß man nicht von angeborenen oder erworbenen Merkmalen sprechen sollte, sondern daß die Frage so zu lauten habe: *Was* an jedem Merkmal ist erworben und *was* ist daran angeboren? Am klarsten könnte man uns vielleicht dadurch kennzeichnen, daß man uns als *»Konditionalisten im Gegensinne«* benennte, insofern wir ja tatsächlich die Meinung vertreten, daß die Anlagen des Körpers nur die Bedingungen bilden, unter denen sich das geistige Leben der Person abspielt, daß sie nur den ziemlich losen Rahmen abgeben, innerhalb dessen die Person nach ihren Spielregeln sich ihren Lebensplan entwerfen und durchführen kann. Wir wollen damit die Berechtigung anderer Auffassungen nicht leugnen. Es mag sich sogar für jede von ihnen der richtige Ort angeben lassen. Für das Ziel, das wir im Auge haben: die pädagogische und psychotherapeutische Beeinflussung, halten wir unseren *»Konditionalismus im Gegensinne«* für die einzig zutreffende Auffassung. Die einzige Auffassung, die dem Praktiker helfen kann und auch wirklich hilft und damit beweist, daß ihr irgendein Kern von Wahrheit innewohnt.

IV. Anlage und Begabung

Man kann das Problem der Anlage von zwei Seiten angehen: von unten her, von der *Naturwissenschaft* aus, mit den Methoden und mit den Voraussetzungen der Naturwissenschaft; man kann dem Problem aber auch von der anderen Seite beikommen: »von oben her«, durch *geisteswissenschaftliche* Betrachtung. Beide Wege sind gangbar, und es ist ein Glück, daß sie beide begangen werden; der Weg der Individualpsychologie ist ein Weg der *letzteren* Art.
Wenn dieses Programm erfüllt werden soll, so muß man vor allem davon ausgehen, die Souveränität der Person gegenüber den Anlagen in die richtige Beleuchtung zu rücken. Ein Beispiel aus der Geographie mag hierbei zur Einleitung dienen.

Wenn es sich für einen Staat darum handelt, einen Hafen anzulegen, so wird er darauf bedacht sein, eine solche Stelle an der Küste zu verwenden, die durch ihre günstige Lage den Erfordernissen eines Hafens entgegenkommt: Windschutz, genügende Tiefe, um die Einfahrt großer Schiffe zu ermöglichen; diese und viele andere Bedingungen werden normalerweise erfüllt sein müssen, ehe die Regierung sich zur Wahl einer Küstenstelle, einer Küsteneinbuchtung, für den Zweck einer Hafenanlage entschließt. Freilich: die letzte Entscheidung wird aus den kriegs- oder handelsstrategischen Erwägungen erfließen. Alle Gunst der Lage wird so letzten Endes den strategischen Forderungen untergeordnet werden.
Die Individualpsychologie handelt von der Strategie des Individuums. Wenn sie an die Bearbeitung des Anlageproblems herantritt, wird sie dies wohl beachten müssen. Auch sie wird freilich zugeben, daß der Aufbau einer Begabung begünstigt wird, wenn der *Körper* in irgend einer Weise vorgearbeitet hat; sei dies nun so oder so geschehen. *Es ist für den Effekt gleichgültig,* ob ein Defekt kompensiert wurde, oder ob es sich um einen ganz »folgerichtigen« Durchbruch einer Überwertigkeit handelt. (Ob es sich in einem gegebenen Falle um *Durchbruch oder Kompensation* handelt, ist natürlich nur durch genaue Analyse festzustellen; den gewaltigsten Vorstoß hat nach dieser Richtung die Forschung auf dem Gebiete der Eidetik gewagt.) Das Gemeinsame an der Durchbruchs- und an der Überkompensationslösung darf man wohl darin erblicken, daß in beiden Fällen eine *Festlegung der Richtung erfolgt,* in der dem Individuum günstige Chancen winken, sich durchzusetzen. *Die günstige Chance ist das einzige, das die Begabung mit der Anlage verknüpft. Gunst und Ungunst, darin liegt die bloß konditionelle Beziehung zwischen Anlage und Begabung in aller erforderlichen Schärfe beschlossen.*
Wenn die Anlage nichts weiter ist als eine *Begünstigung* für den Aufbau einer Begabung, so muß es schließlich auch möglich sein, Begabungen *ohne solche Begünstigungen aufzubauen;* dann ist es auch gestattet, ganz im Groben von einer *»Startgleichheit« aller normalen Menschen* in bezug auf ihre *allgemeinen* Ausbildungsmöglichkeiten zu reden! Freilich, die Voranlage darf nicht fehlen. Hier ist allerdings zu bemerken, daß ein Individualpsychologe auch bei der Diagnose von Voranlagen ein wenig vorsichtig sein wird. Wissen wir doch, daß die Masken der Entmutigung auch Formen zeigen können, die das Fehlen von Voranlagen vorzutäuschen vermögen. Trotz alledem kann man ja doch zumeist die Täuschung aufdecken und z. B. den echt amusischen Menschen von dem scheinbar amusischen scheiden. Bei dem echt amusischen Menschen gibt es natürlich keinen Begabungsaufbau. Wir haben

mit allem Nachdruck darauf hingewiesen, daß jede Begabung eine Voranlage (Prädisposition) zur unerläßlichen Voraussetzung hat. Ganz anders steht die Sache, wenn es sich um einen *»unmusikalischen«* Menschen handelt. Das ist ein Mensch, dem zwar die Voranlage gegeben ist, dem aber die Anlage fehlt. Hier behaupten wir nun, daß ein solcher Mensch gar wohl dazu gebracht werden könne, sich eine musikalische Begabung zu erwerben![7] Gewiß wird es ihm schwerer fallen, als dem andern, bei dem der Körper so liebenswürdig war, durch das Training einer Anlage vorzuarbeiten. Es ist ja auch leichter, eine gut begonnene Schachpartie weiterzuspielen.
Wenn wir auf unser geographisches Beispiel zurückgreifen, so müssen wir auch da sagen, daß es sich eine Regierung gut überlegen wird, ehe sie sich dazu entschließt, an einer ungünstig gelegenen Stelle einen Hafen anzulegen. Sie wird es nur tun, wenn sie unter dem Drucke strategischer Notwendigkeit steht. Ist sie aber einmal dazu entschlossen, hat sie die nötigen Geldmittel und ist die Hafenbautechnik genügend entwickelt, so wird ein solcher Hafen meist genau so funktionieren wie ein anderer, der an einer günstig gelegenen Stelle erbaut worden ist. –
Eine Bemerkung für den Biologen! Wir behaupten durchaus nicht, daß durch die Erzwingung einer Begabung sich irgendwie das Erbgut des Menschen zu verändern vermöge: wir haben es als Pädagogen immer nur mit dem Phänotypus zu tun! So wird ja auch ein Hafen, der von Natur zur Versandung neigt, bei späterer Verwahrlosung wieder vom Sand zugeschüttet werden.
Der Aufbau einer Begabung ohne Anlagegunst ist natürlich keine leichte Sache. Es ist für die Strategie einer Person von der größten Bedeutung, ob sich im Körper vorgebildete Anlagen zum Lichte drängen oder bloß Voranlagen vorhanden sind, die der Mensch wohl als Mitgift oder als Darlehen wohlverbucht mit sich getragen hat, dem faulen Knechte gleich, der nach dem Bibelwort die anvertrauten Talente seines Herrn vergraben hat, statt mit ihnen zu wuchern.
Anlagen, deren Anwesenheit gerade nur darin besteht, daß sie nicht völlig fehlen, sind natürlich für die strategischen Beziehungen eines Individuums ziemlich irrelevant. Sie können allerdings von der größten Bedeutung werden, so etwa wie eine ganz unbeachtete wüste Insel im Ozean draußen plötzlich zur wichtigen Kohlen- oder Ölstation eines Weltreiches und dadurch in den Mittelpunkt der hohen Politik gerückt werden kann.
Ganz anders jene Anlagen, die, durch Gleichgewichtsstörungen im werdenden Organismus zur Aktualität gereizt, schon frühzeitig panzerbewehrt gleich der Göttin Athene ins Leben

[7] H. Jacoby, *Jenseits von Musikalisch und Unmusikalisch.* Stuttgart.

umschaffend hineinspringen! Sie werden zu dominierenden Faktoren für die Strategie des Individuums, wenn sie nur irgendwie im Rahmen der Milieuforderungen dem Geltungsbedürfnis des Individuums wichtig geworden sind.

Das Geltungsbedürfnis ist das zentrale Bezugssystem aller seelischen Elemente, und die Anlagen machen da keine Ausnahme. Es ist kein Wunder, daß auch *W. Peters* (Jena), der eine eigene großzügige Theorie der Anlagen konzipiert hat, dem Geltungsbedürfnis eine starke Stellung einräumt. Peters entwirft in seinem Buche »Die Vererbung geistiger Eigenschaften und die psychische Konstitution« das »Relief« eines Menschen, dessen formgebende Eigenschaften, dessen Formanten folgende sind: das Geltungsbedürfnis, der Mangel an Visualität und motorischer Präzision und schließlich die Sprachgewandtheit. Von diesen Formanten sagt nun Peters: »Wir finden also einen Block psychischer Eigenschaften, der im Geltungsbedürfnis zentriert sein dürfte. Die zu ihm gehörigen Eigenschaften stehen nicht in loser Reihe nebeneinander, sondern sind funktionell mit dem Zentrum verknüpft. Dieses, *das Geltungsbedürfnis, ruft die psychischen Eigenschaften wach, die zu der gegebenen Situation passen.*« Allerdings polemisiert Peters dann gegen die Auffassung Adlers: »Das Geltungsbedürfnis ist also eine der Formanten in dem System psychischer Eigenschaften dieses Menschen. Es liegt uns aber ferne, zu behaupten, daß das bei allen Menschen so sei.« Für diese Bemerkung bleibt uns allerdings der Verfasser den Nachweis schuldig.

Wir sind deshalb so lange bei der skizzierenden Darstellung der Petersschen Theorie verweilt, weil wir in ihr den *ersten systematischen* Versuch sehen, dem Aufbau einer Begabung aus den Anlagen wirklich nahezutreten, in den Kern der ganzen Angelegenheit einzutreten. Daß Peters dabei einigermaßen die Erkenntnisse der Individualpsychologie benützt, bestärkt uns trotz seiner polemischen Zusätze in der Meinung, *daß eine wirkliche Theorie des Verhältnisses von Anlage und Begabung nur in der Richtung Adlers möglich sei.* Peters hat übrigens auch bei einer anderen Gelegenheit auf diesen Zusammenhang hingewiesen[8]: »Wie soll man es verstehen, daß Menschen von mittlerer Handgeschicklichkeit begabte Zeichner, Menschen ohne besondere Fingerfertigkeit begabte Stenographen sein können? ... Die zu geringe Handgeschicklichkeit wird etwa durch eine verstärkte Gabe des zeichnerischen Sehens kompensiert, und das Ergebnis ist ein hochbegabter Zeichner ... Zur zeichnerischen Begabung gehört aber lediglich die Fähigkeit, unter dem Einfluß einer auf das Zeichnen gerichteten Einstellung gut zu beobachten — Einstellungen

[8] Peters ›Begabungsprobleme‹. In: *Ztschr. für pädagogische Psychologie*, 1925.

sind immer und unter allen Umständen Ergebnisse der individuellen Erfahrung, des Lernens, des Interesses, der Gewöhnung. – Und eine strukturelle Begabungslehre führt so letzten Endes zu einem finalen Momente zurück.« Wir können das Paradox hinzufügen: *Auch die Unbegabung* kann in gleicher Weise durch *Finalanalyse*, durch Aufsuchen des *Zieles* geklärt werden. Einen Versuch in dieser Richtung hat *Paul Fischl*[9] versucht. Er sagt von dem Schwachsinnigen, bei dem er selbstverständlich auch Minderwertigkeiten der Konstitution zugibt: »Er schloß den Kreis seines Lebens immer enger, so eng als möglich. Als entmutigter Mensch trachtete er sich zu schützen, Anforderungen von sich abzuwälzen, unter Hinweis auf seine Schwäche und sein Nichtkönnen. Er lernte daher frühzeitig eine Kunst, die seine Umgebung an ihm irre machte. Er lernte, *nicht zuzuhören und nicht zuzusehen.* Gelang es ihm, mit seltener Treffsicherheit seine Aufmerksamkeit auszuschalten, so hatte er gewonnenes Spiel. Wir finden hier, daß das *menschliche* Ziel unermüdlich die Lebensbedingungen, die Verhältnisse, das Milieu für sich ummodelt, diese sich anpassen will.« Fischl fordert geradezu auf, »die Technik des Schwachsinns als Leistung« zu erforschen. Dies klingt nur für jene paradox, die sich nicht entschließen können, den finalen Gesichtspunkt der Individualpsychologie für die ganze Breite des seelischen Geschehens gelten zu lassen.

Wenn wir nun wieder, zu unserem Ausgangspunkte zurückkehrend, das Problem der Anlage vom Standpunkte der Geisteswissenschaft auffassen, so können wir diese Auffassung etwa so formulieren: Die Einwirkung der Konstitution auf das geistige Verhalten des Menschen besteht darin, daß sie die Konzipierung der Leitziele beeinflußt, die das Verhalten mit Geistnotwendigkeit bestimmen. Man kann zur Verdeutlichung dieses Satzes vielleicht ganz gut das Problem der Materialgerechtigkeit in der bildenden Kunst heranziehen. So wie das Material des Marmors zu einer anderen Technik »lockt« als das Material der Bronze, so wie das Material des Holzes zur eckigen Form des Holzschnittes »verführt«, während das Material der Kupferplatte die weiche Formgebung der Radierung »nahelegt«, ähnlich mag man sich die Wirkung einer Anlage auf die Begabung denken. Freilich ist auch das Gegenteil richtig: genau so wie schon im Körper selbst Überkompensationstendenzen im Sinne des Trotzdem wirksam sind, besteht der Reiz des Trotzdem auch im Seelischen. So mag man mit einem gewissen Recht davon sprechen, daß die Linie der Entwicklung durch die Konstitution nahegelegt werde: das Vorzeichen der Bewegung aber: ob im Sinne des Nachgebens oder des Widerstrebens, kurzum: *die dialektische*

[9] Paul Fischl ›Schwachsinn‹. Separatabdruck aus: *Die Bereitschaft*, Nr. 9. Wien 1927.

Ausgestaltung des Verhaltens ist wohl zum überwiegenden Teile der Person vorbehalten und dürfte einen Teil ihrer Souveränität ausmachen. Aber genau so wie in dem Beispiel der Hafenanlage schließlich nicht die lokalen Faktoren entscheiden, sondern der Stellenwert in den Erwägungen der Kriegs- oder Handelsstrategie, ist auch die Bedeutung einer Anlage in erster Linie durch die Strategie der Gesamtpersönlichkeit bedingt. Es kann eine vormals als wertlos betrachtete Insel im Ozean plötzlich als Inhaberin wertvoller Bodenschätze in den Gesichtskreis der hohen Politik treten. Ebenso kann eine Anlage plötzlich der Person wertvoll werden. Sie wird es – und das ist das Ausschlaggebende in jeder individualpsychologischen Betrachtung – aber dadurch, daß sie für den Dirigenten im Ensemble der Seele, *für den Geltungstrieb* Bedeutung gewinnt! Ob dem Geltungstrieb mit Recht die Stelle des Dirigenten eingeräumt wird, diese Beurteilung fällt nicht in den Rahmen dieses Aufsatzes. Wenn man es aber einmal getan hat, so muß man auch unsere Folgerung annehmen und die *strategische Bedeutung einer Anlage* gleichsetzen ihrer Bedeutung *für die Geltung* oder *für den Schein der Geltung*. Damit aber ist das Prinzip der Naturnotwendigkeit für die Betrachtung der Anlagen weitgehend außer Kurs gesetzt. Nicht ganz: es ist auch der Hafentechnik nicht möglich, jedes beliebige Stück der Küste zu einem brauchbaren Hafen umzugestalten. So wird auch der Pädagoge in manchen Fällen vor der Übermacht der Natur kapitulieren müssen. Das wird vornehmlich in zwei Fällen geschehen: einmal, wenn er dem absoluten Ausfall einer Voranlage gegenübersteht und ein andermal, wenn jene Anlageelemente »nicht in Ordnung« sind, welche zum Aufbau der Intelligenz notwendig gehören.
In den meisten Fällen aber wird seine Kunst, gefördert durch das Rüstzeug der Individualpsychologie, den Kampf mit Erfolg führen können. Dies soll nun gezeigt werden.

V. Die Praxis

Die Theorie der Individualpsychologie geht darauf aus, den Zusammenhang der einzelnen seelischen Elemente, das verknüpfende Band, die zusammenschließende Melodie zu ergründen, durch welche die einzelnen Erlebnisse und Verhaltungsweisen zu einer Ganzheit zusammengeschlossen sind. Dieser Blick auf das Ganze, der die Theorie kennzeichnet, gibt auch ihrer Praxis das Gepräge. Die individualpsychologische Psychotherapie und Pädagogik ist keine Beeinflussung der Symptome, sondern der Wurzeln. Sie ist im besten Sinne des Wortes eine *Radikalbehandlung*.

A. Die Fragestellung

Die individualpsychologische Behandlung von Begabungsmängeln beginnt zunächst mit einer Fragestellung: »Welchen Zweck verfolgt das Kind mit der Ausschaltung seiner Fähigkeit auf diesem Gebiete?«

Diese Frage mag für den ersten Augenblick seltsam anmuten; wir werden uns jedoch bald von unserer ersten Verblüffung erholen, wenn wir uns daran erinnern, in welch hohem Grade das Verhalten eines Menschen von seiner strategischen Situation abhängig ist. Gehen wir von unserer Einstellung auch dann nicht ab, wenn die Beibehaltung nicht ohne weiteres eingesehen werden kann, so hat diese Hartnäckigkeit doch bereits in unserer Praxis ihre guten Früchte getragen. Viele Erfolge, die unsere Mitarbeiter in schwierigen Fällen erzielt haben, wären ohne die Aufdeckung der verborgenen Ziele der Kinder nicht möglich gewesen. Es ist nun freilich nicht leicht einzusehen, welche Zwecke durch *Ausschaltung* von Fähigkeiten verfolgt werden können. Man wird aber doch sofort auf die Vermutung verfallen, daß es sich darum handeln dürfte, irgendwie vor Schwierigkeiten auszuweichen, unangenehmen Entscheidungen zu entgehen und sich ein ruhiges Dasein zu sichern. Daß ein besonders mutiger Mensch auf die Ausschaltung von Fähigkeiten kommen könnte, wird uns von vornherein nicht sehr wahrscheinlich dünken. In der Tat führten uns diese Vermutungen immer auf die richtige Spur. So gelang es in einigen Fällen, die offensichtliche Dummheit als *Enthebungsmittel* zu entlarven (I. Löwy). »Zwei typische Fälle seien hier angedeutet, welche die Dummheit als Methode zeigen, den gefürchteten Aufgaben des Lebens auszuweichen. Dem einen, in früher Kindheit überschätzten Kinde, einem 14jährigen Knaben aus geistig hochstehender Familie, gelang es, durch Sich-dumm-stellen seine Eltern, Lehrer und sich selbst zu täuschen. Das andere Kind, eine 11jährige Proletarierin, hatte sich infolge einer in ihrem siebten Jahre erlittenen Gehirnerschütterung für verpflichtet gehalten, sich dumm zu stellen und nur bis zur zweiten Elementarklasse zu gelangen. In beiden Fällen hatte die individualpsychologische Beeinflussung der Kinder die Dummheit als Ausrede entlarvt und die isolierten Eigenbrötler in freundliche Mitarbeiter verwandelt.« – Man wird nicht irregehen, wenn man mit P. Fischl bei den Schwachsinnigen leichteren Grades vermutet, daß sie in vielen Fällen dazu neigen, ihre wirkliche Behinderung noch auszubauen, um davon zu »profitieren«.

Es ist dringend notwendig, schon an dieser Stelle einem Einwand, der von vielen Kritikern der Individualpsychologie gemacht wird, den Wind aus den Segeln zu nehmen. Man wirft

uns vor, daß wir die menschliche Seele in ganz unerlaubtem Grade intellektualisieren. Ist es nicht wirklich eine Vergewaltigung der Tatsachen, wenn man von einer Technik des Schwachsinns spricht, wenn man die Bemerkung wagt, daß ein Mensch seine naturgegebene Inferiorität noch weiter verstärke, um sie als Mittel zu benützen? Und dies alles noch dazu bei Kindern, denen die genialisch-diabolische Intelligenz mangelt, die zu einer solchen Komödie notwendigerweise zu gehören scheint? Ist nicht Hamlets Kunstgriff, sich verrückt zu stellen, um seine Absicht ausführen zu können, wahre Fibelkunst gegen jene Kunstgriffe, die wir den Schwachsinnigen anzudichten scheinen?
In der Tat stoßen wir hier auf Probleme größter Schwierigkeit. Wir kommen um die Schwierigkeiten nicht herum, wenn wir den Ursprung dieser Kunstgriffe ins »Unbewußte« verlegen. Dies hieße: sich um die Erklärung überhaupt drücken. Wir sind nicht in der Lage, im Rahmen dieses Aufsatzes eine tiefergehende Erklärung zu versuchen, wir wollen aber doch auf einen Weg hinweisen, der das Problem etwas vereinfachen könnte. Ein einfaches Beispiel möge die Art unseres Lösungsversuches illustrieren. Wenn wir uns vornehmen würden, die einzelnen Elemente, die zu dem Verhalten eines Betrunkenen passen, *einzeln* für sich zu spielen, so ginge dies erheblich schwerer, als wenn wir uns bemühten, die *Rolle* eines Betrunkenen zu spielen. Die Rolle scheint nun im allgemeinen jene Ganzheit abzugeben, mit deren Einführung die Erklärung des Erzeugens der einzelnen genialisch-diabolischen Kunstgriffe plausibler zu machen imstande wäre. (Ich behalte mir die Ausführung dieses Gedankens vor.) Wie kommt es aber, daß ein Kind auf eine solche Rolle verfällt? Wir können immer vermuten, daß sie ihm irgendwie nahegelegt worden sei. Besonders deutlich wird dies an einem Beispiele, das Wexberg angibt und das die Unbegabung in einem speziellen Teilfach zwar nicht als Enthebungsmittel, sondern als Protestmittel zeigt: »Eine nervöse Studentin der Medizin berichtete mir, sie habe in der Schule eine auffällige Talentlosigkeit im Rechnen an den Tag gelegt. Dagegen sei sie in den höheren Klassen, wo es sich um Trigonometrie, komplizierte Gleichungen und höhere Mathematik handelte, eine der Besten gewesen. Gleichwohl mache sie noch jetzt beim Addieren oder Multiplizieren die dümmsten Fehler. – Die Sache klärte sich dadurch auf, daß die Patientin, die Tochter eines großen Finanzmannes, mit diesem seit ihrer Kindheit in heftiger Fehde liegt. Dabei spielt das Geld, das sie verachtet, und das Operieren mit Zahlen eine große Rolle. Gegen den Willen des Vaters, der sie gern zur guten Tochter aus reichem Hause erzogen hätte, hatte sie das Berufsstudium gewählt, um auf das Geld des Vaters

verzichten zu können.« Sehr oft zeigt es sich, daß die Kinder berühmter Väter jenem Gebiete ausweichen, auf dem der Vater seine Erfolge errungen hat, und dann natürlich sehr oft auf eben diesem Gebiete als unbegabt gelten. »So antwortete ein solcher Sohn einmal, es sei doch bekannt, daß Söhne hervorragender Männer gewöhnlich zu nichts zu brauchen seien. Die Kraft des Geschlechts habe sich in seinem Vater erschöpft. Damit war er aber in seinen Augen jeder Verantwortung ledig und hatte überdies noch die Schuld für sein Versagen gewissermaßen auf seinen Vater überwälzt.« (Wexberg[10])
Diese wenigen Beispiele sollen zeigen, in welcher Weise es einem Kinde möglich ist, Unbegabungen als strategisches Mittel einzubauen. Sie als solche zu erkennen, ist der erste Schritt zu ihrer Umgestaltung.

B. Ermutigung und Training

Wenn wir die Art und Weise ermittelt haben, durch welche das Kind seine Unbegabung in sein strategisches System eingebaut hat, wissen wir auch schon im allgemeinen den Weg, den wir zu gehen haben, um es zur Umgestaltung zu veranlassen. Es läßt sich nicht leugnen, daß man manchmal auch ohne dieses Wissen Erfolge erzielen kann; dies ändert nichts an der allgemeinen Überlegenheit einer radikalen Behandlungsmethode gegenüber seiner symptomatischen.
Unsere Fragestellung hat uns in allen Fällen darauf geführt, auf Zeichen der Entmutigung zu achten. Wir können ganz allgemein sagen: In jedem strategischen System eines Individuums, in welchem Unbegabungen eine besondere Stellung einnehmen, ist dieses System durch eine beherrschende Mutlosigkeit charakterisiert. Der erste Schritt, den der Erzieher zu gehen hat, wird daher ein Akt der *Ermutigung* sein. Ob wir die Ermutigung auf dem Gebiete der zu behebenden Unbegabung ansetzen oder ob wir zunächst ein weniger gefährliches Gebiet dafür wählen und erst allmählich dazu übergehen, das Feld der Unbegabung direkt anzugreifen; ob wir vom ersten Augenblicke an mit dem Kinde offen von unseren Zielen sprechen oder ob wir das Kind zunächst durch Überrumpelung zu den ersten Erfolgen bringen: für alle diese erziehungstaktischen Fragen läßt sich ein allgemeingültiges Rezept nicht aufschreiben. Man kann nur dies mit einiger Sicherheit sagen: Je entmutigter das Kind ist, desto größer wird sein Widerstand sein. Ist aber ein solcher vorauszusehen, so empfiehlt sich eine *indirekte* Angriffsmethode. – (Für die Taktik dieser allerer-

[10] ›Die individualpsychologische Behandlung‹. In: Karl Birnbaum, *Die psychischen Heilmethoden*. Leipzig 1927.

sten Phase läßt sich sehr viel aus den Büchern der Suggestionspädagogen holen, z. B. aus denen Coués.) Freilich bleiben wir dabei nicht stehen, und dieser Umstand führt uns *weitab* von jenen, die von der bloßen Ermutigung alles erwarten. Vielmehr betrachten wir alle bloße Ermutigung *nur als den Auftakt* zu den weiteren Operationen. Jetzt erst führen wir alle jene Erkenntnisse ins Treffen, die wir auf dem Wege der individualpsychologischen Fragestellung gewonnen haben. Jetzt gilt es alles daran zu setzen, *die Unbegabung zu entwurzeln.* Jetzt erst wird die souveräne Überlegenheit unserer radikalen Methode offenbar!

Wir gehen also nach dem Auftakt der Ermutigung dazu über, dem Kinde seine irrtümliche Strategie verständlich zu machen. Es muß lernen, *seine bisherige Technik mit neuen Augen zu sehen.* Dies geschieht dadurch, daß wir ihm in einer gewissen Beziehung *recht geben.* Wenn ein Mensch wirklich meint, daß er die Aufgaben nicht lösen könne, so hat er ja recht, wenn er diese Aufgaben so weit als möglich ausschaltet. Wenn er so recht den Wünschen seiner ehrgeizigen Eltern trotzen will, kann er ja nichts Klügeres tun, als seine Dummheit und Unfähigkeit so stark als möglich zu trainieren. Das *Ziel,* nach dem ein solches Kind sein Training einrichtet, ist zweifellos *falsch* gestellt. *Aber die Mittel,* die zu diesem falschen Ziele führen, sind an sich *durchaus richtig gewählt.*

Wir legen auf dieses Rechtgeben das allergrößte Gewicht. Nur auf diese Art ist es möglich, jemanden von der Irrtümlichkeit seines Zieles zu überzeugen. Wir sagen also z. B. in aller Ruhe: »Wenn ich an deiner Stelle wäre, könnte ich es nicht schlauer machen! Ich dürfte in der Schule nicht aufmerken, ich müßte meine Augen unausgesetzt im Schulzimmer umherschweifen lassen, und wenn der Hahn des Wasserbehälters tropft, so müßte ich es bemerken und womöglich sofort der ganzen Klasse durch lauten Zuruf anzeigen. Ich müßte mir angewöhnen, nicht auf den Lehrer zu schauen und nicht auf seine Worte zu hören; dagegen müßte ich wie ein Falke jede Bewegung meiner Nachbarn bemerken und sie tadeln. ›Der Huber paßt nicht auf!‹ ›Der Meier liest ein Geschichtenbuch unter der Bank!‹ ›Der Werner hat ein Papier unter der Bank liegen!‹ So müßte ich alle Augenblicke schreien und gerade dann am meisten, wenn die ganze Klasse aufmerksam zuhört oder mit einer Aufgabe beschäftigt ist. Sonst käme ich ja in Gefahr, auch einmal aufmerksam zu sein. Während der Geographiestunde müßte ich an das Radio zu Hause denken und während der Rechenstunde müßte ich mich mit meinem neuen Schlitten beschäftigen. Kurzum: *Ich könnte es gar nicht anders machen, wenn ich dasselbe Ziel hätte wie du!*«

Mit diesem Beispiel soll durchaus kein Rezept gegeben werden; bei kleinen Kindern oder auch bei Schwachsinnigen wird man besser fahren, wenn man die Struwwelpetermethode anwendet und all das von einem andern Kind erzählt, das sich in den Kopf gesetzt hat, nichts zu lernen. Man kann es auch so machen, daß man das Kind auffordert, anzugeben, was einer tun muß, um ja nichts zu lernen. Überhaupt: *Je indirekter* man die Methode der Aufklärung zu gestalten versteht, *umso wirksamer* wird sie sein. Es liegt zweifellos ein ironisches Moment in dieser Art der Aufklärung über die Technik des eigenen Lebens und es ist deshalb durchaus notwendig, der Ironie alles Verletzende zu nehmen und ganz und gar in der Sphäre des Sachlichen zu verharren.

Es gehört sehr viel Takt zu einer solchen Aufklärung. Wer sich diesen noch nicht zutraut, der wird am besten tun, wenn er als guter Individualpsychologe allen Hochmut von sich abtut und zu einem Kollegen geht, um von diesem praktisch zu lernen, wie man's macht.

Worauf es bei allen solchen Besprechungen ankommt, ist zweierlei: Erstens muß man dem Kinde beibringen, daß es in bezug auf sein falsches Ziel ganz richtig gehandelt habe und zweitens, daß dieses Ziel selber *grundfalsch* ist. Die Erfahrung hat gezeigt, daß es meist gar nicht notwendig ist, die Irrigkeit des Zieles besonders zu betonen; es gibt kaum einen Menschen, der sie nicht begriffe, wenn man ihm auf geschickte Weise die eigene Technik entschleiert. Hier ist der Punkt, wo der ermutigende Auftakt mit der Aufklärung zusammenstößt. Es mag sich manchmal empfehlen, dem Kinde seine Feigheit auf den Kopf zuzusagen: meist wird es klüger sein, das Kind nur bis dicht an den Punkt zu führen, wo es die eigene Feigheit erkennt, und dann *scharf und unvermittelt abzubrechen*! Eine unausgesprochene Erkenntnis ist meist viel wirksamer als eine formulierte, da diese leicht in Gefahr gerät, wieder in das Machtstreben des Menschen eingeschlungen zu werden und so neuerdings eine Atmosphäre des Trotzes zu schaffen.

Wir wissen ganz genau, daß es leichter ist, über diesen Weg der Ermutigung und der Aufklärung zu schreiben, als ihn selber zu gehen. Das Kind gibt nämlich nicht sofort den Kampf auf; es sucht nach Mitteln, seine gewohnte Einstellung beizubehalten, und in der Tat eröffnet sich ihm ein ganzes Arsenal von gefährlichen Waffen. Es gibt kaum ein Kind, das nicht in irgendeiner Form die landläufige Meinung von der *Unveränderbarkeit der Begabungen* gehört hätte. Wir verübeln es dem Kinde noch weniger, wenn es mit dieser Meinung operiert, als den Scharen mutloser Erzieher, die in dieser Meinung »Trost und Balsam« nach ihren Niederlagen zu finden gewohnt sind. Es hat mich durchaus nicht gewundert, als mir einmal ein Junge in der ersten Zeichenstunde des Schuljahres bei Betrachtung seiner Arbeit unaufgefordert entgegenrief: »In unserer Familie kann niemand zeichnen!« Gehen wir einmal in Kürze die Entwicklung einer solchen zeichnerischen Unbegabung durch! Schon die ersten Kritzeleien werden in einer Familie mit solchem Vorurteil nicht besonders beachtet und gewertet, zumal in solchen Familien, in denen die Tradition der zeichnerischen Unbegabung heilig gehalten wird, zumeist die kunstkennerische Intuition fehlt, welche dazu gehört, in den ersten Versuchen des Kindes irgendwelche Ansätze von Kunst zu entdecken. Da das Kind für sein Tun keine Anerkennung, ja kaum irgendwelche Resonanz findet, stirbt das frohe Training der ersten Zeiten allmählich ab. Wenig trainiert kommt ein solches Kind zur Schule, und seine ersten Leistungen sind daher auch wahrscheinlich nicht vielversprechend. Wenn aber auch der Lehrer einmal ein Lob ausspricht, so wird es weder vom Kinde selbst, noch von dessen Eltern besonders ernst genommen. »Das hat der Lehrer ›nur so‹ gesagt.« »Ein Maler wirst du ja doch nicht werden!« »Rechne lieber, davon wirst du mehr Nutzen haben!« »Einmal ist keinmal! Einmal findet auch ein blindes Huhn ein Körnchen!« Mit diesen oder ähnlichen »Ermunterungen« abgespeist, wird das Training des Kindes noch mehr erlahmen. In der Schule sind die Leistungen infolgedessen bald solche, daß sie die geringschätzige Kritik der Kameraden herausfordern. Diese wieder nimmt das Kind nur zum Anlaß, um das zeichnerische Können allmählich vor sich selber zu entwerten. »Nur dumme Buben können gut zeichnen!« Damit aber kommt es ganz von selber zum Versiegen des Wunsches, auf diesem Gebiete etwas zu leisten, sich auf diesem Gebiet in der Gemeinschaft zur Geltung zu bringen. So führt der Mangel an Mut zur Herabsetzung des Trainings; und das verminderte Training setzt *rückwirkend* wieder den Mut herunter. Der *Teufelskreis* ist geschlossen. Wer soll ihn zerstören?

Wir dürfen nun nicht übersehen, daß sich bei dem Verhältnis zwischen einem entmutigten Lehrer und einem entmutigten Schüler eigentlich *drei* solcher Kreise bilden! Einmal im Schüler allein; diesen Fall haben wir soeben besprochen. Ein solcher Zirkel ist aber *auch im Lehrer wirksam,* denn auch seine Mißerfolge beim Unterricht des unbegabten Schülers vermindern seine Courage. Aber auch die Beziehung des Schülers zum Lehrer bekommt immer mehr den Ton der Hoffnungslosigkeit. Einer wird an dem andern verdrossen, und diese rein persönliche Einstellung wirkt immer mehr dahin, das gegenseitige Entgegenkommen »abzudämpfen«. Es gibt Fälle, wo eine solche Entmutigung das Einvernehmen nicht nur trübt, sondern von Grund auf vergiftet. Lehrer und Schüler können zueinander in den gleichen vergifteten Beziehungen stehen, wie sie uns Strindberg zwischen Mann und Frau darzustellen pflegt. Einer verdirbt am andern. Die einzige Person, der wir die Zerstörung aller drei Teufelskreise zumuten dürfen, ist der Erzieher; vom Kinde dürfen wir den Anfang billigerweise nicht verlangen. Nach dem Auftakt der Ermutigung und der Aufklärung des Kindes über sein Training und seine Einstellung auf ein falsches Ziel ist dies nun der dritte Teilprozeß in dem Aufbau; die Bildung solcher Teufelskreise *wieder rückgängig zu machen.* Das heißt aber: Wir müssen an uns selber arbeiten, wir müssen uns selber wieder den Mut holen, der zur Auflösung dieser magischen Zirkel notwendig ist. Der Weg zu diesem Ziel wird in mancher Beziehung dem ähnlich sein, den wir bei der Aufklärung des Kindes eingeschlagen haben: wir müssen die ganze Sache *von einer neuen Seite angehen.* Hier gilt es nun vor allem, den starrgewordenen Glauben an die Unveränderbarkeit der Begabung aufzugeben, ihn in uns selber und im Kinde allmählich zu zerstören. Haben wir so der Entmutigung den stärksten Stützpunkt entrissen, den *gemeinsamen* Stützpunkt von Lehrer und Schüler, so sind unsere Kräfte frei, das Training umzugestalten; wir müssen einen *neuen Kreisprozeß* ins Spiel setzen, in dem die Ermutigung und das Training einander unterstützen und sichern. Wir werden die leisesten Spuren von Fähigkeiten beim Kinde aufsuchen und wie durch ein Mikroskop vergrößert betrachten. Wir werden der ganzen Schulklasse die neuen, wenn auch objektiv minimalen Erfolge mit allen agitatorischen Mitteln einhämmern. Mit der negativen Kritik werden wir solange zuwarten, bis wir das Kind wieder *kritikreif* gemacht haben. Das Kind muß bei dieser Reorganisation eine »Schonzeit« erhalten, während der wir auf nichts anderes bedacht sind, als darauf, seine Erfolgsspuren auszubauen. Wir werden mit allen Mitteln danach streben, dem Kinde Spiegel seiner neugewonnenen Kraft hinzustellen; sei es, daß wir seine Arbeiten mit gutem Arrangement *ausstellen oder vorlesen,* sei es, daß wir sie nach entsprechender Vorbereitung *den Gästen präsentieren.* Immer aber werden wir daran denken, die pädagogischen Fähigkeiten der Mitschüler für unsere Zwecke einzuspannen, indem wir immer wieder die neuen Erfolge *auch als ihr Werk, als durch ihre Mitarbeit erst möglich geworden* interpretieren. Man kann immer wieder die Beobachtung machen, daß die Erfolge einer Schulklasse in erster Linie von der »suggestiven« Fähigkeit des Lehrers abhängen, den Stolz auf das Erreichte wachzurufen und den Anteil der Kinder daran mit allen Mitteln zu unterstreichen. *Eine Klasse, in der der Geist des Optimismus herrscht, bildet selber wieder eine Kraftquelle für den Lehrer.* So findet all das, was wir über die Dynamik des »Teufelskreises« gesagt haben, hier seine positive Verwertung. Die richtige Art des Lehrens besteht eigentlich gar nicht so recht darin, den Kindern etwas »beibringen« zu wollen, sondern darin, sie so zu behandeln, daß sie, auf den Lehrer rückwirkend, das Beste in ihm zur Entfaltung bringen, das freilich wieder ihre Kräfte in Bewegung setzt. Wir gehen erst jetzt allmählich dazu über, die Klasse als »Lebens- und Arbeitsgemeinschaft« zu organisieren. Je mehr wir in dieser Richtung fortschreiten, desto mehr dünkt es uns, als gingen wir mit diesen Versuchen einer ganz neuen Epoche der Schule entgegen, in der sich die Rolle des Lehrers völlig zu verändern scheint, insofern seine Tätigkeit immer mehr darin bestehen dürfte, gleich einem *Ingenieur* das Kraftwerk der Gemeinschaft zu dirigieren, statt selber die *»Lehrkraft«* zu sein, die sich in unzähligen Lehrakten verausgabt. Wir sind freilich noch gar nicht imstande, irgendeine klare Vorstellung zu bilden über die Dynamik einer Schule, welche mit den ungeheuren Energien einer Gemeinschaft arbeitet. Daß in einer solchen Schule das Begabungsproblem ganz anders gelöst werden wird, scheint selbstverständlich, wenn man sich vor Augen hält, daß all das, was wir über die strategische Bedeutung von Begabungen, über die Dynamik des »Teufelskreises« aussagten, in einer »Kraftwerkschule« kaum mehr zutreffen dürfte, da das Bezugssystem fehlte, unter dem allein all das Gesagte Geltung beanspruchen kann. In der Schule von heute ist das *»Kraftliniensystem« des »sozialen Feldes«*, in dem ein Kind steht, fast undurchschaubar. Wir gehen mindestens erst daran, die Soziologie und Sozialpsychologic unserer Schulklassen in ihren ersten Grundlinien aufzubauen, und auch die Psychologie des Lehrers liegt in den allerersten Anfängen.[11] Und doch hängt fast alles, was über die Praxis des Begabungsaufbaues zu sagen ist, mit diesen Beziehungen innig zusammen, wenn unsere Behauptung irgendwie richtig ist, *daß die Begabung eines Kindes nur aus der Lebensrolle des Kindes verstanden werden kann.*

So stehen wir mitten in pädagogischem Neuland!

Wir haben den Eindruck, daß alle jene pädagogischen Bestrebungen, die mittels des Ausbaues der Testforschung zu einer differenzierten Schulorganisation hindrängen, trotz ihrer scheinbaren »Modernität« doch eigentlich mehr aus der naturwissenschaftlichen Ideologie des 19. Jahrhunderts verstanden werden müssen. Auch wir hoffen vom weiteren Ausbau der Testforschung noch sehr viel, wenngleich wir es ablehnen müssen, in ihr das Wesentlichste der Begabungsforschung an-

[11] Göring, *Psychologie der Schulklasse.* Osterwieck 1927. – Von Göring auch *Untersuchungen zur Psychologie des Lehrers.*

zuerkennen. Wir erhoffen uns von ihr die *Auffindung besserer Trainingsmethoden*, während sie heute noch immer mehr darauf eingestellt ist, *Grenzen* von Begabungen zu erkennen.
Als die Aeromechanik in ihren Grundzügen entwickelt war, tauchte auch die Idee auf, Flugzeuge »schwerer als die Luft« zu erfinden. Der eine Teil der Forscher verlegte sich darauf, nach brauchbaren Flugzeugen zu streben, der andere Teil aufs Widerlegen.
Wir halten zu denen, die fliegen wollen!

VI. Rückblick und Ausblick

Der praktischen Zielstellung des Buches eingedenk, soll die Technik der erzieherischen Einwirkung auf Unbegabte kurz zusammengefaßt werden, wobei wir gleich bemerken, daß die hier angegebene Reihenfolge der Akte sich zwar bewährt hat, aber keineswegs als bindend betrachtet werden darf.
Der erste Schritt auf dem Wege zielt darauf hin, dem entmutigten Kinde *Proben eigenen Könnens zu vermitteln*. Die Anforderungen müssen möglichst heruntergesetzt, dem Kinde muß »Gelegenheit zu gelingendem Wollen« gegeben werden. Wir glauben, daß ohne die Schaffung dieser Voraussetzung alles folgende unmöglich ist.
Ist der erste Schritt glücklich getan, so trachte man, das Kind zur *Revision seines bisherigen Verhaltens* zu veranlassen. Es soll allmählich erkennen lernen, daß es sich selbst den Weg zum Erfolg verrammelt hat. Ob man dabei mit einer mehr oberflächlichen Besprechung auskommt, oder ob man eine gründliche Analyse der Persönlichkeit vornehmen muß, richtet sich ganz nach der Schwere des Falles. Wir selbst werden bei dieser Revision möglichst zurücktreten und alles vom Kinde selber finden lassen. (Arbeitsschulprinzip!)
Der Revisionsprozeß führt von selber zur *Auflösung* jener Verkettung von Mutlosigkeit und Herabsetzung des Trainings, die wir mit F. Künkel als »Teufelskreis« bezeichnet haben. Die Auflösungsarbeit am Schüler wird auch auf uns selbst ihre wohltätige Wirkung ausstrahlen.
Indem wir schließlich daran gehen, mit möglichster Berücksichtigung der Errungenschaften der modernen Unterrichtslehre die geringen Erfolgsspuren durch vergrößernde Spiegelung im Kinde und seiner Umgebung auszubauen und so eine gegenseitige Stützung von Mut und Training herbeizuführen, schaffen wir die erste Voraussetzung dafür, daß es später einmal auch reif sein werde, aus Irrtümern zu lernen und Kritik nicht nur ohne Schaden, sondern mit Nutzen zu ertragen. –

Auf das *Ganze* zurückblickend, gewinnen wir jetzt zum Abschlusse folgendes Bild: Nur eine Einstellung, die mit der individualpsychologischen im *Wesensgrunde* gleich ist, mag sie auch in der theoretischen Formulierung da und dort abweichen, kann dem *schaffenden* Erzieher etwas bieten, wenn er sich nach Mitteln umsieht, aus unfähigen Kindern fähige zu machen. Eine solche Einstellung wird immer irgendwie auf den Satz Adlers hintendieren, *daß es nicht darauf ankommt, was einer mitbringt, sondern, was er daraus macht!*
Auch die Individualpsychologie kann das Ganze des psychophysischen Problemkreises nicht so lösen, daß alle zufrieden wären. Aber der Hinblick auf ihr Ideal: »die mutige Seele, die in der Gemeinschaft lebt« (eine Formel von A. Neuer) schafft ihr das Vertrauen zu einer Lösung, die dem Menschen gibt, was des Menschen ist: *den Mut zur Verantwortlichkeit.* Und sie glaubt, daß nur eine solche Lösung, die das Menschlichste am Menschen nicht verkennt, imstande ist, dem Erzieher Wege zu weisen; und allen denen, die zwar der ökonomischen Tendenz dieser Tage ihr Recht lassen wollen, denen aber doch alle Ökonomie nur Material bedeuten kann, das Ethos des Menschseins zu verwirklichen.

Literaturverzeichnis

Die meisten Literaturangaben über den ganzen Gegenstand findet der Leser in den beiden Werken:
W. Peters *Die Vererbung geistiger Eigenschaften und die psychische Konstitution.* Jena 1925.
W. Stern *Die Intelligenz der Kinder und Jugendlichen und die Methoden ihrer Untersuchung.* Leipzig 1920.
Vom Standpunkt der Individualpsychologie geschriebene Literatur über das Begabungsproblem:
E. Wexberg *Individualsychologie, eine systematische Darstellung.* Leipzig 1928.
E. Wexberg *Handbuch der Individualpsychologie.* München 1926. Darin der Aufsatz: ›Das Begabungsproblem‹ von F. Birnbaum.
F. Künkel *Das dumme Kind.* (Sammlung »Schwer erziehbare Kinder«) Dresden.
H. Weiskopf *Das faule Kind.* (Sammlung »Schwer erziehbare Kinder«) Dresden.
P. Fischl ›Schwachsinn‹. Separatdruck aus *Die Bereitschaft* Nr. 9. Wien 1927.
A. Adler *Studie über die Minderwertigkeit von Organen.* München 1927.
F. Birnbaum ›Über Begabung‹ In: *Internationale Zeitschrift für Individualpsychologie.* 5. Jahrg. 1927, S. 326—378.
Die Broschüren von Künkel und Weiskopf behandeln die Praxis. Hierzu auch das Buch von:
H. Jacoby *Jenseits von Musikalisch und Unmusikalisch.*

Alfred Appelt

Fortschritte der Stottererbehandlung

Nahezu alle Stotterer, die sich bemüht haben, mit Hilfe von Atem-, Stimm- und Artikulationsübungen Heilung von ihrem Leiden zu finden, mußten die Erfahrung machen, daß sich all ihre Mühe und Anstrengung als fruchtlos erwiesen; vielen blieb sogar die traurige Gewißheit nicht erspart, daß sich die Fesseln, je mehr sie an ihrer Beseitigung arbeiteten, nur um so fester um sie zusammenzogen. Leider stellten die mechanischen Sprechmethoden bis zum Beginne dieses Jahrhunderts die einzige Therapie der Sprachanomalien dar, abgesehen von sporadischen, in der Regel ganz vergeblichen Versuchen, dem Leiden durch hypnotische Suggestion den Boden zu entziehen. Obschon die Zahl der bis zur Gegenwart zur Anwendung gebrachten mechanischen Methoden Legion zu sein scheint, so findet man doch bei näherer Betrachtung, daß sie ausnahmslos dasselbe Ziel verfolgen, nämlich durch systematische Einübung der Sprachwerkzeuge das Selbstvertrauen der Patienten zu heben. Er soll sich sagen: »Ich habe die Übungen wochenlang in der Anstalt tadellos ausgeführt, ich werde daher auch fern von ihr fehlerfrei sprechen können.« Diese Autosuggestion erlangt bei einer ansehnlichen Anzahl der Leidenden — vorausgesetzt, daß der Lehrer die Heranbildung der Suggestion durch seinen persönlichen Einfluß kräftig unterstützt — eine solche Intensität, daß die Sprechangst für einige Zeit verschwindet und die Innervation des Sprechaktes glatt vonstatten geht. Die wirkliche Basis des Leidens ist indes, wie wir später sehen werden, nicht im mindesten verändert, geschweige denn beseitigt worden, und es kann daher nicht wundernehmen, daß fast alle scheinbar Geheilten binnen kurzer Zeit wieder rückfällig wurden. Ist nämlich der »Geheilte« sich bewußt, daß er bei Wiederkehr eines Stotterparoxysmus die Regeln der Sprechmethode sorgfältig angewandt hat, gleichwohl aber vor dem Anfall nicht bewahrt geblieben ist, so beginnt dieser Gedanke sofort die Autosuggestion zu erschüttern, mit dem unausbleiblichen Erfolge, daß sein Selbstvertrauen sinkt, die Angst sich wieder einstellt und damit weitere Anfälle ermöglicht. Sobald aber die Sprechangst sich wieder fühlbar macht, nützen alle Sprechmethoden so gut wie nichts, weil der geradezu paralytische Zustand der Sprachorgane es dem Leidenden unmöglich macht, sie nach Willkür zu bewegen. Von Tag zu Tag nimmt die Häufigkeit wie auch die Intensität der Anfälle zu, bis der Patient schließlich der Tatsache gegenübersteht, daß er seinem Leiden wieder vollständig verfallen ist. In sehr vereinzelten Fällen ist es möglich, die Autosuggestion so stark zu machen, daß eine dauernde Heilung erzielt wird. Wer Gelegenheit gehabt, die in Anstalten mit Hilfe von Sprechmethoden erzielten Dauerheilungen festzustellen, wird mir zugeben, daß dieselben im Durchschnitt nicht einmal zehn v. H. erreichen.

Es verlohnt sich nicht, auf einzelne der bis zum heutigen Tage angewandten mechanischen Methoden einzugehen, weil es für die wirkliche Heilung von Sprachanomalien ganz gleichgültig ist, auf welchen besonderen Punkt bei der physiologischen Einübung der für das Sprechen nötigen Bewegungen das Hauptgewicht gelegt wird. *Kußmaul* hat das Naturwidrige und Zwecklose solcher Übungen richtig gewertet, wenn er sagt: »Daß wir die Konstruktion unserer Sprechmaschine gar nicht kennen, ist die beste Garantie für den glatten Ablauf der Bewegungen, den sicheren und raschen Gang der Sprache. Indem der Wille schon alles vorgearbeitet findet und über die präformierten und eingeschulten Mechanismen einfach zu seinen Zwecken verfügt, wird er diese am leichtesten erreichen. Wie der Heerführer, um die hunderttausend Glieder seiner wohlorganisierten und eingeübten Armee in den richtigen Gang zu setzen, nur im großen und ganzen seine Befehle zu erteilen hat, so brauchen wir zur Ausführung der kombiniertesten Bewegungsreihen unserer Sprachwerkzeuge nur durch dieses Wort oder jenen Satz einen Gedanken äußern zu wollen, um ihn wirklich zu äußern; glücklicherweise haben wir uns hierbei um die dazu erforderlichen Einzelvorgänge im Verkehr der unzähligen inneren Telegraphenstationen nicht weiter zu kümmern.«[1]

In neuerer Zeit ist dieser Tatsache von einigen Stotterheilanstalten gebührend Rechnung getragen worden und man hat sich bemüht, unter Vermeidung von methodischen Artikulations- und Atemübungen das Übel durch Stärkungskuren, Ruheübungen und Heterosuggestion zu beseitigen. Ich selbst habe dieses Rüstzeug im Kampfe gegen Sprachstörungen jahrelang benutzt, konnte aber nicht umhin, schließlich wahrzunehmen, daß eine wesentlich höhere Anzahl von Dauerheilungen auch damit nicht zu erzielen war.

Obschon seit *Denhardt*[2] von einer Reihe einsichtiger Lehrer klar erkannt worden war, daß Sprachstörungen sich auf einer psychischen Basis aufbauen, gelang es ihren Bemühungen doch nicht, die psychische Struktur zu durchschauen und den

[1] Kußmaul, *Die Störungen der Sprache*. 1885. S. 5 und 6.
[2] Denhardt, *Das Stottern, eine Psychose*. 1890.

Grund zu einer rationellen Therapie für die Heilung des Stotterns zu legen. Einen tieferen Einblick in diese Struktur gestattete erst die von den Wiener Ärzten *Breuer* und *Freud* begründete psychoanalytische Methode, die die individuellen Eindrücke und das Weltbild des Kranken gebührend in Ansatz brachte, um daraus das Verständnis für das bisher Rätselvolle zu gewinnen. Die ersten Forscher auf dem Gebiete der Psychoanalyse hoben hervor, daß bei der Entstehung von Neurosen der traumatische Einfluß sexueller Erlebnisse mit ihren Folgen (Verdrängung und Verschiebung) als das wesentlichste auslösende Moment anzusprechen sei. Bei der Erweiterung dieser Lehre gelangte *Freud* dahin, die »sexuelle Ätiologie« für alle Neurosen als das Entscheidende hinzustellen. Obschon weitere Erfahrungen bald ergaben, daß die sexuellen Kindheitseindrücke der Nervösen keineswegs sonderlich von denen der Normalen abweichen, hielt er daran fest, daß die »psychosexuelle Konstitution« ausnahmlos die Basis neurotischer Erkrankungen bilde, deren Symptome sich unter dem Einfluß einer anomalen Verteilung der Libido, der psychischen Lust, und bei Eintritt einer auslösenden Konstellation einstellten.

Die Auffassung *Freuds*, daß die Neurosen ein libidinöses System seien, ist vielfach – und mit Recht – angegriffen worden, wobei vornehmlich auf die Tatsache hingewiesen worden ist, daß es keine Norm in der Lustwertung gibt und daß es deshalb nicht angängig ist, das psychische Geschehen auf solch schwankender Basis aufzubauen. Hand in Hand mit der Theorie von dem sexuellen Ursprunge der Neurosen geht ein weiterer Irrtum *Freuds*, nämlich daß der Neurotiker unter dem obsedierenden Einflusse infantiler »verdrängter« Wünsche stehe, die in Träumen und bei gewissen Anlässen im Leben Verwirklichung anstreben.

Obgleich das sehr verdienstvolle Werk *Freuds* von vorurteilslosen psychologischen Kreisen wohlverdiente Anerkennung gefunden, konnte schließlich doch nicht verkannt werden, daß dasselbe nur als eine Vorarbeit für eine Vertiefung der Erkenntnisse in der Neurosen-Psychologie zu betrachten ist. Es war *Alfred Adler* vorbehalten, die heuristisch wertvollen Irrtümer *Freuds* aufzuzeigen und jene Momente festzustellen, die der gesunden wie der kranken Psyche in allen Lagen des Lebens Ziel und Richtung geben.

Im Gegensatz zu *Freud*, der die Anschauung vertritt, daß die *Wurzel* der Neurose vom Charakter des Kranken unabhängig sei, fand *Adler*, daß eine eigenartige Struktur des Charakters den innersten Kern jeder neurotischen Erkrankung bildet.[3] Für den Aufbau des nervösen Charakters sind nach *Adler* zwei

[3] Adler, *Über den nervösen Charakter*, l. c. – Siehe ferner die am Schlusse des eben genannten Werkes angezogenen weiteren Schri ften des gleichen Autors.

Faktoren verantwortlich zu machen: einmal ein ausgesprochenes, vom Kinde als unerträglich empfundenes *Minderwertigkeitsgefühl* und zum anderen – als psychische Reaktion – hypertrophische *Kompensationsbestrebungen.* Das Minderwertigkeitsgefühl leitet sich meist von angeborenen Organminderwertigkeiten her, die die Einfügung des Kindes in den Kulturbetrieb in der Regel ungemein erschweren und es in häufige Konflikte mit der Umgebung bringen. Um dem bedrückenden Gefühl der Minderwertigkeit zu entgehen, beginnt das konstitutionell belastete Kind früh mit Versuchen, die dahin zielen, einen festen Standpunkt zu gewinnen, von dem aus es ihm möglich ist, das Verhältnis seiner Fähigkeiten zu den Problemen des Lebens abzuschätzen. »Von diesem Standpunkte aus, der als ruhender Pol in der Erscheinungen Flucht angenommen wird, spannt die kindliche Psyche Gedankenfäden zu den Zielen seiner Sehnsucht. Auch diese werden von der abstrakten Anschauungsform des menschlichen Verstandes als feste Punkte erfaßt und sinnlich interpretiert. Das Ziel: groß zu sein, stark zu sein, ein Mann, oben zu sein, wird in der Person des Vaters, der Mutter, des Lehrers, des Kutschers, des Lokomotivführers usw. symbolisiert, und das Gebaren, die Haltung, identifizierende Gesten, das Spiel der Kinder und ihre Wünsche, Tagträume und Lieblingsmärchen, Gedanken über ihre künftige Berufswahl zeigen uns an, daß die Kompensationstendenz am Werke ist und Vorbereitungen für die zukünftige Rolle trifft. Das eigene Gefühl der Minderwertigkeit und Untauglichkeit, das Gefühl der Schwäche, der Kleinheit, der Unsicherheit wird so zur geeigneten Operationsbasis, die aus den anhaftenden Gefühlen der Unlust und Unbefriedigung die inneren Antriebe hergibt, einem fiktiven Endziel näher zu kommen.« *(Adler, l. c.).* Weil das unter dem Gefühl der Minderwertigkeit und Schwäche leidende Kind von der Furcht beherrscht ist, daß ihm eine Rolle zufallen könne, die ihm als *unmännlich* erscheint, so ist es nur natürlich, daß seine Kompensationstendenz, sein »männlicher Protest«, mit aller Macht dahin strebt, eine *Erhöhung seines Persönlichkeitsgefühls* herbeizuführen, dessen einfache Formel »Ich will oben, ich will ein ganzer Mann sein!« mit geringer Modifikation für beide Geschlechter gilt. Diese leitende Fiktion beherrscht die neurotische Psyche in allen Lebenslagen und führt infolge des Umstandes, daß dem Kinde der Verzicht auf Männlichkeit gleichbedeutend mit Weiblichkeit erscheint, sehr bald dahin, daß es alle Hemmungen der Aggression (Schüchternheit, Feigheit, Unwissenheit, Gehorsam, Armut usw.) als weiblich auffaßt. Diese kindlichen Werturteile haben notwendigerweise zur Folge, daß das Kind eine hermaphroditische Rolle spielt: auf der einen Seite wird es »weibliche« Neigungen zeigen, die seine Unterwerfung und Abhängigkeit von Eltern und Erziehern erkennen lassen, auf der andern Seite dagegen Wünsche, Gedanken und Handlungen, die seine »männliche« Geltungssucht, seinen »Willen zur Macht« *(Nietzsche)* zum Ausdruck bringen.

Der männliche Protest, die Neigung, von der weiblichen zur männlichen Linie abzurücken, erfolgt zwangsmäßig und beherrscht die gesamte psychische Struktur der Neurosen und ihrer Symptome. Auch die Phantasien und das Traumleben des Kranken geraten gänzlich unter die Herrschaft dieser fiktiven Leitlinie, und es läßt sich verstehen, wie sich *Freud* durch die Verwendbarkeit des sexuellen Bildes, das sich aus dem ideellen Gegensatz »männlich-weiblich« herschreibt, hat verleiten lassen, seine Grundanschauungen von der sexuellen Ätiologie der Neurosen aufzustellen. Tatsächlich sind das Sexuelle wie das »Kriminelle« *(Stekel)* lediglich Ausdrucksformen, die bald der hyperaktiven (männlichen), bald der passiven (weiblichen) Manifestation der Neurose zur Darstellung dienen; ebenso sind der Inzest, die Homosexualität und andere Perversionen nur Gleichnisse, die den Umweg erkennen lassen, mit dessen Hilfe der Nervöse sucht, zum männlichen Protest, zur Erhöhung seines Persönlichkeitsgefühls zu gelangen.

Weil das dem disponierten Kinde unerträgliche Gefühl der Minderwertigkeit gebieterisch nach einer sichernden Zwecksetzung verlangt, ist es naturgemäß, daß es unter äußerster Anspannung seiner psychischen Mittel bestrebt ist, seine schwache Position durch einen schützenden Vor- und Überbau nach Möglichkeit zu befestigen. Diese Schutzdämme und Hemmungen, um deren Aufrechterhaltung und Befestigung der Nervöse sich, ohne es zu wissen, fast unaufhörlich müht, machen das Wesen jeder neurotischen Erkrankung aus. Die Neurose ist daher kein Libidosystem, sondern ein Sicherungssystem, geboren aus dem den Nervösen beherrschenden Zwange, eine Erhöhung des Persönlichkeitswertes mit allen Mitteln herbeizuführen und so dem unerträglichen Gefühl der Schwachheit und Untauglichkeit zu entgehen.

Bevor ich nun dazu übergehe, in groben Umrissen zu zeigen, daß die *Adler*sche Lehre von der Minderwertigkeit der Organe sowie von den psychischen Kompensationen und Sicherungstendenzen ausnahmslos auch auf alle Formen des Stotterns Anwendung findet, möchte ich bemerken, daß ich zahlreiche Stotterfälle anfangs mit der Psychoanalyse im *Freud*schen Sinne behandelt habe, bei schweren Fällen damit aber befriedigende Resultate nicht habe erzielen können. Abgesehen davon, daß *Freud* den unbewußten Lebensplan des Nervösen und damit die Dynamik der Neurose nicht recht erkannt hat, überzeugten mich meine Beobachtungen an schweren Stotterfällen, daß die Mißerfolge mit der *Freud*schen Methode namentlich auf zwei Momente zurückzuführen sind: auf die unbefriedigende Lösung des Angstproblems und auf die ungenügende Betonung und Aufhellung des von der neurotischen Psyche in abnormem Ausmaße geübten Vorausschauens und Vorausdenkens, einer Neigung, von deren Intensität in schweren Fällen sich der Gesunde kaum eine annähernde Vorstellung bilden kann. *Adler* hat beide Faktoren sehr richtig als die Ausflüsse einer visuellhalluzinatorischen Fähigkeit erkannt, die im Dienste der Sicherungstendenz steht und darauf abzielt, den Patienten vor einer Herabsetzung seines Persönlichkeitsgefühls zu schützen. Je größer das Minderwertigkeitsgefühl ist, desto intensiver macht sich die Sprechangst und die Antizipation fühlbar; die letztere wirkt in manchen Fällen so stark, daß das Wortbildzentrum geradezu in einen illuminationsartigen Zustand versetzt wird und »schwere« Buchstaben und Worte sich dann als hohe Hindernisse vor dem geistigen Auge des Leidenden aufstellen. Die Anwendung der *Freud*schen Theorie, wonach die Angst durch Verdrängung infantiler erotischer Wünsche entstanden sein soll, hilft dem Stotterer wenig, was nicht verwundern kann, wenn man berücksichtigt, daß diese Wünsche selbst schon unter dem Zwange der neurotischen Zwecksetzung stehen. Diese kindlichen sexuellen Wünsche wie auch die späteren Perversionen gliedern sich sämtlich der einheitlichen Dynamik der Neurose an, und nur dadurch, daß die Dynamik bei der Behandlung ständig im Auge behalten und dem Patienten bewußt gemacht wird, lassen sich die Sicherungen und Hemmungen, auf denen die Sprachstörungen beruhen, für immer beseitigen. –

Soweit es der Raum erlaubt, will ich nunmehr an Hand eines umfangreichen Materials zeigen, welche Feststellungen ich an einer großen Anzahl von mir individualpsychologisch behandelter Stotterer habe machen können.

Was zunächst die Frage der Organminderwertigkeit betrifft, so fand ich als äußere Degenerationszeichen besonders häufig Mißbildungen der Ohren, der Beine und der Genitalien (Kryptorchismus, Verwachsungen und Hypospadien); ferner, meist als Folge einer überstandenen Rachitis, unverhältnismäßige Kleinheit, Langsamkeit und Plumpheit, Neigungen und Krankheitserscheinungen, die auf angeborene Minderwertigkeiten der Mundhöhle zurückzuführen sind, wie Daumenlutschen, Lippensaugen, Diphtherie, Krupp, Mandelentzündungen, ließen sich fast regelmäßig feststellen. Hinsichtlich des Harn- und Verdauungsapparates wurde mir von Enuresis (Bettnässen), Dysurie, Erbrechen, Incontinentia alvi und Obstipation (Verstopfung) berichtet, Schwierigkeiten, die sehr frühe ein

Minderwertigkeitsgefühl, Furcht vor Bestrafung und ängstliche Vorsicht beim Essen und Schlafen im Gefolge haben. Besonders Enuresis habe ich nahezu in allen Fällen gefunden, in denen Stottern vor dem fünften Lebensjahr begann.

Die Minderwertigkeit der Mundzone und damit die besondere Disposition zu Sprachschwierigkeiten habe ich häufig auf direkte Vererbung zurückführen können. Es ist eine allgemein bekannte Tatsache, daß Stottern in vielen Familien »erblich« ist; man darf indessen die »erbliche Belastung« nicht so auffassen, als ob der fertige Stottermechanismus als latente Disposition von den Eltern auf das Kind unmittelbar übertragen werde. Das minderwertige Organ bedarf ja zweifellos längerer Zeit, um zur normalen Funktion zu gelangen, und auf dem Wege der Entwicklung ergeben sich naturgemäß leicht Schwierigkeiten und Störungen, die das Kind nur mit gesteigerten Leistungen seiner Psyche zu überwinden vermag; diese Störungen resultieren nicht selten – meist zwischen dem zweiten und dritten Lebensjahre – in Stammeln oder Stottern, das sich indes gewöhnlich nach einigen Monaten dank der inzwischen erlangten größeren Übung und Sicherheit wieder verliert. Um aber Sprachstörungen zu fixieren oder später zu entwickeln, dazu bedarf es, wie wir sehen werden, eines schwerwiegenden psychischen Momentes, einer zwanghaft und unablässig wirkenden Zielsetzung, die nicht ererbt, sondern vom Kinde selbst als Sicherung gegen die Schwierigkeiten des Lebens aufgerichtet worden ist. Wäre der konstitutionelle Faktor allein verantwortlich, so ließe sich der Umstand nicht erklären, daß von Kindern stotternder Eltern meist nur das zweite oder das jüngste Sprachstörungen zeigen, während die übrigen davon völlig verschont bleiben.

Ich habe nicht selten gefunden, daß das Gespenst der erblichen Belastung in den Köpfen mancher Stotterer Unheil insofern anrichtet, als sie geneigt sind, starr an der Anschauung festzuhalten, daß ihr »ererbtes Leiden« unmöglich der Heilung zugeführt werden könne. Im tiefsten Grunde beruht diese ihre unbeugsame Meinung vornehmlich auf Trotzeinstellung gegen den stotternden Teil der Eltern, dem sie gern die ganze Verantwortung für ihr Leiden und die damit verknüpften sozialen Nachteile aufbürden. Wenn die ererbte Disposition den gewichtigsten Faktor beistellte, so würde man zu der Erwartung berechtigt sein, daß Stottern, das sich ununterbrochen durch drei oder mehr Generationen verfolgen läßt, besondere Intensitätsgrade aufweist. Dies ist indessen nach meinen Erfahrungen keineswegs die Regel.

Wie soeben erwähnt, gelingt dem minderwertigen Organe die Überwindung von Schwierigkeiten nur durch erhöhte psychische Leistungen, eine Kompensation, die oft die gesamte

Psyche befruchtet und charakterisiert. *Adler* hatte schon vor Jahren in seiner »Studie über Minderwertigkeit von Organen« darauf hingewiesen, daß die ungewöhnlichen Leistungen des griechischen Redners Demosthenes, des hebräischen Volksredners und Führers Moses und anderer, die ursprünglich mit Sprachschwierigkeiten schwer zu kämpfen gehabt, auf eine Überwertigkeit des psychomotorischen Überbaues zurückzuführen sind. Leider gelingt die Kompensation in vielen Fällen nur teilweise, und es ergeben sich dann psychische Spannungen, die zeitweiligen gesteigerten Anforderungen nicht gewachsen sind. So kann man häufig beobachten, daß Stotterer, deren Leiden sich allmählich von selbst wieder verloren hat, unter schwierigeren Umständen, wie bei Schreck oder großer Aufregung, bei Prüfungen usw., wieder in den »Kinderfehler« zurückfallen und Sprachstörungen zeigen.
Um Stotterer auf die Dauer zu fixieren, bedarf es einer Reihe von Momenten, die geeignet sind, beim Kinde das Gefühl der Organminderwertigkeit einen solch unerträglichen Grad erreichen zu lassen, daß es zu neurotischen Kompensationserscheinungen kommt. Beim Übergang aus der organischen Minderwertigkeit zur neurotischen Überkompensation kommen vornehmlich zwei Faktoren in Betacht:
I. Jedes Kind hat, weil es unter »Großen« (den Riesen in der Mythologie und den Märchen) lebt, ein relatives Gefühl der Minderwertigkeit und zeigt, um diesem Gefühle zu entrinnen, sehr früh die Neigung, ein Gernegroß zu sein: in seinen Spielen und Tagträumen schafft es fast unaufhörlich Situationen, die ihm gestatten, Dinge zu tun, die ihm durch seine körperliche Beschaffenheit schwierig oder gar unmöglich gemacht sind. Was nun für ein Kind mit dem Gefühl einer relativen Minderwertigkeit gilt, findet in weit höherem Maße auf das Kind Anwendung, das unter dem Drucke eines absoluten Minderwertigkeitsgefühles zu leiden hat. Es ist genötigt, zunächst eine scharfe Selbsteinschätzung vorzunehmen und, um den zahlreichen Übeln der Inferiorität zu entgehen, dann zu einer Hilfskonstruktion zu greifen, indem es, ausgehend von seinem Gefühl der Schwachheit, Untauglichkeit und Unwissenheit, als fixen Punkt den Vater oder die Mutter annimmt, die ihm Kraft, Macht und Wissen repräsentieren. Das konstitutionell belastete Kind, dem auch das zu streng erzogene und das verhätschelte Kind an die Seite gestellt werden können, versucht nicht nur, sich zum Range des allgewaltigen Vaters zu erheben, sondern ihn sogar zu übertreffen. Weit mehr als das gesunde Kind sucht es sich krampfhaft an diese Fiktion zu klammern, verliert damit den Boden der Realität unter seinen Füßen und setzt sich gleichzeitig häufigen Niederlagen und Mißerfolgen aus, weil sein Ziel außer allem Verhältnis zu seinen

körperlichen und geistigen Fähigkeiten steht. Wegen der Überspannung des Zieles kann es nicht befremden, daß bei nicht wenigen Nervösen der Gedanke vorherrscht, daß sie nie etwas Rechtes fertig bringen. Nicht selten führt die beständige Furcht vor Herabsetzungen und Mißerfolgen dahin, daß der Kranke vor jeder Art geregelter Arbeit, bei der Wettbewerb in Frage kommt, zurückschreckt.

Weil ein neurotischer Knabe[4] durch seine Fiktion in die Aggression gegen den Vater gezwungen wird, so strebt er zur Sicherung seiner Stellung, sich an die Mutter anzulehnen, bei ihr Schutz und Unterstützung zu suchen. Dieses Anlehnungsbedürfnis ist ungemein ausgeprägt und läßt sich auch bei den meisten erwachsenen Stotterern noch sehr deutlich beobachten. Fast alle finden es leichter zu sprechen, wenn jemand, auf den sie sich verlassen können, mit ihnen ist. Aber auch physische Anlehnung hat häufig den gleichen Erfolg. So spüren manche eine auffallende Erleichterung, wenn sie sich während des Sprechens an die Wand anlehnen oder auf eine Stuhllehne, einen Tisch oder dergl. stützen können. Das Anlehnungsbedürfnis hemmt naturgemäß die Entwicklung von Selbständigkeit, von Selbstzucht und Initiative sehr wesentlich, und Züge wie Unsicherheit, Schüchternheit, Feigheit und unterwürfiger Gehorsam machen sich bald deutlich bemerkbar. Über diesen Charakterzügen finden sich als Ausgleich regelmäßig Trotz, Frechheit, Starrköpfigkeit, Übermut und Hang zur Auflehnung – Eigenschaften, die die Durchführung der Erziehungsabsichten oft ungeheim erschweren. Hat das Kind durch peinliche Erfahrungen seine Aggressionstendenz in der Hauptsache eingebüßt, so sucht es durch passives Verhalten, durch stillen Trotz, durch ehrlichen oder unehrlichen Gehorsam seine Stellung zu behaupten. Berichte nach Art des nachstehend angeführten kann man von schweren Stotterern, die sich frühzeitig in die Maschen ihrer Fiktion verstrickt hatten, regelmäßig vernehmen:

»Wir wurden sehr streng erzogen. Meine Eltern waren zum Verzweifeln gewissenhaft, sehr nervös und ängstlich mit uns und stellten zahllose Regeln auf. Wir mußten eine Stunde vor dem Frühstück zum Privatunterricht erscheinen oder bei Verspätung schon am Nachmittag wieder zu Bett gehen; wir mußten Französisch mit unserer Erzieherin sprechen oder, wenn wir das versäumten, Strafarbeiten am Sonnabendnachmittag machen; wir mußten zweimal täglich spazieren gehen und an Sonntagen zweimal die Kirche besuchen usw. Die Kinder im Nachbarhause hatten viel mehr Freiheit, und obschon ihr Vater in manchen Stücken entsetzlich streng war, beneidete ich

[4] Für ein Mädchen gilt das gleiche, nur mit dem Unterschiede, daß der Vater und die Mutter ihre Rollen vertauschen.

sie doch sehr. Wie glücklich mußten sie sich fühlen, daß ihnen erlaubt war, in den Straßen zu spielen und an Sonntagen des Morgens zu Hause zu bleiben! Ich rief bei meinen Eltern Entsetzen hervor durch die gelegentliche Bemerkung, daß ich den Kirchenbesuch haßte. Der Gottesdienst in unserer Dorfkirche bedeutete für mich einen plärrenden Chor, eine das Ohr verletzende Orgel, eine endlose Litanei, Füße wie Eis im Winter und im Sommer ein Ohnmachtsgefühl, um dessentwillen ich regelmäßig aus der Kirche geschickt werden mußte.[5] Meines Vaters Predigten langweilten mich zu Tode. Ich verabscheute auch den Zwang der Unterrichtsstunden: sie bildeten einen schmerzlichen Kontrast mit meinen ständigen Träumen von Feen und Elfen mit goldenen Flügeln, von glitzernden Edelsteinen und duftenden Blumen, von Privateisenbahnen und Veloziped-Pferden. Die Lektionen waren mir verhaßte Realitäten und gehörten zu all dem, was ich ›die häßliche Welt‹ zu nennen pflegte. Da ich für diese meine Anschauungen häufig verlacht und zuweilen sogar bestraft wurde, lernte ich frühzeitig, mich zu verstellen und im geheimen auf Rache zu sinnen.«

Diese Ausführungen rühren von einem sehr schweren Stotterer her, dessen Psyche sich in weiblicher Richtung so weit vorgebaut hatte, daß sein mutloser, masochistischer Charakter ihn für das Leben völlig unbrauchbar werden ließ. Er ist der jüngste von vier Brüdern; alle sind mehr oder weniger neurotisch, und die nervöse Familientradition, bei der jeder die Herrschaft über den anderen zu erlangen strebt, stand dort in voller Blüte. Er hatte nicht nur als Jüngster im allgemeinen einen schweren Stand den anderen gegenüber, sondern eine Schwäche im linken Fuße im Verein mit großer Unbeholfenheit und Langsamkeit trugen noch im besonderen dazu bei, seine Selbsteinschätzung äußerst niedrig anzusetzen.

Das Verhalten des zur Neurose veranlagten Kindes läßt sich regelmäßig dahin auslegen, daß es in allen Lebensverhältnissen herrschen, »oben« sein will. Der Nervöse ist sehr ehrgeizig, eitel, will überall mitreden und will der Erste in der Familie und in der Schule sein. Es ist selbstverständlich, daß ein solcher Mensch überempfindlich ist, keine wirkliche oder vermeintliche Zurücksetzung ertragen kann; er vermag eine Beleidigung nur sehr schwer zu vergessen und ist in ständiger Kampfbereitschaft, allzeit darauf bedacht, den andern unter seine Herrschaft zu zwingen. Sieht er sich infolge seiner niedrig angesetzten Selbsteinschätzung außerstande, sein Ziel auf dem Wege der direkten Aggression zu erreichen, so geht

[5] Er hatte von frühester Kindheit an ein ganzes Arsenal von Krankheits-Arrangements zur Verfügung, die er bei bestimmten Gelegenheiten zur Überwindung der elterlichen Autorität ins Feld führte.

er notgedrungen dazu über, die Erreichung des Zieles auf dunkeln und oft schwer verständlichen Umwegen anzustreben, und den kompliziertesten dieser Umwege stellt eben die Neurose dar.
Solange der Stotterer seine Herrschergelüste ohne die leiseste Furcht, auf Widerstand zu stoßen, realisieren kann, hat er in der Regel keine oder nur sehr geringe Schwierigkeiten beim Sprechen. Hegt er dagegen hinsichtlich seiner Überlegenheit Zweifel oder weiß er von früheren Erfahrungen her, daß der andere ihm überlegen ist, so tritt sofort Stottern auf. Ich will zur Illustration dieser Erscheinung hier zwei Träume anführen, die von einem sechsundzwanzigjährigen Stotterer zu Beginn der Behandlung in zwei aufeinanderfolgenden Nächten geträumt wurden. Der erste lautet: »Ich bin zu Hause auf Besuch. Während ich durch den Hausflur gehe, begegnen mir mehrere meiner Geschwister in Begleitung zweier Bekannten, die ich nicht ausstehen kann, weil sie alles besser wissen wollen. Sie alle benehmen sich, als ob das ganze Haus ihr Eigentum wäre. Ich habe den Eindruck, daß ich kein Wort zu ihnen ohne Stottern werde sprechen können.« Der Traum der nächsten Nacht lautet: »Ich sitze allein mit meiner Mutter in unserem früheren Kinderzimmer vor dem Kaminfeuer. Wir führen eine angeregte Unterhaltung und ich fühle, daß ich geheilt bin.« – Die Reduktion seiner Sprachschwierigkeiten einerseits und seines ungehemmten Redeflusses andererseits auf die entsprechenden infantilen Situationen ist in beiden Träumen so durchsichtig, daß ein Kommentar überflüssig erscheint. Bezüglich des Falles selbst möchte ich nur hinzufügen, daß der Patient der älteste von elf Geschwistern ist. Von seiner Mutter anfangs verzogen, empfand er es sehr schmerzlich, daß er im Alter von vier Jahren seiner privilegierten Stellung durch das Erscheinen eines Schwesterchens verlustig ging. Für diese Entthronung rächte er sich durch unaufhörliche Angriffe gegen die Kleine und durch großen Trotz gegen den Vater, den er als den Urheber der erlittenen Verkürzung ansah. Sein Stottern begann kurz nach der Geburt seiner zweiten Schwester, verlor sich indes nach etwa einundeinhalb Jahren wieder. Als aber kurze Zeit darauf sein Vater, der ein hohes Kirchenamt bekleidet, gelegentlich die Bemerkung fallen ließ, daß es sein Lieblingswunsch sei, ihn später als Geistlichen zu sehen, setzte das Stottern wieder ein, weil sich ihm jetzt eine Möglichkeit bot, seines Vaters Pläne zu durchkreuzen und sich als der Stärkere zu erweisen. Als er die Universität absolviert hatte, verließ er das elterliche Haus, um in Ostafrika Landwirtschaft zu betreiben und sich auf diese Weise dem Einflusse seines Vaters soweit wie nur irgend möglich zu entziehen. Im vorigen Jahre aus Gesundheitsrücksichten auf einige Monate nach

Hause zurückgekehrt, ließ er sich auf Betreiben seines Vaters, der an seinem alten Lieblingswunsche noch immer festhielt, von mir behandeln. Sein Stottern besserte sich sehr schnell, er brach jedoch die Behandlung trotz der Gegenvorstellungen seiner Eltern vorzeitig ab, als er erfuhr, daß sein Vater in der Kirche an einigen Sonntagen öffentliche Fürbitte für seine völlige Wiederherstellung hatte tun lassen. Durch den Abbruch der Kur wollte er seinen Vater wieder zuschanden werden lassen. –

Ehe ich zum zweiten Faktor übergehe, verdient noch ein wichtiger Punkt hervorgehoben zu werden: die intensive Befruchtung, die die Phantasietätigkeit des neurotischen Kindes infolge seiner Trotzeinstellung und seines Hanges zur Auflehnung erfährt. Bei jeder individualpsychologischen Behandlung lassen sich eine Reihe von Phantasien und Wünschen feststellen, die Größenideen und sadistische Regungen zum Gegenstande haben. Phantasien von einer geheimen fürstlichen Abstammung, von Helden- und Räuberrollen, von Befreiung der Mutter aus den Händen des allgewaltigen Vaters sind sehr häufig. Ferner steigen Rachegedanken und Todeswünsche gegen Personen der Umgebung bei der leisesten Beeinträchtigung auf. Das Kind verkennt alle guten Absichten seiner Erzieher und hat nur den einen Wunsch, den starken Vater oder seine Vertreter – die Mutter, ältere Geschwister, den Lehrer – zu bekämpfen und so das Pathos der Distanz zu verringern. Aus diesem Grunde kann die Tatsache nicht befremden, daß die Distanz – im örtlichen sowohl wie im übertragenen Sinne – im Leben der Stotterer eine bedeutende Rolle spielt. Fast alle finden es schwierig, zu Personen zu sprechen, die entweder wesentlich älter sind oder eine höhere soziale Stellung einnehmen. Schwierigkeiten machen sich gleichfalls bemerkbar, wenn der Stotterer zu jemand zu sprechen hat, der in einiger Entfernung von ihm steht, oder einen Sitz über ihm einnimmt (z. B. ein Kutscher auf dem Bock). Um das Unbequeme der Distanz zu mildern, benutzt er als wesentliches Hilfsmittel entweder eine künstlich autoritative oder eine familiäre Sprechweise; die erstere wird namentlich untergeordneten Personen gegenüber zur Anwendung gebracht, während die letztere vor sozial Höherstehenden gute Dienste zu leisten bestimmt ist. Diese Hilfen versagen natürlich, wenn das Minderwertigkeitsgefühl des Stotterers derart ausgeprägt ist, daß er es nicht wagt, eine künstliche Brücke über die trennende Kluft zu schlagen.

II. Als zweites Moment, das beim Übergang aus der Organminderwertigkeit zur Neurose einen sehr wesentlichen Faktor beistellt, ist von *Adler* die Unsicherheit des disponierten Kindes bezüglich der ihm später zufallenden Geschlechtsrolle nachgewiesen worden. Dieser Zweifel läßt sich bei jedem Patienten feststellen, und ich habe die Beobachtung gemacht, daß in allen Fällen, in welchen das Stottern zwischen dem vierten und fünften Lebensjahre begann, diese Ungewißheit besonders ausgeprägt war und ein hastiges Drängen, mit Aufbietung aller verfügbaren Mittel nach der männlichen Seite abzubiegen, ausgelöst hatte. Das Suchen nach der Geschlechtsrolle beginnt in der Regel um das vierte Lebensjahr. Ein denkfähiges Kind, das Eltern und Großeltern um sich sieht und von Kindern hört, die zur Welt kommen, kann sich der Nötigung nicht entziehen, der Kausalität nachzuspüren. Weil direkte Fragen des Kindes von den Eltern in der Regel mit der Storchfabel oder andern Ausflüchten[6] beantwortet werden, deren Haltlosigkeit es bald durchschaut, bleibt es ihm überlassen, des Rätsels Lösung selbst zu finden. Da es die Bedeutung der Geschlechtswerkzeuge nicht kennt, sucht es das Problem mit Hilfe von Theorien zu lösen, die den Mund, den Nabel, den Anus oder Operationen (vgl. die Lösung des Problems im Märchen vom Rotkäppchen) in den Kreis der Möglichkeiten ziehen. Vornehmlich der beiden Geschlechtern zukommende Anus wird eine Zeitlang häufig als Sexualziel angenommen und bildet dann die Grundlage für eine Reihe von irrigen Schlüssen. Dem Kinde ist meist nur der Weg offen, den Unterschied der Geschlechter in der Kleidung, in den Haaren, in körperlichen und geistigen Eigenschaften zu suchen; aber auch hier geht es vielfach irre, weil manche Eltern eine Vorliebe dafür haben, die Knaben bis zum vierten Jahre und nicht selten sogar darüber hinaus Mädchenkleider und langes Haar tragen zu lassen. Mißbildungen der Geschlechtsorgane oder die Möglichkeit einer Veränderung derselben, veranlaßt durch Drohungen der Eltern, können gleichfalls zur Unsicherheit beitragen.[7] Bei Mädchen wird der Zweifel durch jungenhaftes Aussehen oder Benehmen verstärkt, wobei gelegentliche Bemerkungen (»die ist ein ganzer Junge«) den kindlichen Irrtum häufig befestigen. Als weiteres Moment kommt die bedauerliche Tatsache hinzu, daß unsere Kultur, unterstützt

[6] Weil in England die Störche sehr selten sind, wird den wißbegierigen Kindern entweder erzählt, daß das neu angekommene Baby unter einem Stachelbeerstrauch gefunden worden sei, oder aber, daß der Arzt es in seiner Handtasche mitgebracht habe, als er zur kranken Mutter gerufen worden sei.

[7] Fast alle neurotischen Knaben leiden an der Vorstellung, daß ihr Penis allzu klein sei, und es werden zur Beseitigung dieser »Unmännlichkeit« von ihnen häufig Versuche gesucht, das Genitale zur Vergrößerung, zur Erektion zu bringen, Versuche, die in der Regel zur Masturbation führen. Gewisse Handbewegungen mancher Stotterer lassen auf diese Form des männlichen Protestes direkt schließen; so die Neigung, bei einem »schwierigen« Worte mit der Hand die Nase (Penis-Symbol) zu berühren oder über das Haar zu streichen. Der Sinn der Bewegung ist: er schreckt nicht wie ein Weib vor einer Schwierigkeit zurück, sondern nimmt das Hindernis wie ein Mann. – Bei Mädchen hat das Bedecken des Mundes mit der Hand bei einem Stotterparoxysmus ganz ähnlichen Sinn (Bedecken der »Öffnung« verbirgt die Weiblichkeit).

durch die Anschauungen der Religion, der Männlichkeit einen unverhältnismäßig hohen Vorrang einräumt. Viele Kinder haben leider allzu häufig Gelegenheit, herabsetzende Bemerkungen und Handlungsweisen, die die Frau als minderwertig erscheinen lassen, zufällig zu hören und zu beobachten. Nun setzt die gleiche Reaktion, die wir schon vorher am Werke gesehen haben, in noch erhöhtem Maße ein. In der Erwägung, daß dem Kinde vielleicht das Los zufallen könnte, eine Frau zu werden, d. h. gehorsam, passiv, schwach zu sein und Schmerzen zu ertragen, legt es sich sehr frühe den Schein einer übertriebenen Männlichkeit bei und übertreibt so den männlichen Protest oft ins Ungemessene. Es will sich durch niemand belehren lassen, duldet keinen über sich, zeigt Selbstsucht und nicht selten starke Neigung zum Lügen. Dazu kommt noch, daß die ersten Erkenntnisse in sexuellen Fragen, die das Kind meist auf verbotenen Wegen erlangt, seine Überempfindlichkeit auf das heftigste verletzen und gleichzeitig sein Verhältnis zu den Eltern insofern stören, als das Kind sich von ihnen betrogen und ausgeschlossen vom allgemeinen Wissen vorkommt. Sein Eindruck, daß die Erwachsenen einen Geheimbund ihm gegenüber bilden, in den einzudringen ihm unmöglich gemacht ist, führt unmittelbar zu einer Hemmung seiner Aggression.

Wie intensiv ein neurotisches Kind auf alles reagiert, was den Gedanken der Weiblichkeit nahe legt, will ich an einem kleinen Ausschnitt aus einer Behandlung zeigen. Ein Junge, das einzige Kind seiner Eltern, der mit vierundeinhalb Jahren zu stottern begonnen hatte, bekam zu der Zeit seine ersten Höschen. Immer ein kränkliches, zartes Kind, konnte er bei den Eltern stets seinen Willen durchsetzen, mit dem unausbleiblichen Erfolge, daß sie schließlich nicht vermochten, ihn auch nur im mindesten zu leiten. Der Mutter und dem Kindermädchen verweigerte er rundweg den Gehorsam, und dem strengeren Vater gegenüber stotterte er so jämmerlich, daß auch er es aufgeben mußte, den »armen kleinen Kerl« zu beeinflussen. Als nun der Junge die ersten Hosen bekam, zeigte es sich, daß die abgelegten Kleidchen den Eltern endlich ein Mittel boten, ihn auf einige Zeit in Schach zu halten. Wenn er nämlich sehr garstig war, brauchte ihm die Mutter nur zu drohen, daß sie ihm die Mädchenkleider wieder anziehen würde, um ihn sofort gefügig zu machen. Weder körperliche Züchtigungen noch Drohungen anderer Art hatten auch nur annähernd gleichen Erfolg gehabt. Als er die Hosen das erste Mal trug, hatten seine Eltern das wichtige Ereignis dadurch festgelegt, daß sie mit dem Jungen zum Photographen gingen und ein Bild von ihm nehmen ließen. Wenige Wochen später wurde die Photographie einer Bekannten gezeigt, wobei die Mutter im Flüstertone die Bemerkung machte, daß das Gesicht des Kindes recht mädchenhaft ausgefallen wäre. Als die Mutter mit ihrer Freundin das Zimmer verlassen, stürzte sich der Junge sofort auf das Photographiealbum, riß das Bild heraus, warf es ins Feuer und sagte wütend zu seiner Mutter, als sie das Zimmer wieder betrat: »Wie kannst du sagen, daß ich wie ein Mädchen aussähe!«

Weil das neurotische Kind unter dem Zwange steht, alle Gegensätze ins Maßlose zu übertreiben, so vergrößert sich bei ihm auch unverhältnismäßig die verschiedene Wertung der beiden Geschlechter. Für manche Neurotiker zerfallen alle Beziehungen des Lebens in männliche und weibliche Relationen. Ich habe wiederholt Stotterer gefunden, die diese Wertung in alles hineintrugen, womit sie überhaupt in Berührung kamen: Eisenbahnen, Dampfschiffe, Wege, Bäume usw. Ein sehr intelligenter Stotterer setzte mich unlängst in Erstaunen damit, daß er mir einen langen Vortrag über die »männlichen« und »weiblichen« Eisenbahnlinien und -züge in Großbritannien hielt. Er erklärte mir, daß alle Eisenbahnlinien, die über 100 Yards hoch liegen, männlich, dagegen die, die tiefer liegen, weiblich seien; Schnellzüge seien männlich, Bummelzüge weiblich; die Linien, auf denen sein Vater gewöhnlich reise, seien ebenfalls männlich, während die Züge der Eisenbahngesellschaft, von der seine Mutter Aktien besitze, wieder weiblich seien. Er gab mir noch eine lange Serie weiterer »männlicher« und »weiblicher» Klassifizierungen, deren Aufzählung hier jedoch zu weit führen würde.

In vorstehendem ist in knappen Zügen dargestellt worden, wie das Gefühl der absoluten Minderwertigkeit und der Unsicherheit in der Geschlechtsrolle den Hebel für die Entwicklung und Verstärkung einer Reihe von neurotischen Charakterzügen bildet. Das Gefühl der Unsicherheit baut indes noch eine weitere, und zwar die wichtigste Gruppe von Charakterzügen auf, die sämtlich bestimmt sind, die fiktive Leitlinie des Nervösen zu verstärken, um sein Persönlichkeitsgefühl zu retten. Weil er immer »oben« sein, überall sich Geltung verschaffen will, infolge seines Minderwertigkeitsgefühls aber stets für den Erfolg zittert, so mündet sein Mißtrauen und Zweifel in die Anschauung, daß er sehr große Vorsicht anwenden müsse, wenn er sein Ziel erreichen wolle. Nun ist ihm der direkte Weg, auf dem er seine Gier nach Vergrößerung seines Besitzes und seiner Macht befriedigen könnte, mehr oder weniger verschlossen und deshalb benutzt er, bewußt oder unbewußt, Umwege, um sein Ziel zu erreichen. Diese Umwege täuschen nicht nur die Umgebung des Patienten, sondern auch oft ihn selbst. So hat er nie die Erkenntnis, daß sein Stottern den Umweg darstellt, auf dem er einer Niederlage im Leben, einer Erniedrigung seines Persönlichkeitsgefühls zu entgehen hofft, und es bedarf nicht selten monatelanger Arbeit, bevor es gelingt, ihm seine Schlupfwinkel nachzuweisen, den psychischen Mechanismus seines Sprachleidens zu zerbrechen und ihn damit für immer zu heilen. Bei Benutzung der neurotischen Umwege ergeben sich für den Nervösen als hervorstechendste Charakterzüge vor allem Neid, Geiz, Herrschsucht und die Tendenz, Menschen und Dinge zu entwerten; weil er seine Neigung, sich über die anderen zu stellen, nur selten direkt befriedigen kann, so kann er ihr meist nur indirekt, durch Herabsetzung der anderen, Rechnung tragen. Weitere Züge, wie Haß und Rechthaberei, sind dazu bestimmt, seine Überlegenheit anderen gegenüber sicherzustellen. Um die mannigfachen Schwierigkeiten des Lebens nicht zu vermehren, wendet er Sparsamkeit, Genauigkeit, Pedanterie und abergläubische Regungen an. Des Stotterers größte Schwierigkeit, seine Furcht nicht nur vor dem Leben, sondern häufig auch vor der Ehe, verlangt oft Sicherungen in Gestalt von Masturbation, Perversionen und Impotenz, die seine Angst vor der Frau und vor Entscheidungen im allgemeinen nur sehr notdürftig verhüllen. Bemerken möchte ich dazu, daß ich in schweren Fällen von Stottern überraschend häufig psychische Impotenz gefunden habe.

Das System der Sicherungen und Hemmungen in der Psyche wird besonders befestigt und verstärkt durch Schuldgefühle, die dazu angetan sind, den Unternehmungsgeist ungemein zu hemmen. Sie rühren in der Hauptsache her von dem Streben des Kindes nach Vergeltung und Rache für wirkliche oder vermeintliche Zurücksetzungen; es sind Phantasien und Wünsche, die infolge der Trotzeinstellung leicht so unerhörte Grade erreichen, daß das Kind – das völlig unter dem Einflusse des allenthalben geltenden Erziehungsprinzipes »Schuld–Strafe« steht – vor den Folgen erschrickt, die ein Versuch, seine Rachepläne in die Tat umzusetzen, für dasselbe haben würde. Auf diese Weise tritt das Kind seinen eigenen Trieben entgegen und bewirkt eine intensive Aggressionshemmung, wie sie *Adler* für das Entstehen aller Neurosen als conditio sine qua non hingestellt hat. Den Schuldgefühlen fällt die Aufgabe zu, einem Sinken des Persönlichkeitsgefühles vorzubeugen, wenn die angestachelte Aggression zu besonderen Taten drängt.

Zu Beginn hatte ich schon hervorgehoben, daß die Antizipation und die Angst das Krankheitsbild des Stotterns vollständig beherrscht. Beide Erscheinungen sind der Ausfluß des halluzinatorischen Charakters des Nervösen und stellen lediglich eine besondere Form des Sicherungsmechanismus dar; beide stehen im umgekehrten Verhältnis zum Persönlichkeitsgefühle des Stotterers: sie machen sich um so mehr bemerkbar, je weniger die Sicherheit des letzteren gewährleistet ist. Solange der Stotterer sich vollkommen Herr der Situation fühlt, hat er weder die Neigung, nach »leichten« Worten auszuschauen und eine Reihe von Sätzen im voraus zu präparieren, noch macht sich irgendwelche Beklemmung und Angst fühlbar. *Adler* hat unzweifelhaft recht, wenn er sagt, »daß das psychische Phänomen der Angst aus einer halluzinatorischen Erregung einer Bereitschaft entsteht, die in der Kindheit aus kleinen Anfängen somatisch erwachsen ist, sobald eine körperliche Schädigung drohte, später aber, und insbesondere in der Neurose, durch den Endzweck bedingt ist, sich einer Herabsetzung des Persönlichkeitsgefühls zu entziehen und andere Personen dienstbar zu machen«. In der Regel ist das Stottern anfangs nicht mit spürbarer Angst verbunden; sie macht sich aber bald fühlbar in Fällen, wo das Gefühl der Minderwertigkeit und infolgedessen auch das Bedürfnis, sich mit anderen zu messen, sehr ausgesprochen ist. In manchen Fällen ist dies Bedürfnis so stark ausgeprägt, daß der Patient kaum imstande ist, irgend etwas unbefangen zu tun oder zu denken. Stotternde Kinder mit nicht übermäßig ausgeprägtem Gefühle der Minderwertigkeit und Unsicherheit zeigen häufig nur geringe Spuren von Angst vor dem zehnten oder zwölften Jahre; die überempfindlichen Kinder dagegen bringen den Sicherheitsmechanismus der Angst sehr früh zur Anwendung. Läßt man das Kind gewähren, zwingt man es nicht sich häufig vor Erwachsenen zu produzieren oder an Kinderbällen und ähnlichen Veranstaltungen, wo es mit »Größeren« in Berührung kommt, teilzunehmen, so kann der Ausbruch der Angst längere Zeit hintangehalten werden. In den meisten Fällen ist die Schule das Gespenst, das die Angst auslöst und Sprachstörungen wesentlich verschlimmert.

Ein Punkt hat meine Aufmerksamkeit wiederholt erregt: die häufige Wiederkehr der symbolischen Gestalt, die die Sicherungstendenzen in der Psyche der Stotterer annehmen. Ich fand nämlich, daß sie fast alle — manche von ihnen vollkommen bewußt — in Phantasien und Träumen die Vorstellung haben, daß sie sich entweder in einer Burg mit Schießscharten, einem mit sehr hoher Mauer umgebenen Hause oder in einem Gefängnis befinden. Sie haben den Eindruck, daß sie nicht aus dem Gefängnis entlassen werden oder die hohe Mauer übersteigen, d. h. zur »Welt« zurückkehren könnten, ehe sie nicht stärker geworden seien. Gedanken, daß sie den Aufenthalt im Gefängnis (ihrer Neurose) dazu benutzen müßten, ihre Kräfte zu verbessern (der Gefängniswärter erhält z. B. den Auftrag, ihnen Boxerhandschuhe zu Übungszwecken zu beschaffen), kehren häufig wieder. Auch wenn sie sich der Heilung nähern, werden die gleichen Symbole als Maßstab für ihre Fortschritte häufig benutzt: ihre Gefängnishaft wird in einigen Wochen beendet sein; von der hohen Mauer führen jetzt Stufen bis beinahe zur Erde hinab ... Diese symbolische Auffassung, der ich, wie bemerkt, sehr oft begegnet bin, zeigt recht deutlich, wie korrekt die *Adler*sche Auffassung der Neurose als eines Sicherungssystems ist.

Die Nervosität bedient sich des Stotterns ursprünglich als einer Art trotziger Auflehnung gegen die Forderungen der elterlichen Autorität und später, nachdem das Sicherungssystem und die Verteidigungswerke vollständiger ausgebaut sind, als einer Art Hindernis, das dem Kinde erlaubt, Entscheidungen und Zusammenstöße, die sein Persönlichkeitsgefühl einer Verletzung aussetzen könnten, entweder völlig zu vermeiden oder zum mindesten hinauszuschieben. Wie wir gesehen haben, bildet ein Minderwertigkeitsgefühl, das vom Kinde aus Sicherungsgründen verstärkt gefühlt wird, die Grundlage des neurotischen Charakters, und die psychologische Behandlung muß naturgemäß darauf hinarbeiten, diese Grundlage zu beseitigen oder zum mindesten beträchtlich zu modifizieren, eine Aufgabe, die sich um deswillen in den weitaus meisten Fällen erfolgreich lösen läßt, weil diese Basis fiktiv ist. Andere Behandlungsmethoden versagen in der Regel völlig, weil sie außerstande sind, die falsche Einstellung des Stotterers und sein Endziel, den übertriebenen männlichen Protest, nebst der ganzen Folge der im Unbewußten sich zwangsmäßig abwickelnden Wirkungen zu beeinflussen.

Was die Prophylaxis anlangt, so muß bei Kindern, die kränklich und schwächlich sind, besondere Organminderwertigkeiten zeigen oder erblich belastet sind, mit allen Mitteln dahin gewirkt werden, bei ihnen kein subjektives Minderwertigkeitsgefühl aufkommen zu lassen. In Haus und Schule muß der Erziehungsplan besonders erstreben, das bei zarten Kindern stark ausgeprägte Anlehnungsbedürfnis nicht zu unterstützen, sondern das Kind zur Selbständigkeit anzuhalten und es von der Meinung der andern unabhängig zu machen. Es ist besonders angezeigt, väterliche Imperative, soweit als irgend tunlich, zu vermeiden, weil man sonst Gefahr läuft, das Kind in die Trotzeinstellung zu drängen, die meist den Ausgangspunkt für die Neurose bildet. Weiter ist es ein dringendes Erfordernis, die Unsicherheit der Geschlechtsrolle rechtzeitig durch entsprechende Aufklärung zu verhüten. Der Zeitpunkt für diese Belehrung ist gekommen, wenn die Beschäftigung mit dem Sexualproblem die Wißbegierde des Kindes so weit gesteigert hat, daß es mit bezüglichen Fragen an die Mutter herantritt. Zu Beginn des Schulbesuchs ergeben sich für das schwächliche Kind leicht Schwierigkeiten, denn das System der »Förderklassen« und die abfällige Beurteilung, die der »Schwächling« bei Sport und Turnspielen erfährt, sind dazu angetan, bei ihm neurotische Kompensationsbestrebungen auszulösen. Hier kann des Lehrers Einfluß von großem Segen sein, wenn er es versteht, den Schwachen taktvoll, ohne das Kind es merken zu lassen, gegen die Übergriffe und Herausforderungen der Stärkeren zu schützen. Es wird dann zum mindesten in einer ganzen Anzahl von Fällen gelingen, von disponierten Kindern die Schädigungen fernzuhalten, die andernfalls ihre psychische Gesundheit vielleicht in Frage gestellt haben würden.

Fassen wir das Problem der Stottererbehandlung kurz zusammen, so ergeben sich im wesentlichen folgende Momente:
Für praktische Zwecke ist es völlig überflüssig, den früher allgemein üblichen Unterscheidungen zwischen tonischem und klonischem, zwischen aphatischem und bulbärem usw. Stottern nähere Beachtung zu schenken, weil die künstliche Einteilung des Symptoms in Kategorien keinerlei Handhabe für die psychische Behandlung des Leidens bietet. Das ganze Interesse muß sich vielmehr auf den neurotischen Kampf konzentrieren, der sich gewissermaßen hinter den Kulissen abspielt. Bei der individualpsychologischen Behandlung läßt sich ohne Mühe feststellen, daß Stottern sich in der Regel in drei Phasen, und zwar in innigstem Anschluß an jeweils verstärkte Aggressionshemmungen entwickelt. Diese drei Phasen lassen sich wie folgt bezeichnen:
1. Phase: Periode der Schüchternheit (= schwache Aggressionshemmung);
2. Phase: Latentes Stottern (= stärkere Aggressionshemmung);
3. Phase: Manifestes Stottern (= sehr starke Aggressionshemmung).
Was die erste Phase angeht, so ist dieselbe mehr oder weniger identisch mit der frühinfantilen Periode jener Nervösen, die zur Darstellung ihrer Neurose vorwiegend »weibliche« Mittel in Anspruch nehmen. Bei jedem Patienten läßt sich unschwer ein sehr verstärktes Minderwertigkeitsgefühl und — als psychische Kompensation — ein überstiegener Geltungsdrang feststellen. Ebenso gelingt es stets nachzuweisen, wie die damit ins Leben gerufene verschärfte Aggression in dem Moment zur Aufstellung einer psychischen Hemmung geführt hat, wo die geradlinige Aggression des Kindes entweder gescheitert war oder zum mindesten ernstlich zu scheitern drohte. Als hervorstechendster Ausdruck dieser Hemmung tritt nunmehr *Schüchternheit* den Stärkeren und vornehmlich auch Fremden gegenüber auf. Zur Sicherung des Persönlichkeitsgefühls wer-

den gleichzeitig *Überempfindlichkeit* und die verschiedenen Formen des kindlichen *Trotzes* entwickelt, und das Kind geht aus Furcht, sich zu exponieren, schon sehr frühzeitig daran, durch eine Art passive Resistenz sich der Überlegenheit der anderen zu entziehen.

Hier läßt sich der Kreis der 1. Phase abschließen. Bei intelligenten Kindern kann dieser Abschluß schon in das Alter von 3½ Jahren fallen. Entwickelt sich ein solches Kind in den darauf folgenden Jahren günstig und gewinnt es wieder Vertrauen in seine eigene Kraft, so würde das Minderwertigkeitsgefühl eine entsprechende Reduktion erfahren und infolgedessen die nervösen Charakterzüge an Intensität verlieren. Sind die Verhältnisse dagegen ungünstig gelagert, so kommt es zur Entwicklung der 2. Phase, des latenten Stotterns. Diese Phase ist zeitlich nicht allgemein abzugrenzen, da sie in manchen Fällen nur Wochen oder wenige Monate, in andern Fällen unter Umständen aber den ganzen Rest des Lebens andauern kann.

Unter das latente Stottern fällt vornehmlich das *Poltern* (Huderln) – die dabei zutage tretende Hast verrät deutlich das stark ausgeprägte Unsicherheitsgefühl – und die auffälligeren Formen des *Zögerns* beim Beginn der Rede oder zu Beginn eines neuen Satzes. Meist tritt auch in Verbindung hiermit die Neigung auf, das Sprechen vor Höherstehenden nach Möglichkeit zu vermeiden mit Rücksicht auf das nervöse Spannungsgefühl, das durch das Pathos der Distanz ausgelöst wird und das sich vornehmlich auf der Brust, oft auch im Kehlkopf unangenehm fühlbar macht.

In Fällen, bei denen der Druck der Umgebung besonders stark oder die konstitutionelle Schwäche sehr ausgeprägt ist, dauert die 2. Phase häufig nur einige Wochen oder Monate, so daß wir manifestes Stottern schon bei Kindern im Alter von 3¾ Jahren zuweilen beobachten können. In den weitaus meisten Fällen zeigt sich sein Beginn aber erst im Laufe des Schulbesuches, und zwar wieder, nachdem das Kind auf seiner Hauptlinie auf einen scheinbar unüberwindlichen Widerstand gestoßen und damit die Gefahr des Unterliegens in greifbare Nähe gerückt war.

Jetzt erfolgt unter dem Drucke des »männlichen Protestes« eine weitere Verstärkung der Aggressionshemmung: Der *Zweifel* an dem Sprechen*können* und im weiteren Verlauf auch die Sprech*angst* (nach Alarmierung der halluzinatorischen Fähigkeiten der Psyche) werden nunmehr hypostasiert. Die Fertigstellung dieser psychischen Arrangements kann – wie ich in einigen Fällen direkt festzustellen vermochte – bis zu drei Monaten nach der erlittenen oder befürchteten Niederlage in Anspruch nehmen. Dann tritt die Sprachstörung, also nunmehr das manifeste Stottern, unerwartet wie ein Blitz aus heiterm Himmel, zum ersten Male auf. – In dieser Weise ist fast jeder Stotterer in seine Psychoneurose hineingewachsen. Eine Ausnahme bilden nur diejenigen Fälle, bei denen die 2. und 3. Phase zeitlich mehr oder weniger zusammenfällt; es sind das solche, bei denen das manifeste Stottern in unmittelbarem Anschluß an einen Schock oder an eine schwere Infektionskrankheit (und dadurch bedingte große Verstärkung des subjektiven Unsicherheitsgefühls) auftritt.

Die ersten Stotterparoxysmen kommen physiologisch in folgender Weise zustande: Das Kind empfindet das in schwierigeren Situationen auftretende Spannungsgefühl im Kehlkopf als ein Hindernis, das es instinktiv durch stärkere Inanspruchnahme der Bauchpresse zu überwinden trachtet. Dadurch entsteht naturgemäß leicht ein völliger Verschluß der Glottis, mit dem Resultat, daß die Tonbildung momentan unterbunden ist, eine Unterbrechung, die äußerlich als Stottern in die Erscheinung tritt. Die Anfangsschwierigkeiten spielen sich immer im Kehlkopf ab; erst später verschiebt das Kind den Akzent mehr und mehr auf die Artikulation, die es für die Spracherschwerung glaubt verantwortlich machen zu müssen, und müht sich dann andauernd mit den »schweren« Buchstaben ab. –

Der Rahmen dieser Arbeit erlaubt es nicht, auf eine große Reihe interessanter Einzelheiten einzugehen;[8] ich muß mich deshalb darauf beschränken, hier nur einige der wichtigsten Momente anzuführen.

Die früheren Autoren haben sich vergeblich bemüht, eine überzeugende Erklärung dafür zu finden, warum beim Stotterer die Sprachhemmung zu Beginn der Rede am intensivsten auftritt, wie die sog. Mitbewegungen zustande kommen, u. ä. m. Im Lichte der Individualpsychologie ergeben sich die Erklärungen von selbst, wenn man nur im Auge behält, daß das Stottern eine Sicherungsvorrichtung ist, die unter dem Zwange des männlichen Protestes steht, aber mit »weiblichen« Mitteln zur Darstellung gelangt. Um ihren Zweck als Sicherung erreichen zu können, muß natürlicherweise die Hemmung in dem Augenblick, wo der Patient den Schauplatz betritt, am stärksten wirken, sonst würde ja die Absicht, in der seine Psyche sie arrangiert hat, hinfällig werden. Auch die Anomalien der Atmung sind völlig von dem jeweiligen Grad der Sicherungstendenz abhängig. Besonders interessant in dieser Beziehung sind diejenigen Fälle, wo die Patienten zunächst den Atem ohne einen Versuch der Stimmbildung schie-

[8] Wegen näherer Einzelheiten nebst Darstellung typischer Fälle vgl.: Alfred Appelt. *Die wirkliche Ursache des Stotterns und seine dauernde Heilung*. Berlin 1925; ferner Appelt, *Das stotternde Kind*, Dresden 1926; und Appelt ›Sprachstörungen‹. In: *Handbuch der Individualpsychologie*. München 1926.

ßen lassen und dann unter Verwendung der Residualluft zu sprechen anfangen. Man sieht daran deutlich die Benutzung der pseudo-masochistischen Technik: Die Patienten müssen erst den Zustand der »weiblichen« Schwäche, also in unserem Falle die Atemlosigkeit, erreichen, ehe sie den »männlichen« Aufstieg und damit den Sprechakt wagen dürfen.
Was das Wiederholungsstottern, d. h. die ein- oder mehrmalige Wiederholung des Anlautes oder der ersten Silbe eines Wortes, angeht, so erklärt sich diese Erscheinung einfach aus dem Umstande, daß der Stotterer einerseits eine sehr niedrige Selbsteinschätzung vorgenommen hat, während er andererseits unter dem Zwang der Sicherungstendenz ständig geneigt ist, die Schwierigkeit bestimmter Aufgaben, besonders auch die des Sprechaktes, weit zu überschätzen. Wie zu erwarten, nimmt ihm die infolge der Unter- und Überschätzung geschaffene übergroße Distanz den Mut zum Vorwärtsschreiten und erzeugt auch beim Sprechen die »zögernde Attitüde«. So bietet der an Wiederholungsstottern Leidende regelmäßig das Bild eines Menschen, der im Begriff ist, über ein Hindernis zu setzen, den Sprung aber erst nach ein- oder mehrmaligem fruchtlosen Anlauf wagt. Einen ähnlichen psychischen Mechanismus zeigt auch eine bei Stotterern häufig anzutreffende Erscheinung, die Embolophasie. Es sind das Flickworte, die nicht dem auszusprechenden Gedanken angehören und die nur gebraucht werden, wenn Sprachschwierigkeiten auftreten. Diese Flickworte, wie z. B. »also« »und« »quasi«, haben regelmäßig den Wert eines psychischen Sprungbrettes, mit dessen Hilfe der zur Überwindung des scheinbar schwierigen Wortes erforderliche Elan fiktiv ausgelöst wird.
Was die sog. Mitbewegungen anbelangt, so wird hierbei gewöhnlich unterschieden zwischen rein körperlichen und solchen mit Lautcharakter. Die letzteren erscheinen meist in Form einzelner Buchstaben — am häufigsten n, ü oder r —, deren individuelle Wahl sich bei der psychologischen Behandlung unschwer feststellen läßt. Da diese Laute stets unmittelbar vor das »schwierige« Wort gesetzt werden, so ergibt sich ihr Zweck, nämlich wiederum die Stelle eines Sprungbrettes einzunehmen, von selbst. Zur Illustration will ich den Fall eines 29jährigen Patienten hier kurz anführen, der sich eines langgezogenen R... bediente, wenn ihm der erste Buchstabe eines Wortes Angst einflößte. Er litt bis zum 6. Lebensjahre an Rhotazismus und sprach die R entweder ganz verwischt oder gar nicht aus. Als er zur Schule kam, tadelte ihn der Lehrer wegen seiner mangelhaften Aussprache des R sehr häufig. Der Erfolg war ein doppelter. Der Rhotazismus verschwand, doch das Verhältnis des ehrgeizigen, aber sehr trotzigen Knaben zu seinem Lehrer wurde das denkbar schlechteste. Infolge

häufiger Zusammenstöße kam es im Laufe des ersten Schuljahres bei dem Jungen zu einer sehr starken Aggressionshemmung, und bald darauf zeigten sich die Anfänge des Stotterns. Als sich das Leiden während der folgenden vier Jahre mehr und mehr verschlimmert hatte, trat bei dem Patienten plötzlich die Neigung auf, vor »schwierigen« Worten ein langgezogenes R... einzuschalten und so das Hindernis zu nehmen. Die Erklärung liegt auf der Hand: Patient hatte eine frühere Schwierigkeit, über die er im 6. Lebensjahr hinweggekommen war, wieder unbewußt hervorgeholt, um mit ihrer Hilfe im Sinne eines aufmunternden Mementos nunmehr auch die Stotterhemmungen zu überwinden. Er zeigte diese Technik sehr deutlich in einem Traume, in dem er wegen eines Streiches verfolgt wurde und, um der schwierigen Situation zu entrinnen, genötigt war, über einen zwei Meter hohen Zaun hinwegzusetzen. Mit Hilfe eines Anlaufes gelang es ihm nur, etwa 1 m hoch zu springen; frei in der Luft schwebend, stieß er jetzt einige Male das R... aus und konnte nunmehr das Hindernis ohne Schwierigkeit nehmen.

Die rein körperlichen Mitbewegungen und die darin liegende Tendenz, von der weiblichen zur männlichen Linie abzurücken, sind bereits oben berührt worden. Ebenso ist das ungemein wichtige Problem der neurotischen Angst schon vorstehend behandelt worden. Die Angst allein würde indes den Mechanismus der Sprachhemmung nicht in jedem Falle auslösen können; es müssen vielmehr zu diesem Ende noch weitere psychische Hilfsmittel herangezogen werden. Unter diesen nimmt die Antizipation die erste Stelle ein, und zwar wirkt sie nicht nur in der Form einer vorherigen Einfühlung in Empfindungen und Situationen, sondern nötigt den Stotterer auch, beim Sprechen mit seinem geistigen Auge weit vorauszueilen, beständig spähend, ob ein »schwerer« Buchstabe etwa in Sicht kommt. Es spielt sich ein fortgesetzter Kampf während des Sprechens in der Psyche ab, denn der Stotterer hat ununterbrochen zu prüfen, ob er den Mut aufbringt, dieses oder jenes Hindernis direkt zu nehmen, oder ob es vorzuziehen sei, der Schwierigkeit durch Substitution eines »leichteren« Wortes *auszubiegen.* Da er infolge seiner starken Aggressionshemmung beständig auf das Ausbiegen vor Gefahren eingestellt ist, so nimmt die Intensität der Sprachhemmung ab, sobald sich die Möglichkeit einer Substitution bietet. Fehlt dagegen diese Möglichkeit, wie z. B. beim Lösen einer Eisenbahnfahrkarte, so ergeben sich in der Regel sofort größere Schwierigkeiten.

Was endlich die Wahl der sog. schweren Buchstaben betrifft, so sind diese quantitativ wie qualitativ psychisch streng determiniert. Ein Wandel der Leitlinie hat gewöhnlich eine teil-

weise oder vollständige Auswechslung solcher Buchstaben im Gefolge. Es verursacht zuweilen beträchtliche Mühe aufzufinden, wie die Psyche des Patienten jene Buchstaben nach Analogie eines Mementos verankert hat; stets dienen sie aber dem gleichen Zwecke: Sie sind Warner, die den Stotterer jeden Augenblick daran erinnern sollen, daß er sich, sobald er in Aktion tritt, nur unter Aufbietung der allergrößten Vorsicht vorwärts bewegen darf. Häufig lassen sich diese rein individuellen Zusammenhänge nur aus den Träumen der Patienten erschließen. Oft wird man allerdings auch durch die fortschreitende Besserung der Patienten dieser Mühe enthoben.
Der Raum verbietet mir, die Behandlung einiger typischer Fälle von Stottern im Zusammenhange hier darzustellen, und ich muß mich deshalb auf die Versicherung beschränken, daß die Mittel der Individualpsychologie selbst in den schwersten Fällen völlig ausreichen, die neurotische Struktur des Leidens in allen ihren Einzelheiten aufzuhellen und derart befriedigende und vor allem dauernde Erfolge zu ermöglichen, wie sie die bisher angewandten Suggestions- und sprachgymnastischen Verfahren auch nicht im entferntesten zu erzielen vermocht haben.

Else Sumpf

»Störung des Persönlichkeitsgefühls« in der Neurose
Beiträge zur Entstehungsgeschichte

Als Grundlage der Neurose fand ich bei einer Reihe von mir beobachteter Fälle Organminderwertigkeiten, die nicht so sehr als solche, sondern vor allem durch die Stellungnahme der Umgebung bedingend für eine gestörte persönliche Auffassung des Kindes von seiner Position im Leben wurden. Einige Entstehungsgeschichten mögen als Beiträge zum Verständnis des Zustandekommens dieser zentralen psychischen Störung hier mitgeteilt sein.

I

In einem Falle handelte es ich um eine seit der Kindheit bestehende Kurzsichtigkeit. Die Konflikte begannen mit dem Auftreten der Kurzsichtigkeit etwa im 10. Lebensjahr. Die Patientin gab an, in den ersten Schuljahren fröhlich und ausgelassen gewesen zu sein, bis man eine zunehmende Ungeschicklichkeit an ihr beobachtete, deren Ursache nach einiger Zeit in der Kurzsichtigkeit gefunden wurde. Das Kind hatte bisher in der Schule Gutes geleistet, begann dann jedoch an der Landkarte falsch zu zeigen. Sie wurde für dumm und zerstreut gehalten, so daß sie unsicher wurde und zu stottern begann; eine Lehrerin veranlaßte, daß sie eine Brille erhielt. Zu Hause wurde ihr dann jedes Buch fortgenommen, in der Schule wurde sie von den Mitschülerinnen gemieden, weil man eine ansteckende Augenkrankheit befürchtete. Die Familie lebte in einer kleinen Stadt der östlichen Provinzen, wo viel Trachom vorkommt. Diese Isolierung beschämte das Kind. Die Leistungen in der Schule ließen nach, sie wurde von den anderen gefoppt und stand allein. Die Mutter war sehr streng mit der Patientin, nahm ihre Schulfehler sehr ernst, zuweilen trugen sie ihr Schläge ein. –

Die Eltern lebten nicht ganz glücklich miteinander. Die Mutter warnte die Tochter schon früh vor der Ehe, suchte ihr stets das Heiraten auszureden. Als wichtiges Argument nahm sie die Kurzsichtigkeit zu Hilfe. Die Tochter glaubte, daß die Mutter ihr gesagt habe, daß sie der Kurzsichtigkeit wegen keine Ehe eingehen könne, weil sich das Leiden vererben werde. Mit etwa 12 Jahren galt die Tochter bei der Mutter als unerziehbar. Seit dem 14. Jahre interessierte sie sich gelegentlich für junge Männer, sie hatte auch Tanzstunde, wo es ihr ganz gut erging und wo die Brille verheimlicht wurde. Als aber einmal ein junger Mann Heiratsabsichten hatte, machte die Mutter der Sache ein Ende, fragte angeblich den jungen Mann, der ein Verwandter der Familie war, warum er sich so ein häßliches Mädchen ausgesucht habe. Pat. fürchtete von nun ab immer, wegen ihrer vermeintlichen Häßlichkeit, die sie auf die Brille schob, nicht gern gesehen zu sein. Der Briefwechsel mit dem jungen Mann und das »Du«-sagen wurden verboten. Ihren Kusinen gegenüber fühlte sich die Pat. zurückgesetzt, weil diese Verkehr mit jungen Männern hatten; dagegen wurde sie vom Onkel wegen guten Lernens gelobt. Sie wurde ehrgeizig und erreichte in den letzten Schuljahren sehr gute Leistungen. Die Mutter wollte ihr den Lehrerinnenberuf aufnötigen, sie aber wollte Maturität machen und Nationalökonomie studieren. Doch die Großmutter machte das Frauenstudium lächerlich. Den Plänen wurde ein Ende gemacht, da die Mutter an einer unheilbaren Krankheit litt, an der sie nach zwei Jahren starb. Pat. fiel die schwere Krankenpflege zu. Nach dem Tode der Mutter mußte sie die Wirtschaftsführung übernehmen. Der Vater war aber so schwer zufrieden zu stellen, daß Pat. mit 18 Jahren aus dem Hause ging. Da nahm der Vater eine Wirtschafterin, so daß die jüngere Schwester, die inzwischen heranreifte, es viel leichter hatte, was Pat. bitter kränkte. Von da ab fühlte sie sich vom Vater zurückgesetzt, und das Verhältnis der Schwestern war gestört. Sie machte die Handelsschule durch und nahm Bürostellen an, hatte aber stets das Gefühl, daß die Familie das für »unschicklich« hielt und daß die Schwester, die zu Hause Haustochter und Dame war, in höherem Ansehen stand. In der Fremde ging es zuerst gut. Sie fand allerhand Verkehr; man nahm keinen Anstoß daran, daß sie im Beruf stand. Allmählich aber bekam sie das Gefühl, daß sie gemieden und daß über sie geredet wurde. Es war ein Komplott gegen sie. Ein Nervenzusammenbruch mit Licht- und Menschenscheu fesselte sie tagelang an ein verdunkeltes Zimmer. Während einer Erholungszeit zu Hause hatte sie das Gefühl, daß die Schwester die Vorräte vor ihr wegschließe. Sie stand dann noch einige Jahre im Beruf, wechselte verschiedentlich Stellen, war in der Arbeit ehrgeizig und tüchtig, hatte aber Konflikte mit den Vorgesetzten. In letzter Zeit glaubte sie von neuem die Erfahrung zu machen, daß ihre Umgebung ihr feindlich gesinnt sei und sie nirgends in der Gesellschaft Fuß fassen konnte.

Das Bild war das der Hoffnungslosigkeit und Verbitterung; die Erkrankung hatte weniger depressiven als paranoiden Charakter. Verschiedene Persönlichkeiten der Umgebung klagte die Patientin aufs heftigste an, daß sie es ihr unmöglich machten, in einen Kreis junger Menschen aufgenommen zu werden, an dem ihr sehr viel lag. Ein Freund, den sie von früher kannte, sollte sie dort einführen, tat es aber zu ihrer großen Enttäuschung nicht. Er, um dessen Freundschaft sie sich durch Hilfsleistungen bewarb, stieß sie ganz im Gegenteil zurück, indem er ihr andere, sozial besser gestellte Freundinnen vorzog, mit denen sie rivalisierte. Die letzten Ursachen dieser Zurücksetzungen sah Pat. in ihrer Kurzsichtigkeit und dadurch bedingten vermeintlichen Häßlichkeit, sowie in dem Umstand, daß auch hier, wie zu Hause, Arbeit als entwürdigend gelte. Zeitweise verdichtete sich der Glaube an die Feindseligkeit der Umwelt zu einem förmlichen Verfolgungswahn. Das Fiktive dieses Wahnes ließ sich vor allem an Hand von unbegründetem Mißtrauen nachweisen, das auch gegen mich auftauchte. Einzelheiten im Verhalten der Umgebung gegen sie waren tendenziös falsch gedeutet. Andererseits mußten auch gewisse reale Zurücksetzungen zugegeben werden, die offenbar durch die übertriebenen und gereizten, aus der Entwertungsangst stammenden Anforderungen an die Umgebung provoziert waren. Ihre Machtlosigkeit war damit im Sinne des neurotischen Arrangements scheinbar bewiesen. Ihr Augenleiden, die Feindseligkeit der Umgebung und ihre soziale Position, Faktoren, die schwarzseherisch unterstrichen und dadurch fiktiv erweitert wurden, enthoben sie jeder weiteren Verantwortung.

Die unkluge Stellungnahme der Mutter zu der Kurzsichtigkeit des Kindes, die kindlichen Grausamkeiten der Mitschülerinnen, die Enttäuschtheit der Mutter in der Ehe, die sie ihrer Tochter als Memento auf den Lebensweg gab, und die Anschauungen der Verwandten über Arbeit und Broterwerb eines Mädchens aus »guter Familie« untergruben das Selbstgefühl des heranwachsenden Mädchens. Der Ausgleich wurde in einer bedingungslosen Anerkennung durch die Umwelt angestrebt, die niemals erreicht werden konnte; im Gegenteil trugen die übertriebenen Anstrengungen stets den Keim zum Scheitern in sich, da sie die Umgebung in die Opposition trieben und damit der Beweis der Feindseligkeit stets von neuem erbracht war. Wie leicht verständlich, war die Störung auch in der Beziehung zum Manne deutlich. Die Mutter hatte ja schon geweissagt, Pat. werde keinen Erfolg beim Manne haben. Nun saß der Stachel in ihr, der sie trieb, gerade diesen Erfolg krampfhaft zu suchen, während sie doch im Innersten daran zweifelte.

In einem anderen Falle war es eine spinale Kinderlähmung, die das Erleben des Kindes grundlegend beeinflußte. Die Lähmung trat im ersten Lebensjahr ein. Im Vorschulalter wurde von einem guten Chirurgen eine Sehnentransplantation gemacht. Die Pat. trägt keinen Apparat, das Bein ist mäßig verkürzt, die Muskulatur atrophiert, das Kniegelenk etwas versteift; die Beweglichkeit dementsprechend gehindert. – Als einziges Kind wurde die Patientin verwöhnt. Die Eltern, die sich durch das Leiden des Kindes bedrückt fühlten, suchten ihr das Los zu erleichtern, die Mutter war sehr nachgiebig. Die Konflikte begannen mit dem Besuch der Schule, die Mitschülerinnen neckten die Pat. und ahmten ihr nach, wie sie hinkte. Sie wurde mißmutig, fühlte sich zurückgesetzt und zog sich selbst von den anderen Kindern zurück. Von einer Lehrerin hatte sie das Gefühl, daß sie sie nicht möge und sie an den Pranger stelle. Die Angst vor dieser Lehrerin steigerte sich dermaßen, daß die Eltern einen Schulwechsel für nötig hielten. Sie kam in eine Klosterschule, wo es zunächst ganz gut ging, bis die Mädchen untereinander vom Heiraten zu sprechen begannen. Pat. glaubte, daß sie ihres Fußleidens wegen wohl keinen Mann finden werde, auch die anderen Mädchen meinten, sie werde wohl nicht heiraten können. Der Konflikt gewann an Gewicht, als ein Geistlicher den Mädchen davon sprach, daß ihr eigentlicher Beruf die Ehe sei. Sie nahm sich vor, zu verzichten, es war ihr aber klar, daß sie im Beruf einen Ausgleich suchen und dort etwas ganz Besonderes erreichen müsse. Sie wählte den Lehrerinnenberuf, besuchte ein Seminar und wollte »furchtbar viel erreichen«. Zu ihrer Enttäuschung glückte es mit der Ausbildung nicht in der Weise, wie sie gehofft hatte. Die Zensuren fielen nicht hervorragend aus und sie wurde sehr empfindlich. Mit dem Ehrgeiz wuchs die Unsicherheit. Die Kritik eines ihrer Lehrer verletzte sie besonders, sie wollte unter allen Umständen seine Zufriedenheit erwerben und rieb sich im Kampfe mit ihm auf. Als sie so fühlte, daß das Mittel, mit dem sie ihren gefährdeten Platz im Leben und ihre Geltung im Wettbewerb zu erringen gehofft hatte, versagte, wurde sie von wachsender Ungeduld ergriffen. Sich selbst überlassen – sie lebte z. Zt. fern von zu Hause –, begann sie sich zu vernachlässigen, nahm ihre Mahlzeiten unregelmäßig ein, fastete zeitweise, während sich zu anderen Zeiten ein Heißhunger einstellte, den sie dann wahllos befriedigte. Der Erfolg war eine Magenneurose. Sie setzte mit dem Studium aus, um den Magen zu kurieren, kam ins Krankenhaus, wo die Magenbeschwerden als nervös bezeichnet wurden. Sie nahm dann das Studium wieder auf, um es nach einem Jahr wieder unter-

brechen zu müssen. Das Studium blieb unvollendet, was sie sehr deprimierte. Sie begann, sich zu Hause ihren Unterhalt durch Privatstunden zu erwerben, da sie der Überzeugung war, daß die Eltern ihr finanziell keinen Aufenthalt in der Großstadt mehr ermöglichen könnten. (Die Eltern leben tatsächlich in beschränkten Verhältnissen.) Es ließ ihr aber dauernd keine Ruhe, daß sie nicht fertig studiert hatte. Die Magenbeschwerden wurden chronisch; gegen die Mutter, die in ihrer Küche auf die von der Tochter selbst zusammengestellte Diät Rücksicht nehmen sollte, wurde die Pat. empfindlich und anspruchsvoll. Die Magenneurose wurde das Kreuz der Familie. Die offenbar zu nachgiebige Mutter wurde dadurch beherrscht, sie wurde barsch und gereizt. Auch waren die Eltern durch das Schwanken der Tochter in ihren Plänen ungeduldig geworden. Die Pat. hatte fortan immer das Gefühl, die Mutter sei im Zweifel, ob aus ihr noch etwas Rechtes werden könne.
Eine psychische Behandlung wollte der Mutter nicht einleuchten. Sie meinte, wenn das Magenleiden der Tochter nervös sei, dann sei sie selbst schuld und könne sich nur selbst helfen. Innerlich erklärte sich die Pat. bei solchen Erörterungen selbst für schuldig, fand aber keinen Ausweg aus diesem Circulus, in dem sie sich eingefangen hatte. Mutlos geworden durch das körperliche Leiden der Kinderlähmung, das sie in ihrer Bewegungsfreiheit und in ihren Plänen hinderte und das ihr das Gefühl einer tiefen Minderwertigkeit, zumal im Verhältnis zum anderen Geschlecht gab, hatte sie in Berufsplänen einen Ausgleich gesucht. Dabei war das Minderwertigkeitsgefühl zur Wurzel eines Ehrgeizes geworden, der sich nicht mit der Erreichung des üblichen, für den praktischen Beruf ausreichenden Erfolges begnügen wollte, sondern sich ein ihre gefährdete Geltung sicherndes Ziel der Überlegenheit setzte. Das Gefühl der Unzulänglichkeit, das sich nicht auf den realen Befund des Beinleidens beschränkte, sondern fiktiv auf die ganze Persönlichkeit erweitert wurde, machte sie jedoch auch in der Berufsarbeit unsicher, so daß sie, im Widerspruch zu ihrem Ehrgeiz, sich keinen Erfolg zutraute. Ängstlich machte sie ihr Werturteil über sich selbst vom Urteil des Lehrers abhängig, wie zu Hause vom Urteil der Eltern und einst in der Schule von den Mitschülerinnen und Lehrerinnen. Um dem drohenden Mißerfolg zu entgehen, ergriff sie den Ausweg in die mit den Magenstörungen akut werdende Neurose, die ihr auch zu Hause eine gewisse Position verschaffte. – Die Mutter, die offenbar von Anfang an – im besten Glauben – zu nachgiebig war und das Kind aus Rücksicht auf sein Leiden verwöhnte, hatte damit den Boden vorbereitet, um nun selbst von der Tochter beherrscht zu werden. Auch war das Kind durch die Widerstandslosigkeit zu Hause weniger gefestigt

zum Kampfe mit den unausbleiblichen Konflikten. Ein Kampfgebiet wurde schon von früh auf ausgeschaltet, das der Beziehung zum Manne. Der Entschluß zum Verzicht auf die Ehe ist als Sicherung zu verstehen, auf diesem Gebiete keinen Mißerfolg zu erleben. Der Entschluß, der auch zu einer dauernden Distanzierung zum Manne führte, gewann um so größeren Nachdruck, als er auch vom katholischen Standpunkt im Sinne eines »Plus« empfunden werden konnte. Es muß zugegeben werden, daß durch das Leiden tatsächlich eine schwierige Situation geschaffen war. Aber auch auf diesem Gebiet war der Konflikt fiktiv erweitert. Ein gewisses Maß gesunder Selbstkritik ließ die Pat. in Erwägung ziehen, ob sie nicht selbst an ihrem Schicksal beteiligt sei. Doch wurde ohne die Kenntnis des Fiktiven in ihrer Selbsteinschätzung die Verantwortung für das eigene Leben als unerträglich schwer empfunden, weil sie mit tiefer Niedergedrücktheit des Selbstgefühles verknüpft war. Nur der Abbau des übertriebenen Minderwertigkeitsgefühles mit gleichzeitiger Reduktion des übertriebenen Ehrgeizes und Übernahme der Verantwortung für das eigene Leben auf dieser neuen Basis führt aus diesem Dilemma heraus.

III

In einem dritten Falle wurde eine Schwerhörigkeit (Otosklerose) zum Mittelpunkt des neurotischen Sicherungssystems gemacht. Die Schwerhörigkeit trat allerdings erst nach dem 20. Lebensjahr auf. Die psychische Disposition zur Neurose aber bestand seit früher Kindheit. Die Neurose brach aus, als eine wichtige Lebensentscheidung zu treffen war.
Der Vater des Pat. war höherer Beamter, ungewöhnlich tüchtig, energisch, eine »mächtige Persönlichkeit«. In den ersten Jahren war der Vater sehr freundlich mit dem Kinde. Das Verhältnis erkaltete aber, als der Sohn selbständig wurde. Der Vater wollte gern dirigieren; wenn der Sohn selbständig handelte, gab es Konflikt. Ähnlich hatte sich der Vater auch der älteren Schwester gegenüber verhalten. Als diese heiratete, ohne den Rat des Vaters zu hören, wurde dieser kühl gegen sie. So war das Verhältnis des Sohnes zu dem bewunderten Vater ein gedrücktes. Stets fürchtete er bei Begegnungen mit dem Vater, dieser werde ihm eine Dummheit nachweisen. Die Mutter war herzlich mit dem Kinde, aber pessimistisch. Eigentlich hatte sie es sehr gut, sie hielt sich aber immer für eine unglückliche Frau. Sie sah immer die schwere Seite der Dinge. Wenn eine Entscheidung gefallen war, fürchtete sie immer, es falsch gemacht zu haben. Die Entwicklung verlief gewissermaßen »programmäßig«. In der Schule und beim Studium

hatte Pat. die besten Erfolge. In der Schule galt er als Musterkind, es war selbstverständlich, daß er die besten Noten heimbrachte. Nur bei der Doktorarbeit wollte er einmal mutlos werden; der Vater aber setzte ihm den Kopf zurecht, indem er ihm sagte: was die anderen können, das kannst du doch zweimal. — Nach dem 20. Jahr trat nacheinander nach Mittelohrentzündung beiderseitige Otosklerose auf. Im Verlaufe von Jahren stellten sich mäßige Schwerhörigkeit und subjektive Geräusche ein. Pat. wurde darauf aufmerksam gemacht, daß die Schwerhörigkeit zunehmen werde und event. vererblich sei. Er war zeitweise deprimiert deswegen. Inzwischen hatte er seine Beamtenlaufbahn begonnen, war mit Eifer beim Dienst und hatte gute Erfolge. Bei seinen Kollegen galt er als unermüdlicher Arbeiter. Der Krieg unterbrach seine Berufslaufbahn und in gewissem Sinne auch seine Erwägungen bezüglich einer Verheiratung, die ihm im Zusammenhang mit seiner Schwerhörigkeit Gedanken machte. Er war ganz froh, daß durch den Krieg eine Pause in das Problem kam. Auch im Krieg machte er ohne große Schwierigkeiten die ihm vorgeschriebene Laufbahn als Offfzier durch. Aus dem Krieg zurückgekehrt, nahm er seine Beamtenlaufbahn wieder auf und entschloß sich, zu heiraten. Er befragte einige namhafte Ohrenspezialisten; der eine äußerte Bedenken, der andere war der Ansicht, daß von einer Ehe nicht abzuraten sei, daß sich das Leiden wohl vererben könne, aber nicht müsse. Der Zufall führte Pat. eine Jugendfreundin zu, die ihm die beste Lebensgefährtin zu sein versprach. Er konnte sich eigentlich keine glücklichere Lösung denken. Bald nach der Verlobung trat eine rätselhafte Depression ein, die Pat. für Monate arbeitsunfähig machte und auch die Heiratspläne wieder zurückstellte. Er suchte verschiedene Ärzte auf; eine körperliche Ursache konnte für seine Arbeitsunfähigkeit nicht festgestellt werden. Ein längerer Aufenthalt auf dem Land brachte nicht den gewünschten Erfolg. Er zweifelte daran, ob diese Neigung zur Depression ihn nicht überhaupt für eine Ehe untauglich mache, auch nahmen die Sorgen bezüglich der Schwerhörigkeit wieder größeren Umfang an. Das Urteil seines Spezialisten hatte für ihn nichts Beruhigendes mehr. Er malte sich die Zukunft in schwärzesten Farben aus.

In der individualpsychologischen Behandlung enthüllte sich folgendes Bild vom Seelenzustand des Patienten: Durch den Einfluß und den Vergleich mit dem überragenden Vater hatte er sich von früh auf gedrückt gefühlt und gefürchtet, dem Vater niemals gleichwertig sein zu können. Durch den Ehrgeiz des Vaters angespornt, hielten ihn seine guten Leistungen in der Schule und im Beruf aufrecht. Als er einmal straucheln wollte, peitschte ihn der Vater wieder auf. Seine durch die herrschende Position des Vaters und die Entschlußunfähigkeit der Mutter großgezogene Unselbständigkeit wurde nicht auffällig, da er sich sowohl im Beruf als beim Militär durch seine Vorgesetzten gedeckt fühlte, wofür er zahlreiche kleine Beispiele angeben konnte. Auf dem Grund seiner Seele aber hatte er ein tiefes Mißtrauen in seine eigene Person und das Leben. Der Pessimismus der Mutter lehrte ihn, daß man niemals im Leben wissen könne, ob man etwas recht gemacht habe, daß man sich niemals des Augenblicks erfreuen dürfe, sondern stets ängstlich vorausdenken müsse; der Ehrgeiz des Vaters dagegen verpflichtete ihn dazu, gewissermaßen alles zweimal so gut zu machen wie andere. Auf diese Folterbank zwischen Ehrgeiz und Unsicherheit gespannt, versagte sein Mut, als das Leben zum ersten Male eine völlig selbständige Entscheidung in einer wichtigsten Lebensfrage von ihm forderte. Er nahm die Flucht in die Krankheit, welche die Entscheidung hinausschob und ihn unverantwortlich machte. Sein Ehrgeiz erlaubte es aber nicht, dieses Versagen zum Bewußtsein kommen zu lassen. Die Otosklerose wurde in diesem Zustand mehr als je in den Mittelpunkt gerückt. Die Verantwortung, mit diesem Leiden eine Ehe einzugehen, schien unerträglich schwer. — Der Vater, der bisher Pat. einen Rückhalt gegeben hatte, lebte nicht mehr; die Mutter war ihrer Einstellung nach nicht in der Lage, einen brauchbaren Rat zu erteilen. Als die Frage der Otosklerose nach nochmaliger Konsultation des Spezialisten als erledigt gelten konnte, zeigte es sich zu seiner eigenen Verwunderung, daß diese Frage gar nicht ausschlaggebend für die Stimmungslage war. Der Zweifel stand vielmehr auf der ganzen Lebenslinie. Pat. bot das Bild einer psychischen Impotenz; er zweifelte an seiner vollwertigen Männlichkeit, seiner Zulänglichkeit zur Ehe, zur Erziehung von Kindern usw. In diesem Stadium fingen auch die beruflichen Leistungen an, nachzulassen. Die Neurose beschränkt sich ja niemals nur auf ein Teilgebiet, sondern zieht das gesamte Seelenleben in Mitleidenschaft. Das Bild war also das einer allgemeinen Depression mit dem Hauptmerkmal der »zögernden Attitüde«. Die Krankheit war dazu bestimmt, den überzeugenden Beweis zu erbringen, daß der Pat. in diesem Zustande ohne sein eigenes Verschulden nicht in der Lage war, sich im Leben sozial voll einzusetzen. — Auch hier konnte nur die Aufzeigung der aus der Kindheitssituation herstammenden Fiktion der eigenen Unzulänglichkeit sowie des kompensierenden Überlegenheitsstrebens aus der Sackgasse herauszuhelfen. Es gab auch hier nur eine Lösung, nämlich die Verantwortung für das eigene Leben in Form einer Entscheidung nach der einen oder der anderen Richtung und vollen Einsatz im Sinne der Entscheidung zu übernehmen, und zwar unter realen und menschenmöglichen Bedingungen, anstatt unter den in der Neurose konstruierten fiktiven und unmöglichen Voraussetzungen. Denn wenn ein Mensch sich einerseits als minderwertig und den Anforderungen des Lebens nicht gewachsen ansetzt, sich auf der andern Seite jedoch zu derjenigen Vollkommenheit verpflichtet, die ihm die volle Anerkennung der Umwelt sichert; wenn ihn seine Kleinheitsgefühle zwangsmäßig in den Größenwahn treiben und umgekehrt seine egozentrisch überspannten Anforderungen an sich selbst ihn wiederum der Mutlosigkeit ausliefern, bleibt nur noch die Flucht in die Unverantwortlichkeit der Neurose. Trefflich bezeichnet *Adler* diesen Zustand, wenn er davon spricht, daß sich der Kranke »in den Maschen der Fiktion« befinde.

Ziehen wir bei der Entstehungsgeschichte der Neurose zunächst den Veranlagungs- resp. Vererbungsfaktor in Erwägung, so ließe sich bei dem letzten Falle die Frage aufwerfen: handelt es sich hier nicht um eine zirkuläre oder zyklothymische Familienveranlagung? Wir finden bei dem Patienten selbst einen Depressionszustand, während wir von der Mutter des Patienten hören, daß sie stets pessimistisch war, ihres Lebens nicht froh wurde und schwer Entschlüsse fassen konnte. Aber auch unter Berücksichtigung einer solchen Veranlagung bleibt es für uns dennoch von der größten Bedeutung, die psychologischen Zusammenhänge zu klären und ihren Anteil am Zustandekommen der Störung zu beleuchten. Es scheint uns von ausschlaggebender Wichtigkeit zu sein, wie das Individuum sich selbst mit seinen Fähigkeiten und Möglichkeiten in seiner Beziehung zur Umwelt einschätzt und wie unter der leitenden Vorstellung dieser Persönlichkeitseinschätzung das gegebene Anlagematerial geformt und gestaltet wird. Die Selbsteinschätzung bewirkt eine Zielvorstellung, und diese ist es, die der Entwicklung eine bestimmte Richtung gibt. Der Grund zu dieser Selbsteinschätzung wird in frühester Jugend gelegt. Wir haben da mit einer »Familientradition« zu rechnen. Ist es z. B. verwunderlich, wenn ein Kind, dessen erste Lebenserfahrungen die Lebensunfähigkeit der Mutter und deren Zweifel am Werte des Daseins sind, im späteren Leben auch dazu neigt, das Leben in entwertendem Lichte zu sehen? Ist doch gerade diese Entwertung des Daseins dazu geeignet, die eigene Unsicherheit zu decken, die wir in der Depression in Form von Kleinheitsideen, Selbstanklagen und der Unfähigkeit zum Handeln kennen. Diese in verschiedenster Gestaltung auftretende Unsicherheit ist das Resultat der Selbsteinschätzung, die das Kind auf dem Wege des Vergleiches mit der Umwelt und angeregt durch deren Stellungnahme, bewußt oder unbewußt eingenommen hat. Die Unsicherheit bedingt kompensatorisch das auf der Linie des Ehrgeizes liegende Ziel (Persönlichkeitsideal), das im gegebenen Falle auch durch die Einstellung des Vaters traditionell determiniert ist. Dem gleichen Ziele dient, nur verhüllt, das Ausweichen in die Neurose, die Krankheitslegitimation. Hier nun kann auch der Anlagefaktor von dem Individuum selbst zur Deckung in Rechnung gezogen werden. — — Also auch auf dem Wege einer Tradition von Mensch zu Mensch »erben« sich gewisse Lebenshaltungen fort. — Man könnte auch in dem zuerst geschilderten Falle sich fragen, ob es sich vielleicht um eine degenerativ-psychopathische Persönlichkeit handle. Wir würden damit von vornherein die Hoffnung auf Änderung ausschließen. Wir wissen ja, wie der zum Psychopathen Gestempelte sich selbst mit einer gewissen lässigen Hoffnungslosigkeit gegenübersteht und wie geringes Vertrauen die Umwelt in die Änderung seiner Einstellung setzt. Diese Auffassung prädestiniert ihn geradezu zum Ausweichen, indem die »Veranlagung« hier zu einem willkommenen Refugium wird. Beachten wir jedoch die in der Anamnese enthaltenen psychologischen Zusammenhänge, so finden wir, daß sie mit einer gewissen Logik zu dem späteren Zustand führen. Auch bietet die Familiengeschichte keine Anhaltspunkte für die Annahme einer degenerativen Veranlagung. Die Krankheit der Mutter war eine im späteren Leben erworbene. — — In dem Falle der Kinderlähmung ist die psychogene Entwicklung der Neurose ohne weiteres klar. — — Gehen wir also den Weg der psychologischen Erforschung der Neurosen, so tun wir es, weil gerade die psychologische Ätiologie uns bedeutungsvolle Anhaltspunkte für die individuelle Behandlung gibt. Liegt der Neurose eine falsche, d. h. fiktiv veränderte Selbsteinschätzung zugrunde, so ist es lohnend, diese Einschätzung — und damit das Verhältnis des Individuums zu sich selbst und zu seiner Umgebung — einer Revision und Korrektur zu unterziehen.

Auf die ärztliche, individualpsychologische Behandlung solcher ausgebildeter Fälle von Neurosen soll hier jedoch nicht weiter eingegangen werden. Es kam hier vor allem auf die Entstehungsgeschichte jenes krankhaften Seelenzustandes an, den wir als Neurose bezeichnen und der für uns in einer individuell verschiedenen, aber prinzipiell gleichen Störung des Persönlichkeitsgefühles und den daran geknüpften Folgeerscheinungen besteht.

Es möge hier nur darauf hingewiesen werden, welche Aufgaben dem Taktgefühl der Eltern und sonstigen Erzieher erwachsen, wenn ihnen die Führung solcher Kinder anvertraut ist, denen das Leben in Form von körperlichen Defekten oder einer andersartig erschwerten Situation besondere Schwierigkeiten zu überwinden gegeben hat.

Wie wir in dem letzten Falle sehen, genügt der Ehrgeiz des

Vaters und die Entschlußlosigkeit und der Pessimismus der Mutter, in dem Kinde eine bestimmte seelische Depression vorzubereiten. Ein später auftretender organischer Defekt, der zu einer besonderen Stellungnahme im Leben herausfordert und die persönliche Verantwortung erschwert, wird nun schon als Überlastung empfunden und treibt in die Neurose. Die Weltanschauung der Eltern, ihre gesunde oder neurotische Persönlichkeit, werden zum positiven oder negativen Erziehungsmittel. – Auch in dem zuerst geschilderten Fall ist die Einstellung der Mutter wesentlich am Zustandekommen der Neurose beteiligt. Es ist hier die Stellungnahme der Mutter zu den realen Schwierigkeiten des Lebens, die sich für sie selbst aus der Ehe und für das Kind aus der Kurzsichtigkeit ergeben, die das Kind der Mutlosigkeit zutreibt. Der Analogieschluß der Mutter, die sich in der eigenen Ehe nicht glücklich fühlte, bedingt bei dem Kinde die Angst vor der Ehe einerseits und die ebenso bedenkliche Angst, um die Ehe verkürzt zu werden, andererseits. Den realen Schwierigkeiten muß Rechnung getragen werden, aber das Kind soll doch den Glauben ins Leben mitnehmen, daß es Mittel und Wege gibt, mit ihnen fertig zu werden. Es ist nicht zu leugnen, daß körperliche Defekte, wie die genannten, Erschwerungen auf dem Lebenswege sind.

Der Erzieher kann viel dazu beitragen, dem Kinde zu helfen, diese Befunde in sein Leben, in Beruf und Verkehr mit den Mitmenschen einzuordnen. Wichtig ist es dabei vor allem, dem Kinde nicht das Gefühl der Entwertung zu geben. Häufig entsteht – wie die Beispiele zeigen – der Schaden dadurch, daß das Kind in der Schule oder zu Hause entwertende Äußerungen hört, die es in seiner Selbsteinschätzung empfindlich beeinträchtigen. Sache des Lehrers oder der Lehrerin ist es, den gedankenlosen Grausamkeiten zu wehren, mit denen oft die Mitschüler ein Kind quälen, das durch einen körperlichen Schaden ihre Aufmerksamkeit auf sich zieht. Auch jenen Kindern, die durch die häusliche Situation bereits irritiert sind, vermag der Lehrer einen Halt zu geben, um sie für die Einordnung in die sie umgebende Gemeinschaft zurückzugewinnen. – Häufig ist eine Störung in der Selbsteinschätzung des Kindes auf eine parallele Störung der Eltern zurückzuführen, die es dann mit besonderer Empfindlichkeit aufnehmen, wenn gerade ihr Kind aus der Schule nicht die besten Noten mit heimbringt; die das Kind dann schlagen oder zu grenzenlosem Ehrgeiz anspornen. Ebenso kann z. B. ein körperlicher Fehler des Kindes einer ehrgeizigen Mutter einen Konflikt im Sinne eines Entwertungsgefühles bereiten; sie wird dann die Tochter den Mangel allzusehr fühlen lassen und für den Erfolg der Tochter beim andern Geschlecht fürchten, was für das Kind den entsprechenden Konflikt, Entwertungsangst und Verkürzungsangst mit ihren weiteren Konsequenzen zur Folge hat. In dem ersten Falle wird die Stellungnahme der Mutter zu der Brille als Schönheitsfehler die erste Quelle des tiefen Mißtrauens und späterer Verfolgungsideen der Tochter. – Die Freude der Eltern an körperlich und seelisch wohlgeratenen Kindern ist ja sehr menschlich und gewiß eine wertvolle Triebkraft im Entwicklungskampf. Aber auch bei unvollkommen gegebenen Mitteln sollte doch nach Möglichkeit jedem heranreifenden Menschen der Weg zu einer möglichst ausgeglichenen Persönlichkeitsentwicklung gewährleistet sein. Dazu gehört ein gewisses Maß von gesundem Selbstvertrauen einerseits und bescheidener Einordnung andererseits. Diese zu vermitteln oder zu erhalten ist die Aufgabe des Erziehers und der nächsten Umgebung des Kindes. Alle Einflüsse dagegen, welche das Kind in der Einschätzung seiner Persönlichkeit erschüttern, treiben es dazu, sich im nutzlosen Kampfe um die persönliche Geltung zu erschöpfen und für die Gemeinschaft unfruchtbar zu werden. Das tatsächliche Versagen ist dann oft mehr die Folge der Einstellung als der real erschwerten Bedingungen.

Ida Löwy

Kränkung und Verwahrlosung

Krankheit macht den Körper elend, Kränkung die Seele. Sie ist der Auftakt zu jeder Verwahrlosung. Was aber verwahrlost? Was nicht verwahrt wird. Der Körper, wenn er nicht vor Entbehrung, Überanstrengung und Krankheit behütet wird, die Seele, wenn sie der Kränkung, Enttäuschung und Entmutigung anheimfällt.

Die Symptome körperlicher Erkrankungen sind, vorwiegend im kindlichen Alter, sinnfällig; sie sprechen vernehmlich. Die Seele aber ist verschwiegen; erst wenn sie viel gelitten, beginnt der andere zu ahnen, daß sie leidet. Und so wollen wir uns der Kindesseele nähern, wollen dieses Prinzeßlein »Rühr mich nicht an, aber versteh' mich recht!« zu begreifen versuchen.

Die Kinder der Straße sind in gewissem Sinne weniger gefährdet; ihre Verwahrlosung vollzieht sich gleichsam vor den Augen der Öffentlichkeit, und sie werden manchmal früh einer Behandlung zugeführt. Viel überraschender ist die Tatsache, daß man unter den scheinbar behüteten Kindern Verwahrloste antrifft. Alles, was von materiellem Besitz kommen kann, haben diese Kinder: ausreichende Nahrung und Kleidung, gesunde Wohnstätten und alle Lernmöglichkeiten, man ist geneigt zu glauben, »es bleibt dem Wunsche nichts mehr«. Sieht man aber genauer hin, so findet man, daß sie oft das entbehren, was nur geistiger und seelischer Reichtum zu bieten vermag – Einsicht und Verständnis für Kinderglück und Leid. Etwas Köstliches und Kostbares ist nicht verwahrt in diesen Kindern, ihre Seele; allen Zufälligkeiten und Gefahren ist sie ausgesetzt, zart und empfindsam wie Aschenbrödel ist sie gleich diesem mißachtet und nicht behütet. Wir sehen eine Verwahrlosung zustande kommen im weitgefaßten Sinne *Adlers*. Die Kinder werden faul, trotzig, schwänzen die Schule, beginnen zu lügen, oft auch zu stehlen und zeigen vor allem ein unzufriedenes Wesen. Es gibt keine Verwahrlosung, der nicht ein Kummer vorangegangen ist, ein Zweifel an sich selbst und an der eigenen Leistungsfähigkeit, oft bis zur Verzweiflung. Diese Erkenntnis ist wie die Markierung des Weges, der vor uns liegt: das Leid der Kinder zu erforschen, seine Ursache aufzuspüren, zu verstehen und zu behandeln.

Glücklicherweise stehen uns Hilfsmittel zur Verfügung, so daß wir zuversichtlich unser Ziel verfolgen können. Haben wir durch eigenen mutigen arbeitsamen, d. h. vorbildlichen Lebenswandel das Vertrauen der Kinder gewonnen, dann wird es uns auch gelingen, sie zum Sprechen zu veranlassen. Wir werden erfahren, was sie bewegt, beschäftigt, interessiert, freut, kränkt, was sie wünschen, hoffen, träumen. Vor allem was sie träumen. Nichts vermag uns die Sehnsucht der Kinder, ihr ehrgeiziges Ziel genauer kund zu tun als ihre Träume. Wir lernen kennen, was sie fürchten, was sie lieben, was sie von andern Kindern und Erwachsenen denken, wen sie beneiden, wie sie sich ihre Zukunft, ihren Beruf vorstellen und wie sie das andere Geschlecht beurteilen. Alles das ist ebenso für die Behandlung der Verwahrlosung als für ihre Verhütung von Bedeutung.
So wie sich niemand schämt, als Kind Daumen gelutscht zu haben, so sollte es auch nicht als Schande gelten, irgend eine Verfehlung begangen zu haben; wichtig ist nur die Erkenntnis, daß beides nutzlos, eben verfehlt ist. Es handelt sich auch nicht darum, daß sich eine Entwicklung ohne Störung vollzieht, das gibt es vielleicht gar nicht, sondern nur darum, daß der junge Mensch auf den rechten Weg kommt, körperlich und seelisch gesund wird und bleibt. Wir müssen den Körper abhärten und die Seele, sie widerstandsfähig machen, sie gewöhnen, Kränkungen und Mißerfolge zu ertragen und zu überwinden, sie als etwas anzusehen, dem man nicht ausweichen soll, mit dem man sich ins Einvernehmen zu setzen, mit dem man fertig zu werden trachten muß. Daß hinter jedem Erfolg Mut und Arbeit steckt, diese Erkenntnis zu vermitteln, ist eines der wichtigsten Gebote aller Erziehung. Ganz sinnfällig kann das den kleinen *Ausreißern*, wie *Adler* die Verwahrlosten nennt, bei den Sportleistungen gezeigt werden. Oft ist freilich auch der gefeiertste Fußballheld der größte Seelenfeigling. Denn der Sport schafft künstliche, das Leben natürliche Schwierigkeiten.
Wie das Kind erkennt, daß nur die Anstrengung, der Anlauf entscheidend ist für den Erfolg auf sportlichem Gebiet, so wird ihm auch die Einsicht aufdämmern, daß nur seine Bereitschaft, das ist der seelische Anlauf, der gute Wille und das stete Bemühen, es Herr werden lassen können über die Schwierigkeiten des Lebens und ganz besonders über die Hemmungen, die es in sich selbst findet; so kann sein Geltungstrieb befriedigt werden. Man vertröste die Kinder nicht bei jeder Gelegenheit mit dem verhaßten »Bis du groß bist!« Ihnen ist, als würden sie nie groß werden, so unendlich weit erscheint ihnen diese Zeit; ihnen wird bange vor dem Großwerden. Und je größer die Angst und der Zweifel, desto gebieterischer for-

dern sie alles von der Gegenwart; sie wollen nicht warten, sie wollen gleich etwas gelten, sein, tun: sie können die Pflichten der Erwachsenen nicht verstehen, ihnen erscheint das Leben so, als hätten die Großen alle Rechte und die Kinder alle Pflichten. Die Großen müssen, um eine Annehmlichkeit zu erlangen, nicht erst brav sein, nicht immer erst das oder jenes dafür tun, sie können machen, was sie wollen, kommen und gehen, arbeiten oder nicht, und vor allem, sie gehen in keine Schule.
Nützen wir diesen Geltungstrieb der Kinder, reihen wir sie ein in eine Arbeitsgemeinschaft! Es ist grausam, Kinder warten zu lassen, sie erwarten nichts vom Warten, ihnen fehlt die Erfahrung.
Könnten Individualpsychologen als Schulberater gewonnen werden, ja weit besser noch, würde sich die gesamte Lehrerschaft individualpsychologisch orientieren, welch trostreicher Ausblick eröffnete sich für unsere Kinder! Wie viel seelische Erkrankungen könnten in ihrem Keime entdeckt, wie oft könnte der Verwahrlosung gesteuert werden!
Alle Verwahrlosten sind Menschen, denen zu wenig geholfen worden ist. Helfen wir ihnen, nehmen wir ihnen den vermeintlichen Makel ihrer Vergangenheit und die Angst vor der Zukunft, die sie einschnürt, und geben wir ihnen Mut und Anschluß an die Gegenwart! Sie werden Kräfte frei bekommen, die sie zu brauchbaren Menschen machen werden; genesen und beglückt werden sie in ihrer geistigen Sehweite die Möglichkeit erblicken, mitzuschaffen an dem großen Menschheitswerk des Friedens und des Fortschritts.
Was individualpsychologisch orientierte Pädagogik zu wirken vermag, mögen einige Fälle aus der Beratungsstelle *Dr. Adlers* für schwer erziehbare Kinder dartun.
Ein 15jähriger, geistig etwas zurückgebliebener Knabe wird von seiner Hortleiterin in die Beratungsstelle gebracht; die Klage lautet auf Toben und Gehorsamsverweigerung des Knaben, der bis vor kurzem brav und gefügig gewesen. Die Hortleiterin erwähnt, daß diese Veränderung im Verhalten des Knaben zufällig mit der Firmung seiner Schwester zusammenfalle. Dieses zeitliche Zusammentreffen ist für den Berater nicht nur kein Zufall, sondern die Lösung des Rätsels selbst. Das Toben und Nichtmehrgehorchenwollen ist die Antwort auf das unbelohnt gebliebene gute Betragen in seiner Kindheit. Der Knabe hatte bei seinen Eltern wenig Beachtung gefunden und war frühzeitig vom Hause fortgekommen. Auch war er drei Jahre in einer Nervenheilanstalt gewesen, wo er wenig zu essen bekommen hatte. Seine Schwester hatte es zu Hause immer gut und war noch drei Jahre bei reichlicher Kost in Prag gewesen. Um das Maß voll zu machen, sah er eines Tages die Schwester im Festkleide zur Firmung gehen: das war zu viel

für den armen, einfältigen Knaben. Um sich bemerkbar zu machen, um endlich auch einmal der Mittelpunkt seiner Umgebung zu werden, griff er zur kindischsten, unbeholfensten Methode der Revolte: er tobte und wurde »schlimm«. Man fühlt, daß an diesem Knaben ein Unrecht gut zu machen ist, daß irgendwo auch das Recht des Verwahrlosten beginnt, und unheimlich lebendig wird das unvergängliche Wort Dostojewskis: »Ein jeder ist teilhaftig an der Schuld des andern.« – Der Berater erklärte dem Knaben freundschaftlich und deshalb nachhaltig seine Situation und sein Verhältnis zur Schwester. Drei Wochen später kam der Knabe in schönster Eintracht mit seiner Schwester zu einem der Ausflüge, die die Beratungsstelle mit schwer erziehbaren Kindern an Sonntagnachmittagen zu unternehmen pflegt.

Einen der eigenartigsten Fälle stellt ein noch nicht achtjähriger einäugiger Knabe dar. Der Bericht der Lehrerin über seine Wildheit und Gefühlsroheit gibt uns die erschütternde Kunde einer Kindertragödie. Der Kleine will immer der erste sein, schlägt größere Knaben und ist wiederholt durchnäßt und beschmutzt nach einer im Freien verbrachten Nacht ins Heim gekommen. Wir erfahren, daß das Kind bis zu seinem fünften Jahr auf dem Lande gelebt hat, wo es ihm verhältnismäßig gut gegangen ist. Dann ist es zu einer Tante nach Wien gekommen und hat sich in seiner Wildheit ein Auge ausgeschlagen. Infolge der lange währenden Behandlung ist der intelligente Knabe noch in der ersten Klasse. In Wien lebt der Kleine nur unter Erwachsenen, die des Abends müde von der Arbeit heimkommen und nichts für das Kind übrig haben. Als Beweis seiner Gefühllosigkeit schildert die Lehrerin, wie das Gesicht des Knaben aufleuchtete, als sie einmal nach langer Krankheit wieder zum erstenmal in der Schule erschienen, wie er aber gleich verschwunden und drei Stunden nicht zum Vorschein gekommen war. Ein gefühlsarmes Kind strahlt aber nicht, wenn die Lehrerin nach längerem Fortbleiben genesen wiederkommt. Gefühlsscheu ist dieses Kind, nicht gefühllos. Zu fremd, zu ungewohnt ist ihm die Freude, trifft sie ihn einmal unvorbereitet, dann fürchtet er weich zu werden, dann flieht er mit ihr, der seltenen, kostbaren Gabe; niemand soll ihn gerührt sehen.

Wir fühlen, daß wir ein Kind vor uns haben, das gerne ein Mitmensch sein möchte, dem nur niemand die Hand zur Hilfe reicht. Das Kind wartet Tag für Tag auf die Heimkehr der Erwachsenen mit der ganz selbstverständlichen Hoffnung und Sehnsucht der Kinder nach Beachtung und Fürsorge. Wir wollen auch diese Leute zu verstehen trachten: vielleicht ist ihnen eine Aufgabe zugefallen, der sie nicht gewachsen sein können und deren Tragweite sie nicht abzuschätzen vermögen. Uns

beschäftigt aber vor allem das Kind, dessen Seele nur den Erwachsenen so klein erscheint. In Wirklichkeit ist sie ein unermeßliches Reich, in dem alle Sonne Platz hat und alle Finsternis, alles Glück und aller Gram. Wenn der Kleine sich zu sehr gesehnt hat, wenn er zu schwer enttäuscht worden, wenn er zu viel empfunden, dann läuft er fort. Allein zu sein, im Freien, eine ganze Nacht, das erträgt er, das zieht er dem schützenden Dache vor, das kann er. An der Seite verständnisloser Menschen nach Liebe hungern, ist ihm unerträglich, das kann er nicht, das geht über seine Kraft, dann wird ein Schrebergarten oder ein Wagen sein Ruhelager. Der Berater fragt den Knaben: »Wo möchtest du gerne sein?« Das Kind antwortet: »Auf dem Land.« »Warum willst du aufs Land?« »Weil's dort schöner ist.« »Was gefällt dir denn dort besser?« »Die Leut!« Einen ergreifenden Dialog in solcher Knappheit und Unmittelbarkeit wird man wohl schwerlich wieder finden. Auch dieser Kleine ist freundlichem Entgegenkommen und verständnisvoller Aufklärung ungemein zugänglich, kommt gern an Sonntagen und gibt nur beim Klettern auf Bäume Zeugnis von seiner Kühnheit.
Ein 15jähriger Knabe wird in die Beratung gebracht. Er hat seinen Betriebskollegen mehrmals Geld entwendet. Wir erfahren, daß der Knabe in der Schule gut getan hat und daß es ihm während eines Schweizer Aufenthaltes gut gegangen ist. Nach seiner Rückkehr war er anfangs nicht zu bewegen gewesen, in eine Lehre zu gehen. Seine Eltern waren vor dem Krieg in günstigeren pekuniären Verhältnissen. Der Knabe sieht, wie sich seine Kollegen ein Gabelfrühstück kaufen können, wie sie etwas vor ihm voraus haben, während er mit hungrigem Magen zusehen muß. Wieder einmal wird der Hunger zum Verführer: der Knabe begeht seine erste Verfehlung. Zum unschätzbaren Glücke für den Knaben war unter den Geschädigten auch ein Kenner der Individualpsychologie. Dieser junge Mann schützte nun den Knaben gegen seine Kollegen, die sich tätlich an ihm vergreifen wollten, klärte ihm das Irrige seiner Methode auf und erwarb sich sein Vertrauen. Auch des Knaben Vater wußte er so günstig zu beeinflussen, daß er in seiner Strenge nachgelassen hat, und den Jungen nicht mehr schlägt. Auch der Vater kam in die Beratung. Der Knabe hat sein Verhalten ganz verändert und scheint froh, über den Berg gekommen zu sein. Auch dieser Schützling war wiederholt ein angenehmer, bescheidener Teilnehmer an Sonntagsausflügen und half dabei redlich mit, die Beratungskinder zu beschäftigen und zu beaufsichtigen.
Am offenkundigsten zeigt dieser Fall, wie die Beratungsstelle nicht nur die Ratsuchenden fördert, sondern wie auch die Hörer und Mitarbeiter dauernden Gewinn aus ihr schöpfen; sie

befähigt sie, sich und andere vor verhängnisvollen Maßnahmen zu schützen und rückt uns das Ziel friedvoller, gemeinschaftlicher Zusammenarbeit verheißungsvoll nahe.

Ein 11jähriges, blasses, schwach entwickeltes Mädchen kommt mit ihrer Großmutter, bei der es wohnt, zur Beratung. Die Kleine macht den Eindruck eines mißtrauischen, eitlen Kindes; ihre Blicke pendeln zwischen den Hörern, die sie neugierig betrachtet, und dem Ring an ihrem Finger hin und her. Der Bericht der Großmutter geht dahin, daß die Kleine seit längerer Zeit Diebstähle im Haus verübt. Sie ist das illegitime Kind zweier Leute, die sich nach kurzem Beisammensein getrennt und andere geheiratet haben. Der Vater erlaubt dem Kinde nicht, »Vater« zu ihm zu sagen, und auch die Mutter kümmert sich nicht viel um das Kind. Nachdem es drei Jahre in der Kost gewesen, nahm es die Großmutter zu sich. Das Kind, das durch den Entgang der elterlichen Liebe seit jeher verkürzt ist, hofft von seinem Eintritt in die Schule, endlich wie andere Kinder behandelt zu werden. Seine Mutter ist Jüdin, und als illegitimes Kind muß die Kleine der Religion der Mutter folgen. Ganz unvermittelt sieht sie sich wieder geächtet als einzige Jüdin in einer ganz katholischen Umgebung, und eine ungeheure Revolte ist die Antwort auf diesen Schlag. Sie schwänzt die Religionsstunden, will nichts von ihnen wissen, steht in beständigem Kampf mit dem Religionslehrer, und es ereignet sich der unerhörte Fall, daß ein Kind in der ersten Volksschulklasse im Religionsfach durchfällt und die Klasse wiederholen muß. Der Ehrgeiz der Kleinen ist maßlos aufgestachelt, sie lechzt nach Liebe, sieht sich, mit Ausnahme bei der Grußmutter, überall zurückgestoßen, sucht rastlos nach einem Ersatz für das, was sie entbehrt, verliert den Glauben, auf normale Weise Liebe finden zu können und kommt zu dem begreiflichen, naiven Irrtum, daß sie die Menschen bestechen müsse. Sie entwendet der Großmutter verschiedene Gegenstände und Geld, kauft Bäckerei und schenkt vieles ihren Mitschülerinnen. Es ist, als würde das Kind beständig fragen: »Wer wird mir etwas geben, wenn ich ihm nichts gebe?«, als hätte es die Weltanschauung gewonnen, daß man die Gunst der Menschen kaufen müsse. In der Erholungsheimstätte, in der die Kleine kurze Zeit geweilt hatte, suchte sie sich gleich am ersten Tage beim Personal durch Dienstleistungen beliebt zu machen. Den Kindern suchte sie zu gefallen durch täglichen Wechsel ihrer Frisur und indem sie eine lila Masche bald an ihrer Brust, bald an ihrem Zopf oder an ihrem Halse prangen ließ. Das Kind schläft unruhig und spricht aus dem Schlaf.

Trotzdem die Kleine den Fragen und Ausführungen des Leiters zuhört, antwortet sie nicht. Die einzige Frage: »Kannst du etwas? Wirst du durchkommen?« scheint ihren Ehrgeiz zu überrumpeln, denn beinahe unbewußt kommt es von ihren Lippen: »O ja!«

Der Leiter will sich zweimal von der Kleinen verabschieden, sie rührt sich nicht; das drittemal reicht sie ihm spontan die Hand, ihm voll ins Antlitz sehend, als keime endlich ein Gefühl der Geborgenheit in ihrer Seele, als empfände sie seine Bereitwilligkeit, ihr zu helfen und sie zu behüten, wie einen Balsam auf den Wunden, die ihre Nächsten ihr geschlagen.

Alfred Adler

Wo soll der Kampf gegen die Verwahrlosung einsetzen?*

Die Frage dürfte den meisten Mitkämpfern überraschend kommen. Man wird antworten: an allen Punkten! Überall, wo sie sich zeigt! Mit allen Mitteln und unter Heranziehung aller Hilfsquellen! Mit Hilfe der Eltern, der Lehrer, der Fürsorger und der staatlichen Gewalten! Im Angriff gegen die gesunkene Lebenshaltung gewisser Bevölkerungsschichten und mittelst Hebung ihres moralischen Niveaus!

Die Erfüllung all dieser Forderungen ist ja seit längerer Zeit angebahnt. Den Eltern obliegt die Pflicht der Fürsorge als selbstverständliche Aufgabe. Die Schule wacht nicht nur über die Fortschritte des Wissens, sondern auch über den Stand des Fleißes und der Sitten. Mit Strafen und Strafandrohung bemühen sich die staatlichen Instanzen, die Jugendgerichte erweitern ihren Apparat, schaffen eine bessere Fürsorge und mildern die rauhen Maßnahmen der Besserungshäuser. Eine Anzahl von privaten und öffentlichen Vereinen sind unausgesetzt im Dienste dieser Aufgaben tätig.

Und alle Institutionen weisen auf ihre Erfolge hin, nur die Eltern, die Schule und – die Öffentlichkeit bleiben unbefriedigt.

Rechnen wir noch die zahlreicheren Erziehungsfehlschläge hinzu, die nicht die Öffentlichkeit, nur die Familie belasten, bis solch ein Gegenmensch ins reifere Alter kommt und der Gesellschaft zur Last fällt, als Verbrecher, Spieler, Trinker, als Ausreißer oder als Nervöser, hinzu auch noch die kaum geminderte Zahl der Rückfälligen und die stets neu nachwachsenden Verwahrlosten, so dürfte die Frage schon berechtigt erscheinen, an welcher Stelle der Angriff gegen die Verwahrlosung verstärkt werden müßte.

Die Eltern besser heranzuziehen, wäre eine dankbare, aber unergiebige Aufgabe. Der Mangel an Zeit und die Summe ihrer Vorurteile kämen immer wieder in die Quere. Auch gäbe es keine Instanz, nicht einmal einen Bruchteil geeigneter Kräfte, um diese Sisyphusarbeit zu leisten.

Die Rechtspflege, Jugendgericht, Fürsorge und Besserungsanstalten kommen immer erst nach geschehenem Unglück. Die in ihren Bereich gelangen, finden mehr oder minder günstige Gelegenheit, sich den Rückweg zur Gesellschaft zu bahnen.

* [Zuerst erschienen in: *Soziale Praxis*, Wien 1921.]

Bleibt nur die Schule übrig. In ihrem heutigen Bestand ist sie machtlos im Kampfe gegen die Verwahrlosung. Sie kann die schlechten Einflüsse des Hauses und der Straße nicht bannen. Die allgemeine Schulpflicht führt notwendigerweise zu einer Berührung mit schlechten Elementen, deren Anziehungskraft unter gewissen, später zu erörternden Bedingungen nicht gering ist. Die Machtmittel der Schule erschöpfen sich in Strafen, schlechten Noten, Zuhilfenahme der hilflosen Eltern und Ausschließung im Falle ausgereifter, bekanntgewordener Missetaten. Korpsgeist der Klasse und listige Verschlagenheit hindern oft die Entdeckung von Vergehen. Die Berührung des Lehrers mit seinen Schülern ist meist eine wenig innige, und wenn er noch so scharfsichtig die Fehler sieht, die Ursachen bleiben ihm verborgen. Seine Erziehungskunst ist nicht systematisch geweckt, sein Verständnis der Kindesseele und seine Zeit reichen nicht aus, um dem wankenden Kinde beizuspringen.

Es ist aber leicht zu verstehen, daß die Schule die einzige Instanz wäre, die die Eignung hätte, der Verwahrlosung Einhalt zu gebieten. Freilich nicht in ihrer jetzigen Gestalt. Aber doch ohne umstürzende Eingriffe. Sie umfaßt die Gesamtzahl der Kinder und hält sie mehrere Stunden täglich in ihrer Obhut. Sie übernimmt die Kinder aus dem Elternhaus mit allen Fehlern, die sich immer wieder in der Schule äußern und zu auffälligen Erschwerungen führen. Sie verfügt über eine Unzahl von Menschen, die den Fragen der Erziehung näher stehen als jeder andere Stand und der weiteren Ausbildung am leichtesten zugänglich wären. Endlich liegt es im ureigensten Interesse der Schule, wenn sie ihrer Aufgabe genügen soll, Bildungs- und Erziehungsstätte zu sein, ihre Erfolge in der Erziehung zu Mitmenschen und Mitarbeitern nicht durch umsichgreifende Verwahrlosung beeinträchtigen zu lassen.

Dazu kommt aber noch ein Umstand, der jedem Wissenden einen Entschluß in dieser Frage aufzwingt. *Die Verwahrlosung beginnt bei Mißerfolgen in der Schule!*

Diese auffällige Tatsache wird in ihrer Bedeutung bis heute vollkommen verkannt. Man hält es wohl für gleichbedeutend, daß ein Kind einerseits verwahrlost, andererseits die Aufgaben der Schule vernachlässigt, und man geht stillschweigend darüber hinweg wie über eine Selbstverständlichkeit, daß mißratene Kinder der Schule ausweichen.

Wie aber wäre der Eindruck, wenn sich herausstellte, daß Kinder verwahrlosen, *weil sie vor ihren Aufgaben Reißaus nehmen?*

Und in der Tat bietet sich dem tieferen Einblick dieses und nur dieses Bild.

Wer in der Kinderstube, in der Familie nicht für die Gesellschaft und für die Mitarbeit gewonnen wird, wird fortan auf unsozialen Wegen gefunden werden. Kann ihn die Schule auch nicht erlösen, erschwert sie ihm vielmehr wissentlich oder ohne ihr Wissen die Einkehr zur Mitarbeit, so leistet sie seinen Vorbereitungen zur Verwahrlosung Vorschub. Sie macht sich mitschuldig, wenn sie dem Kind die Abkehr von der Mitarbeit erleichtert. Es bleiben dann dem Kinde nur wenige Möglichkeiten übrig. Unter ihnen ist die Verwahrlosung die greifbarste und verlockendste.

Die Aufgabe der Schule wäre es demnach, darauf zu achten, daß die Kinder vor den vorliegenden Forderungen nicht zurückscheuen. Schon das ist eine Aufgabe, die zu ihrer Lösung ein volles individualpsychologisches Verständnis erheischt. Denn die Ausbiegung des Kindes müßte, um glatt und ohne große Mühe erledigt zu werden, gleich im Anfang erkannt und kunstgerecht behandelt werden. Mit schlechten Noten und Strafen kommt man diesem Typus von Kindern nicht bei, der zur Verwahrlosung neigt.

Läßt sich aber dieser Typus frühzeitig feststellen? Und wenn dies der Fall ist, gibt es Zeichen und Ausdrucksbewegungen, an denen man ihn erkennt? Beide Fragen sind zu bejahen Ich habe ihn ausführlich mit allen seinen Erscheinungen beschrieben und es ist nicht meine Schuld, wenn er der Schule noch nicht geläufig geworden ist. In meinen Werken[1] findet er sich von allen Seiten mit allen seinen Folgen dargestellt.

An dieser Stelle kann ich nur eine kurze Charakteristik geben. Es handelt sich um eine große Zahl von Kindern, deren erste Kindheit sich in einer ungedeihlichen Situation abspielt. Durch den Druck der Umgebung, auch in Form von Verzärtelung, wird ihr Geltungsstreben hochgradig gereizt, so daß sie mit Ungeduld und innerem Zagen vor den Aufgaben ihres kleinen Lebens stehen. Sie brechen zusammen, werden faul und indolent, wenn sie Schwierigkeiten begegnen, suchen nach Ausflüchten oder werden menschenscheu und schüchtern. Immer sehen sie das Weltbild düster und pessimistisch, finden schwer den Zugang zu Kameraden und Erwachsenen, sind immer im Kampf mit ihrer Umgebung, der oft lautlos und im Verborgenen vor sich geht, denken immer nur an sich und nicht an die anderen und sind von einem andauernden Gefühl der Feindseligkeit erfüllt, das sie auch bei den anderen voraussetzen. Ihre Empfindlichkeit, oft der Wahrnehmung anderer entzogen, ist immer auf die Spitze getrieben. Ihre Sehnsucht geht nach Befriedigung einer durchaus unstillbaren Eitelkeit, ein meist unlösbares Problem, das sie zwingt, die normalen Wege zu meiden. Treten ihnen Schwierigkeiten ent-

[1] *Praxis und Theorie der Individualpsychologie*, l. c., und *Über den nervösen Charakter*, l. c.

gegen, wie sie die Schule regelmäßig bietet, so kommt es zur Ausbiegung.
Unter ihnen gibt es viele, die sich so im Besitze einer *freibleibenden Aktivität* finden. Von ihrer Eitelkeit getrieben, werfen sie sich auf die Wege der Verwahrlosung, immer in gleichbleibender Distanz zu ihren wirklichen Aufgaben. Die unausgefüllte Zeit, die eigene Selbstgefälligkeit und die Gier, die Bewunderung Gleichgesinnter zu erzwingen, zwingt sie zur verbotenen Tat. Mut und Stärke verleiht ihnen das Bewußtsein geübter List und Verschlagenheit und die Erinnerung an ihre unentdeckt gebliebenen Missetaten.
Man wird nun verstehen, wie aus all den genannten Gründen und Zusammenhängen in unserer Kultur der Schule die Aufgabe zufällt, Schäden der Familienerziehung auszumerzen, insbesondere aber sie nicht zur Vollendung zu bringen.
Mit dieser Feststellung ist die Bedeutung der Individualpsychologie für die Lehrerausbildung unzweideutig dargetan, gleichzeitig mit der unausweichlichen Verpflichtung der Schule, im Kampf gegen die Verwahrlosung an den richtigen Platz zu rücken.

Drei Beiträge zum Problem des Schülerselbstmords*

[1] Alfred Adler [Theoretische Grundlegung] [1]

Der Wert statistischer Erhebungen soll keineswegs geleugnet werden, solange sie darauf gerichtet sind, ein Bild zu entwerfen über die Häufung der Selbstmordfälle und über begleitende Umstände. Schlüsse zu ziehen, sei es auf die psychische Individualität, sei es auf die Motive des Selbstmordes, ist auf Basis der Statistik allein unmöglich. Man wird da leicht zu voreiligen Anschuldigungen von Institutionen oder von Personen kommen, solange die treibenden Motive in ihrem vollen Umfang unbekannt bleiben. Soziales Elend, Mängel von Schuleinrichtungen, Fehler der Pädagogik, zahlreiche andere schwache Punkte unserer Kultur können dabei zur Aufdeckung kommen.
Aber wird uns daraus die *psychologische Situation* des Selbstmörders, *etwa die Dynamik klar,* die ihn aus dem Leben treibt? — Wenn wir wissen, daß die dichtest bevölkerten Gegenden die relativ größte Zahl der Selbstmörder aufweisen, daß gewisse Monate den höchsten Stand der Selbstmörderziffern zeigen, lernen wir daraus auch nur ein einziges zureichendes, was sage ich? — *erklärendes* Motiv kennen? Nein. Wir erfahren nur, daß der Selbstmord, wie jede andere Erscheinung auch, dem Gesetz der großen Zahl folgt, daß er mit anderen sozialen Erscheinungen Verknüpfungen aufweist.
Der Selbstmord kann nur individuell begriffen werden, wenngleich er soziale Voraussetzungen und solche Folgen hat.
Dies erinnert an die Entwicklung der Neurosenlehre.
Und auch, daß man, solange nicht volle Klarheit über die psychologische Konstellation des Selbstmordes und über das Wesen der Motive herrscht, an ein Verständnis oder gar an eine grundlegende Heilung nicht denken kann.
Und selbst wenn sich auf sozialem Wege ein Mittel fände, vereinzelt Selbstmorde zu verhüten, wie es die Aktion der Heilsarmee in London versucht, indem sie Aufrufe erläßt, die Selbstmordkandidaten zu sich ladet, um ihnen Trost und Hil-

* [Aus den *Diskussionen des Wiener psychoanalytischen Vereins,* 1. Heft. Über den Selbstmord, insbesondere den Schülerselbstmord, anläßlich einer Pressefehde um den Freitod eines Wiener Gymnasiasten. Erste Veröffentlichung Bergmann, Wiesbaden 1910. Die Reihe begann damals mit einem Beitrag von D. E. Oppenheim; der Beitrag von F. Künkel fehlte. Die Beiträge von Carl Furtmüller in den früheren und in der letzten Auflage werden hier beide abgedruckt.]

[1] [Die Überschriften in eckigen Klammern wurden vom Herausgeber, Prof. Dr. Wolfgang Metzger, eingefügt.]

fe zu spenden; selbst wenn es gelänge, praktisch die Zahl der Selbstmorde, sei es, wie manche irrtümlich glauben, durch Vertiefung der Religiosität, durch verbesserte Pädagogik, durch soziale Reformen und Hilfeleistungen einzuschränken, so bliebe es dennoch ein verdienstliches Werk, den psychischen Mechanismus, die geistige Dynamik des Selbstmordproblems klarer gestellt zu haben. Einerseits wegen der Möglichkeit einer individuellen, weiterhin durch das Mittel der Pädagogik und der sozialen Reform allgemeineren Prophylaxe. Andererseits, weil offenbar das psychische Gefüge des Selbstmörders im Zusammenhang steht mit psychischen Zustandsformen und psychischen Einstellungen anderer Art, vor allem solchen der nervösen und psychischen Erkrankungen, so daß im Falle des Gelingens einer derartigen Zusammenhangsbetrachtung Ergebnisse des einen Problems zu Nutzen des anderen verwertet werden könnten.
Dieser Versuch der Zusammenhangsbetrachtung wird wesentlich unterstützt durch die Volksmeinung, die jedesmal geneigt ist, dem Selbstmörder den Milderungsgrund der Unzurechnungsfähigkeit zuzubilligen; aber auch durch Ergebnisse aus der Psychiatrie, den Zusammenhang von Geisteskrankheit und Selbstmord betreffend.
Aus welchem Material kann ein Nervenarzt, der sich der individualpsychologischen Untersuchung bedient, Erkenntnisse sammeln, um die Fragen des Selbstmordes zu lösen?
Der gelungene Selbstmord vereitelt ja eine direkte Einsicht, etwa durch Befragen oder Reaktionsprüfung. Bleiben in diesem Falle nur Aufzeichnungen und Auskünfte der Umgebung, die mit Vorsicht aufzunehmen sind und höchstens Bedeutung erlangen können, wenn sie mit grundlegenden psychologischen Ergebnissen übereinstimmen. Insbesondere was Ansichten der Umgebung anlangt, ist die Tatsache festzuhalten, daß sich die *unglaublich empfindliche Natur* des Selbstmörders stets verkleidet und in ein Geheimnis hüllt.
Bleiben also nur die Fälle von mißlungenem Selbstmord und die überaus häufigen unausgeführten Selbstmordregungen, die einer Erforschung durch die Individualpsychologie zugänglich sind. Freilich kompliziert sich dabei das Problem, weil diese Fälle gewöhnlich den Kompromißcharakter tragen, so daß sie im Zweifel stecken bleiben oder ungeeignete Mittel wählen und, während sie den Tod suchen, gleichzeitig auf Rettung bedacht sind.
Immerhin ist dies der einzige Weg, um Sicherheit darüber zu erlangen, *welcher Art die Menschen sind, die den Tod suchen, und welche Motive sie dabei bewegen.* Da kann ich nun mit Bestimmtheit sagen: der Entschluß zum Selbstmord tritt unter den gleichen Bedingungen ein, unter denen sich der Ausbruch einer nervösen Erkrankung (Neurasthenie, Angst- und

Zwangsneurose, Hysterie, Paranoia usw.) oder ein nervöser Einzelfall vollzieht. Ich habe diese *»neurotische Dynamik«* in einigen Arbeiten (›Über neurotische Disposition‹, ›Psychischer Hermaphroditismus im Leben und in der Neurose‹ usw.) beschrieben, die als Fortsetzungen meiner *»Studie über Minderwertigkeit von Organen«* (München 1927) anzusehen sind[2]. Die leitenden Gedanken dieser Arbeiten sind folgende:

Jedes Kind wächst unter Verhältnissen auf, die es zu einer Doppelrolle zwingen, ohne daß es diesen Sachverhalt mit seinem Bewußtsein erfaßt. Wohl aber mit seinem Gefühl. Einerseits klein, schwach, unselbständig, entwickelt es Wünsche nach Anlehnung, Zärtlichkeit, Hilfe und Unterstützung. Und bald fügt es sich dem Zwange, der den Schwachen zum Gehorsam, zur Unterwerfung verpflichtet, wenn er Triebbefriedigungen und die Liebe seiner Pflegepersonen erlangen will. Alle Züge des erwachsenen Menschen von Unterwürfigkeit, Demut, Religiosität, Autoritätsglauben (Suggestibilität, Hypnotisierbarkeit und Masochismus beim Nervösen) stammen aus diesem ursprünglichen Gefühl der Schwäche und stellen psychische Zustandsbilder dar, denen offensichtlich bereits geringe Spuren von Aggression anhaften, Versuche, etwas von Geltung und Triebbefriedigung aus der Umwelt für sich zu gewinnen.

Zur gleichen Zeit, insbesondere aber deutlich im Laufe der Entwicklung, tauchen *Züge des Eigenwillens* auf, ein *Hang zur Selbständigkeit, Großmannssucht, Trotz* machen sich mehr und mehr geltend und *treten in Kontrast zu den anderen Zügen des Gehorsams.* Ja, man merkt bald, daß diese Kontraststellung offenbar unter dem Druck der Außenwelt, bei Entfaltung des kindlichen Ehrgeizes, groß zu werden und seinen Trieben Befriedigung zu gewähren (Eßtrieb, Schautrieb z. B.), sich stetig steigert. *Die Quelle dieser Kontraststellung der Charakterzüge liegt in dem inneren Widerspruch zwischen Unterwerfung und der Tendenz der Triebbefriedigung.* Das Kind merkt sehr bald, daß in seiner kleinen Welt vorzugsweise die Kraft gilt und findet dafür in der großen Welt reichliche Bestätigung. Und so nimmt es von den Zügen des Gehorsams nur diejenigen an, die ihm Nutzen bringen, sei es einen Gewinn an Liebe, an Lob, Verzärtelung oder Belohnung. Leider führt gerade diese Art von Lebensbeziehung des Kindes leicht auf *Abwege* und kann aus dem Unbewußten heraus in *tendenziöser Weise* Situationen schaffen, in welchen der späterhin Erwachsene geradezu *auf die Hilfe anderer* angewiesen ist. Solche Kinder werden in jeder Art Kränklichkeit, Ungeschicklichkeit, Ängstlichkeit, Schwachheit, im Leben, in der Schule, in der Gesellschaft ihre Beziehungen so einrichten, daß man sich ihrer annimmt, Mitleid zeigt, daß man ihnen

[2] Siehe diesen Band. Zusammengefaßt und erweitert im *Nervösen Charakter*, l. c.

hilft, sie nicht allein läßt usw. — Gelingt ihnen dies Vorhaben nicht, so fühlen sie sich beleidigt, zurückgesetzt, verfolgt. *Eine ungeheure Überempfindlichkeit wacht darüber, daß nicht die eigene Schwäche entlarvt werde.* Immer ist es ein Schicksal, Pech, die schlechte Erziehung, die Eltern, die Welt, die Schuld an ihrem Unglück tragen, und in dieser Absicht steigern sie ihre Wehleidigkeit zur Hypochondrie, zu Weltschmerz und Neurose. Und noch mehr! Ihre Sehnsucht nach Mitleid, nach Bevorzugung kann so intensiv werden, daß sie die Krankheit als Mittel schätzen lernen, einerseits um das Interesse der Umgebung auf sich zu lenken, andererseits als Vorwand, *um jeder Entscheidung auszuweichen. Diese Furcht vor jeder Entscheidung (die Prüfungsangst des Nervösen), die ihn nichts zu Ende bringen läßt, ihn gleichzeitig aber mit höchster Ungeduld und Hast erfüllt, die ihm das Warten* (auf die Entscheidung, auf den Erfolg) *zur größten Qual macht, wird nur erklärlich, wenn man die ungeheuren Größenideen des Unbewußten kennt und das Gefühl von deren Unerfüllbarkeit bei ausgesprochen nervösen Personen.*
Diese intrapsychische Spannung, der dialektische Umschlag aus dem Schwächegefühl des Kindes in Großmannssucht, wird begleitet, aber auch behütet durch dauernde Affektlagen der Ängstlichkeit, der Unsicherheit, des Zweifels an den eigenen Fähigkeiten. Und dies um so mehr, je größer die dynamische Wirkung des Kontrastes, je hypertrophischer die Züge des Ehrgeizes und der Eitelkeit sich ausgestalten.
Die Individualpsychologie ermöglicht es, durch Reduzierung dieser psychischen Überspannung auf die Anfänge in der Kindheit die Ursachen anzugeben für deren Bedeutung, außerordentliche Kraft und Haltbarkeit. Ich konnte in allen Fällen, *bei Nervösen, außerordentlich befähigten Menschen und bei den einer Untersuchung zugänglichen Selbstmördern* den Nachweis erbringen, *daß sie in den Anfängen der Kindheit ein besonders vertieftes Gefühl der Minderwertigkeit besaßen.* Als Ausgangspunkt dieses Gefühls habe ich schon vor Jahren eine *angeborene Minderwertigkeit von Organen und Organsystemen angeschuldigt,* welchen zufolge das Kind beim Eintritt ins Leben durch Kränklichkeit, Schwäche, Plumpheit, Häßlichkeit und Deformität sowie durch Kinderfehler (Bettnässen, Stuhlschwierigkeiten, Sprachfehler, Stottern, Augen- und Gehöranomalien) ins Hintertreffen gerät.[3]

[3] Neuerlich hat *Bartel* (Wien) einen Spezialfall dieser Organminderwertigkeit, die *lymphatische Konstitution,* in Zusammenhang mit Selbstmord gebracht. In der weiteren Fassung, die ihr dieser Autor gegeben hat, wird sie sich, ebenso wie die von mir hervorgehobene Organminderwertigkeit, auch als Grundlage von Neurosen entpuppen. Der Schlüssel zum Verständnis des Zusammenhangs liegt in beiden Fällen in dem kindlichen Gefühl der Minderwertigkeit, das übrigens auch durch Erziehungsfehler, durch Lieblosigkeit und durch Verzärtelung zustande kommen kann.

Der von diesem Gefühl der Minderwertigkeit ausgehende *stürmische Versuch zur Überkompensation*, gleichbedeutend mit Überwindung des Fehlerhaften durch angestrengtes Training des Gehirns, gelingt recht häufig, nicht aber ohne dauernd Spuren dieses Zusammenhangs und der Mehrleistung in der Psyche zu hinterlassen. Der ehemalige Bettnässer wird zum Reinlichkeitsfexen und Blasenathleten, das Kind mit unwillkürlichen Stuhlabgängen zum Hyperästheten, die ursprüngliche Schwäche und Empfindlichkeit der Augen prädestiniert zuweilen zum Maler und Dichter und der Stotterer Demosthenes wird zum größten Redner Griechenlands.[4] Dabei begleitet sie alle auf ihrem Lebenswege eine unbezähmbare Gier nach Erfolg, und ihre dauernde Überempfindlichkeit sucht ihnen *die Kulturhöhe zu sichern.* Rachsucht, Pedanterie, Geiz und Neid begleiten diese Entwicklung, ebenso auch Züge von ausgesuchter Mannhaftigkeit, sogar Grausamkeit und Sadismus.

Nur eine Relation noch kann diese Spannung verstärken, und sie ist es gerade, die den pathologischen Gestaltungen dieser ins Gegensätzliche umschlagenden Dynamik ihre höchste Weihe gibt. Sie geht aus dem häufig anzutreffenden *psychischen Hermaphroditismus* hervor. Die Doppelrolle verleitet viele der Kinder, eine naheliegende *Analogie mittelst einer falschen, aber aus Tatsachen geschöpften Wertung* herzustellen, eine Analogie, der seit altersher ein großer Teil der Menschheit unterlegen ist, und die eine ganze Anzahl der feinsten Köpfe, – ich nenne nur *Schopenhauer, Nietzsche, Moebius, Weininger* – mit geistreichen Sophismen zu stützen gesucht haben: ich meine *die Gleichstellung von Zügen der Unterwerfung mit Weiblichkeit, der Bewältigung mit Männlichkeit.* Dem Kinde wird diese Wertung recht häufig aus den Familienbeziehungen und aus der Umgebung aufgezwungen. Es kommt dann bald so weit, daß jede Form von Aggression und Aktivität als männlich, Passivität als weiblich empfunden wird. Dann geht das Streben des Kindes dahin, aus Gehorsam zu Trotz, aus der Folgsamkeit heraus zu Bösartigkeit, aus den normalen Bahnen der kindlichen Fügsamkeit und Weichheit zu aufgepeitschten Bestrebungen der Großmannssucht, der Starrköpfigkeit, des Hasses, der Rachsucht zu gelangen. Kurz, in den geeigneten Fällen (bei starkem Gefühl der Minderwertigkeit) setzt ein toller männlicher Protest ein, bei Knaben wie bei Mädchen. Selbst die körperlichen Schwächen und Fehler des Kindes werden dann nicht verschmäht, wenn sie als Waffen dienen können, um sich etwa durch Kränklichkeit, Kopfschmerzen, Bettnässen, usw. das dauernde Interesse und eine gewisse Herrschaft über die Umgebung zu sichern. So wird *aus*

[4] Siehe auch J. Reich ›Kunst und Auge‹. In: *Österreichische Wochenschrift.* 1908.

dem Unbewußten heraus eine Situation geschaffen, in der die Krankheit, ja selbst der eigene Tod gewünscht wird, teils um den Angehörigen Schmerzen zu bereiten, teils um ihnen die Erkenntnis abzuringen, was sie an dem stets Zurückgesetzten verloren haben. Nach meiner Erfahrung stellt diese Konstellation die regelmäßige psychische Grundlage dar, die zu Selbstmord und Selbstmordversuchen Anlaß gibt. Nur daß *in späteren Jahren meist nicht mehr die Eltern, sondern ein Lehrer, eine geliebte Person, die Gesellschaft, die Welt als Objekt dieses Racheaktes gewählt wird.*

Kurz anführen muß ich noch, daß eine der wichtigsten Triebfedern zu diesem männlichen Protest die häufig anzutreffende Unsicherheit des Kindes über seine gegenwärtige oder zukünftige Geschlechtsrolle ist. Aus dieser Unsicherheit heraus, die die double vie, die Bewußtseinsspaltung, den Zweifel und die Unentschlossenheit der Nervösen vorbereitet, drängt es Mädchen und Knaben mit ungeheurer Wucht zum männlichen Protest in jeder Form. *Aus diesem heftigen Streben stammen alle Formen der Frühsexualität und des Autoerotismus, die Masturbation wird zur Zwangserscheinung, und ein unablässiges Drängen nach »männlich« scheinender Betätigung der Sexualität* (unter anderem: *Don Juan, Messalina, Perversionen, Inzest, Notzucht* usw.) verankert sich als prägnantes *Symbol des männlichen Protestes.* Die Liebe selbst artet aus in eine unstillbare Gier nach Triumph, die Befriedigung des Sexualtriebes findet eine sekundäre Verwendung zum Zweck des Beweises der Männlichkeit oder auf einer psychischen Nebenlinie — wie im *Falle der Masturbation — zum Zweck der Selbstbeschädigung im Sinne eines Racheaktes.*[5]

Die Selbstmordidee taucht unter den gleichen Konstellationen auf wie die Neurose, der neurotische Anfall oder die Psychose. Selbstmord und Psychose wie die Neurose sind Ergebnisse der gleichen psychischen Konstellation, die durch eine Enttäuschung oder Herabsetzung bei Disponierten eingeleitet wird und die das alte Gefühl der Minderwertigkeit aus der Kindheit wieder zum Aufflammen bringt. *Selbstmord* wie *Neurose sind Versuche einer überspannten Psyche, sich der Erkenntnis und den Qualen dieses Minderwertigkeitsgefühls zu entziehen, und treten deshalb zuweilen vergesellschaftet auf.* In anderen Fällen wirkt ein konstitutionelles Moment (die Stärke des Aggressionstriebes) oder Beispiele richtunggebend. Der »Heredität« kann in gleicher Weise vorgebeugt werden, wie den Manifestationen selbst, und zwar durch die Individualpsychologie. Sie deckt das kindliche Gefühl der Minderwertigkeit auf, führt das Kind von seiner Überschätzung auf das wahre Maß zurück, indem sie falsche Wertungen kor-

[5] und des Ausweichens vor Entscheidungen.

rigiert, und stellt die Revolte des männlichen Protestes unter die Leitung des erweiterten Bewußtseins. *Selbstmord wie Neurose sind kindliche Formen der Reaktion auf kindliche Überschätzung von Motiven, Herabsetzungen und Enttäuschungen. Und so stellt der Selbstmord – ganz wie die Neurose und Psychose – eine Sicherung vor, um in unkultureller Weise dem Kampf des Lebens mit seinen Beeinträchtigungen zu entgehen.*

Freilich ist nur solcher Reaktionsweisen fähig, wer imstande ist, sein Gemeinschaftsgefühl zu drosseln, nur an sich und nicht an die anderen zu denken.

[2a.] Carl Furtmüller [Der Schülerselbstmord als pädagogisches Problem] *

Die Frage der Schülerselbstmorde ist für den Pädagogen von außerordentlicher Bedeutung; nicht nur wegen des erschütternden Eindrucks der vereinzelten Fälle, in denen der Knabe oder Jüngling sein Leben gewaltsam beendet, sondern in viel umfassenderem Sinne. Jedem Falle von Selbstmord wird ja eine ungleich größere Zahl von Fällen entsprechen, in denen ähnliche Ursachen zu nervösen Erkrankungen oder doch zu psychischen Depressionen von längerer oder kürzerer Dauer führen. Sollten sich also aus dem Stadium des Selbstmordproblems praktisch pädagogische Folgerungen ableiten lassen, so kämen diese nicht nur wenigen besonders Gefährdeten, sondern überaus vielen einzelnen und unserm Erziehungswesen als Ganzem zugute.

Die Beziehungen zwischen Schule und Selbstmord sind ja heute schon mehrmals interessant und tiefschürfend erörtert worden. Da hat sich zunächst, wie zu erwarten, gezeigt, wie seicht und gedankenlos die dilettierenden Vulgärpädagogen urteilen, die in manchen Zeitungen ihre Tribüne finden und die bei jedem Fall von Schülerselbstmord von vornherein ein Verschulden des Lehrers annehmen und gewissermaßen auf Mord oder mindestens fahrlässige Tötung plädieren. Ob individuelles Verschulden vorliegt, muß im einzelnen Fall gewissenhaft untersucht werden und wird untersucht, von vornherein wahrscheinlich ist es durchaus nicht. Handelt es sich doch bei dem, was die Statistik als »Motiv« des Selbstmordes anführt, höchstens um das auslösende Moment und zeigt doch die Durchleuchtung einzelner Fälle, daß als solches auslösendes Moment Mißerfolge und Zurücksetzung, wie sie im heutigen Schulbetrieb (und wohl in jedem Schulbetrieb) ganz unver-

* [Dieser Beitrag ist aus der 2. Auflage, 1922, übernommen.]

meidlich und gewissermaßen statistisch voraussagbar sind, durchaus genügen.

Mit dieser Feststellung aber ist für den Pädagogen die Frage natürlich nicht erledigt, sondern hier beginnt sie erst. Wären die Beziehungen zwischen Selbstmord und Schule wirklich so grobschlächtig, so könnte man dieses Problem mit Staatsanwalt und Disziplinaruntersuchung lösen. So aber gilt es, feinere Fäden zu entwirren.

Wir können bei dem Problem zwei Fragen unterscheiden. Wir haben gesehen, daß Schulerlebnisse nur bei solchen Individuen zum Selbstmord führen werden, die schon vor dem konkreten Ereignis unter schwerem psychischen Druck stehen. Und da ergibt sich die Frage: Trägt das Schulleben im allgemeinen dazu bei, diesen psychischen Druck zu erhöhen? Dann aber wurde schon darauf hingewiesen, welche Heiltendenzen die Schule entwickeln, wie gerade das Verhältnis zur Schule, zum Lehrer unter Umständen den Knaben aufrechthalten kann. Und da ergibt sich die zweite Frage: Kommen in unserem heutigen Schulbetrieb diese Heiltendenzen zur vollen Geltung?

Die erste Frage muß ohne Zweifel nachdrücklichst bejaht werden. Hat Professor *Freud* die Forderung erhoben, daß die Schule den Knaben besser behandeln müsse als das Leben den Mann, daß man an die Jugend nicht dieselben Anforderungen stellen dürfe wie an die Erwachsenen, so muß man den tatsächlichen Zustand eher so charakterisieren: die Schule mutet dem Schüler oft sehr viel mehr zu, als der Erwachsene — es sei denn unter dem äußersten Zwang der Verhältnisse — je ertragen würde. Unser Klassifikationssystem schafft in seiner Trias von Einzelnoten, Konferenzergebnis und Zeugnis für den schwachen Schüler ein System der schriftlichen Festlegung und amtlichen Beglaubigung seiner Mißerfolge, das für den schwer Lernenden zu einer seelischen Folter werden *kann.* (Das ist natürlich nicht der Normalfall.) Dieser Zustand greift oft auch auf Erwachsene über; es gibt ja ganze Familien, die an einer förmlichen Schulneurose leiden und in denen der Ausfall einer lateinischen Schularbeit Stürme der Verzweiflung oder der Freude hervorruft.

Diese Verhältnisse sind es, die die heftigsten Angriffe gegen die heutige Mittelschule hervorrufen. Und doch geschieht ihr damit eigentlich schwer Unrecht. Nicht die Schule als solche ist es, die diese Zustände schafft, sondern die *Rolle, die ihr von der Gesellschaft zugewiesen* wird. Unsere Mittelschule ist ja erst in zweiter Linie Erziehungs- und Lehranstalt; in erster Linie ist sie ein Institut zur *Erwerbung von Berechtigungen.* Immer mehr drängt die Entwicklung dahin, das Reifeprüfungszeugnis zur conditio sine qua non nicht nur für jede höhere Laufbahn, sondern sogar für ganz untergeordnete Anstellungen im Staatsdienst und bei großen Unternehmungen (Bahn u. dgl.) zu machen. Die Tendenz, die dem zugrunde liegt, ist klar: Die sozialen Ober- und Mittelschichten wollen auf diese Weise ihren Söhnen eine möglichst große Zahl von Futterplätzen von vornherein sichern. Und tatsächlich hat heute so mancher junge Mann mit der Ablegung der Maturitätsprüfung den größten Teil seiner Lebensarbeit bereits hinter sich; das andere besorgt dann der Onkel oder der Taufpate. Nur daß sich diese so wohl ausgedachte Einrichtung furchtbar rächt; der natürlichen Bedeutung der Knaben- und Jünglingsjahre wird so eine künstliche und ungesunde hinzugefügt: nicht wie sich das Individuum in dieser Zeit *entwickelt*, kommt in Betracht, sondern was es *leistet*, und zwar auf Gebieten leistet, die seiner späteren Lebensaufgabe oft ganz ferne stehen.

Hier ist der Kopf des Wurms. Das Berechtigungswesen drückt unserer ganzen Schule einen ungesunden Charakter auf. Sie macht den Lehrer zu einem Werkzeug der sozialen Auslese und *zwingt* ihn dadurch geradezu, streng, oft hart zu sein; denn läßt er locker, so heißt das, daß überhaupt nur mehr die soziale Stellung der Eltern und gar nicht die Begabung und Leistungsfähigkeit des Individuums entscheiden soll. Das bringt ihn in eine Doppelstellung zu den Schülern, denen er einerseits Erzieher und Freund, andererseits Richter und Vertreter der Staatsgewalt sein soll. Das vergiftet sein Verhältnis zu den Eltern, die dem Manne, der ihrem Kind so viel nutzen und schaden kann, in den seltensten Fällen mit voller Offenheit gegenübertreten. Das bringt ihn auch oft dazu, gewissermaßen zum Trainer zu werden und den schwachen Schüler zu immer neuer Arbeit anzufeuern, um ihm den schweren Schaden des Versagens zu ersparen, um Schwachbegabte um jeden Preis durchzudrücken.

Nur kurz möchte ich darauf hinweisen, daß die Verhältnisse noch dadurch verschärft werden, daß unsere Schule Massenschule, daß in gewissen Gegenden, z. B. Wien, die Überfüllung der Klassen geradezu Regel ist. Dadurch wird die Bewältigung des Stoffes erschwert, die Konkurrenz verschärft, in einzelnen Punkten eine auch vom Lehrer als unnatürlich straff empfundene Disziplin erfordert, das Individualisieren fast unmöglich. Auch aus dem Grunde, weil, was als Berücksichtigung der Individualität eines nicht völlig normalen Schülers gemeint ist, von der öffentlichen Meinung der Klasse sehr leicht als ungerechte Bevorzugung aufgefaßt wird.

Welchen Druck diese Zustände auf den nervös Veranlagten oft ausüben müssen — selbst unter Voraussetzung wohlwollender Gerechtigkeit und pädagogischen Verständnisses seitens der Lehrer — und wie gefährlich die ganze Situation werden kann, wird uns vor allem dann klar werden, wenn wir uns an die Ausführungen *Dr. Adlers* über die Rolle erinnern, die das Gefühl der Minderwertigkeit bei psychischen Krisen spielt. Und man kann nicht leugnen, daß die heutige Mittelschule bei einer nicht zu kleinen Gruppe von Schülern im hohen Grade auf die Verstärkung dieses Minderwertigkeitsgefühls hinwirkt und das Selbstbewußtsein untergräbt, statt es zu fördern. Und dies einfach durch die Kraft der Tatsachen, so daß der Lehrer, denke man ihn so tüchtig wie man wolle, nur mildern, aber nicht aufheben kann. Unsere ministerielle Reformpädagogik vermag dagegen schon gar nichts, weil ja ihre oft dankenswerten, aber nicht immer konsequenten und auf den Grund der Dinge gehenden Erlasse doch vor allem die Funktion haben, die öffentliche Aufmerksamkeit davon abzulenken, daß unser Mittelschulwesen materiell geradezu ausgehungert wird und deshalb z. B. die Überfüllung unserer Wiener Schulen ein schon jahrelang dauernder schreiender Mißstand ist. Und an eine Aufhebung des Berechtigungswesens ist schon gar nicht zu denken; wo davon gesprochen wird, handelt es sich immer nur darum, die Verteilung der Berechtigungen auf die einzelnen Schultypen zu ändern, nicht aber den Zustand abzuschaffen, daß die Beurteilung der Leistungsfähigkeit eines erwachsenen Mannes oft vorwiegend davon abhängt, wie er, mitunter vor mehreren Dezennien, auf der Schulbank bestanden hat.

Diese in unserer Schuleinrichtung beruhenden Mißstände werden in ihrer Wirkung durch psychologische Momente auf seiten der Eltern und der Lehrer nur noch verstärkt. Die an und für sich schon zu große Bedeutung des Schulzeugnisses wird von vielen Eltern noch übertrieben, und nur grotesk-komisch kann man es nennen, wie von manchen Eltern der »Durchfall« geradezu als ernstes Unglück betrachtet wird, auch wenn die daraus sich ergebende Notwendigkeit, den Unterhalt des Knaben ein Jahr länger zu bestreiten, keine oder doch keine beträchtliche Rolle spielt. Nichts ist charakteristischer für die unser Leben beherrschende Beamtenpsychologie, als der in solchen Fällen übliche Jammer: er »verliert ein Jahr«. Denn das ist ja richtig nur für die künftige Aktivitätszulage, aber nicht für die geistige und körperliche Entwicklung. Im Gegenteil, man rettet dem Knaben ein oder mehrere Jahre seiner Jugend, wenn man ihm Zeit läßt, statt ihn unter ständigem Druck von Klasse zu Klasse zu hetzen, bis die gefürchtete Katastrophe doch endlich eintritt, und zwar zu einem Zeitpunkt, wo der Schüler sich schon gewöhnt hat, im Hintertreffen zu stehen, und wo auch aus unterrichtstechnischen Gründen die guten Seiten des Repetierens stark hinter den schlechten zurücktreten. Eine Aufklärung der Eltern in dieser Beziehung würde den Kindern manche schwere Ängstigung ersparen und dem Gespenst des »schlechten Schulzeugnisses« den größten Teil seiner Schrecken nehmen. Ein noch viel gefährlicheres Spiel spielen die Eltern, die ihr Kind trotz wiederholt und deutlich ausgesprochener Abneigung in einer bestimmten Studienbahn gewaltsam festhalten. Anders ist natürlich die Rolle des Durchfallens in den obersten Klassen der Mittelschulen, wo der Jüngling sich schon mit aller Kraft über die Mittelschule hinaussehnt, und wo der Gedanke, ein Jahr länger in Verhältnissen bleiben zu müssen, denen man innerlich fremd geworden ist, auch ohne von außen kommende Verstärkungen des Quälenden genug hat, um bei gegebenen Vorbedingungen eine Krise herbeizuführen.

Die Lehrer wieder, für die das Versagen eines Teiles der Klasse etwas durchaus Normales, fast prozentual Vorausberechenbares ist, sind in Gefahr, sich nicht immer ganz klar zu machen, wie diametral entgegengesetzt die Auffassung desselben Ereignisses beim Schüler ist; sie glauben daher mitunter, die Schrecken des Durchfalls zur Erhöhung der pädagogischen Wirkung unterstreichen oder gar übertreiben zu müssen. Überhaupt läßt sich folgendes beobachten: Dem Lehrer machen natürlich disziplinär und pädagogisch die Schüler am meisten zu schaffen, die am widerstandsfähigsten sind und den Disziplinarmitteln der Schule mit einer gewissen Ruhe gegenüberstehen. Unwillkürlich nun stuft sich von hier aus das Gesamtbild der Klasse, das der Lehrer sich macht, und der Ton, den er anschlägt, ab und so kommt es, daß er die Empfindsamen oft rauher anfaßt, als ihnen gut ist, nur weil er sich des Eindrucks, den seine Worte auf sie machen, nicht bewußt wird.

Nicht unerwähnt darf aber bleiben, daß noch gar oft diese Erzeugung eines Gefühls der Minderwertigkeit auch bewußt und planmäßig befördert wird, und zwar auf Grund »ethischer Grundsätze«. Alle, die die Schule zum Werkzeug politischer und religiöser Reaktion machen wollen, fordern ja als oberste Leistung der Schule die »Erziehung zum Gehorsam«. Die konsequenten Vertreter dieser Richtung gehen direkt auf das Brechen des Individualwillens aus. Nur beispielsweise erwähne ich die an manchen Provinzanstalten ausgeheckten Regeln und Verbote, die in das Privatleben der Schüler schmerzlich eingreifen und für die niemand einen anderen Zweck erkennen kann als den, die Schüler ihre capitis diminutio recht fühlen zu lassen: »Die Leute sollen lernen, sich fügen«. Diese Behandlung der Schüler ist übrigens nur ein Spiegelbild der Behandlung, die die Lehrer sich bis vor wenigen Jahrzehnten bieten ließen. In diesem Sinne schon sind die immer weitergreifenden Organisationsbestrebungen der Lehrerschaft ein wahrer Segen

für die Schule: denn wer selbst ein willensstarker Mensch mit aufrechtem Rücken ist, wird auch solche erziehen wollen. In jedem Sadisten steckt ja eine masochistische Komponente.
Das Thema hat es mit sich gebracht, daß ich zuerst und recht ausführlich bei den schädlichen Momenten unseres Schullebens verweilen mußte. Ich möchte aber dadurch keineswegs die Ansicht erwecken, als hielte ich diese Schädlichkeiten für überwiegend. Im Gegenteil, ich bin fest überzeugt, daß im Schulleben an und für sich wichtige Heilfaktoren liegen, die auch heute zur Geltung kommen, wenn auch ihre Wirkung nicht ganz ausgeschöpft, ja teilweise gehemmt wird. Ich denke da mit *Dr. Sadger* und *Prof. Freud* daran, daß die Schule dem Knaben wichtige persönliche Anknüpfungen vermittelt, daß sein aktives und passives Liebesbedürfnis hier Nahrung findet, daß sie seinem Gefühlsleben die Expansion über das Elternhaus hinaus ermöglicht. Besonders bei vorübergehender oder dauernder Entfremdung zwischen ihm und seinen Angehörigen wird er hier Ersatz finden können, und zwar insoferne in sehr günstiger Form, als hier zwischen einer größeren Anzahl von Individuen eine Art äußerliche Intimität geschaffen wird, die es aber dem einzelnen völlig freistellt, die Bande mit dem und jenem fester oder lockerer zu knüpfen. Der in der Familie herrschende »Zwang zur Liebe« fällt hier also weg. Diese Ersatzfunktion der Schule geht auch daraus hervor, daß die Anhänglichkeit an die Familie und die Liebe zu den Schulgenossen meist in umgekehrtem Verhältnis steht: Muttersöhnchen sind schlechte Kameraden und wem der Vater das Ideal geblieben ist, der sucht es nicht im Lehrer.
Das Gesagte zeigt schon, daß ich die Beziehungen zu den Mitschülern für ebenso wichtig halte wie die zu den Lehrern. Auch die einstige Führerstellung des Vaters kann ja mindestens teilweise einem älteren, frühreifen Mitschüler zufallen.
Wie wirken nun unsere Schuleinrichtungen auf das Verhältnis der Mitschüler untereinander? In mancher Richtung direkt schädlich. Die einst übliche Erziehung zur Angeberei zwar kann wohl als im großen und ganzen überwunden angesehen werden. Aber das Prüfungswesen mit seiner Konkurrenzatmosphäre besteht weiter, Neid und Eifersucht auf der einen, Überhebung und Selbstgerechtigkeit auf der anderen Seite fördernd. Besonders zu bedauern ist es, daß heutzutage die kameradschaftlichen Beziehungen sich rein naturwüchsig, ohne positiv fördernden Einfluß des Lehrers entwickeln, entweder in den Freistunden außerhalb der Schule oder in den Erholungspausen, wo der Lehrer meist nur als passives Aufsichtsorgan anwesend ist. Daß dadurch oft Personen sehr zweifelhaften Wertes, meist vorübergehend, eine Führerrolle spielen

können, ist noch das geringere Übel. Aber, was gerade für unsere Frage in Betracht kommt, dadurch finden oft die von *Adler* gekennzeichneten Charaktere, für die die Stütze des Kollegialitätsgefühls von besonderem Werte wäre, keinen Anschluß, ja ihre Schwerfälligkeit und Schüchternheit machen sie oft zur Zielscheibe des Spottes. So kann in ihren Entwicklungsgang ein neues verhängnisvolles Moment kommen. Heute kann der Lehrer nur zufällig und meist nicht sehr wirksam eingreifen. Ein wesentlicher Fortschritt wird erst dann zu erzielen sein, wenn die Schule neben einer Arbeitsgemeinschaft auch eine Erholungsgemeinschaft wird.
Hierzu haben wir in der Pflege des Jugendspiels, die sich allerdings auf dem Papier imponierender ausnimmt als in Wirklichkeit, gewiß einen hoffnungsvollen Ansatz. Doch treten hier die persönlichen Beziehungen hinter dem Sportlichen meist fast ganz zurück und dadurch, daß das Jugendspiel in vielen Fällen dem Turnlehrer oder einem wissenschaftlichen Lehrer, der die betreffenden Schüler sonst gar nicht kennt, überlassen wird, wird dieses rein Technische noch mehr in den Vordergrund gerückt. Für unseren Zweck könnten nur solche Leibesübungen wirklich in Betracht kommen, die von selbst auch geselligen Zusammenschluß mit sich bringen, wie Wanderungen, Ruderfahrten, unter positiver Wirkung, nicht nur passiver Leitung von solchen Lehrern, die mit den Schülern auch wissenschaftlich arbeiten. Schon heute üben die leider so seltenen Schulausflüge den wohltätigsten Einfluß auf Schüler und Lehrer aus.
Ich brauche nicht eigens hervorzuheben, daß diese Erweiterung der Schule zur Erholungsgemeinschaft auch das Verhältnis zwischen Lehrer und Schüler von Grund auf ändern und die gemütliche Distanz zwischen ihnen erheblich verringern würde. Trotz der vorhandenen Ansätze glaube ich nicht, daß allzuviel in dieser Richtung geschehen wird, und zwar weil zu jeder pädagogischen Reform Geld gehört. Solange die Unterrichtsverwaltung für solche Betätigung an den »Idealismus der Lehrerschaft« appelliert, statt sie in die Lehrerverpflichtung einzubeziehen und entsprechend zu entlohnen, wird, von vereinzelten Ausnahmen abgesehen, dieser Teil der Erziehertätigkeit wenig oder doch nicht mit voller Energie gepflegt werden. Schon aus dem Grunde, weil, besonders in den großen Städten, die meisten Lehrer zu zeitraubender Nebenbeschäftigung genötigt sind.[1]
Damit sind wir übrigens bei einem anderen Punkt, der die Wirksamkeit unserer Schule aufs nachteiligste beeinflußt. Wer

[1] In den drei Jahren seit der ersten Veröffentlichung dieser Arbeit haben die in den beiden letzten Abschnitten geschilderten Verhältnisse eine entschiedene Wendung zum Besseren erfahren, wenn auch natürlich noch manches zu wünschen übrig bleibt.

sich für hundert und mehr Jungen persönlich interessieren soll, wenn auch nur flüchtig, braucht Zeit. Unsere Lehrer haben nie Zeit. Außer der Stunde nicht, weil sie Opfer des Korrekturwahnsinns sind und weil die Zeit, die noch bleibt, oft bis zur äußersten Erschöpfung vom Nebenerwerb in Anspruch genommen wird. In der Stunde nicht, weil ein immer erweiterter Lehrstoff bei gekürzter Unterrichts- und häuslicher Arbeitszeit erledigt werden soll. Die Folge davon ist, abgesehen von gesteigerter Nervosität unseres Schullebens, daß der Unterricht in vielen Fächern zu einem förmlichen Dahinjagen wird, daß der Lehrer die Sorge um die Erledigung des Lehrstoffes nie los wird. Das führt einerseits freilich zu einer fruchtbaren Ausnutzung der Zeit und nötigt zu einer Vervollkommnung des didaktischen Könnens. Andererseits aber verschwindet dadurch der Pädagoge, der sich an den ganzen Menschen wendet, immer mehr hinter dem bloßen Unterrichtstechniker. Und da er für die vielen einzelnen keine Zeit hat, arbeitet er immer mehr mit dem Abstraktum der »Klasse«. Er will die »Klasse« dahinbringen, daß sie Tüchtiges leistet, das ist sein Ehrgeiz: leistet der schwache Schüler seinen Versuchen, ihn vorwärts zu bringen, längeren Widerstand, so entsteht der persönlich und sachlich sehr begreifliche Wunsch, ihn zu entfernen, weil er das »Niveau der Klasse« drückt. So kann ein für seinen Beruf begeisterter und zur Gesamtheit seiner Schüler liebevoller Lehrer sehr hart gegen den einzelnen werden.

Hier scheinen mir die Gründe zu liegen, warum die Pädagogen, wie Professor *Freud* sie wünscht, heute so selten sind. Die Lehrer werden durch ihre ganze Stellung und durch die Art des Unterrichtsbetriebs in die entgegengesetzte Bahn gedrängt. Die in der Öffentlichkeit so oft gehörte Meinung, alle Übelstände der Schule seien auf pädagogische Unfähigkeit der Lehrer zurückzuführen, gibt für eine richtige Beobachtung eine unstichhaltige Erklärung. Selbstverständlich kann ein hervorragendes pädagogisches Talent auch heute fruchtbare Wirksamkeit entfalten. Aber eine Masseninstitution wie die moderne Schule kann bei ihren Organen nicht exzeptionelle Begabung voraussetzen, sondern sie muß so organisiert und von solchem Geist erfüllt werden, daß auch der tüchtige Durchschnitt allseitig befriedigend seines Amtes walten kann.

Haben die vorstehenden Ausführungen die mannigfachsten Fragen des Schullebens berühren müssen, so glaube ich mich doch keiner Abschweifung vom Thema schuldig gemacht zu haben. Die psychische Förderung oder Hemmung durch die Schule hängt eben von den verschiedensten Faktoren ab. Jetzt gilt es noch zu fragen, ob eine Selbstmordprophylaxe im engeren Sinn durch die Schule möglich ist.

Da möchte ich vor allem nachdrücklich hervorheben, daß mir eine mechanische Prophylaxe, wie man sie in Wien versucht hat, dadurch, daß man »selbstmordverdächtigen« Schülern das schlechte Zeugnis nicht ausfolgt oder sie am Tage der Zeugnisverteilung von ihren Eltern abholen läßt, gänzlich verfehlt erscheint. Einerseits setzt man sich der Gefahr aus, gerade die wirklich Gefährdeten zu übersehen; andererseits wird dadurch geradezu die Vorstellung gezüchtet, der Selbstmord sei eine gewissermaßen normale, jederzeit zu erwartende Reaktion auf schlechte Schulerfolge. So wird dem Gedanken des Selbstmords neue suggestive Kraft zugeführt und in manchem vielleicht die schlummernde Idee erst ausgelöst. Die suggestive Wirkung ist es übrigens auch, die jeden ausgeführten Selbstmord zu einer eminenten Gefahr macht; finden wir doch häufig, daß einer, dem Selbstmordgedanken vielleicht schon lange vertraut waren, die Tat erst ausführt, wenn er jemand findet, dem er sie nachtun kann. Dieser Umstand mahnt zur äußersten Vorsicht und zu großem Takt bei der Untersuchung vorgekommener Selbstmorde durch die Schulbehörden, vor allem aber bei der Diskussion in der Presse. Die sensationelle Art, wie nur allzu viele Zeitungen diese Dinge besprechen, die Märtyrerglorie, mit der ein solcher Unglücklicher gern umgeben wird, können leicht dem einen Opfer ein anderes nachziehen. Damit soll nichts gegen freieste Meinungsäußerung und gegen schonungslose Kritik der Schulzustände, wo man diese für die Schuldigen hält, gesagt werden. Aber, wer sich seiner Verantwortung bewußt ist, wird sagen, was er zu sagen hat, ohne den Fall in die bengalische Beleuchtung der Sensation und des Skandals zu stellen.
Sprechen wir dieser mechanischen Verhütung des Selbstmords die Chancen ab, so ist es vielleicht möglich, daß der kluge Lehrer in vielen Fällen *indirekt* rechtzeitig vorbauen kann.
Sehr oft sind Trotz und Rachsucht (gegen Eltern oder Lehrer) die eigentliche Triebfeder des Selbstmords. Nun ist in einem solchen Fall natürlich keineswegs ausgemacht, daß für diese Gefühle auch eine objektive Berechtigung vorlag. Vielmehr deutet eine solche Motivation öfter gerade darauf hin, daß die betreffende Person dem Herzen des Schülers nahe gestanden hat. Aber das darf man sich nicht verhehlen, daß gerade die »Trotzigen« wohl die sind, die in unserer Schule meist am allerunzweckmäßigsten behandelt werden. Wo Gehorsam um jeden Preis das Erziehungsideal ist, wird ja natürlich Trotz zu einem Verbrechen, das den Schüler gewissermaßen ächtet. Aber auch sonst wird über derartige Reaktionen meist als über etwas ganz Irrelevantes hinweggegangen. Und gerade hier könnte in vielen Fällen der Lehrer sehr wohltätig eingreifen, wenn er nach dem Anlaß, der den Trotz hervorgerufen hat,

nicht einfach wartet, bis die Reaktion abgelaufen ist, sondern selbst daran arbeitet, den gemütlichen Kontakt wieder herzustellen. Natürlich kann darin nicht, daß er seiner Autorität etwas vergibt und von berechtigtem Tadel etwas zurücknimmt, das Heilmittel liegen, sondern nur darin, daß er persönliche Anteilnahme am Schicksal des Schülers durchblicken läßt.
Der Lehrer, der sich gewöhnt, seine Schüler aufmerksam zu beobachten, wird auch den Typus bald herausfinden, der nach *Dr. Adler* besonders gefährdet ist. Unbeholfenheit, Schüchternheit, leichtes Erröten sind die Merkmale, die zuerst bei ihnen auffallen. Die scheinbar widerspruchsvolle Verbindung stark betonter Indolenz und Gleichgültigkeit mit übergroßer Empfindlichkeit ist ein besonders charakteristischer Zug. Hier wird eine eingehende, nicht auf die Lernerfolge beschränkte, sondern den Charakter berücksichtigende Besprechung mit den Eltern oft sehr viel Gutes stiften können; sie ist schon deshalb notwendig, weil solche Schüler oft zu Hause ein ganz anderes Bild bieten als in der Schule. So könnte psychologisch geschulter Blick des berufsmäßigen Erziehers auch die häusliche Behandlung günstig beeinflussen.
Ich bin mir bewußt, daß dieser bescheidene Versuch, Erkenntnisse, die mit Hilfe der Individualpsychologie gewonnen wurden, pädagogisch zu verwerten, diejenigen nicht befriedigen wird, die wollen, daß die Rede der Wissenschaft ja, ja, nein, nein, sei. Denn eine Universalprophylaxe gegen Schülerselbstmorde gibt es nicht. Wer aber eingesehen hat, daß der Vereinfachung unserer Erkenntnisse ihre Vertiefung vorhergehen muß, der wird, glaube ich, den Eindruck gewinnen, daß von der individual-psychologischen Forschung aus manche belebende Welle in den trägen Strom unserer wissenschaftlichen Pädagogik dringen kann. Gegenüber der Gefahr der Veräußerlichung und Mechanisierung, die die experimentelle Methode — an ihrem Orte von unbestrittenem Verdienst — mit sich bringt, finden wir hier ein Gegengewicht: die Möglichkeit, ja den Zwang zu immer weiterer Vertiefung.

[2b] Carl Furtmüller: Ist eine Prophylaxe des Schülerselbstmordes möglich?

Die Selbstmorde von Kindern und Jugendlichen, bei denen ein Ereignis des Schullebens als Motiv der Tat in den Vordergrund tritt, zum Gegenstand einer gesonderten Betrachtung zu machen, wäre wenig fruchtbar, wenn man es dabei auf die Ergründung der Psychologie des Selbstmordes abgesehen hat. Hier kann durch eine Ordnung der Fälle nach der konkreten Auslösung des Schlußaktes nur die Aufmerksamkeit von ihrer langen und ungleich wichtigeren inneren Geschichte abgelenkt werden. Selbst die Lösung der Sonderfrage, welche Rolle die Schule im Leben des einzelnen Selbstmörders gespielt hat, kann durch Klassifikation nach dem Motiv eher erschwert werden. Denn wenn das eine Mal einem innerlich ganz anders bedingten Falle ein Schulerlebnis als auffällige Fassade unorganisch aufgeklebt sein mag, wird das Schulleben in der Vorgeschichte anderer Fälle eine umso bedeutungsvollere, wenn auch in der Motivation nach außen nicht aufscheinende Rolle spielen.

Ganz anders liegen die Dinge, wenn man sich auf die pädagogische und psychologische Beurteilung der Schulverfassung und ihrer seelischen Auswirkung auf die Schüler einstellt. Der Umstand, daß bestimmte Einrichtungen der Schule oder bestimmte Formen des Schullebens zu typisch wiederkehrenden Selbstmordmotiven werden, weist zwingend darauf hin, daß von diesen Punkten psychische Belastungen ausgehen, die die Tragfähigkeit eines Teiles der Schüler übersteigen. Hierbei sind die Fälle, in denen es zum Selbstmord oder zum Versuch des Selbstmordes kommt, selbstverständlich nur einzelne besonders auffallende Höhepunkte in einem weit umfassenderen Gefährdungsfelde. Schon rein äußerlich treten neben sie in ähnlich alarmierender Weise die Fälle der Flucht aus dem Elternhause und aus der Heimat. Darum scharen sich aber dann die statistisch nicht erfaßbaren, aber natürlich unendlich zahlreicheren Fälle, in denen dieselben Verhältnisse zu Verstärkung neurotischer Einstellung, zu dauernder Entmutigung, zu Fixierung passiver Haltung führen. Eine Umschau über die Motivationen, die bei Schülerselbstmorden am häufigsten wiederkehren, wird uns also auf eine Reihe von Punkten hinweisen, an denen unsere Schuleinrichtungen ernster Überprüfung bedürfen.

Der weitaus häufigste Anlaß des Schülerselbstmordes ist die schlechte Note, zuweilen die schlechte Einzelnote, etwa auf einer schriftlichen Arbeit, in der Regel jedoch das schlechte Zeugnis oder das Versagen bei einer entscheidenden Prüfung, das ein solches Zeugnis erwarten läßt. Dabei scheinen die Zeugnisse am Schlusse des Winterhalbjahres, die keine oder doch weniger entscheidende praktische Folgen mit sich bringen, kaum weniger häufig vertreten, als die am Schlusse des Schuljahres, die über die Möglichkeit des Vorrückens in die nächsthöhere Klasse oder über den günstigen Abschluß der Studien entscheiden.

In zweiter Linie kommen die Schulstrafen, wobei die schwerste Schulstrafe, der Ausschluß aus der Schule, seine besondere Bedeutung hat. Auch die schlechte Betragensnote im

Schulzeugnis ist wohl richtiger hier als in der ersten Gruppe einzuordnen.
Mitunter als die unmittelbare Auslösung, häufiger aber in der Vorgeschichte eines Selbstmordes, spielt schroffes oder höhnisches Verhalten von Lehrern oder Mitschülern eine Rolle, oft in dem Zusammenwirken, daß das durch eine ironische Bemerkung des Lehrers ausgelöste Gelächter der Klasse als unerträgliche Demütigung empfunden wird. Dabei können die Bemerkungen, die zur inneren Krise beitragen, durchaus im Rahmen des Schultones bleiben, der an der betreffenden Schule üblich ist und von der Mehrzahl der Schüler gut vertragen oder doch als gegeben gleichmütig hingenommen wird.
Nicht übergangen werden kann hier auch – obwohl noch mehr vom aktuellen Motiv zu den dahinter liegenden Voraussetzungen hinüberleitend – die bedrückende Wirkung, die auf passive Naturen oft nicht von einzelnen Schulerlebnissen, sondern vom Schulmechanismus als solchem ausgeht. Ist der innere Anschluß an die Unterrichtsarbeit ausgeblieben oder verlorengegangen und auch keine lebhaftere Kameradschaftsbeziehung zu den Mitschülern zustande gekommen, dann rufen mitunter die endlos folgenden Schultage mit der drückenden Langeweile der Lehrstunden und mit den mannigfachen Anforderungen, die von der Schule ins Haus nachfolgen, dort nicht bewältigt werden, wohl aber von anderem abhalten und so die Passivität fixieren, eine dumpfe Hoffnungslosigkeit hervor, die katastrophale Wendungen begünstigt.
Von besonderer Bedeutung ist natürlich die Spiegelung der Schulereignisse im Elternhaus. Dieses überschätzt sehr oft die Bedeutung von Note und Zeugnis und hält es für pädagogisch richtig, sie dem Kinde gegenüber noch über die eigene Überschätzung hinaus zu übertreiben. Die Schulstrafe wird nicht als abgeschlossene und selbständige Angelegenheit betrachtet, sondern als Aufruf und Ausgangspunkt für häusliche Strafe, wenn nicht gar Züchtigung. So kann man in manchen Fällen zweifeln, ob der Schulvorfall an sich oder das zu erwartende häusliche Echo, die Angst vor der Strafe, dem Zorn oder der Verzweiflung der Eltern psychisch wirksamer waren. Darum ist oft auch die Krise überwunden, sobald die erste Aussprache mit den Eltern erfolgt ist. Freilich darf nicht übersehen werden, daß Mißerfolg in der Schule und Schulstrafe auch bei ruhiger oder gleichgültiger Haltung des Elternhauses Selbstmordmotive werden.
Unsere Umschau hat uns keine Überraschung gebracht. Insbesondere der individualpsychologisch eingestellte Erzieher erkannte dabei, daß man bei Betrachtung des Schülerselbstmordes auf alle die Fragen gedrängt wird, die sich auch sonst als die pädagogischen Grundprobleme unserer Schuleinrichtung

erweisen. Diese Erkenntnis zerstört die Illusion, die immer wieder auftaucht, wenn irgendwo eine sich häufende Zahl von Schülerselbstmorden die Aufmerksamkeit der Öffentlichkeit in Anspruch nimmt, als könnte es eine besondere Prophylaxe des Schülerselbstmordes geben durch eine Anzahl wohlwollender, aber nicht tiefgreifender Maßregeln. Eine wirksame Prophylaxe kann sich nur aus der unermüdlichen fördernden Bearbeitung der aufgezeigten Probleme ergeben. Dabei wird man sich theoretisch um möglichst scharfe Zielstellungen bemühen, praktisch aber jeden auch vorsichtigen Schritt begrüßen müssen, wie er unter gegebenen örtlichen und zeitlichen Verhältnissen möglich ist, wenn er nur in die rechte Richtung führt.

Die Bedürfnisse der Pädagogik und die Notwendigkeiten des Schulwesens als einer Massenorganisation führen zu gewissen Antinomien, von denen die durch den Klassifikationsapparat gegebene nicht nur im allgemeinen Bewußtsein am festesten verankert, sondern auch mit sachlichen Erfordernissen am engsten verknüpft ist. Innerhalb der einzelnen Schule, beim Übergang von einer Schulart zur anderen und bei der Auswirkung der Schule auf das praktische Leben sind der Klassifikation eine solche Fülle wesentlicher Aufgaben übertragen, daß auch der theoretische Gegner des Klassifikationswesens als solchen, sobald er zu praktischen Vorschlägen gelangt, die Klassifikation in mehr oder weniger verhüllter Form doch nicht entbehren kann. In der Fülle der Aufgaben, deren Lösung auch innerhalb dieser Beschränkung möglich bleibt, steht der Abbau des Repetentenelends in erster Reihe. Die Bildung differenzierter Arbeitsgemeinschaften bietet hierzu, insbesondere in der Pflichtschule, ein technisches Mittel, das zwar auch nicht restlos befriedigt, das aber jedenfalls in seinen psychischen Auswirkungen weniger bedenklich ist als der Zwang zum Repetieren und das die aus diesem entspringenden realen Schädigungen vermeidet. Für die über die Pflichtschule hinausreichenden Schulen werden Methoden auszubauen sein, die schon für den Eintritt die besondere Eignung, zu der die Neigung als wesentlicher Bestandteil gehört, zum entscheidenden Faktor machen. Was aber die Atmosphäre an vielen unserer höheren Lehranstalten oft noch mehr bestimmt als die Fälle endgültig ungünstiger Klassifikation, das ist die schier unübersehbare Fülle von schlechten Noten, von Tadel und Ermahnung, die sich im Lauf des Schuljahres oft über die Klasse ergießt. Wo solche Klassifikationsbräuche herrschen, beweisen sie einen didaktischen Pessimismus, der es für unmöglich hält, das sachliche Interesse zu einem wirksamen Arbeitsantrieb zu gestalten und der daher im Druck der Note das eigentliche Movens sieht, zeugen sie von einer pädagogischen Gesinnung, die die Angst positiv wertet und Ermutigung für eine gefährliche Verlockung zum Leichtsinn hält. Erweist sich also auch hier wieder der Lehrergeist wichtiger als Einzelheiten der Schulverfassung, so verliert dadurch das Ringen um Besserung der Schulverfassung dennoch nicht an Bedeutung. Schon deshalb nicht, weil gerade diese Auseinandersetzung die Möglichkeit zur Propagierung eines neuen Lehrgeistes gibt.

Für die landläufige Auffassung ist die Schulstrafe ebenso untrennbar mit der Schule verbunden wie die Klassifikation. Aber schon der flüchtigste geschichtliche Überblick widerlegt das. Gegenüber der Häufigkeit und Grausamkeit der Schulstrafen früherer Epochen ist ein deutliches Abebben unverkennbar. Die Verschiedenheit der Entwicklung von Land zu Land erschwert den Verteidigern der Schulstrafe ihre Stellung. Denn was an einem Orte durch jahrhundertelange Gewöhnung Notwendigkeit vortäuschen kann, ist an einem anderen längst als entbehrlich erkannt worden. Wie wollte sich nun das Strafsystem dieses zweiten Ortes als das endgültige und nicht weiter reduzierbare ausweisen? Als bezeichnendstes Beispiel sei in Erinnerung gebracht, daß in manchen Staaten, so in Preußen, die körperliche Züchtigung noch immer eine amtliche Schuleinrichtung ist, während sie in andern, z. B. in Österreich, seit einem halben Jahrhundert verboten ist. Die Karzerstrafe, die an den österreichischen Mittelschulen zulässig ist, wird in Wien im allgemeinen selten, an den erzieherisch vorgeschrittenen Anstalten gar nicht verwendet. Eine große Anzahl einzelner Lehrer verzichtet nahezu oder vollständig auch auf die üblichen kleinen Strafmittel, obzwar natürlich ein solcher Verzicht für den einzelnen durch den Einbau in ein auf Strafen eingestelltes System nicht leicht wird. Dagegen ist die Problematik der Betragensnote der Lehrerschaft leider noch zu wenig zum Bewußtsein gekommen. Die schwerste Schulstrafe, der Ausschluß, ist in Wien seit einer Reihe von Jahren als Strafform fast vollständig außer Gebrauch gekommen. Wo ernstere Vorkommnisse es unmöglich machen, einen Schüler in der alten Erziehungsgemeinschaft zu belassen, wird ihm unter Verzicht auf die demütigende und durch einen Zeugnisvermerk lange weiterwirkende Formalität des Ausschlusses der Übertritt in eine andere Anstalt ermöglicht. Dabei wird es erfreulicherweise immer mehr zur Übung, in solch schwierigen Fällen auch das Urteil eines psychologisch geschulten Arztes zu hören. Dies hat eine Bedeutung, die über die Behandlung des einzelnen Falles hinausgreift; von solchen Einzelheiten aus gewöhnt sich die Schule allmählich daran, in dem schwer erziehbaren Kinde nicht ein Objekt der Entrüstung, sondern der Erziehung zu sehen.

Über den allmählichen Abbau der überlieferten Schulstrafen

hinaus zu einer völlig anderen Problemstellung gelangt man, wenn man an Stelle der überkommenen Auffassung der Klasse als einer Summation von Individuen, die als Untergebene dem Lehrer als dem allein berechtigten Vorgesetzten gegenüberstehen, die Idee einer wirklichen Gemeinschaft setzt, in die sich Lehrer wie Schüler als Glieder einordnen. Solcher Einordnung widerspricht es natürlich nicht, daß der Lehrer innerhalb der Gemeinschaft seine besondere Aufgabe und sachlich die Führung hat. Ohne diese sachliche Führerschaft wird meist schon die Gemeinschaftsbildung an sich nicht in der rechten Weise gelingen, weil die Jugend, in Elternhaus und sonstiger Umgebung von unzähligen Beispielen auf Autorität gestellter Gesellschaftsbildung beeinflußt, sonst leicht in das Mißverständnis verfällt, Ämterbesetzung und Strafbestimmungen für das Wesentliche des Gemeinschaftslebens zu halten. Aber auch der Lehrer seinerseits ist bei der Durchführung seiner neuen Aufgabe durch die Vorbilder seiner Jugend, durch jahrelange anders eingestellte Übung, durch eine Unzahl großer und kleiner Gegenwirkungen von außen her und aus dem Innern der Schule mannigfach gehemmt. So werden die Schul- und Klassengemeinden, wie sie in Wien jetzt an der großen Mehrzahl der höheren Lehranstalten bestehen oder sich bilden, zunächst und vielleicht noch manches Jahr recht bescheidene Kompromißgebilde sein. Das darf nicht entmutigen, sondern hier muß mit zäher Beharrlichkeit weiter gearbeitet werden. Denn hier handelt es sich um Anbahnung eines freieren und würdigeren menschlichen Verhältnisses zwischen Lehrer und Schüler und in gewissem Sinne um die Eroberung des Schülers durch die Schule, die ihn nicht mehr nur äußerlich durch Disziplinarordnung, Aufgaben und Noten, sondern als einen innerlich ihr Zugehörigen an sich binden will. Und schon die ersten Schritte auf diesem Wege genügen, um den gesellschaftlichen Ton der Schule, der in der Vergangenheit oft durch Vorbilder aus der Beamtenwelt und auch aus dem Militärleben mitbestimmt wurde, stark zu beeinflussen. Die Klassengemeinschaft als Zusammenfassung der Schüler und Lehrer kann dann den einzelnen dagegen schützen, daß sich andere, seien es nun Lehrer oder Kameraden, ihm gegenüber im Tone empfindlich vergreifen, sie weiß aber auch zumeist die Bedeutung solcher Zwischenfälle auf das richtige Maß zurückzuführen.

Im Rahmen einer Schulgemeindeverfassung können zudem erst überhaupt die äußeren Voraussetzungen für eine wirklich erzieherische Tätigkeit an unseren höheren Schulen geschaffen werden. Der Lehrer an sich, der oft in fünf und mehr Klassen gleichzeitig unterrichtet, kann diese Funktion nicht ausüben. Sie fiele dem Klassenvorstande zu, der aber heute,

nach rein bürokratischen Gesichtspunkten bestimmt, vor allem der Führer der Schreibgeschäfte und das Organ der Disziplinargewalt ist. Mehr kann er nur dort sein, wo er das herzliche Vertrauen der Klasse genießt, und das ist nur dort gesichert, wo ihm dieses Amt unter Mitwirkung der Klasse übertragen wurde, wie es im Rahmen einer Schulgemeinde natürlich ist. Wo diese Einrichtung besteht, hat sie sich auch bewährt und es zeigt sich auch da, daß mit dem Amte der Verstand kommt, das heißt, daß die Klassen im allgemeinen es sehr wohl verstehen, ihre besonderen Wünsche den Bedürfnissen und Möglichkeiten des Gesamtbetriebes einzuordnen. Nur wenn auf diese Weise ein Lehrer wirklich der Vertrauensmann der Schüler ist, besteht die Hoffnung, daß die Schule über die Schüler das erfährt, was für ihre erzieherische Tätigkeit unerläßlich ist, ja auch nur die Tatsachen, ohne deren Kenntnis man zu den gefährlichsten Mißgriffen gelangen muß. Bei der heute noch vorherrschenden Atmosphäre unpersönlicher Fremdheit kann es sich ereignen, daß einem Schülerselbstmord ein Selbstmordversuch in früherer Zeit und dann neuerlich Monate schwerster Selbstmordkrisen vorausgegangen sind und daß die ganze Umgebung des Schülers das gewußt hat, nur die Lehrer nicht. Für das Alter der Schulpflicht kann hier die Schülerbeschreibung und der Eltern-Fragebogen viel Nützliches leisten, für die mehr Heranwachsenden führen diese Mittel nicht zum Ziel. Die Eltern schweigen gerade über das Wichtigste und in den heikelsten Fällen, weil sie bei den heute im Durchschnitt herrschenden Verhältnissen mit Recht oder Unrecht fürchten, durch volle Offenheit ihrem Kinde zu schaden. Zudem braucht der junge Mensch oft gerade bei Zerwürfnissen mit dem Elternhaus eine Stütze und einen Wegweiser. Keine Schuleinrichtung wird für den einzelnen Fall garantieren können, daß ein Lehrer dem Bedrohten zu dieser Stütze werde, aber die Verfassung der Schule soll diesen glücklichen Fall begünstigen und nicht erschweren.
Treten im Schulleben erst einmal die Prinzipien der Autorität und des Gehorsams in den Hintergrund gegen die Macht der Gemeinschaft und der Einordnung, so lösen sich gewisse Fragen der Unterrichtsführung, die heute oft eine bedrückende Öde des Schulbetriebes mit sich bringt, fast von selbst. Die Mängel der überkommenen Lehrweise wurzeln ja alle darin, daß sie die absolute Unterworfenheit des Schülers unter Lehrer und Schule zur stillschweigenden Voraussetzung hat. Auswahl und Verteilung des Lehrstoffes, Umfang und Zeitpunkt der zu leistenden Arbeit wurden ausschließlich von der Behörde und vom Lehrer bestimmt, die Schüler standen dem als rein passive Objekte der Lehrtätigkeit gegenüber. Und während man überall sonst, wo ein Einzelner einem Publikum gegen-

übertritt, daran denkt, der Einzelne müsse sein Publikum *gewinnen*, gab es in der Schule kein *Recht* des Publikums, sondern nur die *Pflicht* der Aufmerksamkeit auch dann, wenn die psychologischen Bedingungen der Aufmerksamkeit nicht geschaffen waren. Und viele Lehrer dachten pessimistisch genug sowohl von der menschlichen Natur als auch von dem Fache, das sie vertraten, um in dem äußeren Druck der Schule überhaupt den einzigen dauernd wirksamen Arbeitsantrieb zu erblicken. Innerhalb einer lebendigen Schulgemeinde ändert sich auch das Bild der einzelnen Lehrstunde. Das freie Klassengespräch wird an Stelle von Lehrervortrag und Lehrerfrage ihr charakteristischer Zug; Stoff, Fortgang und Verteilung der Arbeit werden von der Klassengemeinschaft nicht unter dem Zwange äußerer Vorschriften, sondern sachlicher Notwendigkeiten vereinbart, dem Einzelnen fällt seine »Aufgabe« nicht als Diktat, sondern als sein individueller Beitrag zur Gesamtarbeit zu. Überflüssig hinzuzufügen, daß man für die nächste Zukunft auch schon kleine und vorsichtige Schritte auf dieses Ziel hin wird mit Genugtuung begrüßen müssen.
Bei jedem Schülerselbstmord spielt das Verhältnis zum Elternhaus eine mitentscheidende, oft die entscheidende Rolle. Auf das Kind, das sich in seiner Familie seelisch geborgen fühlte, könnte ja das Schulereignis nicht so tief wirken. Was es am meisten trifft, ist das Echo des Hauses, sei es nun Zorn oder Verzweiflung. In dieser Beziehung droht gerade die engere Fühlungnahme zwischen Schule und Haus, die sich in den letzten Jahren anbahnt und die an sich sicher gefördert werden muß, nicht an unseren Pflichtschulen, wohl aber hie und da an den höheren Schulen zu einer neuen Gefahr zu werden. Wo Lehrer und Eltern erzieherisch falsch orientiert sind, muß natürlich ihre Fühlungnahme die Fehler verstärken. Und wenn nun etwa eine Schule es für eine Pflicht der Gewissenhaftigkeit hält, jede kleinste Unstimmigkeit des Schullebens an das Elternhaus weiterzugeben, so grinst dem Kind jeder solche unbedeutende Konflikt nochmals aus einem Vergrößerungsspiegel entgegen. Die Rolle dieser Beziehungen ändert sich völlig in dem Augenblick, wo sich die Schule erzieherisch umstellt. Statt die landläufigen vulgärpädagogischen Vorurteile zu teilen und zu verstärken, wird sie jetzt in vorsichtiger und taktvoller Weise auch zum Erzieher der Eltern.
Daß die Schule *als Einrichtung* über die hier angedeuteten Änderungen ihrer allgemeinen Verfahrensweise hinaus zum Schutze gefährdeter Kinder selbst etwas Positives beitragen könnte, glaube ich nicht. Wohl aber muß sie es sich zur Aufgabe machen, durch unaufdringliche, aber wachsame Beobachtung die Gefährdeten – nicht im engen Sinne einer unmittelbaren Selbstmordgefahr – rechtzeitig zu erkennen und sie

Beratungsstellen zuzuführen, an denen psychologisch geschulte Ärzte und Erzieher zusammenwirken. Eine geregelte Zusammenarbeit zwischen Schule und Beratungsstelle hätte weit über die Einzelfälle hinaus den Wert, in den Lehrern immer mehr die Einsicht zu befestigen, daß auffallende Fehler und schweres Versagen der Schüler psychologische und pädagogische Probleme aufwerfen, auf die die üblichen Mittel der Schulroutine durchaus nicht die einzig mögliche und auch nicht die von vornherein richtige Art der Antwort sind.
Müssen wir so alles fördern, was die erfreulicherweise im Zuge befindliche Umstellung der Lehrerschaft beschleunigen und vertiefen kann, so müssen wir auch dafür sorgen, daß die künftigen Lehrergenerationen schon von Anfang an in die richtige Einstellung kommen. Eine Neugestaltung der psychologischen und pädagogischen Seite der Lehrerbildung, insbesondere für die Lehrer der höheren Schulen, ist daher auch für die hier behandelte Frage eine ernste und dringliche Forderung.

[3] Fritz Künkel [Zwei Einzelfälle]

Die beiden Einzelfälle, welche im Folgenden geschildert werden sollen, können selbstverständlich nicht als Beweis für die Richtigkeit einer Theorie gelten, ja sie dürfen nicht einmal als typisch aufgefaßt werden. Man muß vielmehr verlangen, daß jeder Fall, den die Praxis bringt, gewissermaßen als der erste in seiner Art untersucht werde, damit nicht die lebendige und unwiederholbare Individualität des Einzelschicksals durch das tote Schema vergewaltigt wird. Nur als Illustration der von *Alfred Adler* oben dargelegten Ansichten sind die zwei Beispiele aufzufassen, und ihre Absicht ist, den Blick des Lesers zu schärfen für die von der Individualpsychologie aufgedeckten Zusammenhänge, und sein Denken an die spezifisch individualpsychologische Betrachtungsweise zu gewöhnen.
Im ersten Falle handelt es sich nur um eine Selbstmorddrohung. Und es wird sich nicht entscheiden lassen, ob ohne das Eingreifen der Erziehungsberatung diese Drohung später einmal zur wirklichen Tat gereift wäre. Da aber im zweiten Fall, der einen vollzogenen Selbstmord betrifft, ein ähnliches Stadium von Drohungen mehrere Jahre vorher aufgetreten war, läßt sich behaupten, daß die Selbstmorddrohung wenn nicht immer, so doch des öfteren in der Vorgeschichte des wirklichen Selbstmordes als psychologisch deutlich erkennbares Frühstadium vorkommt.
I. Es handelt sich um einen Knaben von 13 Jahren, Erich E.

Er ist Schüler in der 3. Klasse einer großstädtischen Gemeindeschule, wächst als einziges Kind auf, und zwar bei Adoptiveltern, die er (angeblich) für seine richtigen Eltern hält. Sein leiblicher Vater ist unbekannt, seine Mutter soll verwahrlost gewesen sein. Sie hat sich seit seiner Adoption, die in seinem zweiten Lebensjahr erfolgte, nicht mehr um ihn gekümmert. Die Pflegeeltern behandeln ihn freundlich. Sie sind beide ängstlich und um den guten Ruf der Familie besorgt. Eine besondere Rolle in der Erziehung hat von jeher die Verheimlichung des Adoptivverhältnisses gespielt. Die Mutter behauptet, daß Erich von der Tatsache der Adoption nichts wisse. Nur einmal, vor etwa vier Jahren, sei er ganz verstört nach Hause gekommen, weil die Kinder auf dem Hof zu ihm gesagt hätten, daß seine richtige Mutter eine Dirne gewesen sei. Sie habe ihm das ausgeredet, und zwar mit Erfolg, denn er habe nie wieder etwas davon gesagt.

Vor zwei Jahren ist Erich ziemlich plötzlich aus einem guten Schüler ein schlechter Schüler geworden. Die Gründe für diese Änderung sind unbekannt. Die Pflegeeltern haben ihm deswegen sehr zugesetzt. Auch Nachhilfestunden bekam er. Aber er blieb trotzdem sitzen. – Von dieser Zeit an entspann sich ein regelrechter Kampf zwischen ihm und den Pflegeeltern, der sich individualpsychologisch ohne weiteres als ein Kampf um die Macht erkennen läßt. Die Erwachsenen machten ihm Vorwürfe, daß er ihrem guten Namen Schande bringe und versuchten auf alle nur denkbare Weise, ihn ihren eigenen ziemlich ehrgeizigen Absichten zu unterwerfen. Er versuchte, sich die erste Rolle im Hause zu erobern und die Befriedigung seiner eigenen nicht weniger ehrgeizigen Ansprüche zu erzwingen. Die Ziele beider Parteien lassen sich in die Worte fassen: »Du mußt tun, was ich will.«

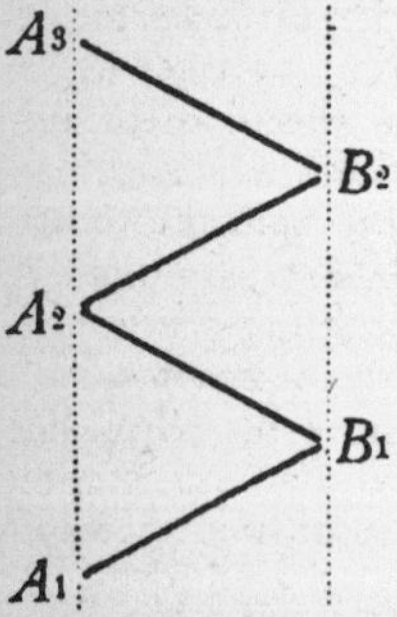

Die Mittel, welche das Kind im Dienste dieses Machtstrebens allmählich ausgebildet hatte, lassen sich als sinnvolle Ant-

worten auf die jeweiligen Maßnahmen der Erzieher verstehen. Sie ordnen sich in einer Reihe, welche mit gelegentlichen Vergeßlichkeiten (z. B. bei kleinen Aufträgen, Bestellungen und dergleichen) beginnt und schließlich bei schweren Ausbrüchen von Verzweiflung und scheinbar recht ernst gemeinten Selbstmorddrohungen endet. Zu verstehen aber ist diese Reihe nur, wenn man daneben die Reihe der Erziehungsmaßnahmen betrachtet, welche von leisen Vorwürfen bis zu Prügelszenen und schweren Weinkrämpfen der Pflegemutter aufsteigt. Noch wichtiger aber als die Aufstellung beider Reihen ist die Einsicht, daß nicht jede Reihe nach ihrer eigenen inneren Gesetzlichkeit verläuft, sondern daß jeweils ein Glied der Reihe A (Verhalten des Kindes) durch ein Glied der Reihe B (Verhalten des Erwachsenen) beantwortet wird, und daß das nächste Glied der Reihe A (also etwa das kindliche Verhalten A_2) nicht unmittelbar aus A_1 verständlich ist, sondern nur als Antwort, die von A_1 aus auf B_1 (also auf das Verhalten der Eltern) erfolgen mußte. (Siehe Figur.)
Dieser dialektische Wechsel der beiderseitigen Reaktionen ist zwar das Selbstverständlichste, was man sich denken kann. Die Wissenschaft aber versucht immer wieder, von ihm zu abstrahieren. Sie möchte A_2 aus A_1 erklären und schließlich den Selbstmord als eine unausweichliche Konsequenz der kindlichen Veranlagung (also aus den Gesetzen der Reihe A) hervorgehen lassen. Die Wahrheit aber ist, daß diese Reihe wesentlich anders verlaufen wäre, wenn an irgend einer Stelle in der Reihe B (also im Verhalten des Erziehers) ein anderes Glied aufgetreten wäre, als tatsächlich aufgetreten ist. – Erst, wer die dialektische Wechselwirkung zwischen Zögling und Erzieher in ihrer ganzen Tragweite verstanden hat, wird aufhören, die Vererbung oder die Konstitution für den tragischen Ausgang eines Menschenlebens haftbar zu machen und wird anfangen, den schier unwiderstehlichen Einfluß und freilich auch damit die fast unbegrenzte Verantwortlichkeit der Erziehung im richtigen Lichte zu sehen.
Der konkrete Verlauf des Kampfes läßt sich etwa folgendermaßen beschreiben: Das Kind war, so lange es denken konnte, auf Ehrgeiz dressiert. Im Hause seiner Pflegeeltern galt nur das Vorwärtskommen, das Ansehen und die Bewunderung der Mitmenschen als erstrebenswertes Ziel. Sachlichkeit kannte man nicht. In der Schule traten jedoch für Erich gelegentlich Schwierigkeiten auf. Er konnte sich an die ungewohnte Unterrichtsmethode eines neuen Rechenlehrers nicht gewöhnen. Sein Ansehen in der Klasse drohte zu sinken. Er verdoppelte seine Bemühungen, aber schon in einer Weise, die, wenigstens diesem Lehrer gegenüber, nicht zum Erfolg führen konnte. Er versuchte, den Tugendhaften zu spielen. Der Lehrer gab ihm

(wahrscheinlich etwas ungeschickt) zu verstehen, daß man auf diese Weise keine Lorbeeren ernten könne. Und die Pflegeeltern, die Wert auf ein enges Zusammenarbeiten mit der Schule legten, gaben auch ihrerseits ihrem Unwillen über das Nachlassen der Schulleistungen Ausdruck. So verlor das Kind plötzlich auf allen Kriegsschauplätzen seine günstige Position, und in dieser Not fing es an, »auf Märtyrer zu trainieren«. Erich hielt sich nun für den verlorensten, unglücklichsten und unverstandensten Menschen unter der Sonne. Das unendliche Mitleid, das er mit sich hatte, weil es kein anderer mit ihm hatte, wob ihm einen Glorienschein ums Haupt. Seine Träume und Phantasien wurden zum Mittelpunkt seines Lebens. Die Wirklichkeit, Schule und Haus, die Erwachsenen und die Kameraden, verloren ihren Wert, da sie ja nicht mehr geeignet schienen, ihm die Erfüllung seiner Wünsche zu gewährleisten.

Selbstverständlich wurde durch diese Haltung (A_1) die Leistung in der Schule noch schlechter. Und selbstverständlich antworteten die Erzieher, die es eben nicht besser verstanden, mit einer Verstärkung des autoritativen Druckes (B_1). Erich mußte des öfteren nachsitzen und bekam zu Hause nicht mehr die Erlaubnis, auf die Straße zu gehen. Er sollte weiter nichts tun, als arbeiten. Da er aber schon den Rückzug vor dem Leben angetreten hatte, da er sich in der Verhaltungsweise A_1 befand, konnte er auf den Schachzug seiner Gegner (auf B_1) nicht anders antworten, als durch den Übergang zu einer noch stärkeren Rückzugsbewegung (A_2). Er begnügte sich nicht mehr mit Tagträumen, sondern er bekam Kopfschmerzen. Er starrte nicht mehr in seine Bücher, sondern er legte sich aufs Sofa. Sein Gefühl von Bedrücktheit, Not und Vereinsamung brachte es mit sich, daß ihm, wie er später sagte, ununterbrochen das Weinen in der Kehle saß. Dieses Weinen aber ließ er nicht zur Äußerung kommen. Er »fraß seinen Schmerz in sich«. Und das Weinen »stieg ihm aus der Kehle in den Kopf«. – Gepreßte Atmung, Muskelspannungen und wahrscheinlich auch Veränderungen im vasomotorischen System mögen der körperliche Ausdruck dieser chronischen Verzweiflung gewesen sein. Und das Ergebnis war der nächste Schritt auf dem Wege in die Neurose: Langdauernde Kopfschmerzen. Dieser Zustand (A_2) bildet also die Antwort auf das Verhalten der Umwelt (B_1) und nicht etwa die eigengesetzliche Folge aus A_1. Ohne B_1 wäre A_2 nicht eingetreten.

Auf die Kopfschmerzen und die Mattigkeit des Kindes antworteten die Erwachsenen mit Besorgnis, Pflege und Medikamenten. Aber ihre Strenge wegen der Schulleistungen ließ nicht etwa nach. Sie stellten sich vielmehr auf den Standpunkt, daß man das Kind mit großer Sorgfalt gesund pflegen müsse, um es nachher mit gutem Gewissen zur Arbeit treiben zu können. Da sie dieser ihrer Meinung unverhohlen Ausdruck gaben, war es dem Kinde nicht etwa möglich, seine kämpferische Haltung aufzugeben und sich innerlich mit seinen Erziehern einverstanden zu erklären. Der Kriegszustand lag vielmehr nach wie vor offen zutage, obgleich im Bewußtsein aller Beteiligten nur beste Absichten, ernste Besorgnis und schweres Verantwortlichkeitsgefühl vorhanden waren. Man blieb auf allen Seiten völlig blind für den dialektischen Zickzackweg von Wirkung und Gegenwirkung. Man suchte den Grund für alles, was geschah, nur an der einen Stelle, von der man nicht zu sprechen wagte, nämlich in der erblichen Belastung des Kindes durch die angeblich verwahrloste Mutter. Dieser Ausweg war so bequem, und der andere Weg, nämlich die gänzliche Änderung der eigenen, engherzigen und versteckt egoistischen Lebensauffassung war so überaus unbequem, daß beide Pflegeeltern sich mit bewundernswerter Instinktsicherheit gegen den wahren Sachverhalt blind verhielten. – Durch diese Blindheit aber zwangen sie das Verhängnis, seinen Gang weiter zu gehen.

Das Kind lag auf dem Sofa, arbeitete mit »inneren Tränenströmen« an seiner Märtyrerkrone und hatte kein Interesse am Gesundwerden, da Gesundwerden gleichbedeutend war mit Qual, Mißerfolg und Strafe. Dieser Zustand dauerte einige Wochen. Der Pflegemutter »drückte es das Herz ab«, sie versuchte es abwechselnd mit gutem Zureden und mit Ermahnungen und moralischen Vorhaltungen. Sie appellierte an die Liebe ebenso wie an das Ehrgefühl des Kindes. Aber der Erfolg war, daß das Kind nur um so unglücklicher wurde und daß zu der bisher bestehenden Symptomreihe (Mattigkeit, Kopfschmerzen, Appetitlosigkeit) noch ein neues und sehr bedenkliches Glied hinzutrat, nämlich eine überaus quälende Schlaflosigkeit. Das Kind zermarterte sich nicht nur mit Phantasien und Selbstbemitleidung, sondern mehr und mehr auch mit Gedanken, die sich zwangsläufig um den »Sinn des Leidens« drehten. Es fragte sich, wofür es denn so leiden müsse, wer denn schuld sei, ob es selbst gesündigt habe oder ein anderer, ob es wegen seiner vielen irdischen Leiden später in den Himmel oder wegen seines irdischen Versagens gerade in die Hölle kommen werde. – So wuchsen die nächsten Glieder des dialektischen Weges (B_2 und A_3) zwangsläufig auseinander hervor.

Die Pflegemutter wußte nicht mehr, was sie tun sollte. Der Pflegevater versuchte es auf den Rat eines Freundes noch einmal mit Mannhaftigkeit und Strenge. Er verkündete diktatorisch, daß das Herumliegen ein Ende haben müsse und daß der Schulbesuch am nächsten Montag wieder anfangen würde.

In der Nacht darauf bekam Erich Angstzustände. Er schlief angeblich die ganze Nacht nicht. Am nächsten Tage sprach er kaum und am nächsten Abend sagte er der Pflegemutter auf ihr inständiges Bitten, daß er sich entschlossen habe, aus dem Leben zu gehen. Er wolle sterben, damit sich die Menschen nicht mehr über ihn ärgern müßten. Die Pflegemutter geriet in begreifliche Aufregung, lief zur Schulpflegerin, und diese sorgte für die Überweisung des Kindes an die individualpsychologische Erziehungsberatung.

Die Aufdeckung und die Besprechung des ganzen Zusammenhanges ohne alle Zurückhaltung und in Gegenwart aller Beteiligten reinigte die Atmosphäre wie ein plötzliches Gewitter. Es stellte sich heraus, was ja zu erwarten war, daß nämlich das Kind von jeher der Meinung gewesen war, es sei nicht bei seinen richtigen Eltern. Und die zuletzt erwähnten Gedanken über den Sinn des Leidens betrafen eigentlich die Frage, ob er die Sünden seiner Mutter, von deren Verwahrlosung er Kenntnis hatte, abbüßen müsse, oder ob die Sünde auf Seiten seiner Pflegeeltern lag, die ihn vielleicht seiner richtigen Mutter gewaltsam geraubt haben konnten.

Zum großen Staunen der Pflegeeltern eröffnete das Kind dem Individualpsychologen ohne großes Sträuben diese Geheimnisse; und sie mußten sich wohl oder übel bequemen, ihre eigenen Anschauungen und Erziehungsziele wesentlich zu ändern. So gestaltete sich die Beratungsstunde, wie es ja häufig der Fall ist, zu einem erschütternden Erlebnis für die Erzieher und dadurch indirekt zu einer Schaffung neuer Lebensmöglichkeiten für das Kind. Die Falschheit des kindlichen Machtkampfes wurde zur Genüge, und zwar auf sehr vergnügliche Weise entlarvt, so daß an Stelle der tragischen Märtyrermiene allmählich ein befreites Lachen trat. Und alle Beteiligten einigten sich schließlich auf die Formel, daß alles Unglück nur aus Irrtümern erwachsen war und daß bei einer sachlichen Betrachtung der Lage kein Grund mehr vorlag, aus dem Leben zu gehen, ja, daß nicht einmal ein Grund vorlag, nicht in die Schule zu gehen.

Seit dieser Beratungsstunde waren etwa 15 Monate vergangen. Die Schulpflegerin hat sich noch ab und zu um das Kind gekümmert. Sie berichtet, daß wohl noch hin und wieder ziemlich heftige Reibungen aufgetreten seien, daß aber zu irgend einer Besorgnis hinsichtlich des Selbstmordes kein Anlaß mehr vorlag.

II. Der zweite Fall betrifft einen 17jährigen Handwerkslehrling, der sich vier Stockwerk hoch aus der elterlichen Wohnung auf die Straße hinabstürzte und unmittelbar darauf an den Folgen dieses Sturzes verstarb. Er war der jüngste Sohn einer mittleren Beamtenfamilie. Eine ältere Schwester war

Lehrerin, und zwei ältere Brüder studierten. Er selbst hatte ursprünglich Pfarrer werden sollen, aber schon auf dem Gymnasium stellten sich allerhand Hindernisse ein. Er war nicht unbegabt, aber gegen Tadel und Mißerfolg so empfindlich, daß die Lehrer immer wieder die Geduld verloren und daß man schließlich riet, ihn »seiner Nerven wegen« lieber ein Handwerk erlernen zu lassen. Nach seiner Einsegnung wurde er in die Lehre gegeben, und seit dieser Zeit machten sich bei ihm deutliche Anzeichen von Lebensüberdruß bemerkbar. Einige Monate vor dem Abschluß der Lehrzeit führte er seinen mehrfach geäußerten Selbstmordplan tatsächlich aus.

Das sind die äußeren Tatsachen, die allgemein bekannt waren. Die näheren Einzelheiten, die erst die eigentliche Entstehungsgeschichte der Depression und die Umsetzung der Selbstmordneigung in den wirklichen Selbstmord verständlich machen, ließen sich nur auf dem Wege des Indizienbeweises, nämlich durch die genaue Aussprache mit den Eltern und Geschwistern feststellen. Aufzeichnungen des Selbstmörders sind nicht vorhanden. Eine Aussprache zwischen ihm und einem Psychologen hat nicht stattgefunden. Sie war einmal geplant, kam aber nicht zustande, da er einen Vortrag des betreffenden Psychologen hörte und als »unerträglich indiskret« entschieden ablehnte. – Indessen ist das Bild, welches sich aus den Indizien ergibt, doch so lückenlos, daß man es als zureichende Aufklärung dieses Einzelfalles gelten lassen kann.

Als Jüngster (der nächste Bruder ist 5 Jahre älter) wurde er von der Mutter stark verzogen, und da sich frühzeitig eine überraschend rege Phantasietätigkeit bei ihm bemerkbar machte, setzte sich in der Familie die Meinung durch, er werde einmal »im Volke der Denker und Dichter den Familiennamen zur Geltung bringen«. Über seinem Bette hing eine Abbildung des Doppeldenkmals von Schiller und Goethe. Und noch zu seiner Einsegnung schenkte man ihm auf eine große Holztafel gebrannt die Schillerschen Verse:

»Von der Erde Güter allen ist der Ruhm das Höchste doch,
Ist der Leib in Staub zerfallen, lebt der große Name noch.«

Es versteht sich von selbst, daß ein Kind in einer derartigen Atmosphäre gegen jede kleine Niederlage außerordentlich empfindlich werden mußte. Einer der Brüder, der diese Zusammenhänge recht gut erfaßte, meinte nachträglich, wenn der Kleine einmal das Tischgebet nicht mit genügender Andacht, oder richtiger mit genügendem Pathos gesprochen hatte, sah die Mutter ihn tief gekränkt an, und es war, als ob das Schiller- und Goethe-Denkmal an zu wackeln finge, und als ob man allgemein darüber nachdächte, ob nun bei so mangelhaftem Pathos »der große Name leben bleiben würde.«

Gelegentlich soll das Kind den Ausspruch getan haben: »Ich

berechtige zu den schönsten Hoffnungen«. Sobald aber eine Situation eintrat, die für diese Selbsteinschätzung des Kindes gefährlich werden konnte, zog es sich verstimmt und gegen das Schicksal grollend in einen Winkel zurück. So wurde bezeichnenderweise das Lesen und zum Teil auch das Rechnen schon vor dem Schulbeginn heimlich erlernt, damit man in der Klasse den Lehrer vor die vollendete Tatsache stellen konnte: »Ich kann schon, was die anderen erst lernen müssen.« Das Schreiben aber, das sich zu Hause nicht gut einüben ließ, mußte doch in der Schule gelernt werden, und die Folge war, daß es nie richtig erlernt wurde.
Schon im ersten Schuljahr traten die Leitlinien des Kindes deutlich zutage. Sie hießen: Ich kann alles, und brauche es daher nicht zu erlernen; was ich aber nicht kann, lerne ich erst recht nicht, denn es ist ohnehin für mich wertlos. Und dieser seltsame »Begabungswahn« mündete in das recht kindlich aufgefaßte Leitbild »Schiller und Goethe«. Selbstverständlich darf man die Schuld am Zustandekommen einer so grotesken Lebenseinstellung nicht ganz auf die Eltern schieben. Sie taten im Gegenteil manches, um die Auffassung des Kindes zu ändern, sobald ihnen die Auswüchse seiner Empfindlichkeit und seines übermäßig angespannten Ehrgeizes bemerkbar wurden. Besonders der Vater betonte immer wieder, daß jeder Mensch von kleinen Anfängen ausgehen müsse und daß es nirgends ohne Lehrzeit abgehen könne. Aber diese nachträgliche Korrektur konnte nur noch das Gegenteil von dem bewirken, was sie eigentlich bewirken sollte. Sie minderte den Ehrgeiz des Kindes nicht herab, sondern stachelte ihn wenn möglich noch mehr an; denn das Kind, das sich nun einmal für ein Genie hielt und das nicht gelernt hatte, sich als Lernenden zu fühlen, konnte auf derartige Darlegungen nur mit der Behauptung antworten: »Was ihr da sagt, gilt für die Durchschnittsmenschen, ich werde euch beweisen, daß ich kein Durchschnittsmensch bin, sondern daß ich die Dinge kann, sobald ich sie sehe.«
Es zeigt sich auch hier, daß die Haltung des Kindes durch die Haltung der Erwachsenen bestimmt ist, und daß die Erwachsenen ihrerseits wiederum diejenige Haltung annehmen, die nach ihrer (irrigen) Meinung die Haltung des Kindes in der gewünschten Weise ändern soll. Die Haltung der Erwachsenen ist also einerseits durch die Haltung des Kindes und andererseits durch eine falsche pädagogische Auffassung bestimmt. Die Wirkung, nämlich die Änderung im Verhalten des Kindes, muß demnach in unerwünschter Richtung vor sich gehen, und darum werden die Erwachsenen nicht merken, daß ihr Verhalten das Kind zu seiner unerwünschten Änderung veranlaßt, sondern sie werden die Ursache für diese Änderung

im Kinde selbst vermuten und werden auf Grund dieses Irrtums noch falschere Maßregeln ergreifen als bisher und das Kind in eine noch ungünstigere Einstellung hineindrängen. – Auch hier sieht man, wie die dialektische Verknüpfung zweier Verhaltensweisen in Form eines Teufelskreises wirksam wird.

Nachdem die Entwicklung erst einmal diese Richtung eingeschlagen hatte, mußte nach menschlichem Ermessen die Katastrophe einmal eintreten, wenn nicht von außen her ein Helfer eingreifen konnte. Die Lehrer, die sich zwar aufrichtige Mühe gaben, waren nicht imstande, die außerordentlich empfindliche Leitlinie des Kindes zu verstehen. Sie sahen wohl, daß es sich um ein Problem des Ehrgeizes und nicht um ein solches der Begabung handle. Aber warum das Kind vor einer scheinbar ganz leichten Aufgabe plötzlich die Waffen streckte und in Grollen oder Apathie verfiel, wußten sie sich nicht zu erklären. Darum gerieten sie ebenso wie die Eltern auf den falschen pädagogischen Weg. Sie hofften zuerst durch Aufmunterung, dann durch die moralische Bekämpfung des Ehrgeizes und zuletzt durch Strafen zum Ziele zu gelangen. Aber selbstverständlich mußte das Kind die Aufmunterung, das »Du kannst es ja, versuche es doch« nur als Beweis für die Richtigkeit seines Begabungswahns auffassen. Die entgegengesetzte Maßnahme »Du kannst so wenig wie alle anderen« mußte als Aufreizung zum Beweise des Gegenteils wirken, und die Strafen konnten in dem zukünftigen Dichterfürsten nur das Gefühl des Mißverstandenseins erzeugen. Einige Äußerungen, die er später dem Pfarrer gegenüber machte, deuten darauf hin, daß er in der Schule zeitweise weniger sagte, als er wußte, weil er es verschmähte, »seine Perlen vor die Säue zu werfen«.

Der Pfarrer, der ihm den Konfirmandenunterricht gab, hoffte anfangs, einen Zugang zu den Geheimnissen des damals schon sehr verschlossenen und wortkargen Kindes zu gewinnen. Bei einigen Erörterungen über Schuld und Sühne, Wert und Unwert und dergleichen zeigte es sich, daß der damals 14jährige weit über seine Altersstufe hinaus mit philosophischen Gedanken vertraut war. Er gab bei allen Besprechungen den Ton an und war unbestritten der reifste und verheißungsvollste Konfirmand. Aber als es sich darum handelte, Sprüche und Lieder auswendig zu lernen, weigerte er sich hartnäckig. Er gestand offen ein, daß er ein solches Lernen als unter seiner Würde empfinde und ließ sich von diesem Standpunkt auch nicht abbringen, als der Geistliche ihm sagte, daß der Lehrplan vielleicht schlecht, aber doch nun einmal vorhanden sei und daß man ihn nebenbei erledigen und einfach hinnehmen müsse, wie man Regen und Sonnenschein hinnimmt.

Daß der Knabe sich diesen Erwägungen unzugänglich zeigte, ist wahrscheinlich ein Beweis dafür, daß er sich im Grunde gar nicht gegen den Lehrplan wehrte, sondern vielmehr gegen die Gefahr möglicher Niederlagen. Er hätte wahrscheinlich den geistlosesten Aufgaben ebensoviel Interesse entgegengebracht, wie den geistvollsten, wenn er dabei nur die Gewißheit gehabt hätte, daß diese Betätigung zur Erhöhung seines Ruhmes beitragen würde. Er tat alles gern, was nach seiner Ansicht auf dem Wege zum Dichterfürsten lag, und keiner Macht der Welt gelang es, ihn zu einer Tätigkeit zu verleiten, die ihn möglicherweise durch Mißerfolge von seinem irrtümlichen Ziele abdrängen konnte.
Die Aufgabe des Helfers wäre gewesen, nicht nur gegen den Ehrgeiz des Knaben vorzugehen, sondern auch die Wurzel des Ehrgeizes, nämlich das hinter ihm verborgene Minderwertigkeitsgefühl, ans Licht zu ziehen. So lange dies nicht geschah, wirkten alle pädagogischen Maßnahmen (um mit Alfred Adler zu reden) nur wie die Bekämpfung des Rauches, die den Brandherd vernachlässigt.
Der Geistliche gab schließlich die Hoffnung auf und riet den Eltern, den Knaben nicht weiter durch den Besuch der höheren Schule zu quälen, sondern ihn bei einem tüchtigen Handwerksmeister in die Lehre zu geben. Den Eltern fiel dieser Entschluß begreiflicherweise überaus schwer, denn sie meinten, daß damit ihre Hoffnung auf den künftigen Glanz des Familiennamens endgültig begraben sei. Aber da die Lehrer und auch der Direktor des Gymnasiums auf dem gleichen Standpunkt standen, »verzichteten sie auf ihre Zukunftshoffnungen«.
Der Knabe verriet nach außen mit keiner Miene, wie er innerlich diese Wendung seines Schicksals empfand. Auf die Frage, ob er einverstanden sei, antwortete er mit einem scheinbar gleichgültigen »Ja«. Von diesem Tage an nahm er die Bücher nicht mehr in die Hand, und die Mutter glaubte sogar zu sehen, daß ihm diese Entlastung recht angenehm sei, aber gleichzeitig bemerkte sie, daß er sich noch weit stiller und verschlossener benahm als bisher. Mit den Geschwistern sprach er kaum noch ein Wort. Zu den Eltern sagte er nur noch das Notwendigste, und den Verkehr mit Altersgenossen gab er vollständig auf. Was er in seinen freien Stunden tat, war schwer festzustellen. Er saß irgendwo auf einer Bank, am liebsten in der Natur, oft auch auf dem Kirchhof, und starrte bewegungslos vor sich hin. Ob er dabei nachdachte oder träumte, ober ob sein Bewußtsein getrübt war, wußte niemand.
Auf seiner Lehrstelle trug er deutlich die Verachtung zur Schau, die ihn, den »geistigen Menschen«, gegen das »tote Material« erfüllte. Ein Junge, der mit ihm zugleich in die Leh-

re eintrat, versuchte, ihn zu jungkommunistischen Versammlungen mitzunehmen, wurde aber durch die lakonische Antwort »ich bin Christ« ein für alle Mal zurückgewiesen. Der ›Christliche Verein Junger Männer‹ bekam aber ebenfalls einen Korb. Der Meister versuchte zuerst, ihn aufzumuntern, verzichtete aber darauf, als er merkte, daß sein Lehrling nur immer ungeduldiger wurde. Mehrmals jedoch mußte er seinen Mangel an Aufmerksamkeit und Fleiß tadeln. Und bei dieser Gelegenheit bemerkte er im Wesen des Knaben eine finstere Genugtuung, die er sich durchaus nicht zu erklären wußte.

Dem Individualpsychologen wird das Verständnis dieser Entwicklungsphase keine Schwierigkeiten machen. Der Übergang vom Gymnasium zur Lehrstelle bildet für den mutlosen Knaben nur die äußere Besiegelung dessen, was er schon längst, aber uneingestanden, mit sich herumtrug. Es war der endgültige Beweis seiner Minderwertigkeit und das Scheitern seines Aufstieges zum Dichterfürsten. Aber diese unerträgliche Feststellung mußte mit dialektischer Notwendigkeit ihr eigenes Gegenteil aus sich hervortreiben. Was eben noch als äußerste Niederlage erschien, nahm nun die Gestalt des äußersten Triumphes an. So sehr verkannt, mißverstanden, gehindert und gequält worden war noch nie ein werdender Dichterfürst. Mochte die Welt ihn zugrunde richten, ihm war es gerade recht, wenn auf diese Weise ein Geist, der später viele Lebensrätsel hätte lösen können, schon im ersten Aufblühen zertreten wurde. Aus diesem Zusammenhang stammt die Genugtuung beim Tadel des Meisters.

Der Gedanke des Unterganges vereinigt in sich die beiden einander widersprechenden Momente der äußersten Machtlosigkeit (Minderwertigkeitsgefühl) und der äußersten Machtfülle (Gottähnlichkeitsgefühl). Im Bewußtsein dieser Machtfülle zerschlägt der enttäuschte Gott-Mensch sich selbst — und damit zerschlägt er die Welt —, weil die Welt sich ihm nicht zu Füßen legen wollte und weil er keine Macht besaß, sie zu unterwerfen. Die Selbstvernichtung erscheint hier zugleich als Rache und Triumph und als Zusammenbruch und Sieg.

Der Selbstmord erfolgte an einem Sonntag nachmittag, an dem die Eltern und Geschwister einen gemeinsamen Ausflug unternommen hatten und an dem die Verlobung des einen Bruders zu erwarten war. Man hatte ihn gebeten mitzukommen, er hatte stumm und finster, wie es in letzter Zeit seine Gewohnheit war, nur den Kopf geschüttelt und war auf den Kirchhof gegangen und von dort gegen Abend zurückgekehrt. Gegen 6 Uhr stürzte er sich aus dem Fenster des elterlichen Wohnzimmers. Weder ein Abschiedsbrief noch irgendeine Veränderung im Zimmer deutete an, was in ihm vorgegangen war. Aber nach der bisher geschilderten Entwicklung geht man nicht fehl, wenn man annimmt, daß die Tatsache der Vereinsamung und des Mißerfolges diesen so empfindlichen Charakter schließlich in den Machtrausch der Selbstvernichtung hineingetrieben hat.

Aus beiden Beispielen ergibt sich, daß der Selbstmord jugendlicher Menschen, wenn nicht in allen, so doch in vielen Fällen, eine Verirrung ist, die durch einen weisen Erzieher ohne allzugroße Schwierigkeit verhindert werden könnte. Die Schuld aber trifft nicht etwa ausschließlich und in voller Schwere die Eltern und Lehrer. Die Einen wie die Anderen sind meist guten Willens und für ihre eigene Blindheit wiederum nicht verantwortlich. Die Verantwortung trifft vielmehr die gesamte Unkultur unseres entmutigten Jahrhunderts, die es den Eltern und Lehrern so außerordentlich schwer macht, sich zu lebendigen und brauchbaren pädagogischen Einsichten hindurchzuringen. Darum ist jeder Schülerselbstmord ein Notschrei nicht des einzelnen, sondern der Menschheit.

Alfred Adler

Erziehungsberatungsstellen*

Der Geist eines Volkes und seiner Zeit drückt sich nirgends so klar und deutlich aus als in der Kindererziehung. Die Bedürfnisse der einem Volke eigentümlichen Kultur drängen Eltern, Erzieher und Schule ununterbrochen zu erzieherischen Maßnahmen, ihnen zu genügen. Auch der ganze kleinere oder größere Kreis des Lebens, der das Kind umgibt, stellt ihm seine logischen Forderungen oder Schranken. Das Ideal eines Volkes, wie es sich aus seiner Position im Völkerleben und aus seiner geistigen Reife ergibt, regelt auch seine bewußten und unbewußten erzieherischen Eingriffe und bewegt die Reform seiner Pädagogik in Schule und Haus.

Die Erziehbarkeit des Kindes stammt aus der Breite seines angeborenen, differenzierten und wachsenden Gemeinschaftsgefühls. Mittels desselben gewinnt es den Anschluß an das Volksideal. Auf diesem Wege werden die Forderungen der Allgemeinheit zu persönlichen, die immanente Logik der menschlichen Gesellschaft, ihre Selbstverständlichkeiten und Notwendigkeiten zur individuellen Aufgabe für das Kind.

Neben dem Gemeinschaftsideal unserer Kultur wirkt in unheilvollster Weise das Ideal der persönlichen Macht. In den Bahnen der Eitelkeit, der Hoffart, der Eigenliebe, des Ehrgeizes erfolgt die Zerstörung des Zusammengehörigkeitsgefühls. Mißtrauen, zänkisches Wesen, Neid und Eifersucht vergiften frühzeitig die Atmosphäre des Kindes und weisen ihm für die ganze Zeit seines Lebens eine kämpferische Stellung zum Nebenmenschen an, verhindern seine Entwicklung zum Mitmenschen und zum Mitarbeiter. Unwillig, und deshalb unvollkommen, geht ein solches Kind, das nur mit sich und seiner Selbstsucht erfüllt ist, den naturgegebenen Aufgaben seines jungen Lebens nach und sehnt immer wieder Triumphe herbei, um seinem Machtrausch zu frönen, oder es sucht sich an der Ohnmacht seiner Umgebung zu weiden. Der Verfall in Unarten und in Kinderfehler bezeichnet diesen Weg. Oft locken böse Beispiele und der niedrige Stand unserer Kultur. Die Rechnung des Lebens wird verpfuscht, das Kind steht auf gegen die Logik des Zusammenseins und die Verwahrlosung mit ihren Folgen nehmen es gefangen.

Das selbstsüchtige Streben nach Macht findet in der Familie,

* [Zum erstenmal in *Heilen und Bilden,* 2. Aufl. 1922, veröffentlicht.]

die als grundlegende Einrichtung unseres Gesellschaftslebens neben manchen unersetzlichen Vorzügen auch schwerwiegende Mängel zeigt, einen unverhältnismäßig guten Nährboden. Die überragende Rolle des Vaters verleitet zur Nachahmung. Die Frauenrolle, im äußern Zeichen der Unterwerfung, oft der Erniedrigung, treibt das Kind zum Widerstand und Protest, legt den Knaben Großmannssucht und Prahlerei, oft auch Lebensfeigheit und Ausreißerei nahe, den Mädchen Revolten aller Art oder unheilvolle, unausgeglichene Resignation. In der Familie entstanden, kann die Verwahrlosung durch die Familie nicht geheilt werden.

Die Schule übernimmt die Kinder schon mit fertigen Schablonen, die ihnen im zweiten und dritten Lebensjahr erwachsen sind. Nur eine individuelle Vertiefung in das Seelenleben des einzelnen, Einzelerziehung, könnte bei Fehlschlägen Abhilfe schaffen. Die Schule im Prinzip der Massenerziehung bleibt ohnmächtig. Erst wenn sie durch ein wohlausgebautes System von Hilfslehrern sich ergänzen wird, die, individualpsychologisch ausgebildet, dem einzelnen strauchelnden Kinde zu Hilfe eilen, wird sie unseren Forderungen genügen können. Derzeit aber schafft sie als Prüfstein der Schulfähigkeit für schlecht vorbereitete und mangelhaft eingefügte Kinder oft Schwierigkeiten, vor denen die Eitelkeit des Kindes gerne in die Verwahrlosung ausbiegt. Die von der Glöckelschen Schulreform geforderten Bogen zur Charakteristik der Schüler sind ein vielversprechender Anfang, erfordern aber dringend eine Ausgestaltung in unserem Sinne, die Bestellung von Hilfslehrern behufs individueller Erziehung bei schwer erziehbaren Kindern, bis die Lehrer Individualpädagogen werden.

Die Ausbildung solcher Hilfslehrer aber ist bis heute nicht in die Wege geleitet. Unter den wenigen Lehrstätten nennen wir die Vorlesungen und Kurse in den Volksheimen, wo praktisch und theoretisch moderne Pädagogik und Individualpsychologie betrieben werden. Eine im Wiener »Volksheim« errichtete »Beratungsstelle für Erziehung«, bei der Kinder, Eltern und Lehrer mit Wünschen und Fragen bezüglich erzieherischer Fehlschläge zur Aussprache kommen, ist ein bescheidener Anfang. Durch diese Stellen soll dafür gesorgt werden, daß verwahrloste und schwer erziehbare Kinder innerhalb oder außerhalb ihrer Familie wieder »kontaktfähig« werden, das heißt, daß sie sich wieder der Gemeinschaft und ihren Forderungen anpassen.

Die Schulreform, selbst aus den Notwendigkeiten der Zeit entsprungen, bestimmt, die bürgerliche Schule in die soziale umzuwandeln, schafft und enthüllt in ihren Auswirkungen neue Notwendigkeiten. Indem sie immer weitere Verpflichtungen der Familie übernimmt, denen diese nicht mehr genügen kann, stößt sie auf die Aufgabe der individuellen Erziehung. Die erzieherischen Fehlschläge, Ergebnisse der unzureichenden Familienerziehung, können in der Familie nicht korrigiert werden, es sei denn, die Familie werde in die Erziehung miteinbezogen.

Eine Ausgestaltung solcher Erziehungsberatungsstellen, wie sie auch in Deutschland, in der Schweiz und in Amerika bestehen, erfordert den Anschluß eines mit den gleichen Erfahrungen und Erkenntnissen ausgerüsteten Kinderheims. Für ein solches müssen sich die Beratungsstellen gleichzeitig ihre Kräfte schaffen. Deshalb ist es nötig, die Beratungsstellen so anzulegen, daß eine disziplinierte Hörerschaft an ihnen teilnehmen kann, dort sich Rat holt und an Kenntnissen gewinnt. Die unerläßliche praktische Erfahrung und der pädagogische Takt kann nur im persönlichen Umgang mit den schwer erziehbaren Kindern gewonnen werden. Ist man, wie wir, auf schmale Hilfsmittel gesetzt, so muß ein Turnsaal für den Anfang genügen, gemeinsame Ausflüge der Hörerschaft mit den Kindern, gemeinsame Spiele, ein Strandbad im Sommer oder die Arbeit in einem Schrebergarten. Jedes Kind stellt einen vor eine bestimmte Aufgabe. Sie muß immer im Auge behalten werden, die Fühlung mit Kindern und deren Eltern darf nicht verloren gehen, und bei jeder Zusammenkunft muß man durch taktvolles Eingreifen den Stand der Besserung feststellen und den Fortschritt befestigen.

Zum Schlusse will ich noch ein Schema vorlegen, das trotz seiner Unvollständigkeit genügende Anhaltspunkte gibt, um größere Fehler zu vermeiden. 1. Verzicht auf jede Autorität. — 2. Feststellung der krankmachenden Situation und deren Verfolgung bis ins früheste Kindesalter. — 3. Peinliche Rücksichtnahme auf das Recht des Verwahrlosten. — 4. Aufdeckung seiner Eitelkeit. — 5. Entfaltung seines Gemeinschaftsgefühls unter beispielgebendem Verhalten des Erziehers. — 6. Zurückführung des Aberglaubens von der Begabung auf die wahren, dürftigen Grenzen. — 7. Jeder dieser Standpunkte muß erarbeitet und erfühlt, muß lebendig gemacht sein, muß sich über das Reich der Phrase und der Augenauswischerei erheben.

Es ist ein dringendes Bedürfnis unserer Zeit, die andersartigen Standpunkte aller Personen, die mit der Erziehung von Verwahrlosten beschäftigt sind, einer strengen Prüfung zu unterziehen und je nach dem Ausfall seine Maßnahme zu treffen.

Schlußwort

Was wir in diesem Bande einem geneigten und geschulten Leser vorlegen, ist nicht mehr als das Ergebnis eines Jahrzehnts, auf dem Boden der Individualpsychologie erarbeitet. Die Größe des Arbeitsgebietes zeigt sich in der Fülle der Probleme. Deren Auswahl erscheint uns durch unseren Standpunkt und durch die Forderung des Tages gegeben. Die stattliche Anzahl unserer Mitarbeiter erklärt sich aus dem unabweislichen Bedürfnis, Ärzte und Erzieher auf einem gemeinsamen Arbeitsgebiet zu sammeln.

Die Einheitlichkeit unserer Grundanschauungen, kraft deren wir den Anspruch einer selbständigen Forschung und Weltanschauung vertreten, liegt in dieser Sammlung ebenso klar zutage als in der Arbeit »Über den nervösen Charakter« (4. Aufl. 1928), in den »Schriften« und in »Praxis und Theorie der Individualpsychologie« (3. Aufl. 1927). Kleine Änderungen in einzelnen älteren Arbeiten dieser Sammlung erwiesen sich als notwendig durch die Fortschritte unserer Wissenschaft.

Wissenschaft und Praxis der Kindererziehung sind nur bei gemeinsamer Tätigkeit wachstumsfähig. Was die bisher vorliegenden Arbeiten unserer Richtung zusammenhält und verbindet, ist die empirisch gewonnene Grundanschauung von der richtunggebenden Zielsetzung im kindlichen Seelenleben, derzufolge alle Phänomene einer planvollen Linie des Lebens entsprechen. Individualpsychologie ist für uns jenes künstlerische Bestreben, das uns instand setzt, alle Ausdrucksbewegungen im Zusammenhange eines einheitlichen Werdens anzuschauen. Und so ergibt sich für die Praxis der Erziehung als wichtigste Voraussetzung: durch Aufhellung des unerkannten Lebensplanes und Revision desselben den Sinn für die Wirklichkeit zu schärfen, krankhafte, unsoziale Ausartungen durch Änderung des selbstgeschaffenen Systems zu beseitigen und eine Versöhnung anzubahnen.

Der vorliegende Band darf wohl als ein bescheidenes Abbild dieser Bestrebungen an die Aufmerksamkeit der Berufenen appellieren.

Dr. Alfred Adler

Namen- und Sachregister

Alfred Adler
Werkausgabe

Herausgegeben von Oliver Brachfeld (†), Wolfgang Metzger (†), Heinz L. Ansbacher und Robert F. Antoch

Studie über Minderwertigkeit von Organen (1907; 1927)
Band 6349

Über den nervösen Charakter (1912; 1928) · Band 6174

Heilen und Bilden (1914; 1928) · Band 6220

Praxis und Theorie der Individualpsychologie (1920; 1930) · Band 6236

Menschenkenntnis (1927; 1947) · Band 6080

Die Technik der Individualpsychologie
Teil 1: **(1928)** · Band 6260
Teil 2: **(1930)** · Band 6261

Individualpsychologie in der Schule (1929)
Band 6199

Lebenskenntnis (1929; 1978)
Band 6392

Psychotherapie und Erziehung I (1919–1929) · Band 6746

Neurosen (1929; 1981)
Band 6735

Das Problem der Homosexualität (1930) · Band 6337

Kindererziehung (1930; 1976)
Band 6311

Das Leben gestalten (1931; 1979)
Band 6393

Wozu leben wir? (1931; 1979)
Band 6708

Psychotherapie und Erziehung II (1930–1932) · Band 6747

Der Sinn des Lebens (1933)
Band 6179

Psychotherapie und Erziehung III (1933–1937) · Band 6748
(erscheint voraussichtlich April 1983)

Religion und Individualpsychologie
Band 6283

Fischer Taschenbuch Verlag

Psychologie

Jean Piaget/ Bärbel Inhelder
Die Psychologie des Kindes
Band 6339

Theodor Reik
Hören mit dem dritten Ohr
Band 6766
Der unbekannte Mörder
Band 6767
Aus Leiden Freuden Masochismus und Gesellschaft
Band 6768

Gitta Sereny
Ein Kind mordet – Der Fall Mary Bell
Band 6721

A. C. Robin Skynner
Die Familie. Schicksal und Chance
Band 6729

Stuart Sutherland
Die seelische Krise
Band 6720

Thomas S. Szasz
Die Fabrikation des Wahnsinns
Band 6321

Thomas S. Szasz
Psychiatrie
Band 6389
Recht, Freiheit und Psychiatrie
Band 6722
Schizophrenie
Band 6743

Claire Wesley/ Frank Wesley
Die Psychologie der Geschlechter
Band 6728

Rainer Winkel
Pädagogische Psychiatrie für Eltern, Lehrer und Erzieher
Band 6709

Lew S.Wygotski
Denken und Sprechen
Band 6350

Reader zum Funk-Kolleg Pädagogische Psychologie
Band 6113: Entwicklung und Sozialisation
Band 6114: Lernen und Instruktion

Funk-Kolleg Pädagogische Psychologie
Band 6115/Band 6116

Sigmund Freud
Einzelbände im Taschenbuch